SAMMLUNG TUSCULUM

Wissenschaftliche Beratung:

Gerhard Fink, Manfred Fuhrmann, Fritz Graf,
Erik Hornung, Rainer Nickel

T. LIVIUS

RÖMISCHE GESCHICHTE

Buch XXXV–XXXVIII

Lateinisch und deutsch herausgegeben
von Hans Jürgen Hillen

ARTEMIS & WINKLER

Vignette: Tetradrachmon Antiochos' III.,
208–200 v. Chr. in Antiocheia geprägt (Foto: Hirmer)

CIP-Titelaufnahme der Deutschen Bibliothek

LIVIUS, TITUS
Römische Geschichte : lat. u. dt. / T. Livius.
Düsseldorf ; Zürich : Artemis und Winkler, 1998
(Sammlung Tusculum)
Einheitssacht.: Ab urbe condita
Teilausg. – Früher im Verlag Heimeran, München
Teilw. mit den Erscheinungsorten München, Zürich
Buch 35–38. Hrsg. von Hans Jürgen Hillen. – 1982, 1998
ISBN 3-7608-1558-8
NE: Hillen, Hans Jürgen [Hrsg.]

3., unveränderte Auflage
© 1982, 1991, 1998 Artemis & Winkler Verlag,
Düsseldorf / Zürich.
Alle Rechte, einschließlich derjenigen des
auszugsweisen Abdrucks, der photomechanischen
und elektronischen Wiedergabe, vorbehalten.
Gesamtherstellung: Laupp & Göbel, Tübingen
Printed in Germany

INHALTSVERZEICHNIS

LIBER XXXV

Principio anni, quo haec gesta sunt, Sex. Digitius 1
praetor in Hispania citeriore cum civitatibus iis, quae
post profectionem M. Catonis permultae rebellave-
rant, crebra magis quam digna dictu proelia fecit et 2
adeo pleraque adversa, ut vix dimidium militum,
quam quod acceperat, successori tradiderit. Nec du- 3
bium est, quin omnis Hispania sublatura animos fuerit, ni alter praetor P. Cornelius Cn. f. Scipio trans
Hiberum multa secunda proelia fecisset, quo terrore
non minus quinquaginta oppida ad eum defecerunt.
Praetor haec gesserat Scipio; idem pro praetore Lusi- 4.5
tanos pervastata ulteriore provincia cum ingenti praeda domum redeuntes in ipso itinere adgressus ab hora
tertia diei ad octavam incerto eventu pugnavit, numero militum impar, superior aliis; nam et acie frequenti 6
armatis adversus longum et impeditum turba pecorum agmen et recenti milite adversus fessos longo
itinere concurrerat. Tertia namque vigilia exierant 7
hostes; huic nocturno itineri tres diurnae horae acces-
serant, nec ulla quiete data laborem viae proelium
exceperat. Itaque principio pugnae vigoris aliquid in 8
corporibus animisque fuit, et turbaverant primo Romanos; deinde aequata paulisper pugna est. In hoc
discrimine ludos Iovi, si fudisset cecidissetque hostes,
praetor vovit. Tandem gradum acrius intulere Roma- 9
ni, cessitque Lusitanus, deinde prorsus terga dedit; et
cum institissent fugientibus victores, ad duodecim

BUCH XXXV

Am Anfang des Jahres, in dem dies geschah, lieferte der Prätor Sex. Digitius im Diesseitigen Spanien den Stämmen, die sich nach dem Weggang Catos in sehr großer Zahl wieder erhoben hatten, zahlreiche, aber kaum erwähnenswerte Gefechte, und die meisten mit so unglücklichem Ausgang, daß er kaum halb soviel Soldaten, wie er übernommen hatte, seinem Nachfolger übergab. Und zweifellos hätte ganz Spanien Mut bekommen, wenn nicht der andere Prätor P. Cornelius Scipio, der Sohn des Gnaeus, jenseits des Ebro in vielen Kämpfen erfolgreich gewesen wäre, was Schrecken auslöste, so daß nicht weniger als 50 Städte zu ihm übertraten. Dies hatte Scipio als Prätor geleistet. Als Proprätor griff er die Lusitaner, die die Jenseitige Provinz schrecklich verwüstet hatten und mit ungeheurer Beute nach Hause zurückkehrten, auf dem Rückmarsch an und kämpfte von der dritten Stunde des Tages bis zur achten ohne klares Ergebnis, an Zahl der Soldaten unterlegen, überlegen aber in allem anderen. Denn er war mit Bewaffneten in dichtgefügter Schlachtreihe auf einen langgezogenen Heerwurm gestoßen, der dazu noch durch das Gewimmel des Viehs behindert wurde, und mit frischen Soldaten auf vom langen Marsch ermüdete; die Feinde waren nämlich in der dritten Nachtwache losgezogen, zu diesem Nachtmarsch waren noch drei Stunden am Tage gekommen, und ohne daß man ihnen Ruhe gegönnt hatte, war auf die Mühsal des Weges der Kampf gefolgt. Deshalb hatten sie zu Anfang des Kampfes noch etwas Kraft und Energie, und sie hatten die Römer zuerst durcheinandergebracht. Dann war die Schlacht kurze Zeit ausgeglichen. In diesem entscheidenden Augenblick gelobte der Prätor Jupiter Spiele, wenn er die Feinde geworfen und niedergehauen hätte. Endlich drangen die Römer schärfer vor, und der Lusitaner wich, dann wandte er sich vollends zur Flucht. Und da die Sieger den Fliehenden nachsetzten,

milia hostium sunt caesa, capti quingenti quadraginta,   10
omnes ferme equites, et signa militaria capta centum
triginta quattuor. De exercitu Romano septuaginta et
tres amissi. Pugnatum haud procul Ilipa urbe est; eo   11
victorem opulentum praeda exercitum P. Cornelius
reduxit. Ea omnis ante urbem exposita est, potestas-   12
que dominis suas res cognoscendi facta est; cetera
vendenda quaestori data; quod inde refectum, militi
divisum.

Nondum ab Roma profectus erat C. Flaminius   2
praetor, cum haec in Hispania gerebantur. Itaque   2
adversae quam secundae res per ipsum amicosque eius
magis sermonibus celebrabantur; et temptaverat,   3
quoniam bellum ingens in provincia exarsisset et ex-
iguas reliquias exercitus ab Sex. Digito atque eas ipsas
plenas pavoris ac fugae accepturus esset, ut sibi unam
ex urbanis legionibus decernerent, ad quam, cum   4
militem ab se ipso scriptum ex senatus consulto adiecisset, eligeret ex omni numero sex milia et ducentos
pedites, equites trecentos: ea se legione — nam in Sex.   5
Digiti exercitu haud multum spei esse — rem gestu-
rum. Seniores negare ad rumores a privatis temere in   6
gratiam magistratuum confictos senatus consulta facienda esse; nisi quod aut praetores ex provinciis
scriberent aut legati renuntiarent, nihil ratum haberi
debere; si tumultus in Hispania esset, placere tumul-   7
tuarios milites extra Italiam scribi a praetore. Mens ea
senatus fuit, ut in Hispania tumultuarii milites lege-
rentur. Valerius Antias et in Siciliam navigasse dilec-   8
tus causa C. Flaminium scribit et ex Sicilia Hispaniam
petentem tempestate in Africam delatum vagos milites de exercitu P. Africani sacramento rogasse; his   9
duarum provinciarum dilectibus tertium in Hispania
adiecisse.

Nec in Italia segnius Ligurum bellum crescebat.   3
Pisas iam quadraginta milibus hominum, adfluente
cotidie multitudine ad famam belli spemque praedae,

wurden ungefähr 12000 Feinde erschlagen und 540 gefangen, fast alles Reiter, und 134 Feldzeichen erbeutet. Das römische Heer verlor 73 Mann. Der Kampf fand nicht weit von der Stadt Ilipa statt. Dorthin führte P. Cornelius das siegreiche Heer zurück, mit Beute reich beladen. Diese wurde ganz vor der Stadt ausgestellt, und die Eigentümer erhielten Gelegenheit, ihre Sachen wiederzuerkennen. Der Rest wurde dem Quästor zum Verkaufen gegeben, der Erlös unter die Soldaten verteilt.

Der Prätor C. Flaminius war noch nicht von Rom aufgebrochen, als dies in Spanien geschah. Daher wurden von ihm und seinen Freunden in ihren Reden mehr die ungünstigen als die günstigen Nachrichten verbreitet. Und er hatte versucht, weil ein gewaltiger Krieg in seinem Amtsbereich entbrannt sei und er nur geringe Reste vom Heer des Sex. Digitius übernehmen würde, und die noch voll vom Schrecken der Flucht, daß man eine der Reservelegionen für ihn bestimmte; wenn er zu ihr noch die von ihm aufgrund des Senatsbeschlusses ausgehobenen Soldaten dazunähme, wollte er aus der gesamten Zahl 6200 Fußsoldaten und 300 Reiter auswählen; mit dieser Legion – denn vom Heer des Sex. Digitius sei nicht viel zu hoffen – werde er die Sache besorgen. Die Älteren sagten, aufgrund leichtfertig ersonnenen Geredes von Privatleuten, die Beamten einen Gefallen tun wollten, dürften keine Senatsbeschlüsse gefaßt werden. Nur was die Prätoren aus den Provinzen schrieben und was Gesandte meldeten, dürfe man für gewiß halten. Wenn es in Spanien eine Unruhe gebe, dann solle der Prätor die Soldaten zur Bekämpfung der Unruhe außerhalb von Italien einziehen. Es war die Meinung des Senats, daß die Soldaten zur Bekämpfung der Unruhe in Spanien ausgehoben werden sollten. Valerius Antias schreibt, C. Flaminius sei wegen der Aushebung nach Sizilien gefahren, auf dem Weg von Sizilien nach Spanien durch einen Sturm nach Afrika verschlagen worden und habe umherstreifenden Soldaten vom Heer des P. Africanus den Fahneneid abgenommen. Zu dieser Aushebung in zwei Provinzen habe er noch eine dritte in Spanien hinzugefügt.

Auch in Italien nahm der Krieg mit den Ligurern an Heftigkeit zu. Schon belagerten sie Pisae mit 40000 Mann, wobei auf die Kunde vom Krieg und in der Hoffnung auf Beute täglich noch eine Menge herbei-

circumsedebant. Minucius consul Arretium die, quam 2
edixerat ad conveniendum militibus, venit. Inde quadrato agmine ad Pisas duxit, et cum hostes non plus
mille passuum ab oppido trans fluvium movissent
castra, consul urbem haud dubie servatam adventu
suo est ingressus. Postero die et ipse trans fluvium 3
quingentos ferme passus ab hoste posuit castra. Inde
levibus proeliis a populationibus agrum sociorum
tutabatur; in aciem exire non audebat novo milite et 4
ex multis generibus hominum collecto necdum noto
satis inter se, ut fidere alii aliis possent. Ligures 5
multitudine freti et in aciem exibant, parati de summa
rerum decernere, et abundantes militum numero passim multas manus per extrema finium ad praedandum
mittebant, et cum coacta vis magna pecorum praedae- 6
que esset, paratum erat praesidium, per quod in castella eorum vicosque ageretur.

Cum bellum Ligustinum ad Pisas constitisset, con- 4
sul alter, L. Cornelius Merula, per extremos Ligurum
fines exercitum in agrum Boiorum induxit, ubi longe
alia belli ratio quam cum Liguribus erat. Consul in 2
aciem exibat, hostes pugnam detractabant; praeda-
tumque, ubi nemo obviam exiret, discurrebant Romani, Boi diripi sua impune quam tuendo ea conserere
certamen malebant. Postquam omnia ferro ignique 3
satis evastata erant, consul agro hostium excessit et ad
Mutinam agmine incauto, ut inter pacatos, ducebat.
Boi ut egressum finibus suis hostem sensere, seque- 4
bantur silenti agmine, locum insidiis quaerentes.
Nocte praetergressi castra Romana saltum, qua transeundum erat Romanis, insederunt. Id cum parum 5
occulte fecissent, consul, qui multa nocte solitus erat
movere castra, ne nox terrorem in tumultuario proelio augeret, lucem exspectavit et, cum luce moveret,

strömte. Der Konsul Minucius kam an dem Tag, den er für das
Sammeln der Soldaten angesetzt hatte, nach Arretium. Von dort zog er
in Viereckformation nach Pisae, und während die Feinde ihr Lager nicht
weiter als 1000 Schritt von der Stadt weg auf die andere Seite des Flusses
verlegt hatten, rückte der Konsul in die Stadt ein, die zweifellos durch
seine Ankunft gerettet worden war. Am nächsten Tag schlug er auch
selbst auf der anderen Seite des Flusses ungefähr 500 Schritt vom Feind
entfernt sein Lager auf. Von da aus schützte er das Land der Bundesgenossen vor Verwüstungen, wobei es nur zu leichten Gefechten kam.
Zur Schlacht auszurücken wagte er nicht, da er neue und aus vielen
Bevölkerungsgruppen zusammengebrachte Soldaten hatte, die sich
untereinander noch nicht so genau kannten, daß einer sich auf den
anderen verlassen konnte. Die Ligurer rückten im Vertrauen auf ihre
Masse zur Schlacht aus, bereit, um die Entscheidung zu kämpfen, und
schickten bei ihrem Überfluß an Soldaten auch überall viele Scharen in
weitentfernte Teile des Landes zum Plündern. Und wenn eine große
Menge Vieh und Beute zusammengebracht worden war, stand eine
Bedeckungsmannschaft bereit, durch die es in ihre festen Plätze und
Dörfer getrieben wurde.

Während der Ligurerkrieg sich auf das Gebiet von Pisae konzentriert
hatte, führte der andere Konsul, L. Cornelius Merula, sein Heer durch
die Randgebiete der Ligurer in das Land der Bojer, wo der Krieg auf
eine völlig andere Art als mit den Ligurern geführt wurde. Der Konsul
rückte zur Schlacht aus, die Feinde verweigerten den Kampf. Und die
Römer zerstreuten sich, um Beute zu machen, wo keiner gegen sie
ausrückte; die Bojer wollten lieber ihre Habe ungestraft plündern lassen
als sie schützen und dabei in einen Kampf verwickelt werden. Nachdem
alles durch Feuer und Schwert genug verwüstet war, verließ der Konsul
das Land der Feinde und zog in das Gebiet von Mutina, ohne seinen
Zug zu sichern, als wenn es durch friedliches Land ginge. Als die Bojer
merkten, daß der Feind aus ihrem Gebiet abgerückt war, folgten sie mit
ihrem Zug in aller Stille und suchten eine Stelle für einen Hinterhalt. Bei
Nacht zogen sie am Lager der Römer vorbei und besetzten ein Tal, wo
die Römer durch mußten. Da sie das nicht heimlich genug getan hatten,
wartete der Konsul, der gewöhnlich schon tief in der Nacht weiterzog,
das Tageslicht ab, damit nicht die Nacht bei einem Kampf ohne
Vorbereitung den Schrecken noch vergrößerte, und obwohl er bei

tamen turmam equitum exploratum misit. Postquam   6
relatum est, quantae copiae et in quo loco essent,
totius agminis sarcinas in medium coici iussit et triarios vallum circumicere, cetero exercitu instructo ad
hostem accessit. Idem et Galli fecerunt, postquam   7
apertas esse insidias et recto ac iusto proelio, ubi vera
vinceret virtus, dimicandum viderunt.

Hora secunda ferme concursum est. Sinistra socio-   5
rum ala et extraordinarii prima in acie pugnabant;
praeerant duo consulares legati, M. Marcellus et Ti.
Sempronius, prioris anni consul. Novus consul nunc   2
ad prima signa erat, nunc legiones continebat in subsidiis, ne certaminis studio prius procurrerent, quam
datum signum esset. Equites earum extra aciem in   3
locum patentem Q. et P. Minucios tribunos militum
educere iussit, unde, cum signum dedisset, impetum
ex aperto facerent. Haec agenti nuntius venit a Ti.   4
Sempronio Longo non sustinere extraordinarios impetum Gallorum; et caesos permultos esse et, qui super-   5
sint, partim labore, partim metu remisisse ardorem
pugnae. Legionem alteram ex duabus, si videretur,
submitteret, priusquam ignominia acciperetur. Secun-   6
da missa est legio et extraordinarii recepti. Tum redin-
tegrata est pugna, cum et recens miles et frequens
ordinibus legio successisset. Et sinistra ala ex proelio
subducta est, dextra in primam aciem subiit. Sol   7
ingenti ardore torrebat minime patientia aestus Gallorum corpora; densis tamen ordinibus nunc alii in
alios, nunc in scuta incumbentes sustinebant impetus
Romanorum. Quod ubi animadvertit consul, ad per-   8
turbandos ordines eorum C. Livium Salinatorem, qui
praeerat alariis equitibus, quam concitatissimos equos
immittere iubet et legionarios equites in subsidiis esse.
Haec procella equestris primo confudit et turbavit,   9

Tageslicht aufbrach, schickte er doch noch eine Reiterschwadron zum Erkunden. Nachdem gemeldet worden war, wie stark die Truppen waren und wo sie standen, ließ er das Gepäck des ganzen Heeres in der Mitte zusammenlegen und die Triarier einen Wall darum aufwerfen, formierte das übrige Heer und rückte gegen den Feind. Dasselbe taten auch die Gallier, nachdem sie sahen, daß ihr Hinterhalt entdeckt war und daß man in einem regelrechten und richtigen Kampf kämpfen mußte, wo echte Tapferkeit den Sieg davontrug.

Etwa um die zweite Stunde stieß man zusammen. Die Linke Ale der Bundesgenossen und die Elitekohorten kämpften im ersten Treffen. Das Kommando über sie hatten zwei Legaten, die schon Konsul gewesen waren, M. Marcellus und Tib. Sempronius, der Konsul des Vorjahres. Der neue Konsul stand bald bei den vordersten Feldzeichen, bald hielt er die Legionen in der Reserve zurück, damit sie nicht im Eifer zu kämpfen vorrückten, ehe das Zeichen gegeben war. Ihre Reiter ließ er durch die Kriegstribunen Q. und P. Minucius in offenes Gelände außerhalb der Schlachtreihe führen, von wo aus sie, wenn er das Zeichen gab, offen angreifen sollten. Während er damit beschäftigt war, kam ein Bote von Tib. Sempronius Longus, die Elitekohorten hielten dem Angriff der Gallier nicht stand, es seien sehr viele gefallen, und die noch übrig seien, hätten teils vor Erschöpfung, teils aus Furcht die Begeisterung für den Kampf verloren. Er solle die eine der beiden Legionen, wenn es ihm gut scheine, zu Hilfe schicken, bevor man Schande erleide. Die zweite Legion wurde geschickt und die Elitekohorten zurückgenommen. Da wurde der Kampf wiederhergestellt, weil frische Soldaten und eine in ihren Manipeln festgefügte Legion als Ablösung gekommen war. Auch die Linke Ale wurde aus dem Kampf gezogen, und die Rechte rückte als Ablösung in das erste Treffen. Die Sonne dörrte mit ihrer ungeheuren Glut die Körper der Gallier, die Hitze am allerwenigsten vertragen können. In dichten Reihen hielten sie jedoch den Angriffen der Römer stand, wobei sie sich bald aufeinander, bald auf ihre Schilde stützten. Als das der Konsul merkte, ließ er, um ihre Reihen durcheinanderzubringen, C. Livius Salinator, der das Kommando über die Reiter der Alen hatte, in vollstem Galopp angreifen, die Reiter der Legionen sollten in Reserve bleiben. Diese Attacke der Reiterei brachte die Schlachtreihe der Gallier zuerst völlig durcheinan-

deinde dissipavit aciem Gallorum, non tamen ut terga
darent. Obstabant duces, hastilibus caedentes terga   10
trepidantium et redire in ordines cogentes; sed inter-
equitantes alarii non patiebantur. Consul obtestabatur   11
milites, ut paululum adniterentur; victoriam in manibus esse; dum turbatos et trepidantes viderent, instarent; si restitui ordines sissent, integro rursus eos
proelio et dubio dimicaturos. Inferre vexillarios iussit   12
signa. Omnes conisi tandem averterunt hostem. Postquam terga dabant et in fugam passim effundebantur,
tum ad persequendos eos legionarii equites immissi.
Quattuordecim milia Boiorum eo die sunt caesa; vivi   13
capti mille nonaginta duo, equites septingenti viginti
unus, tres duces eorum, signa militaria ducenta duodecim, carpenta sexaginta tria. Nec Romanis incru-   14
enta victoria fuit; supra quinque milia militum, ipsorum aut sociorum, amissa, centuriones tres et viginti,
praefecti socium quattuor et M. Genucius et Q. et M.
Marcii tribuni militum secundae legionis.

    Eodem fere tempore duorum consulum litterae   6
allatae sunt, L. Corneli de proelio ad Mutinam cum
Bois facto et Q. Minuci a Pisis: comitia suae sortis   2
esse; ceterum adeo suspensa omnia in Liguribus se
habere, ut abscedi inde sine pernicie sociorum et
damno rei publicae non posset. Si ita videretur patri-   3
bus, mitterent ad collegam, ut is, qui profligatum
bellum haberet, ad comitia Romam rediret; si id   4
facere gravaretur, quod non suae sortis id negotium
esset, se quidem facturum, quodcumque senatus censuisset; sed etiam atque etiam viderent, ne magis e re
publica esset interregnum iniri quam ab se in eo statu
relinqui provinciam. Senatus C. Scribonio negotium   5
dedit, ut duos legatos ex ordine senatorio mitteret ad
L. Cornelium consulem, qui litteras collegae ad sena-   6
tum missas deferrent ad eum et nuntiarent senatum,
ni is ad magistratus subrogandos Romam veniret,

der und ließ sie dann auseinanderbrechen, aber nicht so, daß sie sich zur Flucht wandten. Ihre Führer traten ihnen in den Weg, schlugen mit den Lanzenschäften auf die Rücken der Verstörten und zwangen sie, in die Reihen zurückzukehren. Aber die dazwischensprengenden Reiter der Alen ließen das nicht zu. Der Konsul beschwor die Soldaten, sich noch ein ganz klein wenig anzustrengen; sie hätten den Sieg schon in der Hand. Solange sie sie verwirrt und verstört sähen, sollten sie auf sie eindringen. Wenn sie zuließen, daß die Reihen wiederhergestellt würden, erwarte sie wieder ein neuer und in seinem Ausgang ungewisser Kampf. Er befahl den Fahnenträgern, mit ihren Feldzeichen vorzurükken. Da alle sich aufs äußerste anstrengten, brachten sie endlich die Feinde zum Weichen. Nachdem diese kehrtgemacht hatten und überall fliehend davonstürzten, wurden dann die Reiter der Legionen zu ihrer Verfolgung ausgeschickt. 14 000 Bojer wurden an diesem Tag erschlagen, 1092 gerieten in Gefangenschaft und 721 Reiter und 3 von ihren Führern. Feldzeichen wurde 212 erbeutet, Wagen 102. Auch für die Römer war der Sieg nicht unblutig; über 5000 Soldaten von ihnen selbst und den Bundesgenossen hatte man verloren, 23 Centurionen, 4 Kommandeure der Bundesgenossen und die Kriegstribunen M. Genucius und Q. und M. Marcius von der zweiten Legion.

Fast zur gleichen Zeit trafen Briefe der beiden Konsuln ein, einer von L. Cornelius über die Schlacht mit den Bojern bei Mutina und einer von Q. Minucius aus Pisae: Die Wahlen seien durch das Los seine Aufgabe; aber bei den Ligurern sei alles noch so sehr in der Schwebe, daß er von dort nicht weggehen könne, ohne daß es den Bundesgenossen den Untergang und dem Staat Schaden bringe. Wenn es den Senatoren so gut scheine, sollten sie zu seinem Amtsgenossen schicken, daß er, der den Krieg zu Ende gebracht habe, zu den Wahlen nach Rom zurückkehren solle. Wenn der sich weigere, weil diese Aufgabe ihm nicht durch das Los zugefallen sei, werde er tun, was der Senat beschließe; aber sie sollten wieder und wieder überlegen, ob es nicht besser für den Staat sei, daß es zu einem Interregnum komme, als daß er seine Provinz in dieser Situation verlasse. Der Senat gab dem C. Scribonius den Auftrag, er solle zwei Gesandte aus dem Senatorenstand zum Konsul L. Cornelius schicken, die ihm den Brief seines Amtsgenossen an den Senat überbringen und ihm mitteilen sollten, wenn er nicht zur Wahl der Beamten nach Rom komme, wolle der Senat lieber zulassen, daß es

potius quam Q. Minucium a bello integro avocaret,
interregnum iniri passurum. Missi legati renuntiarunt   7
L. Cornelium ad magistratus subrogandos Romam
venturum.

De litteris L.Corneli, quas scripserat secundum   8
proelium cum Bois factum, disceptatio in senatu fuit,
quia privatim plerisque senatoribus legatus M. Clau-   9
dius scripserat fortunae populi Romani et militum
virtuti gratiam habendam, quod res bene gesta esset;
consulis opera et militum aliquantum amissum et
hostium exercitum, cuius delendi oblata fortuna fuerit, elapsum: milites eo plures perisse, quod tardius ex   10
subsidiis, qui laborantibus opem ferrent, successissent; hostes e manibus emissos, quod equitibus legio-
nariis et tardius datum signum esset et persequi fugientes non licuisset.

De ea re nihil temere decerni placuit; ad frequentio-   7
res consultatio dilata est; instabat enim cura alia, quod   2
civitas faenore laborabat et quod, cum multis faene-
bribus legibus constricta avaritia esset, via fraudis
inita erat, ut in socios, qui non tenerentur iis legibus,
nomina transcriberent; ita libero faenore obruebantur
debitores. Cuius coercendi cum ratio quaereretur,   3
diem finiri placuit Feralia, quae proxime fuissent, ut,
qui post eam diem socii civibus Romanis credidissent
pecunias, profiterentur et ex ea die pecuniae creditae,
quibus debitor vellet legibus, ius creditori diceretur.
Inde postquam professionibus detecta est magnitudo   4
aeris alieni per hanc fraudem contracti, M. Sempronius tribunus plebis ex auctoritate patrum plebem
rogavit, plebesque scivit, ut cum sociis ac nomine   5
Latino creditae pecuniae ius idem quod cum civibus
Romanis esset. Haec in Italia domi militiaeque acta.

ein Interregnum gebe, als den Q. Minucius von dem unvermindert andauernden Krieg abberufen. Die Gesandten, die man geschickt hatte, meldeten, L. Cornelius werde zur Wahl der Beamten nach Rom kommen.

Über den Brief des L. Cornelius, den er nach der Schlacht mit den Bojern geschrieben hatte, kam es im Senat zu einer Diskussion, weil der Legat M. Claudius privat sehr vielen Senatoren geschrieben hatte, man müsse dem Glück des römischen Volkes und der Tapferkeit der Soldaten dafür dankbar sein, daß die Sache gut ausgegangen sei. Durch die Schuld des Konsuls sei eine erhebliche Anzahl Soldaten verlorengegangen und das Heer der Feinde entkommen, dessen Vernichtung ihnen das Schicksal angeboten habe. Es seien deswegen so viele Soldaten umgekommen, weil die, die den Bedrängten Hilfe bringen sollten, zu langsam aus der Reserve zur Ablösung herangerückt seien. Die Feinde seien entwischt, weil den Reitern der Legionen das Signal zu zögernd gegeben worden sei und weil es ihnen nicht erlaubt gewesen sei, den Feinden nachzusetzen.

Man wollte hierüber nichts vorschnell beschließen; die Beratung wurde auf eine besser besetzte Versammlung vertagt. Es drückte sie nämlich eine andere Sorge: die Bürgerschaft litt unter dem Wucher, und weil durch viele Wuchergesetze der Habgier Grenzen gesetzt waren, war man zur Umgehung der Bestimmungen auf die Methode verfallen, die Darlehen auf die Namen von Bundesgenossen einzutragen, die nicht an diese Gesetze gebunden waren. So waren die Schuldner durch den freien Zinsfuß in Bedrängnis. Als man nach einem Weg suchte, dagegen einzuschreiten, beschloß man, die letzten Feralien als Termin zu setzen; die Bundesgenossen, die nach diesem Tag römischen Bürgern ein Darlehen gegeben hätten, sollten es angeben, und für ein Darlehen von diesem Tage an sollte dem Gläubiger nach den Gesetzen Recht gesprochen werden, die der Schuldner wolle. Nachdem dann aufgrund der Angaben die Höhe der Schulden herausgekommen war, die man mit dieser Umgehung der Bestimmungen gemacht hatte, stellte der Volkstribun M. Sempronius auf Vorschlag des Senats beim Volk den Antrag, und das Volk entschied sich dafür, daß für die Bundesgenossen und Latiner dieselben rechtlichen Bestimmungen wegen eines Darlehens gelten sollten wie für die römischen Bürger. Dies geschah in Italien daheim und im Felde.

In Hispania nequaquam tantum belli fuit, quantum   6
auxerat fama. C. Flaminius in citeriore Hispania op-   7
pidum Inluciam in Oretanis cepit, deinde in hiberna-
cula milites deduxit, et per hiemem proelia aliquot
nulla memoria digna adversus latronum magis quam
hostium excursiones vario tamen eventu nec sine
militum iactura sunt facta. Maiores gestae res a M.   8
Fulvio. Is apud Toletum oppidum cum Vaccaeis Vet-
tonibusque et Celtiberis signis collatis dimicavit, exercitum earum gentium fudit fugavitque, regem Hi-
lernum vivum cepit.

Cum haec in Hispania gerebantur, comitiorum iam   8
appetebat dies. Itaque L. Cornelius consul relicto ad
exercitum M. Claudio legato Romam venit. Is in   2
senatu cum de rebus ab se gestis disseruisset, quoque
statu provincia esset, questus est cum patribus con-   3
scriptis, quod tanto bello una secunda pugna tam
feliciter perfecto non esset habitus diis immortalibus
honos. Postulavit deinde, supplicationem simul
triumphumque decernerent. Prius tamen quam relatio   4
fieret, Q. Metellus, qui consul dictatorque fuerat,
litteras eodem tempore dixit et consulis L. Corneli ad
senatum et M. Marcelli ad magnam partem senatorum
adlatas esse inter se pugnantes eoque dilatam esse   5
consultationem, ut praesentibus auctoribus earum litterarum disceptaretur. Itaque exspectasse sese, ut
consul, qui sciret ab legato suo adversus se scriptum
aliquid, cum ipsi veniendum esset, deduceret eum
secum Romam, cum etiam verius esset Ti. Sempronio   6
imperium habenti tradi exercitum quam legato: nunc   7
videri amotum de industria, qui ⟨si⟩ ea, quae scripsisset, praesens diceret, arguere coram et, si quid vani
adferret, argui posset, donec ad liquidum veritas ex-
plorata esset. Itaque nihil eorum, quae postularet   8
consul, decernendum in praesentia censere. Cum per-   9
geret nihilo segnius referre, ut supplicationes decerne-

In Spanien war der Krieg keinesfalls so schlimm, wie die Kunde ihn
aufgebauscht hatte. C. Flaminius nahm im Diesseitigen Spanien die
Stadt Inlucia im Gebiet der Oretaner, dann führte er seine Soldaten ins
Winterlager, und im Winter kam es zu einer Reihe von Gefechten, nicht
der Rede wert, gegen Streifzüge mehr von Räubern als von Feinden,
doch mit wechselndem Ausgang und nicht ohne Verluste an Soldaten.
Größere Taten wurden von M. Fulvius vollbracht. Er kämpfte bei der
Stadt Toletum mit den Vaccaeern, Vettonen und Keltiberern in offener
Schlacht, schlug das Heer dieser Stämme und jagte es in die Flucht und
nahm den König Hilernus gefangen.

Während dies in Spanien geschah, rückte schon der Tag der Wahlen
heran. Deshalb kam der Konsul L. Cornelius nach Rom; er hatte den
Legaten M. Claudius beim Heer gelassen. Nachdem er im Senat über
seine Taten berichtet hatte und wie die Situation in seinem Amtsbereich
war, beklagte er sich vor den Senatoren darüber, daß man den unsterblichen Göttern keine Ehre erwiesen habe, obwohl ein so bedeutender
Krieg durch eine einzige günstig verlaufene Schlacht einen so glücklichen Abschluß gefunden habe. Dann forderte er, sie sollten zugleich ein
Dankfest und einen Triumph beschließen. Bevor jedoch der Antrag
gestellt wurde, sagte Q. Metellus, der Konsul und Diktator gewesen
war, die Briefe des Konsuls L. Cornelius an den Senat und des M. Marcellus an einen großen Teil der Senatoren seien gleichzeitig angekommen, hätten sich aber widersprochen, und deshalb sei die Sache vertagt
worden, um in Anwesenheit der Schreiber dieser Briefe verhandelt zu
werden. Daher habe er erwartet, daß der Konsul, der ja wußte, daß sein
Legat etwas gegen ihn geschrieben hatte, ihn mit sich nach Rom
gebracht hätte, als er selbst kommen mußte; es sei ja auch eher angebracht gewesen, dem Tib. Sempronius, der volle Befehlsgewalt habe,
das Heer zu übergeben als dem Legaten. Jetzt sehe es so aus, als werde
er mit Absicht ferngehalten; wenn er das, was er geschrieben habe, auch
persönlich vortrüge, könnte er vor der Öffentlichkeit den Nachweis
führen, und wenn er etwas Unwahres vorbrächte, könnte man es ihm
nachweisen, bis die Wahrheit klar herausgekommen sei. Deshalb sei er
der Meinung, nichts von dem, was der Konsul fordere, dürfe im
Augenblick beschlossen werden. Als der Konsul damit fortfuhr, nicht
weniger energisch seinen Antrag zu stellen, daß ein Dankfest beschlos-

rentur triumphantique sibi urbem invehi liceret, M. et
C. Titinii tribuni plebis se intercessuros, si de ea re
fieret senatus consultum, dixerunt.

Censores erant priore anno creati Sex. Aelius Pae-   9
tus et C. Cornelius Cethegus. Cornelius lustrum   2
condidit. Censa sunt civium capita $\overline{\text{(C)CXLIII}}$
DCCIV.

Aquae ingentes eo anno fuerunt et Tiberis loca   3
plana urbis inundavit; circa portam Flumentanam
etiam collapsa quaedam ruinis sunt. Et porta Caelimontana fulmine icta est murusque circa multis locis
de caelo tactus; et Ariciae et Lanuvii et in Aventino   4
lapidibus pluit; et a Capua nuntiatum est examen
vesparum ingens in forum advolasse et in Martis aede
consedisse; eas collectas cum cura et igni crematas
esse. Horum prodigiorum causa decemviri libros ad-   5
ire iussi, et novemdiale sacrum factum et supplicatio
indicta est atque urbs lustrata. Iisdem diebus aedicu-   6
lam Victoriae Virginis prope aedem Victoriae M. Porcius Cato dedicavit biennio post, quam vovit.

Eodem anno coloniam Latinam in Castrum Fren-   7
tinum triumviri deduxerunt A. Manlius Volso, L.
Apustius Fullo, Q. Aelius Tubero, cuius lege deduce-
batur. Tria milia peditum iere, trecenti equites, numerus exiguus pro copia agri. Dari potuere tricena iugera   8
in pedites, sexagena in equites. Apustio auctore tertia
pars agri dempta est, quo postea, si vellent, novos
colonos adscribere possent. Vicena iugera pedites,
quadragena equites acceperunt.

In exitu iam annus erat, et ambitio magis quam   10
umquam alias exarserat consularibus comitiis. Multi   2
et potentes petebant patricii plebeique: P. Cornelius
Cn. filius Scipio, qui ex Hispania provincia nuper
decesserat magnis rebus gestis, et L. Quinctius Flamininus, qui classi in Graecia praefuerat, et Cn. Manlius

sen und daß ihm erlaubt werde, im Triumph in die Stadt einzuziehen, sagten die Volkstribunen M. und C. Titinius, sie würden dagegen einschreiten, wenn in dieser Sache ein Senatbeschluß gefaßt werde.

Im Vorjahr waren Sex. Aelius Paetus und C. Cornelius Cethegus zu Zensoren gewählt worden. Cornelius führte das Reinigungsopfer zum Abschluß der Zensur durch. Bei der Schätzung wurden 243704 Mann gezählt.

In diesem Jahr gab es gewaltige Überschwemmungen, und der Tiber überflutete die flachen Bezirke der Stadt; um die Porta Flumentana herum stürzte auch einiges in Trümmer. Und die Porta Caelimontana wurde vom Blitz getroffen, und in die Mauer zu beiden Seiten schlug es an vielen Stellen ein. In Aricia und Lanuvium und auf dem Aventin regnete es Steine. Und aus dem Gebiet von Capua wurde gemeldet, daß ein ungeheurer Wespenschwarm auf das Forum geflogen sei und sich im Marstempel niedergelassen habe; sie seien sorgsam gesammelt und im Feuer verbrannt worden. Wegen dieser Zeichen vom Himmel wurden die Decemvirn aufgefordert, die Bücher zu befragen; es fand ein neuntägiges Opfer statt, und ein Bittgang wurde angesetzt und die Stadt entsühnt. In denselben Tagen weihte M. Porcius Cato die Ädikula der Jungfrau Victoria in der Nähe des Tempels der Victoria zwei Jahre, nachdem er es gelobt hatte.

Im selben Jahr wurde eine Latinerkolonie in Castrum Frentinum gegründet unter Leitung einer Dreierkommission, die aus A. Manlius Volso, L. Apustius Fullo und Q. Aelius Tubero bestand, auf den das Gesetz zur Gründung der Kolonie zurückging. 3000 Fußsoldaten zogen hin und 300 Reiter, eine kleine Zahl im Verhältnis zu der Menge des Ackerlandes. Man hätte jedem Fußsoldaten 30 Joch geben können, jedem Reiter 60. Auf den Rat des Apustius wurde ein Drittel des Ackerlandes zurückbehalten, damit sie dafür später, wenn sie wollten, neue Siedler in die Liste einschreiben könnten. Die Fußsoldaten erhielten jeder 20 Joch, die Reiter jeder 40.

Das Jahr ging schon zu Ende, und der Ehrgeiz war bei den Konsulwahlen mehr als jemals sonst entbrannt. Viele einflußreiche Patrizier und Plebejer kandidierten: P. Cornelius Scipio, der Sohn des Gnaeus, der vor kurzem aus seiner Provinz Spanien nach großen Erfolgen zurückgekehrt war, L. Quinctius Flamininus, der das Kommando über die Flotte in Griechenland gehabt hatte, und Cn. Manlius Volso, das

Volso, hi patricii; plebei autem C. Laelius, Cn. Do-   3
mitius, C. Livius Salinator, M'. Acilius. Sed omnium   4
oculi in Quinctium Corneliumque coniecti; nam et in
unum locum petebant patricii ambo, et rei militaris
gloria recens utrumque commendabat. Ceterum ante   5
omnia certamen accendebant fratres candidatorum,
duo clarissimi aetatis suae imperatores. Maior gloria
Scipionis, et quo maior, eo propior invidiam; Quincti
recentior, ut qui eo anno triumphasset. Accedebat,   6
quod alter decimum iam prope annum adsiduus in
oculis hominum fuerat, quae res minus verendos magnos homines ipsa satietate facit, consul iterum post
devictum Hannibalem censorque fuerat. In Quinctio   7
nova et recentia omnia ad gratiam erant; nihil nec
petierat a populo post triumphum nec adeptus erat.
Pro fratre germano, non patrueli se petere aiebat, pro   8
legato et participe administrandi belli; se terra, fratrem mari rem gessisse. His obtinuit, ut praeferretur   9
candidato, quem Africanus frater ducebat, quem Cornelia gens Cornelio consule comitia habente, quem
tantum praeiudicium senatus, virum e civitate optimum iudicatum, qui Matrem Idaeam Pessinunte venientem in urbem acciperet. L. Quinctius et Cn.   10
Domitius Ahenobarbus consules facti: adeo ne in
plebeio quidem consule, cum pro C. Laelio niteretur,
Africanus valuit. Postero die praetores creati L. Scri-   11
bonius Libo, M. Fulvius Centumalus, A. Atilius Serranus, M. Baebius Tamphilus, L. Valerius Tappo, Q.
Salonius Sarra.

Aedilitas insignis eo anno fuit M. Aemilii Lepidi et   12
L. Aemilii Pauli; multos pecuarios damnarunt; ex
ea pecunia clupea inaurata in fastigio Iovis aedis posuerunt, porticum unam extra portam Trigeminam
emporio ad Tiberim adiecto, alteram ab porta Fonti-
nali ad Martis aram, qua in Campum iter esset, perdu-
xerunt.

waren die Patrizier; die plebejischen Kandidaten waren C. Laelius, Cn. Domitius, C. Livius Salinator und M'. Acilius. Aber aller Augen richteten sich auf Quinctius und Cornelius. Denn als Patrizier bewarben sich beide um eine Stelle, und der frische Ruhm ihrer Kriegstaten empfahl sie beide. Vor allem aber schürten den Wettstreit die Brüder der Kandidaten, die beiden berühmtesten Heerführer ihrer Zeit. Größer war der Ruhm Scipios, und je größer er war, desto mehr auch der Mißgunst ausgesetzt; der des Quinctius war frischer, da er ja erst in diesem Jahr triumphiert hatte. Dazu kam, daß der eine schon fast das zehnte Jahr ununterbrochen im Blickfeld der Menschen gestanden hatte, was Übersättigung auslöst und dadurch große Menschen weniger ehrwürdig erscheinen läßt. Er war nach dem Sieg über Hannibal ein zweites Mal Konsul und Zensor gewesen. Bei Quinctius war alles neu und frisch, um Gunst zu gewinnen. Nach seinem Triumph hatte er vom Volk weder etwas erbeten noch erhalten. Er sagte, für seinen leiblichen Bruder, nicht für seinen Vetter bitte er, für seinen Legaten und den Teilhaber an seinem Kommando im Krieg. Er selbst habe die Operationen auf dem Lande, sein Bruder die zur See geleitet. Dadurch erreichte er, daß sein Bruder gegenüber dem Kandidaten vorgezogen wurde, den Africanus als Bruder empfahl, dazu das Geschlecht der Cornelier, wobei noch ein Cornelier als Konsul die Wahlen leitete, und schließlich der so bedeutende frühere Entscheid des Senates, durch den er als der beste Mann aus der Bürgerschaft bezeichnet worden war, der die Göttermutter vom Ida in Empfang nehmen sollte, die von Pessinus nach Rom kam. L. Quinctius und Cn. Domitius Ahenobarbus wurden Konsuln; denn Africanus, der sich für C. Laelius einsetzte, konnte sich nicht einmal bei dem plebejischen Konsul durchsetzen. Am nächsten Tag wurden L. Scribonius Libo, M. Fulvius Centumalus, A. Atilius Serranus, M. Baebius Tamphilus, L. Valerius Tappo und Q. Salonius Sarra zu Prätoren gewählt.

Die Ädilität des M. Aemilius Lepidus und des L. Aemilius Paulus in diesem Jahr war bemerkenswert. Sie verurteilten viele Weidepächter; von diesem Geld hängten sie vergoldete Schilde am Giebel des Jupitertempels auf, errichteten eine Säulenhalle vor der Porta Trigemina, zu der sie noch einen Stapelplatz am Tiber hinzufügten, und eine andere von der Porta Fontinalis zum Altar des Mars, wo der Weg zum Marsfeld war.

Diu nihil in Liguribus dignum memoria gestum   11
erat; extremo eius anni bis in magnum periculum res
adducta est; nam et castra consulis oppugnata aegre   2
sunt defensa, et non ita multo post per saltum angustum cum duceretur agmen Romanum, ipsas fauces
exercitus Ligurum insedit. Qua cum exitus non pate-   3
ret, converso agmine redire institit consul. Et ab tergo
fauces saltus occupatae a parte hostium erant, Caudi-
naeque cladis memoria non animis modo, sed prope
oculis obversabatur. Numidas octingentos ferme   4
equites inter auxilia habebat. Eorum praefectus consuli pollicetur se parte, utra vellet, cum suis eruptu-
rum, tantum uti diceret, utra pars frequentior vicis
esset; in eos se impetum facturum et nihil prius quam   5
flammam tectis iniecturum, ut is pavor cogeret Ligures excedere saltu, quem obsiderent, et discurrere ad
opem ferendam suis. Collaudatum eum consul spe   6
praemiorum onerat. Numidae equos conscendunt et
obequitare stationibus hostium, neminem lacessentes,
coeperunt. Nihil primo adspectu contemptius: equi   7
hominesque paululi et graciles, discinctus et inermis
eques, praeterquam quod iacula secum portat, equi   8
sine frenis, deformis ipse cursus rigida cervice et exten-
to capite currentium. Hunc contemptum de industria
augentes labi ex equis et per ludibrium spectaculo
esse. Itaque qui primo intenti paratique, si laces-   9
serentur, in stationibus fuerant, iam inermes sedentes-
que pars maxima spectabant. Numidae adequitare,   10
dein refugere, sed propius saltum paulatim evehi,
velut quos impotentes regendi equi invitos efferrent.
Postremo subditis calcaribus per medias stationes hostium erupere et in agrum latiorem evecti omnia   11
propinqua viae tecta incendunt; proximo deinde vico
inferunt ignem; ferro flammaque omnia pervastant.
Fumus primo conspectus, deinde clamor trepidan-   12
tium in vicis auditus, postremo seniores puerique

Bei den Ligurern war lange nichts Erwähnenswertes geschehen. Am Ende dieses Jahres kam es zweimal zu einer sehr gefährlichen Situation. Denn das Lager des Konsuls wurde angegriffen und konnte nur mit Mühe verteidigt werden, und nicht viel später, als das römische Heer durch einen engen Gebirgspaß geführt wurde, hatte das Heer der Ligurer den Ausgang besetzt. Da hier der Weg nach draußen versperrt war, ließ der Konsul kehrtmachen und schickte sich an zurückzugehen. Aber auch im Rücken war die Enge des Passes von einem Teil der Feinde besetzt, und die Erinnerung an die Niederlage von Caudium fiel ihnen nicht nur auf die Seele, sondern stand ihnen fast vor Augen. Er hatte ungefähr 800 numidische Reiter unter den Hilfstruppen. Deren Befehlshaber versprach dem Konsul, er werde an der Seite, wo er wolle, mit seinen Leuten ausbrechen. Er solle ihm nur sagen, an welcher Seite mehr Dörfer wären. Die werde er angreifen und als erstes Feuer in die Häuser werfen, damit dieser Schreck die Ligurer zwinge, aus dem Paß, den sie belagerten, abzurücken und sich zu zerstreuen, um ihren Leuten Hilfe zu bringen. Der Konsul lobte ihn und machte ihm Aussicht auf ungeheure Belohnungen. Die Numider bestiegen ihre Pferde und begannen gegen die Posten der Feinde zu reiten, ohne jemand zu reizen. Nichts schien auf den ersten Blick verächtlicher: Pferde und Menschen ziemlich klein und zart, der Reiter ungegürtet und unbewaffnet, abgesehen davon, daß er Wurfspieße mit sich führte, die Pferde ohne Zügel, ihr Lauf selbst häßlich, weil sie mit steifem Nacken und vorgestrecktem Kopf liefen. Diese Verächtlichkeit steigerten sie noch absichtlich, ließen sich vom Pferd fallen und boten ein Bild zum Lachen. Deshalb schauten die, die anfangs aufmerksam und in Bereitschaft auf Posten gewesen waren, falls sie gereizt würden, schon zum größten Teil unbewaffnet und sitzend zu. Die Numider ritten heran, flohen dann wieder zurück, ritten aber allmählich näher zum Paß hin, als wenn sie nicht fähig wären, die Herrschaft über ihre Tiere zu behalten, und die Pferde sie gegen ihren Willen forttrügen. Schließlich gaben sie ihnen die Sporen und brachen mitten durch die Posten der Feinde durch, und als sie in das weite Land gelangt waren, steckten sie alle Häuser in der Nähe ihres Weges in Brand. Dann legten sie Feuer an das nächste Dorf und verwüsteten alles mit Feuer und Schwert. Zuerst erblickte man den Rauch, dann hörte man das Schreien der vom Entsetzen Gepackten in den Dörfern, zuletzt flohen die Alten und die Jungen und brachten das

refugientes tumultum in castris fecerunt. Itaque sine
consilio, sine imperio pro se quisque currere ad sua
tutanda; momentoque temporis castra relicta erant, et
obsidione liberatus consul, quo intenderat, pervenit.

13

Sed neque Boi neque Hispani, cum quibus eo anno
bellatum erat, tam inimici infestique erant Romanis
quam Aetolorum gens. Ii post deportatos ex Graecia
exercitus primo in spe fuerant et Antiochum in vacu-
am Europae possessionem venturum nec Philippum
aut Nabim quieturos. Ubi nihil usquam moveri viderunt, agitandum aliquid miscendumque rati, ne cunc-
tando senescerent consilia, concilium Naupactum in-
dixerunt. Ibi Thoas praetor eorum conquestus iniurias Romanorum statumque Aetoliae, quod omnium
Graeciae gentium civitatiumque inhonoratissimi post
eam victoriam essent, cuius causa ipsi fuissent, legatos
censuit circa reges mittendos, qui non solum temptarent animos eorum, sed suis quemque stimulis moverent ad Romanum bellum. Damocritus ad Nabim,
Nicander ad Philippum, Dicaearchus, frater praetoris,
ad Antiochum est missus. Tyranno Lacedaemonio
Damocritus ademptis maritimis civitatibus enervatam
tyrannidem dicere; inde militem, inde naves navalesque socios habuisse; inclusum suis prope muris
Achaeos videre dominantes in Peloponneso; numquam habiturum recuperandi sua occasionem, si eam,
quae tum esset, praetermisisset; nullum exercitum
Romanum in Graecia esse nec Gytheum aut maritimos alios Laconas dignam causam existimaturos Romanos, cur legiones rursus in Graeciam transmittant.
Haec ad incitandum animum tyranni dicebantur, ut,
cum Antiochus in Graeciam traiecisset, conscientia
violatae per sociorum iniurias Romanae amicitiae
coniungeret se cum Antiocho. Et Philippum Nicander haud dissimili oratione incitabat; erat etiam maior

12

2

3

4

5

6

7

8

9

10

Lager in Unruhe. Deshalb liefen sie ohne Beratung, ohne Befehl jeder für sich, um sein Hab und Gut zu schützen, und im Nu war das Lager verlassen, und der Konsul, von der Einschließung befreit, gelangte dahin, wo er hingewollt hatte.

Aber weder die Bojer noch die Spanier, mit denen man in diesem Jahr Krieg geführt hatte, waren so feindselig und erbittert gegen die Römer wie die Völkerschaft der Ätoler. Nach dem Abzug der Heere aus Griechenland hatten sie sich zuerst in der Hoffnung gewiegt, Antiochos werde sich das herrenlose Europa aneignen und Philipp und Nabis würden nicht ruhig bleiben. Als sie sahen, daß sich nirgends etwas rührte, glaubten sie etwas unternehmen und auslösen zu müssen, damit nicht durch das Zaudern ihre Pläne eines natürlichen Todes stürben, und beriefen eine Bundesversammlung nach Naupaktos ein. Dort beklagte sich Thoas, ihr Stratege, über die Ungerechtigkeiten der Römer und die Stellung Ätoliens, daß sie unter allen Völkerschaften und Gemeinden Griechenlands nach dem Sieg, der ihnen zu verdanken gewesen sei, am wenigsten geehrt worden seien, und schlug vor, Gesandte zu den Königen ringsum zu schicken, die nicht nur ihre Gesinnung erkunden, sondern auch an den wunden Punkt von jedem rühren und ihn dadurch zum Krieg mit den Römern bewegen sollten. Damokritos wurde zu Nabis geschickt, Nikander zu Philipp und Dikaiarchos, der Bruder des Strategen, zu Antiochos. Dem Tyrannen der Spartaner sagte Damokritos, durch die Wegnahme der Städte am Meer sei seine Macht als Alleinherrscher geschwächt worden; von dort habe er Soldaten gehabt, von dort Schiffe und Seesoldaten. Fast in seine eigenen Mauern eingeschlossen, müsse er zusehen, wie die Achäer in der Peloponnes die Herrschaft hätten. Er werde nie mehr eine Gelegenheit finden, sein Eigentum zurückzugewinnen, wenn er sich die Gelegenheit, die jetzt da sei, entgehen lasse. Kein römisches Heer sei in Griechenland, und Gytheion oder die anderen spartanischen Küstenstädte würden die Römer nicht für wichtig genug halten, um deswegen ihre Legionen wieder nach Griechenland zu schicken. Dies wurde gesagt, um den Tyrannen zu reizen, damit er, wenn Antiochos nach Griechenland hinübergekommen sei, aus dem Bewußtsein heraus, die Freundschaft mit den Römern durch Unrecht an ihren Bundesgenossen verletzt zu haben, sich mit Antiochos verbinde. Und durch eine ganz ähnliche Rede reizte Nikander Philipp. Da gab es mehr Stoff zum

orationis materia, quo ex altiore fastigio rex quam
tyrannus detractus erat quoque plures ademptae res.
Ad hoc vetusta regum Macedoniae fama peragratus- 11
que orbis terrarum victoriis eius gentis referebatur. Et
tutum vel incepto vel eventu se consilium adferre:
nam neque, ut ante se moveat Philippus, quam Antio- 12
chus cum exercitu transierit in Graeciam, suadere et, 13
qui sine Antiocho adversus Romanos Aetolosque tam
diu sustinuerit bellum, ei adiuncto Antiocho, sociis
Aetolis, qui tum graviores hostes quam Romani fuerint, quibus tandem viribus resistere Romanos posse?
Adiciebat de duce Hannibale, nato adversus Romanos 14
hoste, qui plures et duces et milites eorum occidisset,
quam quot superessent. Haec Philippo Nicander; alia 15
Dicaearchus Antiocho: et omnium primum praedam
de Philippo Romanorum esse dicere, victoriam Aetolorum; et aditum in Graeciam Romanis nullos alios
quam Aetolos dedisse et ad vincendum vires eosdem
praebuisse. Deinde quantas peditum equitumque co- 16
pias praebituri Antiocho ad bellum essent, quae loca
terrestribus copiis, quos portus maritimis. Tum de 17
Philippo et Nabide libero mendacio abutebatur: paratum utrumque ad rebellandum esse et primam quamque occasionem recuperandi ea, quae bello amisissent,
arrepturos. Ita per totum simul orbem terrarum 18
Aetoli Romanis concitabant bellum.

Et reges tamen aut non moti aut tardius moti sunt; 13
Nabis exemplo circa omnes maritimos vicos dimisit
ad seditiones in iis miscendas et alios principum donis
ad suam causam perduxit, alios pertinaciter in societate Romana manentes occidit. Achaeis omnium mariti- 2
morum Laconum tuendorum a T. Quinctio cura
mandata erat. Itaque extemplo et ad tyrannum legatos
miserunt, qui admonerent foederis Romani denuntia- 3
rentque, ne pacem, quam tantopere petisset, turbaret,
et auxilia ad Gytheum, quod iam oppugnabatur ab

Reden, weil der König aus größerer Höhe gestürzt war als der Tyrann
und ihm auch mehr weggenommen worden war. Dazu wurde der alte
Ruhm der Könige von Makedonien erwähnt und daß dieses Volk den
Erdkreis siegreich durchzogen habe. Und er füge einen sicheren Rat
hinzu, sowohl was den Anfang wie was das Ende angehe. Denn er rate
nicht dazu, daß Philipp sich rühre, bevor Antiochos mit seinem Heer
nach Griechenland hinübergekommen sei; und da er ohne Antiochos
den Krieg gegen die Römer und Ätoler so lange durchgehalten habe, mit
welchen Kräften könnten ihm die Römer dann widerstehen, wenn
Antiochos sich mit ihm verbünde und er die Ätoler als Bundesgenossen
habe, die damals gefährlichere Feinde als die Römer gewesen seien? Er
fügte auch noch einen Hinweis auf Hannibal hinzu, den geborenen
Feind der Römer, der mehr Führer und Soldaten von ihnen getötet
habe, als noch übrig seien. Dies brachte Nikander bei Philipp vor.
Anders machte es Dikaiarchos bei Antiochos. Zu allererst sagte er, die
Beute von Philipp hätten die Römer, der Sieg aber gehöre den Ätolern.
Den Zugang nach Griechenland habe den Römern niemand anders als
die Ätoler verschafft, und diese hätten ihnen auch die Streitkräfte zur
Verfügung gestellt, um den Sieg zu erringen. Sodann zählte er auf,
wieviel Fußsoldaten und Reiter sie Antiochos für den Krieg zur Verfü-
gung stellen würden, welche Gebiete für die Landtruppen und welche
Häfen für die Seestreitkräfte. Danach verstieg er sich zu einer dreisten
Lüge über Philipp und Nabis: beide seien bereit, sich zu erheben und
würden die erste beste Gelegenheit ergreifen, um das wiederzugewin-
nen, was sie im Krieg verloren hätten. So hetzten auf dem ganzen
Erdkreis zugleich die Ätoler zum Krieg gegen die Römer.

Die Könige jedoch ließen sich entweder nicht oder nur ziemlich
langsam beeinflussen. Nur Nabis schickte sogleich in alle Dörfer am
Meer, um in ihnen Aufruhr zu erwecken, und gewann einen Teil der
führenden Männer durch Geschenke für seine Sache; andere, die hartnäckig an dem Bündnis mit den Römern festhielten, ließ er töten. Den
Achäern war von T. Quinctius aufgetragen worden, für den Schutz aller
Orte an der Küste Lakoniens zu sorgen. Deshalb schickten sie sogleich
Gesandte zu dem Tyrannen, um ihn an den Vertrag mit den Römern zu
erinnern und ihn offiziell aufzufordern, er solle den Frieden, um den er
so dringend gebeten habe, nicht stören, und sie schickten Hilfstruppen

tyranno, et Romam, qui ea nuntiarent, legatos miserunt.

Antiochus rex, ea hiema Raphiae in Phoenice Pto-   4
lomaeo regi Aegypti filia in matrimonium data, cum
Antiochiam se recepisset, per Ciliciam Tauro monte
superato extremo iam hiemis Ephesum pervenit; inde   5
principio veris, Antiocho filio misso in Syriam ad
custodiam ultimarum partium regni, ne quid absente
se ab tergo moveretur, ipse cum omnibus terrestribus
copiis ad Pisidas, qui circa Sidam incolunt, oppugnandos est profectus.

Eo tempore legati Romani P. Sulpicius et P. Villius,   6
qui ad Antiochum, sicut ante dictum est, missi erant,
iussi prius Eumenem adire Elaeam venere; inde Pergamum — ibi regia Eumenis fuit — escenderunt.
Cupidus belli adversus Antiochum Eumenes erat,   7
gravem, si pax esset, accolam tanto potentiorem regem credens, eundem, si motum bellum esset, non
magis parem Romanis fore quam Philippus fuisset, et   8
aut funditus sublatum iri, aut, si pax victo daretur,
multa illi detracta sibi accessura, ut facile deinde se ab
eo sine ullo auxilio Romano tueri posset. Etiam si   9
quid adversi casurum foret, satius esse Romanis sociis
quamcumque fortunam subire quam solum aut imperium pati Antiochi aut abnuentem vi atque armis
cogi; ob haec, quantum auctoritate, quantum consilio   10
valebat, incitabat Romanos ad bellum.

Sulpicius aeger Pergami substitit; Villius cum Pisi-   **14**
diae bello occupatum esse regem audisset, Ephesum
profectus, dum paucos ibi moratur dies, dedit ope-   2
ram, ut cum Hannibale, qui tum ibi forte erat, saepe
congrederetur, ut animum eius temptaret et, si qua   3
posset, metum demeret periculi quicquam ei ab Romanis esse. Iis colloquiis aliud quidem actum nihil est,   4
secutum tamen sua sponte est, velut consilio petitum

nach Gytheion, das schon von dem Tyrannen angegriffen wurde, und Gesandte nach Rom, um das zu melden.

König Antiochos hatte in diesem Winter in Raphia in Phönikien Ptolemaios, dem König von Ägypten, seine Tochter zur Frau gegeben, und als er nach Antiocheia zurückgekehrt war, gelangte er durch Kilikien über den Tauros schon gegen Ende des Winters nach Ephesos. Von dort schickte er bei Frühlingsanfang seinen Sohn Antiochos nach Syrien, um die fernsten Teile seines Reiches in Obhut zu nehmen, damit es nicht in seiner Abwesenheit zu einer Erhebung in seinem Rücken komme, und brach selbst mit allen Landstreitkräften auf, um die Pisider anzugreifen, die um Side herum wohnen.

In dieser Zeit kamen die römischen Gesandten P. Sulpicius und P. Villius, die – wie oben gesagt – zu Antiochos geschickt worden waren, die aber vorher noch Eumenes aufsuchen sollten, nach Elaia. Von dort stiegen sie nach Pergamon hinauf – dort war der Königssitz des Eumenes. Eumenes wollte den Krieg gegen Antiochos. Denn er glaubte, wenn Frieden sei, sei ein so viel mächtigerer König ein schwer zu ertragender Nachbar; wenn aber Krieg ausbreche, werde Antiochos den Römern ebensowenig gewachsen sein, wie Philipp es gewesen sei, und er werde entweder völlig vernichtet werden oder, wenn ihm nach seiner Niederlage Frieden gewährt werde, werde jenem vieles weggenommen und ihm zugesprochen werden, so daß er sich dann auch ohne jede römische Hilfe leicht gegen ihn schützen könne. Auch wenn etwas Schlimmes eintreten sollte, sei es besser, im Bunde mit den Römern jedes beliebige Geschick auf sich zu nehmen als allein die Herrschaft des Antiochos zu dulden oder, wenn er sich weigere, dann mit Waffengewalt dazu gezwungen zu werden. Deshalb reizte er die Römer zum Krieg, soweit er es durch sein Ansehen und seinen Rat vermochte.

Sulpicius wurde durch eine Krankheit in Pergamon festgehalten. Da Villius gehört hatte, daß der König mit dem Krieg in Pisidien beschäftigt sei, ging er nach Ephesos, und während er sich dort wenige Tage aufhielt, bemühte er sich, mit Hannibal, der damals gerade dort war, oft zusammenzukommen, um seine Gesinnung zu erkunden und ihm womöglich die Furcht zu nehmen, daß ihm von den Römern eine Gefahr drohe. Bei diesen Gesprächen wurde sonst nichts erreicht, doch ergab es sich dann von selbst, als wenn es absichtlich herbeigeführt

esset, ut vilior ob ea regi Hannibal et suspectior ad
omnia fieret.

Claudius, secutus Graecos Acilianos libros, P.   5
Africanum in ea fuisse legatione tradit eumque Ephesi
collocutum cum Hannibale, et sermonem unum etiam
refert: quaerenti Africano, quem fuisse maximum   6
imperatorem Hannibal crederet, respondisse Alexan-   7
drum Macedonum regem, quod parva manu innumerabiles exercitus fudisset quod⟨que⟩ ultimas oras,
quas visere supra spem humanam esset, peragrasset.
Quaerenti deinde, quem secundum poneret, Pyrrhum   8
dixisse; castra metari primum docuisse; ad hoc nemi-   9
nem elegantius loca cepisse, praesidia disposuisse;
artem etiam conciliandi sibi homines eam habuisse, ut
Italicae gentes regis externi quam populi Romani, tam
diu principis in ea terra, imperium esse mallent. Exse- 10
quenti, quem tertium duceret, haud dubie semet ipsum dixisse. Tum risum obortum Scipioni et subiecis-   11
se: „Quidnam tu diceres, si me vicisses?" „Tum vero
me" inquit „et ante Alexandrum et ante Pyrrhum et
ante alios omnes imperatores esse." Et perplexum   12
Punico astu responsum et improvisum adsentationis
genus Scipionem movisse, quod e grege se imperatorum velut inaestimabilem secrevisset.

Villius ab Epheso Apameam processit. Eo et Anti-   15
ochus audito legatorum Romanorum adventu occurrit. Apameae congressis disceptatio eadem ferme fuit,   2
quae Romae inter Quinctium et legatos regis fuerat.
Mors nuntiata Antiochi filii regis, quem missum paulo ante dixeram Syriam, diremit colloquia. Magnus   3
luctus in regia fuit magnumque eius iuvenis desiderium; id enim iam specimen sui dederat, uti, si vita
longior contigisset, magni iustique regis in eo indolem

worden wäre, daß Hannibal deswegen beim König weniger galt und daß
er ihm in jeder Weise verdächtig war.

Claudius überliefert, dem griechisch geschriebenen Werk des Acilius
folgend, P. Africanus sei bei dieser Gesandtschaft gewesen und er habe
in Ephesos die Unterredung mit Hannibal gehabt, und er teilt auch ein
Gespräch mit. Als Africanus fragte, von wem Hannibal glaube, daß er
der größte Feldherr gewesen sei, habe jener geantwortet, Alexander, der
König der Makedonen, weil er mit einer kleinen Schar zahllose Heere
geschlagen und weil er die fernsten Küstenstriche durchzogen habe, die
zu sehen jede menschliche Hoffnung übersteige. Als er dann fragte,
wem er den zweiten Platz gebe, habe er Pyrrhos genannt. Er habe als
erster gezeigt, wie man ein Lager abstecke; dazu habe niemand zweckmäßiger die Stellungen ausgesucht und die Posten verteilt. Er habe auch
die Fähigkeit gehabt, die Menschen für sich zu gewinnen, so daß die
italischen Völkerschaften lieber wollten, daß die Herrschaft in der Hand
eines auswärtigen Königs war als in der des römischen Volkes, das so
lange die erste Rolle in diesem Land gespielt hatte. Als er dann weiter
wissen wollte, wen er für den dritten halte, habe er ohne Bedenken sich
selbst genannt. Da sei Scipio das Lachen gekommen und er habe
eingeworfen: „Was würdest du denn sagen, wenn du mich besiegt
hättest?" „Dann würde ich bestimmt sagen", gab Hannibal zur Antwort, „daß ich vor Alexander und vor Pyrrhos und vor allen anderen
Feldherren käme." Die in ihrer punischen Verschlagenheit zwielichtige
Antwort und die unerwartete Form der Schmeichelei habe auf Scipio
Eindruck gemacht, weil er ihn aus der Schar der Feldherrn sozusagen als
unvergleichlich herausgenommen habe.

Villius zog von Ephesos aus weiter nach Apameia. Dorthin begab
sich auch Antiochos, nachdem er von der Ankunft der römischen
Gesandten gehört hatte. Als sie in Apameia zusammentrafen, verlief die
Diskussion fast genauso wie in Rom zwischen Quinctius und den
Gesandten des Königs. Die Nachricht vom Tode des Königssohnes
Antiochos, der, wie ich gerade oben gesagt habe, nach Syrien geschickt
worden war, unterbrach die Verhandlungen. Am Königshof herrschte
tiefe Trauer, und der Schmerz um den Verlust dieses jungen Mannes
war groß. Denn er hatte schon ein Wesen erkennen lassen, daß es klar
ersichtlich war, daß die Anlage zu einem großen und gerechten König in
ihm gelegen hatte, wenn ihm ein längeres Leben beschieden gewesen

fuisse appareret. Quo carior acceptiorque omnibus   4
erat, eo mors eius suspectior fuit: gravem successorem eum instare senectuti suae patrem credentem per
spadones quosdam, talium ministeriis facinorum acceptos regibus, veneno sustulisse. Eam quoque cau-   5
sam clandestino facinori adiciebant, quod Seleuco
filio Lysimachiam dedisset, Antiocho quam similem
daret sedem, ut procul ab se honore eum quoque
ablegaret, non habuisset. Magni tamen luctus species   6
per aliquot dies regiam tenuit; legatusque Romanus
ne alieno tempore incommodus obversaretur, Pergamum concessit. Rex Ephesum omisso, quod incoha-   7
verat, bello redit. Ibi per luctum regia clausa cum
Minnione quodam, qui princeps amicorum eius erat,
secreta consilia agitavit. Minnio, ignarus omnium ex-   8
ternorum viresque aestimans regis ex rebus in Syria
aut Asia gestis, non causa modo superiorem esse
Antiochum, quod nihil aequi postularent Romani,
sed bello quoque superaturum credebat. Fugienti regi   9
disceptationem cum legatis, seu iam experto eam minus prosperam seu maerore recenti confuso, profes-
sus Minnio se, quae pro causa essent, dicturum per-
suasit, ut a Pergamo accerserentur legati.

Iam convaluerat Sulpicius; itaque ambo Ephesum   16
venerunt. Rex a Minnione excusatus et absente eo agi
res coepta est. Ibi praeparata oratione Minnio „Spe-   2
cioso titulo" inquit „uti vos, Romani, Graecarum
civitatium liberandarum video, sed facta vestra orationi non conveniunt, et aliud Antiocho iuris statuitis,
alio ipsi utimini. Qui enim magis Zmyrnaei Lampsa-   3
cenique Graeci sunt quam Neapolitani et Regini et
Tarentini, a quibus stipendium, a quibus naves ex
foedere exigitis? Cur Syracusas atque in alias Siciliae   4
Graecas urbes praetorem quotannis cum imperio et

wäre. Je lieber und teurer er allen war, desto mehr löste sein Tod den
Verdacht aus, sein Vater habe geglaubt, der Sohn drohe als ein gefährlicher Nachfolger seinem Alter, und er habe ihn durch einige Eunuchen,
die bei den Königen durch ihre Hilfe bei solchen Taten beliebt sind,
durch Gift aus dem Wege räumen lassen. Man erwähnte noch als
weiteren Grund für die heimliche Tat, daß er seinem Sohn Seleukos
Lysimacheia gegeben habe, aber keinen ähnlichen Sitz gehabt habe, den
er dem Antiochos geben konnte, um auch ihn auf ehrenvolle Weise von
sich weit wegzuschicken. Doch zeigte man nach außen hin am Königshof eine Reihe von Tagen tiefe Trauer, und der römische Gesandte zog
sich nach Pergamon zurück, um nicht zu ungelegener Zeit lästig zu
fallen. Der König brach den Krieg ab, den er begonnen hatte, und
kehrte nach Ephesos zurück. Dort hatte er, während der Königshof
wegen der Trauer geschlossen war, geheime Beratungen mit einem
gewissen Minnion, der der Erste unter seinen Freunden war. Minnion,
der von allem, was das Ausland anging, keine Ahnung hatte, beurteilte
die Kräfte des Königs nach seinen Taten in Syrien und Asien und
glaubte, Antiochos sei nicht nur in der besseren rechtlichen Position,
weil die Römer unbillige Forderungen stellten, sondern er werde auch
im Krieg überlegen sein. Da der König der Diskussion mit den Gesandten aus dem Wege ging – sei es, daß er schon herausgefunden hatte, daß
ziemlich wenig dabei herauskam, sei es, daß er durch seine frische
Trauer verstört war –, versprach Minnion ihm, er werde sagen, was im
Interesse der Sache liege, und überredete ihn, die Gesandten wieder von
Pergamon herbeirufen zu lassen.

Sulpicius war inzwischen genesen; daher kamen beide nach Ephesos.
Der König ließ sich durch Minnion entschuldigen, und man begann in
seiner Abwesenheit zu verhandeln. Dort sagte Minnion in einer vorbereiteten Rede: „Ihr Römer, ich sehe, daß ihr die Befreiung der griechischen Gemeinden als glänzendes Aushängeschild gebraucht, aber eure
Taten stimmen nicht mit euren Worten überein, und für Antiochos
stellt ihr ein anderes Recht auf, als ihr es für euch selbst in Anspruch
nehmt. Denn wieso sind die Bewohner von Smyrna und Lampsakos
mehr Griechen als die von Neapel, Regium und Tarent, von denen ihr
aufgrund der vertraglichen Abmachungen Abgaben und Schiffe fordert?
Warum schickt ihr nach Syrakus und in die anderen griechischen Städte
Siziliens jedes Jahr einen Prätor mit Befehlsgewalt und mit Ruten und

virgis et securibus mittitis? Nihil aliud profecto dica-
tis quam armis superatis vos iis has leges imposuisse.
Eandem de Zmyrna, Lampsaco civitatibusque, quae   5
Ioniae aut Aeolidis sunt, causam ab Antiocho accipi-
te. Bello superatas a maioribus et stipendiarias ac   6
vectigales factas in antiquum ius repetit; itaque ad
haec ei responderi velim, si ex aequo disceptatur et
non belli causa quaeritur."

Ad ea Sulpicius „Fecit verecunde" inquit „Antio-   7
chus, qui, si alia pro causa eius non erant, quae
dicerentur, quemlibet ista quam se dicere maluit.
Quid enim simile habet civitatium earum, quas com-   8
parasti, causa? Ab Reginis et Neapolitanis et Tarentinis, ex quo in nostram venerunt potestatem, uno et
perpetuo tenore iuris, semper usurpato, numquam
intermisso, quae ex foedere debent, exigimus. Potesne   9
tandem dicere, ut ii populi non per se, non per alium
quemquam foedus mutaverint, sic Asiae civitates, ut   10
semel venere in maiorum Antiochi potestatem, in
perpetua possessione regni vestri mansisse, et non
alias earum in Philippi, alias in Ptolomaei fuisse potestate, alias per multos annos nullo ambigente libertatem usurpasse? Nam si, quod aliquando servierunt,   11
temporum iniquitate pressi, ius post tot saecula adse-
rendi eos in servitutem faciet, quid abest, quin actum   12
nobis nihil sit, quod a Philippo liberavimus Graeciam,
et repetant posteri eius Corinthum, Chalcidem, Demetriadem et Thessalorum totam gentem? Sed quid   13
ego causam civitatium ago, quam ipsis agentibus et
nos et regem ipsum cognoscere aequius est?"

Vocari deinde civitatium legationes iussit, praepa-   17
ratas iam ante et instructas ab Eumene, qui, quantum-
cumque virium Antiocho decessisset, suo id accessu-

Beilen? Ihr würdet bestimmt nichts anderes sagen, als daß ihr ihnen, nachdem ihr sie im Kampf überwunden, diese Bedingungen auferlegt hättet. Laßt den gleichen Grund auch für Antiochos bei Smyrna und Lampsakos gelten und bei den Gemeinden, die zu Jonien und der Aiolis gehören. Sie sind im Krieg von seinen Vorfahren besiegt und abgaben- und steuerpflichtig gemacht worden, und er will den alten Rechtszustand wiederherstellen. Deshalb möchte ich, daß er darauf eine Antwort erhält, ob auf der Basis der Gleichberechtigung diskutiert oder nach einem Grund zum Krieg gesucht wird."

Darauf erwiderte Sulpicius: „Aus einem Gefühl für Anstand hat Antiochos, wenn es für seine Sache anders nichts zu sagen gab, lieber gewollt, daß irgendwer das vorbrachte als er selbst. Denn welche Ähnlichkeit weist die Situation der Gemeinden auf, die du miteinander verglichen hast? Von den Bewohnern von Regium, Neapel und Tarent fordern wir, seitdem sie in unsere Macht gekommen sind, in einer einzigen fortlaufenden Rechtstradition, die immer angewandt und niemals unterbrochen worden ist, was sie aufgrund der vertraglichen Bestimmungen schuldig sind. Kannst du denn sagen, so wie diese Völker nicht von sich aus und nicht mit Hilfe von anderen die vertraglichen Bestimmungen geändert hätten, so seien die Gemeinden in Kleinasien, sobald sie einmal in die Macht der Vorfahren des Antiochos gekommen waren, im ständigen Besitz eures Königreiches geblieben? Sind nicht vielmehr einige von ihnen in der Hand Philipps, andere in der des Ptolemaios und wieder andere viele Jahre lang im Besitz der Freiheit gewesen, ohne daß jemand sie ihnen streitig gemacht hätte? Denn wenn die Tatsache, daß sie irgendwann einmal infolge der Ungunst der Verhältnisse abhängig gewesen sind, einem das Recht geben würde, sie nach so vielen Menschenaltern wieder für abhängig zu erklären, haben wir dann damit überhaupt etwas erreicht, daß wir Griechenland von Philipp befreit haben, und werden nicht seine Nachkommen Korinth, Chalkis, Demetrias und die ganze Völkerschaft der Thessaler wieder für sich beanspruchen? Aber was vertrete ich die Sache der Gemeinden, wo es doch angemessener ist, daß wir und der König selbst es uns anhören, wenn sie selbst ihre Sache vertreten?"

Er ließ dann die Gesandtschaften der Gemeinden rufen, die bereits von Eumenes vorbereitet und instruiert worden waren, der glaubte, alles, was Antiochos an Macht verliere, das falle seinem Reiche zu. Es

rum regno ducebat. Admissi plures, dum suas quis-   2
que nunc querellas, nunc postulationes inserit, et
aequa iniquis miscent, ex disceptatione altercationem
fecerunt. Itaque nec remissa ulla re nec impetrata,
aeque ac venerant, omnium incerti legati Romam
redierunt.

Rex dimissis iis consilium de bello Romano habuit.   3
Ibi alius alio ferocius, quia, quo quisque asperius
adversus Romanos locutus esset, eo spes gratiae maior
erat, alius superbiam postulatorum increpare, tam-   4
quam Nabidi victo, sic Antiocho, maximo Asiae re-
gum, imponentium leges; quamquam Nabidi tamen   5
dominationem in patria sua et patria Lacedaemone
remissam, Antiocho si Zmyrna et Lampsacus impera-   6
ta faciant, indignum videri; alii parvas et vix dictu   7
dignas belli causas tanto regi eas civitates esse; sed
initium semper a parvis iniusta imperandi fieri, nisi
crederent Persas, cum aquam terramque ab Lacedaemoniis petierint, gleba terrae et haustu aquae eguisse.
Per similem temptationem ⟨a⟩ Romanis de duabus   8
civitatibus agi; et alias civitates, simul duas iugum
exuisse vidissent, ad liberatorem populum defecturas.
Si non libertas servitute potior sit, tamen omni prae-   9
senti statu spem cuique novandi res suas blandiorem
esse.

Alexander Acarnan in consilio erat; Philippi quon-   18
dam amicus, nuper relicto eo secutus opulentiorem
regiam Antiochi et tamquam peritus Graeciae nec   2
ignarus Romanorum in eum gradum amicitiae regis,
ut consiliis quoque arcanis interesset, acceptus erat.
Is, tamquam non, utrum bellandum esset necne, con-   3
suleretur, sed ubi et qua ratione bellum gereretur,
victoriam se haud dubiam proponere animo adfirmabat, si in Europam transisset rex et in aliqua Graeciae
parte sedem bello cepisset. Iam primum Aetolos, qui   4
umbilicum Graeciae incolerent, in armis eum inven-

wurden ziemlich viele zugelassen, und während jeder bald seine Klagen, bald seine Forderungen einflocht und sie Billiges mit Unbilligem mischten, machten sie aus der Diskussion ein Gezänk. Deshalb kehrten die Gesandten, ohne etwas zugestanden oder durchgesetzt zu haben, genauso wie sie gekommen waren, über alles im ungewissen, nach Rom zurück.

Nachdem sie entlassen worden waren, hatte der König eine Beratung über den Krieg mit den Römern. Je schärfer einer dabei gegen die Römer sprach, desto mehr glaubte er sich beliebt zu machen, und so schimpfte der eine wilder als der andere auf die Überheblichkeit der Forderungen, in denen sie Antiochos, dem größten der Könige Asiens, Bedingungen stellten, als wenn er der besiegte Nabis wäre. Dabei hätten sie Nabis doch die Herrschaft in seinem Vaterland und dem heimatlichen Sparta gelassen. Wenn aber Smyrna und Lampsakos den Befehlen des Antiochos nachkämen, werde das als unwürdig angesehen. Andere sagten, diese Gemeinden seien unbedeutend und als Grund zu einem Krieg für einen so großen König kaum der Rede wert. Aber ungerechte Anordnungen nähmen immer im Kleinen ihren Anfang. Oder glaubten sie etwa, als die Perser von den Spartanern Wasser und Erde forderten, hätten sie eine Erdscholle und einen Schluck Wasser nötig gehabt? Einen ähnlichen Versuch unternähmen die Römer hinsichtlich der beiden Gemeinden. Und andere Gemeinden würden, wenn sie sähen, daß die beiden ihr Joch abgeworfen hätten, zu dem Volk abfallen, das die Freiheit gebe. Selbst wenn die Freiheit nicht mehr wert wäre als die Knechtschaft, sei doch in jeder Situation für jeden die Hoffnung auf eine Änderung seiner Lage ziemlich verlockend.

Der Akarnane Alexander war bei dem Kriegsrat. Er war früher ein Freund Philipps gewesen, hatte ihn aber vor kurzem verlassen und sich dem mächtigeren Königshof des Antiochos angeschlossen, und da er ein Kenner Griechenlands war und ihm auch die Römer nicht fremd waren, besaß er die Freundschaft des Königs in einem solchen Grad, daß er sogar an seinen geheimen Beratungen teilnahm. So als wenn nicht darüber beraten würde, ob man Krieg führen solle oder nicht, sondern wo und wie der Krieg geführt werden solle, versicherte er, er stelle sich vor, daß der Sieg ganz gewiß sei, wenn der König nach Europa hinübergehe und einen Teil von Griechenland zum Kriegsschauplatz mache. Schon am Anfang werde er die Ätoler, die im Zentrum Grie-

turum, antesignanos ad asperrima quaeque belli paratos; in duobus velut cornibus Graeciae Nabim a   5
Peloponneso concitaturum omnia, repetentem Argi-
vorum urbem, repetentem maritimas civitates, quibus
eum depulsum Romani Lacedaemonis muris inclusis-
sent, a Macedonia Philippum, ubi primum bellicum   6
cani audisset, arma capturum: nosse se spiritus eius,
nosse animum; scire ferarum modo, quae claustris aut
vinculis teneantur, ingentes iam diu iras eum in pecto-
re volvere; meminisse etiam se, quotiens in bello   7
precari omnes deos solitus sit, ut Antiochum sibi
darent adiutorem; cuius voti si compos nunc fiat,
nullam moram rebellandi facturum. Tantum non   8
cunctandum nec cessandum esse: in eo enim victoriam verti, si et loca opportuna et socii praeoccupa-
rentur. Hannibalem quoque sine mora mittendum in
Africam esse ad distringendos Romanos.

Hannibal non adhibitus est in consilium, propter   19
colloquia cum Villio suspectus regi et in nullo postea
honore habitus. Primo eam contumeliam tacitus tulit;   2
deinde melius esse ratus et percunctari causam repenti-
nae alienationis et purgare se, tempore apto quaesita
simpliciter iracundiae causa auditaque ,,Pater Hamil-   3
car" inquit, ,,Antioche, parvum admodum me, cum
sacrificaret, altaribus admotum iure iurando adegit
numquam amicum fore populi Romani. Sub hoc sacra-   4
mento sex et triginta annos militavi; hoc me in pace
patria mea expulit; hoc patria extorrem in tuam regiam
adduxit; hoc duce, si tu spem meam destitueris, ubi-
cumque vires, ubi arma esse sciam, veniam, toto orbe
terrarum quaerens aliquos Romanis hostes. Itaque si   5
quibus tuorum meis criminibus apud te crescere libet,
aliam materiam crescendi ex me quaerant. Odi odioque   6
sum Romanis. Id me verum dicere pater Hamilcar et di

chenlands wohnten, in Waffen finden, als Vorkämpfer gerade zu den
schwierigsten Aufgaben des Krieges bereit. Auf den beiden „Flügeln"
Griechenlands werde Nabis von der Peloponnes aus alles aufwiegeln,
der die Stadt der Argiver und die Küstenstädte wiederhaben wolle, aus
denen die Römer ihn vertrieben und ihn in den Mauern Spartas eingeschlossen hätten, von Makedonien aus werde Philipp zu den Waffen
greifen, sobald er den Schall der Kriegstrompete höre. Er kenne seine
Gesinnung, er kenne seinen Mut. Er wisse, daß er nach Art wilder
Tiere, die in Käfigen oder Banden gehalten würden, schon lange einen
ungeheuren Zorn in seiner Brust wälze. Er erinnere sich auch daran, wie
oft er im Krieg immer wieder alle Götter gebeten habe, ihm Antiochos
als Beistand zu geben; wenn sich dieses Gebet nun erfülle, werde er sich
unverzüglich erheben. Nur dürfe man nicht zögern und nicht zaudern.
Denn für den Sieg sei es entscheidend, wenn man vor den anderen
günstige Stellungen und Bundesgenossen erlange. Auch Hannibal
müsse unverzüglich nach Afrika geschickt werden, um die Römer an
verschiedenen Fronten zu binden.

Hannibal wurde zu der Versammlung nicht hinzugezogen; denn er
war dem König wegen der Gespräche mit Villius verdächtig, und
danach wurde ihm keine Ehre mehr zuteil. Zuerst trug er diese Schmach
schweigend. Dann glaubte er, es sei besser, die Ursache für die plötzliche Entfremdung zu ergründen und sich zu rechtfertigen, und als er zu
geeigneter Zeit geradeheraus nach der Ursache des Zornes gefragt und
sie erfahren hatte, sagte er: „Antiochos, mein Vater Hamilcar hat mich
als ganz kleinen Jungen, als er ein Opfer darbrachte, an den Altar
geführt und von mir den Eid gefordert, daß ich niemals ein Freund des
römischen Volkes sein würde. Unter diesem Fahneneid bin ich 36 Jahre
Soldat gewesen. Dieser Eid hat mich im Frieden aus meiner Vaterstadt
vertrieben. Er hat mich, als ich aus der Vaterstadt verbannt war, an
deinen Königshof geführt. Unter seiner Führung werde ich, wenn du
meine Hoffnung enttäuschst, hinkommen, wo nur immer ich Streitkräfte und Waffen weiß, und werde auf dem ganzen Erdkreis nach
Menschen suchen, die Feinde der Römer sind. Wenn deshalb einige
deiner Leute durch Anschuldigungen gegen mich hochkommen möchten, sollen sie sich etwas anderes aussuchen, um durch mich hochzu-
kommen. Ich hasse die Römer, und die Römer hassen mich. Daß ich
damit die Wahrheit sage, dafür sind mein Vater Hamilcar und die

testes sunt. Proinde cum de bello Romano cogitabis,
inter primos amicos Hannibalem habeto; si qua res te ad
pacem compellet, in id consilium alium, cum quo   7
deliberes, quaerito." Non movit modo talis oratio
regem, sed etiam reconciliavit Hannibali.

Ex consilio ita discessum est, ut bellum gereretur.
Romae destinabant quidem sermonibus hostem   20
Antiochum, sed nihildum ad id bellum praeter animos parabant. Consulibus ambobus Italia provincia   2
decreta est ita, ut inter se compararent sortirenturve,
uter comitiis eius anni praeesset; ad utrum ea non   3
pertineret cura, ut paratus esset, si quo eum extra
Italiam opus esset ducere legiones. Huic consuli per-   4
missum, ut duas legiones scriberet novas et socium
nominis Latini viginti milia et equites octingentos;
alteri consuli duae legiones decretae, quas L. Corne-   5
lius consul superioris anni habuisset, et socium ac
Latini nominis ex eodem exercitu quindecim milia et
equites quingenti. Q. Minucio cum exercitu, quem in   6
Liguribus habebat, prorogatum imperium; additum,
in supplementum ut quattuor milia peditum Romanorum scriberentur, centum quinquaginta equites, et
sociis eodem quinque milia peditum imperarentur,
ducenti quinquaginta equites. Cn. Domitio extra Ita-   7
liam, quo senatus censuisset, provincia evenit, L.
Quinctio Gallia et comitia habenda. Praetores deinde   8
provincias sortiti, M. Fulvius Centumalus urbanam,
L. Scribonius Libo peregrinam, L. Valerius Tappo
Siciliam, Q. Salonius Sarra Sardiniam, M. Baebius
Tamphilus Hispaniam citeriorem, A. Atilius Serranus
ulteriorem. Sed his duobus primum senatus consulto,   9
deinde plebei etiam scito permutatae provinciae sunt:
Atilio classis et Macedonia, Baebio Bruttii decreti.   10
Flaminio Fulvioque in Hispaniis prorogatum impe-   11
rium. Atilio in Bruttios duae legiones decretae, quae
priore anno urbanae fuissent, et ut sociis eodem milia

Götter Zeuge. Wenn du daher an einen Krieg mit den Römern denkst, sollst du Hannibal zu deinen besten Freunden zählen; wenn aber irgendein Umstand dich zum Frieden drängt, sollst du dir für diesen Plan einen anderen suchen, mit dem du das berätst." Diese Rede machte nicht nur Eindruck auf den König, sondern gewann ihn auch wieder für Hannibal.

Man ging mit dem Entschluß zum Krieg aus dem Kriegsrat.

In Rom erklärten manche in ihren Reden den Antiochos zum Feind, aber abgesehen davon, daß man die Menschen auf diesen Krieg vorbereitete, unternahm man sonst noch nichts. Für die beiden Konsuln wurde Italien als Aufgabenbereich bestimmt, wobei sie sich untereinander einigen oder das Los entscheiden lassen sollten, wer von ihnen die Wahlen in diesem Jahr leiten sollte. Der andere, dem diese Aufgabe nicht zufiel, sollte bereit sein, wenn es nötig würde, die Legionen irgendwohin außerhalb Italiens zu führen. Diesem Konsul wurde gestattet, zwei neue Legionen auszuheben und von den Bundesgenossen und Latinern 20 000 Mann und 800 Reiter. Für den anderen Konsul wurden die beiden Legionen bestimmt, die L. Cornelius, der Konsul des Vorjahres, gehabt hatte, und von den Bundesgenossen und Latinern aus demselben Heere 15 000 Mann und 500 Reiter. Q. Minucius wurde mit dem Heer, das er im Gebiet der Ligurer hatte, das Kommando verlängert; es wurde noch hinzugefügt, daß als Ersatz 4000 römische Fußsoldaten ausgehoben werden sollten und 150 Reiter und daß von den Bundesgenossen für den gleichen Zweck 5000 Fußsoldaten angefordert werden sollten und 250 Reiter. Cn. Domitius erhielt das Aufgabengebiet außerhalb Italiens, wo es der Senat für richtig hielt, L. Quinctius Gallien und die Durchführung der Wahlen. Darauf losten die Prätoren um die Aufgabenbereiche. M. Fulvius Centumalus erhielt die Stadt-, L. Scribonius Libo die Fremdenprätur, L. Valerius Tappo Sizilien, Q. Salonius Sarra Sardinien, M. Baebius Tamphilus das Diesseitige Spanien und A. Atilius Serranus das Jenseitige. Aber für diese beiden wurden zunächst auf Senatsbeschluß, dann auf Anordnung des Volkes die Aufgabenbereiche geändert; für Atilius wurden die Flotte und Makedonien bestimmt, für Baebius das Gebiet der Bruttier. Flaminius und Fulvius wurde das Kommando in Spanien verlängert. Atilius wurden für das Gebiet der Bruttier die beiden Legionen zugewiesen, die im Vorjahr Reserve gewesen waren, und von den Bundesgenossen

peditum quindecim imperarentur et quingenti equites. Baebius Tamphilus triginta naves quinqueremes 12
facere iussus et ex navalibus veteres deducere, si quae
utiles essent, et scribere navales socios; et consulibus
imperatum, ut ei duo milia socium ac Latini nominis
et mille Romanos darent pedites. Hi duo praetores et 13
duo exercitus, terrestris navalisque, adversus Nabim
aperte iam oppugnantem socios populi Romani dicebantur parari; ceterum legati ad Antiochum missi 14
exspectabantur, et priusquam ii redissent, vetuerat
Cn. Domitium consulem senatus discedere ab urbe.
Praetoribus Fulvio et Scribonio, quibus, ut ius dice- 21
rent Romae, provincia erat, negotium datum, ut praeter eam classem, cui Baebius praefuturus erat, centum
quinqueremes pararent.

Priusquam consul praetoresque in provincias profi- 2
ciscerentur, supplicatio fuit prodigiorum causa. Ca- 3
pram sex haedos uno fetu edidisse ex Piceno nuntiatum est et Arreti puerum natum unimanum, Amiterni 4
terra pluvisse, Formiis portam murumque de caelo
tacta et, quod maxime terrebat, consulis Cn. Domiti
bovem locutum: „Roma, cave tibi!" Ceterorum pro- 5
digiorum causa supplicatum est; bovem cum cura
servari alique haruspices iusserunt. Tiberis, infestiore
quam priore ⟨anno⟩ impetu illatus urbi duos pontes,
aedificia multa, maxime circa Flumentanam portam,
evertit. Saxum ingens sive imbribus seu motu terrae 6
leniore, quam ut alioqui sentiretur, labefactatum in
vicum Iugarium ex Capitolio procidit et multos oppressit. In agris passim inundatis pecua ablata, villa-
rum strages facta est.

Priusquam L. Quinctius consul in provinciam per- 7
veniret, Q. Minucius in agro Pisano cum Liguribus
signis collatis pugnavit; novem milia hostium occidit,
ceteros fusos fugatosque in castra compulit. Ea usque 8

wurden für das gleiche Heer 1500 Fußsoldaten angefordert und 500
Reiter. Baebius Tamphilus erhielt Befehl, 30 Fünfruderer bauen zu
lassen und von den Schiffsliegeplätzen die alten wieder ins Wasser zu
ziehen, wenn davon noch welche einsatzfähig wären, und Seesoldaten
auszuheben. Und den Konsuln wurde befohlen, ihm 2000 Bundesgenossen und Latiner und 1000 römische Fußsoldaten zu geben. Diese
beiden Prätoren und die beiden Heere, das zu Lande und das zur See,
wurden, wie man sagte, gegen Nabis aufgestellt, der schon ganz offen
Bundesgenossen des römischen Volkes angriff. Im übrigen wartete man
auf die Gesandten, die zu Antiochos geschickt worden waren, und
bevor sie zurückkehrten, hatte der Senat dem Konsul Cn. Domitius
verboten, die Stadt zu verlassen. Die Prätoren Fulvius und Scribonius,
die das Amt hatten, in Rom Recht zu sprechen, erhielten den Auftrag,
neben der Flotte, über die Baebius das Kommando haben sollte, 100
Fünfruderer auszurüsten.

Bevor der Konsul und die Prätoren in ihre Aufgabenbereiche aufbrachen, fand ein Bittgang wegen der Zeichen vom Himmel statt. Aus
Picenum war gemeldet worden, eine Ziege habe in einem einzigen Wurf
sechs Zicklein zur Welt gebracht und in Arretium sei ein Junge mit nur
einer Hand geboren worden, in Amiternum habe es Erde geregnet, in
Formiae sei das Tor und die Mauer vom Blitz getroffen worden und,
was am meisten Schrecken auslöste, ein Rind des Konsuls Cn. Domitius
habe gesprochen: „Rom, nimm dich in acht!" Wegen der übrigen
Zeichen vom Himmel wurde der Bittgang durchgeführt; das Rind
befahlen die Haruspices sorgfältig in Obhut zu nehmen und zu füttern.
Der Tiber drang mit noch größerer Gewalt als im Vorjahr in die Stadt
ein und zerstörte zwei Brücken und viele Gebäude, vor allem um die
Porta Flumentana herum. Ein gewaltiger Felsbrocken löste sich –
entweder durch Regen oder durch ein Erdbeben, das zu leicht war, als
daß man es anderswo bemerkt hätte –, fiel vom Kapitol auf den Vicus
Jugarius und erschlug viele. Auf dem Land, das überall überflutet war,
wurde viel Vieh weggerissen, und es kam zum Einsturz von Landhäu-
sern.

Bevor der Konsul L. Quinctius in seine Provinz gelangte, kämpfte
Q. Minucius im Gebiet von Pisae mit den Ligurern in offener Schlacht.
Er erschlug 9000 Feinde, die übrigen warf er und jagte sie in die Flucht
und trieb sie in ihrem Lager zusammen. Dieses wurde bis in die Nacht

in noctem magno certamine oppugnata defensaque
sunt. Nocte clam profecti Ligures; prima luce vacua   9
castra Romanus invasit; praedae minus inventum est,
quod subinde spolia agrorum capta domos mittebant.
Minucius nihil deinde laxamenti hostibus dedit: ex   10
agro Pisano in Ligures profectus castella vicosque
eorum igni ferroque pervastavit. Ibi praeda Etrusca,   11
quae missa a populatoribus fuerat, repletus est miles
Romanus.

   Sub idem tempus legati ab regibus Romam reverte-   **22**
runt; qui cum nihil, quod satis maturam causam belli   2
haberet, nisi adversus Lacedaemonium tyrannum at-
tulissent, quem et Achaei legati nuntiabant contra
foedus maritimam oram Laconum oppugnare, Atilius
praetor cum classe missus in Graeciam est ad tuendos
socios. Consules, quando nihil ab Antiocho instaret,   3
proficisci ambo in provincias placuit. Domitius ab
Arimino, qua proximum fuit, Quinctius per Ligures
in Boios venit. Duo consulum agmina diversa late   4
agrum hostium pervastarunt. Primo equites eorum
pauci cum praefectis, deinde universus senatus, postremo in quibus aut fortuna aliqua aut dignitas erat,
ad mille quingenti, ad consules transfugerunt.

   Et in utraque Hispania eo anno res prospere gestae;   5
nam et C. Flaminius oppidum Licabrum munitum
opulentumque vineis expugnavit et nobilem regulum
Conribilonem vivum cepit, et M. Fulvius proconsul   6
cum duobus exercitibus hostium duo secunda proelia
fecit, oppida duo Hispanorum, Vesceliam Helonem-
que, et castella multa expugnavit; alia voluntate ad eum
defecerunt. Tum in Oretanos progressus et ibi duobus   7
potitus oppidis, Noliba et Cusibi, ad Tagum amnem ire
pergit. Toletum ibi parva urbs erat, sed loco munito.
Eam cum oppugnaret, Vettonum magnus exercitus
Toletanis subsidio venit. Cum iis signis collatis prospere pugnavit et fusis Vettonibus operibus Toletum cepit.   8

hinein heftig umkämpft, in der Nacht machten sich die Ligurer heimlich
davon. Im Morgengrauen drang der Römer in das verlassene Lager ein.
An Beute fand man ziemlich wenig, weil sie das Beutegut aus dem Land
immer gleich nach Hause schickten. Minucius gönnte den Feinden
danach keine Erholung. Aus dem Gebiet von Pisae rückte er in das
Land der Ligurer und verwüstete ihre festen Plätze und Dörfer völlig
mit Feuer und Schwert. Dort wurde der römische Soldat mit der Beute
aus Etrurien überladen, die von den Plünderern geschickt worden war.

Um dieselbe Zeit kamen die Gesandten von den Königen nach Rom
zurück. Da sie nichts berichteten, was einen ausreichenden Grund zum
Krieg dargestellt hätte, es sei denn gegen den Tyrannen der Spartaner,
von dem auch die Gesandten der Achäer meldeten, er greife entgegen
dem Vertrag die spartanische Meeresküste an, wurde der Prätor Atilius
mit seiner Flotte nach Griechenland geschickt, um die Bundesgenossen
zu schützen. Man beschloß, da von Antiochos keine unmittelbare
Gefahr drohe, sollten die Konsuln beide in ihre Provinzen aufbrechen.
Domitius kam von Ariminum aus, wo es am nächsten war, Quinctius
durch das Land der Ligurer in das Gebiet der Bojer. Die beiden Heere
der Konsuln verwüsteten an verschiedenen Stellen weit und breit das
Land der Feinde. Zuerst traten wenige Reiter von ihnen mit ihren
Anführern, dann ihr gesamter Senat, zuletzt alle, die etwas Vermögen
oder Rang besaßen, an die 1500, zu den Konsuln über.

Auch in den beiden spanischen Provinzen wurden in diesem Jahr
Erfolge errungen. Denn C. Flaminius eroberte die befestigte und reiche
Stadt Licabrum mit Sturmdächern und nahm den angesehenen Fürsten
Conribilo gefangen, und der Prokonsul M. Fulvius war gegen zwei
feindliche Heere in zwei Schlachten erfolgreich und eroberte zwei
Städte der Spanier, Vescelia und Helo, und viele feste Plätze; andere
traten freiwillig zu ihm über. Dann rückte er in das Gebiet der Oretaner
vor und brachte dort zwei Städte in seine Gewalt, Noliba und Cusibis,
und zog weiter zum Tagus. Dort lag Toletum, eine nur kleine Stadt,
aber an einer geschützten Stelle. Als er sie angriff, kam den Toletanern
ein starkes Heer der Vettonen zu Hilfe. Mit ihnen kämpfte er erfolgreich in offener Schlacht, und als er die Vettonen geschlagen hatte, nahm
er Toletum mit Hilfe von Belagerungswerken ein.

Ceterum eo tempore minus ea bella, quae gereban-   **23**
tur, curae patribus erant quam exspectatio nondum
coepti cum Antiocho belli. Nam etsi per legatos   2
identidem omnia explorabantur, tamen rumores temere sine ullis auctoribus orti multa falsa veris misce-
bant. Inter quae adlatum erat, cum in Aetoliam venis-   3
set Antiochus, extemplo classem eum in Siciliam missurum. Itaque senatus, etsi praetorem Atilium cum   4
classe miserat in Graeciam, tamen, quia non copiis   5
modo, sed etiam auctoritate opus erat ad tenendos
sociorum animos, T. Quinctium et Cn. Octavium et
Cn. Servilium et P. Villium legatos in Graeciam misit
et, ut M. Baebius ex Bruttiis ad Tarentum et Brundisium promoveret legiones, decrevit, inde, si res posce-   6
ret, in Macedoniam traiceret, et ut M. Fulvius praetor
classem navium viginti mitteret ad tuendam Siciliae
oram, et ut cum imperio esset, qui classem eam   7
duceret — duxit L. Oppius Salinator, qui priore anno
aedilis plebei fuerat — et ut idem praetor L. Valerio   8
collegae scriberet periculum esse, ne classis regis Antiochi ex Aetolia in Siciliam traiceret: itaque placere
senatui ad eum exercitum, quem haberet, tumultua-
riorum militum ad duodecim milia et quadringentos
equites scriberet, quibus oram maritimam provinciae,
qua vergeret in Graeciam, tueri posset. Eum dilectum   9
praetor non ex Sicilia ipsa tantum, sed ex circumia-
centibus insulis habuit oppidaque omnia maritima,
quae in Graeciam versa erant, praesidiis firmavit.
      Addidit alimenta rumoribus adventus Attali, Eu-   10
menis fratis, qui nuntiavit Antiochum regem Hellespontum cum exercitu transisse et Aetolos ita se parare, ut sub adventum eius in armis essent. Et Eumeni   11
absenti et praesenti Attalo gratiae actae, et aedes
liberae, locus, lautia decreta et munera data, equi duo,
bina equestria arma et vasa argentea centum pondo et
aurea viginti pondo.

Aber in dieser Zeit machten die Kriege, die geführt wurden, den
Senatoren weniger Sorge als das Warten auf den Krieg mit Antiochos,
der noch nicht angefangen hatte. Denn obwohl durch Gesandte immer
wieder alles erkundet wurde, verquickten doch leichtfertig aufgebrachte
Gerüchte, deren Urheber man nicht kannte, viel Falsches mit dem
Wahren. So war gemeldet worden, wenn Antiochos nach Ätolien
gekommen sei, werde er sogleich eine Flotte nach Sizilien schicken.
Obwohl der Senat schon den Prätor Atilius mit einer Flotte nach
Griechenland geschickt hatte, glaubte er doch, es seien nicht nur
Truppen, sondern auch persönlicher Einfluß nötig, um die Treue der
Bundesgenossen zu garantieren, und schickte darum T. Quinctius,
Cn. Octavius, Cn. Servilius und P. Villius als Gesandte nach Griechen-
land. Weiterhin beschloß der Senat, M. Baebius solle die Legionen aus
dem Gebiet der Bruttier nach Tarent und Brundisium vorrücken lassen
und von dort aus, wenn es die Lage erforderlich mache, nach Makedonien übersetzen. Und der Prätor M. Fulvius solle eine Flotte von 20
Schiffen zum Schutz der Küste Siziliens schicken, und der das Kommando über diese Flotte habe, solle volle Befehlsgewalt besitzen – das
Kommando hatte L. Oppius Salinator, der im Vorjahr plebejischer Ädil
gewesen war. Und derselbe Prätor solle seinem Amtsgenossen L. Valerius schreiben, es bestehe Gefahr, daß eine Flotte des Königs Antiochos
von Ätolien aus nach Sizilien übersetze; deshalb wolle der Senat, daß er
zu dem Heer, das er habe, etwa 12 000 Soldaten für den Notfall aushebe
und 400 Reiter, mit denen er die Meeresküste der Provinz, wo sie nach
Griechenland schaut, schützen könne. Diese Aushebung führte der
Prätor nicht nur auf Sizilien selbst durch, sondern auch auf den umliegenden Inseln, und er sicherte alle Küstenstädte, die nach Griechenland
hin lagen, durch Besatzungen.

Neue Nahrung gab den Gerüchten die Ankunft des Attalos, des
Bruders des Eumenes, der meldete, König Antiochos habe mit seinem
Heer den Hellespont überschritten und die Ätoler träfen solche Vorbereitungen, daß sie bei seiner Ankunft in Waffen ständen. Man sprach
dem abwesenden Eumenes und dem anwesenden Attalos seinen Dank
aus und bewilligte ein freies Haus, Quartier und Bewirtung und machte
ihnen Geschenke, zwei Pferde, zwei Reiterausrüstungen und silberne
Gefäße im Gewicht von 100 Pfund und goldene im Gewicht von 20
Pfund.

Cum alii atque alii nuntii bellum instare adferrent, **24**
ad rem pertinere visum est consules primo quoque
tempore creari. Itaque senatus consultum factum est, **2**
ut M. Fulvius praetor litteras extemplo ad consulem
mitteret, quibus certior fieret senatui placere provincia exercituque tradito legatis Romam reverti eum et **3**
ex itinere praemittere edictum, quo comitia consulibus creandis ediceret. Paruit iis litteris consul et praemisso edicto Romam venit. Eo quoque anno magna **4**
ambitio fuit, quod patricii tres in unum locum petierunt, P. Cornelius Cn. f. Scipio, qui priore anno
repulsam tulerat, et L. Cornelius Scipio et Cn. Manlius Volso. P. Scipioni, ut dilatum viro tali, non **5**
negatum honorem appareret, consulatus datus est;
additur ei de plebe collega M'. Acilius Glabrio. Poste- **6**
ro die praetores creati L. Aemilius Paulus, M. Aemilius Lepidus, M. Iunius Brutus, A. Cornelius Mammula, C. Livius et L. Oppius, utrique eorum Salinator
cognomen erat; Oppius is erat, qui classem viginti
navium in Siciliam duxerat. Interim, dum novi magi- **7**
stratus sortirentur provincias, M. Baebius a Brundisio
cum omnibus copiis transire in Epirum est iussus et
circa Apolloniam copias continere et M. Fulvio prae- **8**
tori urbano negotium datum est, ut quinqueremes
novas quinquaginta faceret.

Et populus quidem Romanus ita se ad omnes cona- **25**
tus Antiochi praeparabat; Nabis iam non differebat **2**
bellum, sed summa vi Gytheum oppugnabat et infe-
stus Achaeis, quod miserant obsessis praesidium,
agros eorum vastabat. Achaei non antea ausi capessere **3**
bellum, quam ab Roma revertissent legati, ut, quid **4**
senatui placeret, scirent, post reditum legatorum et
Sicyonem concilium edixerunt et legatos ad T. Quinctium miserunt, qui consilium ab eo peterent. In conci- **5**
lio omnium ad bellum extemplo capessendum inclina-
tae sententiae erant; litterae T. Quincti cunctationem
iniecerunt, quibus auctor erat praetorem classemque

Da ein Bote um den anderen meldete, der Krieg stehe unmittelbar
bevor, schien es zweckmäßig, die Konsuln so bald wie möglich zu
wählen. Deshalb erging ein Senatsbeschluß, der Prätor M. Fulvius solle
unverzüglich einen Brief an den Konsul schicken, in dem ihm mitgeteilt
werde, der Senat wolle, daß er die Provinz und das Heer den Legaten
übergebe und nach Rom zurückkehre und daß er schon vom Wege aus
einen Erlaß vorausschicke, durch den er die Versammlung zur Wahl der
Konsuln anordne. Der Konsul gehorchte diesem Schreiben, schickte
den Erlaß voraus und kam nach Rom. Auch in diesem Jahr gab es einen
heftigen Wahlkampf, weil drei Patrizier sich um eine Stelle bewarben,
P. Cornelius Scipio, der Sohn des Gnaeus, der im vorigen Jahr durchgefallen war, und L. Cornelius Scipio und Cn. Manlius Volso. P. Scipio
erhielt das Konsulat, damit ersichtlich wurde, daß man einem solchen
Mann die Ehre nur für den Augenblick, nicht überhaupt versagt hatte.
Aus der Plebs wurde ihm als Amtsgenosse M'. Acilius Glabrio beigegeben. Am nächsten Tag wurden die Prätoren gewählt: L. Aemilius
Paulus, M. Aemilius Lepidus, M. Junius Brutus, A. Cornelius Mammula und C. Livius und L. Oppius, die beide den Beinamen Salinator
hatten; Oppius war der, der das Kommando über die Flotte der 20
Schiffe für Sizilien gehabt hatte. Inzwischen, bis die neuen Beamten um
die Provinzen losten, wurde M. Baebius befohlen, von Brundisium aus
mit allen Truppen nach Epirus hinüberzugehen und die Truppen im
Gebiet von Apollonia zusammenzuhalten, und der Stadtprätor M. Fulvius erhielt den Auftrag, 50 neue Fünfruderer zu bauen.

Das römische Volk jedenfalls bereitete sich so gegen alle Absichten
des Antiochos vor. Nabis schob den Krieg nicht mehr hinaus, sondern
griff mit aller Macht Gytheion an, und gegen die Achäer aufgebracht,
weil sie den Belagerten Hilfe geschickt hatten, verwüstete er ihr Land.
Die Achäer wagten nicht in den Krieg einzutreten, bis die Gesandten
von Rom zurückgekommen waren, damit sie wüßten, was der Senat
beschlossen habe. Nach der Rückkehr der Gesandten beriefen sie nach
Sikyon eine Bundesversammlung ein und schickten Gesandte zu
T. Quinctius, die ihn um Rat bitten sollten. Auf der Bundesversammlung neigte die Meinung aller dazu, sogleich in den Krieg einzutreten.
Ein Brief des T. Quinctius, in dem er dazu riet, auf den Prätor und die
Flotte der Römer zu warten, brachte eine Verzögerung. Während von

Romanam exspectandi. Cum principum alii in senten-   6
tia permanerent, alii utendum eius, quem ipsi consu-
luissent, consilio censerent, multitudo Philopoemenis
sententiam exspectabat. Praetor is tum erat et omnes   7
eo tempore et prudentia et auctoritate anteibat. Is
praefatus bene comparatum apud Aetolos esse, ne
praetor, cum de bello consuluisset, ipse sententiam
diceret, statuere quam primum ipsos, quid vellent,
iussit: praetorem decreta eorum cum fide et cura   8
exsecuturum adnisurumque, ut, quantum in consilio
humano positum esset, nec pacis eos paeniteret nec
belli. Plus ea oratio momenti ad incitandos ad bellum   9
habuit, quam si aperte suadendo cupiditatem res gerendi ostendisset. Itaque ingenti consensu bellum de-   10
cretum est, tempus et ratio administrandi eius libera
praetori permissa. Philopoemen, praeterquam quod   11
ita Quinctio placeret, et ipse existimabat classem
Romanam exspectandam, quae a mari Gytheum tueri
posset; sed metuens, ne dilationem res non pateretur   12
et non Gytheum solum, sed praesidium quoque missum ad tuendam urbem amitteretur, naves Achaeorum deduxit.

Comparaverat et tyrannus modicam classem ad   26
prohibenda, si qua obsessis mari submitterentur praesidia, tres tectas naves et lembos pristesque, tradita
vetere classe ex foedere Romanis. Harum novarum   2
tum navium agilitatem ut experiretur, simul ut omnia
satis apta ad certamen essent, provectos in altum
cotidie remigem militemque simulacris navalis pugnae
exercebat, in eo ratus verti spem obsidionis, si praesidia maritima interclusisset.

Praetor Achaeorum sicut terrestrium certaminum   3
arte quemvis clarorum imperatorum vel usu vel ingenio aequabat, ita rudis in re navali erat, Arcas, medi-   4
terraneus homo, externorum etiam omnium, nisi
quod in Creta praefectus auxiliorum militaverat, ignarus. Navis erat quadriremis vetus, capta annis octo-   5

den führenden Männern die einen bei ihrer Meinung blieben, andere
aber dafür waren, den Rat des Mannes zu befolgen, um den sie ihn
selbst gebeten hätten, wartete die Menge auf die Meinung Philopoimens. Der war damals Stratege und übertraf zu dieser Zeit alle an
Umsicht und Ansehen. Er schickte voraus, es sei eine gute Einrichtung
bei den Ätolern, daß der Stratege, wenn über einen Krieg beraten
werde, nicht selbst seine Meinung vorbringen dürfe, und forderte sie
auf, sich selbst so rasch wie möglich zu entscheiden, was sie wollten.
Der Stratege werde ihr Beschlüsse getreulich und gewissenhaft ausfüh-
ren und sich Mühe geben, daß sie, soweit es vom menschlichen Planen
abhänge, weder den Krieg noch den Frieden bereuen müßten. Diese
Rede trug mehr dazu bei, sie zum Krieg zu reizen, als wenn er offen
dazu geraten und sein Verlangen gezeigt hätte, Taten zu vollbringen.
Deshalb beschloß man mit ungeheurer Mehrheit den Krieg, der Zeitpunkt und die Methode der Kriegsführung wurde dem Strategen
anheimgestellt. Abgesehen davon, daß Quinctius es so wollte, glaubte
Philopoimen auch selbst, daß man auf die römische Flotte warten
müsse, die Gytheion von der Seeseite her schützen könne. Aber weil er
fürchtete, daß die Sache keinen Aufschub dulde und daß nicht nur
Gytheion, sondern auch die Besatzung, die man geschickt hatte, um die
Stadt zu schützen, verlorengehe, ließe er die Schiffe der Achäer in See
stechen.

Auch der Tyrann hatte eine mittelgroße Flotte aufgestellt, um zu
verhindern, daß die Belagerten über See Verstärkung erhielten, drei
Schiffe mit Deck und Lemben und Pristen; die alte Flotte hatte er ja
aufgrund des Vertrages den Römern ausliefern müssen. Um die Beweglichkeit dieser damals noch neuen Schiffe zu erproben und zugleich,
damit alles für einen Kampf einigermaßen gerüstet sei, fuhr er täglich
weit aufs Meer hinaus und übte die Ruderer und Soldaten in Scheinge-
fechten; denn er glaubte, der Erfolg der Belagerung hänge davon ab, ob
Hilfe von der See her unterbunden werde.

Der Stratege der Achäer kam in der Taktik der Landschlachten an
jeden der berühmten Feldherrn heran, was Erfahrung und Talent
anging, aber er war im Seekrieg ganz unerfahren; denn er war ein
Arkader, ein Mann aus dem Binnenland, und ohne Kenntnis von allem,
was das Ausland betraf, nur daß er als Kommandeur von Hilfstruppen
in Kreta gedient hatte. Es gab einen alten Vierruderer, der vor 80 Jahren

ginta ante, cum Crateri uxorem Nicaeam a Naupacto
Corinthum veheret. Huius fama motus — fuerat enim   6
nobile in classe regia quondam navigium — deduci ab
Aegio putrem iam admodum et vetustate dilabentem
iussit. Hac tum praetoria nave praecedente classem,   7
cum in ea Patrensis Tiso praefectus classis veheretur,
occurrerunt a Gytheo Laconum naves; et primo sta-   8
tim incursu ad novam et firmam navem vetus, quae
per se ipsa omnibus compagibus aquam acciperet,
divulsa est captique omnes, qui in nave erant. Cetera   9
classis praetoria nave amissa, quantum quaeque remis
valuit, fugerunt. Ipse Philopoemen in levi speculatoria
nave fugit nec ante fugae finem, quam Patras ventum
est, fecit. Nihil ea res animum militaris viri et multos 10
experti casus imminuit; quin contra, si in re navali, cuius
esset ignarus, offendisset, eo plus in ea, quorum usu
calleret, spei nactus, breve id tyranno gaudium se ·
effecturum adfirmabat.

Nabis cum prospera ⟨re⟩ elatus, tum spem etiam   27
haud dubiam nactus nihil iam a mari periculi fore, et   2
terrestres aditus claudere opportune positis praesidiis
voluit. Tertia parte copiarum ab obsidione Gythei
abducta ad Pleias posuit ⟨castra⟩; imminet is locus et
Leucis et Acriis, qua videbantur hostes exercitum
admoturi. Cum ibi stativa essent ⟨et⟩ pauci taberna-   3
cula haberent, multitudo alia casas ex harundine tex-
tas fronde, quae umbram modo praeberet, texissent,
priusquam in conspectum hostis veniret, Philopoe-   4
men necopinantem eum improviso genere belli adgredi statuit. Navigia parva in stationem occultam agri   5
Argivi contraxit; in ea expeditos milites, caetratos
plerosque, cum fundis et iaculis et alio levi genere
armaturae imposuit. Inde litora legens cum ad pro-   6
pinquum castris hostium promunturium venisset,
egressus callibus notis nocte Pleias pervenit et sopitis

eingebracht worden war, als Nikaia, die Frau des Krateros, auf ihm von
Naupaktos nach Korinth fuhr. Durch seinen Ruf beeindruckt – denn er
war einmal ein berühmtes Schiff in der königlichen Flotte gewesen –,
ließ Philopoimen das schon ganz morsche und vor Alter auseinanderfal-
lende Schiff von Aigion aus in See stechen. Während es als Admiralsschiff an der Spitze der Flotte fuhr und Teison aus Patrai, den Befehlshaber der Flotte, an Bord hatte, liefen ihnen von Gytheion aus die
Schiffe der Spartaner entgegen. Und gleich beim ersten Zusammenstoß
mit einem neuen und festen Schiff brach das alte auseinander, das schon
von selbst in allen Fugen Wasser zog, und alle, die auf dem Schiff waren,
gerieten in Gefangenschaft. Als das Admiralsschiff verlorengegangen
war, floh die übrige Flotte, so schnell jedes Schiff rudern konnte.
Philopoimen selbst floh in einem leichten Erkundungsschiff und hörte
nicht auf zu fliehen, bis man nach Patrai gekommen war. Das beeinträchtigte aber keineswegs den Mut des alten Soldaten, der schon viel
mitgemacht hatte. Im Gegenteil sogar, wenn er im Seekrieg, von dem er
nichts verstehe, eine Schlappe erlitten habe, so schöpfte er daraus um so
mehr Hoffnung im Hinblick auf das, wo er über Erfahrung verfügte,
und er versicherte, er werde dafür sorgen, daß dem Tyrannen die
Freude, die er jetzt habe, bald vergehe.

Nabis war stolz auf den Erfolg, vor allem aber hatte er jetzt die feste
Hoffnung, daß von der See her keine Gefahr mehr drohe, und er wollte
nun auch die Zugänge auf der Landseite durch günstig postierte Abteilungen sperren. Er zog ein Drittel der Truppen von der Belagerung von
Gytheion ab und schlug bei Pleiai ein Lager auf; dieser Ort liegt dicht
bei Leukai und Akriai, wo die Feinde, wie man glaubte, ihr Heer
heranführen würden. Während dort das Standlager war und nur wenige
über ein Zelt verfügten, die übrige Menge aus Rohr Hütten geflochten
und mit Laub bedeckt hatte, das nur Schatten bot, beschloß Philopoimen, bevor er vom Feind bemerkt werde, ihn überraschend mit einer
unerwarteten Taktik anzugreifen. Er zog kleine Schiffe in einer versteckten Bucht im Gebiet von Argos zusammen und ließ Soldaten ohne
Gepäck an Bord gehen, größtenteils Peltasten, mit Schleudern und
Wurfspießen und anderer leichter Art der Bewaffnung. Als er von dort
entlang der Küste an das Kap gekommen war, das dem Lager der Feinde
am nächsten war, landete er und gelangte auf bekannten Pfaden bei
Nacht nach Pleiai, und während die Wachen schliefen, da es ja in der

vigilibus, ut in nullo propinquo metu, ignem casis ab
omni parte castrorum iniecit. Multi prius incendio 7
absumpti sunt, quam hostium adventum sentirent, et
qui senserant, nullam opem ferre potuerunt. Ferro 8
flammaque omnia absumpta; perpauci ex tam ancipiti
peste ad Gytheum in maiora castra perfugerunt.

Ita perculsis hostibus Philopoemen protinus ad 9
depopulandam Tripolim Laconici agri, qui proximus
finem Megalopolitarum est, duxit et magna vi peco- 10
rum hominumque inde abrepta, priusquam a Gytheo
tyrannus praesidium agris mitteret, discessit. Inde 11
Tegeam exercitu contracto concilioque eodem et
Achaeis et sociis indicto, in quo et Epirotarum et
Acarnanum fuere principes, statuit, quoniam satis et 12
suorum a pudore maritimae ignominiae restituti animi et hostium conterriti essent, ad Lacedaemonem
ducere, eo modo uno ratus ab obsidione Gythei
hostem abduci posse. Ad Caryas primum in hostium 13
terra posuit castra. Eo ipso die Gytheum expugnatum
est. Cuius rei ignarus Philopoemen castra ad Barbosthenem — mons est decem milia passuum ab
Lacedaemone — promovit. Et Nabis, recepto Gytheo 14
cum expedito exercitu inde profectus, cum praeter
Lacedaemonem raptim duxisset, Pyrrhi quae vocant
castra occupavit, quem peti locum ab Achaeis non
dubitabat. Inde hostibus occurrit. Obtinebant autem 15
longo agmine propter angustias viae prope quinque
milia passuum; cogebatur agmen ab equitibus et maxima parte auxiliorum, quod existimabat Philopoemen tyrannum mercennariis militibus, quibus plurimum fideret, ab tergo suos adgressurum. Duae res 16
simul inopinatae perculerunt eum, una praeoccupatus, quem petebat, locus, altera, quod primo agmini
occurrisse hostem cernebat, ubi, cum per loca confragosa iter esset, sine levis armaturae praesidio signa
ferri non videbat posse.

Nähe keine drohende Gefahr gab, warf er von allen Seiten des Lagers Feuer in die Hütten. Viele kamen in den Flammen um, bevor sie das Herankommen der Feinde bemerkten, und die es bemerkt hatten, konnten keine Hilfe bringen. Durch Feuer und Schwert wurde alles dahingerafft. Nur sehr wenige konnten sich aus diesem zwiefachen Verderben nach Gytheion in das größere Lager flüchten.

Nachdem er die Feinde so getroffen hatte, zog Philopoimen sogleich weiter, um die Tripolis im Gebiet von Sparta zu verwüsten, wo dieses an das Gebiet von Megalopolis grenzt; und nachdem er eine große Menge Vieh und Menschen von dort weggeschleppt hatte, verschwand er wieder, bevor der Tyrann von Gytheion aus Schutz für das Gebiet schicken konnte. Dann zog er das Heer in Tegea zusammen und berief dorthin eine Versammlung der Achäer und ihrer Bundesgenossen, an der führende Männer der Epiroten wie auch der Akarnanen teilnahmen, und beschloß, weil seine Leute sich von der Scham über den Schimpf auf dem Meer erholt hatten und die Feinde verstört waren, nach Sparta zu ziehen; denn er glaubte, der Feind könne nur auf diese Weise von der Belagerung von Gytheion abgebracht werden. Bei Karyai schlug er zuerst im Land der Feinde sein Lager auf. Genau an diesem Tage wurde Gytheion erobert. Ohne das zu wissen, rückte Philopoimen weiter vor zum Barbosthenes – das ist ein Berg, zehn Meilen von Sparta entfernt. Nachdem Nabis Gytheion eingenommen hatte, brach er von dort mit seinem Heer ohne Gepäck auf, zog eilends an Sparta vorbei und besetzte das sogenannte Lager des Pyrrhos, einen Platz, von dem er als sicher annahm, daß er das Ziel der Achäer sei. Von dort aus eilte er den Feinden entgegen. Sie nahmen aber mit ihrem Heereszug, der sich wegen der Engpässe auf dem Weg lang hinzog, fast fünf Meilen ein. Den Schluß des Zuges bildeten die Reiter und der größte Teil der Hilfstruppen; denn Philopoimen glaubte, der Tyrann werde ihn mit den Söldnern, zu denen er das meiste Vertrauen hatte, im Rücken angreifen. Zwei Überraschungen zugleich machten ihm zu schaffen, einmal, daß man ihm mit der Besetzung des Platzes, der sein Ziel bildete, zuvorgekommen war, und dann, daß er merkte, daß der Feind die Spitze seines Zuges angegriffen hatte, wo man, wie er sah, ohne den Schutz von Leichtbewaffneten nicht vorgehen konnte, da der Weg durch holpriges Gelände ging.

Erat autem Philopoemen praecipuae in ducendo   **28**
agmine locisque capiendis sollertiae atque usus, nec
belli tantum temporibus, sed etiam in pace ad id
maxime animum exercuerat. Ubi iter quopiam faceret   2
et ad difficilem transitu saltum venisset, contemplatus
ab omni parte loci naturam, cum solus iret, secum
ipse agitabat animo, cum comites haberet, ab his
quaerebat, si hostis eo loca apparuisset, quid, si a   3
fronte, quid, si ab latere hoc aut illo, quid, si ab tergo
adoriretur, capiendum consilii foret; posse instructos
derecta acie, posse inconditum agmen et tantummodo
aptum viae occurrere. Quem locum ipse capturus   4
esset, cogitando aut quaerendo exsequebatur, aut
quot armatis aut quo genere armorum — plurimum
enim interesse — usurus; quo impedimenta, quo sarcinas, quo turbam inermem reiceret; quanto ea aut   5
quali praesidio custodiret, et utrum pergere, qua coe-
pisset ire via, an eam, qua venisset, repetere melius
esset; castris quoque quem locum caperet, quantum   6
munimento amplecteretur loci, qua opportuna aqua-
tio, qua pabuli lignorumque copia esset; qua postero
die castra moventi tutum maxime iter, quae forma
agminis esset. His curis cogitationibusque ita ab   7
ineunte aetate animum agitaverat, ut nulla ei nova in
tali re cogitatio esset. Et tum omnium primum agmen   8
constituit; dein Cretenses auxiliares et quos Tarenti-
nos vocabant equites, binos secum trahentes equos,
ad prima signa misit et iussis equitibus subsequi super
torrentem, unde aquari possent, rupem occupavit; eo   9
impedimenta omnia et calonum turbam collectam
armatis circumdedit et pro natura loci castra commu-
nivit; tabernacula statuere in aspretis et inaequabili
solo difficile erat. Hostes quingentos passus aberant.
Ex eodem rivo utrique cum praesidio levis armaturae   10
aquati sunt; et priusquam, qualia propinquis castris
solent, contraheretur certamen, nox intervenit. Poste- 11

Philopoimen besaß aber besonderes Geschick und Erfahrung darin, einen Heereszug zu führen und seine Stellung zu wählen, und nicht nur in Kriegszeiten, sondern auch im Frieden hatte er sich gerade darin geübt. Wenn er irgendwohin ging und an eine schwer zu durchschreitende Gebirgspartie gekommen war, betrachtete er das Gelände von allen Seiten, und wenn er allein war, ging er mit sich selbst zu Rate, wenn er Begleiter hatte, fragte er diese, wenn der Feind sich hier zeige, was für ein Plan dann gefaßt werden müsse, falls er von vorn, was für einer, falls er von dieser oder jener Seite, und was für einer, wenn er im Rücken angreife. Sie könnten ihnen formiert in geordneter Schlachtreihe entgegentreten, aber auch als ein ungeordneter Heereszug, der nur für den Marsch tauge. Welche Stellung er selbst einnehmen würde, suchte er durch Nachdenken oder Fragen herauszufinden, und wieviel Bewaffnete und welche Art von Waffen er gebrauchen würde – denn darauf komme es ganz besonders an. Wo er den Troß, wo er das Marschgepäck, wo er den waffenlosen Haufen hinschaffen, wie stark und von welcher Art die Bedeckung zu ihrem Schutz sein solle. Und ob es besser sei, in der eingeschlagenen Richtung weiterzuziehen, oder ob sie den Weg, den sie gekommen wären, wieder zurückziehen sollten. Auch welche Stelle er für das Lager aussuchen, wieviel von dem Gelände er mit einer Befestigung umgeben solle, wo das Wasserholen günstig sei, wo es reichlich Futter und Holz gebe. Wo am nächsten Tag, wenn man weiterziehe, der Weg am sichersten sei; wie die Marschordnung sein solle. Mit diesen Sorgen und Gedanken hatte er sich sein Leben lang so beschäftigt, daß ihm in einer solchen Situation kein Gedanke neu war. Auch jetzt ließ er zuallererst den Zug anhalten. Dann schickte er die kretischen Hilfstruppen und die sogenannten Tarentinischen Reiter, von denen jeder zwei Pferde mit sich führte, nach vorne, befahl den Reitern, ans Ufer des Bachlaufs zu folgen, wo sie sich mit Wasser versorgen könnten, und besetzte einen Felsen. Dort umgab er den ganzen Troß und die Schar der Troßknechte, die sich hier sammelte, mit Bewaffneten und schlug dem Gelände entsprechend ein festes Lager auf. Die Zelte aufzustellen, war auf dem steinigen Grund und dem unebenen Boden schwierig. Die Feinde waren 500 Schritt entfernt. Aus demselben Bach versorgten sich beide Parteien unter dem Schutz von Leichtbewaffneten mit Wasser. Und bevor es zum Kampf kam, wie es bei nahe beieinander liegenden Lagern die Regel ist, brach die Nacht

ro die apparebat pugnandum pro aquatoribus circa
rivum esse. Nocte in valle a conspectu hostium aversa, quantam multitudinem locus occulere poterat,
condidit caetratorum.

Luce orta Cretensium levis armatura et Tarentini   29
equites super torrentem proelium commiserunt; Telemnastus Cretensis popularibus suis, equitibus Lycortas Megalopolitanus praeerat; Cretenses, et ho-   2
stium auxiliares, equitumque idem genus, Tarentini,
praesidio aquatoribus erant. Aliquamdiu dubium
proelium fuit, ut eodem ex parte utraque hominum
genere et armis paribus; procedente certamine et nu-   3
mero vicere tyranni auxiliares, et quia ita praeceptum
a Philopoemene praefectis erat, ut modico edito proelio in fugam inclinarent hostemque ad locum insidia-
rum pertraherent. Effuse secuti fugientes per conval-
lem plerique et vulnerati et interfecti sunt, priusquam
occultum hostem viderent. Caetrati ita, quantum lati-   4
tudo vallis patiebatur, instructi sederant, ut facile per
intervalla ordinum fugientes suos acciperent. Consur-   5
gunt deinde ipsi integri, recentes, instructi et in hostes
inordinatos, effusos, labore etiam et vulneribus fessos
impetum faciunt. Nec dubia victoria fuit: extemplo   6
terga dedit tyranni miles et haud paulo concitatiore
cursu, quam secutus erat, fugiens in castra est compulsus. Multi caesi captique in ea fuga sunt; et in   7
castris quoque foret trepidatum, ni Philopoemen receptui cani iussisset, loca magis confragosa et, quacumque temere processisset, iniqua quam hostem metuens.

Inde et ex fortuna pugnae et ex ingenio ducis   8
coniectans, in quo tum is pavore esset, unum de
auxiliaribus specie transfugae mittit ad eum, qui pro   9
comperto adferret Achaeos statuisse postero die ad
Eurotan amnem, qui prope ipsis adfluit moenibus,
progredi, ut intercluderent iter, ne aut tyrannus, cum
vellet, receptum ad urbem haberet aut commeatus ab   10

herein. Es war klar, daß man am nächsten Tag zum Schutz der Wasserholer am Bach kämpfen mußte. In der Nacht versteckte er in einem Tal,
das den Blicken der Feinde entzogen war, so viele Peltasten, wie sich
dort verbergen konnten.

Im Morgengrauen begannen die leichtbewaffneten Kreter und die
Tarentinischen Reiter oberhalb des Bachlaufs den Kampf. Telemnastos
aus Kreta kommandierte seine Landsleute, Lykortas aus Megalopolis
die Reiter. Kreter, auch bei den Feinden als Hilfstruppen eingesetzt,
und dieselbe Art Reiter, nämlich Tarentiner, schützten die Wasserholer.
Eine Zeitlang war der Kampf unentschieden, da dieselbe Art Menschen
auf beiden Seiten kämpften und sie die gleichen Waffen hatten. Als der
Kampf sich entwickelte, siegten die Hilfstruppen des Tyrannen durch
ihre Überzahl und weil es den Kommandeuren von Philopoimen so
vorgeschrieben worden war, daß sie nur einen bescheidenen Kampf
liefern und sich dann zur Flucht wenden und den Feind an die Stelle des
Hinterhalts locken sollten. Ausgeschwärmt folgten sie den Fliehenden
durch das Tal, und sehr viele wurden verwundet und getötet, ehe sie das
Versteck des Feindes bemerkten. Soweit die Breite des Tales es zuließ,
hatten die Peltasten in einer solchen Ordnung Stellung bezogen, daß sie
ihre fliehenden Kameraden leicht in die Lücken zwischen ihren Abteilungen aufnehmen konnten. Sie selbst erhoben sich dann unversehrt,
frisch und wohlgeordnet und griffen die ungeordneten, ausgeschwärm-
ten und von Anstrengung und Wunden erschöpften Feinde an. Am Sieg
gab es keinen Zweifel. Sogleich wandte sich der Soldat des Tyrannen
zur Flucht, und in nicht weniger raschem Lauf, als sie verfolgt hatten,
wurden sie fliehend ins Lager getrieben. Viele wurden bei dieser Flucht
erschlagen und gefangengenommen. Und auch im Lager wäre es zu
einer Panik gekommen, wenn Philopoimen nicht zum Rückzug hätte
blasen lassen, weil er das holprige und bei jedem leichtfertigen Vorgehen gefährliche Gelände mehr fürchtete als den Feind.

Hierauf folgerte er aus dem glücklichen Verlauf der Schlacht und aus
dem Charakter des Feldherrn, in welcher Angst dieser jetzt schwebte,
und schickte einen von den Hilfstruppen scheinbar als Überläufer zu
ihm; der sollte als sichere Tatsache melden, die Achäer hätten beschlossen, am nächsten Tag an den Eurotas vorzurücken, der bis fast an ihre
Mauern heranfließt, um ihnen den Weg zu verlegen, damit der Tyrann
weder, wenn er wolle, eine Rückzugsmöglichkeit zur Stadt habe noch

urbe in castra portarentur, simul et temptaturos, si quorum animi sollicitari ad defectionem a tyranno possent. Non tam fidem dictis perfuga fecit, quam perculso metu relinquendi castra causam probabilem praebuit. Postero die Pythagoran cum auxiliaribus et equitatu stationem agere pro vallo iussit; ipse tamquam in aciem cum robore exercitus egressus signa ocius ferri ad urbem iussit.

11

12

Philopoemen postquam citatum agmen per angustam et proclivem viam duci raptim vidit, equitatum omnem et Cretensium auxiliares in stationem hostium, quae pro castris erat, emittit. Illi ubi hostes adesse et a suis se desertos viderunt, primo in castra recipere se conati sunt; deinde, postquam instructa acies tota Achaeorum admovebatur, metu, ne cum ipsis castris caperentur, sequi suorum agmen aliquantum praegressum insistunt. Extemplo caetrati Achaeorum in castra impetum faciunt et ⟨ea⟩ diripiunt; ceteri ad persequendos hostes ire pergunt. Erat iter tale, per quod vix tranquillum ab hostili metu agmen expediri posset; ut vero ad postremos proelium ortum est clamorque terribilis ab tergo paventium ad prima signa est perlatus, pro se quisque armis abiectis in circumiectas itineri silvas diffugiunt, momentoque temporis strage armorum saepta via est, maxime hastis, quae pleraeque adversae cadentes velut vallo obiecto iter impediebant. Philopoemen, utcumque possent, instare et persequi auxiliaribus iussis — utique enim equitibus haud facilem futuram fugam — ipse gravius agmen via patentiore ad Eurotan amnem deduxit. Ibi castris sub occasum solis positis levem armaturam, quam ad persequendum reliquerat hostem, opperiebatur. Qui ubi prima vigilia venerunt, nuntiantes tyrannum cum paucis ad urbem penetrasse, ceteram multitudinem inermem toto sparsam vagari saltu, corpora curare eos iubet; ipse ex cetera copia militum, qui, quia priores in castra venerant,

30

2

3

4

5

6

7

8

9

Nachschub von der Stadt ins Lager gebracht werden könne; zugleich sollten sie versuchen, ob sie welche zum Abfall von dem Tyrannen verleiten könnten. Der Überläufer fand mit seinen Worten keinen rechten Glauben, aber er bot dem von Furcht Niedergeschlagenen einen guten Vorwand, das Lager zu verlassen. Am nächsten Tag befahl er Pythagoras, mit den Hilfstruppen und der Reiterei vor dem Wall in Stellung zu gehen. Er selbst rückte mit dem Kern des Heeres wie zur Schlacht aus und gab dann Befehl, ganz schnell zur Stadt zu ziehen.

Nachdem Philopoimen sah, daß der Heereszug zur Eile getrieben und hastig über den engen und abschüssigen Weg geführt wurde, schickte er seine ganze Reiterei und die kretischen Hilfstruppen gegen den Posten der Feinde, der vor dem Lager war. Sobald jene sahen, daß die Feinde da waren und daß sie von den Ihren im Stich gelassen worden waren, wollten sie sich zunächst ins Lager zurückziehen. Dann, als das gesamte Heer der Achäer in Schlachtordnung heranrückte, begannen sie aus Furcht, mitsamt dem Lager in die Hand der Feinde zu fallen, dem Zug der Ihren zu folgen, der schon einen beträchtlichen Vorsprung hatte. Unverzüglich griffen die Peltasten der Achäer das Lager an und plünderten es. Die übrigen machten sich an die Verfolgung der Feinde. Es war ein Weg, auf dem man kaum ein Heer, selbst wenn es von Furcht vor dem Feind frei war, ans Ziel bringen konnte. Sobald aber der Kampf bei der Nachhut begann und das schreckliche Geschrei der Verängstigten von hinten zu den Abteilungen an der Spitze drang, warf jeder für sich seine Waffen weg, und sie flohen in die Wälder, die am Weg lagen, und im Nu war der Weg von einem Haufen Waffen versperrt, vor allem von Lanzen, die meist mit der Spitze auftrafen und wie ein zur Abwehr errichteter Wall den Weg versperrten. Philopoimen befahl den Hilfstruppen, so gut es ging, nachzudrängen und zu verfolgen – denn jedenfalls für die Reiter werde die Flucht nicht leicht sein –, und führte selbst die schwereren Truppen über einen offeneren Weg zum Eurotas hinab. Dort schlug er gegen Sonnenuntergang sein Lager auf und wartete auf die Leichtbewaffneten, die er zur Verfolgung des Feindes zurückgelassen hatte. Als sie in der ersten Nachtwache kamen und meldeten, der Tyrann sei mit wenigen zur Stadt durchgekommen, die übrige Menge schweife ohne Waffen zerstreut im ganzen Gebirge umher, forderte er sie auf, an ihr leibliches Wohl zu denken. Er selbst wählte welche aus der übrigen Menge seiner Soldaten aus, die schon

refecti et cibo sumpto et modica quiete erant, delectos
nihil praeter gladios secum ferentes extemplo educit
et duarum portarum itineribus, quae Pharas quaeque
⟨ad⟩ Barbosthenem ferunt, eos instruxit, qua ex fuga
recepturos sese hostes credebat. Nec eum opinio fe- 10
fellit, nam Lacedaemonii, quoad lucis superfuit quicquam, deviis callibus medio saltu recipiebant se; primo vespere, ut lumina in castris hostium conspexere,
regione eorum occultis semitis se tenuerunt; ubi prae- 11
gressi ea sunt, iam tutum rati in patentes vias descenderunt. Ibi excepti ab insidente hoste passim ita multi
caesi captique sunt, ut vix quarta pars de toto exercitu
evaserit. Philopoemen incluso tyranno in urbem inse- 12
quentes dies prope triginta vastandis agris Laconum
absumpsit debilitatisque ac prope fractis tyranni viribus domum rediit, aequantibus eum gloria rerum 13
Achaeis imperatori Romano et, quod ad Laconum
bellum attineret, praeferentibus etiam.

Dum inter Achaeos et tyrannum bellum erat, legati 31
Romanorum circuire sociorum urbes solliciti, ne
Aetoli partis alicuius animos ad Antiochum avertis-
sent. Minimum operae in Achaeis adeundis consump- 2
serunt, quos, quia Nabidi infesti erant, ad cetera
quoque satis fidos censebant esse. Athenas primum, 3
inde Chalcidem, inde in Thessaliam iere, adlocutique
concilio frequenti Thessalos Demetriadem iter flexere. Eo Magnetum concilium indictum est. Accuratior 4
ibi habenda oratio fuit, quod pars principum alienati
Romanis totique Antiochi et Aetolorum erant, quia, 5
cum reddi obsidem filium Philippo adlatum esset
stipendiumque impositum remitti, inter cetera vana
adlatum erat Demetriadem quoque ei reddituros Romanos esse. Id ne fieret, Eurylochus princeps Magne- 6

früher ins Lager gekommen waren und sich deshalb erholt hatten –
denn sie hatten schon gegessen und etwas Ruhe gehabt –, und führte sie,
die außer ihren Schwertern nichts bei sich trugen, sogleich heraus und
postierte sie an den Wegen zu den beiden Toren, die nach Pharai und
zum Barbosthenes führen, wo die Feinde sich seiner Meinung nach von
ihrer Flucht zurückziehen würden. Und die Erwartung trog ihn nicht.
Denn die Spartaner zogen sich, solange noch etwas Tageslicht da war,
auf abgelegenen Pfaden mitten im Gebirge zurück. Als es Abend wurde
und sie die Lichter im Lager der Feinde erblickten, hielten sie sich in
dieser Gegend auf versteckten Seitenwegen. Sobald sie an ihm vorbei
waren, fühlten sie sich schon sicher und stiegen auf die offenen Wege
hinab. Dort wurden sie von dem überall liegenden Feind in Empfang
genommen und so viele getötet und gefangen, daß kaum der vierte Teil
vom ganzen Heer entkam. Philopoimen schloß den Tyrannen in der
Stadt ein und verbrachte die folgenden nahezu 30 Tage damit, das Land
der Spartaner zu verwüsten, und nachdem er die Macht des Tyrannen
geschwächt und fast gebrochen hatte, kehrte er nach Hause zurück, wo
die Achäer ihn mit dem Ruhm seiner Taten dem römischen Feldherrn
an die Seite stellten, und was den Krieg gegen die Spartaner anging,
sogar noch darüber.

Während zwischen den Achäern und dem Tyrannen Krieg war,
zogen die Gesandten der Römer in den Städten der Bundesgenossen
umher, voll Sorge, daß die Ätoler einen Teil von ihnen auf die Seite des
Antiochos gezogen hätten. Am wenigsten Mühe verwandten sie darauf,
die Achäer zu besuchen; denn sie meinten, da diese mit Nabis verfeindet
waren, seien sie auch im übrigen treu genug. Sie gingen zuerst nach
Athen, dann nach Chalkis, dann nach Thessalien, sprachen in einer von
zahlreichen Menschen besuchten Bundesversammlung zu den Thessalern und bogen dann ab nach Demetrias. Dorthin wurde eine Bundesversammlung der Magnesier einberufen. Hier mußten sie sehr genau
bedenken, was sie sagten. Ein Teil der führenden Männer war nämlich
verärgert über die Römer und stand ganz auf der Seite des Antiochos
und der Ätoler; denn als gemeldet worden war, der Sohn, der als Geisel
diene, werde Philipp zurückgegeben und die Abgabe, die man ihm
auferlegt habe, werde ihm erlassen, war zusammen mit anderen unhaltbaren Nachrichten gemeldet worden, die Römer würden ihm auch
Demetrias zurückgeben. Damit das nicht geschehe, wollten Eurylo-

tum factionisque eius quidam omnia novari Aetolorum Antiochique adventu malebant. Adversus eos ita   7
disserendum erat, ne timorem vanum iis demendo
spes incisa Philippum abalienaret, in quo plus ad
omnia momenti quam in Magnetibus esset. Illa tan-   8
tum commemorata, cum totam Graeciam beneficio
libertatis obnoxiam Romanis esse, tum eam civitatem
praecipue: ibi enim non praesidium modo Macedo-   9
num fuisse, sed regiam exaedificatam, ut praesens
semper in oculis habendus esset dominus; ceterum   10
nequiquam ea facta, si Aetoli Antiochum in Philippi
regiam adducerent et novus et incognitus pro vetere et
experto habendus rex esset. Magnetarchen summum   11
magistratum vocant; is tum Eurylochus erat, ac potestate ea fretus negavit dissimulandum sibi et Magnetibus esse, quae fama vulgata de reddenda Demetriade
Philippo foret; id ne fieret, omnia et conanda et   12
audenda Magnetibus esse. Et inter dicendi contentionem inconsultius evectus proiecit tum quoque specie
liberam Demetriadem esse, re vera omnia ad nutum
Romanorum fieri. Sub hanc vocem fremitus variantis   13
multitudinis fuit partim adsensum, partim indignationem, dicere id ausum eum; Quinctius quidem adeo
exarsit ira, ut manus ad caelum tendens deos testes
ingrati ac perfidi animi Magnetum invocaret. Hac   14
voce perterritis omnibus Zeno, ex principibus unus,
magnae cum ob eleganter actam vitam auctoritatis,
tum quod semper Romanorum haud dubie partis
fuerat, ab Quinctio legatisque aliis flens petit, ne
unius amentiam civitati adsignarent; suo quemque   15
periculo furere; Magnetas non libertatem modo, sed
omnia, quae hominibus sancta caraque sint, T.
Quinctio et populo Romano debere; nihil quemquam   16
ab diis immortalibus precari posse, quod non Magne-
tes ab illis haberent, et in corpora sua citius per
furorem saevituros, quam ut Romanam amicitiam
violarent.

chos, ein führender Mann der Magnesier, und einige von seiner Partei
lieber, daß alles durch die Ankunft der Ätoler und des Antiochos einen
anderen Gang nahm. Ihnen gegenüber mußte man sich so äußern, daß
man sie von der grundlosen Furcht befreite, aber dabei Philipp nicht die
Hoffnung nahm und ihn verärgerte, dem in jeder Hinsicht mehr Bedeutung zukam als den Magnesiern. Es wurde nur so viel erwähnt, daß
ganz Griechenland für das Geschenk der Freiheit den Römern verpflichtet sei, vor allem aber in besonderer Weise diese Bürgerschaft; denn dort
habe nicht nur eine Besatzung der Makedonen gelegen, sondern eine
Königsburg sei errichtet worden, so daß sie den Herrn immer gegen-
wärtig vor Augen hätten haben müssen. Aber das sei vergebens geschehen, wenn die Ätoler Antiochos in die Königsburg Philipps führten und
sie einen neuen und unbekannten König anstelle des alten und bekannten haben müßten. Sie nennen ihren höchsten Beamten Magnetarch.
Das war damals Eurylochos, und im Vertrauen auf diese Machtstellung
sagte er, er und die Magnesier brauchten nicht so zu tun, als ob sie nicht
wüßten, welches Gerücht über die Rückgabe von Demetrias an Philipp
im Umlauf sei. Daß das nicht geschehe, müßten die Magnesier alles
versuchen und wagen. Und im Eifer des Redens ging er in seiner
Unbedachtsamkeit zu weit und warf hin, auch jetzt sei Demetrias nur
dem Schein nach frei, in Wirklichkeit geschehe alles nach dem Willen
der Römer. Auf diese Worte hin gab es Lärm in der Menge, die geteilter
Meinung war und teils ihrer Zustimmung, teils ihrer Entrüstung Ausdruck gab, daß er das zu sagen gewagt hatte. Quinctius aber entbrannte
so sehr im Zorn, daß er die Hände zum Himmel erhob und die Götter
zu Zeugen anrief für die Undankbarkeit und die Treulosigkeit der
Magnesier. Während alle über dieses Wort zutiefst erschraken, bat
Zenon, einer der führenden Männer, der sehr angesehen war wegen
seines feinen Lebenswandels, vor allem aber auch, weil er unzweifelhaft
immer auf der Seite der Römer gestanden hatte, Quinctius und die
anderen Gesandten unter Tränen, sie sollten nicht die Verrücktheit
eines einzelnen der Bürgerschaft anlasten. Jeder rase auf eigene Gefahr.
Die Magnesier verdankten nicht nur die Freiheit, sondern alles, was den
Menschen heilig und teuer sei, T. Quinctius und dem römischen Volk.
Niemand könne die unsterblichen Götter um etwas bitten, was die
Magnesier nicht von jenen hätten, und sie würden eher im Raserei gegen
sich selbst wüten als die Freundschaft mit den Römern verletzen.

Huius orationem subsecutae multitudinis preces   **32**
sunt; Eurylochus ex concilio itineribus occultis ad
portam atque inde protinus in Aetoliam profugit. Iam   2
enim, et id magis in dies, Aetoli defectionem nuda-
bant, eoque ipso forte tempore Thoas princeps gentis,
quem miserant ad Antiochum, redierat inde Menip-
pumque secum adduxerat regis legatum. Qui, prius-   3
quam concilium iis daretur, impleverant omnium aures terrestres navalesque copias commemorando: in-   4
gentem vim peditum equitumque venire, ex India
elephantos accitos, ante omnia, quo maxime credebant moveri multitudinis animos, tantum advehi auri,
ut ipsos emere Romanos posset. Apparebat, quid ea   5
oratio in concilio motura esset; nam et venisse eos et,
quae agerent, omnia legatis Romanis deferebantur; et   6
quamquam prope abscisa spes erat, tamen non ab re
esse Quinctio visum est sociorum aliquos legatos
interesse ei concilio, qui admonerent Romanae societatis Aetolos, qui vocem liberam mittere adversus
regis legatum auderent. Athenienses maxime in eam   7
rem idonei visi sunt et propter civitatis dignitatem et
vetustam societatem cum Aetolis. Ab iis Quinctius
petit, ut legatos ad Panaetolicum concilium mitterent.

Thoas primus in eo concilio renuntiavit legationem.   8
Menippus post eum intromissus optimum fuisse omnibus, qui Graeciam Asiamque incolerent, ait integris
rebus Philippi potuisse intervenire Antiochum: sua   9
quemque habiturum fuisse neque omnia sub nutum
dicionemque Romanam perventura. „Nunc quoque"   10
inquit, „si modo vos, quae incohastis consilia, constanter perducitis ad exitum, poterit diis iuvantibus et
Aetolis sociis Antiochus quamvis inclinatas Graeciae
res restituere in pristinam dignitatem. Ea autem in   11
libertate posita est, quae suis stat viribus, non ex
alieno arbitrio pendet."

Auf seine Rede folgten die Bitten der Menge. Eurylochos flüchtete sich aus der Versammlung auf versteckten Wegen zum Tor und von dort geradewegs nach Ätolien. Denn schon gaben die Ätoler, und zwar von Tag zu Tag mehr, ihren Abfall offen zu erkennen, und gerade in dieser Zeit war zufällig Thoas, ein führender Mann der Völkerschaft, den sie zu Antiochos geschickt hatten, von dort zurückgekehrt und hatte Menippos mitgebracht, den Gesandten des Königs. Bevor sie Gelegenheit erhielten, auf der Bundesversammlung zu sprechen, hatten sie allen immer wieder von den Land- und Seestreitkräften berichtet: eine ungeheure Menge Fußsoldaten und Reiter komme, aus Indien seien Elefanten geholt worden, vor allem aber, wovon sie glaubten, daß es den größten Eindruck auf die Menge mache, es werde so viel Gold herangeschafft, daß er sogar die Römer kaufen könne. Es war klar, was solches Reden auf der Bundesversammlung bewirken würde. Denn daß sie gekommen waren, und alles, was sie trieben, wurde den römischen Gesandten hinterbracht; und obwohl fast keine Hoffnung mehr bestand, glaubte Quinctius doch, es sei nicht unzweckmäßig, wenn einige Gesandte der Bundesgenossen an dieser Bundesversammlung teilnähmen, die die Ätoler an das Bündnis mit den Römern erinnerten und die wagten, ihre Stimme frei gegen den Gesandten des Königs zu erheben. Die Athener schienen vor allem dazu geeignet wegen des Ansehens ihrer Bürgerschaft und wegen ihres alten Bündnisses mit den Ätolern. Quinctius bat sie, Gesandte zu der Panätolischen Bundesversammlung zu schicken.

Thoas berichtete zunächst auf dieser Versammlung über seine Gesandtschaft. Menippos, der nach ihm das Wort erhielt, sagte, es wäre das beste für alle gewesen, die Griechenland und Kleinasien bewohnten, wenn Antiochos hätte eingreifen können, als Philipps Stellung noch ungebrochen war; jeder würde sein Eigentum besitzen und es würde nicht alles unter den Befehl und die Herrschaft der Römer kommen. „Auch jetzt", fuhr er fort, „wenn ihr nur standhaft die Pläne, die ihr gefaßt habt, zu Ende bringt, wird Antiochos mit Hilfe der Götter und im Bund mit den Ätolern Griechenland, wenn es auch noch so schlecht um es bestellt ist, die alte Würde wiedergeben. Diese hat aber eine Freiheit zur Voraussetzung, die auf eigenen Füßen steht und nicht von einer fremden Entscheidung abhängt."

Athenienses, quibus primis post regiam legationem 12
dicendi, quae vellent, potestas facta est, mentione
omni regis praetermissa Romanae societatis Aetolos
meritorumque in universam Graeciam T. Quincti
admonuerunt: ne temere eam nimia celeritate consi- 13
liorum everterent; consilia calida et audacia prima
specie laeta, tractatu dura, eventu tristia esse. Legatos
Romanos, et in iis T. Quinctium, haud procul inde
abesse; dum integra omnia essent, verbis potius de iis, 14
quae ambigerentur, disceptarent quam Asiam Euro-
pamque ad funestum armarent bellum.

Multitudo avida novandi res Antiochi tota erat, et 33
ne admittendos quidem in concilium Romanos censebant; principum maxime seniores auctoritate obtinuerunt, ut daretur iis concilium. Hoc decretum Athe- 2
nienses cum rettulissent, eundum in Aetoliam Quinctio visum est: aut enim moturum aliquid aut omnes 3
homines testes fore penes Aetolos culpam belli esse,
Romanos iusta ac prope necessaria sumpturos arma.

Postquam ventum est eo, Quinctius in concilio 4
orsus a principio societatis Aetolorum cum Romanis,
et quotiens ab iis fides mota foederis esset, pauca de
iure civitatium, de quibus ambigeretur, disseruit: si 5
quid tamen aequi se habere arbitrarentur, quanto esse
satius Romam mittere legatos, seu disceptare seu ro- 6
gare senatum mallent, quam populum Romanum cum
Antiocho lanistis Aetolis non sine magno motu generis humani et pernicie Graeciae dimicare? Nec ullos
prius cladem eius belli sensuros, quam qui movissent.
Haec nequiquam velut vaticinatus Romanus. Thoas 7
deinde ceterique factionis eiusdem cum adsensu omnium auditi pervicerunt, ut ne dilato quidem concilio 8
et absentibus Romanis decretum fieret, quo accerrere-
tur Antiochus ad liberandam Graeciam disceptan-

Die Athener, denen als ersten nach der Gesandtschaft des Königs Gelegenheit gegeben wurde zu sagen, was sie wollten, unterließen jede Erwähnung des Königs und erinnerten die Ätoler nur an das Bündnis mit den Römern und an die Verdienste des T. Quinctius ganz Griechenland gegenüber. Sie sollten es nicht leichtfertig durch die überstürzte Hast ihrer Beschlüsse zerstören. Hitzige und kühne Pläne seien auf den ersten Blick erfreulich, in der Durchführung hart, im Ausgang traurig. Die römischen Gesandten, unter ihnen T. Quinctius, seien nicht weit von hier. Solange noch nichts Unwiderrufliches geschehen sei, sollten sie lieber mit Worten über die strittigen Punkte verhandeln als Asien und Europa zu einem tödlichen Krieg bewaffnen.

Die Menge, auf eine Änderung der Verhältnisse erpicht, war ganz auf der Seite des Antiochos, und sie meinten, die Römer dürften nicht einmal zur Bundesversammlung zugelassen werden. Von den führenden Männern setzten es vor allem die Älteren durch ihr Ansehen durch, daß die Römer Gelegenheit erhielten, vor der Bundesversammlung zu sprechen. Als die Athener diesen Beschluß mitteilten, glaubte Quinctius nach Ätolien gehen zu müssen. Denn entweder werde er etwas erreichen oder alle Menschen würden Zeugen sein, daß die Schuld an dem Krieg bei den Ätolern liege und daß die Römer mit gutem Recht und fast notgedrungen zu den Waffen greifen würden.

Nachdem man dorthin gekommen war, begann Quinctius in der Bundesversammlung bei den Anfängen des Bündnisses der Ätoler mit den Römern und wie oft von ihnen die Bündnistreue verletzt worden sei, und führte dann einiges über die rechtliche Situation der Gemeinden aus, die umstritten waren. Wenn sie jedoch ein gewisses Anrecht zu haben glaubten, wieviel besser wäre es da, Gesandte nach Rom zu schicken, ganz gleich ob sie nun lieber verhandeln oder ob sie den Senat lieber bitten wollten, als daß das römische Volk auf Betreiben der Ätoler mit Antiochos kämpfe nicht ohne große Erschütterung der Menschheit und zum Verderben Griechenlands. Und keine würden eher das Unheil dieses Krieges spüren als die, die ihn ausgelöst hätten. Dies, man könnte fast sagen prophetische Wort des Römers war vergeblich. Thoas und die anderen von derselben Partei, die mit allgemeinem Beifall angehört wurden, setzten dann durch, daß man, ohne die Versammlung auch nur zu vertagen, und noch in Anwesenheit der Römer einen Beschluß faßte, durch den Antiochos herbeigerufen wurde, um Grie-

dumque inter Aetolos et Romanos. Huic tam superbo   9
decreto addidit propriam contumeliam Damocritus
praetor eorum: nam cum id ipsum decretum posceret
eum Quinctius, non veritus maiestatem viri aliud in   10
praesentia, quod magis instaret, praevertendum sibi
esse dixit; decretum responsumque in Italia brevi
castris super ripam Tiberis positis daturum: tantus   11
furor illo tempore gentem Aetolorum, tantus magistratus eorum cepit.

   Quinctius legatique Corinthum redierunt. Inde, ut   **34**
quaeque de Antiocho 〈. . . Aetoli ne〉 nihil per se ipsi
moti et sedentes exspectare adventum viderentur regis, concilium quidem universae gentis post dimissos   2
Romanos non habuerunt, per apocletos autem − ita
vocant sanctius consilium; ex delectis constat viris −
id agitabant, quonam modo in Graecia res novaren-
tur. Inter omnes constabat in civitatibus principes et   3
optimum quemque Romanae societatis esse et praesenti statu gaudere, multitudinem et quorum res non
ex sententia ipsorum essent, omnia novare velle.
Aetoli consilium cum rei, 〈tum〉 spei quoque non   4
audacis modo, sed etiam impudentis ceperunt Demetriadem, Chalcidem, Lacedaemonem occupandi. Sin-   5
guli in singulas principes missi sunt, Thoas Chalcidem, Alexamenus Lacedaemonem, Diocles Demetriadem. Hunc exul Eurylochus, de cuius fuga causaque   6
fugae ante dictum est, quia reditus in patriam nulla
alia erat spes, adiuvit. Litteris Eurylochi admoniti   7
propinqui amicique et qui eiusdem factionis erant,
liberos et coniugem eius cum sordida veste, tenentes
velamenta supplicum, 〈in〉 contionem frequentem
accierunt singulos universosque obtestantes, ne in-
sontem indemnatum consenescere in exilio sinerent.
Et simplices homines misericordia et improbos sedi-   8
tiososque immiscendi res tumultu Aetolico spes movit. Ita pro se quisque revocari iubebant.

chenland zu befreien und zwischen den Römern und den Ätolern
Schiedsrichter zu sein. Diesem so überheblichen Beschluß fügte Damokritos, ihr Stratege, noch einen besonderen Schimpf hinzu. Denn als
Quinctius diesen Beschluß von ihm forderte, sagte er ohne Respekt vor
der Größe des Mannes, er habe im Augenblick zunächst anderes zu
erledigen, was dringlicher sei. Den Beschluß und den Bescheid werde er
ihm in Kürze in Italien im Lager am Ufer des Tiber geben. Solche
Raserei ergriff in jener Zeit das Volk der Ätoler und sogar ihre Obrigkeit.

Quinctius und die Gesandten kamen nach Korinth zurück. Von dort
aus …, alles, was von Antiochos … Um nicht den Eindruck zu
machen, als ob sie sich selbst nicht regten und einfach dasäßen und auf
die Ankunft des Königs warteten, hatten die Ätoler zwar nach der
Entlassung der Römer keine Versammlung der ganzen Völkerschaft
mehr, aber durch ihre Apokleten – so nennen sie den engeren Rat; er
besteht aus ausgewählten Männern – beschäftigten sie sich damit, wie
die Dinge in Griechenland geändert werden könnten. Für alle stand fest,
daß in den Bürgerschaften die führenden Männer und gerade die Besten
für das Bündnis mit den Römern waren und sich über den augenblickli-
chen Zustand freuten, daß die Menge aber und alle, deren Verhältnisse
nicht nach ihrem Sinn waren, alles verändern wollten. Die Ätoler faßten
einen Plan, der nicht nur in der Durchführung, sondern auch schon in
der Hoffnung nicht nur verwegen, sondern sogar unverschämt war:
Demetrias, Chalkis und Sparta zu besetzen. Zu jeder Stadt wurde einer
ihrer führenden Männer geschickt, Thoas nach Chalkis, Alexamenos
nach Sparta und Diokles nach Demetrias. Diesen unterstützte der
Verbannte Eurylochos, über dessen Flucht und den Grund der Flucht
vorhin berichtet worden ist; denn er hatte sonst keine Hoffnung auf
Rückkehr in seine Vaterstadt. Durch einen Brief des Eurylochos hatten
seine Verwandten und Freunde und die von derselben Partei waren,
Hinweise erhalten, und sie ließen seine Frau und seine Kinder in
Trauerkleidung, die Zeichen der Bittflehenden in Händen, in eine
zahlreich besuchte Volksversammlung kommen, wo sie jeden einzeln
und alle zusammen beschworen, ihn nicht ohne Schuld und ohne
Urteilsspruch in der Verbannung alt werden zu lassen. Die arglosen
Leute ließen sich vom Mitleid bewegen und die frechen und aufrühreri-
schen von der Hoffnung, beim Losschlagen der Ätoler ihre Interessen

His praeparatis Diocles cum omni equitatu — et   9
erat tum praefectus equitum — specie reducentis
exulem hospitem profectus, die ac nocte ingens iter
emensus, cum milia sex ab urbe abesset, prima luce
tribus electis turmis, cetera multitudine equitum subsequi iussa, praecessit. Postquam portae appropin-   10
quabat, desilire omnes ex equis iussit et loris ducere
equos itineris maxime modo solutis ordinibus, ut
comitatus magis praefecti videretur quam praesidium.
Ibi una ex turmis ad portam relicta, ne excludi subse-   11
quens equitatus posset, media urbe ac per forum
manu Eurylochum tenens multis occurrentibus gra-
tulantibusque domum deduxit. Mox equitum plena   12
urbs erat et loca opportuna occupabantur; tum in
domos missi, qui principes adversae factionis interfi-
cerent. Ita Demetrias Aetolorum facta est.

Lacedaemone non urbi vis adferenda, sed tyrannus   **35**
dolo capiendus erat; quem spoliatum maritimis oppi-   2
dis ab Romanis, tunc intra moenia etiam Lacedaemonis ab Achaeis compulsum qui occupasset occidere,
eum totius gratiam rei apud Lacedaemonios laturum.
Causam mittendi ad eum habuerunt, quod fatigabat   3
precibus, ut auxilia sibi, cum illis auctoribus rebellas-
set, mitterentur. Mille pedites Alexameno dati sunt et   4
triginta delecti ex iuventute equites. Iis a praetore
Damocrito in consilio arcano gentis, de quo ante
dictum est, denuntiatur, ne se ad bellum Achaicum   5
aut rem ullam, quam sua quisque opinione praecipere
posset, crederent, missos esse; quidquid Alexamenum
res monuisset subiti consilii capere, ad id, quamvis
inopinatum, temerarium, audax, oboedienter exse-
quendum parati essent ac pro eo acciperent, tamquam
ad id unum agendum missos ab domo se scirent. Cum   6

damit verquicken zu können. So war jeder für sich dafür, ihn zurückzu-
berufen.

Nach diesen Vorbereitungen brach Diokles mit der ganzen Reiterei
auf – er war damals Hipparch – und gab sich den Anschein, als wolle er
den verbannten Gastfreund zurückführen. Er legte am Tag und in der
Nacht eine gewaltige Strecke zurück, und als er noch sechs Meilen von
der Stadt entfernt war, ritt er im Morgengrauen mit drei Schwadronen,
die er ausgesucht hatte, voraus; der übrigen Menge der Reiter hatte er
befohlen, auf dem Fuße zu folgen. Als er sich dem Tor näherte, ließ er
alle absitzen und die Pferde am Zügel führen, ganz wie bei einem
Marsch mit aufgelöster Ordnung, so daß es mehr wie eine Begleitung
des Hipparchen aussah als wie ein Schutz. Dort ließ er eine der Schwadronen am Tor zurück, damit die nachfolgende Reiterei nicht ausgesperrt werden konnte, und führte mitten in der Stadt und über den
Markt Eurylochos an der Hand in sein Haus, wobei ihnen viele entgegenkamen und ihnen Glück wünschten. Bald war die Stadt voll von
Reitern, und günstig gelegene Plätze wurden besetzt. Dann wurden
welche ausgeschickt, die die Führer der Gegenpartei töten sollten.
So fiel Demetrias in die Hand der Ätoler.

In Sparta mußte nicht der Stadt gegenüber Gewalt angewandt, sondern der Tyrann überlistet werden. Er war von den Römern der
Küstenstädte beraubt und dann durch die Achäer sogar in den Mauern
von Sparta eingeschlossen worden; wer die Initiative ergriff und ihn
tötete, der würde bei den Spartanern den Dank für die ganze Sache
ernten. Die Ätoler hatten einen Anlaß, jemand zu ihm zu schicken, weil
er ihnen mit Bitten zusetzte, ihm Hilfstruppen zu schicken, da er auf ihr
Betreiben hin den Krieg wiederaufgenommen hätte. 1000 Fußsoldaten
wurden Alexamenos gegeben und 30 aus der jüngeren Mannschaft
ausgesuchte Reiter. Denen wurde von dem Strategen Damokritos im
geheimen Rat der Völkerschaft, von dem vorhin berichtet worden ist,
erklärt, sie sollten nicht glauben, sie würden zum Krieg gegen die
Achäer geschickt oder zu einem Unternehmen, das sich jeder selbst
vorstellen könne. Ganz gleich, welchen plötzlichen Entschluß Alexamenos, durch die Situation veranlaßt, fasse, sie sollten bereit sein, ihn
gehorsam auszuführen, wenn er auch noch so unerwartet, unbesonnen
und verwegen sei, und sie sollten es so nehmen, als wenn sie wüßten,
daß sie von Hause geschickt worden seien, um gerade dies eine zu tun.

his ita praeparatis Alexamenus ad tyrannum venit,
quem adveniens extemplo spei implevit: Antiochum 7
iam transisse in Europam, mox in Graecia fore, terras
maria armis viris completurum; non cum Philippo
rem esse credituros Romanos; numerum iniri peditum equitumque ac navium non posse; elephantorum
aciem conspectu ipso debellaturam. Aetolos toto suo 8
exercitu paratos esse venire Lacedaemonem, cum res
poscat, sed frequentes armatos ostendere advenienti
regi voluisse. Nabidi quoque ipsi faciendum esse, ut, 9
quas haberet copias, non sineret sub tectis marcescere
otio, sed educeret et in armis decurrere cogeret, simul
animos acueret et corpora exerceret; consuetudine 10
leviorem laborem fore et comitate ac benignitate ducis
etiam non iniucundum fieri posse. Educi inde fre-
quenter ante urbem in campum ad Eurotan amnem
coepere. Satellites tyranni media fere in acie consiste- 11
bant; tyrannus cum tribus summum equitibus, inter
quos plerumque Alexamenus erat, ante signa vectaba-
tur, cornua extrema invisens; in dextro cornu Aetoli 12
erant, et qui ante auxiliares tyranni fuerant, et qui
venerant mille cum Alexameno. Fecerat sibi morem 13
Alexamenus nunc cum tyranno inter paucos ordines
circumeundi monendique eum, quae in rem esse videbantur, nunc in dextrum cornu ad suos adequitan- 14
di, mox inde velut imperato, quod res poposcisset,
recipiendi ad tyrannum.

Sed quem diem patrando facinori statuerat, eo pau- 15
lisper cum tyranno vectatus cum ad suos concessisset,
tum equitibus ab domo secum missis „Agenda“ in- 16
quit „res est, iuvenes, audendaque, quam me duce
impigre exsequi iussi estis; parate animos, dextras, ne
quis in eo, quod me viderit facientem, cesset; qui 17
cunctatus fuerit et suum consilium meo interponet,
sciat sibi reditum ad penates non esse.“ Horror cunc-

Mit diesen, die so instruiert worden waren, kam Alexamenos zum
Tyrannen, dem er bei seiner Ankunft gleich große Hoffnung machte:
Antiochos sei schon nach Europa übergesetzt, bald werde er in Griechenland sein und Land und Meer mit Waffen und Männern anfüllen.
Die Römer würden nicht glauben, sie hätten es mit einem Philipp zu
tun. Seine Fußsoldaten und Reiter und seine Schiffe könnten nicht
gezählt werden. Die Reihe seiner Elefanten werde durch ihr bloßes
Erscheinen dem Krieg ein Ende bereiten. Die Ätoler seien bereit, mit
ihrem ganzen Heer nach Sparta zu kommen, wenn die Situation es
fordere; aber sie hätten dem König bei seiner Ankunft zahlreiche
Bewaffnete zeigen wollen. Nabis müsse auch selbst dafür sorgen, daß er
die Truppen, die er habe, nicht in den Häusern in Untätigkeit erschlaf-
fen lasse, sondern er solle sie herausführen und in Waffen Manöver
machen lassen und zugleich ihren Mut stählen und ihre Körper üben.
Durch Gewöhnung werde die Mühe leicht, und durch Gefälligkeit und
Freundlichkeit des Führers könne sie sogar nicht unangenehm werden.
Sie begannen dann häufig vor die Stadt in die Ebene am Eurotas
auszurücken. Die Gefolgsleute des Tyrannen standen fast immer im
Zentrum der Schlachtreihe; der Tyrann mit höchstens drei Reitern,
unter denen meistens Alexamenos war, ritt vor der Front und sah nach
den äußersten Flügeln. Auf dem rechten Flügel standen die Ätoler,
sowohl die, die zuvor Hilfstruppen des Tyrannen gewesen, wie auch die
1000, die mit Alexamenos gekommen waren. Alexamenos hatte es sich
zur Gewohnheit gemacht, jetzt mit dem Tyrannen zwischen wenigen
Abteilungen umherzugehen und ihn auf das aufmerksam zu machen,
was nützlich zu sein schien, dann zum rechten Flügel zu seinen Leuten
zu reiten, bald aber von dort, als wenn er befohlen hätte, was die Sache
forderte, zum Tyrannen zurückzukehren.
    Aber an dem Tag, den er für die Ausführung seiner Tat bestimmt
hatte, ritt er kurze Zeit an der Seite des Tyrannen, und als er sich zu
seinen Soldaten begeben hatte, da sagte er zu den Reitern, die von
daheim mit ihm geschickt worden waren: „Ihr jungen Männer, jetzt
muß das getan und gewagt werden, was unter meiner Führung ohne
Zögern auszuführen ihr Befehl habt. Stellt euch darauf ein und macht
euch bereit, damit keiner bei dem, was er mich tun sieht, zögert. Wer
zaudert und seinen Entschluß meinem entgegenstellt, soll wissen, daß es
für ihn keine Rückkehr an den heimischen Herd gibt.‟ Schrecken

tos cepit et meminerant, cum quibus mandatis exis-
sent. Tyrannus ab laevo cornu veniebat. Ponere hastas   18
equites Alexamenus iubet et se intueri; colligit et ipse
animum confusum tantae cogitatione rei. Postquam
appropinquabat, impetum facit et transfixo equo tyrannum deturbat; iacentem equites confodiunt; mul-   19
tis frustra in loricam ictibus datis tandem in nudum
corpus vulnera pervenerunt, et priusquam ⟨a⟩ media
acie succurreretur, exspiravit.

Alexamenus cum omnibus Aetolis citato gradu ad   36
regiam occupandam pergit. Corporis custodes, cum   2
in oculis res gereretur, pavor primo cepit; deinde,   3
postquam abire Aetolorum agmen videre, concurrunt
ad relictum tyranni corpus, et spectatorum turba ex
custodibus vitae mortisque ultoribus facta est. Nec   4
movisset se quisquam, si extemplo positis armis voca-
ta in contionem multitudo fuisset et oratio habita
tempori conveniens, frequentes inde retenti in armis
Aetoli sine iniuria cuiusquam; sed, ut oportuit in   5
consilio fraude coepto, omnia in maturandam perniciem eorum, qui fecerant, sunt acta. Dux regia inclusus   6
diem ac noctem in scrutandis thesauris tyranni absumpsit; Aetoli velut capta urbe, quam liberasse videri volebant, in praedam versi. Simul indignitas rei,   7
simul contemptus animos Lacedaemoniis ad coeun-
dum fecit. Alii dicere exturbandos Aetolos et libertatem, cum restitui videretur, interceptam repetendam;
alii, ut caput agendae rei esset, regii generis aliquem in
speciem adsumendum. Laconicus eius stirpis erat pu-   8
er admodum, eductus cum liberis tyranni; eum in
equum imponunt et armis arreptis Aetolos vagos per
urbem caedunt. Tum regiam invadunt; ibi Alexame-   9
num cum paucis resistentem obtruncant. Aetoli circa
Chalcioecon — Minervae aereum est templum —

ergriff alle, und sie erinnerten sich, mit welchen Aufträgen sie ausgezogen waren. Der Tyrann kam vom linken Flügel. Alexamenos befahl den Reitern, die Lanzen abzulegen und auf ihn zu blicken. Auch er selbst riß sich zusammen, denn er war verwirrt beim Gedanken an eine so große Tat. Als er sich näherte, griff er an, durchbohrte das Pferd und warf den Tyrannen aus dem Sattel. Wie er dalag, stachen die Reiter nach ihm. Viele Stöße trafen wirkungslos nur seinen Panzer, endlich aber drangen die Waffen in den nackten Leib, und bevor man von der Mitte der Schlachtreihe zu Hilfe kommen konnte, verschied er.

Alexamenos eilte mit allen Ätolern im Sturmschritt, um die Königsburg zu besetzen. Die Leibwächter ergriff zuerst Entsetzen, als sich die Sache vor ihren Augen abspielte. Nachdem sie dann den Zug der Ätoler abrücken sahen, eilten sie zu der Leiche des Tyrannen, die liegengeblieben war, und aus denen, die über sein Leben wachen und seinen Tod rächen sollten, wurde eine Schar von Gaffern. Und es hätte sich keiner gerührt, wenn die Menge sogleich ohne Waffen zur Volksversammlung berufen und eine Rede gehalten worden wäre, die der Situation angemessen war, und man die Ätoler dann in größeren Gruppen unter Waffen gehalten hätte, ohne daß einem ein Unrecht geschah. Aber wie es kommen mußte bei einem Plan, der mit einem Betrug begonnen hatte, geschah alles, um das Verderben derer zu beschleunigen, die ihn ausgeführt hatten. Der Führer, in der Königsburg eingeschlossen, verbrachte Tag und Nacht damit, die Schatzkammern des Tyrannen zu durchstöbern. Die Ätoler machten sich ans Plündern, als wenn die Stadt erobert wäre, als deren Befreier sie erscheinen wollten. Das Empörende der Situation ebenso wie die Verachtung trieb die Spartaner dazu, sich zusammenzuschließen. Die einen sagten, die Ätoler müßten hinausgejagt und die Freiheit, um die man sie in dem Augenblick betrogen habe, als sie wiederhergestellt zu werden schien, müsse wiedergewonnen werden. Andere meinten, damit das Unternehmen einen Kopf habe, müsse man einen aus königlichem Stamm zum Schein dazunehmen. Lakonikos besaß solche Abstammung, noch ein Knabe, der mit den Kindern des Tyrannen aufgezogen worden war. Ihn setzten sie auf ein Pferd, griffen zu den Waffen und erschlugen die Ätoler, die in der Stadt umherstreiften. Dann drangen sie in die Königsburg ein; dort metzelten sie Alexamenos nieder, der sich mit wenigen zur Wehr setzte. Die Ätoler, die sich in der Gegend des Chalkioikos gesammelt hatten – das

congregati caeduntur; pauci armis abiectis pars Tege-   10
am, pars Megalen polin perfugiunt; ibi comprensi
a magistratibus sub corona venierunt.

Philopoemen audita caede tyranni profectus Lace-   **37**
daemonem cum omnia turbata metu invenisset, evo-   2
catis principibus et oratione habita, qualis habenda
Alexameno fuerat, societati Achaeorum Lacedaemonios adiunxit, eo etiam facilius, quod ad idem forte   3
tempus A. Atilius cum quattuor et viginti quinqueremibus ad Gytheum accessit.

Iisdem diebus circa Chalcidem Thoas per Euthymi-   4
dam principem, pulsum opibus eorum, qui Romanae
societatis erant, post T. Quinctii legatorumque adventum, et Herodorum, Cianum mercatorem, sed   5
potentem Chalcide propter divitias, praeparatis ad
proditionem iis, qui Euthymidae factionis erant, nequaquam eandem fortunam, qua Demetrias per Eurylochum occupata erat, habuit. Euthymidas ab Athenis   6
— eum domicilio delegerat locum — Thebas primum,
hinc Salganea processit, Herodorus ad Thronium.
Inde haud procul in Maliaco sinu duo milia peditum   7
Thoas et ducentos equites, onerarias leves ad triginta
habebat. Eas cum sescentis peditibus Herodorus traicere in insulam Atalanten iussus, ut inde, cum pede-   8
stres copias appropinquare iam Aulidi atque Euripo
sensisset, Chalcidem traiceret: ipse ceteras copias   9
nocturnis maxime itineribus, quanta poterat celeritate, Chalcidem ducebat.

Micythio et Xenoclides, penes quos tum summa   **38**
rerum pulso Euthymida Chalcide erat, seu ipsi per se
suspicati seu indicata re, primo pavidi nihil usquam
spei nisi in fuga ponebant; deinde postquam resedit   2
terror et prodi et deseri non patriam modo, sed etiam
Romanorum societatem cernebant, consilio tali animum adiecerunt. Sacrum anniversarium eo forte tem-   3

ist der eherne Tempel der Athene –, wurden niedergehauen. Wenige warfen die Waffen weg und flüchteten sich teils nach Tegea, teils nach Megalopolis. Dort wurden sie von den Behörden aufgegriffen und in die Sklaverei verkauft.

Als Philopoimen von der Ermordung des Tyrannen hörte, brach er nach Sparta auf, und da er alles von Furcht verwirrt fand, rief er ihre führenden Männer zu sich und hielt ein Rede, wie sie Alexamenos hätte halten müssen. Dann gliederte er die Spartaner dem Achäischen Bund an; das war sogar ziemlich leicht, weil gerade in dieser Zeit A. Atilius sich mit 24 Fünfruderern Gytheion näherte.

In diesen Tagen hatte Thoas mit Chalkis nicht so viel Glück wie Eurylochos bei der Besetzung von Demetrias; dabei waren hier durch Euthymidas, einen ihrer führenden Männer, der durch die Macht der Partei, die für das Bündnis mit den Römern eintrat, nach der Ankunft des T. Quinctius und der Gesandten vertrieben worden war, und durch Herodoros, einen Kaufmann aus Kios, der aber auch in Chalkis wegen seines Reichtums Einfluß hatte, unter den Parteifreunden des Euthymidas Vorbereitungen zum Verrat getroffen worden. Euthymidas ging von Athen – diesen Platz hatte er sich als Wohnsitz ausgesucht – zuerst nach Theben und von hier aus nach Salganeus, Herodoros nach Thronion. Nicht weit von dort hatte Thoas am Golf von Malis 2000 Fußsoldaten und 200 Reiter und etwa 30 leichte Lastschiffe. Herodoros wurde aufgefordert, diese mit 600 Fußsoldaten zur Insel Atalante hinüberzuschaffen, um von dort aus, wenn er merkte, daß die Fußtruppen sich schon Aulis und dem Euripos näherten, nach Chalkis überzusetzen. Thoas selbst führte die übrigen Truppen meistens in Nachtmärschen, so schnell er konnte, nach Chalkis.

Mikythion und Xenokleides, in deren Hand damals nach der Vertreibung des Euthymidas die höchste Gewalt in Chalkis lag, hatten entweder selbst von sich aus Argwohn geschöpft, oder die Sache war ihnen angezeigt worden. Sie waren zuerst erschreckt und sahen ihre einzige Hoffnung in der Flucht. Dann, nachdem sich der Schrecken gelegt hatte und sie merkten, daß nicht nur ihre Vaterstadt, sondern auch das Bündnis mit den Römern verraten und aufgegeben wurde, verfielen sie auf folgenden Plan: Gerade in dieser Zeit war in Eretria das jährlich

pore Eretriae Amarynthidis Dianae erat, quod non
popularium modo, sed Carystiorum etiam coetu cele-
bratur. Eo miserunt, qui orarent Eretrienses Cary-   4
stiosque, ut et suarum fortunarum in eadem insula
geniti misererentur et Romanam societatem respice-
rent; ne sinerent Aetolorum Chalcidem fieri; Euboe-   5
am habituros, si Chalcidem habuissent; graves fuisse
Macedonas dominos; multo minus tolerabiles futuros
Aetolos. Romanorum maxime respectus civitates mo-   6
vit et virtutem nuper in bello ⟨et⟩ in victoria iustitiam
benignitatemque expertas. Itaque, quod roboris in
iuventute erat, utraque civitas armavit misitque. Iis   7
tuenda moenia Chalcidis oppidani cum tradidissent,
ipsi omnibus copiis transgressi Euripum ad Salganea
posuerunt castra. Inde caduceator primum, deinde le-   8
gati ad Aetolos missi percunctatum, quo suo dicto fac-
tove socii atque amici ad se oppugnandos venirent.
Respondit Thoas dux Aetolorum non ad oppugnan-   9
dos, sed ad liberandos ab Romanis venire sese; splen- 10
didiore nunc eos catena, sed multo graviore vinctos
esse, quam cum praesidium Macedonum in arce habuissent. Se vero negare Chalcidenses aut servire ulli
aut praesidio cuiusquam egere. Ita digressi ex collo- 11
quio legati ad suos; Thoas et Aetoli, ut qui spem
omnem in eo, ut improviso opprimerent, habuissent,
ad iustum bellum oppugnationemque urbis mari ac   12
terra munitae haudquaquam pares, domum rediere.
Euthymidas postquam castra popularium ad Salganea   13
esse profectosque Aetolos audivit, et ipse a Thebis
Athenas rediit; et Herodorus cum per aliquot dies   14
intentus ab Atalante signum nequiquam exspectasset,
missa speculatoria nave, ut, quid morae esset, sciret,
postquam rem omissam ab sociis vidit, Thronium,
unde venerat, repetit.

wiederkehrende Fest der Amarynthischen Artemis, das nicht nur mit
einer Zusammenkunft ihrer Landsleute, sondern auch der Bürger von
Karystos gefeiert wird. Dorthin schickten sie welche, die die Eretrier
und die Karystier bitten sollten, sich als Menschen, die auf derselben
Insel geboren seien, ihres Geschicks zu erbarmen und auch an das
Bündnis mit den Römern zu denken. Sie sollten Chalkis nicht in die
Hand der Ätoler fallen lassen. Die würden Euböa haben, wenn sie erst
einmal Chalkis hätten. Die Makedonen seien schwer zu ertragende
Herren gewesen. Viel weniger noch würden die Ätoler zu ertragen sein.
Vor allem der Gedanke an die Römer verfehlte seine Wirkung auf die
Gemeinden nicht, die vor kurzem erst ihre Tapferkeit im Krieg erfahren
hatten und im Sieg ihre Gerechtigkeit und Güte. Deshalb bewaffneten
beide Gemeinden alles, was sie an kräftigen jungen Männern hatten,
und schickten sie. Denen vertrauten die Bürger den Schutz der Mauern
von Chalkis an und gingen dann selbst mit allen Truppen über den
Euripos und schlugen bei Salganeus ihr Lager auf. Von dort schickten
sie zuerst einen Herold, dann Gesandte zu den Ätolern, um sich zu
erkundigen, was sie gesagt oder getan hätten, daß Bundesgenossen und
Freunde kämen, um sie anzugreifen. Thoas, der Führer der Ätoler, gab
zur Antwort, sie kämen nicht, um sie anzugreifen, sondern um sie von
den Römern zu befreien. Sie seien jetzt mit einer glänzenderen, aber viel
schwereren Kette gefesselt als damals, wo sie die makedonische Besatzung in der Burg gehabt hätten. Die Bewohner von Chalkis erklärten
dagegen, sie seien von niemand unterjocht und sie hätten keinen Schutz
nötig. So schieden die Gesandten aus der Unterredung und begaben sich
wieder zu ihren Mitbürgern. Thoas und die Ätoler, deren ganze Hoffnung ja auf einem überraschenden Überfall beruht hatte und die zu
einem regelrechten Krieg und zu einem Angriff auf die an der See- und
an der Landseite befestigte Stadt keineswegs stark genug waren, kehrten
nach Hause zurück. Nachdem Euthymidas hörte, daß seine Landsleute
ihr Lager bei Salganeus hatten und daß die Ätoler abgezogen waren,
kehrte er auch selbst von Theben nach Athen zurück. Und Herodoros
schickte, nachdem er eine Reihe von Tagen aufmerksam, aber vergeblich von Atalante aus auf ein Signal gewartet hatte, ein Erkundungsschiff, um in Erfahrung zu bringen, was der Grund der Verzögerung
sei, und nachdem er sah, daß seine Bundesgenossen die Sache aufgegeben hatten, fuhr er nach Thronion zurück, von wo er gekommen war.

Quinctius quoque his auditis ab Corintho veniens   **39**
navibus in Chalcidi⟨co⟩ Euripo Eumeni regi occurrit.
Placuit quingentos milites praesidii causa relinqui   2
Chalcide ab Eumene rege, ipsum Athenas ire. Quinc-   3
tius quo profectus erat, Demetriadem contendit, ratus
Chalcidem liberatam momenti aliquid apud Magnetas
ad repetendam societatem Romanam facturam et, ut   4
praesidii aliquid esset suae partis hominibus, Eunomo
praetori Thessalorum scripsit, ut armaret iuventutem,
et ⟨Villium⟩ ad Demetriadem praemisit ad temptan-
dos animos, non aliter, nisi pars aliqua inclinaret ad
respectum pristinae societatis, rem adgressurus. Vil-   5
lius quinqueremi nave ad ostium portus est invectus.
Eo multitudo omnis Magnetum cum se effudisset,
quaesivit Villius, utrum ad amicos an ad hostes venisse se mallent. Respondit Magnetarches Eurylochus ad   6
amicos venisse eum; sed abstineret portu et sineret
Magnetas in concordia et libertate esse nec per colloquii speciem multitudinem sollicitaret. Altercatio in-   7
de, non sermo fuit, cum Romanus ut ingratos incre-
paret Magnetas imminentesque praediceret clades,
multitudo obstreperet nunc senatum, nunc Quinctium accusando. Ita irrito incepto Villius ad Quinctium sese recepit. At Quinctius nuntio ad praetorem   8
misso, ut reduceret domum copias, ipse navibus Corinthum rediit.

Abstulere me velut de spatio Graeciae res immixtae   **40**
Romanis, non quia ipsas operae pretium esset perscri-
bere, sed quia causae cum Antiocho fuerunt belli.
Consulibus designatis − inde namque deverteram −   2
L. Quinctius et Cn. Domitius consules in provincias
profecti sunt, Quinctius in Ligures, Domitius adversus Boios. Boi quieverunt, atque etiam senatus eorum   3
cum liberis et praefecti cum equitatu − summa omnium mille et quingenti − consuli dediderunt sese.
Ab altero consule ager Ligurum late est vastatus   4
castellaque aliquot capta, unde non praeda modo

Als auch Quinctius dies gehört hatte, kam er mit Schiffen von
Korinth und traf am Euripos bei Chalkis auf König Eumenes. Man
beschloß, daß König Eumenes 500 Soldaten zum Schutz in Chalkis
zurücklassen und selbst nach Athen gehen solle. Quinctius fuhr rasch
weiter nach Demetrias, wohin er gewollt hatte; denn er glaubte, daß die
Rettung von Chalkis einen gewissen Eindruck auf die Magnesier nicht
verfehlen werde und daß sie jetzt zu dem Bündnis mit den Römern
zurückkehren würden. Damit die Leute seiner Partei etwas Schutz
hätten, schrieb er Eunomos, dem Strategen der Thessaler, er solle die
Jugend bewaffnen. Und er schickte Villius nach Demetrias voraus, um
die Stimmung dort kennenzulernen; denn er wollte die Sache nur in
Angriff nehmen, wenn ein Teil Neigung zeigte, auf das alte Bündnis
Rücksicht zu nehmen. Villius fuhr mit einem Fünfruderer an die
Hafeneinfahrt heran. Da die ganze Menge der Magnesier dorthin
geströmt war, fragte Villius, ob sie lieber wollten, daß er zu Freunden
oder zu Feinden gekommen sei. Der Magnetarch Eurylochos gab zur
Antwort, er sei zu Freunden gekommen. Aber er solle vom Hafen
wegbleiben und die Magnesier in Eintracht und Freiheit leben lassen
und nicht unter dem Vorwand einer Unterredung die Menge aufwiegeln. Darauf kam es zu einem Wortwechsel, nicht zu einem Gespräch,
da der Römer die Magnesier undankbar schalt und ihnen drohendes
Unheil voraussagte, die Menge ihn aber überschrie und bald dem Senat,
bald Quinctius Vorwürfe machte. So scheiterte der Versuch, und Villius
kehrte zu Quinctius zurück. Quinctius aber schickte einen Boten zu
dem Strategen, er solle seine Truppen nach Hause zurückführen, und
kehrte selbst mit den Schiffen nach Korinth zurück.

Die Verquickung der Dinge in Griechenland mit den römischen hat
mich sozusagen aus der Bahn gebracht, nicht weil es der Mühe wert
wäre, sie ausführlich darzustellen, sondern weil sie der Anlaß zum
Krieg mit Antiochos waren. Als die Konsuln gewählt waren – denn da
war ich abgeschweift –, brachen die Konsuln L. Quinctius und Cn. Domitius in ihre Provinzen auf, Quinctius in das Gebiet der Ligurer,
Domitius gegen die Bojer. Die Bojer blieben ruhig, und auch ihr Senat
mit den Kindern und die Kommandeure mit der Reiterei – alles in allem
1500 – ergaben sich dem Konsul. Der andere Konsul verwüstete das
Land der Ligurer weit und breit und nahm einige feste Plätze, wo man
nicht nur Beute jeder Art mitsamt Gefangenen einbrachte, sondern auch

omnis generis cum captivis parta, sed recepti quoque
aliquot cives sociique, qui in hostium potestate fuerant.

Eodem hoc anno Vibonem colonia deducta est ex   5
senatus consulto plebique scito. Tria milia et septingenti pedites ierunt, trecenti equites; triumviri dedu-   6
xerunt eos Q. Naevius, M. Minucius, M. Furius
Crassipes; quina dena iugera agri data in singulos
pedites sunt, duplex equiti. Bruttiorum proxime fuerat ager; Bruttii ceperant de Graecis.

Romae per idem tempus duo maximi fuerunt terro-   7
res, diutinus alter, sed segnior: terra dies duodequa-
draginta movit; per totidem dies feriae in sollicitudine
ac metu fuere; triduum eius rei causa supplicatio
habita est. Ille non pavor vanus, sed vera multorum   8
clades fuit: incendio a foro bovario orto diem noc-
temque aedificia in Tiberim versa arsere, tabernaeque
omnes cum magni pretii mercibus conflagraverunt.

Iam fere in exitu annus erat, et in dies magis et fama   **41**
de bello Antiochi et cura patribus crescebat; itaque de   2
provinciis designatorum magistratuum, quo intentio-
res essent omnes, agitari coeptum est. Decrevere, ut   3
consulibus Italia et quo senatus censuisset – eam esse
bellum adversus Antiochum regem omnes sciebant
–, provinciae essent. Cuius ea sors esset, quattuor   4
milia peditum civium Romanorum et trecenti equites,
sex milia socium Latini nominis cum quadringentis
equitibus sunt decreta. Eorum dilectum habere L.   5
Quinctius consul iussus, ne quid moraretur, quo minus consul novus, quo senatus censuisset, extemplo
proficisci posset. Item de provinciis praetorum decre-   6
tum est, prima ut sors urbanaque et inter cives ac
peregrinos iurisdictio esset, secunda Bruttii, tertia
classis, ut navigaret, quo senatus censuisset, quarta
Sicilia, quinta Sardinia, sexta Hispania ulterior. Impe-   7
ratum praeterea L. Quinctio consuli est, ut duas
legiones civium Romanorum novas conscriberet et

einige Bürger und Bundesgenossen befreite, die in der Gewalt der Feinde gewesen waren.

In demselben Jahr wurde auf Beschluß des Senates und Anordnung des Volkes ein Kolonie in Vibo gegründet. 3700 Fußsoldaten und 300 Reiter zogen hin. Die Gründung leitete eine Dreierkommission, die aus Q. Naevius, M. Minucius und M. Furius Crassipes bestand. Jeder Fußsoldat erhielt 50 Joch Ackerland, die Reiter das Doppelte. Das Land hatte zuletzt den Bruttiern gehört; diese hatten es von den Griechen genommen.

In Rom setzten um die gleiche Zeit zwei Vorfälle die Menschen in größten Schrecken. Der eine dauerte länger, war aber harmloser: die Erde bebte 38 Tage lang. Ebenso viele Tage ruhten die Geschäfte, und es herrschten Unruhe und Furcht. Drei Tage lang fand deswegen ein Bittgang statt. Jenes andere aber war nicht ein eitler Schrecken, sondern ein wahres Unglück für viele. Auf dem Forum Bovarium brach Feuer aus, und einen Tag und eine Nacht brannten die Gebäude zum Tiber hin, und alle Läden mit Waren für viel Geld gingen in Flammen auf.

Das Jahr war schon fast zu Ende, und von Tag zu Tag mehr verstärkte sich das Gerücht vom Krieg mit Antiochos und auch die Sorge der Senatoren. Deshalb begann man über die Aufgabenbereiche der gewählten Beamten zu verhandeln, damit alle um so eifriger wären. Man beschloß, die Konsuln sollten Italien und ein Gebiet, das der Senat noch bestimmen würde, als Aufgabenbereich haben – alle wußten, daß damit der Krieg gegen Antiochos gemeint war. Auf wen dieses Los fiel, dem wurden 4000 Fußsoldaten aus der römischen Bürgerschaft und 300 Reiter bewilligt und 6000 Bundesgenossen und Latiner mit 400 Reitern. Der Konsul L. Quinctius erhielt den Auftrag, diese Aushebung durchzuführen, damit nichts verhindere, daß der neue Konsul sogleich dahin aufbrechen könne, wohin der Senat ihn schicke. Ebenso wurden die Aufgabenbereiche der Prätoren bestimmt, daß das erste Los die Stadtprätur und die Rechtsprechung zwischen Bürgern und Fremden sein sollte, das zweite das Gebiet der Bruttier, das dritte die Flotte, daß er dahin fahren solle, wohin der Senat ihn schicke, das vierte Sizilien, das fünfte Sardinien und das sechste das Jenseitige Spanien. Außerdem wurde dem Konsul L. Quinctius befohlen, zwei neue Legionen römi-

socium ac Latini nominis viginti milia peditum et octingentos equites. Eum exercitum praetori, cui Bruttii provincia evenisset, decreverunt.

Aedes duae Iovis eo anno in Capitolio dedicatae sunt; voverat L. Furius Purpurio praetor Gallico bello unam, alteram consul; dedicavit Q. Marcius Ralla duumvir. 8

Iudicia in faeneratores eo anno multa severe sunt facta accusantibus privatos aedilibus curulibus M. Tuccio et P. Iunio Bruto. De multa damnatorum quadrigae inauratae in Capitolio positae et in cella Iovis supra fastigium aediculae duodecim clupea inaurata, et iidem porticum extra portam Trigeminam inter lignarios fecerunt. 9 10

Intentis in apparatum novi belli Romanis ne ab Antiocho quidem cessabatur. Tres eum civitates tenebant, Zmyrna et Alexandria Troas et Lampsacus, quas neque vi expugnare ad eam diem poterat neque condicionibus in amicitiam perlicere neque ab tergo relinquere traiciens ipse in Europam volebat. Tenuit eum et de Hannibale deliberatio. Et primo naves apertae, quas cum eo missurus in Africam fuerat, moratae sunt; deinde, an omnino mittendus esset, consultatio mota est, maxime a Thoante Aetolo, qui omnibus in Graecia tumultu completis Demetriadem adferebat in potestate esse et, quibus mendaciis de rege, multiplicando verbis copias eius, erexerat multorum in Graecia animos, iisdem et regis spem inflabat: omnium votis eum accersi, concursum ad litora futurum, unde classem regiam prospexissent. Hic idem ausus de Hannibale est movere sententiam prope iam certam regis. Nam neque dimittendam partem navium a classe regia censebat neque, si mittendae naves forent, minus quemquam ei classi quam Hannibalem praeficiendum: exulem illum et Poenum esse, cui mille in dies nova consilia vel fortuna sua vel ingenium possit 42 2 3 4 5 6 7 8

scher Bürger auszuheben und von den Bundesgenossen und Latinern
20 000 Fußsoldaten und 800 Reiter. Dieses Heer war für den Prätor
bestimmt, dem das Gebiet der Bruttier als Aufgabenbereich zufiel.

Zwei Jupitertempel wurden in diesem Jahr auf dem Kapitol geweiht.
Den einen hatte L. Furius Purpurio als Prätor im Krieg gegen die
Gallier gelobt, den anderen als Konsul. Geweiht wurden sie von dem
Duumvirn Q. Marcius Ralla.

Viele strenge Urteile ergingen in diesem Jahr gegen die Wucherer; die
kurulischen Ädilen M. Tuccius und P. Junius Brutus brachten die
Anklage gegen die Privatleute vor. Von dem Bußgeld der Verurteilten
wurde ein vergoldetes Viergespann auf dem Kapitol aufgestellt und in
der Cella des Jupiter oben am Giebel des Raumes zwölf vergoldete
Schilde angebracht, und sie errichteten eine Säulenhalle vor der Porta
Trigemina im Quartier der Holzhändler.

Während die Römer eifrig mit der Vorbereitung auf den neuen Krieg
beschäftigt waren, war auch Antiochos nicht müßig. Drei Städte hielten
ihn auf, Smyrna, das troische Alexandreia und Lampsakos, die er bis zu
diesem Tag weder mit Gewalt erobern noch durch Verhandlungen zur
Freundschaft locken konnte, die er aber auch nicht in seinem Rücken
zurücklassen wollte, wenn er selbst nach Europa hinüberging. Auch
hielten ihn die Überlegungen wegen Hannibal auf. Zunächst kam es
wegen der Schiffe ohne Deck, die er mit ihm nach Afrika hatte schicken
wollen, zu einer Verzögerung. Dann wurde eine Beratung angeregt, ob
er überhaupt geschickt werden sollte, vor allem von dem Ätoler Thoas,
der berichtete, in Griechenland sei alles von Unruhe erfüllt und Demetrias sei in ihrer Gewalt. Und wie er mit Lügen über den König, indem
er dessen Truppen in seinen Reden um ein Vielfaches stärker machte,
viele in Griechenland ermutigt hatte, so schürte er mit ebensolchen
Lügen die Hoffnung des Königs: in den Gebeten aller werde er herbeigerufen; es werde zu einem Auflauf an den Stränden kommen, von wo
aus sie die Flotte des Königs erblickt hätten. Dieser selbe Mann wagte
auch die fast schon feststehende Entscheidung des Königs über Hannibal wieder zum Wanken zu bringen. Denn er meinte, es dürfe nicht ein
Teil der Schiffe von der königlichen Flotte weggeschickt werden; wenn
die Schiffe aber geschickt werden müßten, dürfe jeder andere eher als
Hannibal das Kommando über diese Flotte erhalten. Er sei ein Verbannter und ein Karthager, dem sein Schicksal oder seine Wesensart

facere, et ipsam eam gloriam belli, qua velut dote   9
Hannibal concilietur, nimiam in praefecto regio esse.
Regem conspici, regem unum ducem, unum imperatorem videri debere. Si classem, si exercitum amittat   10
Hannibal, idem damni fore, ac si per alium ducem
amittantur; si quid prospere eveniat, Hannibalis eam,
non Antiochi gloriam fore; si vero universo bello   11
vincendi Romanos fortuna detur, quam spem esse sub
rege victurum Hannibalem, uni subiectum, qui patriam prope non tulerit? Non ita se a iuventa eum   12
gessisse, spe animoque complexum orbis terrarum
imperium, ut in senectute dominum laturus videatur.
Nihil opus esse regi duce Hannibale; comite et consi-   13
liario eodem ad bellum uti posse. Modicum fructum   14
ex ingenio tali neque gravem neque inutilem fore; si
summa petantur, et dantem et accipientem praegrava-
tura.

   Nulla ingenia tam prona ad invidiam sunt quam   43
eorum, qui genus ac fortunam suam animis non
aequant, quia virtutem et bonum alienum oderunt.
Extemplo consilium mittendi Hannibalis, quod unum   2
in principio belli utiliter cogitatum erat, abiectum est.
Demetriadis maxime defectione ab Romanis ad Aetolos elatus non ultra differre profectionem in Graeciam
constituit. Priusquam solveret naves, Ilium a mari   3
escendit, ut Minervae sacrificaret. Inde ad classem
regressus proficiscitur quadraginta tectis navibus,
apertis sexaginta, et ducentae onerariae cum omnis
generis commeatu bellicoque alio apparatu sequebantur. Imbrum primo insulam tenuit; inde Sciathum   4
traiecit; ubi collectis, in alto quae dissipatae erant,
navibus ad Pteleum primum continentis venit. Ibi   5
Eurylochus ei Magnetarches principesque Magnetum
ab Demetriade occurrerunt, quorum frequentia laetus
die postero in portum urbis navibus est invectus;

jeden Tag 1000 neue Pläne eingeben könnten, und gerade der Kriegsruhm, durch den Hannibal sich wie durch eine Mitgift empfehle, sei zu
groß für einen Befehlshaber des Königs. Der König müsse die Blicke
der Leute auf sich ziehen, der König als der einzige Führer, als der
einzige Feldherr erscheinen. Wenn Hannibal eine Flotte, wenn er ein
Heer verliere, werde es ein ebenso großer Verlust sein, als wenn sie
durch einen anderen Feldherrn verlorengingen. Wenn ein Erfolg ein-
trete, werde der Ruhm Hannibal, nicht Antiochos zufallen. Wenn man
aber das Glück habe, die Römer im Krieg ganz zu besiegen, dürfe man
da hoffen, daß Hannibal unter dem König leben werde, einem einzigen
untertan, er, der seine Vaterstadt fast nicht ertragen habe? Er habe von
Jugend an nicht so gelebt, daß es aussehe, als ob er im Alter einen Herrn
ertragen könne; denn seine Hoffnung und sein Verlangen hätten sich
auf die Herrschaft über den Erdkreis gerichtet. Der König habe Hannibal nicht als Feldherrn nötig. Als Begleiter und als Ratgeber für den
Krieg könne er ihn aber gebrauchen. Das maßvolle Ausnutzen eines
solchen Geistes werde weder beschwerlich noch unnütz sein. Wenn
aber das Höchste erstrebt werde, werde es den Gebenden und den
Nehmenden durch sein Gewicht zu Boden drücken.

Niemand neigt so sehr zum Neid wie die, die mit ihrer Sinnesart
nicht an ihre Herkunft und an ihr Glück heranreichen, weil sie Tüchtigkeit und das Gute bei einem anderen hassen. Sogleich wurde der Plan,
Hannibal zu schicken, der einzige nützliche Gedanke beim Anfang des
Krieges, fallengelassen. Vor allem über den Abfall der Stadt Demetrias
von den Römern zu den Ätolern begeistert, beschloß Antiochos den
Aufbruch nach Griechenland nicht weiter aufzuschieben. Bevor er in
See stach, stieg er vom Meer aus nach Ilion hinauf, um der Athene zu
opfern. Von dort zur Flotte zurückgekehrt, fuhr er mit 40 Deckschiffen
und 60 ohne Deck ab, und 200 Transportschiffe mit jeder Art Versorgungsgütern und dazu mit Kriegsgerät folgten. Zuerst lief er die Insel
Imbros an. Von dort fuhr er nach Skiathos hinüber. Hier sammelte er
die Schiffe, die sich auf dem offenen Meer zerstreut hatten, und kam
dann nach Pteleon als erstem Ort auf dem Festland. Dort eilten ihm der
Magnetarch Eurylochos und die führenden Männer der Magnesier von
Demetrias aus entgegen. Über deren große Zahl freute er sich und lief
am nächsten Tag mit seinen Schiffen in den Hafen der Stadt ein. Seine

copias haud procul inde exposuit. Decem milia pedi-   6
tum fuere et quingenti equites, sex elephanti, vix ad
Graeciam nudam occupandam satis copiarum, nedum
ad sustinendum Romanum bellum.

Aetoli, postquam Demetriadem venisse Antiochum   7
adlatum est, concilio indicto decretum, quo accerserent eum, fecerunt. Iam profectus ab Demetriade rex,   8
quia ita decreturos sciebat, Phalara in sinum Maliacum processerat. Inde decreto accepto Lamiam venit,   9
exceptus ingenti favore multitudinis cum plausibus
clamoribusque et quibus aliis laetitia effusa vulgi si-
gnificatur.

In concilium ut ventum est, aegre a Phaenea praeto-   44
re principibusque aliis introductus silentio facto dicere orsus rex. Prima eius oratio fuit excusantis, quod   2
tanto minoribus spe atque opinione omnium copiis
venisset. Id suae impensae erga eos voluntatis maxi-   3
mum debere indicium esse, quod nec paratus satis ulla
re et tempore ad navigandum immaturo vocantibus
legatis eorum haud gravate obsecutus esset credidis-
setque, cum se vidissent Aetoli, omnia vel in se uno
posita praesidia existimaturos esse. Ceterum eorum   4
quoque se, quorum exspectatio destituta in praesentia
videatur, spem abunde expleturum: nam simul pri-   5
mum anni tempus navigabile praebuisset mare, omnem se Graeciam armis, viris, equis, omnem oram
maritimam classibus completurum, nec impensae nec   6
labori nec periculo parsurum, donec depulso cervici-
bus eorum imperio Romano liberam vere Graeciam
atque in ea principes Aetolos fecisset. Cum exerciti-   7
bus commeatus quoque omnis generis ex Asia venturos; in praesentia curae esse Aetolis debere, ut copia
frumenti suis et annona tolerabilis rerum aliarum
suppeditetur.

In hanc sententiam rex cum magno omnium adsen-   45
su locutus discessit. Post discessum regis inter duos   2
principes Aetolorum, Phaeneam et Thoantem, con-

Truppen setzte er nicht weit von dort an Land. Es waren 10000 Fußsoldaten und 500 Reiter und sechs Elefanten, kaum genug Truppen, um ein ungeschütztes Griechenland zu besetzen, geschweige denn, um einen Krieg mit den Römern durchzustehen.

Nachdem gemeldet worden war, daß Antiochos nach Demetrias gekommen sei, beriefen die Ätoler eine Bundesversammlung ein und faßten einen Beschluß, mit dem sie ihn herbeiriefen. Der König war schon von Demetrias aufgebrochen, weil er wußte, daß sie so beschließen würden, und nach Phalara am Golf von Malis vorgerückt. Dort erhielt er den Beschluß und kam nach Lamia, wo er von der Menge mit ungeheurem Jubel aufgenommen wurde mit Klatschen und Geschrei und worin sonst die Freude des Volkes zum Ausdruck kommt.

Sobald man zu der Versammlung gekommen war, konnte der König nur mit Mühe von dem Strategen Phaineas und anderen führenden Männern hineingeleitet werden, und nachdem Ruhe hergestellt war, begann er zu sprechen. Der Anfang seiner Rede war eine Entschuldigung, daß er mit soviel schwächeren Truppen gekommen sei, als alle erhofft und erwartet hätten. Für sein großes Wohlwollen gegen sie müsse es der beste Beweis sein, daß er dem Ruf ihrer Gesandten ohne Umstände gefolgt sei, obwohl er in keinem Punkt hinreichend vorbereitet und obwohl die Zeit für die Seefahrt ungeeignet gewesen sei. Er habe gemeint, wenn die Ätoler ihn sähen, würden sie glauben, daß aller Schutz ganz allein auf ihm beruhe. Aber auch die Hoffnung derjenigen, deren Erwartung im Augenblick enttäuscht worden sei, wie man sehe, werde er reichlich erfüllen. Denn sobald erst einmal die Jahreszeit das Meer wieder befahrbar mache, werde er ganz Griechenland mit Waffen, Männern und Pferden und die Meeresküste mit seinen Flotten anfüllen, und er werde weder Kosten noch Mühe noch Gefahr scheuen, bis er die Herrschaft der Römer von ihrem Nacken genommen und Griechenland in Wahrheit frei und die Ätoler zu den Ersten darin gemacht habe. Mit den Heeren würde auch Zufuhr jeder Art aus Asien kommen; im Augenblick aber müßten die Ätoler sich darum kümmern, daß seine Leute einen Vorrat an Getreide und andere Lebensmittel zu einem erträglichen Preis bekämen.

In diesem Sinne sprach der König, erntete bei allen großen Beifall und ging dann weg. Nach dem Weggang des Königs kam es zwischen zwei führenden Männern der Ätoler, Phaineas und Thoas, zu einem Streit.

tentio fuit. Phaeneas reconciliatore pacis et discep-   3
tatore de iis, quae in controversia cum populo Romano essent, utendum potius Antiocho censebat quam
duce belli: adventum eius et maiestatem ad verecun-   4
diam faciendam Romanis vim maiorem habituram
quam arma; multa homines, ne bellare necesse sit,
voluntate remittere, quae bello et armis cogi non
possint. Thoas negare paci studere Phaeneam, sed   5
discutere apparatum belli velle, ut taedio et impetus
relanguescat regis et Romani tempus ad comparandum habeant: nihil enim aequi ab Romanis impetrari   6
posse totiens legationibus missis Romam, totiens cum
ipso Quinctio disceptando satis expertum esse, nec
nisi abscisa omni spe auxilium Antiochi imploraturos
fuisse. Quo celerius spe omnium oblato non esse   7
elanguescendum, sed orandum potius regem, ut,
quoniam, quod maximum fuerit, ipse vindex Graeciae
venerit, copias quoque terrestres navalesque accersat.
Armatum regem aliquid impetraturum; inermem non   8
pro Aetolis modo, sed ne pro se quidem ipso momenti ullius futurum apud Romanos. Haec vicit sententia,   9
imperatoremque regem appellandum censuerunt et
triginta principes, cum quibus, si qua vellet, consulta-
ret, delegerunt.

    Ita dimisso concilio multitudo omnis in suas civita-   **46**
tes dilapsa est; rex postero die cum apocletis eorum,
unde bellum ordiretur, consultabat. Optimum visum   2
est Chalcidem frustra ab Aetolis nuper temptatam
primum adgredi; et celeritate magis in eam rem quam
magno conatu et apparatu opus esse. Itaque cum mille   3
peditibus rex, qui Demetriade secuti erant, profectus
per Phocidem est, et alio itinere principes Aetoli
iuniorum paucis evocatis ad Chaeroneam occurrerunt
et decem constratis navibus secuti sunt. Rex ad Salga-   4
nea castris positis navibus ipse cum principibus Aetolorum Euripum traiecit, et cum haud procul portu

Phaineas meinte, man solle Antiochos lieber als Friedensvermittler und als Schiedsrichter bei den Fragen in Anspruch nehmen, in denen sie sich mit dem römischen Volk stritten, nicht als Führer im Krieg. Seine Ankunft und sein hoher Rang würden größere Macht haben, die Römer zur Zurückhaltung zu veranlassen, als Waffen. Um nicht Krieg führen zu müssen, geständen die Menschen vieles freiwillig zu, was man mit Krieg und Waffen nicht erzwingen könne. Thoas bestritt, daß es Phaineas um den Frieden gehe. Er wolle vielmehr nur die Vorbereitungen auf den Krieg zum Scheitern bringen, damit vor Überdruß der Schwung des Königs erlahme und die Römer Zeit fänden, ihre Vorbereitungen zu treffen. Denn nichts, was recht und billig sei, könne man von den Römern erlangen; das hätten sie durch ihre Gesandtschaften, die sie so oft nach Rom geschickt hätten, und in den so zahlreichen Verhandlungen mit Quinctius selbst zur Genüge erfahren. Und wenn ihnen nicht alle Hoffnung genommen wäre, hätten sie nicht Antiochos um Hilfe angerufen. Da diese ihnen unerwartet schnell zuteil geworden sei, dürften sie nicht nachlassen, sondern müßten vielmehr den König bitten, wo er, was das wichtigste gewesen, selbst als Retter Griechenlands gekommen sei, auch seine Land- und Seestreitkräfte herbeizuholen. Bewaffnet werde der König etwas erreichen; unbewaffnet werde er nicht nur für die Ätoler bei den Römern nichts ausrichten, sondern nicht einmal für sich selbst. Diese Meinung trug den Sieg davon, und sie beschlossen, den König zum Oberbefehlshaber zu ernennen, und wählten 30 führende Männer, mit denen er sich beraten sollte, wenn er es irgendwie wollte.

Nachdem die Versammlung so entlassen worden war, ging die ganze Menge auseinander in ihre Gemeinden. Der König beriet am folgenden Tage mit ihren Apokleten, wo er den Krieg beginnen solle. Es schien am besten, sich zuerst an Chalkis heranzumachen, das die Ätoler vor kurzem vergeblich in ihre Gewalt zu bringen versucht hatten. Und für dieses Unternehmen sei Schnelligkeit mehr nötig als viel Aufwand und Vorbereitung. Deshalb zog der König mit 1000 Fußsoldaten, die ihm von Demetrias aus gefolgt waren, durch Phokis, und auf einem anderen Weg stießen die Führer der Ätoler, nachdem sie einige wenige junge Leute aufgeboten hatten, bei Chaironeia zu ihm und folgten mit zehn Deckschiffen. Der König schlug bei Salganeus sein Lager auf und setzte selbst auf den Schiffen mit den Führern der Ätoler über den Euripos,

egressus esset, magistratus quoque Chalcidensium et
principes ante portam processerunt. Pauci utrimque
ad colloquium congressi sunt. Aetoli magnopere sua-   5
dere, ut salva Romanorum amicitia regem quoque
adsumerent socium atque amicum: neque enim eum   6
inferendi belli, sed liberandae Graeciae causa in Europam traiecisse, et liberandae re, non verbis et simulatione, quod fecissent Romani; nihil autem utilius   7
Graeciae civitatibus esse quam utramque complecti
amicitiam; ita enim ab utriusque iniuria tutas alterius
semper praesidio et fiducia fore. Nam si non recepis-   8
sent regem, viderent, quid patiendum iis extemplo
foret, cum Romanorum procul auxilium, hostis Antiochus, cui resistere suis viribus non possent, ante
portas esset.

Ad haec Micythio, unus ex principibus, mirari se   9
dixit, ad quos liberandos Antiochus relicto regno suo
in Europam traiecisset: nullam enim civitatem se in   10
Graecia nosse, quae aut praesidium habeat aut stipendium Romanis pendat aut foedere iniquo adligata,
quas nolit, leges patiatur: itaque Chalcidenses neque   11
vindice libertatis ullo egere, cum liberi sint, neque
praesidio, cum pacem eiusdem populi Romani beneficio et libertatem habeant. Amicitiam regis non asper-   12
nari nec ipsorum Aetolorum. Id primum eos pro
amicis facturos, si insula excedant atque abeant: nam   13
ipsis certum esse non modo non recipere moenibus,
sed ne societatem quidem ullam pacisci nisi ex auctoritate Romanorum.

Haec renuntiata regi ad naves, ubi restiterat, cum   47
essent, in praesentia — neque enim iis venerat copiis,
ut vi agere quicquam posset — reverti Demetriadem
placuit. Ibi, quoniam primum vanum inceptum eva-   2
sisset, consultare cum Aetolis rex, quid deinde fieret.
Placuit ⟨Boeotos⟩, Achaeos, Amynandrum regem

und als er nicht weit vom Hafen an Land gegangen war, kamen auch die
Beamten von Chalkis und ihre führenden Männer vor das Tor. Nur
wenige von beiden Seiten trafen zu der Unterredung zusammen. Die
Ätoler rieten eindringlich, unbeschadet der Freundschaft mit den
Römern auch den König als Bundesgenossen und Freund anzunehmen.
Denn er sei nicht nach Europa hinübergekommen, um Krieg zu bringen, sondern um Griechenland zu befreien, und zwar um es wirklich zu
befreien, nicht nur dem Wort nach und zum Schein, wie es die Römer
getan hätten. Nichts aber sei für die Gemeinden Griechenlands nützli-
cher, als Freundschaft mit beiden zu pflegen. So würden sie nämlich
gegen Unrecht von beiden Seiten immer durch den Schutz des anderen
und seine Zuverlässigkeit geschützt sein. Denn wenn sie den König
nicht aufnähmen, sollten sie sehen, was sie alsbald leiden müßten, da die
Hilfe der Römer weit, Antiochos aber als ein Feind, dem sie mit ihren
Kräften keinen Widerstand leisten könnten, vor den Toren sei.

Darauf sagte Mikythion, einer ihrer führenden Männer, er frage sich
verwundert, wen Antiochos befreien wolle, daß er sein Reich verlassen
habe und nach Europa hinübergekommen sei. Er kenne nämlich keine
Gemeinde in Griechenland, die eine Besatzung habe oder den Römern
eine Abgabe zahle oder, durch einen Vertrag zu ungleichen Bedingungen gebunden, sich Gesetze gefallen lassen müsse, die sie nicht wolle.
Deshalb hätten auch die Bürger von Chalkis keinen Retter ihrer Freiheit
nötig, da sie frei seien, und keinen Schutz, da sie durch die Wohltat
desselben römischen Volkes Frieden und Freiheit hätten. Die Freundschaft des Königs wiesen sie nicht ab und auch die der Ätoler nicht.
Einen ersten Beweis ihrer Freundschaft würden diese damit geben, wenn
sie die Insel verließen und weggingen. Denn sie selbst seien entschlossen,
nicht nur keinen in ihre Mauern aufzunehmen, sondern nicht einmal ein
Bündnis mit jemand zu schließen, es sei denn auf Anraten der Römer.

Als das dem König bei den Schiffen, wo er zurückgeblieben war,
gemeldet wurde, beschloß er, für den Augenblick nach Demetrias
zurückzukehren; denn er war nicht mit so starken Streitkräften gekommen, daß er mit Gewalt etwas erreichen konnte. Weil das erste Unternehmen erfolglos ausgegangen war, beriet der König dort mit den
Ätolern, was weiterhin geschehen sollte. Man beschloß, es mit den
Böotern, Achäern und Amynander, dem König der Athamanen, zu

Athamanum temptare. Boeotorum gentem aversam   3
ab Romanis iam inde a Brachylli morte et quae secuta
eam fuerant, censebant; Achaeorum Philopoemenem   4
principem aemulatione gloriae in bello Laconum infestum invisumque esse Quinctio credebant. Amyn-   5
ander uxorem Apamam, filiam Alexandri cuiusdam
Megalopolitani, habebat, qui se oriundum a magno
Alexandro ferens filiis duobus Philippum atque Alexandrum et filiae Apamam nomina imposuerat; quam   6
regiis iunctam nuptiis maior e fratribus Philippus
secutus in Athamaniam fuerat. Hunc forte ingenio   7
vanum Aetoli et Antiochus impulerant in spem Macedoniae regni, quod is vere regum stirpis esset, si
Amynandrum Athamanesque Antiocho coniunxisset.
Et ea vanitas promissorum non apud Philippum mo-   8
do, sed etiam apud Amynandrum valuit.
    In Achaia legatis Antiochi Aetolorumque coram T. **48**
Quinctio Aegii datum est concilium. Antiochi legatus 2
prior quam Aetoli est auditus. Is, ut plerique, quos
opes regiae alunt, vaniloquus maria terrasque inani
sonitu verborum complevit: equitum innumerabilem   3
vim traici Hellesponto in Europam, partim loricatos,
quos cataphractos vocant, partim sagittis ex equo
utentes et, a quo nihil satis tecti sit, averso refugientis
equo certius figentes. His equestribus copiis quam-   4
quam vel totius Europae exercitus in unum coacti
obrui possent, adiciebat multiplices copias peditum,
et nominibus quoque gentium vix fando auditis terre- 5
bat, Dahas, Medos Elymaeosque et Cadusios appellans. Navalium vero copiarum, quas nulli portus ca-   6
pere in Graecia possent, dextrum cornu Sidonios et
Tyrios, sinistrum Aradios et ex Pamphylia Sidetas
tenere, quas gentes nullae umquam nec arte nec virtute navali aequassent. Iam pecuniam, iam alios belli   7

versuchen. Die Völkerschaft der Böoter, meinten sie, habe sich schon
seit dem Tod des Brachylles und den darauf folgenden Ereignissen von
den Römern abgewandt. Und sie glaubten, daß Philopoimen, der erste
Mann der Achäer, und Quinctius sich infolge ihres Wettstreits um den
Ruhm im Krieg gegen Sparta gegenseitig haßten. Amynander hatte
Apama zur Frau, die Tochter eines gewissen Alexander aus Megalopolis, der sich als Nachkomme Alexanders des Großen ausgab und seinen
beiden Söhnen die Namen Philipp und Alexander und seiner Tochter
den Namen Apama gegeben hatte. Als diese die Ehe mit dem König
eingegangen war, war Philipp, der ältere ihrer Brüder, ihr nach Athamanien gefolgt. Diesem, der nun einmal von Natur aus eitel war, hatten die
Ätoler und Antiochos, weil er wirklich ein Nachkomme von Königen
sei, auf die Herrschaft in Makedonien Hoffnung gemacht, wenn er
Amynander und die Athamanen auf die Seite des Antiochos brächte.
Und diese eitlen Versprechungen taten nicht nur bei Philipp, sondern
sogar bei Amynander ihre Wirkung.

In Achaia fand für die Gesandten des Antiochos und der Ätoler unter
Anwesenheit von T. Quinctius in Aigion eine Bundesversammlung
statt. Der Gesandte des Antiochos erhielt vor den Ätolern das Wort. Er
war, wie die meisten, die von den Reichtümern eines Königs leben, ein
Großmaul und erfüllte Meere und Länder mit dem eitlen Klang seiner
Worte: Eine unzählbare Menge Reiter werde über den Hellespont nach
Europa geschafft, z. T. gepanzerte, die sie Kataphrakten nennen, z. T.
solche, die vom Pferde aus ihre Pfeile abschössen und vor denen
nichts hinreichend sicher sei, da sie noch sicherer träfen, wenn sie ihre
Pferde kehrtmachen ließen und zurückflöhen. Obwohl von diesen
Reitertruppen sogar die Heere ganz Europas, wenn sie zu einem
vereinigt wären, vernichtet werden könnten, erwähnte er außerdem
noch die vielfältigen Streitkräfte zu Fuß und versuchte auch noch mit
Namen von Völkern einzuschüchtern, die man kaum vom Hörensagen
kannte, indem er die Daher, die Meder und die Elymaier und die
Kadusier nannte. Von den Seestreitkräften aber, die kein Hafen in
Griechenland fassen könne, nähmen den rechten Flügel die Leute von
Sidon und Tyros ein, den linken die von Arados und die von Side in
Pamphylien, Völkerschaften, denen es keine anderen weder in der
Geschicklichkeit noch in der Tapferkeit zur See je gleichgetan hätten.
Geld schließlich und die anderen Voraussetzungen zum Krieg zu

apparatus referre supervacaneum esse: scire ipsos ab-
undasse auro semper regna Asiae. Itaque non cum
Philippo nec Hannibale rem futuram Romanis, principe altero unius civitatis, altero Macedoniae tantum
regni finibus incluso, sed cum magno Asiae totius
partisque Europae rege. Eum tamen, quamquam ab   8
ultimis orientis terminis ad liberandam Graeciam ve-
niat, nihil postulare ab Achaeis, in quo fides eorum
adversus Romanos, priores socios atque amicos, lae-
datur: non enim ut secum adversus eos arma capiant,   9
sed ut neutri parti sese coniungant, petere. Pacem
utrique parti, quod medios deceat amicos, optent;
bello se non interponant.

Idem ferme et Aetolorum legatus Archidamus pe-   10
tit, ut, quae facillima et tutissima esset, quietem praestarent spectatoresque belli fortunarum alienarum
eventum sine ullo discrimine rerum suarum opperi-
rentur. Provectus deinde est intemperantia linguae in 11
maledicta nunc communiter Romanorum, nunc proprie ipsius Quinctii, ingratos appellans et exprobrans 12
non victoriam modo de Philippo virtute Aetolorum
partam, sed etiam salutem, ipsumque et exercitum sua
opera servatos. Quo enim illum umquam imperatoris   13
functum officio esse? Auspicantem immolantemque
et vota nuncupantem sacrificuli vatis modo in acie
vidisse, cum ipse corpus suum pro eo telis hostium
obiceret.

Ad ea Quinctius, coram quibus magis quam apud   49
quos verba faceret, dicere Archidamum rationem habuisse: Achaeos enim probe scire Aetolorum omnem   2
ferociam in verbis, non in factis esse, et in conciliis
magis contionibusque quam in acie apparere: itaque   3
parvi Achaeorum existimationem, quibus notos esse
se scirent, fecisse; legatis regis et per eos absenti regi
eum se iactasse. Quod si quis antea ignorasset, quae   4
res Antiochum et Aetolos coniunxisset, ex legatorum
sermone potuisse apparere mentiendo in vicem iac-

erwähnen sei überflüssig; sie wüßten selbst, daß die Königreiche Asiens an Gold immer Überfluß gehabt hätten. Daher würden die Römer es nicht mit einem Philipp und einem Hannibal zu tun haben – der eine der führende Mann in einer einzigen Bürgerschaft, der andere nur auf das Gebiet des Königreichs Makedonien beschränkt –, sondern mit dem großen König von ganz Asien und einem Teil von Europa. Obwohl er von den fernsten Grenzen des Morgenlandes komme, um Griechenland zu befreien, fordere er doch von den Achäern nichts, wobei ihre Treue gegen die Römer, ihre älteren Bundesgenossen und Freunde, verletzt werde. Denn er bitte nicht darum, daß sie an seiner Seite gegen diese zu den Waffen griffen, sondern darum, daß sie sich keiner Seite anschlössen. Sie sollten beiden Seiten den Frieden wünschen, wie es sich für neutrale Freunde zieme, und sich nicht in den Krieg einmischen.

Fast um dasselbe bat sie auch Archidamos, der Gesandte der Ätoler: Sie sollten sich ruhig verhalten, was das leichteste und sicherste sei, und als Zuschauer beim Krieg den Ausgang des fremden Geschicks ohne jede Gefahr für ihre eigenen Interessen abwarten. Er ließ sich dann von seiner unbeherrschten Zunge bald zu Beschimpfungen gegen die Römer allgemein, bald speziell gegen Quinctius hinreißen, nannte sie undankbar und hielt ihnen vor, nicht nur den Sieg über Philipp hätten sie der Tapferkeit der Ätoler zu verdanken, sondern auch ihre Rettung; Quinctius und sein Heer seien nämlich durch seinen Einsatz gerettet worden. Denn womit habe jener je die Pflicht eines Feldherrn erfüllt? Er habe ihn während der Schlacht nach Art eines opfernden Sehers die Auspizien anstellen, das Opfer darbringen und Gelübde aussprechen sehen, während er selbst sich für ihn den Geschossen der Feinde ausgesetzt habe.

Darauf entgegnete Quinctius, Archidamos habe mehr daran gedacht, vor wem als zu wem er sprach. Die Achäer wüßten nämlich gut, daß die ganze Unbändigkeit der Ätoler in Worten, nicht in Taten bestehe und sich mehr in ihren Bundesversammlungen und Beratungen als auf dem Schlachtfeld zeige. Deshalb habe Archidamos um die Meinung der Achäer nicht viel gegeben, da diese sie kennten, wie sie wohl wüßten. Für die Gesandten des Königs und durch sie für den abwesenden König habe er sich in die Brust geworfen. Wenn aber einer vorher nicht gewußt hätte, was Antiochos und die Ätoler zusammengebracht habe, hätte ihm aus der Rede der Gesandten klarwerden können, daß sie sich

tandoque vires, quas non haberent, inflasse vana spe
atque inflatos esse. „Dum hi ab se victum Philippum,   5
sua virtute protectos Romanos et, quae modo audie-
batis, narrant vos ceterasque civitates et gentes suam
sectam esse secuturos, rex contra peditum equitum-
que nubes iactat et consternit maria classibus suis. Est   6
autem res simillima cenae Chalcidensis hospitis mei,
et hominis boni et sciti convivatoris, apud quem
solstitiali tempore comiter accepti cum miraremur,
unde illi eo tempore anni tam varia et multa venatio,
homo non, qua isti sunt, gloriosus renidens condi-   7
mentis ait varietatem illam et speciem ferinae carnis ex
mansueto sue factam." Hoc dici apte in copias regis,   8
quae paulo ante iactatae sint, posse: varia enim genera
armorum et multa nomina gentium inauditarum, Dahas ⟨et Medos⟩ et Cadusios et Elymaeos, Syros omnes esse, haud paulo mancipiorum melius propter
servilia ingenia quam militum genus. „Et utinam   9
subicere oculis vestris, Achaei, possem concursatio-
nem regis magni ab Demetriade nunc Lamiam in
concilium Aetolorum, nunc Chalcidem; videretis vix   10
duarum male plenarum legiuncularum instar in castris
regis; videretis regem nunc mendicantem prope frumentum ab Aetolis, quod militi admetiatur, nunc   11
mutuas pecunias faenore in stipendium quaerentem,
nunc ad portas Chalcidis stantem et mox, inde exclu-
sum, nihil aliud quam Aulide atque Euripo spectatis
in Aetoliam redeuntem. Male crediderunt et Antiochus Aetolis et Aetoli regiae vanitati: quo minus vos   12
decipi debetis, sed expertae potius spectataeque
Romanorum fidei credere. Nam quod optimum esse   13
dicunt, non interponi vos bello, nihil immo tam alienum rebus vestris est; quippe sine gratia, sine dignitate
praemium victoris eritis."

abwechselnd etwas vorgelogen und mit nicht vorhandenen Streitkräften geprahlt und so einer dem anderen mit falscher Hoffnung das Gefühl der Stärke gegeben hätten. „Während diese erzählen, von ihnen sei Philipp besiegt, durch ihre Tapferkeit seien die Römer geschützt worden und, wie ihr eben noch gehört habt, ihr und die übrigen Gemeinden und Völkerschaften würden sich ihrer Partei anschließen, prahlt der König dagegen mit den Massen seiner Fußsoldaten und Reiter und bedeckt Meere mit seinen Flotten. Die Sache hat aber große Ähnlichkeit mit dem Gastmahl eines Gastfreundes von mir aus Chalkis, eines braven Mannes und erfahrenen Gastgebers; als wir bei dem zur Zeit der Sommersonnenwende freundlich aufgenommen wurden und uns wunderten, woher er in dieser Jahreszeit so verschiedenes und so reichlich Wildpret habe, sagte der Mann, der nicht, wie diese da, ein Prahlhans war, strahlend, mit Gewürzen habe er aus einfachem Schweinefleisch diese Vielfalt zustande gebracht und daß es wie Wildpret schmecke." Dies könne man passend von den Truppen des König sagen, mit denen gerade eben geprahlt worden sei; denn die mannigfachen Waffenarten und die vielen Namen von Völkern, von denen man noch nie gehört habe, die Daher und die Meder und die Kadusier und die Elymaier, das seien alles Syrer, ein Menschenschlag, der seiner Sklavennatur wegen weit bessere Sklaven abgebe als Soldaten. „Und wenn ich euch, ihr Achäer, das Herumziehen des großen Königs doch vor Augen führen könnte, erst von Demetrias nach Lamia zur Bundesversammlung der Ätoler, dann nach Chalkis: ihr würdet kaum so etwas wie zwei nicht einmal ganz volle Legiönchen im Lager des Königs sehen; ihr würdet sehen, wie der König die Ätoler bald um Getreide anbettelte, um es seinen Soldaten zuzuteilen, wie er bald gegen Zinsen Geld für den Sold borgen wollte, bald an den Toren von Chalkis stand und dann, von dort ausgesperrt, nach Ätolien zurückkehrte, ohne etwas anderes als Aulis und den Euripos gesehen zu haben. Es war nicht gut, daß Antiochos den Ätolern und daß die Ätoler den eitlen Worten des Königs Glauben schenkten. Um so weniger dürft ihr euch täuschen lassen, sondern ihr müßt euch vielmehr an die erprobte und bewährte Treue der Römer halten. Denn was jene als das beste bezeichnen, daß ihr euch nicht in den Krieg einmischt, nichts ist im Gegenteil so euren Interessen zuwider; dann werdet ihr nämlich unbeliebt und ungeachtet dem Sieger zur Beute fallen."

Nec absurde adversus utrosque respondisse visus   50
est, et facile erat orationem apud faventes aequis
auribus accipi. Nulla enim nec disceptatio nec dubi-   2
tatio fuit, quin omnes eosdem genti Achaeorum hostes et amicos, quos populos Romanus censuisset,
iudicarent bellumque et Antiocho et Aetolis nuntiari
iuberent. Auxilia etiam, quo censuit Quinctius, quin-   3
gentorum militum Chalcidem, quingentorum Piraeum extemplo miserunt. Erat enim haud procul sedi-   4
tione Athenis res trahentibus ad Antiochum quibusdam spe largitionum venalem pretio multitudinem,
donec ab iis, qui Romanae partis erant, Quinctius est
accitus et accusante Leonte quodam Apollodorus
auctor defectionis damnatus atque in exilium est eiec-
tus.

Et ab Achaeis quidem cum tristi responso legatio   5
ad regem rediit; Boeoti nihil certi responderunt: cum
Antiochus in Boeotiam venisset, tum, quid sibi faciendum esset, se deliberaturos esse.

Antiochus cum ad Chalcidis praesidium et Achaeos   6
et Eumenem regem misisse audisset, maturandum
ratus, ut et praevenirent sui et venientes, si possent,
exciperent, Menippum cum tribus ferme milibus mili-   7
tum et cum omni classe Polyxenidan mittit, ipse
paucos post dies sex milia suorum militum et ex ea
copia, quae Lamiae repente colligi potuit non ita
multos Aetolos ducit. Achaei quingenti ⟨et⟩ ab Eu-   8
mene rege modicum auxilium missum duce Xenoclide
Chalcidensi nondum obsessis itineribus tuto transgressi Euripum Chalcidem pervenerunt; Romani mi-   9
lites, quingenti ferme et ipsi, cum iam Menippus
castra ante Salganea ad Hermaeum, qua transitus ex
Boeotia in Euboeam insulam est, haberet, venerunt.
Micythio erat cum iis, legatus ab Chalcide ad Quinc-   10
tium ad id ipsum praesidium petendum missus. Qui   11
postquam ab hostibus obsessas fauces vidit, omisso ad
Aulidem itinere Delium convertit, ut inde in Euboeam transmissurus.

Nicht unpassend schien er beiden geantwortet zu haben, und ohne weiteres wurde die Rede bei dem Publikum, das ihm gewogen war, wohlwollend aufgenommen. Denn es gab keine Diskussion und keinen Zweifel daran, daß alle als Feinde und Freunde der Völkerschaft der Achäer die ansahen, die das römische Volk dafür hielt, und daß sie Antiochos und den Ätolern den Krieg erklären ließen. Sie schickten auch Hilfstruppen, wohin Quinctius es für richtig hielt, 500 Soldaten nach Chalkis und 500 sogleich nach Piraeus. Denn in Athen war die Situation nicht weit von einem Aufruhr entfernt, da einige die für einen Preis käufliche Menge mit der Hoffnung auf Schenkungen zu Antiochos hinüberzogen, bis von denen, die auf der Seite der Römer standen, Quinctius herbeigerufen und auf die Anklage eines gewissen Leon hin Apollodoros, der Urheber des Abfalls, verurteilt und in die Verbannung geschickt wurde.

Von den Achäern jedenfalls kehrte die Gesandtschaft mit einer unerfreulichen Antwort zum König zurück. Die Böoter gaben nichts Bestimmtes zur Antwort: wenn Antiochos nach Böotien komme, dann würden sie sich überlegen, was sie tun wollten.

Als Antiochos hörte, daß sowohl die Achäer wie auch König Eumenes Verstärkung nach Chalkis geschickt hatten, glaubte er, daß Eile geboten sei, damit seine Leute ihnen zuvorkämen und die Ankommenden womöglich abfingen, und schickte Menippos mit ungefähr 3000 Soldaten und Polyxenidas mit der ganzen Flotte; er selbst führte wenige Tage später 6000 von seinen Soldaten und eine kleinere Gruppe Ätoler von der Menge, die in Lamia ganz rasch aufgestellt werden konnte, heran. Die 500 Achäer und die nicht allzu starke Hilfe, die König Eumenes geschickt hatte, überquerten unter Führung von Xenokleides aus Chalkis, da die Straßen noch nicht besetzt waren, sicher den Euripos und gelangten nach Chalkis. Römische Soldaten, auch sie ungefähr 500, kamen, als Menippos schon sein Lager vor Salganeus am Hermaion hatte, wo der Übergang von Böotien zur Insel Euböa ist. Mikythion war bei ihnen, der als Gesandter von Chalkis zu Quinctius geschickt worden war, um um diese Verstärkung zu bitten. Als er sah, daß die Enge von den Feinden besetzt war, gab er den Marsch nach Aulis auf und wandte sich nach Delion, um von dort aus nach Euböa überzusetzen.

Templum est Apollinis Delium, imminens mari;   51
quinque milia passuum ab Tanagra abest; minus quattuor milium inde in proxima Euboeae est mari traiec-
tus. Ubi et in fano lucoque ea religione et eo iure   2
sancto, quo sunt templa, quae asyla Graeci appellant,
et nondum aut indicto bello aut ita commisso, ut
strictos gladios aut sanguinem usquam factum audissent, cum per magnum otium milites alii ad spectacu-   3
lum templi lucique versi, alii in litore inermes vagarentur, magna pars per agros lignatum pabulatumque   4
dilapsa esset, repente Menippus palatos passim adgressus ... cecidit, ad quinquaginta vivos cepit; perpauci effugerunt, in quibus Micythio parva oneraria
nave exceptus. Ea res Quinctio Romanisque sicut   5
iactura militum molesta, ita ad ius inferendi Antiocho
belli adiecisse aliquantum videbatur.

Antiochus admoto ad Aulidem exercitu, cum rur-   6
sus oratores partim ex suis, partim Aetolos Chalcidem misisset, qui eadem illa, quae nuper cum minis
gravioribus agerent, nequiquam contra Micythione et
Xenoclide tendentibus facile tenuit, ut portae sibi
aperirentur. Qui Romanae partis erant, sub adventum   7
regis urbe excesserunt. Achaeorum et Eumenis milites
Salganea tenebant, et in Euripo castellum Romani
milites pauci custodiae causa loci communiebant. Sal-   8
ganea Menippus, rex ipse castellum Euripi oppugnare
est adortus. Priores Achaei et Eumenis milites pacti,
ut sine fraude liceret abire, praesidio excesserunt;
pertinacius Romani Euripum tuebantur. Hi quoque   9
tamen, cum terra marique obsiderentur et iam machinas tormentaque apportari viderent, non tulere obsidionem. Cum id, quod caput erat Euboeae, teneret   10
rex, ne ceterae quidem insulae eius urbes imperium
abnuerunt; magnoque principio sibi orsus bellum

Delion ist ein Heiligtum des Apollon unmittelbar am Meer; es ist fünf Meilen von Tanagra entfernt. Von dort beträgt die Überfahrt über das Meer zu der nächsten Stelle auf Euböa weniger als vier Meilen. Hier befanden sie sich in einem Heiligtum und in einem Hain, der durch religiöse Scheu und das Recht unverletzlich war, wie es die Heiligtümer sind, die die Griechen Asyle nennen, und der Krieg war noch nicht erklärt und hatte auch noch nicht so angefangen, daß man gehört hätte, es seien Schwerter gezückt worden oder es sei irgendwo Blut geflossen. Als die Soldaten hier ganz in Muße teils zur Besichtigung des Heiligtums und des Haines, teils am Strand waffenlos umherstreiften und ein großer Teil sich über das offene Land zerstreut hatte, um Holz und Futter zu holen, griff Menippos plötzlich die überall Zerstreuten an und tötete . . ., etwa 50 nahm er gefangen. Nur sehr wenige entkamen, darunter Mikythion, der von einem kleinen Transportschiff aufgenommen wurde. Dieser Vorfall schien Quinctius und den Römern verdrießlich wegen des Verlusts der Soldaten, andererseits schien er ihnen aber auch die Berechtigung, gegen Antiochos Krieg zu führen, beträchtlich vergrößert zu haben.

Antiochos führte sein Heer nach Aulis, und nachdem er wieder Unterhändler teils von seinen Leuten, teils Ätoler nach Chalkis geschickt hatte, die genau dasselbe wie früher, nur mit schlimmeren Drohungen vorbringen sollten, erreichte er leicht, während Mikythion und Xenokleides vergeblich dagegen ankämpften, daß ihm die Tore geöffnet wurden. Die zur Partei der Römer hielten, verließen kurz vor der Ankunft des Königs die Stadt. Die Soldaten der Achäer und des Eumenes hielten Salganeus, und am Euripos errichteten die wenigen römischen Soldaten zum Schutz der Stelle ein Kastell. Menippos begann Salganeus anzugreifen, der König selbst das Kastell am Euripos. Zuerst schlossen die Achäer und die Soldaten des Eumenes ein Abkommen, daß sie freien Abzug erhielten, und verließen ihre Stellungen. Hartnäckiger schützten die Römer den Euripos. Doch auch sie konnten, da sie zu Lande und zu Wasser belagert wurden und sahen, daß schon Belagerungsmaschinen und Wurfgeschütze herangeschafft wurden, der Belagerung nicht mehr länger standhalten. Da der König die Hauptstadt Euböas in der Hand hatte, sträubten auch die übrigen Städte dieser Insel sich nicht mehr gegen seine Herrschaft; und er glaubte den Krieg mit

videbatur, quod tanta insula et tot opportunae urbes
in suam dicionem venissent.

einer großen Tat zum Anfang begonnen zu haben, weil eine so große Insel und so viele günstig gelegene Städte unter seine Macht gekommen seien.

LIBER XXXVI

P. Cornelium Cn. filium Scipionem et M'. Acilium   1
Glabrionem consules inito magistratu patres, prius-   2
quam de provinciis agerent, res divinas facere maioribus hostiis iusserunt in omnibus fanis, in quibus
lectisternium maiorem partem anni fieri solet, preca-
rique, quod senatus de novo bello in animo haberet,
ut ea res senatui populoque Romano bene atque
feliciter eveniret. Ea omnia sacrificia laeta fuerunt   3
primisque hostiis perlitatum est et ita haruspices responderunt, eo bello terminos populi Romani propa-
gari, victoriam ac triumphum ostendi. Haec cum   4
renuntiata essent, solutis religione animis patres rogationem ad populum ferri iusserunt, vellent iuberentne   5
cum Antiocho rege quique eius sectam secuti essent,
bellum iniri; si ea perlata rogatio esset, tum, si ita
videretur consulibus, rem integram ad senatum referrent. P. Cornelius eam rogationem pertulit; tum sena-   6
tus decrevit, ut consules Italiam et Graeciam provincias sortirentur; cui Graecia evenisset, ut praeter eum
numerum militum, quem L. Quinctius consul in eam
provinciam ex auctoritate senatus scripsisset imperas-
setve, ut eum exercitum acciperet, quem M. Baebius   7
praetor anno priore ex senatus consulto in Macedoniam traiecisset; et extra Italiam permissum, ut, si res   8
postulasset, auxilia ab sociis ne supra quinque milium
numerum acciperet. L. Quinctium superioris anni
consulem legari ad id bellum placuit. Alter consul, cui   9
Italia provincia evenisset, cum Bois iussus bellum

BUCH XXXVI

Als die Konsuln P. Cornelius Scipio, der Sohn des Gnaeus, und
M'. Acilius Glabrio ihr Amt angetreten hatten, forderten die Senatoren,
bevor sie über die Aufgabenbereiche verhandelten, sollten sie die religiösen Zeremonien mit voll ausgewachsenen Opfertieren in allen Heiligtümern vollziehen, in denen den größten Teil des Jahres hindurch
regelmäßig die Götterbilder auf Polstern ausgestellt werden, und darum
beten, was der Senat wegen des neuen Krieges vorhabe, daß das für den
Senat und das Volk von Rom gut und glücklich ausgehe. All diese Opfer
waren glückverheißend, und schon bei den ersten Opfertieren waren die
Zeichen günstig, und so gaben die Haruspices den Bescheid, in diesem
Krieg würden die Grenzen des römischen Volkes erweitert und Sieg
und Triumph würden in Aussicht gestellt. Als das gemeldet wurde, gab
es keine religiösen Bedenken mehr, und die Senatoren ordneten an, das
Volk darüber abstimmen zu lassen, ob mit König Antiochos und denen,
die seiner Partei folgten, der Krieg eröffnet werden solle. Wenn dieser
Antrag durchgekommen sei, dann sollten die Konsuln, wenn es ihnen
so gut scheine, die Sache erneut dem Senat zur Beratung vorlegen.
P. Cornelius brachte diesen Antrag durch. Dann beschloß der Senat, die
Konsuln sollten um Italien und Griechenland als Aufgabenbereiche
losen. Wer Griechenland erhielt, sollte außer den Soldaten, die der
Konsul L. Quinctius für diesen Aufgabenbereich auf Senatsbeschluß
ausgehoben und angefordert habe, auch das Heer übernehmen, das der
Prätor M. Baebius im Vorjahr auf Senatsbeschluß nach Makedonien
hinübergeschafft habe. Und es wurde ihm erlaubt, sich außerhalb von
Italien, wenn die Sache es fordere, von den Bundesgenossen Hilfstruppen stellen zu lassen, aber nicht über 5000 Mann. L. Quinctius, der
Konsul des Vorjahres, sollte als Legat an diesem Krieg teilnehmen. Der
andere Konsul, der Italien als Aufgabenbereich erhielt, bekam den

gerere, utro exercitu mallet ex duobus, quos superiores consules habuissent, alterum ut mitteret Romam eaeque urbanae legiones essent paratae, quo senatus censuisset.

His ita in senatu, ⟨incerto⟩ ad id, quae cuius⟨que⟩ 2
provincia foret, decretis, tum demum sortiri consules
placuit. Acilio Graecia, Cornelio Italia evenit. Certa 2
deinde sorte senatus consultum factum est, quod
populus Romanus eo tempore duellum iussisset esse
cum rege Antiocho quique sub imperio eius essent, ut
eius rei causa supplicationem imperarent consules
utique M'. Acilius consul ludos magnos Iovi voveret
et dona ad omnia pulvinaria. Id votum in haec verba 3
praeeunte P. Licinio pontifice maximo consul nuncupavit: „Si duellum, quod cum rege Antiocho sumi
populus iussit, id ex sententia senatus populique Romani confectum erit, tum tibi, Iuppiter, populus Romanus ludos magnos dies decem continuos faciet 4
donaque ad omnia pulvinaria dabuntur de pecunia,
quantam senatus decreverit. Quisquis magistratus eos 5
ludos quando ubique faxit, hi ludi recte facti donaque
data recte sunto." Supplicatio inde ab duobus consulibus edicta per biduum fuit.

Consulibus sortitis provincias extemplo et praetores 6
res sortiti sunt. M. Iunio Bruto iurisdictio utraque
evenit, A. Cornelio Mammulae Bruttii, M. Aemilio
Lepido Sicilia, L. Oppio Salinatori Sardinia, C. Livio
Salinatori classis, L. Aemilio Paulo Hispania ulterior.
His ita exercitus decreti: A. Cornelio novi milites, 7
conscripti priore anno ex senatus consulto a L.
Quinctio consule, dati sunt iussusque tueri omnem
oram circa Tarentum Brundisiumque. L. Aemilio 8
Paulo in ulteriorem Hispaniam praeter eum exercitum, quem a M. Fulvio proconsule accepturus esset,
decretum est, ut novorum militum tria milia duceret

Auftrag, mit den Bojern Krieg zu führen; dazu sollte er von den beiden
Heeren, die die Konsuln des Vorjahres gehabt hätten, das nehmen, das
ihm am liebsten sei; das andere solle er nach Rom schicken, und es solle
als Reserve zur Verfügung stehen, falls der Senat es irgendwohin
schicken wolle.

Nachdem dies so im Senat beschlossen worden war, wobei bis jetzt
noch ungewiß war, welchen Aufgabenbereich jeder erhielt, ließ man
endlich die Konsuln losen. Acilius erhielt Griechenland, Cornelius
Italien. Als das Los entschieden hatte, wurde dann ein Senatsbeschluß
gefaßt: weil das römische Volk jetzt beschlossen habe, daß Krieg sein
solle mit König Antiochos und denen, die unter seiner Herrschaft
ständen, so sollten die Konsuln deswegen einen Bittgang anordnen und
der Konsul M'. Acilius solle Große Spiele für Jupiter geloben und
Geschenke in allen Tempeln. Dieses Gelübde verkündete er mit
folgenden Worten, wobei der Pontifex maximus die Formel vorsprach:
„Wenn der Krieg, den das römische Volk mit König Antiochos zu
führen beschlossen hat, wenn der dem Wunsch des Senates und des
Volkes von Rom entsprechend ausgeht, dann wird das römische Volk
für dich, Jupiter, zehn Tage hintereinander Große Spiele veranstalten,
und in allen Tempeln werden Geschenke dargebracht werden von dem
Geld, das der Senat dafür bestimmt. Ganz gleich welcher Beamte diese
Spiele durchführen wird und wann und wo es sein wird, so sollen diese
Spiele gültig durchgeführt und die Geschenke gültig dargebracht sein."
Dann wurde von den beiden Konsuln ein zweitägiger Bittgang ange-
setzt.

Nachdem die Konsuln gelost hatten, losten sogleich auch die Präto-
ren um die Aufgabenbereiche. M. Junius Brutus erhielt die beiden
Bereiche der Rechtsprechung, A. Cornelius Mammula das Gebiet der
Bruttier, M. Aemilius Lepidus Sizilien, L. Oppius Salinator Sardinien,
C. Livius Salinator die Flotte und L. Aemilius Paulus das Jenseitige
Spanien. Die Truppen für sie wurden folgendermaßen bestimmt:
A. Cornelius erhielt die neuen Soldaten, die im Vorjahr auf Senatsbe-
schluß von dem Konsul L. Quinctius ausgehoben worden waren, und
er bekam den Auftrag, die ganze Küste im Gebiet von Tarent und
Brundisium zu schützen. L. Aemilius Paulus wurden für das Jenseitige
Spanien zu dem Heer, das er von dem Prokonsul M. Fulvius überneh-
men sollte, noch 3000 neue Soldaten und 300 Reiter bewilligt, wobei

et trecentos equites, ita ut in iis duae partes socium
Latini nominis, tertia civium Romanorum esset. Idem   9
supplementi ad C. Flaminium, cui imperium proro-
gabatur, in Hispaniam citeriorem est missum. M.   10
Aemilius Lepidus ab L. Valerio, cui successurus esset,
simul provinciam exercitumque accipere iussus; L.   11
Valerium, si ita videretur, pro praetore in provincia
retinere et provinciam ita dividere, ut una ab Agrigen-
to ad Pachynum esset, altera a Pachyno Tyndareum;
eam maritimam oram L. Valerius viginti navibus lon-
gis custodiret. Eidem praetori mandatum, ut duas   12
decumas frumenti exigeret; id ad mare comportan-
dum devehendumque in Graeciam curaret. Idem L.   13
Oppio de alteris decumis exigendis in Sardinia imperatum; ceterum non in Graeciam, sed Romam id
frumentum portari placere. C. Livius praetor, cui   14
classis evenerat, triginta navibus paratis traicere in
Graeciam primo quoque tempore iussus et ab Atilio
naves accipere. Veteres naves, quae in navalibus erant,   15
ut reficeret et armaret, M. Iunio praetori negotium
datum est, et in eam classem socios navales libertinos
legeret.

Legati terni in Africam ad Carthaginienses et in   3
Numidiam ad frumentum rogandum, quod in Grae-
ciam portaretur, missi, pro quo pretium solveret populus Romanus.

Adeoque in apparatum curamque eius belli civitas   2
intenta fuit, ut P. Cornelius consul ediceret, qui sena- 3
tores essent quibusque in senatu sententiam dicere
liceret quique minores magistratus essent, ne quis
eorum longius ab urbe Roma abiret, quam unde
eo⟨dem⟩ die redire posset, neve uno tempore quinque senatores ab urbe Roma abessent.

In comparanda impigre classe C. Livium praetorem   4
contentio orta cum colonis maritimis paulisper tenuit.
Nam cum cogerentur in classem, tribunos plebi ap-   5
pellarunt; ab iis ad senatum reiecti sunt. Senatus ita,

zwei Drittel von ihnen Bundesgenossen und Latiner, ein Drittel römische Bürger sein sollten. Ebensoviel wurden als Ersatz zu C. Flaminius ins Diesseitige Spanien geschickt, und ihm wurde das Kommando verlängert. M. Aemilius Lepidus erhielt den Befehl, von L. Valerius, den er ablösen sollte, zugleich die Provinz und das Heer zu übernehmen; er sollte den L. Valerius, wenn es ihm so gut scheine, als Proprätor in der Provinz behalten und die Provinz so aufteilen, daß der eine Aufgabenbereich von Agrigent bis Pachynus ging, der andere von Pachynus bis Tyndareum; diesen Teil der Meeresküste sollte L. Valerius mit 20 Kriegsschiffen schützen. Demselben Prätor wurde aufgetragen, den doppelten Zehnten an Getreide einzufordern; das solle er zum Meer bringen und nach Griechenland hinüberschaffen lassen. Das gleiche wurde L. Oppius wegen der Einforderung eines zweiten Zehnten in Sardinien aufgetragen; aber dieses Getreide sollte nicht nach Griechenland, sondern nach Rom geschafft werden. Der Prätor C. Livius, dem die Flotte zugefallen war, erhielt Befehl, mit 30 voll ausgerüsteten Schiffen so bald wie möglich nach Griechenland überzusetzen und die Schiffe von Atilius zu übernehmen. Die alten Schiffe, die auf den Schiffsliegeplätzen lagen, sollte der Prätor M. Junius ausbessern und ausrüsten, und er sollte für diese Flotte Freigelassene als Seesoldaten ausheben.

Je drei Gesandte wurden nach Afrika zu den Karthagern und nach Numidien geschickt; sie sollten um Getreide bitten, das nach Griechenland geschafft werden sollte und für das das römische Volk bezahlen würde.

Und in der Bürgerschaft herrschte durch die Vorbereitungen für diesen Krieg und durch die Sorge darum so große Spannung, daß der Konsul P. Cornelius anordnete, wer Senator sei und wer das Recht habe, sich im Senat zu äußern, und wer eines der kleineren Ämter bekleide, von denen dürfe sich keiner so weit von der Stadt Rom entfernen, daß er von dort nicht noch am selben Tage zurückkehren könne, und gleichzeitig dürften nie mehr als fünf Senatoren von der Stadt Rom abwesend sein.

Bei der emsigen Ausrüstung der Flotte hielt den Prätor C. Livius ein Streit, der mit den Bewohnern von Kolonien an der Küste ausgebrochen war, kurze Zeit auf. Denn als sie zur Flotte eingezogen wurden, appellierten sie an die Volkstribunen. Von denen wurden sie an den

ut ad unum omnes consentirent, decrevit vacationem
rei navalis eis colonis non esse. Ostia et Fregenae et   6
Castrum Novum et Pyrgi et Antium et Tarracina et
Minturnae et Sinuessa fuerunt, quae cum praetore de
vacatione certarunt.

Consul deinde M'. Acilius ex senatus consulto ad   7
collegium fetialium rettulit, ipsine utique regi Antiocho indiceretur bellum, an satis esset ad praesidium
aliquod eius nuntiari, et num Aetolis quoque separa-   8
tim indici iuberent bellum, et num prius societas et
amicitia eis renuntianda esset quam bellum indicen-
dum. Fetiales responderunt iam ante sese, cum de   9
Philippo consulerentur, decrevisse nihil referre, ipsi
coram an ad praesidium nuntiaretur; amicitiam re-   10
nuntiatam videri, cum legatis totiens repetentibus res
nec reddi nec satisfieri aequum censuissent; Aetolos   11
ultro sibi bellum indixisse, cum Demetriadem, sociorum urbem, per vim occupassent, Chalcidem terra   12
marique oppugnatum issent, regem Antiochum in
Europam ad bellum populo Romano inferendum tra-
duxissent.

Omnibus iam satis comparatis M'. Acilius consul   13
edixit, ut quos L. Quinctius milites conscripsisset et
quos sociis nominique Latino imperasset, quos secum
in provinciam ire oporteret, et tribuni militum legionis primae et tertiae, ut ii omnes Brundisium idibus
Mais convenirent. Ipse a. d. quintum nonas Maias   14
paludatus urbe egressus est. Per eosdem dies et praetores in provincias profecti sunt.

Sub idem tempus legati ab duobus regibus Philippo   4
et Ptolomaeo Romam venerunt, Philippo pollicente
ad bellum auxilia et pecuniam et frumentum; ab   2
Ptolomaeo etiam mille pondo auri, viginti milia pondo argenti adlata. Nihil eius acceptum; gratiae regibus   3
actae; et cum uterque se cum omnibus copiis in

Senat verwiesen. Der Senat beschloß einstimmig, daß es für die Bürger
dieser Kolonien keine Freistellung vom Dienst auf der Flotte gebe. Es
waren Ostia, Fregenae, Castrum Novum, Pyrgi, Antium, Tarracina,
Minturnae und Sinuessa, die mit dem Prätor um die Freistellung
stritten.

Der Konsul M'. Acilius legte dann auf Senatsbeschluß dem Kollegium
der Fetialen die Frage vor, ob der Krieg auf jeden Fall König Antiochos
selbst erklärt werden müsse oder ob es ausreiche, wenn es irgendeiner
seiner Truppenabteilungen mitgeteilt werde; und ob sie anordneten,
auch den Ätolern gesondert den Krieg zu erklären; und ob ihnen vor
der Kriegserklärung erst noch das Bündnis und die Freundschaft aufge-
kündigt werden müsse. Die Fetialen gaben zur Antwort, sie hätten
schon damals, als sie wegen Philipp befragt wurden, entschieden, es
komme nicht darauf an, ob es ihm persönlich oder einem Truppenteil
mitgeteilt werde. Die Freundschaft, meinten sie, sei schon aufgekün-
digt, da die berechtigten Forderungen so oft durch Gesandte vorgebracht worden seien, man es aber immer für recht gehalten habe, diese
Forderungen nicht zu erfüllen und keine Genugtuung zu geben. Die
Ätoler hätten ihnen ihrerseits den Krieg erklärt, als sie die verbündete
Stadt Demetrias gewaltsam besetzt hätten, als sie losgerückt wären, um
Chalkis zu Lande und zu Wasser anzugreifen, und als sie König
Antiochos nach Europa hinübergebracht hätten, damit er mit dem
römischen Volk Krieg führe.

Nachdem alles nun zur Genüge vorbereitet war, ordnete der Konsul
M'. Acilius an, die Soldaten, die der Konsul L. Quinctius ausgehoben
und die er von den Bundesgenossen und Latinern angefordert habe und
die mit ihm in sein Operationsgebiet gehen müßten, und die Kriegstribunen der 1. und 3. Legion, die alle sollten am 15. Mai in Brundisium
zusammenkommen. Er selbst verließ am 3. Mai im Kriegsmantel die
Stadt. In diesen Tagen brachen auch die Prätoren in ihre Aufgabengebiete auf.

Um dieselbe Zeit kamen Gesandte von den beiden Königen Philipp
und Ptolemaios nach Rom. Philipp versprach für den Krieg Hilfstruppen, Geld und Getreide. Von Ptolemaios wurden auch 1000 Pfund
Gold und 20000 Pfund Silber mitgeschickt. Nichts davon wurde angenommen. Man sprach den Königen seinen Dank aus. Und als beide
versprachen, sie würden mit allen Truppen nach Ätolien kommen und

Aetoliam venturum belloque interfuturum polliceretur, Ptolomaeo id remissum; Philippi legatis responsum gratum eum senatui populoque Romano facturum, si M'. Acilio consuli non defuisset. 4

Item ab Carthaginiensibus et Masinissa rege legati 5 venerunt. Carthaginienses tritici modium quingenta milia, hordei quingenta ad exercitum, dimidium eius Romam apportaturos polliciti; id ut ab se munus 6 Romani acciperent, petere sese, et classem suo sump- 7 tu comparaturos et stipendium, quod pluribus pensionibus in multos annos deberent, praesens omne daturos; Masinissae legati quingenta milia modium 8 tritici, trecenta hordei ad exercitum in Graeciam, Romam trecenta milia modium tritici, ducenta quinquaginta hordei, equites quingentos, elephantos viginti regem ad M'. Acilium consulem missurum. De 9 frumento utrisque responsum, ita usurum eo populum Romanum, si pretium acciperent; de classe Carthaginiensibus remissum, praeterquam si quid navium ex foedere deberent; de pecunia item responsum, nullam ante diem accepturos.

Cum haec Romae agebantur, Chalcide Antiochus, 5 ne cessaret per hibernorum tempus, partim ipse sollicitabat civitatium animos mittendis legatis, partim ultro ad eum veniebant, sicut Epirotae communi gentis consensu et Elei e Peloponneso venerunt. Elei 2 auxilium adversus Achaeos petebant, quos post bellum non ex sua sententia indictum Antiocho primum civitati suae arma illaturos ⟨credebant⟩. Mille iis pe- 3 dites cum duce Cretensi Euphane sunt missi. Epirotarum legatio erat minime in partem ullam liberi aut simplicis animi; apud regem gratiam initam volebant cum eo, ut caverent, ne quid offenderent Romanos. Petebant enim, ne se temere in causam deduceret, 4 expositos adversus Italiam pro omni Graecia et primos impetus Romanorum excepturos; sed si ipse 5 posset terrestribus navalibusque copiis praesidere

am Krieg teilnehmen, verzichtete man Ptolemaios gegenüber auf diese Hilfe. Den Gesandten Philipps wurde geantwortet, er werde dem Senat und dem Volk von Rom einen Gefallen erweisen, wenn er den Konsul M'. Acilius nicht im Stich lasse.

Ebenfalls kamen Gesandte von den Karthagern und König Masinissa. Die Karthager versprachen 500 000 Scheffel Weizen und 500 000 Scheffel Gerste für das Heer, die Hälfte davon würden sie nach Rom schaffen. Sie bäten darum, daß die Römer das als Geschenk von ihnen annähmen, und sie würden auf ihre Kosten eine Flotte ausrüsten und die ganze Kriegsentschädigung, die sie in mehreren Raten über viele Jahre hin zahlen müßten, jetzt ganz zahlen. Die Gesandten Masinissas sagten, der König werde 500 000 Scheffel Weizen und 300 000 Scheffel Gerste zum Heer nach Griechenland schicken, nach Rom 300 000 Scheffel Weizen und 250 000 Scheffel Gerste und zum Konsul M'. Acilius 500 Reiter und 20 Elefanten. Wegen des Getreides wurde beiden Gesandtschaften geantwortet, das römische Volk werde davon Gebrauch machen, wenn sie es sich bezahlen ließen. Auf die Flotte der Karthager verzichtete man, außer wenn sie aufgrund des Vertrages etwas an Schiffen stellen müßten. Wegen des Geldes wurde ihnen ebenso geantwortet, sie würden keins vor dem Termin entgegennehmen.

Während dies in Rom geschah, versuchte Antiochos von Chalkis aus, um die Zeit im Winterlager nicht ungenutzt verstreichen zu lassen, teils selbst durch Gesandte, die er schickte, die Völkerschaften aufzuwiegeln, teils kamen sie von sich aus zu ihm; so kamen die Epiroten nach allgemeiner Übereinkunft ihrer Völkerschaft und die Eleer aus der Peloponnes. Die Eleer baten um Hilfte gegen die Achäer, von denen sie glaubten, nach der Kriegserklärung an Antiochos, die nicht in ihrem Sinn gewesen sei, würden diese den Angriff zunächst auf ihre Völkerschaft richten. Ihnen wurden 1000 Fußsoldaten mit dem Kreter Euphanes als Führer geschickt. Die Gesandtschaft der Epiroten zeigte nach keiner Seite hin eine offene und eindeutige Haltung. Beim König wollten sie gut angeschrieben sein, sich gleichzeitig aber davor hüten, die Römer irgendwie zu reizen. Denn sie baten ihn, sie nicht leichtfertig in die Sache hineinzuziehen, wo sie vor ganz Griechenland Italien gegenüber offen dalägen und die ersten Angriffe der Römer auszuhalten hätten. Aber wenn er selbst mit seinen Land- und Seestreitkräften

Epiro, cupide eum omnis Epirotas et urbibus et porti-
bus suis accepturos; si id non posset, deprecari, ne se
nudos atque inermes Romano bello obiceret. Hac   6
legatione id agi apparebat, ut, sive, quod magis credebant, abstinuisset Epiro, integra sibi omnia apud exercitus Romanos essent, conciliata satis apud regem
gratia, quod accepturi fuissent venientem, sive venis- 7
set, sic quoque spes veniae ab Romanis foret, quod
non exspectato longinquo ab se auxilio praesentis
viribus succubuissent. Huic tam perplexae legationi, 8
quia non satis in promptu erat, quid responderet,
legatos se missurum ad eos dixit, qui de iis, quae ad
illos seque communiter pertinerent, loquerentur.

In Boeotiam ipse profectus est, causas in speciem   6
irae adversus Romanos eas, quas ante dixi, habentem,
Brachyllae necem et bellum a Quinctio Coroneae
propter Romanorum militum caedes illatum, re vera   2
per multa iam saecula publice privatimque labante
egregia quondam disciplina gentis et multorum eo
statu, qui diuturnus esse sine mutatione rerum non
posset. Obviam effusis undique Boeotiae principibus   3
Thebas venit. Ibi in concilio gentis, quamquam et ad
Delium impetu in praesidium Romanum facto et ad
Chalcidem commiserat nec parvis vec dubiis principiis bellum, tamen eandem orationem ⟨est⟩ exorsus,
qua in colloquio primo ad Chalcidem quaque per   4
legatos in concilio Achaeorum usus erat, ut amicitiam
secum institui, non bellum indici Romanis postularet.
Neminem, quid ageretur, fallebat; decretum tamen   5
sub leni verborum praetextu pro rege adversus Romanos factum est.

Hac quoque gente adiuncta Chalcidem regressus,   6
praemissis inde litteris, ut Demetriadem convenirent
principes Aetolorum, cum quibus de summa rerum

Epirus schützen könne, würden alle Epiroten ihn mit Freuden in ihre
Städte und Häfen aufnehmen. Wenn er das jedoch nicht könne, bäten
sie ihn, sie nicht nackt und waffenlos einem Krieg mit den Römern
auszusetzen. Worauf man mit dieser Gesandtschaft hinauswollte, war
klar: wenn er Epirus fernblieb, was sie für das wahrscheinlichere
hielten, sollte für sie den Römern gegenüber alles beim alten bleiben,
beim König aber hätten sie sich hinreichend beliebt gemacht, weil sie
bereit gewesen wären, ihn aufzunehmen, wenn er kam; wenn er aber
wirklich kam, hätten sie auch dann noch Hoffnung auf Gnade von
seiten der Römer, weil sie nicht auf eine Hilfe hätten warten können, die
von ihnen weit weg war, und der Macht, die ins Land gekommen sei,
unterlegen seien. Weil Antiochos nichts einfiel, was er dieser so wider-
sprüchlichen Gesandtschaft antworten sollte, sagte er, er werde
Gesandte zu ihnen schicken, die mit ihnen die Dinge besprechen
sollten, die sie und ihn gleichermaßen angingen.

Nach Böotien zog er selbst, das dem Anschein nach die Gründe für
seinen Zorn gegen die Römer hatte, die ich oben genannte habe, die
Ermordung des Brachylles und den Krieg, den Quinctius gegen Koroneia geführt hatte wegen der Niedermetzelung römischer Soldaten; in
Wahrheit aber war dort schon seit vielen Menschenaltern im staatlichen
und privaten Bereich die einst glänzende Ordnung ins Wanken geraten,
und die Situation vieler war so, daß es ohne eine Änderung der
Verhältnisse nicht mehr lange so weitergehen konnte. Die führenden
Männer Böotiens strömten Antiochos von allen Seiten entgegen, und er
kam nach Theben. Obwohl er bei Delion mit dem Angriff auf die
römische Abteilung und bei Chalkis den Krieg mit nicht unbedeuten-
den und nicht zweifelhaften Unternehmungen begonnen hatte, fing er
dort in der Bundesversammlung der Völkerschaft doch die gleiche Rede
an, die er schon in der ersten Unterredung bei Chalkis und durch seine
Gesandten auf der Bundesversammlung der Achäer gehalten hatte: er
forderte, daß man mit ihm Freundschaft schließe, nicht aber, daß man
den Römern den Krieg erkläre. Niemand täuschte sich darin, worum es
ging. Dennoch traf man, wenn man es auch mit milden Worten ver-
brämte, eine Entscheidung für den König gegen die Römer.

Nachdem er auch diese Völkerschaft gewonnen hatte, kehrte er nach
Chalkis zurück, schickte von hier aus zunächst einen Brief, die führenden Männer der Ätoler, mit denen er die Gesamtsituation beraten wolle,

deliberaret, navibus eo ad diem indictum concilio
venit. Et Amynander, accitus ad consultandum ex   7
Athamania, et Hannibal Poenus, iam diu non adhibitus, interfuit ei consilio. Consultatum de Thessalo-   8
rum gente est, quorum omnibus, qui aderant, volun-
tas temptanda videbatur. In eo modo diversae senten-   9
tiae erant, quod alii extemplo agendum, alii ex hieme,
quae tum ferme media erat, differendum in veris
principium, et alii legatos tantummodo mittendos, alii   10
cum omnibus copiis eundum censebant terrendosque
metu, si cunctarentur.

Cum circa hanc fere consultationem disceptatio   7
omnis verteretur, Hannibal nominatim interrogatus
sententiam in universi belli cogitationem regem atque
eos, qui aderant, tali oratione avertit: „Si, ex quo   2
traiecimus in Graeciam, adhibitus essem in consilium,
cum de Euboea deque Achaeis et de Boeotia agebatur,
eandem sententiam dixissem, quam hodie, cum de
Thessalis agitur, dicam. Ante omnia Philippum et   3
Macedonas belli in societatem quacumque ratione
censeo deducendos esse. Nam quod ad Euboeam   4
Boeotosque et Thessalos attinet, cui dubium est, quin,
ut quibus nullae suae vires sint, praesentibus adu-
lando semper, quem metum in consilio habeant, eodem ad impetrandam veniam utantur, simul ac Ro-   5
manum exercitum in Graecia viderint, ad consuetum
imperium se avertant, nec iis noxiae futurum sit,
quod, cum Romani procul abessent, vim tuam praesentis exercitusque tui experiri noluerint? Quanto   6
igitur prius potiusque est Philippum nobis coniungere
quam hos? Cui, si semel in causam descenderit, nihil
integri futurum sit, quique eas vires adferat, quae non
accessio tantum ad Romanum esse bellum, sed per se
ipsae nuper sustinere potuerint Romanos. Hoc ego   7
adiuncto — absit verbo invidia — qui dubitare de

sollten in Demetrias zusammenkommen, und kam mit Schiffen am festgesetzten Tag zu der Versammlung dorthin. Auch Amynander, der zu der Beratung aus Athamanien herbeigerufen worden war, und der Karthager Hannibal, der schon lange nicht mehr hinzugezogen worden war, nahmen an dieser Beratung teil. Man beriet über die Völkerschaft der Thessaler. Alle Anwesenden meinten, man müsse versuchen, sich über ihre Absichten Klarheit zu verschaffen. Nur darin gingen die Meinungen auseinander, daß die einen dafür waren, sofort zu handeln, die anderen, es vom Winter, der jetzt etwa zur Hälfte vorbei war, auf den Anfang des Frühlings zu verschieben, und die einen, nur Gesandte zu schicken, die anderen, mit allen Truppen loszuziehen und sie einzu-schüchtern, wenn sie zauderten.

Während sich die ganze Diskussion fast nur um diesen Punkt drehte, lenkte Hannibal, als man ihn namentlich um seine Meinung fragte, die Gedanken des Königs und der Anwesenden mit folgender Rede wieder auf den Krieg als Ganzes: „Wenn ich seit unserem Übergang nach Griechenland zum Kriegsrat hinzugezogen worden wäre, als es um Euböa und um Achaia und um Böotien ging, hätte ich dieselbe Meinung geäußert, die ich heute äußere, wo es um Thessalien geht. Vor allem meine ich, müßten Philipp und die Makedonen für ein Waffenbündnis gewonnen werden, ganz gleich wie. Denn was Euböa und die Böoter und die Thessaler angeht, wer zweifelt daran, daß sie, weil sie selbst keine rechte Macht haben, immer denen schmeicheln werden, die gerade da sind, und daß sie die Furcht, die sie in ihren Beratungen haben, auch als Mittel benutzen werden, um Gnade zu erlangen; und daß sie, sobald sie ein römisches Heer in Griechenland sehen, sich wieder der vertrauten Obrigkeit zuwenden und daß es ihnen keinen Schaden bringen wird, daß sie, als die Römer weit weg waren, deine Macht und die deines Heeres, wo du da warst, nicht herausfordern wollten. Wieviel näher liegt es da also und wieviel wichtiger ist es, Philipp auf unsere Seite zu bringen als diese! Wenn er sich erst einmal auf die Sache eingelassen hat, dürfte er wohl nicht mehr freie Hand haben, und er wird wohl eine Streitmacht mitbringen, die nicht nur eine Ausweitung des Krieges gegen die Römer bedeuten kann, sondern die vor kurzem erst, ganz auf sich selbst gestellt, den Römern standhalten konnte. Wenn wir ihn für uns gewonnen haben – hoffentlich machen meine Worte kein böses Blut! –, wie könnte ich dann noch am Ausgang

eventu possim, cum, quibus adversus Philippum va-
luerint Romani, iis nunc fore videam, ut ipsi oppu-
gnentur? Aetoli, qui Philippum, quod inter omnes   8
constat, vicerunt, cum Philippo adversus Romanos
pugnabunt; Amynander atque Athamanum gens,   9
quorum secundum Aetolos plurima fuit opera in eo
bello, nobiscum stabunt; Philippus tum te quieto   10
totam molem sustinebat belli; nunc duo maximi reges
Asiae Europaeque viribus adversus unum populum,
ut meam utramque fortunam taceam, patrum certe
aetate ne uni quidem Epirotarum regi parem — qui
quid tandem erat vobiscum comparatus? — geretis
bellum. Quae igitur res mihi fiduciam praebet con-   11
iungi nobis Philippum posse? Una, communis utili-
tas, quae societatis maximum vinculum est; altera,
auctores vos Aetoli. Vester enim legatus hic Thoas   12
inter cetera, quae ad exciendum in Graeciam Antiochum dicere est solitus, ante omnia hoc semper adfir-
mavit, fremere Philippum et aegre pati sub specie
pacis leges servitutis sibi impositas. Ille quidem ferae 13
bestiae vinctae aut clausae et refringere claustra cu-
pienti regis iram verbis aequabat. Cuius si talis animus
est, solvamus nos eius vincula et claustra refringamus,
ut erumpere diu coercitam iram in hostes communes
possit. Quod si nihil eum legatio nostra moverit, at   14
nos, quoniam nobis eum adiungere non possumus, ne
hostibus nostris ille adiungi possit, caveamus. Seleucus filius tuus Lysimachiae est; qui si eo exercitu,   15
quem secum habet, per Thraciam proxima Macedoniae coeperit depopulari, facile ab auxilio ferendo
Romanis Philippum ad sua potissimum tuenda
avertet.

De Philippo meam sententiam habes; de ratione   16
universi belli quid sentirem, iam ab initio non ignora-
sti. Quod si tum auditus forem, non in Euboea Chal-

zweifeln, wenn ich sehe, daß es jetzt so sein wird, daß die Römer selbst
von denen angegriffen werden, durch die sie Philipp gegenüber etwas
erreicht haben? Die Ätoler, die Philipp besiegt haben, was für alle
feststeht, werden mit Philipp gegen die Römer kämpfen. Amynander
und das Volk der Athamanen, deren Hilfe im Krieg gegen Philipp nach
den Ätolern am bedeutendsten gewesen ist, werden auf unserer Seite
stehen. Philipp trug damals, während du dich ruhig verhieltest, die
ganze Last des Krieges. Jetzt werdet ihr, die beiden mächtigsten Könige
Asiens und Europas, mit euren Streitkräften gegen ein einziges Volk
Krieg führen, das jedenfalls zur Zeit unserer Väter – um von meinem
Glück und Unglück zu schweigen – nicht einmal dem einen König von
Epirus gewachsen war. Und was war der im Vergleich mit euch? Woher
aber nehme ich die Zuversicht, daß Philipp auf unsere Seite gebracht
werden kann? Einmal aus dem gemeinsamen Nutzen, der das stärkste
Band in einem Bündnis ist. Für das zweite berufe ich mich auf euch, ihr
Ätoler. Denn euer Gesandter Thoas hier hat neben anderem, was er zu
sagen pflegte, um Antiochos zum Übergang nach Griechenland zu
bewegen, vor allem immer dies versichert, daß Philipp seinen Unwillen
äußere und schwer an den Bedingungen trage, die ihm unter dem Schein
des Friedens auferlegt worden seien und die ihn zum Sklaven machten.
Er hat jedenfalls in seinen Worten den Zorn des Königs mit einem
wilden Tier verglichen, das gefesselt und eingesperrt ist und aus seinem
Gefängnis ausbrechen will. Wenn ihm so zumute ist, wollen wir seine
Fesseln lösen und sein Gefängnis aufbrechen, daß er dem schon lange
unterdrückten Zorn gegen die gemeinsamen Feinde die Zügel schießen
lassen kann. Wenn aber unsere Gesandtschaft auf ihn keinen Eindruck
machen sollte, wollen wir doch unsere Vorkehrungen treffen, daß er
sich nicht mit unseren Feinden verbünden kann, wenn wir ihn nun
einmal nicht auf unsere Seite bringen können. Seleukos, dein Sohn, ist in
Lysimacheia. Wenn er mit dem Heer, das er bei sich hat, durch
Thrakien vorrückt und die nächstgelegenen Gebiete Makedoniens zu
verwüsten beginnt, wird er mit Leichtigkeit Philipp davon abbringen,
den Römern Hilfe zu leisten; denn er wird dann am liebsten sein
Eigentum schützen wollen.

Das ist meine Meinung über Philipp. Was ich zum Plan des Krieges
als Ganzen denke, hast du schon von Anfang an genau gewußt. Wenn
man damals auf mich gehört hätte, würden die Römer nicht hören, daß

cidem captam et castellum Euripi expugnatum Romani, sed Etruriam Ligurumque et Galliae Cisalpinae
oram bello ardere et, qui maximus iis terror est,
Hannibalem in Italia esse audirent. Nunc quoque   17
accersas censeo omnis navalis terrestrisque copias;
sequantur classem onerariae cum commeatibus; nam
hic sicut ad belli munera pauci sumus, sic nimis multi
pro inopia commeatuum. Cum omnis tuas contraxe-   18
ris vires, divisa classe partem Corcyrae in statione
habebis, ne transitus Romanis liber ac tutus pateat,   19
partem ad litus Italiae, quod Sardiniam Africamque
spectat, traicies; ipse cum omnibus terrestribus copiis
in Bullinum agrum procedes; inde Graeciae praeside-   20
bis, et speciem Romanis traiecturum te praebens et, si
res poposcerit, traiecturus. Haec suadeo, qui ut non
omnis peritissimus sim belli, cum Romanis certe bellare bonis malisque meis didici. In quae consilium   21
dedi, in eadem nec infidelem nec segnem operam
polliceor. Dii approbent eam sententiam, quae tibi
optima visa fuerit."

Haec ferme Hannibalis oratio fuit; quam laudarunt   8
magis in praesentia, qui aderant, quam rebus ipsis
exsecuti sunt; nihil enim eorum factum est, nisi quod
ad classem copiasque accersendas ex Asia Polyxenidam misit. Legati Larisam ad concilium Thessalorum   2
sunt missi, et Aetolis Amynandroque dies ad conveniendum Pheras est dictus; eodem et rex cum suis
copiis confestim venit. Ubi dum opperitur Amynan-   3
drum atque Aetolos, Philippum Megalopolitanum
cum duobus milibus hominum ad legenda ossa Macedonum circa Cynoscephalas, ubi debellatum erat cum
Philippo, misit, sive ab ipso, quaerente sibi commen-   4
dationem ad Macedonum gentem et invidiam regi,
quod insepultos milites reliquisset, monitus, sive ab
insita regibus vanitate ad consilium specie amplum, re
inane animo adiecto. Tumulus est in unum ossibus,   5

in Euböa Chalkis besetzt und das Kastell am Euripos erobert worden
ist, sondern daß in Etrurien und Ligurien und an der Küste des
oberitalischen Gallien die Kriegsfackel lodere und, was für sie der
größte Schrecken ist, daß Hannibal in Italien stände. Auch jetzt, meine
ich, solltest du alle See- und Landstreitkräfte kommen lassen. Der Flotte
sollten Transportschiffe mit Nachschub folgen. Denn wir sind zwar
hier für die Aufgaben des Krieges nur wenige, aber schon zu viele bei
dem Mangel an Nachschub. Wenn du alle deine Streitkräfte zusammengezogen hast, teilst du die Flotte und stationierst den einen Teil in
Korkyra, damit die Römer keine freie und sichere Überfahrt haben, den
anderen verlegst du an die Küste Italiens, die nach Sardinien und nach
Afrika schaut. Du selbst rückst mit allen Landstreitkräften in das Gebiet
von Byllis vor. Von dort aus schützt du Griechenland und erweckst bei
den Römern den Eindruck, als wolltest du übersetzen, und wenn es die
Sache fordert, setzt du auch über. Das rate ich; ich bin zwar nicht der
Kundigste im Krieg überhaupt, aber mit den Römern Krieg zu führen,
habe ich aus meinen persönlichen Erfolgen und Mißerfolgen bestimmt
gelernt. Wozu ich meinen Rat gegeben habe, dazu verspreche ich auch
meine redliche und entschiedene Hilfe. Die Götter mögen die Meinung
segnen, die dir als die beste erscheint.''

Dies etwa war die Rede Hannibals. Die Anwesenden lobten sie zwar
im Augenblick, aber sie setzten sie nicht in die Tat um; denn nichts
davon wurde ausgeführt bis auf das eine, daß der König Polyxenidas
schickte, um die Flotte und das Heer aus Asien herbeizuholen. Es
wurden Gesandte nach Larisa zur Bundesversammlung der Thessaler
geschickt, und für die Ätoler und Amynander wurde ein Tag festgesetzt, an dem sie bei Pherai zusammenkommen sollten. Dorthin kam
auch unverzüglich der König mit seinen Truppen. Während er dort auf
Amynander und die Ätoler wartete, schickte er Philipp aus Megalopolis
mit 2000 Mann, um die Gebeine der Makedonen im Gebiet von
Kynoskephalai aufzusammeln, wo der Krieg mit Philipp entschieden
worden war; entweder hatte Philipp von Megalopolis ihn dazu
ermahnt, da er sich dem Volk der Makedonen empfehlen und Stimmung
gegen den König machen wollte, weil der die Soldaten unbegraben habe
liegen lassen, oder Antiochos hatte aus der den Königen angeborenen
Eitelkeit heraus seine Gedanken auf den Plan gerichtet, der dem Schein
nach bedeutend, in Wirklichkeit aber nichts wert war. Der Hügel wurde

quae passim strata erant, coacervatis factus, qui nullam gratiam ad Macedonas, odium ingens ad Philippum movit. Itaque qui ad id tempus fortunam esset   6
habiturus in consilio, is extemplo ad M. Baebium
propraetorem misit Antiochum in Thessaliam impetum fecisse; si videretur ei, moveret ex hibernis; se
obviam processurum, ut, quid agendum esset, consultarent.

Antiocho ad Pheras iam castra habenti, ubi coniun-   9
xerant ei se Aetoli et Amynander, legati ab Larisa
venerunt quaerentes, quod ob factum dictumve Thessalorum bello lacesseret eos, simul orantes, ut remoto   2
exercitu per legatos, si quid ei videretur, secum dis-
ceptaret. Eodem tempore quingentos armatos duce   3
Hippolocho Pheras in praesidium miserunt; ii exclusi
aditu, iam omnia itinera obsidentibus regiis, Scotusam
se receperunt. Legatis Larisaeorum rex clementer re-   4
spondit non belli faciendi, sed tuendae et stabiliendae
libertatis Thessalorum causa se Thessaliam intrasse.
Similia his qui cum Pheraeis ageret, missus; cui nullo   5
dato responso Pheraei ipsi legatum ad regem principem civitatis Pausaniam miserunt. Qui cum haud   6
dissimilia iis, ut in causa pari, quae pro Chalcidensi-
bus in colloquio ad Euripi fretum dicta erant, quaedam etiam ferocius egisset, rex etiam atque etiam   7
deliberare eos iussos, ne id consilii caperent, cuius,
dum in futurum nimis cauti et providi essent, extemplo paeniteret, dimisit. Haec renuntiata Pheras legatio   8
cum esset, ne paulum quidem dubitarunt, quin pro
fide erga Romanos, quidquid fors belli tulisset, paterentur. Itaque et hi summa ope parabant se ad urbem   9
defendendam, et rex ab omni parte simul oppugnare
moenia est adgressus et, ut qui satis intellegeret —
neque enim dubium erat — in eventu eius urbis   10
positum esse, quam primam adgressus esset, aut sper-
ni deinde ab universa gente Thessalorum aut timeri se,

errichtet, indem die Gebeine, die überall zerstreut gelegen hatte, an
einer Stelle aufgehäuft wurden; aber dafür erntete er bei den Makedonen keinen Dank, und bei Philipp weckte er gewaltigen Haß. Er, der
sich bei seinen Plänen bis zu diesem Zeitpunkt vom Glück leiten lassen
wollte, schickte daher sogleich zum Proprätor M. Baebius, Antiochos
habe Thessalien angegriffen. Wenn es ihm gut scheine, solle er aus dem
Winterlager aufbrechen. Er werde ihm entgegenziehen, damit sie beraten könnten, was zu tun sei.

Zu Antiochos, der sein Lager jetzt bei Pherai hatte, wo die Ätoler
und Amynander zu ihm gestoßen waren, kamen Gesandte von Larisa
und fragten, was die Thessaler getan oder gesagt hätten, daß er mit
ihnen Krieg anfange, und baten ihn, sein Heer zurückzuziehen und
durch Gesandte mit ihnen zu verhandeln, wenn es ihm irgendwie
angebracht scheine. Gleichzeitig schickten sie 500 Bewaffnete unter
Führung von Hippolochos nach Pherai, um die Stadt zu schützen.
Denen war der Zugang versperrt, da die Leute des Königs schon alle
Wege besetzt hatten, und sie zogen sich daraufhin nach Skotusa zurück.
Den Gesandten aus Larisa antwortete der König freundlich, er sei nicht
nach Thessalien gekommen, um Krieg zu führen, sondern um die
Freiheit der Thessaler zu schützen und zu festigen. Es wurde einer
geschickt, um ähnlich mit den Bewohnern von Pherai zu verhandeln. Er
bekam aber keine Antwort, sondern die Pheraier schickten ihrerseits
Pausanias, einen angesehenen Bürger ihrer Stadt, als Gesandten zum
König. Was er vorbrachte, war ganz ähnlich wie das, was für die
Bewohner von Chalkis bei der Unterredung an der Enge des Euripos
gesagt worden war – es war ja die gleiche Situation –, manches formu-
lierte er allerdings auch schärfer. Der König forderte sie auf, es sich
noch und noch zu überlegen, damit sie nicht einen Plan faßten, bei dem
sie im Hinblick auf die Zukunft allzu behutsam und vorsichtig wären,
den sie aber gleich bereuen würden, und entließ sie. Als diese Antwort in
Pherai mitgeteilt worden war, zögerten sie auch nicht ein bißchen, aus
Treue gegen die Römer alles zu dulden, was das Kriegsgeschick ihnen
bringe. Daher bereiteten sie sich mit höchster Energie darauf vor, ihre
Stadt zu verteidigen, und der König begann von allen Seiten zugleich die
Mauern anzugreifen; denn ihm war ziemlich klar – und daran gab es ja
auch nichts zu zweifeln –, daß es vom Ergebnis bei dieser Stadt abhing,
die er als erste angriff, ob er dann von der ganzen Völkerschaft der

omnem undique terrorem obsessis iniecit. Primum   11
impetum oppugnationis satis constanter sustinuerunt;
dein cum multi propugnantes caderent aut vulnerarentur, labare animi coeperunt. Revocati deinde casti-   12
gatione principum ad perseverandum in proposito,
relicto exteriore circulo muri, deficientibus iam copiis
in interiorem partem urbis concesserunt, cui brevior
orbis munitionis circumiectus erat; postremo victi
malis, cum timerent, ne vi captis nulla apud victorem
venia esset, dediderunt sese. Nihil deinde moratus rex   13
quattuor milia armatorum, dum recens terror esset,
Scotusam misit. Nec ibi mora deditionis est facta
cernentibus Pheraeorum recens exemplum, qui, quod   14
pertinaciter primo abnuerant, malo domiti tandem
fecissent; cum ipsa urbe Hippolochus Lari-
saeorumque deditum est praesidium. Dimissi ab rege   15
inviolati omnes, quod eam rem magni momenti futuram rex ad conciliandos Larisaeorum animos credebat.

Intra decimum diem, quam Pheras venerat, his   10
perfectis Crannonem profectus cum toto exercitu primo adventu cepit. Inde Cierium et Metropolim et iis   2
circumiecta castella recepit; omniaque iam regionis
eius praeter Atragem et Gyrtonem in potestate erant.
Tunc adgredi Larisam constituit ratus vel terrore   3
ceterarum expugnatarum vel beneficio praesidii dimissi vel exemplo tot civitatium dedentium sese non
ultra in pertinacia mansuros. Elephantis agi ante signa   4
terroris causa iussis quadrato agmine ad urbem incessit, ut incerti fluctuarentur animi magnae partis Larisaeorum inter metum praesentium hostium et verecundiam absentium sociorum. Per eosdem dies Amyn-   5
ander cum Athamanum iuventute occupat Pelinnaeum, et Menippus cum tribus milibus peditum Aetolorum et ducentis equitibus in Perrhaebiam profectus
Malloeam et Cyretias vi cepit ⟨et⟩ depopulatus est

Thessaler verachtet oder gefürchtet würde, und er jagte den Belagerten
von allen Seiten jede Art von Schrecken ein. Den ersten Ansturm der
Angreifer hielten sie ziemlich standhaft aus. Dann, als viele bei der
Verteidigung fielen oder verwundet wurden, begann ihr Mut zu wanken. Sie wurden dann durch die Zurechtweisungen der führenden
Männer wieder dazu gebracht, bei ihrem Vorsatz zu beharren, gaben
den äußeren Mauerring auf, da die Truppen schon knapp wurden, und
zogen sich in den inneren Teil der Stadt zurück, der von einem kürzeren
Verteidigungsring umgeben war. Schließlich ergaben sie sich, von der
Not überwältigt, weil sie fürchteten, wenn die Stadt mit Gewalt eingenommen würde, fänden sie beim Sieger keine Gnade. Der König hielt
sich dort nicht weiter auf und schickte, solange der Schrecken noch
frisch war, 4000 Bewaffnete nach Skotusa. Dort gab es keine Verzögerung mit der Übergabe, da sie das frische Beispiel der Bewohner von
Pherai vor Augen hatten, die, was sie zuerst hartnäckig abgelehnt
hatten, von der Not bezwungen, schließlich doch getan hatten. Mit der
Stadt selbst wurde auch Hippolochos und die Besatzung aus Larisa
übergeben; sie alle wurden vom König ungekränkt entlassen, weil der
König glaubte, das werde von großer Bedeutung sein, um die Herzen
der Bevölkerung von Larisa zu gewinnen.

Als er das innerhalb von zehn Tagen seit seinem Eintreffen bei Pherai
erreicht hatte, brach er mit dem ganzen Heer nach Krannon auf und
nahm es gleich bei seiner Ankunft. Dann nahm er Kierion und Metropolis und die festen Plätze in ihrer Umgebung ein. Schon war alles in
diesem Gebiet bis auf Atrax und Gyrton in seiner Gewalt. Da beschloß
er Larisa anzugreifen; er glaubte, sie würden entweder vor Schreck über
die Eroberung der anderen Städte oder wegen seiner Freundlichkeit bei
der Entlassung der Schutztruppe oder nach dem Beispiel so vieler
Gemeinden, die sich ergaben, nicht länger bei ihrer Hartnäckigkeit
bleiben. Die Elefanten ließ er vor den Abteilungen treiben, um Schrek-
ken einzujagen, und rückte in Viereckformation an die Stadt heran, so
daß ein großer Teil der Bevölkerung von Larisa unsicher wurde und
zwischen der Furcht vor den anwesenden Feinden und der Scheu vor
den fernen Bundesgenossen schwankte. In diesen Tagen besetzte
Amynander mit der Mannschaft der Athamanen Pelinnaion, und
Menippos brach mit 3000 ätolischen Fußsoldaten und 200 Reitern nach
Perrhäbien auf, nahm Malloia und Kyretiai mit Gewalt und verwüstete

agrum Tripolitanum. His raptim peractis Larisam ad 6
regem redeunt; consultanti, quidnam agendum de
Larisa esset, supervenerunt. Ibi in diversum senten- 7
tiae tendebant aliis vim adhibendam et non differendum censentibus, quin operibus ac machinis simul
undique moenia adgrederetur urbis sitae in plano,
aperto et campestri undique aditu, aliis nunc vires 8
urbis nequaquam Pheris conferendae memorantibus,
nunc hiemem et tempus anni nulli bellicae rei, minime
obsidioni atque oppugnationi urbium aptum. Incerto 9
regi inter spem metumque legati a Pharsalo, qui ad
dedendam urbem suam forte venerant, animos auxe-
runt.

M. Baebius interim cum Philippo in Dassaretiis 10
congressus Ap. Claudium ex communi consilio ad
praesidium Larisae misit, qui per Macedoniam magnis
itineribus in iugum montium, quod super Gonnos
est, pervenit. Oppidum Gonni viginti milia ab Larisa 11
abest, in ipsis faucibus saltus, quae Tempe appellantur, situm. Ibi castra metatus latius quam pro copiis et
plures, quam quot satis in usum erant ignes, cum
accendisset, speciem, quam quaesierat, hosti fecit omnem ibi Romanum exercitum cum rege Philippo esse.
Itaque hiemem instare apud suos causatus rex unum 12
tantum moratus diem ab Larisa recessit et Demetriadem redit, Aetolique et Athamanes in suos receperunt
se fines. Appius etsi, cuius rei causa missus erat, 13
solutam cernebat obsidionem, tamen Larisam ad confirmandos in reliquum sociorum animos descendit;
duplexque laetitia erat, quod et hostes excesserant 14
finibus et intra moenia praesidium Romanum cernebant.

Rex Chalcidem a Demetriade, amore captus virgi- 11
nis Chalcidensis, Cleoptolemi filiae, cum patrem primo adlegando, deinde coram ipse rogando fatigasset,
invitum se gravioris fortunae condicioni illigantem,

das Gebiet der Tripolis. Als sie das eilig durchgeführt hatten, kehrten sie
nach Larisa zum König zurück. Sie kamen dazu, wie er beriet, was denn
mit Larisa geschehen solle. Dort gingen die Meinungen auseinander; die
einen sagten, er müsse Gewalt anwenden und dürfe es nicht aufschieben, mit Belagerungsanlagen und -maschinen von allen Seiten zugleich
die Mauern der Stadt anzugreifen, die in flachem Land liege und von
allen Seiten aus der Ebene einen offenen Zugang biete, die anderen
wiesen bald auf die Kräfte der Stadt hin, die keineswegs mit Pherai zu
vergleichen sei, bald auf den Winter und die Jahreszeit, die für kein
kriegerisches Unternehmen, am wenigsten für die Belagerung und
Bestürmung von Städten geeignet sei. Dem König, der zwischen Hoffnung und Furcht schwankte, gaben Gesandte von Pharsalos, die zufällig
gerade gekommen waren, um ihre Stadt zu übergeben, wieder mehr
Mut.

M. Baebius war inzwischen mit Philipp im Gebiet der Dassareten
zusammengekommen und schickte App. Claudius auf gemeinsamen
Beschluß zum Schutz von Larisa. Er gelangte in Eilmärschen durch
Makedonien auf den Gebirgskamm, der Gonnoi überragt. Die Stadt
Gonnoi ist 20 Meilen von Larisa entfernt und liegt genau im Eingang
des Tempetals. Da er das Lager im Verhältnis zur Stärke seiner Truppen
zu breit absteckte und mehr Feuer anzündete, als nötig waren, erweckte
er beim Feind den beabsichtigten Eindruck, daß dort das ganze römische Heer mit König Philipp sei. Deshalb schützte der König bei seinen
Leuten vor, der Winter sei da, wartete nur noch einen Tag und zog dann
von Larisa ab und kehrte nach Demetrias zurück, und auch die Ätoler
und Athamanen zogen sich in ihre Gebiete zurück. Wenn Appius auch
sah, daß die Belagerung aufgehoben worden war, weswegen man ihn
geschickt hatte, zog er doch nach Larisa hinab, um die Bundesgenossen
für die Zukunft zu beruhigen; und die Freude war doppelt groß, weil
die Feinde das Gebiet verlassen hatten und sie eine römische Schutztruppe in ihren Mauern sahen.

Der König begab sich von Demetrias aus nach Chalkis. Er war von
Liebe zu einem Mädchen aus Chalkis ergriffen, der Tochter des Kleoptolemos; nachdem er den Vater, der sich nicht in eine Lage bringen
wollte, wo das Glück zu einer Bürde wird, zuerst durch Abgesandte,

tandem impetrata re tamquam in media pace nuptias   2
celebrat et relicum hiemis oblitus, quantas simul duas
res suscepisset, bellum Romanum et Graeciam liberandam, omissa omnium rerum cura, in conviviis et
vinum sequentibus voluptatibus ac deinde ex fatiga-
tione magis quam satietate earum in somno traduxit.
Eadem omnis praefectos regios, qui ubique, ad Boeo-   3
tiam maxime, praepositi hibernis erant, cepit luxuria;
in eandem et milites effusi sunt, nec quisquam eorum   4
aut arma induit aut stationem aut vigilias servavit aut
quicquam, quod militaris operis aut muneris esset,
fecit.

Itaque principio veris, cum per Phocidem Chaero-   5
neam, quo convenire omnem undique exercitum iusserat, venisset, facile animadvertit nihilo severiore
disciplina milites quam ducem hibernasse. Alexan-   6
drum inde Acarnana et Menippum Macedonem Stratum Aetoliae copias ducere iussit; ipse Delphis sacrificio Apollini facto Naupactum processit. Consilio   7
principum Aetoliae habito via, quae praeter Calydo-
nem et Lysimachiam fert ad Stratum, suis, qui per
Maliacum sinum veniebant, occurrit. Ibi Mnasilochus   8
princeps Acarnanum, multis emptus donis, non ipse
solum gentem regi conciliabat, sed Clytum etiam
praetorem, penes quem tum summa potestas erat, in
suam sententiam adduxerat. Is cum Leucadios, quod   9
Acarnaniae caput est, non facile ad defectionem posse
cerneret impelli propter metum Romanae classis,
quae cum Atilio quae⟨que⟩ circa Cephallaniam erat,
arte eos est adgressus. Nam cum in concilio dixisset   10
tuenda mediterranea Acarnaniae esse et omnibus, qui
arma ferrent, exeundum ad Medionem et Thyrreum,
ne ab Antiocho aut Aetolis occuparentur, fuere, qui   11
dicerent nihil attinere omnis tumultuose concitari,
satis esse quingentorum hominum praesidium. Eam
iuventutem nactus, trecentis Medione, ducentis Thyr-
rei in praesidio positis, id agebat, ut pro obsidibus
futuri venirent in potestatem regis.

dann durch persönliches Vorbringen seiner Bitte mürbe gemacht und es
endlich erreicht hatte, feierte er Hochzeit wie mitten im Frieden,
vergaß, welche beiden Dinge zugleich er auf sich genommen hatte, den
Krieg mit den Römern und die Befreiung Griechenlands, kümmerte
sich um nichts mehr und verbrachte den Rest des Winters bei Gelagen
und den Freuden, die auf den Wein folgen, und dann mehr aus
Erschöpfung als aus Übersättigung im Schlaf. Die gleiche Genußsucht
ergriff Besitz von allen Kommandeuren des Königs, die überall, vor
allem in Böotien, das Kommando über die Winterlager hatten. Der
gleichen Genußsucht gaben sich auch die Soldaten hin, und keiner von
ihnen legte seine Waffen an oder zog auf Posten oder Nachtwache oder
tat etwas, was seine Aufgabe oder Pflicht als Soldat war.

Deshalb konnte Antiochos zu Anfang des Frühlings, als er durch
Phokis nach Chaironeia kam, wo das ganze Heer von allen Seiten
zusammenkommen sollte, leicht merken, daß die Soldaten genausowenig wie ihr Feldherr in strenger Zucht den Winter verbracht hatten. Er
befahl dem Akarnanen Alexander und dem Makedonen Menippos, die
Truppen von dort nach Stratos in Ätolien zu führen. Er selbst brachte in
Delphi dem Apollon ein Opfer dar und zog weiter nach Naupaktos.
Hier fand eine Beratung mit den führenden Männern Ätoliens statt, und
auf dem Weg, der an Kalydon und Lysimacheia vorbei nach Stratos
führt, traf er auf seine Leute, die über den Golf von Malis kamen. Dort
suchte Mnasilochos, ein angesehener Akarnane, der durch viele
Geschenke gekauft worden war, nicht nur selbst das Volk für den
König zu gewinnen, sondern er hatte auch den Strategen Klytos, der
damals die höchste Macht hatte, auf seine Seite gebracht. Als der sah,
daß die Bewohner von Leukas, der Hauptstadt Akarnaniens, aus Furcht
vor der römischen Flotte, die bei Atilius und im Gebiet von Kephallania
war, nicht leicht zum Abfall verleitet werden konnten, gebrauchte er
gegen sie eine List. Denn als er auf der Bundesversammlung gesagt
hatte, das Landesinnere Akarnaniens müsse geschützt werden und alle
Waffenfähigen müßten nach Medion und Thyrrheion ausrücken, damit
diese Städte nicht von Antiochos oder den Ätolern besetzt würden, gab
es welche, die sagten, es komme nicht darauf an, daß alle wie bei einem
plötzlichen Überfall aufgeboten würden, eine Schutztruppe von 500
Mann sei genug. Diese Mannschaft bekam er, legte 300 Mann nach
Medion, 200 nach Thyrrheion als Besatzung und arbeitete darauf hin,
daß sie in die Hand des Königs fielen, um ihm als Geiseln zu dienen.

Per eosdem dies legati regis Medionem venerunt;   12
quibus auditis cum in contione, quidnam respon-
dendum regi esset, consultaretur et alii manendum in   2
Romana societate, alii non aspernandam amicitiam
regis censerent, media visa est Clyti sententia eoque
accepta, ut ad regem mitterent legatos peterentque ab   3
eo, ut Medionios super tanta re consultare in concilio
Acarnanum pateretur. In eam legationem Mnasilo-   4
chus et, qui eius factionis erant, de industria coniecti,
clam missis, qui regem admovere copias iuberent, ipsi
terebant tempus. Itaque vixdum iis egressis legatis   5
Antiochus in finibus et mox ad portas erat et trepi-
dantibus, qui expertes proditionis fuerant, tumultuo-
seque iuventutem ad arma vocantibus ab Clyto et
Mnasilocho in urbem est inductus; et aliis sua volun-   6
tate adfluentibus metu coacti etiam, qui dissentiebant,
ad regem convenerunt. Quos placida oratione territos
cum permulsisset, ad spem vulgatae clementiae aliquot populi Acarnaniae defecerunt.

Thyrreum a Medione profectus est Mnasilocho   7
eodem et legatis praemissis. Ceterum detecta Medio-
ne fraus cautiores, non timidiores Thyrreensis fecit;
dato enim haud perplexo responso, nullam se novam   8
societatem nisi ex auctoritate imperatorum Romano-
rum accepturos, portis clausis armatos in muris dis-
posuerunt.

Et peropportune ad confirmandos Acarnanum ani-   9
mos Cn. Octavius missus a Quinctio, cum praesidium
et paucas naves ab A. Postumio, qui ab Atilio legato
Cephallaniae praepositus fuerat, accepisset, Leuca-   10
dem venit implevitque spei socios M'. Acilium consu-
lem iam cum legionibus mare traiecisse et in Thessalia
castra Romana esse. Hunc rumorem quia similem veri   11

In diesen Tagen kamen Gesandte des Königs nach Medion. Als man sie angehört hatte und in der Versammlung überlegte, was man denn dem König antworten sollte, und die einen meinten, man müsse an dem Bündnis mit den Römern festhalten, andere, man dürfe die Freundschaft des Königs nicht zurückweisen, erschien der Vorschlag des Klytos als ein Kompromiß und wurde darum angenommen, sie sollten Gesandte zum König schicken und ihn bitten, er möge zulassen, daß die Bewohner von Medion über eine so wichtige Sache auf der Bundesversammlung der Akarnanen berieten. Zu dieser Gesandtschaft wurden Mnasilochos und die zu seiner Partei gehörten, mit Absicht bestimmt; nachdem heimlich welche geschickt worden waren, die den König auffordern sollten, mit seinen Truppen heranzukommen, ließen sie selbst die Zeit verstreichen. Daher stand Antiochos, als diese Gesandten gerade erst weggegangen waren, schon in ihrem Gebiet und bald auch an ihren Toren, und während diejenigen, die von dem Verrat nichts gewußt hatten, unruhig wurden und die Wehrfähigen wegen des überraschenden Angriffs zu den Waffen riefen, wurde er von Klytos und Mnasilochos in die Stadt hineingeführt. Und während die einen freiwillig herbeiströmten, fanden sich aus Furcht auch die, die dagegen waren, beim König ein. Als er mit einer freundlichen Rede die Erschreckten beruhigt hatte, fielen in der Hoffnung auf die Milde, von der man allgemein gehört hatte, einige Völker Akarnaniens ab.

Von Medion aus zog er nach Thyrrheion und schickte denselben Mnasilochos und Gesandte voraus. Aber daß der Betrug in Medion aufgedeckt worden war, machte die Bevölkerung von Thyrrheion nur vorsichtiger, nicht ängstlicher. Sie gaben nämlich unumwunden zur Antwort, sie würden kein neues Bündnis eingehen, es sei denn auf Anraten der römischen Feldherrn, schlossen die Tore und verteilten Bewaffnete auf den Mauern.

Und sehr gelegen, um den Mut der Akarnanen zu stärken, kam Cn. Octavius nach Leukas; er war von Quinctius geschickt worden und hatte eine Schutztruppe und einige wenige Schiffe von A. Postumius übernommen, der von dem Legaten Atilius als Kommandant in Kephallania eingesetzt worden war. Bei seinem Kommen erfüllte er die Bundesgenossen mit der Hoffnung, der Konsul M'. Acilius habe schon mit seinen Legionen das Meer überquert und das römische Lager befinde sich in Thessalien. Weil die Jahreszeit, die schon wieder die

tempus anni maturum iam ad navigandum faciebat,
rex praesidio Medione imposito et in quibusdam aliis
Acarnaniae oppidis Thyrreo abscessit et per Aetoliae
ac Phocidis urbis Chalcidem rediit.

Sub idem tempus M. Baebius et Philippus rex, iam   **13**
ante per hiemem in Dassaretiis congressi, cum Ap.
Claudium, ut obsidione Larisam eximeret, in Thessaliam misissent, quia id tempus rebus gerendis imma-   2
turum erat, in hiberna regressi, principio veris con-
iunctis copiis in Thessaliam descenderunt. In Acar-   3
nania tum Antiochus erat. Advenientes Philippus
Malloeam Perrhaebiae, Baebius Phacium est adgressus; quo primo prope impetu capto Phaestum eadem
celeritate capit. Inde Atragem cum se recepisset, Cy-   4
retias hinc et Eritium occupat, praesidiisque per recepta oppida dispositis Philippo rursus obsidenti
Malloeam se coniungit. Sub adventum Romani exer-   5
citus seu ad metum virium seu ad spem veniae cum
dedidissent sese, ad ea recipienda oppida, quae Athamanes occupaverant, uno agmine ierunt. Erant autem   6
haec: Aeginium, Ericinium, Gomphi, Silana, Tricca,
Meliboea, Phaloria. Inde Pelinnaeum, ubi Philippus   7
Megalopolitanus cum quingentis peditibus et equitibus quadraginta in praesidio erat, circumsidunt et,
priusquam oppugnarent, mittunt ad Philippum, qui
monerent, ne vim ultimam experiri vellet. Quibus ille   8
satis ferociter respondit vel Romanis vel Thessalis se
crediturum fuisse, in Philippi se potestatem commissurum non esse. Postquam apparuit vi agendum, quia   9
videbatur et Limnaeum eodem tempore oppugnari
posse, regem ad Limnaeum ire placuit, Baebius restitit
ad Pelinnaeum oppugnandum.

Per eos forte dies M'. Acilius consul cum viginti   **14**
milibus peditum, duobus milibus equitum, quindecim
elephantis mari traiecto pedestris copias Larisam ducere tribunos militum iussit; ipse cum equitatu Limnaeum ad Philippum venit. Adventu consulis deditio   2

Schiffahrt ermöglichte, dieses Gerücht glaubhaft machte, legte der König eine Besatzung nach Medion und in einige andere Ortschaften Akarnaniens, zog von Thyrrheion ab und kehrte durch die Städte von Ätolien und Phokis nach Chalkis zurück.

Etwa zur selben Zeit stiegen M. Baebius und König Philipp nach Thessalien hinab; sie waren schon vorher im Lauf des Winters im Gebiet der Dassareten zusammengekommen, waren aber dann, nachdem sie App. Claudius nach Thessalien geschickt hatten, um Larisa von der Belagerung zu befreien, wieder in ihre Winterquartiere zurückgekehrt, weil die Zeit für die Kriegführung ungeeignet war; jetzt, zu Anfang des Frühlings, hatten sie ihre Truppen wieder vereinigt. Antiochos befand sich zu dieser Zeit in Akarnanien. Als sie ankamen, griff Philipp Malloia in Perrhäbien an, Baebius Phakion. Er konnte es fast im ersten Ansturm nehmen und nahm dann auch Phaistos mit gleicher Schnelligkeit. Als er dann nach Atrax zurückgekehrt war, besetzte er von hier aus Kyretiai und Erition, verteilte Besatzungen auf die eingenommenen Städte und stieß wieder zu Philipp, der Malloia belagerte. Da die Stadt sich gleich bei der Ankunft des römischen Heeres ergab, sei es nun aus Furcht vor den Truppenmassen oder in der Hoffnung auf Gnade, zogen sie vereint, um die Städte einzunehmen, die die Athamanen besetzt hatten; das waren folgende: Aiginion, Ereikinion, Gomphoi, Silana, Trikka, Meliboia und Phaloreia. Dann umzingelten sie Pelinnaion, wo Philipp von Megalopolis mit 500 Fußsoldaten und 40 Reitern als Besatzung lag, und bevor sie angriffen, schickten sie Leute zu Philipp, die ihn davor warnen sollten, Widerstand bis zum Äußersten zu versuchen. Denen antwortete er ziemlich dreist, zu den Römern oder den Thessalern würde er Vertrauen haben, in die Hand Philipps aber werde er sein Schicksal nicht legen. Nachdem klar war, daß man Gewalt anwenden mußte, und weil man sah, daß auch Limnaion gleichzeitig angegriffen werden konnte, beschloß man, der König solle nach Limnaion gehen; Baebius blieb zurück, um Pelinnaion zu bestürmen.

Gerade in diesen Tagen befahl der Konsul M'. Acilius, der mit 20 000 Fußsoldaten, 2000 Reitern und 15 Elefanten das Meer überquert hatte, den Kriegstribunen, die Fußtruppen nach Larisa zu führen. Er selbst kam mit der Reiterei nach Limnaion zu Philipp. Bei der Ankunft des Konsuls erfolgte unverzüglich die Übergabe, und die Besatzung des

sine cunctatione est facta traditumque praesidium
regium et cum iis Athamanes. Ab Limnaeo Pelinnae-   3
um consul proficiscitur. Ibi primi Athamanes tradide-
runt sese, deinde et Philippus Megalopolitanus; cui   4
decedenti praesidio cum obvius forte fuisset Philippus
rex, ad ludibrium regem eum consalutari iussit, ipse
congressus fratrem haud sane decoro maiestati suae
ioco appellavit. Deductus inde ad consulem custodiri   5
iussus ⟨est⟩ et haud ita multo post in vinculis Romam
missus. Cetera multitudo Athamanum aut militum
Antiochi regis, quae in praesidiis deditorum per eos
dies oppidorum fuerat, Philippo tradita regi est; fuere
autem ad quattuor milia hominum. Consul Larisam   6
est profectus, ibi de summa belli consultaturus. In
itinere ab Cierio et Metropoli legati tradentes urbes
suas occurrerunt. Philippus Athamanum praecipue   7
captivis indulgenter habitis, ut per eos conciliaret
gentem, nactus spem Athamaniae potiendae exercitum eo duxit praemissis in civitates captivis. Et illi   8
magnam auctoritatem apud populares habuerunt, cle-
mentiam erga se regis munificentiamque commemo-
rantes, et Amynander, cuius praesentis maiestas ali-   9
quos in fide continuisset, veritus, ne traderetur Philippo iam pridem hosti et Romanis merito tunc propter defectionem infensis, cum coniuge ac liberis regno
excessit Ambraciamque se contulit; ita Athamania
omnis in ius dicionemque Philippi concessit.

    Consul ad reficienda maxime iumenta, quae et na-   10
vigatione et postea itineribus fatigata erant, paucos
Larisae moratus dies, velut renovato modica quiete
exercitu Crannonem est progressus. Venienti Pharsa-   11
lus et Scotusa et Pherae quaeque in eis praesidia
Antiochi erant, deduntur. Ex iis interrogatis, qui manere secum vellent, mille volentis Philippo tradit,
ceteros inermes Demetriadem remittit. Proernam in-   12
de recepit et quae circa eam castella erant. Ducere tum

Königs und mit ihnen die Athamanen wurden ausgeliefert. Von Limnaion aus zog der Konsul nach Pelinnaion. Dort ergaben sich zuerst die
Athamanen, dann auch Philipp von Megalopolis. Als König Philipp
dieser Abteilung beim Abrücken zufällig begegnete, ließ er ihn zum
Spott als König begrüßen, ging selbst auf ihn zu und redete ihn mit
einem Scherz, der seiner königlichen Würde durchaus nicht angemessen
war, als Bruder an. Er wurde dann zum Konsul geführt; der ließ ihn
unter Bewachung stellen und schickte ihn nicht sehr viel später in
Fesseln nach Rom. Die übrige Menge der Athamanen und der Soldaten
von König Antiochos, die als Besatzung in den Städten gewesen war,
welche sich in diesen Tagen ergeben hatten, wurde König Philipp
überantwortet; es waren ungefähr 4000 Mann. Der Konsul zog nach
Larisa, er wollte dort über den Gesamtplan des Krieges beraten. Unterwegs kamen ihm Gesandte von Kierion und Metropolis entgegen und
übergaben ihre Städte. Philipp behandelte vor allem die gefangenen
Athamanen mit Nachsicht, um durch sie die Völkerschaft für sich zu
gewinnen, und da er Hoffnung hatte, Athamanien in seine Hand zu
bekommen, führte er sein Heer dorthin, nachdem er die Gefangenen in
ihre Gemeinden vorausgeschickt hatte. Es machte großen Eindruck auf
ihre Landsleute, als sie die Milde des Königs gegen sie und seine
Freigebigkeit erwähnten, und Amynander, dessen königliche Würde,
wenn er an Ort und Stelle geblieben wäre, manche dazu gebracht hätte,
ihm die Treue zu halten, fürchtete seine Auslieferung an Philipp, der
schon lange sein Feind war, und an die Römer, die jetzt mit Recht
wegen seines Abfalls einen Groll auf ihn hatten, verließ deshalb mit
seiner Frau und seinen Kindern sein Königreich und begab sich nach
Ambrakia. So kam ganz Athamanien unter die Macht und die Herrschaft Philipps.

Der Konsul blieb einige Tage in Larisa, um vor allem den Tieren
Erholung zu gönnen, die durch die Überfahrt und die folgenden
Märsche erschöpft waren, und brach dann mit seinem Heer, das durch
die kurze Ruhepause sozusagen neue Kräfte gewonnen hatte, nach
Krannon auf. Als er kam, ergaben sich ihm Pharsalos, Skotusa und
Pherai und die Besatzungen des Antiochos, die in diesen Städten lagen.
Diese wurden befragt, ob sie bei ihm bleiben wollten, und von ihnen
übergab er 1000 Freiwillige Philipp, den Rest schickte er unbewaffnet
nach Demetrias zurück. Darauf nahm er Proërna und die festen Plätze

porro in sinum Maliacum coepit. Appropinquanti
faucibus, super quas siti Thaumaci sunt, deserta urbe
iuventus omnis armata silvas et itinera insedit et in
agmen Romanum ex superioribus locis incursavit.
Consul primo misit, qui ex propinquo colloquentes   13
deterrerent eos a tali furore; postquam perseverare in
incepto vidit, tribuno cum duorum signorum militibus circummisso interclusit ad urbem iter armatis
vacuamque eam cepit. Tum clamore ab tergo captae   14
urbis audito refugientium undique ex silvis insidiato-
rum caedes facta est. Ab Thaumacis altero die consul   15
ad Spercheum amnem pervenit, inde Hypataeorum
agros vastavit.

Cum haec agebantur, Chalcide erat Antiochus, iam   **15**
tum cernens nihil se ex Graecia praeter amoena Chalcide hiberna et infames nuptias petisse. Tunc Aetolo-   2
rum vana promissa incusare et Thoantem, Hannibalem
vero non ut prudentem tantum virum, sed prope
vatem omnium, quae tum evenirent, admirari. Ne
tamen temere coepta segnitia insuper everteret, nuntios in Aetoliam misit, ut omni contracta iuventute
convenirent Lamiam; et ipse eo decem milia fere   3
peditum ex iis, qui postea venerant ex Asia, expleta et
equites quingentos duxit. Quo cum aliquanto paucio-   4
res quam umquam ante convenissent et principes
tantummodo cum paucis clientibus essent atque ii
dicerent omnia sedulo ab se facta, ut quam plurimos
ex civitatibus suis evocarent; nec auctoritate nec gratia   5
nec imperio adversus detractantes militiam valuisse —
destitutus undique et ab suis, qui morabantur in Asia,
et ab sociis, qui ea, in quorum spem vocaverant, non
praestabant, intra saltum Thermopylarum sese recepit. Id iugum, sicut Appennini dorso Italia dividitur,   6
ita mediam Graeciam dirimit. Ante saltum Thermo-   7
pylarum in septentrionem versa Epirus et Perrhaebia

in seiner Umgebung ein. Dann begann er weiter zum Golf von Malis zu ziehen. Als er sich dem Paß näherte, über dem Thaumakoi liegt, verließ die ganze bewaffnete junge Mannschaft die Stadt, besetzte die Wälder und die Straßen und fiel von höhergelegenen Stellen aus die römische Marschformation an. Der Konsul schickte zuerst welche, die aus der Nähe mit ihnen sprechen und sie von solchem Wahnsinn abbringen sollten. Nachdem er aber sah, daß sie bei ihrem Vorsatz blieben, ließ er sie durch einen Tribunen mit den Soldaten zweier Manipel umgehen, schnitt den Bewaffneten den Weg zur Stadt ab und nahm die ungeschützte Stadt ein. Als dann die Soldaten, die im Hinterhalt lagen, in ihrem Rücken das Geschrei aus der eingenommenen Stadt hörten und überall aus den Wäldern flüchteten, kam es zu einem Gemetzel. Von Thaumakoi aus gelangte der Konsul am nächsten Tag zum Spercheios und verwüstete von dort aus das Gebiet von Hypata.

Währenddessen hielt sich Antiochos in Chalkis auf und sah jetzt, daß er in Griechenland nichts erlangt hatte als ein angenehmes Winterquartier in Chalkis und eine Hochzeit, die seinem Ruf geschadet hatte. Jetzt erhob er Vorwürfe gegen die Ätoler wegen ihrer eitlen Versprechungen und gegen Thoas; Hannibal aber bewunderte er nicht nur als einen klugen Mann, sondern fast wie einen Seher, der alles, was jetzt eintrat, vorausgesagt hatte. Um aber das, was er unüberlegt begonnen hatte, nicht noch obendrein durch Untätigkeit scheitern zu lassen, schickte er Boten nach Ätolien, sie sollten alle junge Mannschaft zusammenziehen und sich in Lamia einfinden. Und er selbst führte ungefähr 10 000 Fußsoldaten, die er aus den Mannschaften aufgefüllt hatte, die später aus Asien gekommen waren, und 500 Reiter dorthin. Es fanden sich dort erheblich weniger von den Ätolern ein als je zuvor, und zwar waren es nur die führenden Männer mit wenigen, die von ihnen abhängig waren, und sie sagten, sie hätten alles eifrig besorgt, um möglichst viele aus ihren Gemeinden zum Mitmachen zu bewegen; aber weder durch ihr Ansehen noch durch Zureden noch durch Amtsgewalt hätten sie bei denen, die den Feldzug nicht mitmachen wollten, etwas erreichen können. Da Antiochos sich von allen Seiten im Stich gelassen sah, sowohl von den eigenen Leuten, die in Asien die Zeit verstreichen ließen, wie von den Bundesgenossen, die das nicht erfüllten, worauf sie ihm Hoffnung gemacht hatten, als sie ihn riefen, zog er sich in den Paß der Thermopylen zurück. Wie Italien durch den Rücken der Apenninen

et Magnesia et Thessalia est et Phthiotae Achaei et
sinus Maliacus; intra fauces ad meridiem vergunt   8
Aetoliae pars maior et Acarnania et cum Locride
Phocis et Boeotia adiunctaque insula Euboea et excurrente in altum velut promunturio Attica terra et
sita ab tergo Peloponnesus. Hoc iugum ab Leucate et   9
mari ad occidentem verso per Aetoliam ad alterum
mare orienti obiectum tendens ea aspreta rupesque
interiectas habet, ut non modo exercitus, sed ne expediti quidem facile ullas ad transitum calles inveniant.
Extremos ad orientem montis Oetam vocant, quorum   10
quod altissimum est, Callidromon appellatur, in cuius
valle ad Maliacum sinum vergente iter est non latius
quam sexaginta passus. Haec una militaris via est, qua 11
traduci exercitus, si non prohibeantur, possint. Ideo   12
Pylae et ab aliis, quia calidae aquae in ipsis faucibus
sunt, Thermopylae locus appellatur, nobilis Lacedaemoniorum adversus Persas morte magis memorabili
quam pugna.

  Haudquaquam pari tum animo Antiochus intra   **16**
portas loci eius castris positis munitionibus insuper
saltum impediebat et, cum duplici vallo fossaque et   2
muro etiam, qua res postulabat, ex multa copia passim
iacentium lapidum permunisset omnia, satis fidens   3
numquam ea vim Romanum exercitum facturum,
Aetolos ex quattuor milibus — tot enim convenerant
— partim ad Heracleam praesidio obtinendam, quae
ante ipsas fauces posita est, partim Hypatam mittit,   4
et Heracleam haud dubius consulem oppugnaturum,
et iam multis nuntiantibus circa Hypatam omnia eva-
stari. Consul depopulatus Hypatensem primo, deinde   5
Heracleensem agrum, inutili utrobique auxilio Aetolorum, in ipsis faucibus prope fontes calidarum
aquarum adversus regem posuit castra. Aetolorum
utraeque manus Heracleam sese incluserunt. Antio-   6
chum, cui, priusquam hostem cerneret, satis omnia
permunita et praesidiis obsaepta videbantur, timor

geteilt wird, so scheidet dieser Gebirgszug Griechenland in der Mitte.
Vor dem Paß der Thermopylen ist nach Norden Epirus, Perrhäbien,
Magnesia, Thessalien, das Phthiotische Achaia und der Golf von Malis;
innerhalb der Enge nach Süden erstrecken sich der größte Teil Ätoliens,
Akarnanien, Phokis mit Lokris, Böotien und die mit ihm verbundene
Insel Euboia, Attika, das wie ein Vorgebirge in das Meer hineinragt, und
die Peloponnes, die dahinter liegt. Dieser Gebirgszug dehnt sich von
Leukates und dem Meer im Westen durch Ätolien zu dem anderen Meer
im Osten und hat Geröllpartien und Felsen dazwischen, so daß nicht
nur Heere, sondern nicht einmal Leute ohne Gepäck leicht irgendwelche Bergpfade zum Überqueren finden. Das äußerste Bergmassiv im
Osten ist der Oeta. Dessen höchster Gipfel heißt Kallidromon. In
seinem Tal, das am Golf von Malis liegt, ist ein Weg, der nicht breiter ist
als 60 Schritt. Das ist die einzige Heerstraße, über die Heere hinübergeführt werden können, wenn man sie nicht daran hindert. Daher wird die
Stelle Pylai *(Tor)* genannt und von anderen, weil es warmes Wasser in
der Enge selbst gibt, Thermopylen; sie ist berühmt durch den Tod der
Spartaner beim Widerstand gegen die Perser, der denkwürdiger ist als
der Kampf.

Mit keinesfalls gleichem Mut hatte Antiochos jetzt hinter dem
Zugang zu dieser Stelle sein Lager aufgeschlagen und sperrte den Paß
obendrein durch Befestigungen; nachdem er mit einem doppelten Wall
und Graben und, wo es die Sache forderte, auch noch mit einer Mauer
aus den Steinen, die überall in großer Menge herumlagen, alles gründlich befestigt hatte, vertraute er fest darauf, das römische Heer werde
hier niemals den Durchbruch versuchen, und schickte von den 4000
Ätolern – so viele waren nämlich zusammengekommen – den einen Teil
nach Herakleia, das unmittelbar vor dem Zugang zum Paß liegt, um es
durch eine Besatzung zu halten, den anderen nach Hypata; denn er
zweifelte nicht daran, daß der Konsul Herakleia angreifen werde, und
viele meldeten schon, in der Gegend von Hypata werde alles verwüstet.
Nachdem der Konsul zunächst das Gebiet von Hypata, dann das von
Herakleia verheert hatte, wobei an beiden Stellen die Hilfe der Ätoler
nutzlos war, schlug er im Paß selbst in der Nähe der Warmwasserquel-
len dem König gegenüber sein Lager auf. Die beiden Abteilungen der
Ätoler schlossen sich in Herakleia ein. Bevor Antiochos den Feind sah,
schien ihm alles in ausreichendem Maße befestigt und durch Posten

incessit, ne quas per imminentia iuga calles inveniret
ad transitum Romanus; nam et Lacedaemonios quon-   7
dam ita a Persis circuitos fama erat et nuper Philippum ab iisdem Romanis; itaque nuntium Heracleam   8
ad Aetolos mittit, ut hanc saltem sibi operam eo bello
praestarent, ut vertices circa montium occuparent
obsiderentque, ne qua transire Romani possent. Hoc   9
nuntio audito dissensio inter Aetolos orta est. Pars
imperio parendum regis atque eundum censebant,
pars subsistendum Heracleae ad utramque fortunam,   10
ut, sive victus ab consule rex esset, in expedito haberent integras copias ad opem propinquis ferendam
civitatibus suis, sive vinceret, ut dissipatos in fugam
Romanos persequerentur. Utraque pars non mansit   11
modo in sententia sua, sed etiam exsecuta est consilium: duo milia Heracleae substiterunt; duo trifariam
divisa Callidromum et Rhoduntiam et Tichiunta —
haec nomina cacuminibus sunt — occupavere.

Consul postquam insessa superiora loca ab Aetolis   17
vidit, M. Porcium Catonem et L. Valerium Flaccum
consularis legatos cum binis milibus delectorum peditum ad castella Aetolorum, Flaccum in Rhoduntiam
et Tichiunta, Catonem in Callidromum mittit. Ipse,   2
priusquam ad hostem copias admoveret, vocatos in
contionem milites paucis est adlocutus: „Plerosque
omnium ordinum, milites, inter vos esse video, qui in
hac eadem provincia T. Quincti ductu auspicioque
militaveritis. Macedonico bello inexsuperabilior sal-   3
tus ad amnem Aoum fuit quam hic; quippe portae   4
sunt hae, et unus inter duo maria clausis omnibus
velut naturalis transitus est; munitiones et locis op-
portunioribus tunc fuerunt et validiores impositae;
exercitus hostium ille et numero maior et militum
genere aliquanto melior; quippe illic Macedones   5
Thracesque et Illyrii erant, ferocissimae omnes gentes, hic Syri et Asiatici Graeci sunt, vilissima genera
hominum et servituti nata. Rex ille bellicosissimus et   6

abgeriegelt; jetzt aber packte ihn Furcht, daß der Römer irgendwelche Pfade über die angrenzenden Höhen zum Überschreiten fände; denn die Kunde sagte, daß auch die Spartaner ehedem so von den Persern umgangen worden seien und jüngst erst Philipp von denselben Römern. Deshalb schickte er einen Boten nach Herakleia zu den Ätolern, sie sollten ihm doch wenigstens diese Hilfe in diesem Krieg leisten, daß sie die Gipfel der Berge ringsum besetzten und blockierten, damit die Römer nirgendwo hinüberkommen könnten. Auf diese Mitteilung hin kam es zu einer Meinungsverschiedenheit unter den Ätolern. Ein Teil meinte, man müsse dem Befehl des Königs gehorchen und gehen, ein Teil, man müsse in Herakleia bleiben für beide Fälle: wenn der König vom Konsul besiegt würde, hätten sie ihre Truppen unversehrt in Bereitschaft, um ihren eigenen Gemeinden in der Nähe Hilfe zu bringen, wenn er aber siege, könnten sie die zerstreuten Römer auf der Flucht verfolgen. Beide Seiten blieben nicht nur bei ihrer Meinung, sondern führten ihre Absicht auch aus; 2000 blieben in Herakleia, 2000 besetzten, in drei Gruppen geteilt, das Kallidromon, die Rhoduntia und den Teichius – das sind die Namen der Gipfel.

Als der Konsul sah, daß die Höhen von den Ätolern besetzt waren, schickte er die Legaten M. Porcius Cato und L. Valerius Flaccus, die schon Konsuln gewesen waren, jeden mit 2000 ausgesuchten Fußsoldaten gegen die Stellungen der Ätoler, Flaccus zur Rhoduntia und dem Teichius, Cato zum Kallidromon. Bevor er selbst seine Truppen gegen den Feind führte, berief er die Soldaten zu einer Heeresversammlung und hielt eine kurze Ansprache: „Soldaten, ich sehe, daß sehr viele von allen Dienstgraden unter euch sind, die hier in dieser Provinz unter der Führung und unter dem Oberbefehl des T. Quinctius gedient haben. Im Makedonischen Krieg war der Paß am Aoos schwerer zu bezwingen als dieser hier; denn hier ist ein Tor, und es ist der einzige sozusagen natürliche Durchgang zwischen den beiden Meeren, während sonst alles versperrt ist. Die Befestigungsanlagen waren damals an günstigeren Stellen angelegt und waren stärker, das Heer des Feindes war größer und seine Soldaten erheblich besser; denn dort waren es Makedonen und Thraker und Illyrer, lauter sehr mutige Völkerschaften, hier sind es Syrer und Griechen aus Asien, der billigste Menschenschlag und zur Knechtschaft geboren. Jener König war sehr kriegerisch und hatte sich von Jugend an in den Kriegen mit den Nachbarvölkern der Thraker und

exercitatus iam inde ab iuventa finitimis Thracum
atque Illyriorum et circa omnium accolarum bellis,
hic, ut aliam omnem vitam sileam, is est, qui cum ad   7
inferendum populo Romano bellum ex Asia in Euro-
pam transisset, nihil memorabilius toto tempore hibernorum gesserit, quam quod amoris causa ex domo
privata et obscuri etiam inter popularis generis uxorem duxit et novus maritus, velut saginatus nuptiali-   8
bus cenis, ad pugnam processit. Summa virium spei-
que eius in Aetolis fuit, gente vanissima et ingratissi-
ma, ut vos prius experti estis, nunc Antiochus experi-
tur. Nam nec venerunt frequentes nec contineri in   9
castris potuerunt et in seditione ipsi inter sese sunt et,
cum Hypatam tuendam Heracleamque depoposcis-
sent, neutram tutati refugerunt in iuga montium, pars
Heracleae incluserunt sese. Rex ipse confessus nus-   10
quam aequo campo non modo congredi se ad pugnam
audere, sed ne castra quidem in aperto ponere, relicta
omni ante se regione ea, quam se nobis ac Philippo
ademisse gloriabatur, condidit se intra rupes, ne ante
fauces quidem saltus, ut quondam Lacedaemonios
fama est, sed intra penitus retractis castris; quod   11
quantum interest ad timorem ostendendum, an muris
urbis alicuius obsidendum sese incluserit? Sed neque   12
Antiochum tuebuntur angustiae nec Aetolos vertices
illi, quos ceperunt. Satis undique provisum atque
praecautum est, ne quid adversus vos in pugna praeter
hostis esset.

Illud proponere animo vestro debetis, non vos pro   13
Graeciae libertate tantum dimicare, quamquam is
quoque egregius titulus esset, liberatam a Philippo
ante nunc ab Aetolis et ab Antiocho liberare, neque ea
tantum in praemium vestrum cessura, quae nunc in
regiis castris sunt, sed illum quoque omnem appara-   14
tum, qui in dies ab Epheso exspectatur, praedae futurum, Asiam deinde Syriamque et omnia usque ad

Illyrer und aller Anwohner ringsum geübt; dieser hat, um von seinem ganzen sonstigen Leben zu schweigen, seitdem er von Asien nach Europa hinübergekommen ist, um mit dem römischen Volk Krieg zu führen, in der ganzen Zeit des Winterlagers nichts Denkwürdigeres getan, als daß er aus Liebe eine Frau aus einem Privathaus genommen hat, aus einer Familie, die sogar unter ihren Mitbürgern unbekannt war, und als frischgebackener Ehemann, von den Hochzeitsmählern gleichsam gemästet, zum Kampf auszogen ist. Seine Stärke und seine Hoffnung beruhte hauptsächlich auf den Ätolern, einer sehr eitlen und undankbaren Völkerschaft, wie ihr früher erfahren habt und Antiochos jetzt erfährt. Denn sie sind weder in großer Zahl gekommen noch ließen sie sich im Lager halten, und sie sind selbst unter sich uneins, und obwohl sie sich den Schutz von Hypata und Herakleia ausgebeten hatten, haben sie keine der beiden Städte geschützt, sondern sind auf die Höhen der Berge geflohen, und ein Teil hat sich in Herakleia eingeschlossen. Der König selbst hat zu erkennen gegeben, daß er sich nirgendwo auf flachem Feld zum Kampf zu stellen, ja daß er nicht einmal in offenem Gelände sein Lager aufzuschlagen wagt, er hat das ganze Gebiet vor sich aufgegeben, das uns und Philipp weggenommen zu haben er sich rühmte, und hat sich hinter Felsen versteckt und sein Lager nicht einmal bloß bis vor den Eingang des Passes zurückgenommen, wie es der Überlieferung nach einst die Spartaner getan haben, sondern bis tief in das Innere des Passes hinein. Verrät das etwa weniger Furcht, als wenn er sich hinter den Mauern einer Stadt eingeschlossen hätte, um sich belagern zu lassen? Aber weder werden Antiochos die Engen Schutz bieten noch den Ätolern jene Gipfel, die sie besetzt haben. In jeder Hinsicht ist in ausreichendem Maße dafür gesorgt und Vorsorge getroffen, daß ihr es in der Schlacht nur mit dem Feind zu tun habt.

Ihr müßt euch sagen, daß ihr nicht nur für die Freiheit Griechenlands kämpft, obwohl es auch ein hervorragendes Aushängeschild wäre, das zuvor von Philipp befreite jetzt von den Ätolern und Antiochos zu befreien, und daß nicht nur das euch als Lohn zufallen wird, was jetzt im königlichen Lager ist, sondern daß all das Material, das jeden Tag von Ephesos erwartet wird, eure Beute sein wird und daß ihr dann Kleinasien und Syrien und all die Königreiche bis zum Aufgang der Sonne mit ihrem gewaltigen Reichtum der römischen Herrschaft

ortum solis ditissima regna Romano imperio aper-
turos. Quid deinde aberit, quin ab Gadibus ad mare   15
rubrum Oceano finis terminemus, qui orbem terrarum amplexu finit, et omne humanum genus secundum deos nomen Romanum veneretur? In haec tanta   16
praemia dignos parate animos, ut crastino die bene
iuvantibus diis acie decernamus.''

Ab hac contione dimissi milites, priusquam corpo-   **18**
ra curarent, arma tela parant. Luce prima signo pugnae proposito instruit aciem consul, arta fronte, ad
naturam et angustias loci. Rex, postquam signa ho-   2
stium conspexit, et ipse copias educit. Levis armaturae partem ante vallum in primo locavit, tum Macedonum robur, quos sarisophorus appellabant, velut
firmamentum circa ipsas munitiones constituit. His   3
ab sinistro cornu iaculatorum sagittariorumque et
funditorum manum sub ipsis radicibus montis posuit,
ut ex altiore loco nuda latera hostium incesserent. Ab   4
dextro Macedonibus ad ipsum munimentorum finem,
qua loca usque ad mare invia palustri limo et voragini-
bus claudunt, elephantos cum adsueto praesidio posuit, post eos equites, tum modico intervallo relicto
ceteras copias in secunda acie.

Macedones pro vallo locati primo facile sustinebant   5
Romanos, temptantis ab omni parte aditus, multum
adiuvantibus, qui ex loco superiore fundis velut nimbum glandis et sagittas simul ac iacula ingerebant;
deinde, ut maior nec iam toleranda vis hostium infere-   6
bat se, pulsi loco intra munimenta subductis ordinibus
concesserunt; inde ex vallo prope alterum vallum
hastis prae se obiectis fecerunt. Et ita modica altitudo   7
valli erat, ut et locum superiorem suis ad pugnandum
praeberet, et propter longitudinem hastarum subiectum haberet hostem. Multi temere subeuntes vallum   8
transfixi sunt; et aut incepto irrito recessissent aut

erschließen werdet. Was wird dann noch daran fehlen, daß wir von
Gades bis zum Arabischen Meer unser Gebiet erst am Ozean enden
lassen, der die Erdscheibe durch sein Umströmen begrenzt, und daß die
ganze Menschheit gleich nach den Göttern den römischen Namen
verehrt? Macht, daß ihr dieser so großen Belohnungen würdig seid,
damit wir es morgen mit Hilfe der Götter in der Schlacht entscheiden."

Als die Soldaten aus dieser Versammlung entlassen worden waren,
machten sie ihre Rüstungen und Waffen bereit, bevor sie sich Ruhe
gönnten. Beim Morgengrauen gab der Konsul das Zeichen zum Ausrücken in die Schlacht und stellte das Heer mit schmaler Front auf
entsprechend der Beschaffenheit und der Enge des Platzes. Nachdem
der König die Feldzeichen der Feinde erblickt hatte, führte er auch
selbst seine Truppen heraus. Von den Leichtbewaffneten postierte er
einen Teil als Vordertreffen vor dem Wall, dann stellte er den Kern der
Makedonen, die sie Sarisophoren (Sarisenträger) nennen, wie ein Bollwerk bei den Befestigungen auf. Neben ihnen stand als linker Flügel
eine Abteilung Wurfschützen und Bogenschützen und Schleuderer
dicht am Fuß des Berges, so daß sie von oben die ungedeckten Flanken
der Feinde angreifen konnten. Rechts neben die Makedonen genau am
Ende der Befestigungen, wo unwegsames Gelände bis zum Meer mit
sumpfigem Schlamm und Strudeln eine Sperre bildete, stellte er die
Elefanten mit der üblichen Bedeckung auf, hinter ihnen die Reiter, dann
in mäßigem Abstand die übrigen Truppen im zweiten Treffen.
    Die Makedonen vor dem Wall hielten zuerst ohne Mühe dem Angriff
der Römer stand, die überall heranzukommen versuchten; dabei waren
die eine große Hilfe, die von ober her mit ihren Schleudern gleichsam
eine Wolke von Kugeln und zugleich Pfeile und Wurfspieße auf die
Angreifer schossen. Dann, als eine größere und nicht mehr aufzuhal-
tende Menge Feinde herankam, wurden die Makedonen von der Stelle
gedrängt, und die Abteilungen wurden aus dem Kampf gezogen und
gingen in die Befestigungen zurück. Von dort aus bildeten sie vom Wall
herab mit ihren vorgestreckten Lanzen gleichsam einen zweiten Wall.
Und die Höhe des Walles war so mäßig, daß er zwar den eigenen
Leuten einen höheren Standort beim Kämpfen bot, aber auch den Feind
ihren langen Lanzen aussetzte. Viele, die blindlings gegen den Wall
anstürmten, wurden durchbohrt. Und entweder hätten die Angreifer

plures cecidissent, ni M. Porcius ab iugo Callidromi
deiectis inde Aetolis et magna ex parte caesis —
incautos enim et plerosque sopitos oppresserat —
super imminentem castris collem apparuisset.

Flacco non eadem fortuna ad Tichiunta et Rhodun-   19
tiam, nequiquam subire ad ea castella conato, fuerat.
Macedones quique alii in castris regiis erant, primo,   2
dum procul nihil aliud quam turba et agmen apparebat, Aetolos credere visa procul pugna subsidio venire; ceterum, ut primum signaque et arma ex propin-   3
quo cognita errorem aperuerunt, tantus repente pavor
omnis cepit, ut abiectis armis fugerent.

Et munimenta sequentis impedierunt et angustiae   4
vallis, per quam sequendi erant, et maxime omnium,
quod elephanti novissimi agminis erant, quos pedes
aegre praeterire, eques nullo poterat modo timentibus
equis tumultumque inter se maiorem quam in proelio
edentibus; aliquantum temporis et direptio castrorum   5
tenuit; Scarpheam tamen eo die consecuti sunt hostem. Multis in ipso itinere caesis captisque, non equis   6
virisque tantum, sed etiam elephantis, quos capere
non potuerant, interfectis, in castra reverterunt; quae   7
temptata eo die inter ipsum pugnae tempus ab Aetolis, Heracleam obtinentibus praesidio, sine ullo haud
parum audacis incepti effectu fuerant.
Consul noctis insequentis tertia vigilia praemisso   8
equitatu ad persequendum hostem, signa legionum
luce prima movit. Aliquantum viae praeceperat rex, ut   9
qui non ante quam Elatiae ab effuso constiterit cursu;
ubi primum reliquiis pugnaeque et fugae collectis,
cum perexigua manu semiermium militum Chalcidem
se recepit. Romanus equitatus ipsum quidem regem   10
Elatiae adsecutus non est; magnam partem agminis
aut lassitudine subsistentis aut errore, ut qui sine

sich zurückziehen müssen, ohne daß das Unternehmen einen Erfolg
gebracht hätte, oder es wären mehr gefallen, wenn M. Porcius, der die
Ätoler inzwischen vom Kamm des Kallidromon geworfen und zum
großen Teil niedergemacht hatte – sie hatten sich nämlich nicht vorgese-
hen und größtenteils geschlafen, als er sie überfiel –, sich nicht auf dem
Hügel beim Lager gezeigt hätte.

Flaccus hatte am Teichius und der Rhoduntia nicht so viel Glück
gehabt, sein Versuch, an diese Stellungen heranzukommen, war gescheitert. Die Makedonen und die anderen, die im Lager des Königs waren,
glaubten zuerst, solange in der Ferne nichts als ein Gewimmel sichtbar
wurde, das sich voranbewegte, die Ätoler hätten den Kampf von weitem
bemerkt und kämen zu Hilfe. Aber sobald man die Feldzeichen und
Waffen aus der Nähe erkennen konnte und klar wurde, daß sie sich
geirrt hatten, ergriff plötzlich alle so große Panik, daß sie die Waffen
wegwarfen und flohen.

Die Befestigungsanlagen hinderten die Verfolger und die Enge des
Tals, durch das die Verfolgung ging, am allermeisten aber, daß die
Elefanten bei der Nachhut waren, an denen die Fußsoldaten nur mit Mühe
vorbeikommen konnten, die Reiter überhaupt nicht, weil die Pferde
scheuten und unter sich größeren Wirrwarr auslösten als im Kampf.
Beträchtliche Zeit verging auch über der Plünderung des Lagers. Bis
Skarpheia verfolgten sie den Feind aber doch an diesem Tag. Auf dem
Weg wurden nicht nur viele Pferde und Männer erschlagen und gefangen,
sondern auch die Elefanten getötet, die sie nicht hatten fangen können; sie
kehrten dann ins Lager zurück. Es war an diesem Tag genau zur Zeit der
Schlacht von den Ätolern, die in Herakleia als Besatzung lagen, angegriffen worden, aber sie hatten bei diesem außerordentlich kühnen Unternehmen keinen Erfolg gehabt.

Der Konsul schickte in der folgenden Nacht in der dritten Nachtwache die Reiterei zur Verfolgung des Feindes voraus und brach mit den
Abteilungen der Legionen im Morgengrauen auf. Der König hatte einen
erheblichen Vorsprung, da er auf der wilden Flucht nicht eher als in
Elateia haltmachte. Dort sammelte er, was vom Kampf und der Flucht
noch übriggeblieben war, und zog sich mit einer sehr kleinen Schar
halbbewaffneter Soldaten nach Chalkis zurück. Die römische Reiterei
fand den König selbst nicht mehr in Elateia vor. Sie holten aber einen
großen Teil des Heereszuges ein, Leute, die entweder aus Übermüdung

ducibus per ignota itinera fugerent, dissipatos oppresserunt; nec praeter quingentos, qui circa regem fue-   11
runt, ex toto exercitu quisquam effugit, etiam ex
decem milibus militum, quos Polybio auctore traiecisse secum regem in Graeciam scripsimus, exiguus
numerus; quid, si Antiati Valerio credamus sexaginta   12
milia militum fuisse in regio exercitu scribenti, quadraginta inde milia cecidisse, supra quinque milia
capta cum signis militaribus ducentis triginta? Romanorum centum quinquaginta in ipso certamine pugnae, ab incursu Aetolorum se tuentes non plus quinquaginta interfecti sunt.

Consule per Phocidem et Boeotiam exercitum du-   20
cente consciae defectionis civitates cum velamentis
ante portas stabant metu, ne hostiliter diriperentur.
Ceterum per omnes dies haud secus quam ⟨in⟩ paca-   2
to agro sine vexatione ullius rei agmen processit,
donec in agrum Coroneum ventum est. Ibi statua   3
regis Antiochi posita in templo Minervae Itoniae iram
accendit, permissumque militi est, ut circumiectum
templo agrum popularetur; dein cogitatio animum
subit, cum communi decreto Boeotorum posita esset
statua, indignum esse in unum Coronensem agrum
saevire. Revocato extemplo milite finis populandi fac-   4
tus; castigati tantum verbis Boeoti ob ingratum in
tantis tamque recentibus beneficiis animum erga Romanos.

Inter ipsum pugnae tempus decem naves regiae   5
cum praefecto Isidoro ad Thronium in sinu Maliaco
stabant. Eo gravis vulneribus Alexander Acarnan,
nuntius adversae pugnae, cum perfugisset, trepidae
inde recenti terrore naves Cenaeum Euboeae petierunt. Ibi mortuus sepultusque Alexander. Tres, quae   6
ex Asia profectae eundem portum tenuerunt, naves
audita exercitus clade Ephesum redierunt. Isidorus ab
Cenaeo Demetriadem, si forte eo deferret fuga regem,
traiecit.

zurückgeblieben waren oder, weil sie ohne Führer über unbekannte Wege flohen, sich verirrt und zerstreut hatten. Und außer den 500, die beim König gewesen waren, entkam keiner von dem ganzen Heer, auch von den 10 000 Soldaten, die der König, wie wir nach Polybios berichtet haben, nach Griechenland mitgebracht hatte, eine kleine Zahl. Was aber, wenn wir Valerius Antias glauben würden, der schreibt, 60 000 Soldaten seien im Heer des Königs gewesen und davon 40 000 gefallen und über 5000 in Gefangenschaft geraten mit 230 Feldzeichen? Von den Römern fielen 150 in der Schlacht selbst, von denen, die den Angriff der Ätoler abwehrten, nicht mehr als 50.

Während der Konsul sein Heer durch Phokis und Böotien führte, standen die Bürgerschaften, die wegen ihres Abfalls ein schlechtes Gewissen hatten, mit den Zeichen der Bittflehenden vor den Toren, voll Furcht, daß sie wie Feinde geplündert würden. Aber in all diesen Tagen rückte das Heer nicht anders vor als in einem friedlichen Land, ohne irgendeinen Schaden anzurichten, bis man in das Gebiet von Koroneia kam. Hier entzündete ein Standbild des Königs Antiochos, das im Tempel der Athena Itonia aufgestellt worden war, den Zorn, und es wurde den Soldaten erlaubt, das Gebiet um den Tempel herum zu verwüsten. Dann kam dem Konsul der Gedanke, da das Standbild auf gemeinsamen Beschluß der Böoter aufgestellt worden sei, sei es unangebracht, einzig gegen das Gebiet von Koroneia zu wüten. Die Soldaten wurden augenblicklich zurückgerufen und der Verwüstung ein Ende gemacht. Die Böoter wurden nur mit Worten getadelt wegen ihrer Undankbarkeit gegen die Römer, die ihnen erst ganz vor kurzem so große Wohltaten erwiesen hätten.

Zur Zeit der Schlacht lagen zehn Schiffe des Königs unter dem Kommando des Isidoros bei Thronion im Golf von Malis. Als der Akarnane Alexander schwerverwundet dort Zuflucht suchte und ihnen von der Niederlage berichtete, gerieten die Schiffe in Panik und fuhren im ersten Schreck von dort nach Kenaion auf Euböa. Dort starb Alexander und wurde begraben. Drei Schiffe, die aus Kleinasien kamen und diesen Hafen anliefen, kehrten, als sie von der Niederlage des Heeres hörten, nach Ephesos zurück. Isidoros fuhr von Kenaion nach Demetrias hinüber für den Fall, daß die Flucht den König zufällig dorthin brachte.

Per eosdem dies A. Atilius praefectus Romanae 7
classis magnos regios commeatus iam fretum, quod ad
Andrum insulam est, praetervectos excepit; alias mer-
sit, alias cepit naves; quae novissimi agminis erant, 8
cursum in Asiam verterunt. Atilius Piraeum, unde
profectus erat, cum agmine captivarum navium revec-
tus magnam vim frumenti et Atheniensibus et aliis
eiusdem regionis sociis divisit.

Antiochus sub adventum consulis a Chalcide pro- 21
fectus Tenum primo tenuit, inde Ephesum transmisit.
Consuli Chalcidem venienti portae patuerunt, cum 2
appropinquante eo Aristoteles praefectus regis urbe
excessisset. Et ceterae urbes in Euboea sine certamine 3
traditae; post paucosque dies omnibus perpacatis sine
ullius noxa urbis exercitus Thermopylas reductus,
multo modestia post victoriam quam ipsa victoria
laudabilior.

Inde consul M. Catonem, per quem, quae gesta 4
essent, senatus populusque Romanus haud dubio auctore sciret, Romam misit. Is a Creusa — Thespien- 5
sium emporium est, in intimo sinu Corinthiaco re-
tractum — Patras Achaiae petit; a Patris Corcyram
usque Aetoliae atque Acarnaniae litora legit atque ita
ad Hydruntem Italiae traicit. Quinto die inde pedestri 6
itinere Romam ingenti cursu pervenit. Ante lucem
ingressus urbem a porta ad praetorem M. Iunium iter
intendit. Is prima luce in senatum vocavit; quo L. 7
Cornelius Scipio, aliquot diebus ante a consule dimissus, cum adveniens audisset praegressum Catonem in
senatu esse, supervenit exponenti, quae gesta essent.
Duo inde legati iussu senatus in contionem sunt 8
producti atque ibi eadem quae in senatu de rebus in
Aetolia gestis exposuerunt. Supplicatio in triduum 9
decreta est et ut quadraginta hostiis maioribus praetor, quibus diis ei videretur, sacrificaret.

In diesen Tagen fing A. Atilius, der Kommandeur der römischen Flotte, den großen königlichen Nachschubtransport ab, der schon die Meerenge bei der Insel Andros hinter sich gelassen hatte. Einen Teil der Schiffe versenkte er, andere brachte er in seine Gewalt. Die am Ende fuhren, nahmen Kurs zurück auf Asien. Atilius kehrte mit dem Zug der erbeuteten Schiffe nach Piräus zurück, von wo er ausgelaufen war, und verteilte eine große Menge Getreide an die Athener und die anderen Bundesgenossen in diesem Gebiet.

Antiochos brach unmittelbar vor dem Eintreffen des Konsuls von Chalkis auf, lief zuerst Tenos an und fuhr von dort nach Ephesos hinüber. Als der Konsul nach Chalkis kam, standen ihm die Tore offen, da Aristoteles, der königliche Kommandant, bei seinem Herankommen die Stadt verlassen hatte. Auch die übrigen Städte in Euböa wurden ohne Kampf übergeben. Als nach wenigen Tagen überall die Ruhe wiederhergestellt war, ohne daß einer Stadt Schaden zugefügt worden wäre, wurde das Heer zu den Thermopylen zurückgeführt; für sein Maßhalten nach dem Sieg verdient es viel mehr Lob als für seinen Sieg.

Von dort schickte der Konsul M. Cato nach Rom, damit Senat und Volk von Rom durch ihn, einen Gewährsmann, dem gegenüber kein Zweifel aufkommen konnte, erführen, was geschehen war. Er fuhr von Krëusa – das ist ein Handelsplatz von Thespiai, der im innersten Golf von Korinth versteckt liegt – nach Patrai in Achaia. Von Patrai aus segelte er bis Korkyra an den Küsten von Ätolien und Akarnanien entlang und setzte so nach Hydrus in Italien über. Am fünften Tag gelangte er von dort auf dem Landweg nach Rom, wobei er sich ungeheuer beeilte. Vor Tagesanbruch betrat er die Stadt und schlug vom Tor den Weg zum Prätor M. Junius ein. Der setzte im Morgengrauen eine Senatssitzung an. L. Cornelius Scipio, der einige Tage früher vom Konsul weggeschickt worden war, hörte bei seinem Eintreffen, daß Cato ihm im Senat zuvorgekommen war, und kam dazu, wie jener darlegte, was geschehen war. Die beiden Legaten wurden dann auf Anordnung des Senates vor die Volksversammlung geführt und legten dort dasselbe über die Taten in Ätolien dar wie im Senat. Ein dreitägiges Dankfest wurde beschlossen und daß der Prätor den Göttern, bei denen es ihm angebracht scheine, 40 voll ausgewachsene Opfertiere darbringen solle.

Per eosdem dies et M. Fulvius Nobilior, qui bien-   10
nio ante praetor in Hispaniam erat profectus, ovans
urbem est ingressus; argenti bigati prae se tulit cen-   11
tum triginta milia et extra numeratum duodecim milia
pondo argenti, auri pondo centum viginti septem.

Acilius consul ab Thermopylis Heracleam ad Aeto-   **22**
los praemisit, ut tunc saltem, experti regiam vanita-
tem, resipiscerent traditaque Heraclea cogitarent de
petenda ab senatu seu furoris sui seu erroris venia. Et   2
ceteras Graeciae civitates defecisse eo bello ab optime
meritis Romanis; sed quia post fugam regis, cuius
fiducia officio decessissent, non addidissent pertinaciam culpae, in fidem receptas esse; Aetolos quoque,   3
quamquam non secuti sint regem, sed accersierint et
duces belli, non socii fuerint, si paenitere possint,
posse et incolumis esse. Ad ea cum pacati nihil re-   4
sponderetur appareretque armis rem gerendam et rege
superato bellum Aetolicum integrum restare, castra
ab Thermopylis ad Heracleam movit eoque ipso die,
ut situm nosceret urbis, ab omni parte equo moenia
est circumvectus. Heraclea sita est in radicibus Oetae   5
montis, ipsa in campo, arcem imminentem loco alto et
undique praecipiti habet. Contemplatus omnia, quae   6
noscenda erant, quattuor simul locis adgredi urbem
constituit. A flumine Asopo, qua et gymnasium est,   7
L. Valerium operibus atque oppugnationi praeposuit;
partem extra muros, qua frequentius prope quam in
urbe habitabatur, Ti. Sempronio Longo oppugnan-
dam dedit; e regione sinus Maliaci, quae aditum haud   8
facilem pars habebat, M. Baebium, ab altero amnicu-
lo, quem Melana vocant, adversus Dianae templum
Ap. Claudium opposuit. Horum magno certamine   9
intra paucos dies turres arietesque et alius omnis
apparatus oppugnandarum urbium perficitur. Et cum   10
ager Heracleensis paluster omnis frequensque proce-

In diesen Tagen zog auch M. Fulvius Nobilior, der vor zwei Jahren als Prätor nach Spanien aufgebrochen war, im Kleinen Triumphzug in die Stadt ein; er ließ 130 000 Silberdenare vor sich hertragen und außer dem gemünzten Geld 12 000 Pfund Silber und 127 Pfund Gold. Der Konsul Acilius schickte von den Thermopylen zunächst Boten nach Herakleia zu den Ätolern, sie sollten wenigstens jetzt, wo sie die Unzuverlässigkeit des Königs erfahren hätten, wieder Vernunft annehmen und Herakleia übergeben und daran denken, den Senat für ihre Raserei oder ihren Irrtum um Verzeihung zu bitten. Auch die übrigen Staaten Griechenlands seien in diesem Krieg von den Römern abgefallen, die sich um sie sehr verdient gemacht hätten; sie hätten zwar im Vertrauen auf den König ihre Pflicht verletzt, aber weil sie nach seiner Flucht ihre Schuld nicht noch durch Hartnäckigkeit vergrößert hätten, seien sie wieder in Gnaden aufgenommen worden. Auch die Ätoler könnten, obwohl sie dem König nicht gefolgt wären, sondern ihn herbeigerufen hätten und Antreiber zum Krieg, nicht bloß Bundesgenossen gewesen seien, ebenfalls glimpflich davonkommen, wenn sie bereuen könnten. Als darauf keine Antwort erfolgte, die Friedensbereitschaft zeigte, und es deutlich wurde, daß man die Sache mit den Waffen austragen müsse und daß nach dem Sieg über den König der Krieg mit den Ätolern nach wie vor zu führen blieb, rückte der Konsul von den Thermopylen nach Herakleia und ritt noch an diesem Tag, um die Lage der Stadt zu erkunden, auf allen Seiten zu Pferd um die Mauern herum. Herakleia liegt am Fuß des Oeta in der Ebene; es hat eine Burg, die auf einer Anhöhe, welche nach allen Seiten steil abfällt, die Stadt überragt. Nachdem er alles in Augenschein genommen hatte, was man erkunden mußte, beschloß er die Stadt an vier Stellen zugleich anzugreifen. Am Fluß Asopos, wo auch das Gymnasion ist, übertrug er L. Valerius den Bau der Befestigungsanlagen und den Angriff. Den Teil außerhalb der Mauern, wo man fast dichter als in der Stadt wohnte, sollte Tib. Sempronius Longus angreifen. In der Richtung zum Golf von Malis, wo der Zugang nicht leicht war, ließ er M. Baebius in Stellung gehen, an dem anderen Flüßchen, das sie Melas nennen, gegenüber dem Tempel der Artemis App. Claudius. Bei dem großen Wetteifer unter ihnen dauerte es nur wenige Tage, bis die Türme und Sturmböcke und alles sonstige Gerät für die Bestürmung von Städten fertiggestellt war. Die Umgebung von Herakleia, die überall sumpfig

ris arboribus benigne ad omne genus operum mate-
riam suppeditabat, tum, quia refugerant intra moenia   11
Aetoli, deserta, quae in vestibulo urbis erant, tecta in
varios usus non tigna modo et tabulas, sed laterem
quoque et caementa et saxa variae magnitudinis praebebant.

Et Romani quidem operibus magis quam armis   23
urbem oppugnabant, Aetoli contra armis se tuebantur. Nam cum ariete quaterentur muri, non laqueis, ut   2
solet, exceptos declinabant ictus, sed armati frequentes ⟨erumpebant⟩, quidam ignes etiam, quos aggeri-
bus inicerent, ferebant. Fornices quoque in muro   3
erant apti ad excurrendum, et ipsi, cum pro dirutis
reficerent muros, crebriores eos, ut pluribus erumpe-
retur in hostem locis, faciebant. Hoc primis diebus,   4
dum integrae vires erant, et frequentes et impigre
fecerunt, in dies deinde pauciores et segnius. Etenim   5
cum multis urgerentur rebus, nulla eos res aeque ac
vigiliae conficiebant, Romanis in magna copia militum succedentibus aliis in stationem aliorum, Aetolos
propter paucitatem eosdem dies noctesque adsiduo
labore urente. Per quattuor et viginte dies, ita ut   6
nullum tempus vacuum dimicatione esset, adversus
quattuor e partibus simul oppugnantem hostem noc-
turnus diurno continuatus labor est.

Cum fatigatos iam Aetolos sciret consul et ex spatio   7
temporis et quod ita transfugae adfirmabant, tale
consilium init. Media nocte receptui signum dedit et   8
ab oppugnatione simul milites omnes deductos usque
ad tertiam diei horam quietos in castris tenuit; inde   9
coepta oppugnatio ad mediam rursus noctem perduc-
ta est, intermissa deinde usque ad tertiam diei horam.
Fatigationem rati esse causam Aetoli non continuan-   10
dae oppugnationis, quae et ipsos adfecerat, ubi Romanis datum receptui signum esset, velut ipsi quoque
hoc revocati pro se quisque ex stationibus decede-

und mit schlanken Bäumen dicht bestanden ist, lieferte reichlich Bau-
holz für jede Art von Belagerungsgeräten, vor allem aber boten auch die
verlassenen Häuser der Vorstadt, weil die Ätoler sich hinter die Mauern
geflüchtet hatten, nicht nur Balken und Bretter für verschiedene
Zwecke, sondern auch Ziegel und behauene und unbehauene Steine
verschiedener Größe.

Die Römer griffen die Stadt mehr mit Belagerungswerken als mit
Waffen an, die Ätoler dagegen schützten sich mit ihren Waffen. Denn
als der Sturmbock gegen die Mauern stieß, fingen sie nicht, wie man es
zu tun pflegt, mit Stricken die Stöße auf und lenkten sie ab, sondern
stürzten bewaffnet in großer Zahl heraus, einige trugen auch Feuer bei
sich, um es gegen die Dämme zu schleudern. Es gab auch gewölbte
Ausgänge in der Mauer, die zum Herausstürmen geeignet waren, und
sie selbst legten noch mehr an, als sie die Mauern, wo sie eingestürzt
waren, wiederherstellten, so daß man an noch mehr Stellen gegen den
Feind Ausfälle machen konnte. Das taten sie in den ersten Tagen,
solange ihre Kräfte noch unverbraucht waren, in großer Zahl und
unermüdlich, dann aber von Tag zu Tag weniger und kraftloser. Denn
wenn sie auch durch viele Dinge bedrängt wurden, machte ihnen doch
nichts so sehr zu schaffen wie der Mangel an Schlaf; die Römer lösten
bei ihrer großen Menge an Soldaten einander auf den Posten ab, bei den
Ätolern aber plagte wegen ihrer geringen Zahl die Mühe ohne Unter-
brechung Tag und Nacht dieselben. 24 Tage lang folgte, ohne daß der
Kampf in dieser Zeit einmal geruht hätte, gegen den von vier Seiten
zugleich angreifenden Feind die Anstrengung in der Nacht auf die am
Tage.

Da der Konsul nun aus der Länge der Zeit und weil Überläufer es
versicherten, wußte, daß die Ätoler erschöpft waren, faßte er den
folgenden Plan. Um Mitternacht gab er das Zeichen zum Rückzug, zog
zugleich alle Soldaten vom Angriff ab und hielt sie bis zur dritten
Stunde des Tages ruhig im Lager. Danach begann der Angriff wieder,
zog sich bis Mitternacht hin und wurde dann unterbrochen bis zur
dritten Stunde des Tages. Die Ätoler glaubten, Erschöpfung, die auch
sie selbst hart mitgenommen hatte, sei der Grund dafür, daß der Angriff
nicht mehr ununterbrochen fortgesetzt werde, und sobald den Römern
das Zeichen zum Rückzug gegeben war, verließen sie jeder für sich ihre
Posten, als wenn auch sie selbst dadurch zurückgerufen worden wären,

bant, nec ante tertiam diei horam armati in muris apparebant.

Consul cum nocte media intermisisset oppugnatio- **24**
nem, quarta vigilia rursus ab tribus partibus summa vi
adgressus, ab una Ti. Sempronium tenere intentos   2
milites signumque exspectare iussit, ad ea in nocturno
tumultu, unde clamor exaudiretur, haud dubie ratus
hostis concursuros. Aetoli pars sopiti adfecta labore   3
ac vigiliis corpora ex somno moliebantur, pars vigi-
lantes adhuc ad strepitum pugnantium in tenebris
currunt. Hostes partim per ruinas iacentis muri tran-   4
scendere conantur, partim scalis ascensus temptant,
adversus quos undique ad opem ferendam concurrunt
Aetoli. Pars una, in qua aedificia extra urbem erant,   5
neque defenditur neque oppugnatur; sed qui oppugnarent intenti signum exspectabant; defensor nemo
aderat. Iam dilucescebat, cum signum consul dedit; et 6
sine ullo certamine partim per semirutos, partim scalis
integros muros transcendere. Simul clamor, index
capti oppidi, est exauditus; undique Aetoli desertis
stationibus in arcem fugiunt. Oppidum victores per-   7
missu consulis diripiunt, non tam ab ira nec ab odio,
quam ut miles, coercitus in tot receptis ex potestate
hostium urbibus, aliquo tandem loco fructum victoriae sentiret. Revocatos inde a medio ferme die milites 8
cum in duas divisisset partes, unam radicibus montium circumduci ad rupem iussit, quae fastigio altitudinis par, media valle velut abrupta ab arce erat; sed   9
adeo prope geminata cacumina eorum montium sunt,
ut ex vertice altero conici tela in arcem possint; cum
dimidia parte militum consul ab urbe escensurus in
arcem signum ab iis, qui ab tergo in rupem evasuri
erant, exspectabat. Non tulere, qui in arce erant Aeto- 10
li, primum eorum, qui rupem ceperant, clamorem,
deinde impetum ab urbe Romanorum et fractis iam

und erschienen vor der dritten Stunde des Tages nicht bewaffnet auf den Mauern.

Nachdem der Konsul um Mitternacht den Angriff unterbrochen hatte, griff er in der vierten Nachtwache wieder auf drei Seiten mit aller Macht an und befahl Tib. Sempronius, auf der einen Seite Soldaten in Bereitschaft zu halten und das Zeichen abzuwarten; er glaubte nämlich, die Feinde würden bei dem plötzlichen Kampflärm in der Nacht zweifellos dort zusammenlaufen, von wo man das Geschrei hörte. Wer von den Ätolern schon eingeschlafen war, riß seinen von der Mühe und den Nachtwachen erschöpften Körper wieder aus dem Schlaf, wer noch wach war, lief in der Dunkelheit auf den Kampflärm zu. Die Feinde machten sich teils daran, über die Trümmer der eingestürzten Mauer hinüberzusteigen, teils versuchten sie auf Sturmleitern hinaufzuklettern. Gegen diese liefen die Ätoler von allen Seiten zusammen, um Hilfe zu bringen. Der eine Teil, wo die Gebäude außerhalb der Stadt waren, wurde weder verteidigt noch angegriffen. Aber die hier angreifen sollten, standen in Bereitschaft und warteten auf das Zeichen. Kein Verteidiger war da. Es begann schon zu dämmern, da gab der Konsul das Zeichen. Und ohne jeden Kampf stiegen sie teils über die halbzerstörten Mauern, teils mit Sturmleitern über die unversehrten. Zugleich hörte man ein Geschrei, das Zeichen für die Einnahme der Stadt. Überall verließen die Ätoler ihre Posten und flohen auf die Burg. Die Sieger plünderten die Stadt mit Erlaubnis des Konsuls, weniger aus Zorn und aus Haß, als damit der Soldat, der bei der Einnahme so vieler Städte aus der Gewalt der Feinde in Schranken gehalten worden, doch an einer Stelle einmal die Frucht des Sieges zu kosten bekam. Etwa am Mittag wurden die Soldaten dann zurückgerufen, und nachdem der Konsul sie in zwei Gruppen aufgeteilt hatte, ließ er die eine am Fuß der Berge vorbei zu einem Felsen führen, dessen Spitze gleich hoch war, der aber durch einen Taleinschnitt von der Burg gleichsam abgerissen war; doch die Gipfel dieser Berge sind einander so nahe, daß man von dem zweiten Gipfel Geschosse auf die Burg schleudern kann. Mit der anderen Hälfte der Soldaten wartete der Konsul, der von der Stadt aus auf die Burg steigen wollte, das Zeichen von denen ab, die von der Rückseite her auf den Felsen steigen wollten. Die Ätoler, die auf der Burg waren, hielten das erste Geschrei von denen, die den Felsen genommen hatten, und dann den Angriff der Römer von der Stadt her

animis et nulla ibi praeparata re ad obsidionem diutius
tolerandam, utpote congregatis feminis puerisque et   11
imbelli alia turba in arcem, quae vix capere, nedum
tueri multitudinem tantam posset. Itaque ad primum
impetum abiectis armis dediderunt sese. Traditus in-   12
ter ceteros princeps Aetolorum Damocritus est, qui
principio belli decretum Aetolorum, quo accersen-
dum Antiochum censuerant, T. Quinctio poscenti
responderat, in Italia daturum, cum castra ibi Aetoli
posuissent. Ob eam ferociam maius victoribus gaudium traditus fuit.

Eodem tempore, quo Romani Heracleam, Philip-   25
pus Lamiam ex composito oppugnabat, circa Thermopylas cum consule redeunte ex Boeotia, ut victoriam ipsi populoque Romano gratularetur excusaret-
que, quod morbo impeditus bello non interfuisset,
congressus. Inde diversi ad duas simul oppugnandas   2
urbes profecti. Intersunt septem ferme milia passu-   3
um; et quia Lamia cum posita in tumulo est, tum
regionem maxime Oetae spectat, oppido quam breve
intervallum videtur, et omnia in conspectu sunt. Cum   4
enixe, velut proposito certamine, Romani Macedo-
nesque diem ac noctem aut in operibus aut in proeliis
essent, hoc maior difficultas Macedonibus erat, quod
Romani aggere et vineis et omnibus supra terram
operibus, subter Macedones cuniculis oppugnabant,
et in asperis locis silex saepe impenetrabilis ferro
occurrebat. Et cum parum procederet inceptum, per   5
colloquia principum oppidanos temptabat rex, ut urbem dederent, haud dubius, quin, si prius Heraclea   6
capta foret, Romanis se potius quam sibi dedituri
essent suamque gratiam consul in obsidione liberanda
facturus esset. Nec eum opinio est frustrata; confe-   7
stim enim ab Heraclea capta nuntius venit, ut oppugnatione absisteret: aequius esse Romanos milites, qui

nicht aus; denn ihr Mut war schon gebrochen, und sie hatten dort nichts
vorbereitet, um eine längere Belagerung durchzustehen, da Frauen und
Kinder und die übrige Schar der für den Kampf Untauglichen auf der
Burg zusammengepfercht war, die eine so große Menge kaum fassen,
geschweige denn schützen konnte. Deshalb warfen sie beim ersten
Angriff die Waffen weg und ergaben sich. Mit den übrigen wurde auch
Damokritos, ein führender Mann der Ätoler, ausgeliefert; am Anfang
des Krieges, als T. Quinctius den Beschluß der Ätoler verlangte, in dem
sie sich dafür entschieden hatten, Antiochos herbeizurufen, hatte er ihm
geantwortet, er werde ihn in Italien geben, wenn die Ätoler dort ihr
Lager aufgeschlagen hätten. Wegen dieser Frechheit war seine Auslieferung für die Sieger eine noch größere Freude.

Gleichzeitig mit dem Angriff der Römer auf Herakleia griff Philipp
wie verabredet Lamia an. Als der Konsul aus Böotien zurückkehrte,
war er mit ihm bei den Thermopylen zusammengetroffen, um ihm und
dem römischen Volk zu dem Sieg Glück zu wünschen und um sich
dafür zu entschuldigen, daß er infolge einer Krankheit am Krieg nicht
teilgenommen hatte. Von dort gingen sie nach verschiedenen Seiten
auseinander, um die beiden Städte gleichzeitig anzugreifen. Es sind
ungefähr sieben Meilen dazwischen; und weil Lamia auf einem Hügel
liegt, vor allem auch weil es hauptsächlich zum Oeta hinschaut, scheint
die Entfernung überaus gering, und man kann alles sehen. Römer und
Makedonen waren angespannt, als wenn ein Wettkampf angesetzt
worden wäre, Tag und Nacht entweder bei den Belagerungswerken
oder im Kampf. Aber die Makedonen hatten es schwerer, weil die
Römer mit einem Damm und Schutzdächern und allen Belagerungswerken über der Erde, die Makedonen aber mit Stollen unter der Erde
angriffen und an schwierigen Stellen oft undurchdringlicher Kiesel dem
Eisen Widerstand leistete. Und da das Unternehmen zu wenig Fort-
schritte machte, bearbeitete der König in Gesprächen mit den führenden Männern die Bürger, sie sollten die Stadt übergeben. Denn es gab
für ihn keinen Zweifel daran, daß sie sich, wenn Herakleia eher eingenommen werde, lieber den Römern ergeben würden als ihm und daß
der Konsul bei der Aufhebung der Belagerung dafür sorgen werde, daß
er den Dank ernte. Und die Erwartung trog den König nicht. Denn
sogleich nach der Einnahme von Herakleia kam ein Bote, er solle den
Angriff einstellen. Es sei richtiger, wenn die römischen Soldaten, die in

acie dimicassent cum Aetolis, praemia victoriae habere. Ita recessum ab Lamia est, et propinquae clade   8
urbis ipsi, ne quid simile paterentur, effugerunt.

Paucis, priusquam Heraclea caperetur, diebus   26
Aetoli concilio Hypatam coacto legatos ad Antiochum miserunt, inter quos et Thoas idem, qui et   2
antea, missus est. Mandata erant, ut ab rege peterent,
primum ut ipse coactis rursus terrestribus navalibusque copiis in Graeciam traiceret, deinde, si qua ipsum   3
teneret res, ut pecuniam et auxilia mitteret; id cum ad
dignitatem eius fidemque pertinere, non prodi socios,
tum etiam ad incolumitatem regni, ne sineret Roma-   4
nos vacuos omni cura, cum Aetolorum gentem sustu-
lissent, omnibus copiis in Asiam traicere. Vera erant,   5
quae dicebantur; eo magis regem moverunt. Itaque in
praesentia pecuniam, quae ad usus belli necessaria
erat, legatis dedit; auxilia terrestria navaliaque adfir-
mavit missurum. Thoantem unum ex legatis retinuit,   6
et ipsum haud invitum morantem, ut exactor praesens
promissorum adesset.

Ceterum Heraclea capta fregit tandem animos   27
Aetolorum, et paucos post dies, quam ad bellum   2
renovandum acciendumque regem in Asiam miserant
legatos, abiectis belli consiliis pacis petendae oratores
ad consulem miserunt. Quos dicere exorsos consul   3
interfatus, cum alia sibi praevertenda esse dixisset,
redire Hypatam eos datis dierum decem indutiis et L.
Valerio Flacco cum iis misso iussit eique, quae secum
acturi fuissent, exponere, et si qua vellent alia.

Hypatam ut est ventum, principes Aetolorum apud   4
Flaccum concilium habuerunt consultantes, quonam
agendum modo apud consulem foret. Parantibus iis   5
antiqua iura foederum ordiri meritaque in populum

offener Schlacht mit den Ätolern gekämpft hätten, den Lohn des Sieges
erhielten. So zog man von Lamia ab, und durch das Unglück der
Nachbarstadt entgingen sie selbst einem ähnlichen Schicksal.

Wenige Tage vor der Eroberung von Herakleia trat eine Bundesversammlung der Ätoler in Hypata zusammen, und sie schickten Gesandte
zu Antiochos, unter denen auch Thoas war, den sie auch vorher schon
geschickt hatten. Ihre Aufträge waren, den König zunächst zu bitten,
selbst wieder Land- und Seestreitkräfte zusammenzuziehen und nach
Griechenland hinüberzukommen; sodann, wenn ihn persönlich irgend-
etwas abhalte, solle er Geld und Hilfstruppen schicken. Es betreffe seine
Würde und seine Glaubwürdigkeit, daß die Bundesgenossen nicht im
Stich gelassen würden, vor allem aber auch die Sicherheit seines Königreiches, daß er nicht zulasse, daß die Römer, von jeder Sorge frei,
nachdem sie die Völkerschaft der Ätoler beseitigt hätten, mit allen
Truppen nach Asien übersetzten. Es entsprach der Wahrheit, was da
gesagt wurde. Um so mehr bewegte es den König. Deshalb gab er für
den Augenblick den Gesandten das Geld, das für die Bedürfnisse des
Krieges nötig war, und versicherte, er werde Hilfstruppen zu Lande
und zu Wasser schicken. Von den Gesandten hielt er nur den Thoas
zurück, der auch selbst nicht ungern blieb; er sollte ihm vor Augen sein,
um ihn an die Erfüllung seiner Versprechungen zu mahnen.

Aber die Einnahme von Herakleia nahm den Ätolern endlich den
Mut, und wenige Tage, nachdem sie die Gesandten nach Asien
geschickt hatten, um den Krieg zu erneuern und den König herbeizurufen, ließen sie alle Kriegspläne fallen und schickten Gesandte mit der
Bitte um Frieden zum Konsul. Als diese zu sprechen begannen, unterbrach sie der Konsul, und nachdem er gesagt hatte, er habe zunächst
andere Dinge zu erledigen, forderte er sie auf, nach Hypata zurückzukehren, wozu er ihnen einen Waffenstillstand von zehn Tagen
gewährte, und gab ihnen den L. Valerius Flaccus mit; dem sollten sie
darlegen, was sie mit ihm hätten verhandeln wollen und wenn sie sonst
noch etwas wollten.

Sobald man nach Hypata gekommen war, hatten die Führer der
Ätoler eine Beratung mit Flaccus und fragten ihn um Rat, auf welche
Weise sie denn mit dem Konsul verhandeln müßten. Als sie sich
anschickten, mit den alten Rechten aus den Bündnissen zu beginnen
und mit ihren Verdiensten gegenüber dem römischen Volk, gebot

Romanum absistere iis Flaccus iussit, quae ipsi violas-
sent ac rupissent; confessionem iis culpae magis pro-   6
futuram et totam in preces orationem versam; nec
enim in causa ipsorum, sed in populi Romani clemen-
tia spem salutis positam esse; et se suppliciter agenti-   7
bus iis adfuturum et apud consulem et Romae in
senatu; eo quoque enim mittendos fore legatos. Haec   8
una via omnibus ad salutem visa est, ut se in fidem
permitterent Romanorum; ita enim et illis violandi
supplices verecundiam se imposituros et ipsos nihilo
minus suae potestatis fore, si quid melius fortuna
ostendisset.

Postquam ad consulem ventum est, Phaeneas lega-   28
tionis princeps longam orationem et varie ad mitigan-
dam iram victoris compositam ita ad extremum fini-
vit, ut diceret Aetolos se suaque omnia fidei populi
Romani permittere. Id consul ubi audivit, „Etiam   2
atque etiam videte" inquit, „Aetoli, ut ita permittatis." Tum decretum Phaeneas, in quo id diserte scriptum erat, ostendit. „Quando ergo" inquit „ita per-   3
mittitis, postulo, ut mihi Dicaearchum civem vestrum
et Menestam Epirotam" — Naupactum is cum praesidio ingressus ad defectionem compulerat — „et
Amynandrum cum principibus Athamanum, quorum
consilio ab nobis defecistis, sine mora dedatis." Prope   4
dicentem interfatus Phaeneas Romanum „Non in servitutem" inquit, „sed in fidem tuam nos tradidimus,
et certum habeo te imprudentia labi, qui nobis impe-
res, quae moris Graecorum non sint." Ad ea consul   5
„Nec hercule" inquit „magnopere nunc curo, quid
Aetoli satis ex more Graecorum factum esse cense-
ant, dum ego more Romano imperium inhibeam in de-
ditos modo decreto suo, ante armis victos; itaque, ni
propere fit, quod impero, vinciri vos iam iubebo."
Adferri catenas et circumsistere lictores iussit. Tum
fracta Phaeneae ferocia Aetolisque aliis est, et tandem,
cuius condicionis essent, senserunt, et Phaeneas se   7

Flaccus ihnen, damit aufzuhören, was sie selbst verletzt und gebrochen
hätten. Ein Eingeständnis ihrer Schuld werde ihnen mehr nützen und
eine Rede, die sich ganz aufs Bitten verlege. Denn nicht in ihrer
Rechtsposition, sondern in der Milde des römischen Volkes liege ihre
Hoffnung auf Rettung. Und wenn sie unterwürfig verhandelten, werde
er ihnen sowohl beim Konsul beistehen wie auch in Rom beim Senat;
denn auch dorthin müßten sie Gesandte schicken. Allen schien es der
einzige Weg zur Rettung, sich in die Hand der Römer zu geben; denn
so, glaubten sie, würden sie erreichen, daß die Römer sich scheuten,
Unterwürfigen Gewalt anzutun, und würden selbst nichtsdestoweniger
Herren ihrer Entscheidung sein, wenn das Schicksal ihnen einen besseren Weg zeige.

Nachdem man zum Konsul gekommen war, beendete Phaineas, der
Führer der Gesandtschaft, seine lange Rede, die mannigfach darauf
angelegt war, den Zorn des Siegers zu besänftigen, endlich so, daß er
sagte, die Ätoler gäben sich und alle ihre Habe in die Hand des
römischen Volkes. Sobald der Konsul das hörte, sagte er: „Seht ja zu,
daß ihr das tut!" Dann zeigte Phaineas den Beschluß, in dem dies
ausdrücklich aufgezeichnet war. „Da ihr euch also so ergebt", fuhr der
Konsul fort, „fordere ich, daß ihr mir euren Mitbürger Dikaiarchos,
den Epiroten Menestas" – er war mit einer Abteilung in Naupaktos
eingerückt und hatte die Stadt zum Abfall getrieben – „und Amynander
mit den Führern der Athamanen, auf deren Rat hin ihr von uns
abgefallen seid, unverzüglich ausliefert." Fast noch während der Römer
sprach, fiel Phaineas ihm ins Wort und sagte: „Wir haben uns nicht in
deine Sklaverei begeben, sondern uns deiner Redlichkeit überantwortet,
und ich bin sicher, daß du in Unkenntnis den Fehler machst, da du uns
befiehlst, was bei den Griechen nicht Sitte ist." Darauf entgegnete der
Konsul: „Beim Herkules, mich kümmert jetzt nicht so sehr, was nach
Meinung der Ätoler hinreichend mit der Sitte der Griechen überein-
stimmt, wenn ich nur nach römischer Sitte meine Macht ausübe gegenüber Leuten, die sich gerade erst nach eigenem Entschluß ergeben haben
und die vorher mit den Waffen besiegt worden sind. Deshalb werde ich
euch, wenn nicht eilends geschieht, was ich befehle, in Fesseln legen
lassen." Er gab Befehl, Ketten heranzubringen, und die Liktoren mußten sich um sie herumstellen. Da verging Phaineas und den anderen
Ätolern die Dreistigkeit, sie merkten endlich, wie ihre Situation war,

quidem et, qui adsint Aetolorum, scire facienda esse,
quae imperentur, dixit, sed ad decernenda ea concilio
Aetolorum opus esse; ad id petere, ut decem dierum
indutias daret. Petente Flacco pro Aetolis indutiae   8
datae, et Hypatam reditum est. Ubi cum in consilio
delectorum, quos apocletos vocant, Phaeneas, et quae
imperarentur et quae ipsis prope accidissent, exposu-
isset, ingemuerunt quidem principes condicioni suae,   9
parendum tamen victori censebant et ex omnibus
oppidis convocandos Aetolos ad concilium.

Postquam vero coacta omnis multitudo eadem illa   29
audivit, adeo saevitia imperii atque indignitate animi
exasperati sunt, ut, si in pace fuissent, illo impetu irae
concitari potuerint ad bellum. Ad iram accedebat et   2
difficultas eorum, quae imperarentur — quonam modo enim utique regem Amynandrum se tradere pos-
se? —, et spes forte oblata, quod Nicander eo ipso   3
tempore ab rege Antiocho veniens implevit exspectatione vana multitudinem, terra marique ingens parari
bellum.
Duodecumo is die, quam conscenderat navem, in   4
Aetoliam perfecta legatione rediens Phalara in sinu
Maliaco tenuit. Inde Lamiam pecuniam cum devexis-   5
set, ipse cum expeditis prima vespera inter Macedonum Romanaque castra medio agro, dum Hypatam
notis callibus petit, in stationem incidit Macedonum
deductusque ad regem est nondum convivio dimisso.
Quod ubi nuntiatum est, velut hospitis, non hostis   6
adventu motus Philippus accumbere eum epularique
iussit atque inde dimissis aliis, solum retentum, ipsum   7
quidem de se timere quicquam vetuit, Aetolorum   8
prava consilia atque in ipsorum caput semper reciden-
tia accusavit, qui primum Romanos, deinde Antiochum in Graeciam adduxissent. Sed praeteritorum,   9

und Phaineas sagte, er jedenfalls und die anwesenden Ätoler wüßten,
daß sie tun müßten, was befohlen werde; aber um das zu beschließen,
bedürfe es der Bundesversammlung der Ätoler. Dazu bitte er, daß er
ihnen einen Waffenstillstand von zehn Tagen gebe. Da Flaccus für die
Ätoler Fürbitte einlegte, wurde der Waffenstillstand gewährt, und man
kehrte nach Hypata zurück. Als Phaineas dort in der Versammlung der
Ausgewählten, die sie Apokleten nennen, auseinandersetzte, was befohl-
len werde und was ihnen selbst beinahe passiert wäre, seufzten die
führenden Männer zwar über ihre Lage, meinten aber doch, man müsse
dem Sieger gehorchen und aus allen Städten die Ätoler zur Bundesversammlung zusammenrufen.

Nachdem aber die ganze Menge zusammengekommen war und
dieselben Dinge hörte, erbitterte die Grausamkeit des Befehls und die
entwürdigende Behandlung sie so sehr, daß sie, wenn Frieden gewesen
wäre, in diesem Auflodern des Zorns zum Krieg hätten getrieben
werden können. Zu dem Zorn kam noch die Schwierigkeit dessen
hinzu, was ihnen abverlangt wurde – denn wie könnten sie etwa König
Amynander ausliefern? –, und auch die Hoffnung, die sich ihnen
zufällig bot, weil Nikander gerade zu dieser Zeit von König Antiochos
kam und die Menge mit der eitlen Erwartung erfüllte, zu Lande und zu
Wasser werde ein gewaltiger Krieg vorbereitet.

Am zwölften Tag, nachdem er das Schiff bestiegen hatte, kehrte er
nach Beendigung seiner Gesandtschaft nach Ätolien zurück und legte in
Phalara am Golf von Malis an. Als er das Geld von dort nach Lamia
geschafft hatte, suchte er selbst auf Pfaden, die ihm bekannt waren,
Hypata zu erreichen, stieß aber mit seinen Begleitern, die ohne schwe-
res Gepäck waren, am frühen Abend mitten im Gebiet zwischen dem
Lager der Makedonen und dem der Römer auf einen Posten der
Makedonen und wurde zum König geführt, der seine Tischgesellschaft
noch nicht entlassen hatte. Als Philipp von dem Vorfall Mitteilung
gemacht wurde, bewegte ihn das wie die Ankunft eines Gastfreundes,
nicht wie die eines Feindes, und er forderte ihn auf, sich zu Tisch zu
legen und zu speisen, und als er dann die anderen entließ, hielt er ihn
allein zurück und sagte ihm, er brauche für seine Person nichts zu
fürchten; aber er beklagte sich über die abwegigen Pläne der Ätoler, bei
denen sie selbst immer das Nachsehen hätten: sie hätten zuerst die
Römer, dann Antiochos nach Griechenland geführt. Aber er wolle das

quae magis reprehendi quam corrigi possint, oblitum
se non facturum, ut insultet adversis rebus eorum;
Aetolos quoque finire tandem adversus se odia debere   10
et Nicandrum privatim eius diei, quo servatus a se
foret, meminisse. Ita datis, qui in tutum eum prose-   11
querentur, Hypatam Nicander consultantibus de pace
Romana supervenit.

M'. Acilius vendita aut concessa militi circa Hera-   30
cleam praeda, postquam nec Hypatae pacata consilia
esse et Naupactum concurrisse Aetolos, ut inde totum impetum belli sustinerent, audivit, praemisso Ap.   2
Claudio cum quattuor milibus militum ad occupanda
iuga, qua difficiles transitus montium erant, ipse Oe-   3
tam escendit Herculique sacrificium fecit in eo loco,
quem Pyram, quod ibi mortale corpus eius dei sit
crematum, appellant. Inde toto exercitu profectus
reliquum iter satis expedito agmine fecit; ut ad Cora-   4
cem ventum est — mons est altissimus inter Callipo-
lim et Naupactum —, ibi et iumenta multa ex agmine
praecipitata cum ipsis oneribus sunt et homines vexa-
ti; et facile apparebat, quam cum inerti hoste res esset,   5
qui tam impeditum saltum nullo praesidio, ut claude-
ret transitum, insedisset. Tum quoque vexato exercitu   6
ad Naupactum descendit et uno castello adversus
arcem posito ceteras partes urbis divisis copiis pro
situ moenium circumsedit. Nec minus operis laborisque ea oppugnatio quam Heracleae habuit.

Eodem tempore et Messene in Peloponneso ab   31
Achaeis, quod concilii eorum recusaret esse, oppugnari coepta est. Duae civitates, Messene et Elis, extra   2
concilium Achaicum erant; cum Aetolis sentiebant.
Elei tamen post fugatum ex Graecia Antiochum lega-   3
tis Achaeorum lenius responderant: dimisso praesidio
regio cogitaturos se, quid sibi faciendum esset. Messe-   4

Vergangene vergessen, das man mehr tadeln als bessern könne, und er
werde es nicht so halten, daß er über das Mißgeschick der Ätoler
frohlocke. Aber auch die Ätoler müßten endlich die Haßgefühle gegen
ihn begraben, und Nikander solle sich persönlich an diesen Tag, an dem
er von ihm gerettet worden sei, erinnern. So gab er ihm welche mit, die
ihn in Sicherheit bringen sollten, und Nikander kam in Hypata gerade
dazu, wie sie über den Frieden mit den Römern berieten.

M'. Acilius hatte die Beute aus dem Gebiet von Herakleia verkauft
oder den Soldaten überlassen; nachdem er hörte, daß man in Hypata
keine Friedensbeschlüsse gefaßt hatte und daß die Ätoler in Naupaktos
zusammengeströmt waren, um von dort aus den ganzen Ansturm des
Krieges auszuhalten, schickte er App. Claudius mit 4000 Soldaten voraus, um die Höhen zu besetzen, wo der Übergang über die Berge
schwierig war, und stieg selbst zum Oeta hinauf und brachte dem
Herakles ein Opfer dar an der Stelle, die man Pyra *(Scheiterhaufen)*
nennt, weil dort der sterbliche Leib dieses Gottes verbrannt worden ist.
Von da aus brach er mit dem ganzen Heere auf und legte den Rest des
Weges ohne größere Schwierigkeiten zurück. Als man an den Korax
gekommen war – das ist ein sehr hohes Bergmassiv zwischen Kallipolis
und Naupaktos –, stürzten dort viele Lasttiere aus dem Zug mit ihrem
Lasten ab, und die Menschen mußten sich abquälen. Und es war klar
ersichtlich, wie ungeschickt der Feind war, mit dem man es zu tun hatte,
da er ein so schwer zu überschreitendes Gebirge nicht mit einer
Abteilung besetzt hatte, um den Übergang zu sperren. Der Konsul stieg
nach Naupaktos hinab – das Heer mußte sich auch jetzt noch abquälen
–, schlug ein einziges kleines Lager gegenüber der Burg auf und
umzingelte die übrigen Teile der Stadt, indem er seine Truppen entsprechend der Lage der Mauern verteilte. Und diese Belagerung brachte
nicht weniger Arbeit und Mühe als die von Herakleia.

Zur gleichen Zeit begann auch der Angriff der Achäer auf Messene in
der Peloponnes, weil es sich geweigert hatte, ihrem Bund beizutreten.
Zwei Staaten, Messene und Elis, standen außerhalb des Achäischen
Bundes; sie hielten es mit den Ätolern. Die Bewohner von Elis hatten
jedoch nach der Vertreibung des Antiochos aus Griechenland den
Gesandten der Achäer in gemäßigterem Ton geantwortet: wenn sie die
Besatzung des Königs entlassen hätten, würden sie darüber beraten, was
sie tun sollten. Die Messenier dagegen hatten die Gesandten ohne

nii sine responso dimissis legatis moverant bellum,
trepidique rerum suarum, cum iam ager effuso exerci-   5
tu passim ureretur castraque prope urbem poni vide-
rent, legatos Chalcidem ad T. Quinctium, auctorem
libertatis, miserunt, qui nuntiarent Messenios Romanis, non Achaeis et aperire portas et dedere urbem
paratos esse. Auditis legatis extemplo profectus   6
Quinctius a Megalopoli ad Diophanen praetorem
Achaeorum misit, qui extemplo reducere eum a Mes-
sene exercitum et venire ad se iuberet. Dicto paruit   7
Diophanes et soluta obsidione expeditus ipse prae-
gressus agmen circa Andaniam, parvum oppidum inter Megalopolim Messenenque positum, Quinctio oc-
currit; et cum causas oppugnationis exponeret, casti-   8
gatum leniter, quod tantam rem sine auctoritate sua
conatus esset, dimittere exercitum iussit nec pacem
omnium bono partam turbare. Messeniis imperavit,   9
ut exules reducerent et Achaeorum concilii essent; si
qua haberent, de quibus aut recusare aut in posterum
caveri sibi vellent, Corinthum ad se venirent; Diopha-   10
nen concilium Achaeorum extemplo sibi praebere
iussit.

Ibi de Zacyntho intercepta per fraudem insula que-
stus postulavit, ut restitueretur Romanis. Philippi   11
Macedonum regis Zacynthus fuerat; eam mercedem
Amynandro dederat, ut per Athamaniam ducere exercitum in superiorem partem Aetoliae liceret, qua expeditione fractis animis Aetolos compulit ad peten-
dam pacem. Amynander Philippum Megalopolita-   12
num insulae praefecit; postea per bellum, quo se
Antiocho adversus Romanos coniunxit, Philippo ad
munera belli revocato Hieroclen Agrigentinum successorem misit.

Is post fugam ab Thermopylis Antiochi Amynan-   32
drumque a Philippo Athamania pulsum missis ultro

Antwort zurückgeschickt und Krieg angefangen. Sie gerieten aber wegen ihrer Lage in Unruhe, als das Heer der Feinde dann über ihr Gebiet hereinbrach und es überall in Brand setzte und sie sehen mußten, wie ein Lager in der Nähe ihrer Stadt aufgeschlagen wurde, und schickten Gesandte nach Chalkis zu T. Quinctius, dem man die Freiheit zu verdanken hatte; sie sollten ihm mitteilen, die Messenier seien bereit, den Römern, aber nicht den Achäern die Tore zu öffnen und die Stadt zu übergeben. Nachdem Quinctius die Gesandten angehört hatte, brach er augenblicklich auf und schickte von Megalopolis aus zu Diophanes, dem Strategen der Achäer, einen Boten, der ihn auffordern sollte, sein Heer augenblicklich von Messene abzuziehen und zu ihm zu kommen. Diophanes gehorchte aufs Wort, hob die Belagerung auf, ritt selbst ohne große Begleitung seinem Heer voraus und traf in der Gegend von Andania, einer kleinen Stadt zwischen Megalopolis und Messene, auf Quinctius. Und als er ihm die Gründe für den Angriff auseinandersetzte, erteilte Quinctius ihm einen leichten Verweis, weil er eine so wichtige Sache ohne seinen Rat unternommen hatte, und forderte ihn auf, sein Heer zu entlassen und den Frieden, der zum Wohl aller gestiftet worden sei, nicht zu stören. Den Messeniern befahl er, die Verbannten zurückzurufen und dem Achäischen Bund beizutreten; wenn sie etwas hätten, wogegen sie sich verwahren oder was sie für die Zukunft sichergestellt wissen wollten, sollten sie nach Korinth zu ihm kommen. Den Diophanes forderte er auf, für ihn unverzüglich eine Bundesversammlung der Achäer stattfinden zu lassen.

Dort beklagte er sich darüber, daß sie die Insel Zakynthos hinterhältig annektiert hätten, und forderte ihre Rückgabe an die Römer. Zakynthos hatte Philipp, dem König der Makedonen, gehört. Er hatte es Amynander als Belohnung dafür gegeben, daß er die Erlaubnis erhielt, sein Heer durch Athamanien in den oberen Teil Ätoliens zu führen, ein Unternehmen, das den Mut der Ätoler gebrochen und sie dazu getrieben hatte, um Frieden zu bitten. Amynander hatte Philipp aus Megalopolis das Kommando über die Insel gegeben. Später, während des Krieges, in dem er sich mit Antiochos gegen die Römer verbündete, rief er Philipp für kriegerische Aufgaben zurück und schickte Hierokles aus Agrigent als Nachfolger.

Der schickte, als Antiochos von den Thermopylen geflohen und Amynander durch Philipp aus Athamanien vertrieben worden war, von

ad Diophanen praetorem Achaeorum nuntiis pecunia
pactus insulam Achaeis tradidit. Id praemium belli   2
suum esse aequum censebant Romani: non enim M'.
Acilium consulem legionesque Romanas Diophani et
Achaeis ad Thermopylas pugnasse. Diophanes adver-   3
sus haec interdum purgare sese gentemque, interdum
de iure facti disserere. Quidam Achaeorum et initio   4
eam se rem aspernatos testabantur et tunc pertinaciam
increpitabant praetoris; auctoribusque iis decretum
est, ut T. Quinctio ea res permitteretur. Erat Quinc-   5
tius sicut adversantibus asper, ita, si cederes, idem
placabilis. Omissa contentione vocis vultusque „Si
utilem" inquit „possessionem eius insulae censerem
Achaeis esse, auctor essem senatui populoque Romano, ut eam vos habere sinerent; ceterum sicut testudi-   6
nem, ubi collecta in suum tegumen est, tutam ad
omnis ictus video esse, ubi exserit partis aliquas,
quodcumque nudavit, obnoxium atque infirmum habere, haud dissimiliter vos, Achaei, clausos undique   7
mari, quae intra Peloponnesi sunt terminos, ea et
iungere vobis et iuncta tueri facile, simul aviditate   8
plura amplectendi hinc excedatis, nuda vobis omnia,
quae extra sint, et exposita ad omnis ictus esse."
Adsentienti omni concilio nec Diophane ultra tendere   9
auso Zacynthus Romanis traditur.

Per idem tempus Philippus rex proficiscentem con-   33
sulem ad Naupactum percunctatus, si se interim, quae
defecissent ab societate Romana urbes, recipere vellet,
permittente eo ad Demetriadem copias admovit haud   2
ignarus, quanta ibi tum turbatio esset. Destituti enim   3
ab omni spe, cum desertos se ab Antiocho, spem
nullam in Aetolis esse cernerent, dies noctesque aut
Philippi hostis adventum aut infestiorem etiam, quo
iustius irati erant, Romanorum exspectabant. Turba   4

sich aus Boten zu Diophanes, dem Strategen der Achäer, einigte sich mit ihm auf einen Preis und übergab die Insel den Achäern. Die Römer meinten, es sei nicht mehr als recht, daß sie als Kriegsgewinn ihnen zufalle. Denn der Konsul M'. Acilius und die römischen Legionen hätten bei den Thermopylen nicht für Diophanes und die Achäer gekämpft. Diophanes suchte demgegenüber bald sich und seine Völkerschaft zu entschuldigen, bald ihr Recht zu diesem Vorgehen auseinanderzusetzen. Einige von den Achäern beteuerten, sie hätten der Sache anfangs keine Beachtung geschenkt, und schimpften jetzt auf den Starrsinn des Strategen. Auf ihren Antrag hin beschloß man, die Entscheidung in dieser Sache T. Quinctius zu überlassen. Quinctius war zwar Widerspenstigen gegenüber schroff, aber wenn man ihm nachgab, versöhnlich; die Spannung schwand aus seiner Stimme und seiner Miene, und er sagte: „Wenn ich der Meinung wäre, der Besitz dieser Insel wäre für die Achäer nützlich, würde ich dem Senat und dem Volk von Rom raten, daß sie sie euch behalten ließen. Aber wie ich es bei der Schildkröte sehe: wenn sie sich in ihren Panzer zurückgezogen hat, ist sie gegen alle Schläge sicher, wenn sie aber irgendwelche Teile herausstreckt, ist das, was sie entblößt hat, gefährdet und schwach – so ist es in meinen Augen ganz ähnlich mit euch, ihr Achäer; auf allen Seiten vom Meer umschlossen, könnt ihr leicht, was innerhalb der Grenzen der Peloponnes liegt, mit euch vereinen und das Vereinte schützen; sobald ihr aber in der Gier, mehr zu umschließen, darüber hinausgreift, dann liegt alles, was außerhalb ist, bloß und ist allen Schlägen ausgesetzt." Die ganze Versammlung pflichtete ihm bei, und auch Diophanes wagte sich nicht länger dagegenzustemmen, und so wurde Zakynthos den Römern übergeben.

Um dieselbe Zeit führte König Philipp, der den Konsul beim Aufbruch nach Naupaktos gefragt hatte, ob es ihm recht sei, wenn er inzwischen die Städte, die von den Bündnis mit den Römern abgefallen seien, in seine Gewalt bringe, mit Erlaubnis des Konsuls seine Truppen vor Demetrias; ihm war nicht unbekannt, was für eine Verwirrung dort herrschte. Sie hatten nämlich jede Hoffnung verloren, weil sie sahen, daß Antiochos sie im Stich gelassen hatte und daß von den Ätolern nichts zu hoffen war, und warteten Tag und Nacht auf die Ankunft Philipps, ihres Feindes, oder die der Römer, die noch bedrohlicher war, weil sie ja mehr Recht hatten, erzürnt zu sein. Dort war ein ungeordne-

erat ibi incondita regiorum, qui primo pauci in praesidio relicti, postea plures, plerique inermes, ex proelio
adverso fuga delati, nec virium nec animi satis ad
obsidionem tolerandam habebant; itaque praemissis a   5
Philippo, qui spem impetrabilis veniae ostendebant,
responderunt patere portas regi. Ad primum eius   6
ingressum principum quidam urbe excesserunt, Eury-
lochus mortem sibi conscivit. Antiochi milites − sic
enim pacti erant − per Macedoniam Thraeciamque
prosequentibus Macedonibus, ne quis eos violaret,
Lysimachiam deducti sunt. Erant et paucae naves   7
Demetriade, quibus praeerat Isidorus; eae quoque
cum praefecto suo dimissae sunt. Inde Dolopiam et
Aperantiam et Perrhaebiae quasdam civitates recipit.

Dum haec a Philippo geruntur, T. Quinctius recep-   34
ta Zacyntho ab Achaico concilio Naupactum traiecit,
quae iam per duos menses − et iam prope excidium   2
erat − oppugnabatur, et, si capta vi foret, omne
nomen ibi Aetolorum ad internecionem videbatur
venturum. Ceterum quamquam merito iratus erat   3
Aetolis, quod solos obtrectasse gloriae suae, cum
liberaret Graeciam, meminerat et nihil auctoritate sua
motos esse, cum, quae tum maxime accidebant, casura
praemonens a furioso incepto eos deterreret, tamen   4
sui maxime operis esse credens nullam gentem libera-
tae ab se Graeciae funditus everti, obambulare muris,
ut facile nosceretur ab Aetolis, coepit. Confestim a   5
primis stationibus cognitus est, vulgatumque per om-
nes ordines Quinctium esse. Itaque concursu facto
undique in muros manus pro se quisque tendentes
consonante clamore nominatim Quinctium orare, ut
opem ferret ac servaret. Et tum quidem, quamquam   6
moveretur his vocibus, manu tamen abnuit quicquam
                                                                       7

ter Haufen von Leuten des Königs, die wenigen, die zunächst als
Besatzung zurückgelassen worden waren, und eine größere Anzahl, die
später – meist ohne Waffen – aus dem unglücklich verlaufenen Kampf
durch die Flucht hierhin verschlagen worden waren; die hatten weder
genug Kraft noch genug Mut, um eine Belagerung auszuhalten. Als
Philipp Leute vorausschickte, die Hoffnung auf Gnade machten, wenn
man darum bitte, antworteten sie daher, die Tore ständen dem König
offen. Gleich bei seinem Einrücken verließen einige der führenden
Männer die Stadt, Eurylochos nahm sich das Leben. Die Soldaten des
Antiochos – denn so war man übereingekommen – wurden durch
Makedonien und Thrakien nach Lysimacheia weggeführt; dabei gaben
ihnen Makedonen das Geleit, damit ihnen keiner etwas antat. Es waren
auch einige wenige Schiffe in Demetrias, über die Isidoros das Kommando hatte. Auch die wurden mit ihrem Kommandanten entlassen.
Dann brachte er das Land der Doloper und der Aperanten und einige
Gemeinden in Perrhäbien in seine Gewalt.

Während Philipp das vollbrachte, hatte T. Quinctius Zakynthos vom
Achäischen Bund übernommen und setzte nach Naupaktos über, das
schon zwei Monate lang angegriffen wurde – es war schon fast ein
Trümmerhaufen –, und es schien so, als wenn bei der gewaltsamen
Einnahme der Stadt alles, was sich an Ätolern dort befand, zur Ausrot-
tung verurteilt sei. T. Quinctius war zwar mit Recht auf die Ätoler
erzürnt; denn er erinnerte sich daran, daß sie allein seinem Ruhm
entgegengearbeitet hatten, als er Griechenland befreite, und daß sie sich
durch seinen Rat kein bißchen hatten beeinflussen lassen, als er ihnen
voraussagte, daß das eintreten werde, was gerade jetzt geschah, und sie
dadurch von ihrem wahnsinnigen Beginnen abzuschrecken suchte.
Aber er glaubte doch, es sei in besonderem Maße seine Aufgabe, dafür
zu sorgen, daß keine Völkerschaft des von ihm befreiten Griechenland
ganz und gar vernichtet werde, und er begann daher vor den Mauern auf
und ab zu gehen, so daß er leicht von den Ätolern bemerkt werden
konnte. Er wurde auch sofort von den ersten Posten erkannt, und unter
allen Abteilungen verbreitete sich die Kunde, daß es Quinctius sei. So
kam es, daß man von allen Seiten auf der Mauer zusammenlief und jeder
für sich die Hände ausbreitete und sie mit einstimmigem Geschrei
Quinctius namentlich baten, ihnen Hilfe zu bringen und sie zu retten.
Und obwohl er durch diese Stimmen bewegt wurde, gab er jetzt doch

opis in se esse; ceterum postquam ad consulem venit,
„Utrum fefellit" inquit „te, M'. Acili, quid agatur, an,
cum satis pervideas, nihil id magnopere ad summam
rem pertinere censes?" Erexerat exspectatione consu-   8
lem; et „Quin expromis" inquit, „quid rei sit?" Tum
Quinctius: „Ecquid vides te devicto Antiocho in
duabus urbibus oppugnandis tempus terere, cum iam
prope annus circumactus sit imperii tui, Philippum   9
autem, qui non aciem, non signa hostium vidit, non
solum urbes, sed tot iam gentes, Athamaniam, Perrhaebiam, Aperantiam, Dolopiam, sibi adiunxisse, et
victoriae tuae praemium te militesque tuos nondum
duas urbes, Philippum tot gentes Graeciae habere?
Atqui non tantum interest nostra Aetolorum opes ac   10
vires minui, quantum non supra modum Philippum
crescere."

Adsentiebatur his consul; sed pudor, si irrito incep-   35
to abscederet obsidione, occurrebat. Tota inde
Quinctio res permissa est. Is rursus ad eam partem   2
muri, qua paulo ante vociferati Aetoli fuerant, redit.
Ibi cum impensius orarent, ut misereretur gentis
Aetolorum, exire aliquos ad se iussit. Phaeneas ipse   3
principesque alii extemplo egressi sunt. Quibus pro-
volutis ad pedes „Fortuna" inquit „vestra facit, ut et
irae meae et orationi temperem. Evenerunt, quae   4
praedixi eventura, et ne hoc quidem reliqui vobis est,
ut indignis accidisse ea videantur; ego tamen sorte
quadam nutriendae Graeciae datus ne ingratis quidem
benefacere absistam. Mittite oratores ad consulem,   5
qui indutias ⟨in⟩ tantum temporis petant, ut mittere
legatos Romam possitis, per quos senatui de vobis
permittatis; ego apud consulem defensor deprecatorque vobis adero." Ita, ut censuerat Quinctius, fece-   6
runt, nec aspernatus est consul legationem; indutiis-

mit der Hand ein Zeichen, daß es bei ihm keine Hilfe gebe. Aber
nachdem er zum Konsul gekommen war, sagte er: „M'. Acilius, ist dir
entgangen, was geschieht? Oder meinst du, da du es einigermaßen
überschaust, daß es keine große Bedeutung für die Gesamtentwicklung
hat?" Er hatte den Konsul in Spannung versetzt, und dieser sagte:
„Warum sprichst du nicht aus, was es ist?" Darauf Quinctius: „Siehst
du denn nicht, daß du nach dem entscheidenden Sieg über Antiochos
mit dem Angriff auf zwei Städte deine Zeit vertust, wobei das Jahr
deines Oberbefehls schon fast herum ist, daß Philipp aber, der keine
Schlachtreihe und keine Formationen der Feinde gesehen hat, nicht nur
Städte, sondern schon so viele Völkerschaften, Athamanien, Perrhäbien
und das Land der Aperanten und der Doloper, an sich gebracht hat? Du
und deine Soldaten, ihr habt als Lohn für deinen Sieg noch nicht einmal
zwei Städte, Philipp aber hat so viele Völkerschaften in Griechenland!
Es liegt nun aber nicht so sehr in unserem Interesse, daß die Macht und
die Streitkräfte der Ätoler geschwächt werden, als vielmehr daß Philipp
nicht über die Maßen erstarkt."

Der Konsul pflichtete dem bei. Aber das beschämende Gefühl, wenn
er die Belagerung abbrach, ohne daß das Unternehmen Erfolg gehabt
hatte, stand dem entgegen. Die ganze Sache wurde dann Quinctius
überlassen. Der kehrte wieder zu dem Teil der Mauer zurück, wo kurz
vorher die Ätoler ihr Geschrei erhoben hatten. Als sie dort noch
dringender baten, er möge sich der Völkerschaft der Ätoler erbarmen,
forderte er, daß einige zu ihm herauskommen sollten. Phaineas selbst
und andere führende Männer kamen augenblicklich heraus. Als sie sich
ihm zu Füßen warfen, sagte er: „Eurem Schicksal habt ihr es zu
verdanken, daß ich meinen Zorn und meine Zunge mäßige. Es ist
gekommen, wie ich es vorausgesagt habe, und euch bleibt nicht einmal
das, daß es euch getroffen zu haben scheint, ohne daß ihr es verdient
hättet. Ich jedoch, der ich durch ein gewisses Los dazu bestellt bin,
Griechenland zu hegen, werde nicht einmal Undankbaren gegenüber
davon ablassen, Wohltaten zu erweisen. Schickt Unterhändler zum
Konsul, die für so lange um Waffenstillstand bitten sollen, daß ihr
Gesandte nach Rom schicken könnt, durch die ihr dem Senat die
Entscheidung über euch überlaßt. Ich werde euch beim Konsul als
Verteidiger und Fürsprecher beistehen." Sie taten so, wie Quinctius
vorgeschlagen hatte, und der Konsul wies die Gesandtschaft nicht ab.

que in diem certam datis, qua legatio renuntiari ab
Roma posset, soluta obsidio est et exercitus in Phocidem missus.

Consul cum T. Quinctio ad Achaicum concilium　　　7
Aegium traiecit. Ibi de Eleis et de exulibus Lacedaemoniorum restituendis actum est; neutra perfecta res,
quia suae gratiae reservari ⟨exulum causam⟩ Achaei,
Elei per se ipsi quam per Romanos maluerunt Achaico contribui concilio.

Epirotarum legati ad consulem venerunt, quos non　　　8
sincera fide in amicitia fuisse satis constabat; militem
tamen nullum Antiocho dederant; pecunia iuvisse
eum insimulabantur; legatos ad regem ne ipsi quidem
misisse infitiabantur. Iis pententibus, ut in amicitia　　　9
pristina esse liceret, respondit consul se, utrum hostium an pacatorum eos numero haberet, nondum
scire; senatum eius rei iudicem fore; integram se　　　10
causam eorum Romam reicere; indutias ad id dierum
nonaginta dare.

Epirotae Romam missi senatum adierunt. Iis magis,　　　11
quae non fecissent hostilia, referentibus quam purgantibus ea, de quibus arguebantur, responsum datum est, quo veniam impetrasse, non causam probasse
videri possent.

Et Philippi regis legati sub idem tempus in senatum　　　12
introducti, gratulantes de victoria. Iis petentibus, ut
sibi sacrificare in Capitolio donumque ex auro liceret
ponere in aede Iovis optimi maximi, permissum ab
senatu. Centum pondo coronam auream posuerunt.
Non responsum solum benigne regis legatis est, sed　　　13
filius quoque Philippi Demetrius, qui obses Romae
erat, ad patrem reducendus legatis datus est. Bellum,　　　14
quod cum Antiocho rege in Graecia gestum est a M'.
Acilio consule, hunc finem habuit.

Bis zu einem bestimmten Tag, an dem sie die Antwort von Rom aus mitteilen konnten, wurde ihnen Waffenstillstand gewährt, und die Belagerung wurde aufgehoben und das Heer nach Phokis geschickt.

Der Konsul setzte mit T. Quinctius zur Bundesversammlung der Achäer nach Aigion über. Dort wurde über die Bewohner von Elis und über die Rückführung der Verbannten aus Sparta verhandelt. Bei keinem der beiden Punkte kam man zu einem Abschluß, weil die Achäer lieber wollten, daß die Sache der Verbannten ihrem Einfluß vorbehalten blieb und weil die Bewohner von Elis lieber selbst von sich aus als durch die Römer Mitglied des Achäischen Bundes werden wollten.

Gesandte der Epiroten kamen zum Konsul, von denen zur Genüge feststand, daß sie nicht in aufrichtiger Treue an der Freundschaft festgehalten hatten. Sie hatten jedoch Antiochos keinen Soldaten gestellt. Man warf ihnen vor, sie hätten ihn mit Geld unterstützt. Daß sie Gesandte zum König geschickt hatten, leugneten nicht einmal sie selbst. Als sie darum baten, ihnen zu gestatten, daß die alte Freundschaft weiterbestehe, antwortete der Konsul, er wisse noch nicht, ob er sie zu den Feinden oder zu den friedlichen Völkern zählen solle. Der Senat werde in dieser Sache Richter sein; er verweise ihre Sache unentschieden nach Rom. Dazu gewähre er ihnen einen Waffenstillstand von 90 Tagen.

Die Epiroten, die nach Rom geschickt wurden, kamen vor den Senat. Da sie mehr berichteten, was sie an Feindseligkeiten nicht begangen hatten, als daß sie sich gegenüber den Vorwürfen rechtfertigten, die gegen sie erhoben wurden, gab man ihnen eine Antwort, bei der man sehen konnte, daß sie Gnade erlangt, nicht aber ihre Sache überzeugend vertreten hatten.

Auch Gesandte König Philipps wurden um die gleiche Zeit vor den Senat geführt, die wegen des Sieges Glück wünschten. Als sie darum baten, ihnen zu erlauben, auf dem Kapitol zu opfern und ein Geschenk aus Gold in den Tempel des Jupiter optimus maximus zu legen, wurde es vom Senat gestattet. Sie legten einen goldenen Kranz von 100 Pfund nieder. Den Gesandten des Königs wurde nicht nur eine freundliche Antwort gegeben, sondern es wurde ihnen auch Philipps Sohn Demetrios, der als Geisel in Rom war, mitgegeben, damit sie ihn zu seinem Vater zurückführten. Das war das Ende des Krieges, den der Konsul M'. Acilius mit König Antiochos in Griechenland geführt hatte.

Alter consul P. Cornelius Scipio, Galliam provin-   **36**
ciam sortitus, priusquam ad bellum, quod cum Bois
gerendum erat, proficisceretur, postulavit ab senatu,
ut pecunia sibi decerneretur ad ludos, quos praetor in
Hispania inter ipsum discrimen pugnae vovisset.
Novum atque iniquum postulare est visus; censue-   **2**
runt ergo, quos ludos inconsulto senatu ex sua unius
sententia vovisset, eos uti de manubiis, si quam pecuniam ad id reservasset, vel sua ipse impensa faceret.
Eos ludos per dies decem P. Cornelius fecit.

Per idem fere tempus aedes Matris Magnae Idaeae   **3**
dedicata est, quam deam is P. Cornelius advectam ex
Asia P. Cornelio Scipione, cui postea Africano fuit
cognomen, P. Licinio consulibus in Palatium a mari
detulerat. Locaverant aedem faciendam ex senatus   **4**
consulto M. Livius C. Claudius censores M. Cornelio
P. Sempronio consulibus; tredecim annis postquam
locata erat, dedicavit eam M. Iunius Brutus, ludique
ob dedicationem eius facti, quos primos scaenicos
fuisse Antias Valerius est auctor, Megalesia appella-
tos. Item Iuventatis aedem in circo maximo C. Lici-   **5**
nius Lucullus duumvir dedicavit. Voverat eam sede-   **6**
cim annis ante M. Livius consul, quo die Hasdruba-
lem exercitumque eius cecidit; idem censor eam faciendam locavit M. Cornelio P. Sempronio consulibus. Huius quoque dedicandae causa ludi facti, et eo   **7**
omnia cum maiore religione facta, quod novum cum
Antiocho instabat bellum.

Principio eius anni, quo haec iam profecto ad bel-   **37**
lum M'. Acilio, manente adhuc Romae P. Cornelio
consule agebantur, boves duos domitos in Carinis per   **2**
scalas pervenisse in tegulas aedificii proditum memoriae est. Eos vivos comburi cineremque eorum deici in
Tiberim haruspices iusserunt. Tarracinae et Amiterni   **3**
nuntiatum est aliquotiens lapidibus pluvisse, Minturnis aedem Iovis et tabernas circa forum de caelo tactas
esse, Volturni in ostio fluminis duas naves fulmine

Bevor der andere Konsul, P. Cornelius Scipio, der durch das Los
Gallien als Amtsbereich erhalten hatte, zum Krieg aufbrach, der mit den
Bojern geführt werden mußte, forderte er vom Senat, daß ihm das Geld
für die Spiele bewilligt werde, die er als Prätor in Spanien im entscheidenden Augenblick des Kampfes gelobt hatte. Er schien etwas Neuartiges und Unbilliges zu fordern. Sie meinten also, er solle die Spiele, die er
ohne Beschluß des Senates aus eigener Initiative gelobt hatte, aus seinem
Anteil an der Kriegsbeute durchführen, wenn er einen Geldbetrag dafür
aufgehoben habe, oder selbst auf seine eigenen Kosten. Diese Spiele
feierte P. Cornelius zehn Tage lang.

Fast zur selben Zeit wurde der Tempel der Großen Mutter vom Ida
geweiht; derselbe P. Cornelius hatte diese Göttin, als sie im Konsulatsjahr des P. Cornelius Scipio, der später den Beinamen Africanus
hatte, und des P. Licinius von Kleinasien herangeschafft wurde, vom
Meer zum Palatium gebracht. Den Bau des Tempels hatten auf Senatsbeschluß die Zensoren M. Livius und C. Claudius im Konsulatsjahr
von M. Cornelius und P. Sempronius in Auftrag gegeben. 13 Jahre,
nachdem dieser Auftrag erteilt worden war, weihte M. Junius Brutus
den Tempel, und wegen seiner Einweihung fanden Spiele statt, die nach
Valerius Antias die ersten mit Theateraufführungen waren und Megalesien genannt wurden. Ebenso weihte der Duumvir C. Licinius Lucullus
einen Tempel der Juventas im Bezirk des Circus maximus. Gelobt hatte
ihn vor 16 Jahren der Konsul M. Livius an dem Tag, an dem er
Hasdrubal und sein Heer vernichtete. Derselbe hatte als Zensor den Bau
in Auftrag gegeben im Konsulatsjahr von M. Cornelius und P. Sempronius. Auch wegen der Einweihung dieses Tempels fanden Spiele statt,
und alles geschah mit um so größerer religiöser Erregung, weil ein neuer
Krieg mit Antiochos bevorstand.

Es ist überliefert, zu Anfang des Jahres, in dem dies geschah, als
M'. Acilius schon zum Krieg aufgebrochen war und der Konsul P. Cornelius sich noch in Rom aufhielt, seien zwei gezähmte Rinder in den
Carinae über eine Treppe auf die Dachziegel eines Gebäudes gelangt.
Die Haruspices ordneten an, sie lebend zu verbrennen und ihre Asche
in den Tiber zu werfen. Es wurde gemeldet, in Tarracina und Amiternum habe es einigemal Steine geregnet, in Minturnae habe der Blitz
in den Tempel des Jupiter und die Läden rund um den Markt eingeschlagen und in Volturnum seien in der Mündung des Flusses zwei

ictas conflagrasse. Eorum prodigiorum causa libros   4
Sibyllinos ex senatus consulto decemviri cum adissent, renuntiaverunt ieiunium instituendum Cereri
esse et id quinto quoque anno servandum; et ut   5
novemdiale sacrum fieret et unum diem supplicatio
esset; coronati supplicarent; et consul P. Cornelius,
quibus diis quibusque hostiis edidissent decemviri,
sacrificaret. Placatis diis nunc votis rite solvendis,   6
nunc prodigiis expiandis, in provinciam proficiscitur
consul atque inde Cn. Domitium proconsulem dimisso exercitu Romam decedere iussit; ipse in agrum
Boiorum legiones induxit.

Sub idem fere tempus Ligures lege sacrata coacto   38
exercitu nocte improviso castra Q. Minucii proconsulis adgressi sunt. Minucius usque ad lucem intra val-   2
lum militem instructum tenuit intentus, ne qua tran-
scenderet hostis munimenta. Prima luce duabus simul   3
portis eruptionem fecit. Nec primo impetu, quod
speraverat, Ligures pulsi sunt; duas amplius horas
dubium certamen sustinuere; postremo, cum alia at-   4
que alia agmina erumperent et integri fessis succede-
rent ad pugnam, tandem Ligures, inter cetera etiam
vigiliis confecti, terga dederunt. Caesa supra quattuor
milia hostium; ex Romanis sociisque minus trecenti
perierunt.

Duobus fere post mensibus P. Cornelius consul   5
cum Boiorum exercitu signis collatis egregie pugnavit.
Duodetriginta milia hostium occisa Antias Valerius   6
scribit, capta tria milia et quadringentos, signa militaria centum viginti quattuor, equos mille ducentos
triginta, carpenta ducenta quadraginta septem; ex victoribus mille quadringentos octoginta quattuor cecidisse. Ubi ut in numero scriptori parum fidei sit, quia   7
in augendo eo non alius intemperantior est, magnam
tamen victoriam fuisse apparet, quod et castra capta

Schiffe vom Blitz getroffen worden und in Flammen aufgegangen. Als
die Decemvirn wegen dieser Zeichen vom Himmel auf Senatsbeschluß
die Sibyllinischen Bücher befragt hatten, verkündeten sie, man müsse
ein Fasten für die Ceres einrichten und es alle vier Jahre beachten. Und
es solle ein neuntägiges Opfer dargebracht werden und einen Tag lang
ein Bittgang stattfinden; bei dem Bittgang solle man Kränze tragen.
Und der Konsul P. Cornelius solle bestimmten Göttern bestimmte
Opfertiere darbringen, wie es die Decemvirn anordneten. Als die
Götter versöhnt waren, zunächst durch die ordnungsgemäße Erfüllung
der Gelübde, dann durch die Sühnung der Zeichen vom Himmel, ging
der Konsul in seinen Amtsbereich und forderte den Prokonsul Cn. Domitius auf, das Heer zu entlassen und nach Rom zu gehen. Er selbst
führte die Legionen in das Gebiet der Bojer.

Etwa um die gleiche Zeit griffen die Ligurer, die unter einem Gesetz,
durch dessen Nichtbeachtung man einen Fluch auf sich zog, ein Heer
zusammengebracht hatten, bei Nacht unvermutet das Lager des Prokonsuls Q. Minucius an. Minucius hielt bis zum Morgengrauen seine
Soldaten aufgestellt hinter dem Wall und achtete darauf, daß der Feind
nirgendwo die Befestigungsanlagen überstieg. Gleich im Morgengrauen
machte er aus zwei Toren zugleich einen Ausfall. Aber die Ligurer
wurden nicht beim ersten Angriff zurückgedrängt, wie er gehofft hatte.
Mehr als zwei Stunden hielten sie den unentschiedenen Kampf aus.
Zuletzt, als eine Kolonne nach der anderen hervorbrach und Frische die
Ermüdeten im Kampf ablösten, wandten die Ligurer, die unter anderem
auch durch die fehlende Nachtruhe erschöpft waren, sich zur Flucht.
Über 4000 Feinde wurden erschlagen; von den Römern und den
Bundesgenossen kamen weniger als 300 ums Leben.

Fast zwei Monate später kämpfte der Konsul P. Cornelius mit dem
Heer der Bojer in offener Schlacht mit glänzenden Erfolg. Valerius
Antias schreibt, 28000 Feinde seien erschlagen worden, 3400 in Gefangenschaft geraten und 124 Feldzeichen, 1230 Pferde und 247 Wagen
erbeutet worden; von den Siegern seien 1484 gefallen. Mag man auch
hier bei den Zahlen dem Schriftsteller keinen rechten Glauben schenken, weil beim Angeben zu großer Zahlen kein anderer so maßlos ist, so
ist es doch augenscheinlich, daß es ein großer Sieg war; denn das Lager

sunt et Boi post eam pugnam extemplo dediderunt
sese et quod supplicatio eius victoriae causa decreta ab
senatu victimaeque maiores caesae.

Per eosdem dies M. Fulvius Nobilior ex ulteriore **39**
Hispania ovans urbem est ingressus. Argenti transtu- 2
lit duodecim milia pondo, bigati argenti centum triginta, auri centum viginti septem pondo.

P. Cornelius consul obsidibus a Boiorum gente 3
acceptis agri parte fere dimidia eos multavit, quo, si
vellet, populus Romanus colonias mittere posset. In- 4
de Romam ut ad triumphum haud dubium decedens
exercitum dimisit et adesse Romae ad diem triumphi
iussit; ipse postero die, quam venit, senatu in aedem 5
Bellonae vocato cum de rebus ab se gestis disseruisset,
postulavit, ut sibi triumphanti liceret urbem invehi. P. 6
Sempronius Blaesus tribunus plebis non negandum
Scipioni, sed differendum honorem triumphi censebat: bella Ligurum Gallicis semper iuncta fuisse; eas
inter se gentes mutua ex propinquo ferre auxilia. Si P. 7
Scipio devictis acie Bois aut ipse cum victore exercitu
in agrum Ligurum transisset aut partem copiarum Q.
Minucio misisset, qui iam tertium ibi annum dubio
detineretur bello, debellari cum Liguribus potuisse;
nunc ad triumphum frequentandum deductos esse 8
milites, qui egregiam navare operam rei publicae po-
tuissent, possent etiam, si senatus, quod festinatione
triumphi praetermissum esset, id restituere differendo
triumpho vellet. Iuberent consulem cum legionibus 9
redire in provinciam, dare operam, ut Ligures subi-
gantur. Nisi illi cogantur in ius iudiciumque populi
Romani, ne Boios quidem quieturos; aut pacem aut
bellum utrobique habenda. Devictis Liguribus paucos 10

wurde eingenommen, und die Bojer ergaben sich nach dieser Schlacht
unverzüglich, und ein Dankfest wurde wegen dieses Sieges vom Senat
beschlossen, bei dem voll ausgewachsene Opfertiere dargebracht
wurden.

In denselben Tagen zog M. Fulvius Nobilior vom Jenseitigen Spanien im Kleinen Triumph in die Stadt ein. Er führte 12 000 Pfund Silber,
130 000 Denare und 127 Pfund Gold mit sich.

Nachdem der Konsul P. Cornelius von der Völkerschaft der Bojer
Geiseln entgegengenommen hatte, bestrafte er sie damit, daß sie etwa
die Hälfte ihres Ackerlandes abtreten mußten, damit das römische
Volk, wenn es wolle, dort Kolonien gründen könne. Als er von dort zu
dem Triumph, der ihn unzweifelhaft erwartete, nach Rom ging, entließ
er sein Heer und befahl den Soldaten, zum Tag des Triumphes sich in
Rom einzufinden. Er selbst berief am Tag nach seiner Ankunft den
Senat in den Tempel der Bellona, und nachdem er über seine Taten
berichtet hatte, forderte er, im Triumph in die Stadt einziehen zu
dürfen. Der Volkstribun P. Sempronius Blaesus meinte, man könne es
Scipio nicht abschlagen, aber die Ehre des Triumphes müsse verschoben
werden. Die Kriege gegen die Ligurer hätten immer mit den Kriegen
gegen die Gallier im Zusammenhang gestanden. Diese Völkerschaften
brächten sich gegenseitig abwechselnd aus der Nähe Hilfe. Wenn
P. Scipio nach dem Sieg über die Bojer entweder selbst mit dem
siegreichen Heer in das Gebiet der Ligurer hinübergegangen wäre oder
einen Teil seiner Truppen zu Q. Minucius geschickt hätte, der schon
das dritte Jahr dort durch den Krieg festgehalten werde, ohne daß es zu
einer Entscheidung gekommen wäre, hätte der Krieg mit den Ligurern
zu Ende gebracht werden können. Jetzt habe er, damit eine große
Menge an seinem Triumph teilnehme, seine Soldaten weggeführt, die
dem Staat einen außerordentlichen Dienst hätten leisten könnten. Sie
könnten es auch jetzt noch, wenn der Senat die Gelegenheit wiederherstellen wolle, die versäumt worden sei, weil Scipio es mit dem Triumph
so eilig gehabt habe. Sie sollten anordnen, daß der Konsul mit seinen
Legionen wieder in seine Provinz zurückkehre und sich Mühe gebe, daß
die Ligurer unterworfen würden. Wenn jene nicht unter die Gewalt und
die Gerichtsbarkeit des römischen Volkes gezwungen würden, würden
auch die Bojer nicht ruhig bleiben. Krieg oder Frieden könne man nur
in beiden Gebieten haben. Wenn die Ligurer besiegt seien, werde

post menses proconsulem P. Cornelium multorum
exemplo, qui in magistratu non triumphaverunt,
triumphaturum esse.

Ad ea consul neque se Ligures provinciam sortitum   40
esse ait neque cum Liguribus bellum gessisse neque
triumphum de iis postulare; Q. Minucium confidere   2
brevi subactis iis meritum triumphum postulaturum
atque impetraturum esse. Se de Gallis Bois postulare   3
triumphum, quos acie vicerit, castris exuerit, quorum
gentem biduo post pugnam totam acceperit in deditionem, a quibus obsides abduxerit, pacis futurae
pignus. Verum enimvero illud multo maius esse, quod   4
tantum numerum Gallorum occiderit in acie, quot
cum milibus certe Boiorum nemo ante se imperator
pugnaverit. Plus partem dimidiam ex quinquaginta   5
milibus hominum caesam, multa milia capta; senes
puerosque Bois superesse. Itaque id quemquam mira-   6
ri posse, cur victor exercitus, cum hostem in provincia
neminem reliquisset, Romam venerit ad celebrandum
consulis triumphum? Quorum militum si et in alia   7
provincia opera uti senatus velit, utro tandem modo
promptiores ad aliud periculum novumque laborem
ituros credat, si persoluta eis sine detractatione prioris
periculi laborisque merces sit, an si spem pro re
ferentis dimittant, iam semel in prima spe deceptos?
Nam quod ad se attineat, sibi gloriae in omnem vitam   8
illo die satis quaesitum esse, quo se virum optimum
iudicatum ad accipiendam Matrem Idaeam misisset
senatus. Hoc titulo, etsi nec consulatus nec triumphus   9
addatur, satis honestam honoratamque P. Scipionis
Nasicae imaginem fore. Universus senatus non ipse   10
modo ad decernendum triumphum consensit, sed
etiam tribunum plebis auctoritate sua compulit ad
remittendam intercessionem.

P. Cornelius consul triumphavit de Bois. In eo   11
triumpho Gallicis carpentis arma signaque et spolia
omnis generis travexit et vasa aenea Gallica et cum

P. Cornelius wenige Monate später als Prokonsul triumphieren nach
dem Beispiel vieler, die in ihrem Amt nicht triumphiert hätten.

Darauf sagte der Konsul, er habe weder das Land der Ligurer als
Provinz erlost noch mit den Ligurern Krieg geführt noch fordere er
einen Triumph über sie. Er habe die feste Zuversicht, daß Q. Minucius
sie bald unterwerfe und dann den verdienten Triumph über sie fordern
und erhalten werde. Er fordere einen Triumph über die gallische
Völkerschaft der Bojer; er habe sie in der Schlacht besiegt und zur
Aufgabe ihres Lagers gezwungen, habe zwei Tage nach der Schlacht die
Unterwerfung der ganzen Völkerschaft entgegengenommen und habe
als Unterpfand des künftigen Friedens Geiseln von ihnen weggeführt.
Doch es bedeute noch viel mehr, daß er eine größere Anzahl Gallier in
der Schlacht getötet habe, als je – jedenfalls an Bojern – einem Feldherrn
vor ihm im Kampf gegenübergestanden hätten. Mehr als die Hälfte von
50 000 Mann seien gefallen, viele tausend in Gefangenschaft geraten.
Nur noch Greise und Kinder seien den Bojern geblieben. Könne sich
daher jemand darüber wundern, daß das siegreiche Heer, da es keinen
Feind in der Provinz zurückgelassen habe, nach Rom gekommen sei,
um den Triumph des Konsuls zu feiern? Wenn der Senat sich dieser
Soldaten auch in einer anderen Provinz bedienen wolle, auf welche
Weise glaube er denn, daß sie bereitwilliger einer anderen Gefahr und
neuer Mühe entgegengehen würden, wenn man ihnen, ohne zu mäkeln,
den Lohn für die frühere Gefahr und Mühe gebe oder wenn man sie mit
der bloßen Hoffnung anstelle des erwarteten Lohns wegschicke und sie
schon einmal in der ersten Hoffnung getäuscht worden seien? Denn was
ihn angehe, habe er an jenem Tag für sein ganzes Leben genug Ruhm
erlangt, an dem der Senat ihn als den besten Mann bezeichnet habe und
ihn geschickt habe, um die Mutter vom Ida in Empfang zu nehmen.
Aufgrund dieser Aufschrift werde das Bildnis des P. Cornelius Nasica
hinreichend geachtet und geehrt sein, auch wenn kein Konsulat und
kein Triumph hinzugefügt werde. Der ganze Senat beschloß nicht nur
einstimmig, ihm den Triumph zu bewilligen, sondern brachte durch
seinen Einfluß auch den Volkstribunen dazu, den Einspruch zurückzu-
nehmen.

P. Cornelius triumphierte als Konsul über die Bojer. Bei diesem
Triumph ließ er auf gallischen Wagen Waffen und Feldzeichen und
Beute jeder Art vorüberfahren und gallische Bronzegefäße und neben

captivis nobilibus equorum quoque captorum gregem
traduxit. Aureos torques transtulit mille quadringen-   12
tos septuaginta unum, ad hoc auri pondo ducenta
quadraginta septem, argenti infecti factique in Gallicis
vasis, non infabre suo more factis, duo milia trecenta
quadraginta pondo, bigatorum nummorum ducenta
triginta quattuor. Militibus, qui currum secuti sunt,   13
centenos vicenos quinos asses divisit, duplex centu-
rioni, triplex equiti.

Postero die contione advocata de rebus ab se gestis   14
et de iniuria tribuni bello alieno se illigantis, ut suae
victoriae fructu se fraudaret, cum disseruisset, milites
exauctoratos dimisit.

Dum haec in Italia geruntur, Antiochus Ephesi   41
securus admodum de bello Romano erat tamquam
non transituris in Asiam Romanis; quam securitatem
ei magna pars amicorum aut per errorem aut adsen-
tando faciebat. Hannibal unus, cuius eo tempore vel   2
maxima apud regem auctoritas erat, magis mirari se
aiebat, quod non iam in Asia essent Romani, quam
venturos dubitare; propius esse ex Graecia in Asiam   3
quam ex Italia in Graeciam traicere, et multo maiorem
causam Antiochum quam Aetolos esse; neque mari
minus quam terra pollere Romana arma. Iam pridem   4
classem circa Maleam esse; audire sese nuper novas
naves novumque imperatorem rei gerendae causa ex
Italia venisse; itaque desineret Antiochus pacem sibi   5
ipse spe vana facere. In Asia et de ipsa Asia brevi terra
marique dimicandum ei cum Romanis esse et aut
imperium adimendum orbem terrarum adfectantibus
aut ipsi regnum amittendum. Unus vera et providere   6
et fideliter praedicere visus. Itaque ipse rex navibus,
quae paratae instructaeque erant, Chersonesum petit,
ut ea loca, si forte terra venirent Romani, praesidiis
firmaret; ceteram classem Polyxenidam parare et de-   7

vornehmen Gefangenen auch eine Herde erbeuteter Pferde vorüberzie-
hen. Er führte 1471 goldene Halsreifen mit sich, dazu 247 Pfund Gold,
2340 Pfund unverarbeitetes und in gallischen Gefäßen verarbeitetes
Silber, die nicht ungeschickt in ihrer Art verfertigt waren, und 234000
Denare. Jedem Soldaten, der dem Triumphwagen folgte, gab er 125 As,
das Doppelte jedem Centurio, das Dreifache jedem Reiter.

In der Volksversammlung, die am nächsten Tag einberufen war,
berichtete er über seine Taten und über das Unrecht des Volkstribunen,
der ihn in einen fremden Krieg zu verstricken suchte, um ihn um die
Frucht seines Sieges zu bringen, und entband dann die Soldaten von
ihrem Fahneneid und entließ sie.

Während dies in Italien geschah, war Antiochos in Ephesos wegen
des Krieges mit den Römern ganz sorglos, als wenn die Römer nicht
nach Asien übersetzen würden. Dieses Gefühl der Sorglosigkeit gab
ihm ein großer Teil seiner Freunde, entweder weil sie sich einer
Täuschung hingaben oder weil sie ihm schmeicheln wollten. Nur
Hannibal, dessen Ansehen beim König zu dieser Zeit das allergrößte
war, sagte, er wundere sich mehr darüber, daß die Römer noch nicht in
Asien seien, als daß er an ihrem Kommen zweifle. Es sei näher, von
Griechenland nach Asien als von Italien nach Griechenland überzusetzen, und Antiochos sei ein viel größerer Anlaß als die Ätoler. Und die
römischen Waffen vermöchten auf dem Meer nicht weniger als auf dem
Lande. Schon längst sei ihre Flotte im Gebiet von Malea. Er höre, vor
kurzem seien neue Schiffe und ein neuer Feldherr für die Durchführung
der Operationen aus Italien gekommen. Deshalb solle Antiochos aufhören, sich in eitler Friedenshoffnung zu wiegen. In Kürze müsse er zu
Lande und zu Wasser mit den Römern in Asien und um Asien kämpfen
und entweder ihnen, die auf den Erdkreis Anspruch erhöben, die
Herrschaft nehmen oder selbst sein Reich verlieren. Hannibal allein
schien die Wahrheit vorauszusehen und getreulich zu prophezeien.
Deshalb begab sich der König selbst mit den Schiffen, die bereit und
ausgerüstet waren, zur Chersones, um dieses Gebiet durch Besatzungen
zu schützen, wenn die Römer etwa zu Lande kämen. Polyxenidas
befahl er, die übrige Flotte bereitzumachen und in See zu stechen. Um

ducere iussit; speculatorias naves ad omnia exploranda circa insulas dimisit.

C. Livius praefectus Romanae classis, cum quin-   42
quaginta navibus tectis profectus ab Roma Neapolim,
quo ab sociis eius orae convenire iusserat apertas
naves, quae ex foedere debebantur, Siciliam inde petit   2
fretoque Messanam praetervectus, cum sex Punicas
naves ad auxilium missas accepisset et ab Reginis
Locrisque et eiusdem iuris sociis debitas exegisset
naves, lustrata classe ad Lacinium altum petit. Corcy-   3
ram, quam primam Graeciae civitatium adiit, cum
venisset, percunctatus de statu belli — necdum enim
omnia in Graecia perpacata erant — et ubi classis
Romana esset, postquam audivit circa Thermopyla-   4
rum saltum in statione consulem ac regem esse, classem Piraei stare, maturandum ratus omnium rerum
causa, pergit protinus navigare Peloponnesum. Samen   5
Zacynthumque, quia partis Aetolorum maluerant esse, protinus depopulatus Maleam petit et prospera
navigatione usus paucis diebus Piraeum ad veterem
classem pervenit. Ad Scyllaeum Eumenes rex cum   6
tribus navibus occurrit, cum Aeginae diu incertus
consilii fuisset, utrum ad tuendum rediret regnum —
audiebat enim Antiochum Ephesi navales terrestrisque parare copias —, an nusquam abscederet ab Romanis, ex quorum fortuna sua penderet. A Piraeo A.   7
Atilius traditis successori quinque et viginti navibus
tectis Romam profectus est. Livius una et octoginta   8
constratis navibus, multis praeterea minoribus, quae
aut apertae rostratae aut sine rostris speculatoria
erant, Delum traiecit.

Eo fere tempore consul Acilius Naupactum oppu-   43
gnabat. Livium Deli per aliquot dies — et est vento-
sissima regio inter Cycladas fretis alias maioribus,
alias minoribus divisas — adversi venti tenuerunt.
Polyxenidas, certior per dispositas speculatorias naves   2

alles zu erkunden, schickte er Aufklärungsschiffe in das Gebiet der Inseln.

C. Livius, der Kommandant der römischen Flotte, fuhr mit 50 Deckschiffen von Rom nach Neapel, wo die offenen Schiffe der Bundesgenossen in diesem Küstengebiet auf seinen Befehl zusammenkommen sollten, die sie aufgrund des Bündnisvertrages stellen mußten, nahm von dort aus Kurs auf Sizilien, fuhr durch die Meerenge an Messana vorbei, und nachdem er sechs karthagische Schiffe, die ihm als Unterstützung geschickt worden waren, in seinen Verband aufgenommen hatte und von den Bewohnern von Regium und Locri und den Bundesgenossen, die denselben Rechtsstatus hatten, die Schiffe angefordert hatte, die sie stellen mußten, entsühnte er die Flotte bei Lacinium und nahm Kurs auf das offene Meer. Als er nach Korkyra gekommen war, das er als erste der Gemeinden Griechenlands anlief, erkundigte er sich nach dem Stand des Krieges – denn in Griechenland war noch nicht überall wieder völlige Ruhe eingekehrt – und wo die römische Flotte sei, und nachdem er gehört hatte, der Konsul und der König hätten ihre Stellungen im Gebiet des Thermopylenpasses und die Flotte liege in Piraeus, glaubte er sich im Hinblick auf alles beeilen zu müssen und segelte sofort weiter zur Peloponnes. Same und Zakynthos verwüstete er sogleich, weil sie es vorgezogen hatten, auf der Seite der Ätoler zu stehen, nahm Kurs auf Malea und gelangte nach glücklicher Fahrt innerhalb weniger Tage nach Piraeus zu der alten Flotte. Bei Skyllaion lief ihm König Eumenes mit drei Schiffen entgegen, nachdem er in Ägina lange hin und her geschwankt hatte, ob er zum Schutz seines Königsreiches zurückkehren solle – denn er hörte, daß Antiochos in Ephesos seine See- und Landstreitkräfte bereitstellte – oder ob er nirgends von der Seite der Römer weichen solle, von deren Schicksal das seine abhänge. Von Piraeus brach A. Atilius nach Rom auf, nachdem er seinem Nachfolger 25 Deckschiffe übergeben hatte. Livius fuhr mit 81 Deckschiffen, dazu vielen kleineren, entweder offenen mit Sporn oder Aufklärungsschiffen ohne Sporn, nach Delos hinüber.

In dieser Zeit griff der Konsul Acilius Naupaktos an. Livius wurde durch ungünstige Winde einige Tage in Delos festgehalten – es ist die windigste Gegend im Raum der Kykladen, die bald durch größere, bald durch kleinere Meerengen voneinander getrennt sind. Als Polyxenidas durch die Aufklärungsschiffe, die er verteilt hatte, erfuhr, daß die

factus Deli stare Romanam classem, nuntios ad regem
misit. Qui omissis, quae in Hellesponto agebat, cum   3
rostratis navibus, quantum accelerare poterat, Ephesum redit et consilium extemplo habuit, faciendumne
periculum navalis certaminis foret. Polyxenidas nega-   4
bat cessandum et utique prius confligendum, quam
classis Eumenis et Rhodiae naves coniungerentur Romanis; ita numero non ferme impares futuros se,   5
ceteris omnibus superiores, et celeritate navium et
varietate auxiliorum. Nam Romanas naves cum ipsas   6
inscite factas immobiles esse, tum etiam, ut quae in
terram hostium veniant, oneratas commeatu venire;
suas autem, ut pacata omnia circa se relinquentis, nihil   7
praeter militem atque arma habituras. Multum etiam
adiuturam notitiam maris terrarumque et ventorum,
quae omnia ignaros turbatura hostis essent. Movit   8
omnis auctor consilii, qui et re consilium exsecuturus
erat. Biduum in apparatu morati tertio die centum
navibus, quarum septuaginta tectae, ceterae apertae
minoris omnes formae erant, profecti Phocaeam petierunt. Inde, cum audisset appropinquare iam Roma-   9
nam classem, rex, quia non interfuturus navali certamini erat, Magnesiam, quae ad Sipylum est, concessit
ad terrestris copias comparandas; classis ad Cissun-   10
tem portum Erythraeorum, tamquam ibi aptius ex-
spectatura hostem, contendit.

Romani, ubi primum aquilones — ii namque per   11
aliquot dies tenuerant — ceciderunt, ab Delo Phanas,
portum Chiorum in Aegaeum mare versum, petunt;
inde ad urbem circumegere naves commeatuque
sumpto Phocaeam traiciunt. Eumenes Elaeam ad su-   12
am classem profectus, paucis post inde diebus cum
quattuor et viginti navibus tectis, apertis pluribus
paulo Phocaeam ad Romanos parantis instruentisque
se ad navale certamen rediit. Inde centum quinque   13
tectis navibus, apertis ferme quinquaginta profecti,
primo aquilonibus transversis cum urgerentur in ter-

römische Flotte in Delos lag, schickte er Boten zum König. Der brach
seine Tätigkeit am Hellespont ab, kehrte mit seinen Rammschiffen, so
schnell er konnte, nach Ephesos zurück und hielt sogleich einen Kriegsrat ab, ob man das Wagnis einer Seeschlacht auf sich nehmen solle.
Polyxenidas sagte, man dürfe nicht säumen und man müsse auf jeden
Fall kämpfen, bevor die Flotte des Eumenes und die rhodischen Schiffe
sich mit den Römern vereinigten. So würden sie an Zahl nicht ganz
ungleich sein, in allem übrigen aber überlegen, sowohl in der Schnelligkeit der Schiffe als auch in der Mannigfaltigkeit der Hilfsmittel. Denn
die römischen Schiffe seien ohne Sachverstand gebaut und unbeweglich,
vor allem aber kämen sie auch, da sie zum Land der Feinde kämen, mit
Proviant beladen. Ihre eigenen dagegen würden nichts als Soldaten und
Waffen haben, da alles ringsum, was sie hinter sich ließen, unterworfen
sei. Viel werde ihnen auch die Kenntnis des Meeres und der Länder und
der Winde helfen, was den Feinden alles unbekannt sei und sie daher
verwirren würde. Auf alle machte der Ratgeber Eindruck, der bereit
war, seinen Vorschlag auch in die Tat umzusetzen. Zwei Tage verbrach-
ten sie mit der Vorbereitung, am dritten Tag liefen sie mit 100 Schiffen
aus, von denen 70 Deckschiffe waren, die übrigen alle offen und von
kleinerem Typ, und nahmen Kurs auf Phokaia. Als der König hörte, die
römische Flotte nähere sich schon, ging er von dort aus, weil er an der
Seeschlacht nicht teilnehmen wollte, nach Magnesia am Sipylos zurück,
um die Landtruppen in Bereitschaft zu setzen. Die Flotte eilte nach
Kissus, einem Hafen im Gebiet von Erythrai, weil sie es für besser hielt,
den Feind dort zu erwarten.

Die Römer nahmen, sobald sich die Nordwinde legten – denn die
hatten sie einige Tage festgehalten –, von Delos aus Kurs auf Phanai,
den Hafen von Chios an der Seite des Ägäischen Meeres. Von dort
steuerten sie ihre Schiffe um die Insel herum zur Stadt, und nachdem sie
Proviant aufgenommen hatten, fuhren sie hinüber nach Phokaia. Eumenes begab sich nach Elaia zu seiner Flotte, und wenige Tage später
kehrte er von dort mit 24 Deckschiffen und etwas mehr offenen Schiffen
nach Phokaia zu den Römern zurück, die sich für die Seeschlacht
vorbereiteten und rüsteten. Von dort liefen sie mit 105 Deckschiffen
und etwa 50 offenen aus, und weil sie anfangs durch die Nordwinde, die
von der Seite kamen, ans Land getrieben wurden, sahen sich die Schiffe

ram, cogebantur tenui agmine prope in ordinem singulae naves ire; deinde, ut lenita paululum vis venti
est, ad Corycum portum, qui super Cissuntem est,
conati sunt traicere.

Polyxenidas, ut appropinquare hostis adlatum est,　　**44**
occasione pugnandi laetus sinistrum ipse cornu in
altum extendit, dextrum cornu praefectos navium ad
terram explicare iubet et aequa fronte ad pugnam
procedebat. Quod ubi vidit Romanus, vela contrahit　　2
malosque inclinat et simul armamenta componens
opperitur insequentis navis. Iam ferme triginta in　　3
fronte erant, quibus ut aequaret laevum cornu, dolonibus erectis altum petere intendit, iussis, qui sequebantur, adversus dextrum cornu prope terram proras
derigere. Eumenes agmen cogebat; ceterum, ut de-　　4
mendis armamentis tumultuari primum coeptum est,
et ipse, quanta maxime celeritate potest, concitat naves. Iam omnibus in conspectu erant. Duae Punicae　　5
naves antecedebant Romanam classem, quibus obviae
tres fuerunt regiae naves; et, ut in numero impari,　　6
duae regiae unam circumsistunt et primum ab utroque latere remos detergunt, deinde transcendunt armati et deiectis caesisque propugnatoribus navem capiunt; una, quae pari Marte concurrerat, postquam　　7
captam alteram navem vidit, priusquam ab tribus
simul circumveniretur, retro ad classem refugit. Li-　　8
vius indignatione accensus praetoria nave in hostes
tendit. Adversus quam eadem spe duae, quae Puni-
cam unam navem circumvenerant, cum inferrentur,
demittere remos in aquam ab utroque latere remiges
stabiliendae navis causa iussit et in advenientis hostium naves ferreas manus inicere et, ubi pugnam　　9
pedestri similem fecissent, meminisse Romanae virtutis nec pro viris ducere regia mancipia. Haud paulo
facilius quam ante duae unam, tunc una duas naves
expugnavit cepitque.

gezwungen, in schmaler Formation fast einzeln hintereinander zu fahren. Dann, als die Gewalt des Windes ein klein bißchen nachließ, versuchten sie zum Hafen Korykos hinüberzusegeln, der über Kissus hinaus liegt.

Sobald gemeldet wurde, die Feinde näherten sich, dehnte Polyxenidas, froh über die Gelegenheit zum Kämpfen, selbst den linken Flügel auf das offene Meer hin aus, befahl den Schiffskommandanten, den rechten Flügel am Land zu entfalten, und fuhr in ausgerichteter Linie in den Kampf. Als der Römer das sah, zog er die Segel ein, legte die Schiffsmasten um und wartete, während die Takelage zusammengelegt wurde, auf die folgenden Schiffe. Es waren schon fast 30 in vorderster Linie; um auf gleiche Höhe mit dem linken Flügel der Feinde zu kommen, ließ er sie die Hilfsmasten aufrichten, bemühte sich, mit ihnen die offene See zu erreichen, und befahl denen, die folgten, ihren Bug gegen den rechten Flügel in der Nähe des Landes zu richten. Eumenes fuhr am Ende der Formation. Sobald man aber mit dem Wegschaffen der Takelage in Erregung geriet, beschleunigte auch er die Fahrt, so sehr er konnte. Schon waren sie für alle in Sicht. Zwei karthagische Schiffe fuhren vor der römischen Flotte, denen drei Schiffe des Königs entgegenkamen. Bei der zahlenmäßigen Ungleichheit umzingelten zwei Schiffe des Königs eins und streiften ihm zunächst auf beiden Seiten die Ruder weg; dann stiegen Bewaffnete hinüber, warfen die Verteidiger hinab oder töteten sie und nahmen das Schiff. Als das eine, das unentschieden gekämpft hatte, sah, daß das andere Schiff genommen war, floh es zur Flotte zurück, bevor es von dreien zugleich umzingelt wurde. Livius steuerte voll Empörung mit dem Admiralsschiff auf die Feinde zu. Als die zwei, die das eine karthagische Schiff umzingelt hatten, in der gleichen Hoffnung auf sein Schiff zuhielten, befahl er den Ruderern, die Ruder auf beiden Seiten ins Wasser zu halten, um dem Schiff Halt zu geben, und die Enterhaken auf die herankommenden Schiffe der Feinde zu werfen und sobald sie den Kampf einem auf dem Land ähnlich gemacht hätten, sich an die römische Tapferkeit zu erinnern und die Sklaven des Königs nicht als Männer anzusehen. Und viel leichter als vorher die zwei das eine, eroberte und nahm jetzt das eine Schiff die zwei.

Et iam classes quoque undique concurrerant et   10
passim permixtis navibus pugnabatur. Eumenes, qui   11
commisso certamine advenerat, ut animadvertit laevum cornu hostium ab Livio turbatum, dextrum ipse,
ubi aequa pugna erat, invadit.

Neque ita multo post primum ab laevo cornu fuga   **45**
coepit. Polyxenidas enim, ut virtute militum haud
dubie se superari vidit, sublatis dolonibus effuse fuge-
re intendit; mox idem et, qui prope terram cum
Eumene contraxerant certamen, fecerunt. Romani et   2
Eumenes, quoad sufficere remiges potuerunt et in spe
erant extremi agminis vexandi, satis pertinaciter secuti
sunt. Postquam celeritate navium, utpote levium, suas 3
commeatu onustas eludi frustra tendentis viderunt,
tandem abstiterunt tredecim captis navibus cum milite ac remige, decem demersis. Romanae classis una   4
Punica navis, in primo certamine ab duabus circum-
venta, periit. Polyxenidas non prius quam in portu
Ephesi fugae finem fecit. Romani eo die, unde egressa 5
regia classis erat, manserunt; postero die hostem persequi intenderunt. Medio fere in cursu obviae fuere iis
quinque et viginti tectae Rhodiae naves cum Pausistrato praefecto classis. His adiunctis Ephesum ho-   6
stem persecuti ante ostium portus acie instructa steterunt. Postquam confessionem victis satis expresse-
runt, Rhodii et Eumenes domos dimissi; Romani   7
Chium petentes, Phoenicuntem, primum portum
Erythraeae terrae, praetervecti, nocte ancoris iactis,
postero die in insulam ad ipsam urbem traiecerunt.
Ubi paucos dies remige maxime reficiendo morati
Phocaeam tramittunt. Ibi relictis ad praesidium urbis 8
quattuor quinqueremibus ad Canas classis venit; et,
cum iam hiems appeteret, fossa valloque circumdatis
naves subductae.

Und schon waren auch die Flotten überall zusammengestoßen, und weit und breit wurde gekämpft, wobei die Schiffe durcheinandergerieten. Eumenes, der erst nach Beginn des Kampfes ankam, bemerkte, daß der linke Flügel der Feinde von Livius in Verwirrung gebracht war, und drang selbst auf den rechten ein, wo der Kampf unentschieden war.

Nicht sehr viel später begann auf dem linken Flügel die Flucht. Denn sobald Polyxenidas sah, daß er, was die Tapferkeit der Soldaten anging, zweifellos unterlegen war, zog er die Hilfsmasten hoch und stob in wilder Flucht davon. Bald taten auch die, die in der Nähe des Landes mit Eumenes in Kampf geraten waren, dasselbe. Die Römer und Eumenes folgten ihnen ziemlich hartnäckig, solange die Ruderer es aushalten konnten und sie Hoffnung hatten, dem Ende der Formation etwas anhaben zu können. Nachdem sie aber sahen, daß gegenüber der Schnelligkeit der feindlichen Schiffe, die ja leicht waren, ihre eigenen, die mit Proviant beladen waren, sich vergeblich abmühten und den kürzeren zogen, gaben sie endlich auf, nachdem sie 13 Schiffe mit Soldaten und Ruderern erbeutet und zehn versenkt hatten. Von der römischen Flotte ging das eine karthagische Schiff verloren, das zu Beginn der Schlacht von den zweien umzingelt worden war. Polyxenidas hörte mit der Flucht nicht eher auf als im Hafen von Ephesos. Die Römer blieben an diesem Tag dort, von wo sie die Flotte des Königs vertrieben hatten. Am nächsten Tag machten sie sich an die Verfolgung des Feindes. Fast auf der Mitte der Strecke kamen ihnen 25 Deckschiffe aus Rhodos mit dem Nauarchen Pausistratos entgegen. Zusammen mit diesen folgten sie dem Feind nach Ephesos und bezogen vor der Einfahrt des Hafens in Kampflinie Position. Nachdem sie den Besiegten zur Genüge das Eingeständnis ihrer Niederlage abgenötigt hatten, wurden die Rhodier und Eumenes nach Hause entlassen. Die Römer nahmen Kurs auf Chios, fuhren an Phoinikus, dem ersten Hafen im Gebiet von Erythrai, vorbei, warfen über Nacht Anker und fuhren am nächsten Tag zur Insel und der Stadt selbst hinüber.Nachdem sie sich dort einige Tage aufgehalten hatten, vor allem damit die Ruderer sich erholten, setzten sie nach Phokaia über. Dort ließen sie vier Fünfruderer zum Schutz der Stadt, und die Flotte kam nach Kanai. Und da der Winter schon herannahte, wurden die Schiffe an Land gezogen und mit Wall und Graben umgeben.

Exitu anni comitia Romae habita, quibus creati   9
sunt consules L. Cornelius Scipio et C. Laelius —
Africanum intuentibus cunctis — ad finiendum cum
Antiocho bellum. Postero die praetores creati M.
Tuccius, L. Aurunculeius, Cn. Fulvius, L. Aemilius,
P. Iunius, C. Atinius Labeo.

Am Ende des Jahres fanden in Rom die Wahlen statt, bei denen
L. Cornelius Scipio und C. Laelius zu Konsuln gewählt wurden, wobei
alle für die Beendigung des Krieges mit Antiochos den Africanus im
Auge hatten. Am nächsten Tag wurden M. Tuccius, L. Aurunculejus,
Cn. Fulvius, L. Aemilius, P. Junius und C. Atinius Labeo zu Prätoren
gewählt.

LIBER XXXVII

L. Cornelio Scipione C. Laelio consulibus nulla   1
prius secundum religiones acta in senatu res est quam
de Aetolis. Et legati eorum institerunt, quia brevem
indutiarum diem habebant, et ab T. Quinctio, qui
tum Romam ex Graecia redierat, adiuti sunt. Aetoli,   2
ut quibus plus in misericordia senatus quam in causa
spei esset, suppliciter egerunt veteribus benefactis
nova pensantes maleficia. Ceterum et praesentes in-   3
terrogationibus undique senatorum confessionem
magis noxae quam responsa exprimentium fatigati
sunt et excedere curia iussi magnum certamen praebuerunt. Plus ira quam misericordia in causa eorum   4
valebat, quia non ut hostibus modo, sed tamquam
indomitae et insociabili genti suscensebant. Per ali-   5
quot dies cum certatum esset, postremo neque dari
neque negari pacem placuit; duae condiciones iis latae
sunt: vel senatui liberum arbitrium de se permitterent
vel mille talentum darent eosdemque amicos atque
inimicos haberent. Exprimere cupientibus, quarum   6
rerum in se arbitrium senatui permitterent, nihil certi
responsum est. Ita infecta pace dimissi urbe eodem
die, Italia intra quindecim dies excedere iussi.

Tum de consulum provinciis coeptum agi est. Am-   7
bo Graeciam cupiebant. Multum Laelius in senatu
poterat. Is, cum senatus aut sortiri aut comparare

BUCH XXXVII

Als L. Cornelius Scipio und C. Laelius Konsuln waren, wurde nach den religiösen Angelegenheiten im Senat zuallererst das Ätolerproblem behandelt. Ihre Gesandten drängten, weil sie nur eine kurze Waffenstillstandsfrist hatten, und sie wurden auch von T. Quinctius unterstützt, der damals aus Griechenland nach Rom zurückgekehrt war. Die Ätoler, deren Hoffnung mehr auf dem Mitleid des Senats als auf der Rechtslage beruhte, traten demütig auf und suchten mit ihren alten Verdiensten ihre neuen schlimmen Taten aufzuwiegen. Aber solange sie da waren, setzten ihnen die Senatoren, die mehr ein Geständnis ihrer Schuld als Auskünfte erzwingen wollten, durch Fragen von allen Seiten hart zu, und nachdem man sie aufgefordert hatte, den Senat zu verlassen, wurden sie der Anlaß zu einer großen Auseinandersetzung. Der Zorn war in ihrem Fall stärker als das Mitleid, weil man ihnen nicht nur als Feinden, sondern als einer wilden und unverträglichen Völkerschaft zürnte. Nachdem die Auseinandersetzung eine Reihe von Tagen angedauert hatte, beschloß man schließlich, ihnen den Frieden weder zu gewähren noch abzuschlagen. Zwei Vorschläge wurden ihnen gemacht: entweder sollten sie dem Senat die freie Entscheidung über ihr Schicksal überlassen, oder sie sollten 1000 Talente geben und dieselben Freunde und dieselben Feinde haben. Als sie eine Auskunft wünschten, in welchen Punkten sie dem Senat die Entscheidung über ihr Schicksal überlassen sollten, erhielten sie keine klare Antwort. So wurden sie, ohne einen Frieden zustande gebracht zu haben, noch am selben Tag aus der Stadt weggeschickt und aufgefordert, Italien innerhalb von 15 Tagen zu verlassen.

Dann begann man über die Aufgabenbereiche der Konsuln zu verhandeln. Beide wollten Griechenland haben. Laelius besaß im Senat großen Einfluß. Als der Senat anordnete, die Konsuln sollten entweder

inter se provincias consules iussisset, elegantius facturos dixit, si iudicio patrum quam si sorti eam rem
permisissent. Scipio responso ad hoc dato cogitatu-   8
rum, quid sibi faciendum esset, cum fratre uno locutus iussusque ab eo permittere audacter senatui re-
nuntiat collegae facturum se, quod is censeret. Cum   9
res aut nova aut vetustate exemplorum memoriae iam
exoletae relata exspectatione certaminis senatum ere-
xisset, P. Scipio Africanus dixit, si L. Scipioni fratri
suo provinciam Graeciam decrevissent, se ⟨ei⟩ legatum iturum. Haec vox magno adsensu audita sustulit   10
certamen; experiri libebat, utrum plus regi Antiocho
in Hannibale victo an in victore Africano consuli
legionibusque Romanis auxilii foret; ac prope omnes
Scipioni Graeciam, Laelio Italiam decreverunt.

Praetores inde provincias sortiti sunt, L. Auruncu-   2
leius urbanam, Cn. Fulvius peregrinam, L. Aemilius
Regillus classem, P. Iunius Brutus Tuscos, M. Tuccius Apuliam et Bruttios, C. Atinius Siciliam. Consuli   2
deinde, cui Graecia provincia decreta erat, ad eum
exercitum, quem a M'. Acilio − duae autem legiones
erant − accepturus esset, in supplementum addita
peditum civium Romanorum tria milia, equites centum et socium Latini nominis quinque milia, equites
ducenti; et adiectum, ut, cum in provinciam venisset, 3
si e re publica videretur esse, exercitum in Asiam
traiceret. Alteri consuli totus novus exercitus decre- 4
tus, duae legiones Romanae et socium Latini nominis
quindecim milia peditum, equites sescenti. Exercitum   5
ex Liguribus Q. Minucius − iam enim confectam
provinciam scripserat et Ligurum omne nomen in
deditionem venisse − traducere in Boios et P. Cornelio proconsuli tradere iussus ex agro, quo victos bello
multaverat, Boios deducenti. Duae urbanae legiones,   6
quae priore anno conscriptae erant, M. Tuccio prae-

das Los entscheiden lassen oder sich untereinander über ihre Aufgabenbereiche verständigen, sagte er, sie würden sich zweckmäßiger verhalten, wenn sie diese Sache dem Urteil der Senatoren als wenn sie sie dem
Los überließen. Scipio entgegnete darauf, er werde überlegen, wie er
sich verhalten solle, und nachdem er nur mit seinem Bruder gesprochen
hatte und von ihm aufgefordert worden war, die Sache getrost dem
Senat zu überlassen, teilte er seinem Kollegen mit, er werde sich seinem
Vorschlag entsprechend verhalten. Das Verfahren war neuartig oder
durch das Alter der Beispiele schon in Vergessenheit geraten; während
der Senat daher gespannt auf die Auseinandersetzung wartete, sagte
P. Scipio Africanus, wenn sie für seinen Bruder L. Scipio Griechenland
als Aufgabenbereich bestimmten, werde er als Legat mit ihm gehen.
Dieses Wort wurde mit großem Beifall gehört und ließ es nicht zur
Auseinandersetzung   kommen.   Man   wünschte   herauszufinden,   ob
König Antiochos an dem besiegten Hannibal oder der Konsul und die
römischen Legionen an dem siegreichen Africanus mehr Hilfe hätten.
Und fast alle bestimmten Griechenland für Scipio, Italien für Laelius.

Darauf losten die Prätoren um die Aufgabenbereiche; L. Aurunculc-
jus erhielt die Stadt-, Cn. Fulvius die Fremdenprätur, L. Aemilius
Regillus die Flotte, P. Junius Brutus das Gebiet der Etrusker, M. Tuccius Apulien und das Gebiet der Bruttier und C. Atinius Sizilien. Dann
wurden dem Konsul, für den Griechenland als Aufgabenbereich
bestimmt worden war, zusätzlich zu dem Heer, das er von M'. Acilius
übernehmen sollte – das waren zwei Legionen –, als Ersatz 3000
Fußsoldaten aus der römischen Bürgerschaft und 100 Reiter bewilligt
und 5000 Bundesgenossen und Latiner und 200 Reiter. Und es wurde
hinzugefügt, wenn er in sein Aufgabengebiet gekommen sei, solle er,
falls es ihm im Interesse des Staates zu liegen scheine, mit dem Heer
nach Kleinasien übersetzen. Für den anderen Konsul wurde ein völlig
neues Heer bestimmt, zwei römische Legionen und 15000 Fußsoldaten
von den Bundesgenossen und Latinern und 600 Reiter. Q. Minucius
wurde aufgefordert, das Heer aus dem Gebiet der Ligurer – er hatte
nämlich geschrieben, sein Amtsbereich sei nunmehr beruhigt und die
ganze Völkerschaft der Ligurer habe sich ergeben – in das Gebiet der
Bojer hinüberzuführen und dem Prokonsul P. Cornelius zu übergeben,
der die Bojer aus dem Gebiet wegführte, dessen Abtretung er von ihnen
nach ihrer Niederlage im Krieg verlangt hatte. Die beiden Reservelegio-

tori datae et socium ac Latini nominis peditum quindecim milia et equites sescenti ad Apuliam Bruttios-
que obtinendos. A. Cornelio superioris anni praetori,   7
qui Bruttios cum exercitu obtinuerat, imperatum, si
ita consuli videretur, ut legiones in Aetoliam traiectas
M'. Acilio traderet, si is manere ibi vellet; si Acilius   8
redire Romam mallet, ut A. Cornelius cum eo exercitu in Aetolia remaneret. C. Atinium Labeonem provinciam Siciliam exercitumque a M. Aemilio accipere
placuit et in supplementum scribere ex ipsa provincia,
si vellet, peditum duo milia et centum equites. P.   9
Iunius Brutus in Tuscos exercitum novum, legionem
unam Romanam et decem milia socium ac Latini
nominis scribere et quadringentos equites; L. Aemi-   10
lius, cui maritima provincia erat, viginti naves longas
et socios navalis a M. Iunio praetore superioris anni
accipere iussus et scribere ipse mille navalis socios,
duo milia peditum; cum iis navibus militibusque in
Asiam proficisci et classem a C. Livio accipere. Duas   11
Hispanias Sardiniamque obtinentibus prorogatum in
annum imperium est et idem exercitus decreti. Siciliae   12
Sardiniaeque binae aeque ⟨ac⟩ proximo anno decu-
mae frumenti imperatae; Siculum omne frumentum in
Aetoliam ad exercitum portari iussum, ex Sardinia
pars Romam, pars in Aetoliam, eodem quo Siculum.

Priusquam consules in provincias proficiscerentur,   3
prodigia per pontifices procurari placuit. Romae Iu-   2
nonis Lucinae templum de caelo tactum erat ita, ut
fastigium valvaeque deformarentur; Puteolis pluribus
locis murus et porta fulmine icta et duo homines
exanimati; Nursiae sereno satis constabat nimbum   3
ortum; ibi quoque duos liberos homines exanimatos;
terra apud se pluvisse Tusculani nuntiabant, et Reatini
mulam in agro suo peperisse. Ea procurata, Latinae-   4
que instauratae, quod Laurentibus carnis, quae dari

nen, die im Vorjahr ausgehoben worden waren, erhielt der Prätor
M. Tuccius, dazu 15 000 Fußsoldaten von den Bundesgenossen und
Latinern und 600 Reiter; sie sollten in Apulien und dem Gebiet der
Bruttier stationiert sein. A. Cornelius, der Prätor des Vorjahres, der mit
seinem Heer im Gebiet der Bruttier gestanden hatte, erhielt Befehl,
wenn es der Konsul so für richtig halte, die Legionen nach Ätolien
hinüberzuschaffen und M'. Acilius zu übergeben, wenn der dort bleiben wolle; wenn Acilius aber lieber nach Rom zurückkehren wolle,
solle A. Cornelius mit diesem Heer in Ätolien zurückbleiben. C. Atinius Labeo sollte die Provinz Sizilien und das Heer von M. Aemilius
übernehmen und, wenn er wolle, in der Provinz selbst als Ersatz 2000
Fußsoldaten und 100 Reiter ausheben. P. Junius Brutus wurde aufgefordert, für das Gebiet der Etrusker ein neues Heer auszuheben, und
zwar eine römische Legion und 10 000 Bundesgenossen und Latiner und
400 Reiter; und L. Aemilius, dessen Aufgabenbereich das Meer war,
sollte 20 Kriegsschiffe und die Seesoldaten von M. Junius, dem Prätor
des Vorjahres, übernehmen und selbst 1000 Seesoldaten und 2000
Fußsoldaten ausheben; mit diesen Schiffen und Soldaten sollte er nach
Kleinasien auslaufen und die Flotte von C. Livius übernehmen. Denen,
die die beiden Spanien und Sardinien verwalteten, wurde das Kommando für ein Jahr verlängert, und sie sollten dieselben Heere behalten.
Sizilien und Sardinien wurde genau wie im Vorjahr der doppelte Zehnte
an Getreide abverlangt. Aus Sizilien sollte alles Getreide nach Ätolien
zum Heer geschafft werden, von Sardinien der eine Teil nach Rom, der
andere nach Ätolien, wohin auch das aus Sizilien ging.

Bevor die Konsuln in ihre Amtsbereiche aufbrachen, sollten die
Zeichen vom Himmel durch die Pontifices gesühnt werden. In Rom
war das Heiligtum der Juno Lucina so vom Blitz getroffen worden, daß
der Giebel und die Türflügel beschädigt worden waren. In Puteoli hatte
der Blitz an mehreren Stellen in die Mauer und ein Tor eingeschlagen,
und zwei Menschen waren getötet worden. Daß über Nursia aus
heiterem Himmel ein Unwetter hereingebrochen war, stand zur
Genüge fest; auch dort waren zwei freie Bürger zu Tode gekommen.
Die Bewohner von Tusculum meldeten, es habe bei ihnen Erde geregnet, und die von Reate, in ihrem Gebiet habe ein Maultier geworfen.
Das wurde gesühnt, und das Latinerfest wurde wiederholt, weil den
Bewohnern von Laurentum das Fleisch, das ihnen zusteht, nicht gege-

debet, data non fuerat. Supplicatio quoque earum   5
religionum causa fuit, quibus diis decemviri ex libris
ut fieret ediderunt. Decem ingenui, decem virgines,   6
patrimi omnes matrimique, ad id sacrificium adhibiti
et decemviri nocte lactentibus rem divinam fecerunt.

P. Cornelius Scipio Africanus, priusquam proficis-   7
ceretur, fornicem in Capitolio adversus viam, qua in
Capitolium escenditur, cum signis septem auratis et
equis duobus et marmorea duo labra ante fornicem
posuit.

Per eosdem dies principes Aetolorum tres et qua-   8
draginta, inter quos Damocritus et frater eius erant,
ab duabus cohortibus missis a M'. Acilio Romam
deducti et in Lautumias coniecti sunt. Cohortes inde
ad exercitum redire L. Cornelius consul iussit.

Legati ab Ptolomaeo et Cleopatra regibus Aegypti   9
gratulantes, quod M'. Acilius consul Antiochum regem Graecia expulisset, venerunt adhortantesque, ut
in Asiam exercitum traicerent: omnia perculsa metu   10
non in Asia modo, sed etiam in Syria esse; reges
Aegypti ad ea, quae censuisset senatus, paratos fore.
Gratiae regibus actae; legatis munera dari iussa in   11
singulos quaternum milium aeris.

L. Cornelius consul peractis, quae Romae agenda   4
erant, pro contione edixit, ut milites, quos ipse in
supplementum scripsisset, quique in Bruttiis cum A.
Cornelio propraetore essent, ut hi omnes idibus
Quinctilibus Brundisium convenirent. Item tres lega-   2
tos nominavit, Sex. Digitium, L. Apustium, C. Fabri-
cium Luscinum, qui ex ora maritima undique navis
Brundisium contraherent; et omnibus iam paratis paludatus ab urbe est profectus. Ad quinque milia vo-   3
luntariorum, Romani sociique, qui emerita stipendia
sub imperatore P. Africano habebant, praesto fuere   4
exeunti consuli et nomina dederunt. Per eos dies,
quibus est profectus ad bellum consul, ludis Apollina-

ben worden war. Wegen dieser religiösen Bedenken fand auch ein
Bittgang zu den Göttern statt, zu denen er nach der Anordnung der
Decemvirn aufgrund der Bücher führen sollte. Zehn Freigeborene und
zehn Jungfrauen, die alle noch ihre Väter und Mütter hatten, wurden zu
dieser Opferhandlung hinzugezogen, und die Decemvirn brachten bei
Nacht Jungtiere, die noch von der Muttermilch lebten, als Opfer dar.

Bevor P. Cornelius Scipio Africanus aufbrach, ließ er auf dem Kapitol an der Straße, auf der man zum Kapitol hinaufsteigt, einen Bogen
mit sieben vergoldeten Figuren und zwei Pferden errichten und zwei
Marmorbassins vor dem Bogen anlegen.

Während dieser Tage wurden 43 führende Männer der Ätoler, darunter Damokritos und sein Bruder, von zwei Kohorten, die M'. Acilius
geschickt hatte, nach Rom gebracht und in den Kerker im Steinbruch
geworfen. Der Konsul L. Cornelius befahl den Kohorten dann, wieder
zum Heer zurückzukehren.

Von Ptolemaios und Kleopatra, dem ägyptischen Königspaar, kamen
Gesandte mit Glückwünschen, weil der Konsul M'. Acilius König
Antiochos aus Griechenland vertrieben hatte, und mit der Empfehlung,
das Heer nach Kleinasien hinüberzuführen. Nicht nur in Kleinasien,
sondern auch in Syrien sei alles wie gelähmt vor Furcht. Das Königspaar
von Ägypten werde zu dem, was der Senat beschließe, bereit sein. Man
sprach dem Königspaar seinen Dank aus; und es wurde angeordnet, den
Gesandten Geschenke zu geben, jedem für 4000 As.

Nachdem der Konsul L. Scipio das, was in Rom zu tun war, erledigt
hatte, ordnete er vor der Volksversammlung an, die Soldaten, die er
selbst als Ersatz ausgehoben habe, und die, die im Gebiet der Bruttier
bei dem Proprätor A. Cornelius seien, die sollten sich alle am
15. Quinctilis in Brundisium einfinden. Ebenso ernannte er drei Legaten, Sex. Digitius, L. Apustius und C. Fabricius Luscinus, die überall
von der Meeresküste Schiffe in Brundisium zusammenziehen sollten.
Und nachdem er nun alle Vorbereitungen getroffen hatte, brach er im
Kriegsmantel aus der Stadt auf. Ungefähr 5000 Freiwillige, Römer und
Bundesgenossen, die ihren Kriegsdienst unter dem Feldherrn P. Africanus abgeleistet hatten, waren zur Stelle, als der Konsul aus der Stadt
ging, und meldeten sich zum Kriegsdienst. In diesen Tagen, in denen
der Konsul zum Krieg aufbrach, verdunkelte sich bei den Spielen zu

ribus a. d. quintum idus Quinctiles caelo sereno
interdiu obscurata lux est, cum luna sub orbem solis
subisset. Et L. Aemilius Regillus, cui navalis provin-   5
cia evenerat, eodem tempore profectus est. L. Aurun-
culeio negotium ab senatu datum est, ut triginta quinqueremes, viginti triremes faceret, quia fama erat
Antiochum post proelium navale maiorem classem
aliquanto reparare.

Aetoli, postquam legati ab Roma rettulerunt nul-   6
lam spem pacis esse, quamquam omnis ora maritima
eorum, quae in Peloponnesum versa est, depopulata
ab Achaeis erat, periculi magis quam damni memores,   7
ut Romanis intercluderent iter, Coracem occupaverunt montem; neque enim dubitabant ad oppugnatio-
nem Naupacti eos principio veris redituros esse. Aci-   8
lio, quia id exspectari sciebat, satius visum est inopi-
natam adgredi rem et Lamiam oppugnare; nam et a   9
Philippo prope ad excidium adductos esse et tunc eo
ipso, quod nihil tale timerent, opprimi incautos posse.
Profectus ab Elatia primum in hostium terra circa   10
Spercheum amnem posuit castra; inde nocte motis
signis prima luce corona moenia est adgressus.

Magnus pavor ac tumultus, ut in re improvisa, fuit.   5
Constantius tamen, quam quis facturos crederet, in
tam subito periculo, cum viri propugnarent, feminae
tela omnis generis saxaque in muros gererent, iam
multifariam scalis appositis urbem eo die defende-
runt. Acilius signo receptui dato suos in castra medio   2
ferme die reduxit; et tunc cibo et quiete refectis
corporibus, priusquam praetorium dimitteret, denuntiavit, ut ante lucem armati paratique essent; nisi
expugnata urbe se eos in castra non reducturum.
Eodem tempore, quo pridie, pluribus locis adgressus,   3
cum oppidanos iam vires, iam tela, iam ante omnia
animus deficeret, intra paucas horas urbem cepit. Ibi

Ehren des Apollo am 11. Quinctilis aus heiterem Himmel am Tage das Sonnenlicht, weil der Mond vor die Sonnenscheibe getreten war. Auch L. Aemilius Regillus, dem der Aufgabenbereich zur See zugefallen war, brach zur selben Zeit auf. L. Aurunculejus erhielt vom Senat den Auftrag, 30 Fünfruderer und 20 Dreiruderer zu bauen, weil die Kunde kam, Antiochos baue nach der Seeschlacht wieder eine erheblich größere Flotte auf.

Die Ätoler besetzten den Korax, nachdem ihre Gesandten aus Rom berichtet hatten, es gebe keine Hoffnung auf Frieden. Das taten sie, um den Römern den Weg zu versperren, obwohl ihr ganzes Küstengebiet, das zur Peloponnes hin liegt, von den Achäern verwüstet worden war; denn sie dachten mehr an die Gefahr als an die Schlappe. Sie zweifelten nämlich nicht daran, daß die Römer mit Beginn des Frühlings zum Angriff auf Naupaktos zurückkehren würden. Weil Acilius wußte, daß man das erwartete, schien es ihm besser, etwas Unerwartetes zu beginnen und Lamia anzugreifen; denn sie seien von Philipp an den Rand des Untergangs gebracht worden und könnten jetzt gerade darum, weil sie nichts Derartiges fürchteten, in ihrer Sorglosigkeit überrumpelt werden. Er brach von Elateia auf und schlug im Lande der Feinde zunächst am Spercheios sein Lager auf. Von dort rückte er in der Nacht weiter vor und griff im Morgengrauen mit einer Truppenkette von allen Seiten die Mauern an.

Groß war das Entsetzen und die Verwirrung, da alles ganz unerwartet kam. Standhafter jedoch, als man hätte glauben sollen, verteidigten sie in der so plötzlich entstandenen Situation an diesem Tag die Stadt, an die schon an vielen Stellen die Sturmleitern angelegt wurden; die Männer setzten sich zur Wehr, und die Frauen schleppten Geschosse jeder Art und Steine auf die Mauern. Acilius gab ungefähr am Mittag das Signal zum Rückzug und führte seine Truppen ins Lager zurück. Nachdem sie gegessen und sich ausgeruht und so erholt hatten, verkündete er, bevor er seinen Stab entließ, sie sollten sich vor Morgengrauen bewaffnen und bereithalten; er werde entweder die Stadt erobern oder sie nicht mehr ins Lager zurückführen. Zur selben Zeit wie am Tag zuvor griff er an mehreren Stellen an, und da bei den Bewohnern der Stadt die Kräfte schon nachließen, die Geschosse schon ausgingen, sie vor allem aber schon den Mut verloren, nahm er die Stadt innerhalb

partim divendita, partim divisa praeda consilium habitum, quid deinde faceret. Nemini ad Naupactum iri   4
placuit occupato ad Coracem ab Aetolis saltu. Ne
tamen segnia aestiva essent et Aetoli non impetratam
pacem ab senatu nihilo minus per suam cunctationem
haberent, oppugnare Acilius Amphissam statuit. Ab
Heraclea per Oetam exercitus eo deductus. Cum ad   5
moenia castra posuisset, non corona, sicut Lamiam,
sed operibus oppugnare urbem est adortus. Pluribus
simul locis aries admovebatur, et cum quaterentur
muri, nihil adversus tale machinationis genus parare
aut comminisci oppidani conabantur; omnis spes in   6
armis et audacia erat; eruptionibus crebris et stationes
hostium et eos ipsos, qui circa opera et machinas
erant, turbabant.

Multis tamen locis decussus murus erat, cum adla-   6
tum est successorem Apolloniae exposito exercitu per
Epirum ac Thessaliam venire. Cum tredecim milibus   2
peditum et quingentis equitibus consul veniebat —
iam in sinu Maliaco erat — et praemissis Hypatam,
qui tradere urbem iuberent, postquam nihil responsum est nisi ex communi Aetolorum decreto facturos,
ne teneret se oppugnatio Hypatae nondum Amphissa
recepta, praemisso fratre Africano Amphissam ducit.
Sub adventum eorum oppidani relicta urbe — iam   3
enim magna ex parte moenibus nudata erat — in
arcem, quam inexpugnabilem habent, omnes armati
atque inermes concessere.

Consul a septem milibus fere passuum inde posuit   4
castra. Eo legati Athenienses primum ad P. Scipionem
praegressum agmen, sicut ante dictum est, deinde ad
consulem venerunt, deprecantes pro Aetolis. Clemen-
tius responsum ab Africano tulerunt, qui causam   5
relinquendi honeste Aetolici belli quaerens Asiam et

weniger Stunden. Die Beute wurde dort teils verkauft, teils verteilt und dann Kriegsrat gehalten, was er jetzt tun solle. Keiner war dafür, nach Naupaktos zu ziehen, da der Paß am Korax von den Ätolern besetzt war. Damit aber das Sommerlager nicht in Tatenlosigkeit dahinging und damit die Ätoler nicht den Frieden, den sie durch ihre Bitten beim Senat nicht erhalten hatten, durch sein Zögern doch hätten, beschloß Acilius, Amphissa anzugreifen. Von Herakleia aus wurde das Heer über den Oeta dorthin geführt. Als er das Lager bei den Mauern aufgeschlagen hatte, begann er den Angriff auf die Stadt nicht mit einer Truppenkette von allen Seiten wie bei Lamia, sondern mit Belagerungsgeräten. An mehreren Stellen zugleich wurde der Sturmbock vorgebracht, und als die Mauern erschüttert wurden, versuchten die Bewohner der Stadt keine Gegenmaßnahmen gegen solche Art von technischem Gerät vorzubereiten oder sich auszudenken. Ihre ganze Hoffnung beruhte auf ihren Waffen und auf ihrer Kühnheit. Durch häufige Ausfälle suchten sie die Posten der Feinde und die, die bei den Belagerungswerken und den Angriffsmaschinen waren, zu verwirren.

Trotzdem war die Mauer schon an vielen Stellen zum Einsturz gebracht, als gemeldet wurde, der Nachfolger sei mit dem Heer in Apollonia gelandet und komme durch Epirus und Thessalien heran. Mit 13000 Fußsoldaten und 500 Reitern kam der Konsul – er befand sich schon am Golf von Malis. Er hatte Leute nach Hypata vorausgeschickt mit der Aufforderung, ihm die Stadt zu übergeben. Nachdem er die Antwort erhalten hatte, sie würden nichts tun, es sei denn auf gemeinsamen Beschluß der Ätoler, wollte er sich nicht durch einen Angriff auf Hypata aufhalten lassen, solange Amphissa noch nicht eingenommen war; er schickte daher seinen Bruder Africanus voraus und führte seine Truppen nach Amphissa. Bei ihrer Ankunft verließen die Bewohner ihre Stadt – denn sie hatte schon zum großen Teil keine Mauern mehr –, und alle, Bewaffnete und Unbewaffnete, zogen sich auf die Burg zurück, die sie für uneinnehmbar hielten.

Der Konsul schlug ungefähr sieben Meilen von dort entfernt sein Lager auf. Dort kamen Gesandte aus Athen zunächst zu P. Scipio, der dem Heer vorausgeeilt war, wie oben gesagt ist, dann zum Konsul und legten Fürbitte für die Ätoler ein. Von Africanus nahmen sie eine ziemlich milde Antwort mit; denn er suchte nach einem Grund, den Ätolerkrieg ehrenvoll hinter sich zu bringen und richtete seinen Blick

regem Antiochum spectabat iusseratque Athenienses
non Romanis solum, ut pacem bello praeferrent, sed
etiam Aetolis persuadere. Celeriter auctoribus Athe-   6
niensibus frequens ab Hypata legatio Aetolorum ve-
nit, et spem pacis eis sermo etiam Africani, quem
priorem adierunt, auxit, commemorantis multas gentes populosque in Hispania prius, deinde in Africa in
fidem suam venisse; in omnibus se maiora clementiae
benignitatisque quam virtutis bellicae monumenta reliquisse. Perfecta videbatur res, cum aditus consul   7
idem illud responsum rettulit, quo fugati ab senatu
erant. Eo tamquam novo cum icti Aetoli essent —
nihil enim nec legatione Atheniensium nec placido
Africani responso profectum videbant —, referre ad
suos dixerunt velle.

   Reditum inde Hypatam est, nec consilium expedie-   7
batur; nam neque, unde mille talentum daretur, erat,
et permisso libero arbitrio ne in corpora sua saevire-
tur, metuebant. Redire itaque eosdem legatos ad con-   2
sulem et Africanum iusserunt et petere, ut, si dare
vere pacem, non tantum ostendere, frustrantes spem
miserorum, vellent, aut ex summa pecuniae demerent
aut permissionem extra civium corpora fieri iuberent.
Nihil impetratum, ut mutaret consul; et ea quoque   3
irrita legatio dimissa est. Secuti et Athenienses sunt; et   4
princeps legationis eorum Echedemus fatigatos tot
repulsis Aetolos et complorantis inutili lamentatione
fortunam gentis ad spem revocavit auctor indutias sex
mensium petendi, ut legatos mittere Romam possent;
dilationem nihil ad praesentia mala, quippe quae ulti-   5
ma essent, adiecturam; levari per multos casus tempo-
re interposito praesentis clades posse. Auctore Eche-   6

auf Kleinasien und König Antiochos und hatte die Athener aufgefordert, nicht nur den Römern zu raten, den Frieden dem Krieg vorzuzie-
hen, sondern auch den Ätolern. Auf Veranlassung der Athener kam
schnell eine große Gesandtschaft der Ätoler aus Hypata, und die
Unterredung mit Africanus, an den sie sich zuerst wandten, ließ bei
ihnen die Hoffnung auf Frieden noch wachsen; er erinnerte nämlich
daran, daß viele Völkerschaften und Völker zunächst in Spanien, dann
in Afrika ihr Schicksal in seine Hand gelegt hätten; bei allen habe er
größere Beweise seiner Milde und Güte als seiner kriegerischen Tüchtigkeit hinterlassen. Die Sache schien abgemacht, aber als sie sich dann
an den Konsul wandten, gab er ihnen wieder genau dieselbe Antwort,
durch die sie aus dem Senat verscheucht worden waren. Das traf die
Ätoler, als wenn es für sie neu wäre – denn sie sahen, daß sie weder
durch die Gesandtschaft der Athener noch durch die sanfte Antwort des
Africanus weitergekommen waren –, und sie sagten, sie wollten es ihren
Landsleuten berichten.

Man kehrte von dort nach Hypata zurück, aber man konnte zu
keinem Entschluß kommen; denn sie wußten nicht, woher sie die 10 000
Talente nehmen sollten, und wenn sie den Römern die uneinge-
schränkte Verfügungsgewalt übertrugen, fürchteten sie körperliche
Mißhandlungen. Deshalb forderten sie dieselben Gesandten auf, zum
Konsul und zu Africanus zurückzukehren und sie zu bitten, wenn sie
wirklich Frieden gewähren, nicht nur in Aussicht stellen wollten, indem
sie die Hoffnung unglücklicher Menschen enttäuschten, entweder von
der Summe des Geldes etwas zu erlassen oder anzuordnen, daß die
Verfügungsgewalt sich nicht auf die Körper ihrer Bürger erstrecken
solle. Sie konnten nicht erreichen, daß der Konsul etwas abänderte, und
auch diese Gesandtschaft wurde entlassen, ohne Erfolg gehabt zu
haben. Die Athener folgten ihnen, und der Führer ihrer Gesandtschaft,
Echedemos, gab den durch so viele Zurückweisungen zermürbten
Ätolern, die mit nutzlosen Klagen das Schicksal ihrer Völkerschaft
bejammerten, neue Hoffnung und riet ihnen, um einen sechsmonatigen
Waffenstillstand zu bitten, damit sie Gesandte nach Rom schicken
könnten. Der Aufschub werde zu den gegenwärtigen Übeln nichts
hinzufügen, weil diese ja schon das Äußerste seien; durch viele Zufälle
könnten sich im Verlauf der Zeit die gegenwärtigen Leiden verringern.
Auf Rat des Echedemos wurden dieselben Leute geschickt. Sie trafen

demo idem missi; prius P. Scipione convento, per
eum indutias temporis eius, quod petebant, ab consule impetraverunt. Et soluta obsidione Amphissae M'.   7
Acilius tradito consuli exercitu provincia decessit, et
consul ab Amphissa Thessaliam repetit, ut per Macedoniam Thraeciamque duceret in Asiam.

Tum Africanus fratri: „Iter, quod insistis, L. Sci-   8
pio, ego quoque approbo; sed totum id vertitur in   9
voluntate Philippi, qui, si imperio nostro fidus est, et
iter et commeatus et omnia, quae in longo itinere
exercitus alunt iuvantque, nobis suppeditabit; si is
destituit, nihil per Thraeciam satis tutum habebis;
itaque prius regis animum explorari placet. Optime   10
explorabitur, si nihil ex praeparato agentem opprimet,
qui mittetur." Ti. Sempronius Gracchus, longe tum   11
acerrimus iuvenum, ad id delectus per dispositos
equos prope incredibili celeritate ab Amphissa — inde
enim est dimissus – die tertio Pellam pervenit.   12
In convivio rex erat et in multum vini processerat; ea
ipsa remissio animi suspicionem dempsit novare eum
quicquam velle. Et tum quidem comiter acceptus   13
hospes, postero die commeatus exercitui paratos benigne, pontes in fluminibus factos, vias, ubi transitus
difficiles erant, munitas vidit. Haec referens eadem,   14
qua ierat, celeritate Thaumacis occurrit consuli. Inde
certiore et maiore spe laetus exercitus ad praeparata
omnia in Macedoniam pervenit. Venientis regio appa-   15
ratu et accepit et prosecutus est rex. Multa in eo et
dexteritas et humanitas visa, quae commendabilia
apud Africanum erant, virum sicut ad cetera egregium, ita a comitate, quae sine luxuria esset, non
aversum. Inde non per Macedoniam modo, sed etiam   16

zunächst mit P. Scipio zusammen und erlangten durch ihn beim Konsul
einen Waffenstillstand für die Zeit, um die sie gebeten hatten. Die
Belagerung von Amphissa wurde aufgehoben, M'. Acilius übergab dem
Konsul sein Heer und verließ die Provinz, und der Konsul ging von
Amphissa wieder nach Thessalien, um das Heer durch Makedonien und
Thrakien nach Kleinasien zu führen.

Da sagte Africanus zu seinem Bruder: „Der Weg, den du einschlägst,
L. Scipio, scheint auch mir gut. Aber es hängt alles von dem guten
Willen Philipps ab. Wenn er unserem Reich treu ist, wird er uns den
Durchmarsch und Nachschub ermöglichen und uns alles, was Heere auf
einem langen Marsch nährt und für sie eine Hilfe bedeutet, zur Verfügung stellen; wenn er uns aber hintergeht, wirst du beim Zug durch
Thrakien keine ausreichende Sicherheit haben. Deshalb meine ich, man
müsse sich zuerst über die Haltung des Königs Klarheit verschaffen.
Die wird man am besten gewinnen, wenn der, der geschickt wird, ihn
überrascht, ohne daß er sich in seinem Verhalten darauf vorbereiten
kann." Tib. Sempronius Gracchus, bei weitem der tatkräftigste der
jungen Männer damals, wurde dazu ausgewählt und gelangte auf Pferden, die an verschiedenen Stationen bereitgehalten wurden, in fast
unglaublicher Schnelligkeit von Amphissa – denn von dort war er
weggeschickt worden – am dritten Tag nach Pella. Der König war beim
Gastmahl und hatte dem Wein schon kräftig zugesprochen. Gerade
diese Gelöstheit beseitigte den Verdacht, daß er etwas ändern wolle.
Und zunächst einmal wurde der Gast freundlich aufgenommen, am
nächsten Tag sah er den Proviant, der für das Heer in reichem Maße
bereitgestellt war, die Brücken, die über die Flüsse geschlagen waren,
und die Straßen, die befestigt waren, wo das Durchkommen schwierig
war. Diese Eindrücke trug er zurück mit der gleichen Schnelligkeit, mit
der er gekommen war, und traf in Thaumakoi auf den Konsul. Von dort
gelangte das Heer, voll Freude, daß sie jetzt mehr und begründetere
Hoffnung haben konnten, nach Makedonien, wo alles vorbereitet war.
Der König empfing und geleitete die Ankommenden mit königlichem
Prunk. Viel Gewandtheit und Freundlichkeit wurde an ihm beobachtet,
was bei Africanus zu seiner Empfehlung diente, einem Mann, der nicht
nur im übrigen hervorragend, sondern auch der Geselligkeit nicht
abgeneigt war, wenn sie ohne Ausschweifung blieb. Von dort gelangte
man zum Hellespont, wobei ihnen Philipp nicht nur durch Makedo-

Thraeciam prosequente et praeparante omnia Philippo ad Hellespontum perventum est.

Antiochus post navalem ad Corycum pugnam cum   8
totam hiemem liberam in apparatus terrestris mariti-
mosque habuisset, classi maxume reparandae, ne tota
maris possessione pelleretur, intentus fuerat. Succur-   2
rebat superatum se, cum classis afuisset Rhodiorum;
quod si ea quoque — nec commissuros Rhodios, ut
iterum morarentur — certamini adesset, magno sibi
navium numero opus fore, ut viribus et magnitudine
classem hostium aequaret. Itaque et Hannibalem in   3
Syriam miserat ad Phoenicum accersendas naves, et
Polyxenidam, quo minus prospere res gesta erat, eo
enixius et eas, quae erant, reficere et alias parare naves
iussit. Ipse in Phrygia hibernavit undique auxilia ac-   4
cersens. Etiam in Gallograeciam miserat; bellicosiores
ea tempestate erant, Gallicos adhuc, nondum exoleta
stirpe gentis, servantes animos. Filium Seleucum in   5
Aeolide reliquerat cum exercitu ad maritimas conti-
nendas urbes, quas illinc a Pergamo Eumenes, hinc a
Phocaea Erythrisque Romani sollicitabant.

Classis Romana, sicut ante dictum est, ad Canas   6
hibernabat; eo media ferme hieme rex Eumenes cum
duobus milibus peditum, equitibus quingentis venit.
Is cum magnam praedam agi posse dixisset ex agro   7
hostium, qui circa Thyatiram esset, hortando perpulit
Livium, ut quinque milia militum secum mitteret.
Missi ingentem praedam intra paucos dies averterunt.
Inter haec Phocaeae seditio orta quibusdam ad   9
Antiochum multitudinis animos avocantibus. Gravia   2
hiberna navium erant, grave tributum, quod togae
quingentae imperatae erant cum quingentis tunicis,
gravis etiam inopia frumenti, propter quam naves   3
quoque et praesidium Romanum excessit. Tum vero
liberata metu factio erat, quae plebem in contionibus
ad Antiochum trahebat; senatus et optimates in Ro-   4

nien, sondern auch durch Thrakien das Geleit gab und alles vorbereitete.

Antiochos hatte nach der Seeschlacht bei Korykos den ganzen Winter
Zeit gehabt für seine Rüstungen auf dem Lande und zur See und hatte
sich vor allem darum bemüht, seine Flotte wiederaufzubauen, um nicht
ganz vom Meer verdrängt zu werden. Es wurde ihm bewußt, daß er
besiegt worden war, ohne daß die Flotte der Rhodier dabeigewesen
war; wenn aber auch sie an dem Kampf teilnähme – und die Rhodier
würden nicht noch einmal auf sich warten lassen –, hätte er eine große
Anzahl Schiffe nötig, um in Kampfkraft und Größe an die Flotte der
Feinde heranzukommen. Deshalb hatte er Hannibal nach Syrien
geschickt, um Schiffe der Phöniker zu holen, und Polyxenidas den
Befehl gegeben, je weniger erfolgreich sein Unternehmen abgelaufen
war, desto eifriger die Schiffe, die noch vorhanden waren, auszubessern
und andere zu bauen. Er selbst überwinterte in Phrygien und rief von
allen Seiten Hilfstruppen herbei. Er hatte auch nach Galatien geschickt;
sie waren zu dieser Zeit noch kriegslustiger und zeigten noch gallischen
Geist, da das ursprüngliche Wesen der Völkerschaft noch nicht erlo-
schen war. Seinen Sohn Seleukos hatte er in der Aiolis mit einem Heer
zurückgelassen, um die Küstenstädte im Zaum zu halten, die auf der
einen Seite Eumenes von Pergamon aus aufzuwiegeln versuchte, auf der
anderen die Römer von Phokaia und Erythrai aus.

Die römische Flotte überwinterte, wie vorhin gesagt worden ist, bei
Kanai. Dorthin kam etwa in der Mitte des Winters König Eumenes mit
2000 Fußsoldaten und 500 Reitern. Als er sagte, man könne im Gebiet
der Feinde, das um Thyateira herum liege, große Beute machen, brachte
er Livius durch sein Drängen dazu, 5000 Soldaten mit ihm zu schicken.
Die ausgeschickt wurden, schafften innerhalb weniger Tage eine ungeheure Beute weg.

Unterdessen kam es in Phokaia zu einem Aufruhr, da einige die
Menschen auf die Seite des Antiochos bringen wollten. Drückend war
die Überwinterung der Schiffe, drückend die Abgabe, weil man von
ihnen 500 Togen mit 500 Tuniken gefordert hatte, drückend auch der
Mangel an Getreide, weswegen auch die Schiffe und die römische
Besatzung abzogen. Da aber verlor die Partei, die das einfache Volk auf
den Volksversammlungen auf die Seite des Antiochos zu ziehen suchte,
die Furcht. Der Senat und die Aristokratenpartei meinten, man müsse

mana societate perstandum censebant; defectionis
auctores plus apud multitudinem valuerunt.

Rhodii, quo magis cessatum priore aestate erat, eo   5
maturius aequinoctio verno eundem Pausistratum
classis praefectum cum sex et triginta navibus miserunt. Iam Livius a Canis cum triginta navibus ⟨suis⟩   6
et septem quadriremibus, quas secum Eumenes rex
adduxerat, Hellespontum petebat, ut ad transitum
exercitus, quem terra venturum opinabatur, praepara-
ret, quae opus essent. In portum, quem vocant   7
Achaeorum, classem primum advertit; inde Ilium
escendit sacrificioque Minervae facto legationes finiti-
mas ab Elaeunte et Dardano et Rhoeteo, tradentis in
fidem civitatis suas, benigne audivit. Inde ad Helles-   8
ponti fauces navigat et decem navibus in statione
contra Abydum relictis cetera classe in Europam ad
Sestum oppugnandam traiecit. Iam subeuntibus ar-   9
matis muros fanatici Galli primum cum sollemni habitu ante portam occurrunt; iussu se Matris deum
famulos deae venire memorant ad precandum Romanum, ut parceret moenibus urbique. Nemo eorum   10
violatus est. Mox universus senatus cum magistratibus ad dedendam urbem processit. Inde Abydum   11
traiecta classis. Ubi cum temptatis per colloquia animis nihil pacati responderetur, ad oppugnationem
sese expediebant.

Dum haec in Hellesponto geruntur, Polyxenidas   10
regius praefectus − erat autem exul Rhodius −, cum
audisset profectam ab domo popularium suorum classem et Pausistratum praefectum superbe quaedam et   2
contemptim in se contionantem dixisse, praecipuo
certamine animi adversus eum sumpto nihil aliud dies
noctesque agitabat animo, quam ut verba magnifica
eius rebus confutaret. Mittit ad eum hominem et illi   3
notum, qui diceret et se Pausistrato patriaeque suae
magno usui, si liceat, fore et a Pausistrato se restitui in

am Bündnis mit den Römern festhalten. Die zum Abfall rieten, ver-
mochten aber bei der Menge mehr.

Je säumiger sich die Rhodier im vergangenen Sommer gezeigt hatten,
desto zeitiger schickten sie bei der Frühlings-Tagundnachtgleiche denselben Pausistratos als Flottenbefehlshaber mit 36 Schiffen. Schon war
Livius von Kanai aus mit 30 eigenen Schiffen und den sieben Vierruderern, die König Eumenes mitgebracht hatte, zum Hellespont unterwegs,
um für den Übergang des Heeres, das, wie er vermutete, auf dem
Landweg herankommen werde, die nötigen Vorbereitungen zu treffen.
Im sogenannten Hafen der Achäer legte die Flotte zunächst an. Von
dort stieg er nach Ilion hinauf, und nachdem er der Athene ein Opfer
dargebracht hatte, hörte er freundlich die Gesandtschaften aus der
Nachbarschaft an, von Elaius, Dardanos und Rhoiteion, die ihre
Gemeinden unter seinen Schutz stellten. Von dort fuhr er zur Enge des
Hellespont, ließ zehn Schiffe auf Posten gegenüber von Abydos zurück
und setzte mit der übrigen Flotte nach Europa über, um Sestos anzugreifen. Als sie schon bewaffnet an die Mauern heranrückten, kamen
ihnen zunächst Galloi, die sich in Ekstase befanden, im Kultgewand vor
dem Tor entgegen. Sie sagten, sie kämen im Auftrag der Göttermutter
als deren Diener, um den Römer zu bitten, die Mauern und die Stadt zu
verschonen. Keinem von ihnen wurde ein Leid angetan. Bald zog der
ganze Senat mit den Beamten heran, um die Stadt zu übergeben. Von
dort setzte die Flotte nach Abydos über. Als sie sich hier in Unterredungen über die Haltung der Bevölkerung Klarheit zu verschaffen
suchten und keine friedliche Antwort erhielten, machten sie sich zum
Angriff fertig.

Während dies am Hellespont geschah, hatte Polyxenidas, der
Befehlshaber des Königs – er war ein Verbannter aus Rhodos –, gehört,
die Flotte seiner Landsleute sei von daheim ausgelaufen und Pausistratos, ihr Befehlshaber, habe in einer öffentlichen Rede einige überhebli-
che und verächtliche Äußerungen gegen ihn getan; Polyxenidas nahm
die persönliche Auseinandersetzung mit Pausistratos auf und dachte
Tag und Nacht an nichts anderes, als seine hochtrabenden Worte durch
Taten zu widerlegen. Er schickte einen Mann zu ihm, der jenem auch
bekannt war; der sollte ihm sagen, Polyxenidas werde Pausistratos und
seinem Vaterland von großem Nutzen sein, wenn es ihm erlaubt werde,
und er könne von Pausistratos wieder in sein Vaterland zurückgeführt

patriam posse. Cum, quonam modo ea fieri possent,   4
mirabundus Pausistratus percunctaretur, fidem pe-
tenti dedit agendae communiter rei aut tegendae silentio. Tum internuntius: regiam classem aut totam   5
aut maiorem eius partem Polyxenidam traditurum ei;
pretium tanti meriti nullum aliud pacisci quam reditum in patriam. Magnitudo rei, nec ut crederet nec ut   6
aspernaretur dicta, effecit. Panhormum Samiae terrae
petit ibique ad explorandam rem, quae oblata erat,
substitit. Ultro citroque nuntii cursare, nec fides ante   7
Pausistrato facta est, quam coram nuntio eius Polyxenidas sua manu scripsit se ea, quae pollicitus esset,
facturum signoque suo impressas tabellas misit. Eo   8
vero pignore velut auctoratum sibi proditorem ratus
est: neque enim qui sub rege viveret, commissurum
fuisse, ut adversus semet ipsum indicia manu sua
testata daret. Inde ratio simulatae proditionis compo-   9
sita. Omnium se rerum apparatum omissurum Polyxenidas dicere; non remigem, non socios navalis ad
classem frequentis habiturum; subducturum per si-   10
mulationem reficiendi quasdam naves, alias in propin-
quos portus dimissurum; paucas ante portum Ephesi
in salo habiturum, quas, si exire res cogeret, obiec-
turus certamini foret. Quam neglegentiam Polyxeni-   11
dam in classe sua habiturum Pausistratus audivit, eam
ipse extemplo habuit, partem navium ad commeatus
accersendos Halicarnassum, partem Samum ad urbem
misit, ⟨ipse ad Panhormum mansit,⟩ ut paratus esset,
cum signum adgrediendi a proditore accepisset. Poly-   12
xenidas augere simulando errorem; subducit quasdam
naves, alias velut subducturus esset, navalia reficit;
remiges ex hibernis non Ephesum accersit, sed Magnesiam occulte cogit.

Forte quidam Antiochi miles, cum Samum rei pri-   11
vatae causa venisset, pro speculatore deprehensus de-
ducitur Panhormum ad praefectum. Is percunctanti,   2

werden. Als Pausistratos sich verwundert erkundigte, wie das denn
geschehen könne, bat jener um vertrauliche Behandlung der Angelegenheit, und Pausistratos gab ihm sein Wort, daß er entweder mit ihm
gemeinsame Sache machen oder Schweigen bewahren werde. Darauf
der Unterhändler: Polyxenidas werde ihm die königliche Flotte entweder ganz oder zum größten Teil ausliefern; als Lohn für ein so großes
Verdienst bedinge er sich nichts anderes aus als die Rückkehr ins
Vaterland. Die Bedeutung der Angelegenheit hatte zur Folge, daß
Pausistratos den Worten weder Glauben schenkte noch sie in den Wind
schlug. Er fuhr nach Panhormos im Gebiet von Samos und machte dort
halt, um das Angebot, das ihm gemacht worden war, zu prüfen. Boten
eilten hin und her, und Pausistratos glaubte nicht daran, bis Polyxenidas
ihm vor den Augen seines Boten eigenhändig schrieb, er werde das tun,
was er versprochen habe, und ihm das Schriftstück, mit seinem Siegel
versehen, zuschickte. Mit diesem Unterpfand aber, meinte Pausistratos,
habe der Verräter sich in seine Hand gegeben. Denn wer unter einem
König lebe, würde nicht daran denken, gegen sich selbst Beweise von
seiner eigenen Hand zu liefern. Darauf wurde das Vorgehen für den
vorgetäuschten Verrat festgelegt. Polyxenidas sagte, er werde mit der
Ausrüstung der Schiffe ganz aufhören. Weder einen Ruderer noch
Seesoldaten in großer Zahl werde er bei der Flotte haben. Unter dem
Vorwand einer Reparatur werde er einige Schiffe auf Land ziehen,
andere in die Nachbarhäfen wegschicken. Nur wenige werde er vor dem
Hafen von Ephesos auf See haben, die er, wenn die Lage ihn zum
Auslaufen zwinge, in den Kampf werfen werde. Pausistratos hörte, wie
sehr Polyxenidas seine Flotte vernachlässigte, und vernachlässigte auch
seine augenblicklich. Einen Teil seiner Schiffe schickte er nach Halikarnassos, um Proviant zu holen, einen Teil nach Samos zur Stadt; er selbst
blieb bei Panhormos, um bereit zu sein, wenn er von dem Verräter das
Zeichen zum Angriff erhielt. Polyxenidas vergrößerte den Irrtum noch
durch Täuschungsmanöver. Er zog einige Schiffe auf Land und setzte
die Schiffswerften instand, als wenn er noch andere auf Land ziehen
werde. Die Ruderer ließ er aus dem Winterlager nicht nach Ephesos
kommen, sondern zog sie heimlich in Magnesia zusammen.

Durch Zufall wurde ein Soldat des Antiochos, der wegen einer
persönlichen Angelegenheit nach Samos gekommen war, als Spion
gefaßt und nach Panhormos zum Befehlshaber geführt. Als der ihn

quid Ephesi ageretur, incertum metu an erga suos
haud sincera fide, omnia aperit: classem instructam   3
paratamque in portu stare; remigium omne Magne-
siam missum; perpaucas naves subductas esse et navalia detegi; numquam intentius rem navalem admini-
stratam esse. Haec ne pro veris audirentur, animus   4
errore et spe vana praeoccupatus fecit.

Polyxenidas satis omnibus comparatis, nocte remige a Magnesia accersito, deductisque raptim, quae
subductae erant, navibus, cum diem non tam apparatu
absumpsisset, quam quod conspici proficiscentem
classem nolebat, post solis occasum profectus septua-   5
ginta navibus tectis vento adverso ante lucem Pygela
portum tenuit. Ibi cum interdiu ob eandem causam
quiesset, nocte in proxima Samiae terrae traiecit. Hinc   6
Nicandro quodam archipirata quinque navibus tectis
Palinurum iusso petere atque inde armatos, qua proximum per agros iter esset, Panhormum ad tergum
hostium ducere, ipse interim classe divisa, ut ex utraque parte fauces portus teneret, Panhormum petit.
Pausistratus primo ut in re necopinata turbatus pa-   7
rumper, deinde vetus miles celeriter collecto animo
terra melius arceri quam mari hostes posse ratus,
armatos duobus agminibus ad promunturia, quae cor-   8
nibus obiectis ab alto portum faciunt, ducit, inde
facile telis ancipitibus hostem submoturus. Id inceptum eius Nicander a terra visus cum turbasset, repente mutato consilio naves conscendere omnis iubet.
Tum vero ingens pariter militum nautarumque trepi-   9
datio orta, et velut fuga in naves fieri, cum se mari
terraque simul cernerent circumventos. Pausistratus   10
unam viam salutis esse ratus, si vim facere per fauces
portus atque erumpere in mare apertum posset, post-

fragte, was man in Ephesos tue, deckte er – man weiß nicht, ob aus
Furcht oder aus Treulosigkeit gegenüber den Seinen – alles auf: die
Flotte liege ausgerüstet und in Bereitschaft im Hafen; die ganze Ruder-
mannschaft sei nach Magnesia geschickt worden; nur sehr wenige
Schiffe seien auf Land gezogen und die Schiffsliegeplätze würden
geräumt; noch niemals habe man sich so eifrig um das Seewesen
bemüht. Aber Pausistratos nahm das nicht als Wahrheit hin; er war in
seinem Irrwahn und seiner eitlen Hoffnung befangen.

Als Polyxenidas alles hinreichend vorbereitet hatte, rief er bei Nacht
die Ruderer von Magnesia herbei, ließ die Schiffe, die auf Land gezogen
waren, rasch zu Wasser, und nicht so sehr weil der Tag über den
Vorbereitungen vergangen wäre, sondern weil er nicht wollte, daß die
Flotte beim Auslaufen gesehen wurde, lief er erst nach Sonnenuntergang mit 70 Deckschiffen aus und erreichte trotz ungünstigen Windes
noch vor Tagesanbruch den Hafen von Pygela. Nachdem er dort den
Tag über aus dem gleichen Grund ruhig liegengeblieben war, setzte er
bei Nacht zum nächsten Punkt auf dem Territorium von Samos über.
Einem gewissen Nikander, einem Piratenkapitän, befahl er, von hier mit
fünf Deckschiffen nach Palinuros zu fahren und von dort Bewaffnete
auf dem nächsten Weg durch das Land nach Panhormos in den Rücken
der Feinde zu führen. Er selbst nahm unterdessen mit der Flotte, die er
geteilt hatte, um von beiden Seiten die enge Hafeneinfahrt zu erreichen,
Kurs auf Panhormos. Pausistratos war zunächst, da die Sache überraschend kam, einen Augenblick verwirrt. Dann aber faßte er sich als alter
Soldat schnell wieder und meinte, die Feinde könnten besser auf dem
Lande als auf dem Wasser abgewehrt werden, und führte seine Bewaffneten in zwei Formationen zu den Landzungen, die mit ihren Spitzen
gegen die offene See vorgelagert sind und den Hafen bilden, um von
dort aus leicht mit Geschossen von zwei Seiten den Feind zurückzuwer-
fen. Nachdem Nikander auf der Landseite in Sicht kam und dadurch
dieses Vorgehen des Pausistratos störte, änderte er schnell seinen Plan
und ließ alle die Schiffe besteigen. Da aber entstand eine ungeheure
Verwirrung gleicherweise unter den Soldaten und den Seeleuten, und es
kam sozusagen zu einer Flucht auf die Schiffe, da sie sahen, daß sie von
der See und vom Land her zugleich umzingelt waren. Pausistratos
meinte, es gebe nur einen einzigen Weg zur Rettung, wenn er die
Ausfahrt aus dem Hafen erzwingen und das offene Meer gewinnen

quam conscendisse suos vidit, sequi ceteris iussis
princeps ipse concitata nave remis ad ostium portus
tendit. Superantem iam fauces navem eius Polyxeni-   11
das tribus quinqueremibus circumsistit. Navis rostris
icta supprimitur; telis obruuntur propugnatores, inter
quos et Pausistratus impigre pugnans interficitur. Na-   12
vium reliquarum ante portum aliae, aliae in portu
deprensae, quaedam a Nicandro, dum moliuntur a
terra, captae; quinque tantum Rhodiae naves cum   13
duabus Cois effugerunt terrore flammae micantis via
sibi inter confertas naves facta; contis enim binis a
prora prominentibus trullis ferreis multum concep-
tum ignem prae se portabant. Erythraeae triremes   14
cum haud procul a Samo Rhodiis navibus, quibus ut
essent praesidio veniebant, obviae fugientibus fuissent, in Hellespontum ad Romanos cursum averterunt.

Sub idem tempus Seleucus proditam Phocaeam   15
porta una per custodes aperta recepit; et Cyme aliae-
que eiusdem orae urbes ad eum metu defecerunt.

Dum haec in Aeolide geruntur, Abydus cum per   12
aliquot dies obsidionem tolerasset praesidio regio tu-
tante moenia, iam omnibus fessis Philota quoque   2
praefecto praesidii permittente magistratus eorum
cum Livio de condicionibus tradendae urbis agebant.
Rem distinebat, quod, utrum armati an inermes emit-
terentur regii, parum conveniebat. Haec agentibus   3
cum intervenisset nuntius Rhodiorum cladis, emissa
de manibus res est; metuens enim Livius, ne successu   4
tantae rei inflatus Polyxenidas classem, quae ad Canas
erat, opprimeret, Abydi obsidione custodiaque
Hellesponti extemplo relicta naves, quae subductae
Canis erant, deduxit; et Eumenes Elaeam venit. Li-   5
vius omni classe, cui adiunxerat duas triremes Mityle-
naeas, Phocaeam petit. Quam cum teneri valido regio
praesidio audisset nec procul Seleuci castra esse, de-

könne, und nachdem er sah, daß seine Leute an Bord gegangen waren, gab er den anderen Schiffen Befehl, ihm zu folgen, und ruderte selbst als erster mit seinem Schiff in schneller Fahrt auf die Hafeneinfahrt zu. Als das Schiff schon die Einfahrt hinter sich ließ, umstellte Polyxenidas es mit drei Fünfruderern. Von Rammspornen getroffen, sank das Schiff. Die Verteidiger wurden mit Geschossen überschüttet; während er rastlos unter ihnen kämpfte, fiel auch Pausistratos. Von den übrigen Schiffen wurden die einen vor dem Hafen, andere im Hafen gefaßt und einige von Nikander, während sie vom Land fortzukommen suchten, genommen. Nur fünf rhodische Schiffe mit zweien aus Kos bahnten sich mit dem Schrecken der funkelnden Flamme durch die dichtgedrängten Schiffe den Weg und entkamen; denn jedes dieser Schiffe trug an zwei Stangen, die über den Bug hinausragten, in eisernen Pfannen viel Feuer vor sich her. Als Dreiruderer aus Erythrai nicht weit von Samos den rhodischen Schiffen, denen sie Unterstützung bringen wollten, auf ihrer Flucht begegneten, machten sie kehrt und nahmen Kurs auf den Hellespont zu den Römern.

Etwa gleichzeitig bekam Seleukos Phokaia durch Verrat in seine Hand, da ihm ein Tor durch die Wächter geöffnet wurde. Auch Kyme und andere Städte derselben Küstengegend fielen aus Furcht zu ihm ab.

Während dies in der Aiolis geschah, hatte Abydos schon eine Reihe von Tagen die Belagerung ausgehalten, wobei eine Besatzung des Königs die Mauern schützte; jetzt aber waren alle erschöpft, und mit dem Einverständnis auch des Philotas, des Kommandanten der Besatzung, verhandelten ihre Beamten mit Livius über die Bedingungen für die Übergabe der Stadt. Die Sache zog sich hin, weil man sich nicht recht einigen konnte, ob die Leute des Königs mit oder ohne Waffen abziehen sollten. Während sie noch darüber verhandelten, traf die Nachricht von der Niederlage der Rhodier ein, und sie ließen die Sache fallen. Denn Livius befürchtete, daß Polyxenidas, durch den Erfolg in einer so großen Sache übermütig geworden, die Flotte, die bei Kanai lag, überfiel, und gab die Belagerung von Abydos und die Bewachung des Hellespont unverzüglich auf und ließ die Schiffe, die in Kanai auf Land gezogen waren, zu Wasser. Auch Eumenes kam nach Elaia. Livius lief mit der ganzen Flotte, die er noch durch zwei Dreiruderer aus Mitylene verstärkt hatte, nach Phokaia aus. Als er hörte, daß dort eine starke Besatzung des Königs liege und daß das Lager des Seleukos nicht

populatus maritimam oram et praeda maxime homi-   6
num raptim in naves imposita tantum moratus, dum
Eumenes cum classe adsequeretur, Samum petere intendit.

Rhodiis primo audita clades simul pavorem, simul   7
luctum ingentem fecit; nam praeter navium militum-
que iacturam, quod floris, quod roboris in iuventute
fuerat, amiserant, multis nobilibus secutis inter cetera   8
auctoritatem Pausistrati, quae inter suos merito maxima erat; deinde, quod fraude capti, quod a cive
potissimum suo forent, in iram luctus vertit. Decem   9
extemplo naves et diebus post paucis decem alias
praefecto omnium Eudamo miserunt, quem aliis vir-
tutibus bellicis haudquaquam Pausistrato parem, cau-
tiorem, quo minus animi erat, ducem futurum credebant.

Romani et Eumenes rex in Erythraeam primum   10
classem applicuerunt. Ibi noctem unam morati postero die Corycum promunturium tenuerunt. Inde cum   11
in proxima Samiae vellent traicere, non exspectato
solis ortu, ex quo statum caeli notare gubernatores
possent, in incertam tempestatem ⟨se com⟩miserunt.
Medio in cursu, aquilone in septentrionem verso,   12
exasperato fluctibus mari iactari coeperunt.

Polyxenidas Samum petituros ratus hostis, ut se   13
Rhodiae classi coniungerent, ab Epheso profectus
primo ad Myonnesum stetit; inde ad Macrin quam
vocant insulam traiecit, ut praetervehentis classis si
quas aberrantis ex agmine naves posset aut postremum agmen opportune adoriretur. Postquam spar-   2
sam tempestate classem vidit, occasionem primo adgrediendi ratus, paulo post increbrescente vento et
maiores iam volvente fluctus, quia pervenire se ad eos   3
videbat non posse, ad Aethaliam insulam traiecit, ut
inde postero die Samum ex alto petentis navis adgrederetur. Romani, pars exigua, primis tenebris portum   4

weit sei, verwüstete er das Küstengebiet, brachte die Beute, vor allem an Menschen, eilends auf die Schiffe, blieb nur so lange, bis Eumenes mit seiner Flotte ihn erreichte, und nahm dann Kurs auf Samos.

Bei den Rhodiern löste die Kunde von der Niederlage zunächst Panik und tiefe Trauer zugleich aus; denn außer dem Verlust an Schiffen und Soldaten hatten sie die Blüte und den Kern ihrer jungen Mannschaft verloren, da viele Vornehme neben anderen Gründen dem Pausistratos wegen seines Ansehens gefolgt waren, das unter seinen Landsleuten mit vollem Recht sehr groß war. Dann, bei dem Gedanken, daß sie durch ein Betrugsmanöver überlistet worden waren und ausgerechnet durch ihren eigenen Mitbürger, wandelte sich die Trauer in Zorn. Sie schickten sogleich zehn Schiffe und wenige Tage später noch zehn andere, alle unter dem Kommando von Eudamos, von dem sie glaubten, daß er in den übrigen für den Krieg wichtigen Eigenschaften an Pausistratos keineswegs heranreiche, daß er aber als Führer vorsichtiger sein werde, je weniger Mut er habe.

Die Römer und König Eumenes legten mit ihrer Flotte zunächst im Gebiet von Erythrai an. Dort blieben sie nur eine Nacht und gelangten am nächsten Tag zum Kap Korykos. Als sie von dort zu dem nächstgelegenen Platz auf dem Territorium von Samos übersetzen wollten, warteten sie nicht den Aufgang der Sonne ab, damit die Steuerleute danach die Beschaffenheit des Wetters feststellen konnten, sondern setzten sich der Ungewißheit des Wetters aus. Mitten auf der Fahrt schlug der Nordostwind in Nordwind um, und bei dem hohen Seegang wurden sie hin- und hergeworfen.

Polyxenidas glaubte, daß die Feinde nach Samos wollten, um sich mit der rhodischen Flotte zu vereinigen, lief von Ephesos aus und bezog zunächst Position bei Myonnesos. Von dort fuhr er zu einer Insel namens Makris hinüber, um womöglich die Schiffe der vorüberfahrenden Flotte, die vom Verband abkämen, oder das Ende des Verbandes aus günstiger Position anzugreifen. Nachdem er sah, daß die Flotte durch den Sturm zersprengt wurde, glaubte er zunächst an eine Gelegenheit zum Angriff; etwas später aber, als der Wind heftiger wurde und die Wogen schon höher gehen ließ, sah er, daß er nicht zu ihnen gelangen konnte, und fuhr zur Insel Aithalia hinüber, um von dort aus am nächsten Tag die Schiffe, die von der offenen See her nach Samos wollten, anzugreifen. Ein kleiner Teil der Römer erreichte bei Einbruch

desertum Samiae tenuerunt, classis cetera nocte tota
in alto iactata in eundem portum decurrit. Ibi ex   5
agrestibus cognito hostium naves ad Aethaliam stare,
consilium habitum, utrum extemplo decernerent an
Rhodiam exspectarent classem. Dilata re — ita enim
placuit — Corycum, unde venerant, traiecerunt. Po-   6
lyxenidas quoque, cum frustra stetisset, Ephesum
rediit. Tum Romanae naves vacuo ab hostibus mari
Samum traiecerunt. Eodem et Rhodia classis post dies   7
paucos venit. Quam ut exspectatam esse appareret,
profecti extemplo sunt Ephesum, ut aut decernerent
navali certamine aut, si detractaret hostis pugnam,
quod plurimum intererat ad animos civitatium, timo-
ris confessionem exprimerent. Contra fauces portus   8
instructa in frontem navium acie stetere. Postquam
nemo adversus ibat, classe divisa pars in salo ad
ostium portus in ancoris stetit, pars in terram milites
exposuit. In eos ingentem praedam late depopulato   9
agro agentis Andronicus Macedo, qui in praesidio
Ephesi erat, iam moenibus appropinquantis eruptionem fecit, exutosque magna parte praedae ad mare ac
naves redegit. Postero die insidiis medio ferme viae   10
positis ad eliciundum extra moenia Macedonem Romani ad urbem agmine iere; inde, cum ea ipsa suspic-
io, ne quis exiret, deterruisset, redierunt ad naves; et   11
terra marique fugientibus certamen hostibus Samum,
unde venerat, classis repetit.

     Inde duas sociorum ex Italia, duas Rhodias triremes
cum praefecto Epicrate Rhodio ad fretum Cephallaniae tuendum praetor misit. Infestum id latrocinio   12
Lacedaemonius Hybristas cum iuventute Cephalla-
num faciebat, clausumque iam mare commeatibus Ita-
licis erat.

der Dunkelheit einen verlassenen Hafen auf samischem Gebiet, die übrige Flotte trieb noch die ganze Nacht auf offener See umher und konnte dann erst in denselben Hafen einlaufen. Dort erfuhren sie von der Landbevölkerung, daß die Schiffe der Feinde bei Aithalia lägen, und es fand ein Kriegsrat statt, ob sie sogleich die Entscheidung suchen oder die rhodische Flotte erwarten sollten. Die Sache wurde aufgeschoben – denn so entschied man sich –, und sie fuhren nach Korykos hinüber, von wo sie gekommen waren. Auch Polyxenidas kehrte nach Ephesos zurück, nachdem er vergeblich auf der Lauer gelegen hatte. Jetzt, wo das Meer von Feinden frei war, fuhren die römischen Schiffe nach Samos hinüber. Dorthin kam nach wenigen Tagen auch die rhodische Flotte. Um zu zeigen, daß man auf sie gewartet hatte, liefen sie sogleich nach Ephesos aus, um die Sache entweder in einer Seeschlacht zur Entscheidung zu bringen oder dem Feind, wenn er die Schlacht verweigerte, das Eingeständnis der Furcht abzunötigen, was für die Haltung der Städte von größter Bedeutung war. Gegenüber der Hafeneinfahrt entfaltete sich die Kampflinie in die Breite und ging in Stellung. Nachdem niemand gegen sie auslief, teilte man die Flotte, und ein Teil blieb auf offener See vor der Hafeneinfahrt vor Anker liegen, ein Teil setzte Soldaten an Land. Gegen diese, die ein weites Gebiet verwüstet hatten und ungeheure Beute wegtrieben, machte der Makedone Andronikos, der bei der Besatzung von Ephesos war, als sie sich gerade den Mauern näherten, einen Ausfall, nahm ihnen einen großen Teil der Beute wieder ab und trieb sie zum Meer und den Schiffen zurück. Am nächsten Tag legten die Römer etwa auf halbem Weg einen Hinterhalt und zogen in Kolonne zur Stadt, um den Makedonen vor die Mauern zu locken. Weil aber gerade dieser Verdacht jedermann davon abschreckte, herauszukommen, kehrten sie von dort zu den Schiffen zurück. Und da die Feinde auf dem Lande und zur See den Kampf mieden, fuhr die Flotte wieder nach Samos, von wo sie ausgelaufen war.

Von dort schickte der Prätor zwei Dreiruderer der Bundesgenossen aus Italien und zwei rhodische mit dem Kommandanten Epikrates aus Rhodos, um die Meerenge von Kephallania zu schützen. Der Spartaner Hybristas machte sie mit der jungen Mannschaft von Kephallania durch Piraterie unsicher, und das Meer war schon für Nachschub aus Italien gesperrt.

Piraei L. Aemilio Regillo succedenti ad navale im-   **14**
perium Epicrates occurrit; qui audita clade Rhodio-   **2**
rum, cum ipse duas tantum quinqueremes haberet,
Epicratem cum quattuor navibus in Asiam secum
reduxit; prosecutae etiam ⟨. . .⟩ apertae Atheniensium naves sunt. Aegaeo mari traiecit ⟨Chium⟩. Eo-   **3**
dem Timasicrates Rhodius cum duabus quadriremi-
bus ab Samo nocte intempesta venit, deductusque ad
Aemilium praesidii causa se missum ait, quod eam
oram maris infestam onerariis regiae naves excursionibus crebris ab Hellesponto atque Abydo facerent.
Traicienti Aemilio a Chio Samum duae Rhodiae quadriremes, missae obviam ab Livio, et rex Eumenes
cum duabus quinqueremibus occurrit.

Samum postquam ventum est, accepta ab Livio   **4**
classe et sacrificio, ut adsolet, rite facto Aemilius
consilium advocavit. Ibi C. Livius — is enim est
primus rogatus sententiam — neminem fidelius posse
dare consilium dixit quam eum, qui id alteri suaderet,
quod ipse, si in eodem loco esset, facturus fuerit: se in   **5**
animo habuisse tota classe Ephesum petere et onera-
rias ducere multa saburra gravatas atque eas in faucibus portus supprimere; et eo minoris molimenti ea   **6**
claustra esse, quod in fluminis modum longum et
angustum et vadosum ostium portus sit. Ita ademp-
turum se maris usum hostibus fuisse inutilemque
classem facturum.

Nulli ea placere sententia. Eumenes rex quaesivit: **15**
Quid tandem? Ubi demersis navibus frenassent claustra maris, utrum libera sua classe abscessuri inde
forent ad opem ferendam sociis terroremque hostibus
praebendum, an nihilo minus tota classe portum ob-
sessuri? Sive enim abscedant, cui dubium esse, quin   **2**
hostes extracturi demersas moles sint et minore moli-
mento aperturi portum, quam obstruatur? Sin autem
manendum ibi nihilo minus sit, quid attinere claudi

In Piräus stieß Epikrates auf L. Aemilius Regillus, der als Nachfolger
im Kommando zur See kam. Als der von der Niederlage der Rhodier
hörte, führte er, da er selbst nur zwei Fünfruderer hatte, Epikrates mit
seinen vier Schiffen mit sich nach Kleinasien zurück. Auch ... offene
Schiffe der Athener gaben ihm das Geleit. Über das Ägäische Meer fuhr
er nach Chios hinüber. Dorthin kam auch Timasikrates aus Rhodos in
tiefer Nacht mit zwei Vierruderern von Samos her, und zu Aemilius
geführt, sagte er, er sei zur Verstärkung geschickt, weil die Schiffe des
Königs durch häufige Überfälle von Abydos und dem Hellespont aus
diesen Teil der Meeresküste für Transportschiffe unsicher machten. Als
Aemilius von Chios nach Samos hinüberfuhr, wurden ihm zwei rhodische Vierruder von Livius entgegengeschickt, und König Eumenes
kam ihm mit zwei Fünfruderern entgegen.

Nach der Ankunft in Samos übernahm Aemilius von Livius die
Flotte, brachte, wie es Brauch ist, ordnungsgemäß das Opfer dar und
berief den Kriegsrat ein. Dort sagte Livius – denn er wurde als erster um
seine Meinung gefragt –, niemand könne verläßlicher einen Rat geben
als der, der dem anderen etwas rate, was er selbst tun würde, wenn er in
derselben Situation wäre. Er habe vorgehabt, mit der ganzen Flotte nach
Ephesos zu fahren und Lastschiffe mit viel Sand als Ballast mitzuneh-
men und diese in der Hafeneinfahrt zu versenken. Und das Herstellen
dieser Sperre werde um so weniger Mühe machen, weil die Hafeneinfahrt wie ein Fluß lang, eng und voller Untiefen sei. So würde er den
Feinden die Möglichkeit nehmen, auf dem Meer zu fahren, und ihre
Flotte nutzlos machen.

Keinem gefiel dieser Vorschlag. König Eumenes fragte: „Und was
dann?" Sobald sie den Sperriegel zum Meer durch das Versenken der
Schiffe geschlossen hätten, sollten sie dann mit ihrer frei gewordenen
Flotte von dort wegfahren, um den Bundesgenossen Hilfe zu bringen
und den Feinden Schrecken einzujagen, oder sollten sie nichtsdestoweniger mit der ganzen Flotte den Hafen belagern? Wenn sie wegführen,
für wen gebe es dann einen Zweifel daran, daß die Feinde die versenkten
Lasten heben und den Hafen mit geringerer Mühe wieder öffnen
würden, als er versperrt worden sei? Wenn man aber nichtsdestoweniger dort bleiben müsse, welchen Vorteil bringe es dann, daß der Hafen

portum? Quin contra illos, tutissimo portu, opu-   3
lentissima urbe fruentis, omnia Asia praebente quieta
aestiva acturos; Romanos aperto in mari fluctibus
tempestatibusque obiectos, omnium inopes, in adsi-
dua statione futuros, ipsos magis adligatos impeditos- 4
que, ne quid eorum, quae agenda sint, possint agere,
quam ut hostis clausos habeant. Eudamus, praefectus   5
Rhodiae classis, magis eam sibi displicere sententiam
ostendit, quam ipse, quid censeret faciendum, dixit.
Epicrates Rhodius omissa in praesentia Epheso mit-   6
tendam navium partem in Lyciam censuit et Patara,
caput gentis, in societatem adiungenda. In duas ma-   7
gnas res id usui fore, et Rhodios pacatis contra insulam suam terris totis viribus incumbere in unius belli,
quod adversus Antiochum sit, curam posse, et eam   8
classem, quae in Cilicia compararetur, intercludi, ne
Polyxenidae coniungatur. Haec maxime movit sen-   9
tentia; placuit tamen Regillum classe tota evehi ad
portum Ephesi ad inferendum hostibus terrorem.

C. Livius cum duabus quinqueremibus Romanis et   16
quattuor quadriremibus Rhodiis et duabus apertis
Zmyrnaeis in Lyciam est missus, Rhodum prius iussus adire et omnia cum iis communicare consilia.
Civitates, quas praetervectus est, Miletus, Myndus,   2
Halicarnassus, Cous, Cnidus, imperata enixe fecerunt. Rhodum ut ventum est, simul et, ad quam rem   3
missus esset, iis exposuit et consuluit eos. Approbantibus cunctis et ad eam, quam habebat classem, adsumptis tribus quadriremibus, navigat Patara. Primo   4
secundus ventus ad ipsam urbem ferebat eos, spera-
bantque subito terrore aliquid moturos; postquam
circumagente se vento fluctibus dubiis volvi coeptum
est mare, pervicerunt quidem remis, ut tenerent terram; sed neque circa urbem tuta statio erat, nec ante 5
ostium portus in salo stare poterant aspero mari et
nocte imminente. Praetervecti moenia portum Phoe-   6

versperrt werde? Im Gegenteil sogar, jene, die über einen sehr sicheren
Hafen und eine sehr reiche Stadt verfügten und denen Kleinasien alles
zur Verfügung stelle, würden einen ruhigen Sommer haben; die Römer
aber wären auf offener See Wellen und Stürmen ausgesetzt, würden an
allem Mangel leiden und ununterbrochen auf Position sein, selbst mehr
gebunden und daran gehindert, etwas von dem, was getan werden
müsse, zu tun, als daß sie die Feinde eingeschlossen hätten. Eudamos,
der Kommandant der rhodischen Flotte, zeigte mehr, daß ihm dieser
Vorschlag mißfiel, als daß er selbst gesagt hätte, was seiner Meinung
nach getan werden müsse. Der Rhodier Epikrates meinte, man müsse
Ephesos für den Augenblick beiseite lassen und einen Teil der Schiffe
nach Lykien schicken und Patara, die Hauptstadt der Völkerschaft, für
ein Bündnis gewinnen. Das werde zwei wichtige Vorteile bringen: die
Rhodier könnten, wenn das Gebiet gegenüber ihrer Insel ruhig wäre,
sich mit ganzer Kraft auf den einen Krieg gegen Antiochos konzentrie-
ren; und die Flotte, die in Kilikien aufgestellt werde, könne daran
gehindert werden, sich mit Polyxenidas zu vereinigen. Dieser Vorschlag
machte den stärksten Eindruck. Man beschloß jedoch, daß Regillus mit
der ganzen Flotte zum Hafen von Ephesos auslaufen solle, um den
Feinden Schrecken einzujagen.

C. Livius wurde mit zwei römischen Fünfruderern, vier rhodischen
Vierruderern und zwei Schiffen ohne Deck aus Smyrna nach Lykien
geschickt; er hatte Befehl, zunächst Rhodos anzulaufen und alle seine
Pläne mit ihnen abzusprechen. Die Städte, an denen er vorbeifuhr,
Milet, Myndos, Halikarnassos, Kos und Knidos kamen seinen Anordnungen bereitwillig nach. Sobald man nach Rhodos gekommen war,
setzte er ihnen auseinander, zu welchem Zweck er geschickt worden
war, und fragte sie zugleich um Rat. Alle gaben ihre Zustimmung, und
nachdem er zu der Flotte, die er hatte, noch drei Vierruderer als
Verstärkung erhalten hatte, segelte er nach Patara. Zunächst trug ein
günstiger Wind sie direkt zur Stadt, und sie hofften, sie könnten durch
den plötzlichen Schrecken etwas erreichen. Nachdem der Wind sich
aber drehte und die Wellen von verschiedenen Seiten kamen und das
Meer aufgewühlt wurde, schafften sie es zwar mit Hilfe der Ruder, das
Land zu erreichen; aber es gab weder in der Umgebung der Stadt einen
sicheren Liegeplatz, noch konnten sie vor der Hafeneinfahrt auf offener
See liegenbleiben, da die See rauh war und die Nacht bevorstand. Sie

nicunta, minus duum milium spatio inde distantem,
petiere, navibus a maritima vi tutum; sed altae insuper   7
imminebant rupes, quas celeriter oppidani adsumptis
regiis militibus, quos in praesidio habebant, ceperunt.
Adversus quos Livius, quamquam erant iniqua ac   8
difficilia ad exitus loca, Issaeos auxiliares et Zmyrnaeorum expeditos iuvenes misit. Hi, dum missilibus   9
primo et adversus paucos levibus excursionibus laces-
sebatur magis quam conserebatur pugna, sustinuerunt
certamen; postquam plures ex urbe adfluebant et iam   10
omnis multitudo effundebatur, timor incessit Livium,
ne et auxiliares circumvenirentur et navibus etiam ab
terra periculum esset. Ita non milites solum, sed   11
navalis etiam socios remigum⟨que⟩ turbam, quibus
quisque poterat telis armatos, in proelium eduxit.
Tum quoque anceps pugna fuit, neque milites solum   12
aliquot, sed L. Apustius tumultuario proelio cecidit;
postremo tamen fusi fugatique sunt Lycii atque in
urbem compulsi, et Romani cum haud incruenta victoria ad naves redierunt. Inde in Telmessicum profecti   13
sinum, qui latere uno Cariam altero Lyciam contingit,
omisso ⟨consilio⟩ Patara amplius temptandi Rhodii
domum dimissi sunt; Livius praetervectus Asiam in   14
Graeciam transmisit, ut conventis Scipionibus, qui
tum circa Thessaliam erant, in Italiam traiceret.

Aemilius postquam omissas in Lycia res et Livium   17
profectum in Italiam cognovit, cum ipse ab Epheso
tempestate repulsus irrito incepto Samum revertisset,
turpe ratus temptata frustra Patara esse, proficisci eo   2
tota classe et summa vi adgredi urbem statuit. Mile-   3
tum et ceteram oram sociorum praetervecti in Bargy-
lietico sinu escensionem ad Iasum fecerunt. Urbem
regium tenebat praesidium; agrum circa Romani ho-

fuhren daher an den Mauern vorbei und nahmen Kurs auf den Hafen
Phoinikus, der weniger als zwei Meilen von dort entfernt ist und die
Schiffe vor der Gewalt des Meeres schützt. Aber hohe Felsen ragten
darüber auf, die die Bewohner der Stadt, verstärkt durch die Soldaten
des Königs, die sie als Besatzung hatten, schnell besetzten. Gegen sie
schickte Livius, obwohl die Gegend ungünstig und die Landung
schwierig war, die Hilfstruppen aus Issa und die leicht bewaffneten
jungen Männer aus Smyrna. Diese konnten sich behaupten, solange
man zunächst nur mit Wurfgeschossen und mit leichten Vorstößen
gegen kleine Gruppen mehr zum Kampf reizte als richtig kämpfte.
Nachdem aber mehr aus der Stadt herbeiströmten und die ganze Menge
schon herausstürzte, wurde Livius von Furcht ergriffen, daß die Hilfstruppen umzingelt würden und auch den Schiffen vom Land her Gefahr
drohe. So führte er nicht nur seine Soldaten, sondern auch seine
Seesoldaten und die Schar der Ruderer, jeden so gut wie möglich
bewaffnet, in den Kampf. Auch jetzt war die Schlacht noch nicht
entschieden, und nicht nur eine Anzahl Soldaten, sondern auch L. Apustius fiel in dem überstürzt herbeigeführten Kampf. Zuletzt jedoch
wurden die Lykier geschlagen und in die Flucht geworfen und in der
Stadt zusammengetrieben, und die Römer kehrten nach einem nicht
unblutigen Sieg zu ihren Schiffen zurück. Von dort fuhren sie zur Bucht
von Telmessos, die auf der einen Seite Karien, auf der anderen Lykien
berührt, und nachdem man den Plan aufgegeben hatte, mit Patara noch
einmal einen Versuch zu machen, wurden die Rhodier nach Hause
entlassen. Livius fuhr an Kleinasien vorbei nach Griechenland hinüber,
um nach einer Zusammenkunft mit den Scipionen, die damals im Raum
von Thessalien waren, nach Italien überzusetzen.

Nachdem Aemilius erfuhr, daß man die Aktion in Lykien aufgegeben
hatte und daß Livius nach Italien aufgebrochen war, hielt er es für
schimpflich, daß der Versuch mit Patara vergeblich geblieben war, und
beschloß, mit der ganzen Flotte dorthin auszulaufen und die Stadt mit
äußerster Gewalt anzugreifen; dabei war er selbst von Ephesos durch
das Unwetter zurückgetrieben worden und, ohne daß sein Unternehmen einen Erfolg gehabt hätte, nach Samos zurückgekehrt. Sie fuhren
an Milet und der übrigen Küste der Bundesgenossen vorbei und gingen
in der Bucht von Bargylia bei Jasos an Land. Die Stadt war in der Hand
einer Besatzung des Königs. Die Römer verwüsteten das Gebiet

stiliter depopulati sunt. Missis deinde, qui per collo-   4
quia principum et magistratuum temptarent animos,
postquam nihil in potestate sua responderunt esse, ad
urbem oppugnandam ducit. Erant Iasensium exules   5
cum Romanis; ii frequentes Rhodios orare institue-
runt, ne urbem et vicinam sibi et cognatam innoxiam
perire sinerent; sibi exilii nullam aliam causam esse
quam fidem erga Romanos; eadem vi regiorum, qua   6
ipsi pulsi sint, teneri eos, qui in urbe maneant; omnium Iasensium unam mentem esse, ut servitutem
regiam effugerent. Rhodii moti precibus Eumene   7
etiam rege adsumpto simul suas necessitudines commemorando, simul obsessae regio praesidio urbis casum miserando pervicerunt, ut oppugnatione abstine-
retur. Profecti inde pacatis ceteris cum oram Asiae   8
legerent, Loryma — portus adversus Rhodum est —
pervenerunt. Ibi in principiis sermo primo inter tribu-   9
nos militum secretus oritur, deinde ad aures ipsius
Aemilii pervenit, abduci classem ab Epheso, ab suo
bello, ut ab tergo liber relictus hostis in tot propin-
quas sociorum urbes omnia impune conari posset.
Movere ea Aemilium; vocatosque Rhodios cum per-   10
contatus esset, num Pataris universa classis in portu
stare posset, cum respondissent non posse, causam
nactus omittendae rei Samum naves reduxit.

Per idem tempus Seleucus Antiochi filius, cum per   18
omne hibernorum tempus exercitum in Aeolide continuisset partim sociis ferendo opem, partim, quos in so-   2
cietatem perlicere non poterat, depopulandis, transire
in fines regni Eumenis, dum is procul ab domo cum
Romanis et Rhodiis Lyciae maritima oppugnaret, statuit. Ad Elaeam primo infestis signis accessit; deinde   3

rundum nach Feindesart. Dann schickten sie Leute, die sich in Gesprächen über die Gesinnung der führenden Männer und der Beamten Klarheit verschaffen sollten. Nachdem diese antworteten, die Entscheidung liege nicht in ihrer Macht, zog er zum Angriff auf die Stadt heran. Bei den Römern waren Verbannte aus Jasos. Die begannen in großer Zahl die Rhodier zu bitten, sie sollten den Untergang der ihnen benachbarten und verwandten Stadt, die ohne Schuld sei, nicht zulassen; für ihre Verbannung gebe es keinen anderen Grund als ihre Treue gegen die Römer; durch die gleiche Gewalt der Anhänger des Königs, durch die sie selbst in die Verbannung getrieben worden seien, würden die, die in der Stadt blieben, im Zaume gehalten; in Jasos hätten alle nur einen Gedanken: der Knechtung durch den König zu entkommen. Auf die Rhodier machten ihre Bitten Eindruck; sie fanden auch bei König Eumenes Unterstützung und erreichten, indem sie auf ihre verwandtschaftlichen Beziehungen hinwiesen und die Lage der Stadt beklagten, die von einer Besatzung des Königs beherrscht werde, daß man von einem Angriff Abstand nahm. Von dort fuhren sie weiter, während überall sonst Ruhe herrschte, und an der Küste Kleinasiens entlang gelangten sie nach Loryma – das ist ein Hafen gegenüber von Rhodos. Dort kam es auf dem Hauptplatz des Lagers zunächst zu einem geheimen Gespräch unter den Kriegstribunen, dann gelangte es aber auch zu den Ohren des Aemilius selbst, die Flotte werde von Ephesos und von ihrer eigentlichen Aufgabe im Krieg abgezogen, so daß der Feind in ihrem Rücken freie Hand bekomme, gegen so viele Städte ihrer Bundesgenossen in der Nähe ungestraft alles unternehmen zu können. Das verfehlte nicht seinen Eindruck auf Aemilius. Und als er die Rhodier herbeigerufen und sie gefragt hatte, ob der Hafen von Patara die gesamte Flotte aufnehmen könne, und als sie geantwortet hatten, er könne es nicht, hatte er einen Grund, die Sache aufzugeben, und führte die Schiffe nach Samos zurück.

Um dieselbe Zeit beschloß Seleukos, der Sohn des Antiochos, der den ganzen Winter hindurch mit seinem Heer in der Aiolis geblieben war und teils den Bundesgenossen Hilfe gebracht, teils das Land von denen verwüstet hatte, die er nicht zu einem Bündnis locken konnte, in das Gebiet von Eumenes' Königreich hinüberzugehen, während dieser weit weg von seiner Heimat mit den Römern und den Rhodiern die Küstengebiete Lykiens angriff. Bei Elaia rückte er zunächst in Angriffskolon-

omissa oppugnatione urbis agros hostiliter depopulatus ad caput arcemque regni Pergamum ducit oppu-
gnandam. Attalus primo stationibus ante urbem posi-   4
tis et excursionibus equitum levisque armaturae magis
lacessebat quam sustinebat hostem; postremo cum   5
per levia certamina expertus nulla parte virium se
parem esse intra moenia se recepisset, obsideri urbs
coepta est.

Eodem ferme tempore et Antiochus ab Apamea   6
profectus Sardibus primum, deinde haud procul Se-
leuci castris ad caput Caici amnis stativa habuit cum
magno exercitu mixto variis ex gentibus. Plurimum   7
terroris in Gallorum mercede conductis quattuor mi-
libus erat. Hos paucis ⟨. . .⟩ admixtis ad pervastan-
dum passim Pergamenum agrum emisit.

Quae postquam Samum nuntiata sunt, primo Eu-   8
menes avocatus domestico bello cum classe Elaeam
petit; inde, cum praesto fuissent equites peditumque
expediti, praesidio eorum tutus, priusquam hostes
sentirent aut moverentur, Pergamum contendit. Ibi   9
rursus levia per excursiones proelia fieri coepta Eu-
mene summae rei discrimen haud dubie detractante.
Paucos post dies Romana Rhodiaque classis, ut regi
opem ferrent, Elaeam ab Samo venerunt. Quos ubi   10
exposuisse copias Elaeae et tot classes in unum conve-
nisse portum Antiocho adlatum est et sub idem tempus audivit consulem cum exercitu iam in Macedonia
esse pararique, quae ad transitum Hellesponti opus
essent, tempus venisse ratus, priusquam terra marique   11
simul urgeretur, agendi de pace tumulum quendam
adversus Elaeam castris cepit; ibi peditum omnibus   12
copiis relictis cum equitatu — erant autem sex milia
equitum — in campos sub ipsa Elaeae moenia descendit misso caduceatore ad Aemilium, velle se de pace
agere.

nen heran. Dann gab er den Angriff auf die Stadt auf und verwüstete das offene Land nach Feindesart und zog nach Pergamon, der Hauptstadt und dem Hauptbollwerk des Königreiches, um es anzugreifen. Attalos legte zunächst Posten vor die Stadt, und mit Vorstößen seiner Reiter und Leichtbewaffneten reizte er den Feind mehr, als daß er ihm die Stirn bot. Zuletzt, nachdem er in leichten Gefechten herausgefunden hatte, daß er mit keinem Teil seiner Streitkräfte dem Gegner gewachsen war, und sich hinter die Mauern zurückgezogen hatte, begann die Belagerung der Stadt.

Fast zur gleichen Zeit brach auch Antiochos von Apameia auf und hatte zunächst in Sardes, dann nicht weit vom Lager des Seleukos an der Mündung des Kaïkos sein Standlager mit einem großen Heer, das aus verschiedenen Völkerschaften zusammengewürfelt war. Am meisten Schrecken ging von 4000 Galliern aus, die er in Sold genommen hatte. Die schickte er aus, nachdem er noch einige ... daruntergesteckt hatte, um das offene Land von Pergamon ringsum zu verwüsten.

Als das in Samos berichtet wurde, lief zunächst Eumenes, durch den Krieg in seiner Heimat abgerufen, mit seiner Flotte nach Elaia aus. Dort fand er Reiter und leichte Fußsoldaten vor und eilte in ihrem Schutz, ehe die Feinde etwas merkten oder sich in Bewegung setzten, nach Pergamon. Hier kam es wieder bei Vorstößen zu leichten Kämpfen, wobei Eumenes einer entscheidenden Schlacht offensichtlich aus dem Wege ging. Nach wenigen Tagen kamen auch die römische und die rhodische Flotte, um dem König Hilfe zu bringen, von Samos nach Elaia. Sobald Antiochos gemeldet wurde, daß sie ihre Truppen in Elaia an Land gesetzt hatten und daß so viele Flotten in dem einen Hafen zusammengekommen waren, und er gleichzeitig hörte, daß der Konsul mit seinem Heer schon in Makedonien war und daß die nötigen Vorbereitungen für den Übergang über den Hellespont getroffen wurden, glaubte er, es sei an der Zeit, bevor er zu Lande und zu Wasser zugleich bedrängt würde, über einen Frieden zu verhandeln, und bezog sein Lager auf einem Hügel gegenüber von Elaia. Dort ließ er alle Fußtruppen zurück und kam mit der Reiterei – es waren 6000 Reiter – in die Ebene unmittelbar vor den Mauern von Elaia hinab, nachdem er einen Herold geschickt hatte, er wolle über einen Frieden verhandeln.

Aemilius Eumene a Pergamo accito adhibitis et   19
Rhodiis consilium habuit. Rhodii haud aspernari pacem; Eumenes nec honestum dicere esse eo tempore
de pace agi nec exitum rei imponi posse. „Qui enim"   2
inquit „aut honeste, inclusi moenibus et obsessi, velut
leges pacis accipiemus? Aut cui rata ista pax erit,
quam sine consule, non ex auctoritate senatus, non
iussu populi Romani pepigerimus? Quaero enim, pa-   3
ce per te facta rediturusne extemplo in Italiam sis,
classem exercitumque deducturus, an exspectaturus,
quid de ea re consuli placeat, quid senatus censeat aut
populus iubeat? Restat ergo, ut maneas in Asia et   4
rursus in hiberna copiae reductae omisso bello exhau-
riant commeatibus praebendis socios, deinde, si ita   5
visum iis sit, penes quos potestas fuerit, instauremus
novum de integro bellum, quod possumus, si ex hoc
impetu rerum nihil prolatando remittitur, ante hiemem diis volentibus perfecisse." Haec sententia vicit, 6
responsumque Antiocho est ante consulis adventum
de pace agi non posse.

Antiochus pace nequiquam temptata, evastatis   7
Elaeensium primum, deinde Pergamenorum agris, relicto ibi Seleuco filio, Adramytteum hostiliter itinere
facto petit agrum opulentum, quem vocant Thebes
campum, carmine Homeri nobilitatum; neque alio   8
ullo loco Asiae maior regiis militibus parta est praeda.
Eodem Adramytteum, ut urbi praesidio essent, navibus circumvecti Aemilius et Eumenes venerunt.

Per eosdem forte dies Elaeam ex Achaia mille pedi-   20
tes cum centum equitibus, Diophane omnibus iis
copiis praeposito, accesserunt, quos egressos navibus
obviam missi ab Attalo nocte Pergamum deduxerunt.

Aemilius ließ Eumenes von Pergamon kommen, zog auch die Rhodier hinzu und hielt einen Kriegsrat ab. Die Rhodier erhoben keine Einwände gegen einen Frieden. Eumenes hingegen sagte, es sei nicht ehrenvoll, daß man zu diesem Zeitpunkt über Frieden verhandle, und man könne die Sache auch gar nicht zu einem Ende bringen. „Denn", sagte er, „wie können wir, die wir in unseren Mauern eingeschlossen und belagert sind, auf ehrenvolle Weise Friedensbedingungen uns sozusagen diktieren lassen? Und wer wird diesen Frieden für rechtsgültig ansehen, den wir ohne Konsul, ohne Ermächtigung des Senats und ohne Auftrag des römischen Volkes abschließen? Denn ich möchte wissen, ob du, wenn der Friede durch dich zustande gekommen ist, sogleich nach Italien zurückkehren und das Heer und die Flotte abziehen wirst oder abwarten, was der Konsul davon hält, was der Senat meint und das Volk anordnet. Es bleibt doch nur übrig, daß du in Kleinasien bleibst und daß die Truppen wieder ins Winterlager zurückgeführt werden und, nachdem sie den Krieg eingestellt haben, die Bundesgenossen dadurch arm machen, daß diese ihnen Proviant stellen müssen, und daß wir dann, wenn es denen so gefällt, die die Macht dazu haben, den Krieg wieder neu von vorne anfangen, den wir, wenn die stürmische Entwicklung der Ereignisse nicht durch Aufschieben abgebrochen wird, noch vor dem Winter mit dem Willen der Götter zu Ende bringen können." Diese Meinung trug den Sieg davon, und es wurde Antiochos geantwortet, vor Ankunft des Konsuls könne man nicht über Frieden verhandeln.

Nachdem Antiochos sich vergeblich um Frieden bemüht hatte, verwüstete er zunächst das Gebiet von Elaia, dann das von Pergamon, ließ seinen Sohn Seleukos dort zurück, zog in feindseliger Haltung nach Adramytteion und suchte dann den reichen Landstrich heim, den man die Ebene von Thebe nennt und der durch das Epos Homers bekannt ist. Und an keinem anderen Platz Kleinasiens machten die Soldaten des Königs mehr Beute. Dorthin, nach Adramytteion, kamen auch Aemilius und Eumenes, die mit ihren Schiffen herumgefahren waren, um der Stadt Hilfe zu bringen.

Gerade in diesen Tagen kamen nach Elaia 1000 Fußsoldaten mit 100 Reitern aus Achaia, alle diese Truppen unter dem Kommando des Diophanes. Sobald sie an Land gegangen waren, führten Leute, die ihnen von Attalos entgegengeschickt worden waren, sie bei Nacht nach

Veterani omnes et periti belli erant et ipse dux Philo-   2
poemenis, summi tum omnium Graecorum imperato-
ris, discipulus. Qui biduum simul ad quietem hominum equorumque et ad visendas hostium stationes,
quibus locis temporibusque accederent reciperentque
sese, sumpserunt. Ad radices fere collis, in quo posita   3
urbs est, regii succedebant; ita libera ab tergo populatio erat. Nullo ab urbe, ne in stationes quidem ⟨qui⟩
procul iacularetur, excurrente, postquam semel com-   4
pulsi metu se moenibus incluserunt, contemptus eorum et inde neglegentia apud regios oritur. Non
stratos, non infrenatos magna pars habebant equos;
paucis ad arma et ordines relictis dilapsi ceteri sparse-   5
rant se toto passim campo, pars in iuvenales lusus
lasciviamque versi, pars vescentes sub umbra, quidam
somno etiam strati. Haec Diophanes ex alta urbe   6
Pergamo contemplatus arma suos capere et ad portam
praesto esse iubet; ipse Attalum adit et in animo sibi
esse dixit hostium stationem temptare. Aegre id per-   7
mittente Attalo, quippe qui centum equitibus adversus sescentos, mille peditibus cum quattuor milibus
pugnaturum cerneret, porta egressus haud procul statione hostium occasionem opperiens consedit. Et qui   8
Pergami erant, amentiam magis quam audaciam credere esse, et hostes paulisper in eos versi, ut nihil
moveri viderunt, nec ipsi quicquam ex solita neglegentia, insuper etiam eludentes paucitatem, mutarunt.
Diophanes quietos aliquamdiu suos, velut ad specta-   9
culum modo eductos, continuit; postquam dilapsos   10
ab ordinibus hostes vidit, peditibus, quantum accelerare possent, sequi iussis ipse princeps inter equites
cum turma sua, quam potuit effusissimis habenis,
clamore ab omni simul pedite atque equite sublato
stationem hostium improviso invadit. Non homines   11
solum, sed equi etiam territi, cum vincula abrupissent,

Pergamon. Es waren lauter altgediente und kriegserfahrene Männer und ihr Führer selbst ein Schüler Philopoimens, des damals besten Feldherrn unter allen Griechen. Sie nahmen sich zwei Tage, damit die Leute und die Pferde sich ausruhen konnten und um die Feldwachen der Feinde zu beobachten, wo und wann sie herankamen und sich zurückzogen. Die Leute des Königs rückten gewöhnlich bis dicht an den Fuß des Hügels heran, auf dem die Stadt erbaut war. So konnte in ihrem Rücken ungehindert geplündert werden. Da keiner aus der Stadt, nachdem sie sich einmal aus Furcht hinter ihren Mauern eingeschlossen hatten, einen Vorstoß wagte, nicht einmal um die Feldwachen von weitem zu beschießen, begannen die Leute des Königs sie zu verachten und infolgedessen nachlässig zu werden. Ein großer Teil hatte die Pferde ohne Decken und ohne Zaumzeug. Nur wenige blieben bei den Waffen und ihren Formationen zurück, die übrigen hatten sich davongemacht und sich überall in der ganzen Ebene zerstreut; ein Teil wandte sich den ausgelassenen Spielen junger Männer zu, ein Teil aß im Schatten, einige hatten sich auch zum Schlafen hingestreckt. Dies beobachtete Diophanes von der hohen Stadt Pergamon aus und befahl seinen Leuten, die Waffen zu nehmen und sich am Tor einzufinden. Er selbst begab sich zu Attalos und sagte, er habe vor, die Feldwache der Feinde anzugreifen. Nur ungern gab Attalos dazu seine Einwilligung, weil er sah, daß Diophanes mit 100 Reitern gegen 600 kämpfen würde und mit 1000 Fußsoldaten gegen 4000. Nachdem Diophanes aus dem Tor herausgekommen war, machte er nicht weit von der Feldwache der Feinde halt und wartete auf eine Gelegenheit. Die in Pergamon waren, glaubten, es sei eher Wahnsinn als Kühnheit; und die Feinde richteten zwar kurze Zeit ihre Aufmerksamkeit auf sie, als sie aber sahen, daß weiter nichts geschah, änderten sie auch selbst nichts an ihrer gewohnten Nachlässigkeit und spotteten obendrein über die geringe Zahl. Diophanes hielt seine Leute eine Zeitlang ruhig zusammen, als wenn sie nur zu einem Schauspiel herausgeführt worden wären. Nachdem er aber sah, daß die Feinde sich von ihren Abteilungen davongemacht hatten, gab er seinen Fußsoldaten Befehl, ihm, so schnell sie könnten, zu folgen, und drang selbst als erster unter den Reitern mit seiner Schwadron im vollsten Galopp, während alle Fußsoldaten und Reiter zugleich ein Geschrei erhoben, überraschend in die Feldwache der Feinde ein. Nicht nur die Menschen, sondern auch die Pferde gerieten in Panik; sie zerrissen ihre

trepidationem et tumultum inter suos fecerunt. Pauci   12
stabant impavidi equi; eos ipsos non sternere, non
infrenare aut escendere facile poterant multo maiorem
quam pro numero equitum terrorem Achaeis infe-
rentibus. Pedites vero ordinati et praeparati sparsos   13
per neglegentiam et semisomnos prope adorti sunt.
Caedes passim fugaque per campos facta est. Diopha-   14
nes secutus effusos, quoad tutum fuit, magno decore
genti Achaeorum parto — spectaverant enim e moenibus Pergami non viri modo, sed feminae etiam — in
praesidium urbis redit.

Postero die regiae magis compositae et ordinatae   21
stationes quingentis passibus longius ab urbe posuerunt castra, et Achaei eodem ferme tempore atque in
eundem locum processerunt. Per multas horas intenti   2
utrimque velut iam futurum impetum exspectavere;
postquam haud procul occasu solis redeundi in castra
tempus erat, regii signis collatis abire agmine ad iter
magis quam ad pugnam composito coepere. Quievit   3
Diophanes, dum in conspectu erant; deinde eodem,
quo pridie, impetu in postremum agmen incurrit
tantumque rursus pavoris ac tumultus incussit, ut,
cum terga caederentur, nemo pugnandi causa restite-
rit; trepidantesque et vix ordinem agminis servantes
in castra compulsi sunt. Haec Achaeorum audacia   4
Seleucum ex agro Pergameno movere castra coegit.

Antiochus postquam Romanos ad tuendum Adramytteum venisse audivit, ea quidem urbe abstinuit;
depopulatus   agros   Peraeam   inde,   coloniam
Mitylenaeorum, expugnavit. Cotton et Corylenus et   5
Aphrodisias et Prinne primo impetu captae sunt. Inde
per Thyatiram Sardis redit. Seleucus in ora maritima   6
permanens aliis terrori erat, aliis praesidio.

Classis Romana cum Eumene Rhodiisque Mitvle-
nen primo, inde retro, unde profecta erat, Elaeam
redit. Inde Phocaeam petentes ad insulam, quam Bac-   7

Fesseln und lösten Durcheinander und Unruhe bei den eigenen Leuten aus. Nur wenige Pferde blieben furchtlos stehen. Aber auch denen konnten sie nicht leicht die Decken auflegen, die Zügel anlegen oder sie besteigen, da die Achäer eine viel größere Panik auslösten, als es der Zahl ihrer Reiter entsprach. Die Fußsoldaten aber griffen in Formation und vorbereitet die an, die sich in ihrer Nachlässigkeit zerstreut hatten, und die, die fast noch halb im Schlaf waren. Überall auf den Feldern kam es zu einem Blutbad und zur Flucht. Diophanes folgte denen, die davonstoben, solange der Gedanke an die Sicherheit es erlaubte, errang großen Ruhm für die Völkerschaft der Achäer – denn von den Mauern aus hatten nicht nur die Männer von Pergamon zugesehen, sondern auch die Frauen – und kehrte in den Schutz der Stadt zurück.

Am nächsten Tag schlugen die Feldwachen des Königs besser geordnet und formiert 500 Schritt weiter von der Stadt entfernt ihr Lager auf, und die Achäer rückten fast gleichzeitig an dieselbe Stelle vor. Viele Stunden lang warteten sie gespannt auf beiden Seiten, als ob nun gleich der Angriff erfolgen würde. Nachdem es nicht mehr lange bis Sonnenuntergang war und es Zeit wurde, ins Lager zurückzukehren, zogen die Truppen des Königs ihre Abteilungen zusammen und begannen in einer Formation, die mehr zum Marsch als zum Kampf geordnet war, abzuziehen. Diophanes verhielt sich ruhig, solange sie in Sicht waren. Dann griff er mit dem gleichen Elan wie am Tage zuvor das Ende des Zuges an und jagte ihnen wieder so viel Angst und Unruhe ein, daß keiner, obwohl man auf ihre Rücken einhieb, stehenblieb, um zu kämpfen. Voll Angst und kaum die Ordnung des Zuges einhaltend, wurden sie im Lager zusammengetrieben. Diese Kühnheit der Achäer zwang Seleukos, aus dem Gebiet von Pergamon abzuziehen.

Nachdem Antiochos gehört hatte, daß die Römer gekommen waren, um Adramytteion zu schützen, hielt er sich von dieser Stadt fern. Er verwüstete das offene Land und eroberte dann Peraia, eine Gründung der Bewohner von Mitylene. Kotton, Korylenos, Aphrodisias und Prinne wurden beim ersten Angriff genommen. Von dort kehrte er über Thyateira nach Sardes zurück. Seleukos blieb an der Küste, für die einen zum Schrecken, für die anderen zum Schutz.

Die römische Flotte fuhr mit Eumenes und den Rhodiern zunächst nach Mitylene, dann zurück nach Elaia, von wo sie ausgelaufen war. Von dort nahmen sie Kurs auf Phokaia und landeten bei einer Insel

chium vocant — imminet urbi Phocaeensium —,
appulerunt et, quibus ante abstinuerant templis si-
gnisque — egregie autem exornata insula erat —, cum
hostiliter diripuissent, ad ipsam urbem transmiserunt.
Eam divisis inter se partibus cum oppugnarent et   8
videretur sine operibus, armis scalisque capi posse,
missum ab Antiocho praesidium trium milium armatorum cum intrasset urbem, extemplo oppugnatione
omissa classis ad insulam se recepit nihil aliud quam
depopulato circa urbem hostium agro.

Inde placuit Eumenen domum dimitti et praeparare   22
consuli atque exercitui, quae ad transitum Hellesponti
opus essent, Romanam Rhodiamque classem redire
Samum atque ibi in statione esse, ne Polyxenidas ab
Epheso moveret. Rex Elaeam, Romani ac Rhodii
Samum redierunt. Ibi M. Aemilius frater praetoris   2
decessit.
　Rhodii celebratis exsequiis adversus classem, quam
fama erat ex Syria venire, tredecim suis navibus et una
Coa quinqueremi, altera Cnidia Rhodum, ut ibi in
statione essent, profecti sunt. Biduo ante, quam Eu-   3
damus cum classe ab Samo veniret, tredecim ab Rhodo naves cum Pamphilida praefecto adversus eandem
Syriacam classem missae adsumptis quattuor navibus,
quae Cariae praesidio erant, oppugnantibus regiis
Daedala et quaedam alia Peraeae castella obsidione
exemerunt. Eudamum confestim exire placuit. Addi-   4
tae huic quoque sunt ad eam classem, quam habebat,
sex apertae naves. Profectus cum, quantum accelerare   5
poterat, maturasset, ad portum, quem Megisten vocant, praegressos consequitur. Inde uno agmine Pha-
selidem cum venissent, optimum visum est ibi hostem
opperiri.
　In confinio Lyciae et Pamphyliae Phaselis est; pro-   23
minet penitus in altum conspiciturque prima terrarum
Rhodum a Cilicia petentibus et procul navium prae-

namens Bakcheion – sie liegt nahe bei der Stadt der Phokaier –, und
nachdem sie die Tempel und Standbilder, von denen sie sich bisher
ferngehalten hatten – die Insel war außerordentlich reich geschmückt –
nach Feindesart geplündert hatten, fuhren sie zur Stadt selbst hinüber.
Sie griffen sie an, nachdem sie die einzelnen Abschnitte unter sich
aufgeteilt hatten, und es sah so aus, als ob man die Stadt ohne Belagerungsanlagen, nur mit Waffen und Sturmleitern nehmen könne; als
dann aber eine Schutztruppe von 3000 Bewaffneten, die Antiochos
geschickt hatte, in die Stadt kam, gab man den Angriff unverzüglich auf,
und die Flotte kehrte zur Insel zurück, nachdem man nur das offene
Land um die Stadt der Feinde herum verwüstet hatte.

Man beschloß, Eumenes von dort nach Hause zu entlassen; er sollte
für den Konsul und das Heer die nötigen Vorbereitungen für den
Übergang über den Hellespont treffen. Die römische und rhodische
Flotte sollte nach Samos zurückkehren und dort Position beziehen,
damit Polyxenidas sich nicht von Ephesos entfernen könne. Der König
kehrte nach Elaia, die Römer und Rhodier nach Samos zurück. Dort
starb M. Aemilius, der Bruder des Prätors.

Nach den Bestattungsfeierlichkeiten fuhren die Rhodier mit 13 eigenen Schiffen und einem Fünfruderer aus Kos und einem zweiten aus
Knidos der Flotte, die, wie es hieß, aus Syrien herankam, bis Rhodos
entgegen, um dort Position zu beziehen. Zwei Tage, bevor Eudamos
mit seiner Flotte von Samos kam, waren 13 Schiffe von Rhodos unter
dem Kommando von Pamphilidas gegen dieselbe syrische Flotte ausgeschickt worden; nachdem sie noch durch die vier Schiffe verstärkt
worden waren, die Karien schützten, befreiten sie Daidala und einige
andere feste Plätze der Peraia, die von den Truppen des Königs angegriffen wurden, von der Belagerung. Man beschloß, Eudamos solle
unverzüglich wieder auslaufen. Man gab ihm auch zu der Flotte, die er
hatte, noch sechs Schiffe ohne Deck. Da er sich nach dem Auslaufen
beeilte, so sehr er konnte, holte er die, die vorausgefahren waren, bei
dem Hafen Megiste ein. Nachdem sie von dort in einem Verband nach
Phaselis gekommen waren, schien es ihnen das beste, hier auf den Feind
zu warten.

Phaselis liegt im Grenzgebiet von Lykien und Pamphylien; es ragt
weit vor in die offene See und ist das erste Land, das man sichtet, wenn
man von Kilikien nach Rhodos fährt, und man kann von dort aus die

bet prospectum. Eo maxime, ut in obvio classi hostium essent, electus locus est; ceterum, quod non providerunt, et loco gravi et tempore anni — medium enim aestatis erat — ad hoc insolito odore ingruere morbi vulgo, maxime in remiges, coeperunt. Cuius pestilentiae metu profecti cum praetervererentur Pamphylium sinum, ad Eurymedontem amnem appulsa classe audiunt ab Aspendiis ad Sidam hostis esse. Tardius navigaverant regii adverso tempore etesiarum, quod velut statum favoniis ventis est. Rhodiorum duae et triginta quadriremes et quattuor triremes fuere; regia classis septem et triginta maioris formae navium erat; in quibus tres hepteres, quattuor hexeres habebat. Praeter has decem triremes erant. Et hi adesse hostis ex specula quadam cognoverunt.

Utraque classis postero die luce prima, tamquam eo die pugnatura, e portu movit; et postquam superavere Rhodii promunturium, quod ab Sida prominet in altum extemplo et conspecti ab hostibus sunt et ipsi eos viderunt. Ab regiis sinistro cornu, quod ab alto obiectum erat, Hannibal, dextro Apollonius, purpuratorum unus, praeerat; et iam in frontem derectas habebant naves. Rhodii longo agmine veniebant; prima praetoria navis Eudami erat; cogebat agmen Chariclitus; Pamphilidas mediae classi praeerat. Eudamus postquam hostium aciem instructam et paratam ad concurrendum vidit, et ipse in altum evehitur et, deinceps quae sequebantur servantes ordinem, in frontem derigere iubet. Ea res primo tumultum praebuit; nam nec sic in altum evectus erat, ut ordo omnium navium ad terram explicari posset, et festinans ipse praepropere cum quinque solis navibus Hannibali occurrit; ceteri, quia in frontem derigere iussi erant, non sequebantur. Extremo agmini loci nihil ad terram relictum erat; trepidantibusque iis inter se iam in dextro cornu adversus Hannibalem pugnabatur.

2

3

4

5

6

7

8

9

10

11

Schiffe schon von weitem sehen. Gerade darum wurde die Stelle ausgewählt, um der Flotte der Feinde zu begegnen. Aber was sie nicht voraussahen, durch die ungesunde Gegend und die Jahreszeit – es war nämlich Hochsommer –, dazu noch durch den ungewohnten Geruch begannen allgemein Krankheiten auszubrechen, vor allem unter den Ruderern. Als man aus Furcht vor dieser Seuche weiterfuhr und am Golf von Pamphylien vorbeikam, landete die Flotte am Eurymedon, und man hörte von den Bewohnern von Aspendos, daß die Feinde bei Side seien. Die Leute des Königs waren langsamer gesegelt wegen der ungünstigen Zeit der Etesien, die sozusagen für die Westwinde festgelegt ist. Die Rhodier verfügten über 32 Vierruderer und vier Dreiruderer. Die königliche Flotte bestand aus 37 größeren Schiffen, darunter drei Siebenruderern und vier Sechsruderern; darüber hinaus hatten sie noch zehn Dreiruderer. Auch sie bemerkten von einer Warte aus, daß die Feinde da waren.

Beide Flotten liefen am nächsten Tag im Morgengrauen aus dem Hafen aus, um an diesem Tag zu kämpfen, und nachdem die Rhodier das Kap hinter sich gebracht hatten, das von Side aus in die offene See hinausragt, wurden sie sogleich von den Feinden gesichtet und sahen sie auch selbst. Auf der Seite der Königlichen kommandierte über den linken Flügel, der sich auf der Seeseite entgegenstellte, Hannibal, über den rechten Apollonios, einer vom Hofstaat, und sie hatten ihre Schiffe schon in Linie entfaltet. Die Rhodier kamen in langer Formation heran. An der Spitze befand sich das Admiralsschiff des Eudamos; am Schluß der Formation fuhr Charikleitos; Pamphilidas hatte das Kommando über das Zentrum der Flotte. Nachdem Eudamos die Linie der Feinde formiert und auf den Zusammenstoß vorbereitet sah, fuhr er selbst auf die offene See hinaus und gab denen, die hintereinander in Formation folgten, Befehl, sich zur Linie zu entfalten. Das führte zunächst zu einer Verwirrung; denn er war nicht so weit auf die offene See hinausgefahren, daß die Reihe aller Schiffe sich zum Land hin entfalten konnte, und er selbst überstürzte die Dinge und lief mit nur fünf Schiffen Hannibal entgegen. Die übrigen folgten nicht, weil sie Befehl hatten, sich in Linie zu entfalten. Für das Ende der Formation war zum Land hin kein Platz geblieben, und während sie noch zwischeneinander hin und her fuhren, wurde auf dem rechten Flügel schon gegen Hannibal gekämpft.

Sed momento temporis et navium virtus et usus **24**
maritimae rei terrorem omnem Rhodiis dempsit.
Nam et in altum celeriter evectae naves locum post se **2**
quaeque venienti ad terram dedere, et si qua concurrerat rostro cum hostium nave, aut proram lacerabat
aut remos detergebat aut libero inter ordines discursu
praetervecta in puppim impetum dabat. Maxime ex- **3**
terruit hepteris regia a multo minore Rhodia nave uno
ictu demersa; itaque iam haud dubie dextrum cornu
hostium in fugam inclinabat. Eudamum in alto multi- **4**
tudine navium maxime Hannibal, ceteris omnibus
longe praestantem, urgebat et circumvenisset, ni signo
sublato ex praetoria nave, quo dispersam classem in
unum colligi mos erat, omnes, quae in sinistro cornu
vicerant naves, ad opem ferendam suis concurrissent.
Tum et Hannibal quaeque circa eum naves erant, **5**
capessunt fugam; nec insequi Rhodii ex magna parte
aegris et ob id celerius fessis remigibus potuerunt.
Cum in alto, ubi substiterant, cibo reficerent vires, **6**
contemplatus Eudamus hostis claudas mutilatasque
naves apertis navibus remulco trahentis, viginti paulo
amplius integras abscedentis, e turri praetoriae navis
silentio facto „Exsurgite" inquit „et egregium spectaculum capessite oculis!" Consurrexere omnes con- **7**
templatique trepidationem fugamque hostium prope
una voce omnes, ut sequerentur, exclamaverunt. Ip- **8**
sius Eudami multis ictibus vulnerata navis erat; Pamphilidam et Chariclitum insequi, quoad putarent tutum, iussit. Aliquamdiu secuti sunt; postquam terrae **9**
appropinquabat Hannibal, veriti, ne includerentur
vento in hostium ora, ad Eudamum revecti hepterem
captam, quae primo concursu icta erat, aegre Phaseli-
dem pertraxerunt. Inde Rhodum non tam victoria **10**
laeti quam alius alium accusantes, quod, cum potuisset, non omnis submersa aut capta classis hostium

Aber im Nu nahm die Tüchtigkeit ihrer Schiffe und ihre seemännische Erfahrung den Rhodiern alle Furcht. Denn die Schiffe liefen schnell auf die offene See hinaus, und jedes gab dem hinter ihm kommenden Platz zum Land hin, und wenn eins mit dem Rammsporn mit einem Schiff der Feinde zusammengestoßen war, zerriß es ihm entweder das Vorschiff oder brach ihm die Ruder weg oder machte, wenn es frei zwischen den Reihen durch vorbeigefahren war, einen Angriff auf das Hinterschiff. Den größten Schrecken löste es aus, daß ein königlicher Siebenruderer von einem viel kleineren rhodischen Schiff durch einen einzigen Stoß versenkt wurde; deshalb lenkte der rechte Flügel der Feinde schon unverkennbar zur Flucht. Auf der offenen See geriet Eudamos durch Hannibal in Bedrängnis, vor allem durch die Menge seiner Schiffe, während er in allem anderen weit überlegen war, und er wäre umzingelt worden, wenn das Admiralsschiff nicht das Signal gegeben hätte, auf das hin die Flotte, wenn sie zerstreut war, sich an einem Punkt zu sammeln pflegte, und daraufhin alle Schiffe, die auf dem linken Flügel gesiegt hatten, zusammengekommen wären, um ihren Kameraden zu helfen. Da ergriffen auch Hannibal und die Schiffe, die bei ihm waren, die Flucht. Aber die Rhodier konnten sie nicht verfolgen, weil die Ruderer zum großen Teil krank waren und daher schneller ermüdeten. Als sie sich auf der offenen See, wo sie haltgemacht hatten, stärkten, beobachtete Eudamos, daß die Feinde die lahmen und verstümmelten Schiffe durch Schiffe ohne Deck am Seil abschleppten und daß nur wenig mehr als 20 unbeschädigt davonfuhren; da gebot er vom Turm des Admiralsschiffes aus Schweigen und sagte: „Steht auf und schaut euch dieses außergewöhnliche Schauspiel an!" Es standen alle auf, und als sie die verwirrte Flucht der Feinde sahen, riefen alle fast wie aus einem Munde, sie sollten ihnen folgen. Das Schiff des Eudamos selbst war durch viele Stöße beschädigt. Er gab Pamphilidas und Charikleitos Befehl, zu verfolgen, solange sie es für sicher hielten. Sie verfolgten sie eine Zeitlang. Nachdem Hannibal sich dem Lande näherte, fürchteten sie, durch den Wind an der Küste der Feinde festgehalten zu werden, kehrten zu Eudamos zurück und schleppten einen königlichen Siebenruderer, der beim ersten Zusammenprall getroffen worden war, mit Mühe nach Phaselis ein. Von dort kehrten sie nach Rhodos zurück und freuten sich über den Sieg, aber mehr noch machten sie sich gegenseitig Vorwürfe, daß nicht die ganze Flotte der

foret, redierunt. Hannibal, ictus uno proelio adverso, 　11
ne tum quidem praetervehi Lyciam audebat, cum
coniungi veteri regiae classi quam primum cuperet;
et ne id ei facere liberum esset, Rhodii Chariclitum 　12
cum viginti navibus rostratis ad Patara et Megisten
portum miserunt. Eudamum cum septem navibus 　13
maximis ex ea classe, cui praefuerat, Samum redire ad
Romanos iusserunt, ut, quantum consilio, quantum
auctoritate valeret, compelleret Romanos ad Patara
expugnanda.

Magnam Romanis laetitiam prius victoriae nun- 　25
tius, deinde adventus attulit Rhodiorum; et appare- 　2
bat, si Rhodiis ea cura dempta fuisset, vacuos eos tuta
eius regionis maria praestaturos. Sed profectio Antiochi ab Sardibus ⟨metusque⟩, ne opprimerentur maritimae urbes, abscedere custodia Ioniae atque Aeolidis
prohibuerunt; Pamphilidam cum quattuor navibus 　3
tectis ad eam classem, quae circa Patara erat, miserunt.

Antiochus non civitatium modo, quae circa se 　4
erant, contrahebat praesidia, sed ad Prusiam Bithyniae regem legatos miserat litterasque, quibus transitum in Asiam Romanorum increpabat: venire eos ad 　5
omnia regna tollenda, ut nullum usquam terrarum
nisi Romanum imperium esset; Philippum, Nabim 　6
expugnatos; se tertium peti; ut quisque proximus ab
oppresso sit, per omnis velut continens incendium
pervasurum; ab se gradum in Bithyniam fore, quando 　7
Eumenes in voluntariam servitutem concessisset. His 　8
motum Prusiam litterae Scipionis consulis, sed magis
fratris eius Africani ab suspicione tali averterunt, qui
praeter consuetudinem perpetuam populi Romani au-
gendi omni honore regum sociorum maiestatem, domesticis ipse exemplis Prusiam ad promerendam amicitiam suam compulit: regulos se acceptos in fidem in 　9
Hispania reges reliquisse; Masinissam non in patrio

Feinde versenkt oder genommen worden sei, obwohl es möglich gewesen wäre. Hannibal, durch die eine verlorene Schlacht betroffen, wagte nicht einmal jetzt an Lykien vorbeizufahren, obwohl er sich mit der alten königlichen Flotte so bald wie möglich zu vereinigen wünschte, und damit ihm das zu tun nicht freistand, schickten die Rhodier Charikleitos mit 20 Rammschiffen nach Patara und dem Hafen Megiste. Eudamos gaben sie Befehl, mit den sieben größten Schiffen von der Flotte, über die er das Kommando hatte, nach Samos zu den Römern zurückzukehren, und soweit sein Rat und soweit sein Einfluß ging, die Römer zu drängen, Patara zu erobern.

Große Freude bereitete den Römern zunächst die Siegesnachricht, dann die Ankunft der Rhodier, und es war klar, daß die Rhodier, wenn ihnen diese Sorge genommen wäre, die Hände frei hätten und die Sicherheit der Meere in dieser Gegend garantieren würden. Aber der Aufbruch des Antiochos von Sardes und die Befürchtung, daß die Küstenstädte überwältigt würden, hinderte sie daran, den Schutz Joniens und der Aiolis aufzugeben. Sie schickten Pamphilidas mit vier Deckschiffen zu der Flotte, die im Gebiet von Patara war.

Antiochos zog nicht nur Verstärkungen aus den Städten rundum in seiner Nähe an sich, sondern hatte auch an Prusias, den König von Bithynien, Gesandte mit einem Brief geschickt, in dem er heftige Vorwürfe gegen die Römer wegen ihres Übergangs nach Kleinasien erhob. Sie kämen, um alle Königreiche zu beseitigen, damit es nirgendwo auf der Erde mehr ein großes Reich gebe außer dem römischen. Philipp und Nabis seien bezwungen worden; auf ihn habe man es als dritten abgesehen. Wie jeder dem gerade Überwältigten am nächsten sei, werde es wie ein Flächenbrand über alle hinweggehen. Von ihm werde man den Schritt nach Bithynien tun, da Eumenes sich ja freiwillig in Knechtschaft begeben habe. Das machte Eindruck auf Prusias, aber ein Brief des Konsuls Scipio brachte ihn von solchem Verdacht ab, noch mehr aber einer seines Bruders Africanus, der neben der beständigen Gewohnheit des römischen Volkes, das Ansehen der verbündeten Könige mit jeder Ehre zu erhöhen, durch Beispiele aus seinem eigenen Leben Prusias dazu bestimmte, sich um seine Freundschaft zu bemühen. In Spanien habe er kleine Fürsten, die sich unter seinen Schutz gestellt hätten, als Könige zurückgelassen. Masinissa habe er nicht nur

modo locasse regno, sed in Syphacis, a quo ante
expulsus fuisset, regnum imposuisse; et esse eum non   10
Africae modo regum longe opulentissimum, sed toto
in orbe terrarum cuivis regum vel maiestate vel viribus parem. Philippum et Nabim, hostis et bello supe-   11
ratos ab T. Quinctio, tamen in regno relictos. Philip-   12
po quidem anno priore etiam stipendium remissum et
filium obsidem redditum; et quasdam civitates extra
Macedoniam patientibus Romanis imperatoribus re-
cepisse eum. In eadem dignitate et Nabim futurum
fuisse, nisi eum suus primum furor, deinde fraus
Aetolorum absumpsisset. Maxime confirmatus est   13
animus regis, postquam ad eum C. Livius, qui praetor
ante classi praefuerat, legatus ab Roma venit et edocu-
it, quanto et spes victoriae certior Romanis quam   14
Antiocho et amicitia sanctior firmiorque apud Romanos futura esset.

Antiochus postquam a spe societatis Prusiae deci-   26
dit, Ephesum ab Sardibus est profectus ad classem,
quae per aliquot menses instructa ac parata fuerat,
visendam, magis quia terrestribus copiis exercitum   2
Romanum et duos Scipiones imperatores videbat sus-
tineri non posse, quam quod res navalis ipsa per se aut
temptata sibi umquam feliciter aut tunc magnae et
certae fiduciae esset. Erat tamen momentum in prae-   3
sentia spei, quod et magnam partem Rhodiae classis
circa Patara esse et Eumenen regem cum omnibus
navibus suis consuli obviam in Hellespontum profectum audierat; aliquid etiam inflabat animos classis   4
Rhodia ad Samum per occasionem fraude praepara-
tam adsumpta. His fretus, Polyxenida cum classe ad   5
temptandam omni modo certaminis fortunam misso,
ipse copias ad Notium ducit. Id oppidum Colopho-
nium, mari imminens, abest a vetere Colophone duo
ferme milia passuum. Et ipsam urbem suae potestatis   6
esse volebat, adeo propinquam Epheso, ut nihil terra

im Königreich seines Vaters eingesetzt, sondern er habe ihn auch zum Herrn über das Königreich des Syphax gemacht, von dem er vorher vertrieben worden sei, und er sei nicht nur von den Königen in Afrika bei weitem der mächtigste, sondern auf dem ganzen Erdkreis jedem der Könige an Ansehen und Kräften gleich. Philipp und Nabis seien Feinde gewesen und im Krieg von T. Quinctius überwunden worden, trotzdem habe man ihnen ihr Königreich gelassen. Philipp habe man im Vorjahr sogar die Abgabe erlassen und ihm seinen Sohn, der als Geisel gedient hatte, zurückgegeben und er habe einige Gemeinden außerhalb Makedoniens mit Duldung der römischen Feldherrn zurückerhalten. Eine gleiche Stellung würde auch Nabis einnehmen, wenn nicht zunächst seine eigene Raserei, dann die Tücke der Ätoler ihn zugrunde gerichtet hätte. Am meisten wurde der König aber in seiner Absicht bestärkt, als C. Livius, der vorher als Prätor das Kommando über die Flotte gehabt hatte, als Gesandter von Rom zu ihm kam und ihm deutlich machte, wieviel sicherer die Siegeshoffnung der Römer sei als die des Antiochos und wieviel unverletzlicher und fester die Freundschaft bei den Römern sein werde.

Nachdem Antiochos die Hoffnung auf ein Bündnis mit Prusias zu Grabe getragen hatte, brach er von Sardes nach Ephesos auf, um die Flotte zu besichtigen, die schon einige Monate ausgerüstet und in Bereitschaft gelegen hatte, mehr weil er sah, daß das römische Heer und seine beiden Befehlshaber, die Scipionen, von seinen Landstreitkräften nicht aufgehalten werden konnten, als daß er es zur See jemals mit gutem Ausgang versucht oder jetzt großes und begründetes Vertrauen in dieser Hinsicht gehabt hätte. Er hatte jedoch im Augenblick einen Anlaß zur Hoffnung, weil er gehört hatte, daß ein großer Teil der rhodischen Flotte sich im Gebiet von Patara befinde und daß König Eumenes mit all seinen Schiffen dem Konsul zum Hellespont entgegengefahren sei. Erheblich steigerte es seine Zuversicht auch noch, daß eine rhodische Flotte bei Samos bei einer Gelegenheit, die man durch Täuschung herbeigeführt hatte, vernichtet worden war. Im Vertrauen hierauf schickte er Polyxenidas mit der Flotte, um auf jede Weise sein Glück im Kampf zu versuchen, und führte selbst seine Truppen nach Notion. Das ist eine Stadt im Gebiet von Kolophon, die am Meer liegt und vom alten Kolophon ungefähr zwei Meilen entfernt ist. Er wollte die Stadt selbst in seiner Hand haben, die so nahe bei Ephesos liegt, daß

marive ageret, quod non subiectum oculis Colopho-
niorum ac per eos notum extemplo Romanis esset, et   7
hos audita obsidione non dubitabat ad opem sociae
urbi ferendam classem ab Samo moturos; eam occasionem Polyxenidae ad rem gerendam fore. Igitur   8
operibus oppugnare urbem adgressus, ad mare partibus duabus pariter munitionibus deductis, utrimque
vineas et aggerem muro iniunxit et testudinibus arietes admovit. Quibus territi malis Colophonii oratores   9
Samum ad L. Aemilium, fidem praetoris populique
Romani implorantes, miserunt. Aemilium et Sami   10
segnis diu mora offendebat, nihil minus opinantem
quam Polyxenidam, bis nequiquam ab se provocatum, potestatem pugnae facturum esse, et turpe existi-   11
mabat Eumenis classem adiuvare consulem ad traiciendas in Asiam legiones, se Colophonis obsessae
auxilio, incertam finem habituro, alligari. Eudamus   12
Rhodius, qui et ⟨ante⟩ tenuerat eum Sami cupientem
proficisci in Hellespontum, cunctique instare et:
quanto satius esse vel socios obsidione eximere vel   13
victam iam semel classem iterum vincere et totam
maris possessionem ⟨hosti⟩ eripere, quam desertis
sociis, tradita Antiocho Asia terra marique in Hellespontum, ubi satis esset Eumenis classis, ab sua parte
belli discedere.

Profecti ab Samo ad petendos commeatus con-   **27**
sumptis iam omnibus Chium parabant traicere; id
erat horreum Romanis, eoque omnes ex Italia missae
onerariae derigebant cursum. Circumvecti ab urbe ad   2
aversa insulae − obiecta aquiloni ad Chium et Ery-
thras sunt − cum pararent traicere, litteris certior fit
praetor frumenti vim magnam Chium ex Italia venisse, vinum portantes naves tempestatibus retentas esse;

er auf dem Lande und zur See nichts unternehmen konnte, was sich nicht vor den Augen der Kolophonier abspielte und durch sie unverzüglich den Römern zur Kenntnis gebracht wurde; und er zweifelte nicht daran, daß die Römer, wenn sie von der Belagerung hörten, mit ihrer Flotte von Samos auslaufen würden, um der verbündeten Stadt Hilfe zu bringen. Das werde für Polyxenidas eine Gelegenheit sein, zur Tat zu schreiten. Also machte er sich daran, mit Belagerungswerken die Stadt anzugreifen; nachdem er auf beiden Seiten in gleicher Weise Befestigungsanlagen bis zum Meer errichtet hatte, führte er von beiden Seiten Sturmdächer und einen Damm bis an die Mauer und brachte mit Schutzdächern Rammböcke heran. Durch diese Drangsale erschreckt, schickten die Kolophonier Gesandte nach Samos zu L. Aemilius und baten den Prätor und das römische Volk flehentlich um Schutz. Aemilius mißfiel das lange untätige Verweilen in Samos; denn er glaubte nichts weniger, als daß Polyxenidas, den er zweimal vergeblich herausgefordert hatte, ihm Gelegenheit zu einer Schlacht bieten werde; und er hielt es für schimpflich, daß die Flotte des Eumenes dem Konsul half, die Legionen nach Kleinasien überzusetzen, er aber durch die Hilfeleistung für das belagerte Kolophon, deren Ende nicht abzusehen sei, gebunden werde. Der Rhodier Eudamos jedoch, der ihn auch vorher schon in Samos gehalten hatte, als er zum Hellespont absegeln wollte, und alle drangen in ihn und machten ihm klar, wieviel besser es sei, die Bundesgenossen von der Belagerung zu befreien oder die schon einmal besiegte Flotte ein zweitesmal zu besiegen und die Herrschaft über das Meer dem Feind ganz zu entreißen, als die Bundesgenossen im Stich zu lassen, Kleinasien zu Lande und zu Wasser Antiochos zu überantworten und sich von seiner Aufgabe im Krieg zum Hellespont davonzumachen, wo die Flotte des Eumenes ausreiche.

Sie liefen von Samos aus, um sich mit Proviant zu versorgen, da schon alles verbraucht war, und schickten sich an, nach Chios hinüberzufahren. Dort hatten die Römer ihr Vorratslager, und dorthin richteten alle Transportschiffe, die aus Italien kamen, ihren Kurs. Sie fuhren von der Stadt aus um die Insel herum zu ihrer abgelegenen Seite – sie liegt im Norden nach Chios und Erythrai hin –, und als sie schon die Vorbereitungen zur Überfahrt trafen, wurde der Prätor durch einen Brief davon in Kenntnis gesetzt, daß eine große Menge Getreide aus Italien nach Chios gekommen sei, daß aber die Schiffe, die mit Wein beladen waren,

simul adlatum est Teios regiae classi commeatus be-   3
nigne praebuisse, quinque milia vasorum vini esse
pollicitos. Teum ex medio cursu classem repente avertit, aut volentibus iis usurus commeatu parato hostibus aut ipsos pro hostibus habiturus. Cum derexis-   4
sent ad terram proras, quindecim ferme eis naves circa
Myonnesum apparuerunt, quas primo ex classe regia
praetor esse ratus institit sequi; apparuit deinde pira-
ticos celoces et lembos esse. Chiorum maritimam   5
oram depopulati cum omnis generis praeda reverten-
tes postquam videre ex alto classem, in fugam verterunt. Et celeritate superabant levioribus et ad id fabre-
factis navigiis et propiores terrae erant; itaque prius-   6
quam appropinquaret classis, Myonnesum perfuge-
runt, unde se e portu ratus abstracturum naves, ignarus loci sequebatur praetor. Myonnesus promunturi-   7
um inter Teum Samumque est. Ipse collis est in
modum metae in acutum cacumen a fundo satis lato
fastigatus; a continenti artae semitae aditum habet, a
mari exesae fluctibus rupes claudunt, ita ut quibusdam locis superpendentia saxa plus in altum, quam
quae in statione sunt naves, promineant. Circa ea   8
appropinquare non ausae naves, ne sub ictu super-
stantium rupibus piratarum essent, diem trivere. Tan-   9
dem sub noctem vano incepto cum abstitissent, Teum
postero die accessere, et in portu, qui ab tergo urbis
est — Geraesticum ipsi appellant —, navibus consti-
tutis praetor ad depopulandum circa urbem agrum
emisit milites.

Teii, cum in oculis populatio esset, oratores cum   **28**
infulis et velamentis ad Romanum miserunt. Quibus   2
purgantibus civitatem omnis facti dictique hostilis
adversus Romanos, et iuvisse eos commeatu classem
hostium arguit, et quantum vini Polyxenidae promi-

durch Stürme festgehalten worden seien. Zugleich wurde gemeldet, die Bewohner von Teos hätten der königlichen Flotte bereitwillig Proviant geliefert und 5000 Gefäße Wein versprochen. Er ließ die Flotte mitten auf der Fahrt plötzlich Kurs auf Teos nehmen, um entweder mit ihrer Einwilligung von dem Proviant, den sie für die Feinde bereitgestellt hatten, Gebrauch zu machen oder sie als Feinde zu behandeln. Als sie die Vorschiffe aufs Land gerichtet hatten, kamen etwa 15 Schiffe in der Gegend von Myonnesos in Sicht. Zunächst glaubte der Prätor, sie seien von der königlichen Flotte, und setzte ihnen eifrig nach. Dann aber zeigte es sich, daß es Schnellsegler und Lemben von Piraten waren. Sie hatten das Küstengebiet von Chios geplündert und kehrten mit Beute jeder Art zurück. Als sie die Flotte auf der hohen See sahen, wandten sie sich zur Flucht. Sie waren an Schnelligkeit überlegen, da sie leichtere und für diesen Zweck angefertigte Schiffe hatten, und sie waren auch näher am Land. Deshalb konnten sie, noch bevor die Flotte herankam, nach Myonnesos entkommen. Der Prätor kannte den Platz nicht und glaubte, er könne die Schiffe von dort aus dem Hafen abschleppen, und folgte ihnen. Myonnesos ist ein Kap zwischen Teos und Samos. Es selbst ist ein Hügel, der nach Art eines Kegels von einer ziemlich breiten Grundfläche zu einem spitzen Gipfel ansteigt. Vom Festland her gibt es einen Zugang über einen schmalen Pfad; auf der Seeseite schließen ihn von den Wellen zerfressene Klippen ab, wobei an einigen Stellen überhängende Felsen höher aufragen als die Schiffe, die dort liegen. Um sie herum brachten die Schiffe den Tag zu, wagten aber nicht in ihre Nähe zu kommen, um nicht unter Beschuß der Piraten zu geraten, die auf den Klippen standen. Nachdem sie endlich bei Einbruch der Nacht das fruchtlose Unternehmen aufgegeben hatten, kamen sie am nächsten Tag nach Teos, und nachdem die Schiffe in dem Hafen, der hinter der Stadt liegt – sie selbst nennen ihn Geraistikos –, vor Anker gegangen waren, setzte der Prätor Soldaten an Land, um das Gebiet um die Stadt herum zu verwüsten.

Die Bewohner von Teos schickten, da sich die Verwüstung vor ihren Augen abspielte, Unterhändler mit Wollbinden um die Stirn und mit Zweigen, die mit Wollbinden umwunden waren, zum Römer. Als sie ihre Bürgerschaft von jeder feindseligen Tat und jedem feindseligen Wort gegen die Römer freisprechen wollten, hielt er ihnen vor, daß sie die Flotte der Feinde mit Proviant versorgt und wieviel Wein sie

sissent; quae si eadem Romanae classi darent, revoca-
turum se a populatione militem; si minus, pro hostibus eos habiturum. Hoc tam triste responsum cum   3
rettulissent legati, vocatur in contionem a magistratibus populus, ut, quid agerent, consultarent.

Eo forte die Polyxenidas cum regia classe a Colo-   4
phone profectus postquam movisse a Samo Romanos
audivit et ad Myonnesum piratas persecutos Teiorum
agrum depopulari, naves in Geraestico portu stare,
ipse adversus Myonnesum in insula — Macrin nautici   5
vocant — ancoras portu occulto iecit. Inde ex propin-   6
quo explorans, quid hostes agerent, primo in magna
spe fuit, quemadmodum Rhodiam classem ad Samum
circumsessis ad exitum faucibus portus expugnasset,
sic et Romanam expugnaturum. Nec est dissimilis
natura loci; promunturiis coeuntibus inter se ita clau- 7
ditur portus, ut vix duae simul inde naves possint
exire. Nocte occupare fauces Polyxenidas in animo   8
habebat, et denis navibus ad promunturia stantibus,
quae ab utroque cornu in latera exeuntium navium
pugnarent, ex cetera classe, sicut ad Panhormum fecerat, armatis in litora expositis terra marique simul
hostis opprimere. Quod non vanum ei consilium   9
fuisset, ni, cum Teii facturos se imperata promisis-
sent, ad accipiendos commeatus aptius visum esset
Romanis in eum portum, qui ante urbem est, classem
transire. Dicitur et Eudamus Rhodius vitium alterius   10
portus ostendisse, cum forte duae naves in arto ostio
implicitos remos fregissent; et inter alia id quoque   11
movit praetorem, ut traduceret classem, quod ab terra
periculum erat, haud procul inde Antiocho stativa
habente.

Traducta classe ad urbem ignaris omnibus egressi   **29**
milites nautaeque sunt ad commeatus et vinum maxime dividendum in naves, cum medio forte diei agre-   2
stis quidam ad praetorem adductus nuntiat alterum
iam diem classem stare ad insulam Macrin et paulo

Polyxenidas versprochen hätten. Wenn sie der römischen Flotte dasselbe gäben, werde er die Soldaten vom Plündern zurückrufen; wenn nicht, werde er sie als Feinde behandeln. Als die Gesandten mit dieser betrüblichen Antwort zurückkehrten, wurde das Volk von den Beamten zur Versammlung gerufen, um zu beraten, was sie tun sollten.

Zufällig war an diesem Tag Polyxenidas mit der königlichen Flotte von Kolophon abgesegelt. Nachdem er hörte, daß die Römer von Samos weggefahren waren und bei Myonnesos die Piraten verfolgt hatten, daß sie das Gebiet von Teos plünderten und daß ihre Schiffe im Hafen Geraistikos lagen, warf er selbst gegenüber von Myonnesos an einer Insel – die Seeleute nennen sie Makris – in einem versteckten Hafen Anker. Von hier aus erkundete er aus der Nähe, was die Feinde taten, und hatte zuerst große Hoffnung, wie er die rhodische Flotte bei Samos dadurch bezwungen hatte, daß er die Enge der Hafenausfahrt umstellte, so werde er auch die römische Flotte bezwingen. Und der Ort ist auch ganz ähnlich: durch Landzungen, die aufeinander zulaufen, wird der Hafen so abgeschlossen, daß kaum zwei Schiffe zugleich von dort auslaufen können. Polyxenidas hatte vor, bei Nacht die Enge zu besetzen und zehn Schiffe an jede Landzunge zu legen, die von beiden Flügeln her gegen die Flanken der auslaufenden Feinde kämpfen sollten, sodann von der übrigen Flotte, wie er es bei Panhormos getan hatte, Bewaffnete an Land zu setzen und die Feinde zu Lande und zu Wasser zugleich zu überfallen. Mit diesem Plan hätte er auch Erfolg gehabt, wenn die Römer es nach dem Versprechen der Bewohner von Teos, sie würden den Befehlen nachkommen, nicht für besser gehalten hätten, die Flotte zur Übernahme des Proviants in den Hafen zu verlegen, der vor der Stadt ist. Der Rhodier Eudamos soll auch auf die schwache Stelle des anderen Hafens hingewiesen haben, als zufällig zwei Schiffe in der schmalen Ausfahrt mit ihren Rudern kollidiert waren und diese zerbrochen hatten. Und unter anderem veranlaßte es den Prätor auch zur Verlegung der Flotte, daß vom Land her Gefahr drohte, weil Antiochos nicht weit von da sein Standlager hatte.

Nachdem die Flotte völlig unbemerkt zur Stadt verlegt worden war, gingen die Soldaten und Seeleute an Land, um den Proviant und vor allem den Wein auf die Schiffe zu verteilen. Da wurde ungefähr um die Mitte des Tages ein Mann vom Land zum Prätor geführt und meldete, eine Flotte liege schon den zweiten Tag bei der Insel Makris und vor

ante visas quasdam moveri tamquam ad profectionem
naves. Re subita perculsus praetor tubicines canere   3
iubet, ut, si qui per agros palati essent, redirent;
tribunos in urbem mittit ad cogendos milites nautas-
que in naves. Haud secus quam in repentino incendio   4
aut capta urbe trepidatur, aliis in urbem currentibus
ad suos revocandos, aliis ex urbe naves cursu repetentibus, incertisque clamoribus, quibus ipsis tubae
obstreperent, turbatis imperiis tandem consursum ad
naves est. Vix suas quisque noscere aut adire prae   5
tumultu poterat; trepidatumque cum periculo et in
mari et in terra foret, ni partibus divisis Aemilius cum
praetoria nave primus e portu in altum evectus, exci-
piens insequentis, suo quamque ordine in frontem
instruxisset, Eudamus Rhodiaque classis substitissent   6
ad terram, ut et sine trepidatione conscenderent et, ut
quaeque parata esset, exiret navis. Ita et explicuere   7
ordinem primae in conspectu praetoris, et coactum
agmen ab Rhodiis est, instructaque acies, velut cernerent regios, in altum processit.

Inter Myonnesum et Corycum promunturium   8
erant, cum hostem conspexere. Et regia classis, binis
in ordinem navibus longo agmine veniens, et ipsa
aciem adversam explicuit laevo tantum evecta cornu,
ut amplecti et circuire dextrum cornu Romanorum
posset. Quod ubi Eudamus, qui cogebat agmen, vidit,   9
non posse aequare ordinem Romanos et tantum non
iam circuiri ab dextro cornu, concitat naves — et
erant Rhodiae longe omnium celerrimae tota classe —
aequatoque cornu praetoriae navi, in qua Polyxenidas
erat, suam obiecit.

Iam totis simul classibus ab omni parte pugna   30
conserta erat. Ab Romanis octoginta naves pugna-

kurzer Zeit sei gesehen worden, daß einige Schiffe sich in Bewegung setzten, als wenn sie auslaufen wollten. Durch den plötzlichen Vorfall bestürzt, ließ der Prätor die Trompeter blasen, damit die, die sich womöglich über das offene Land zerstreut hatten, zurückkehrten. Die Tribunen schickte er in die Stadt, um die Soldaten und die Seeleute an Bord zu schaffen. Nicht anders als beim plötzlichen Ausbruch eines Feuers oder bei der Einnahme einer Stadt kam es zu einem Durcheinander; die einen liefen in die Stadt, um ihre Kameraden zurückzurufen, andere kehrten aus der Stadt im Laufschritt zu den Schiffen zurück; die Rufe waren nicht klar zu verstehen und wurden von den Trompeten übertönt, die Befehle waren verworren, und doch sammelte man sich schließlich an den Schiffen. Kaum konnte jeder in dem Getümmel seins erkennen oder herankommen, und es wäre zu einem gefährlichen Durcheinander auf dem Meer wie auf dem Lande gekommen, wenn man sich nicht in die Aufgaben geteilt hätte und Aemilius mit dem Admiralsschiff als erster aus dem Hafen auf die offene See hinausgefahren wäre und die folgenden Schiffe aufgenommen und jedem seinen Platz in der Linie angewiesen hätte, während Eudamos und die rhodische Flotte an Land blieben, damit man ohne Panik an Bord ging und damit jedes Schiff, sobald es kampfbereit war, auslief. So entfalteten sich die ersten unter den Augen des Prätors zur Linie, und den Schluß der Formation bildeten die Rhodier. Nachdem die Kampflinie sich formiert hatte, fuhr sie auf die offene See hinaus, als ob sie die Königlichen sähen.

Sie befanden sich zwischen Myonnesos und dem Kap Korykos, als sie den Feind sichteten. Die königliche Flotte kam in langer Formation heran, immer zwei Schiffe nebeneinander, und entfaltete sich gegenüber zur Kampflinie, wobei sie mit dem linken Flügel so weit hinausfuhr, daß sie den rechten Flügel der Römer umfassen und umzingeln konnte. Als Eudamos, der am Schluß der Formation fuhr, sah, daß die Römer mit ihrer Linie nicht auf gleiche Höhe kommen konnten und daß sie schon fast auf dem rechten Flügel umzingelt wurden, beschleunigte er die Fahrt seiner Schiffe – die rhodischen Schiffe waren die weitaus schnellsten von allen in der ganzen Flotte –, und als der Flügel auf gleiche Höhe gekommen war, warf er dem Admiralsschiff, auf dem sich Polyxenidas befand, seins entgegen.

Schon war der Kampf auf der ganzen Linie zugleich an allen Stellen entbrannt. Auf römischer Seite kämpften 80 Schiffe, von denen 22 aus

bant, ex quibus Rhodiae duae et viginti erant;
hostium classis undenonaginta navium fuit; maximae   2
formae naves tres hexeres habebat, duas hepteres.
Robore navium et virtute militum Romani longe
praestabant, Rhodiae naves agilitate et arte
gubernatorum et scientia remigum; maximo tamen   3
terrori hostibus fuere, quae ignes prae se portabant, et
quod unum iis ad Panhormum circumventis saluti
fuerat, id tum maximum momentum ad victoriam
fuit. Nam metu ignis adversi regiae naves, ne prorae   4
concurrerent, cum declinassent, neque ipsae ferire
rostro hostem poterant et obliquas se ipsae ad ictus
praebebant, et si qua concurrerat, obruebatur infuso   5
igni, magisque ad incendium quam ad proelium trepi-
dabant. Plurimum tamen, quae solet, militum virtus   6
in bello valuit. Mediam namque aciem hostium Romani cum rupissent, circumvecti ab tergo pugnantibus adversus Rhodios regiis sese obiecere; momentoque temporis et media acies Antiochi et laevo cornu
circumventae naves mergebantur. Dextera pars inte-   7
gra sociorum magis clade quam suo periculo terrebatur; ceterum, postquam alias circumventas, praeto-
riam navem Polyxenidae relictis sociis vela dantem
videre, sublatis raptim dolonibus − et erat secundus
petentibus Ephesum ventus − capessunt fugam quadraginta duabus navibus in ea pugna amissis, quarum   8
decem tres captae in potestatem hostium venerunt,
ceterae incensae aut demersae. Romanorum duae na-   9
ves fractae sunt, vulneratae aliquot; Rhodia una capta
memorabili casu. Nam cum rostro percussisset Sido-
niam navem, ancora, ictu ipso excussa e nave sua,
unco dente, velut ferrea manu iniecta, adligavit alterius proram; inde tumultu iniecto cum divellere se   10
ab hoste cupientes inhiberent Rhodii, tractum ancora-

Rhodos waren. Die Flotte der Feinde bestand aus 89 Schiffen; als größte
Schiffe hatte sie drei Sechsruderer und zwei Siebenruderer. Durch die
Stärke ihrer Schiffe und die Tapferkeit ihrer Soldaten zeichneten sich die
Römer besonders aus, die rhodischen Schiffe durch ihre Beweglichkeit,
die Kunstfertigkeit ihrer Steuerleute und die Geschicklichkeit ihrer
Ruderer. Den größten Schrecken jagten den Feinden jedoch die Schiffe
ein, die Feuer vor sich hertrugen, und was sie in der Umzingelung bei
Panhormos allein gerettet hatte, das war jetzt von größter Bedeutung
für den Sieg. Denn wenn die königlichen Schiffe aus Furcht vor dem auf
sie zukommenden Feuer den Kurs änderten, damit die Vorschiffe nicht
zusammenstießen, konnten sie selbst den Feind nicht mehr mit dem
Rammsporn treffen und boten selbst ihre Breitseite zum Stoß dar, und
wenn eins zusammenstieß, wurde es von dem niederprasselnden Feuer
überschüttet, und sie fürchteten sich mehr vor dem Feuer als vor dem
Kampf. Am meisten jedoch richtete, wie gewöhnlich im Krieg, die
Tapferkeit der Soldaten aus. Denn nachdem die Römer das Zentrum der
feindlichen Linie durchbrochen hatten, schwenkten sie herum und
warfen sich von hinten auf die königlichen Schiffe, die gegen die
Rhodier kämpften, und im Nu wurden das Zentrum der Kampflinie des
Antiochos und die auf dem linken Flügel eingeschlossenen Schiffe
versenkt. Der rechte Flügel, der noch intakt war, wurde mehr durch die
Niederlage ihrer Kampfgefährten als durch die ihnen selbst drohende
Gefahr in Schrecken gesetzt. Aber nachdem sie sahen, daß die anderen
umzingelt waren und daß das Admiralsschiff des Polyxenidas die
Kampfgefährten im Stich ließ und Segel setzte, richteten sie auch in Eile
die Hilfsmasten auf – der Wind war günstig für die Fahrt nach Ephesos
– und ergriffen die Flucht, nachdem 42 Schiffe in diesem Kampf
verlorengegangen waren, von denen 13 erbeutet wurden und in die
Hand der Feinde fielen, die übrigen in Brand gesetzt oder versenkt
wurden. Von den Römern brachen zwei Schiffe auseinander, eine
beträchtliche Anzahl wurde beschädigt. Ein einziges rhodisches Schiff
wurde durch einen bemerkenswerten Zufall genommen. Denn als es
den Sporn in ein Schiff aus Sidon bohrte, wurde der Anker durch den
Zusammenprall aus seinem Schiff geschleudert, fiel mit seinem
gekrümmten Zahn wie ein Enterhaken nieder und hielt den Vorderteil
des anderen Schiffes fest. Als dann in dem entstehenden Wirrwarr die
Rhodier sich vom Feind losreißen wollten und zurückruderten, legte

le et implicitum remis latus alterum detersit; debilita-
tam ea ipsa, quae icta cohaeserat, navis cepit. Hoc
maxime modo ad Myonnesum navali proelio pugnatum est.

Quo territus Antiochus, quia possessione maris   31
pulsus longinqua tueri diffidebat se posse, praesidium
ab Lysimachia, ne opprimeretur ibi ab Romanis, deduci pravo, ut res ipsa postea docuit, consilio iussit.
Non enim tueri solum Lysimachiam a primo impetu   2
Romanorum facile erat, sed obsidionem etiam tota
hieme tolerare et obsidentis quoque ad ultimam inopiam adducere extrahendo tempus et interim spem
pacis per occasionem temptare. Nec Lysimachiam   3
tantum hostibus tradidit post adversam navalem pugnam, sed etiam Colophonis obsidione abscessit et
Sardis recepit se; atque inde in Cappadociam ad Aria-   4
rathen, qui auxilia accerserent, et quocumque alio
poterat, ad copias contrahendas, in unum iam consilium, ut acie dimicaret, intentus misit.

Regillus Aemilius post victoriam navalem profectus   5
Ephesum, derectis ante portum navibus, cum confessionem ultimam concessi maris hosti expressisset,
Chium, quo ante navale proelium cursum ab Samo
intenderat, navigat. Ibi naves in proelio quassatas cum   6
refecisset, L. Aemilium Scaurum cum triginta navibus
Hellespontum ad exercitum traiciendum misit, Rhodios parte praedae et spoliis navalibus decoratos domum redire iubet. Rhodii impigre praevertere ad   7
traiciendas copias consulis; atque eo quoque functi
officio, tum demum Rhodum rediere.

Classis Romana ab Chio Phocaeam traiecit. In sinu   8
maris intimo posita haec urbs est, oblonga forma;
duum milium et quingentorum passuum spatium murus amplectitur, coit deinde ex utraque parte in artio-

das nachgeschleppte Ankertau sich um die Ruder und brach die eine
Seite weg. Das Schiff, das gerammt worden war und mit ihm zusam-
mengehangen hatte, nahm das manövrierunfähige Schiff. So im wesentlichen wurde in der Seeschlacht bei Myonnesos gekämpft.

Antiochos war hierüber bestürzt, und weil er, aus der Herrschaft
über das Meer verdrängt, sich nicht mehr zutraute, entlegene Gebiete
schützen zu können, befahl er, die Besatzung von Lysimacheia abzuziehen, damit sie nicht dort von den Römern überwältigt werde. Dieser
Beschluß war verkehrt, wie der spätere Ablauf der Ereignisse zeigte.
Denn es wäre nicht nur ein leichtes gewesen, Lysimacheia gegen den
ersten Angriff der Römer zu verteidigen, sondern auch eine Belagerung
den ganzen Winter auszuhalten und auch die Belagerer den größten
Mangel leiden zu lassen, indem man die Zeit hinzog, und unterdessen
bei Gelegenheit zu versuchen, ob man auf Frieden hoffen könne. Und
nicht nur Lysimacheia gab er den Feinden nach der ungünstig verlaufenen Seeschlacht preis, sondern er brach auch die Belagerung von
Kolophon ab und zog sich nach Sardes zurück; von dort schickte er
Leute nach Kappadokien zu Ariarathes, die Hilfstruppen herbeiholen
sollten, und noch an viele andere Stellen, soweit es ging, um Truppen
zusammenzuziehen, und hatte seine Gedanken jetzt nur noch auf den
einen Plan gerichtet, eine offene Schlacht zu liefern.

Regillus Aemilius fuhr nach seinem Seesieg nach Ephesos und stellte
seine Schiffe vor dem Hafen in Linie auf, und nachdem er dem Feind
das äußerste Eingeständnis, daß er das Meer aufgegeben habe, abgenötigt hatte, segelte er nach Chios, wohin er vor der Seeschlacht den Kurs
von Samos aus gerichtet hatte. Nachdem er dort die Schiffe, die im
Kampf beschädigt worden waren, ausgebessert hatte, schickte er
L. Aemilius Scaurus mit 30 Schiffen zum Hellespont zum Übersetzen
des Heeres und ließ die Rhodier, mit einem Teil der Beute und den
Beutestücken von den Schiffen geehrt, nach Hause zurückkehren. Die
Rhodier machten in ihrem Eifer zuvor noch einen Abstecher, um die
Truppen des Konsuls überzusetzen, und nachdem sie auch diesen
Dienst geleistet hatten, kehrten sie dann endlich nach Rhodos zurück.

Die römische Flotte fuhr von Chios nach Phokaia hinüber. Diese
Stadt liegt ganz im Innern einer Meeresbucht und ist langgestreckt. Die
Mauer hat einen Umfang von 2500 Schritt. Sie läuft dann von beiden
Seiten zu einer Art ziemlich schmalem Keil zusammen; sie selbst

rem velut cuneum; Lamptera ipsi appellant. Mille et   9
ducentos passus ibi latitudo patet; inde lingua in
altum mille passuum excurrens medium fere sinum
velut nota distinguit; ubi cohaeret faucibus angustis,
duos in utramque regionem versos portus tutissimos
habet. Qui in meridiem vergit, Naustathmon ab re   10
appellant, quia ingentem vim navium capit; alter prope ipsum Lamptera est.

Hos portus tutissimos cum occupasset Romana   32
classis, priusquam aut scalis aut operibus moenia
adgrederetur, mittendos censuit praetor, qui principum magistratuumque animos temptarent. Postquam
obstinatos vidit, duobus simul locis oppugnare est
adortus. Altera pars infrequens aedificiis erat; templa   2
deum aliquantum tenebant loci; ea prius ariete admoto quatere muros turresque coepit; dein cum eo mul-   3
titudo occurreret ad defendendum, altera quoque parte admotus aries; et iam utrimque sternebantur muri.   4
Ad quorum casum cum impetum Romani milites per
ipsam stragem ruinarum facerent, alii scalis etiam
ascensum in muros temptarent, adeo obstinate restite-   5
re oppidani, ut facile appareret plus in armis et virtute
quam in moenibus auxilii esse. Coactus ergo periculo   6
militum praetor receptui cani iussit, ne obiceret incautos furentibus desperatione ac rabie. Dirempto   7
proelio, ne tum quidem ad quietem versi, sed undique
omnes ad munienda et obmolienda, quae ruinis strata
erant, concurrerunt. Huic operi intentis supervenit   8
Q. Antonius a praetore missus, qui castigata pertinacia eorum maiorem curam Romanis quam illis osten-
deret esse, ne in perniciem urbis pugnaretur; si absi-   9
stere furore vellent, potestatem iis dari eadem condicione, qua prius C. Livii in fidem venissent, se traden-
di. Haec cum audissent, quinque dierum spatio ad   10
deliberandum sumpto, temptata interim spe auxilii ab

nennen diese Stelle Lampter *(Leuchtzeichen)*. Dort beträgt die Breite
1200 Schritt. Von da aus springt eine Landzunge 1000 Schritt ins offene
Meer vor und teilt die Bucht ungefähr in der Mitte wie ein Strich. Wo
sie an die enge Einfahrt kommt, bildet sie nach beiden Seiten hin zwei
sehr sichere Häfen. Den, der nach Süden liegt, nennen sie der Sache
nach Naustathmos *(Schiffsliegeplatz)*, weil er eine ungeheure Menge
Schiffe aufnehmen kann. Der andere liegt nahe bei Lampter.

Als die römische Flotte diese sehr sicheren Häfen in ihren Besitz
gebracht hatte, meinte der Prätor, bevor er mit Sturmleitern oder
Belagerungsgeräten die Mauern angreife, müsse er Leute schicken, die
versuchen sollten, die führenden Männer und die Beamten zu gewin-
nen. Nachdem er sah, daß sie hartnäckig waren, begann er an zwei
Stellen zugleich mit dem Angriff. An der einen Stelle gab es nur wenig
Häuser; Heiligtümer der Götter nahmen einen erheblichen Teil des
Raumes ein. Hier brachte er zuerst den Sturmbock vor und begann die
Mauern und Türme zu erschüttern. Als dann die Menge zur Verteidi-
gung dorthin lief, wurde an der anderen Stelle der Sturmbock herange-
bracht. Und schon brachen die Mauern an beiden Stellen zusammen.
Als gleich nach ihrem Einsturz die römischen Soldaten über den
Trümmerhaufen weg angriffen, leisteten die Bewohner der Stadt so
hartnäckig Widerstand, daß es leicht ersichtlich war, daß sie an ihren
Waffen und ihrer Tapferkeit mehr Hilfe hatten als an ihren Mauern.
Durch die Gefährdung seiner Soldaten gezwungen, ließ der Prätor
daher zum Rückzug blasen, um nicht die Unvorsichtigen den vor
Verzweiflung und Wut Rasenden auszusetzen. Nicht einmal jetzt nach
dem Abbruch des Kampfes gaben sie sich der Ruhe hin, sondern von
allen Seiten eilten alle zusammen, um das, was in Trümmer gesunken
war, wieder in Verteidigungszustand zu setzen und Barrikaden zu
errichten. Als sie mit dieser Arbeit beschäftigt waren, kam Q. Antonius
dazu, der vom Prätor geschickt worden war, um ihnen wegen ihrer
Halsstarrigkeit Vorwürfe zu machen und ihnen vor Augen zu halten,
daß die Römer sich mehr Sorge darum machten als sie selbst, daß nicht
bis zum Untergang der Stadt gekämpft werde. Wenn sie mit ihrer
Raserei aufhören wollten, würden sie Gelegenheit erhalten, sich unter
denselben Bedingungen zu ergeben, unter denen sie sich früher unter
den Schutz des C. Livius gestellt hätten. Als sie das hörten, ließen sie
sich fünf Tage Bedenkzeit geben und suchten sich unterdessen zu

Antiocho, postquam legati missi ad regem nihil in eo
praesidii esse rettulerant, tum portas aperuerunt pacti,
ne quid hostile paterentur. Cum signa in urbem infer-   11
rentur et pronuntiasset praetor parci se deditis velle,
clamor undique est sublatus, indignum facinus esse,
Phocaeensis, numquam fidos socios, semper infestos
hostis, impune eludere. Ab hac voce velut signo a   12
praetore dato ad diripiendam urbem passim discur-
runt. Aemilius primo resistere et revocare dicendo
captas, non deditas diripi urbes, et in iis tamen imperatoris, non militum arbitrium esse. Postquam ira et   13
avaritia imperio potentiora erant, praeconibus per
urbem missis liberos omnis in forum ad se convenire
iubet, ne violarentur; et in omnibus, quae ipsius
potestatis fuerunt, fides constitit praetoris: urbem   14
agrosque et suas leges iis restituit; et, quia hiems iam
appetebat, Phocaeae portus ad hibernandum classi
delegit.

Per idem fere tempus consuli transgresso Aenio-   33
rum Maronitarumque finis nuntiatur victam regiam
classem ad Myonnesum relictamque a praesidio Lysimachiam esse. Id multo quam de navali victoria lae-   2
tius fuit, utique postquam eo venerunt, refertaque
urbs omnium rerum commeatibus velut in adventum
exercitus praeparatis eos excepit, ubi inopiam ultimam laboremque in obsidenda urbe sibi proposuerant. Ibi paucos dies stativa habuere, impedimenta   3
aegrique ut consequerentur, qui passim per omnia
Thraciae castella, fessi morbis ac longitudine viae,
relicti erant. Receptis omnibus ingressi rursus iter per   4
Chersonesum Hellespontum perveniunt. Ubi omni-
bus cura regis Eumenis ad traiciendum praeparatis

vergewissern, ob von Antiochos Hilfe zu erhoffen sei. Nachdem aber
ihre Gesandten, die sie zum König geschickt hatten, ihnen berichteten,
von ihm sei keine Hilfe zu erwarten, da öffneten sie die Tore unter der
Bedingung, daß sie keine Feindseligkeiten erdulden müßten. Als die
Manipel in die Stadt einrückten und der Prätor verkündet hatte, er
wolle, daß die Unterworfenen geschont würden, erhob sich von allen
Seiten Geschrei, es sei empörend, daß die Bewohner von Phokaia, die
niemals treue Bundesgenossen, sondern immer leidenschaftliche Feinde
gewesen seien, ungestraft ihr Spiel trieben. Gleich nach dieser Äußerung
liefen sie, als wenn der Prätor das Zeichen dazu gegeben hätte, nach
allen Seiten auseinander, um die Stadt zu plündern. Aemilius stellte sich
ihnen zuerst entgegen und rief sie zurück, indem er sagte, man plündere
Städte, die erobert worden seien, aber nicht solche, die sich ergeben
hätten, und auch darüber liege die Entscheidung beim Feldherrn, nicht
bei den Soldaten. Nachdem aber Zorn und Habgier sich als stärker
erwiesen als der Befehl, schickte er Herolde durch die Stadt und ordnete
an, alle Freien sollten auf dem Markt bei ihm zusammenkommen, damit
ihnen kein Leid geschehe, und in allem, was in seiner Macht lag, hielt
der Prätor Wort. Er gab ihnen die Stadt und das Land und ihre eigenen
Gesetze zurück, und weil der Winter schon nahte, wählte er die Häfen
von Phokaia zum Überwintern für die Flotte aus.

Etwa zur selben Zeit wurde dem Konsul, der durch das Gebiet von
Ainos und Maroneia gezogen war, gemeldet, daß die Flotte des Königs
bei Myonnesos besiegt und Lysimacheia von seiner Besatzung aufgegeben worden war. Das war noch viel erfreulicher als der Seesieg, besonders nachdem sie dorthin gekommen waren und die Stadt sie mit
Vorräten jeder Art vollgepfropft empfangen hatte, als wenn sie für die
Ankunft des Heeres bereitgelegt worden wären, während sie sich
vorgestellt hatten, sie müßten hier bei der Belagerung der Stadt größten
Mangel und Mühsal ertragen. Dort hatten sie einige Tage ein Standlager,
damit der Troß und die Kranken sie einholen konnten, die weit und
breit in allen festen Plätzen Thrakiens, durch Krankheiten und die
Länge des Weges erschöpft, zurückgelassen worden waren. Nachdem
sich alle wieder eingefunden hatten, machten sie sich wieder auf den
Weg und gelangten durch die Chersones zum Hellespont. Dort fanden
sie durch die Bemühungen des Königs Eumenes alles zum Übersetzen
vorbereitet, und wie an einer Küste, an der Friede herrscht, setzten sie,

velut in pacata litora nullo prohibente, aliis alio delatis
navibus, sine tumultu traiecere. Ea vero res Romanis   5
auxit animos, concessum sibi transitum cernentibus in
Asiam, quam rem magni certaminis futuram crediderant. Stativa deinde ad Hellespontum aliquamdiu ha-   6
buerunt, quia dies forte, quibus ancilia moventur,
religiosi ad iter inciderant. Idem dies P. Scipionem   7
propiore etiam religione, quia salius erat, diiunxerant
ab exercitu; causaque et is ipse morae erat, dum
consequeretur.

   Per eos forte dies legatus ab Antiocho in castra   34
venerat Byzantius Heraclides, de pace adferens mandata; quam impetrabilem fore magnam ei spem attulit   2
mora et cunctatio Romanorum, quos, simul Asiam
attigissent, effuso agmine ad castra regia ituros crediderat. Statuit tamen non prius consulem adire quam   3
P. Scipionem, et ita mandatum ab rege erat. In eo
maximam spem habebat, praeterquam quod et magnitudo animi et satietas gloriae placabilem eum maxime
faciebat notumque erat gentibus, qui victor ille in   4
Hispania, qui deinde in Africa fuisset, etiam quod
filius eius captus in potestate regis erat. Is ubi et   5
quando et quo casu captus sit, sicut pleraque alia,
parum inter auctores constat. Alii principio belli, a
Chalcide Oreum petentem, circumventum ab regiis
navibus tradunt; alii, postquam transitum in Asiam   6
est, cum turma Fregellana missum exploratum ad
regia castra, effuso obviam equitatu cum reciperet
sese, in eo tumultu delapsum equo cum duobus equitibus oppressum, ita ad regem deductum esse. Illud   7
satis constat, si pax cum populo Romano maneret
hospitiumque privatim regi cum Scipionibus esset,
neque liberalius neque benignius haberi colique adu-
lescentem, quam cultus est, potuisse. Ob haec cum   8

ohne daß jemand sie daran hinderte, in aller Ruhe über, wobei die einen
Schiffe hierhin, die anderen dorthin gelangten. Es aber gab den Römern
noch mehr Mut, als sie sahen, daß ihnen das Übersetzen nach Kleinasien
gestattet worden war, von dem sie geglaubt hatten, es werde dabei zu
einem schweren Kampf kommen. Sie hatten dann eine Zeitlang ein
Standlager am Hellespont, weil gerade die Tage gekommen waren, an
denen die heiligen Schilde bewegt werden und an denen religiöse
Bedenken gegen einen Marsch bestehen. Diese Tage hatten auch P. Scipio, den die religiösen Bedenken noch mehr angingen, weil er Salier
war, vom Heer getrennt, und auch er war ein Grund für den Aufenthalt,
bis er sie einholen konnte.

Gerade in diesen Tagen war ein Gesandter von Antiochos ins Lager
gekommen, Herakleides von Byzanz, und hatte Anweisungen für Friedensverhandlungen mitgebracht. Das Warten und Zaudern der Römer
weckte in ihm große Hoffnung, Frieden erreichen zu können; denn er
hatte geglaubt, sie würden, sobald sie Kleinasien betreten hätten, unauf-
haltsam zum königlichen Lager rücken. Er beschloß jedoch, sich nicht
eher an den Konsul als an P. Scipio zu wenden, und so war es auch vom
König angeordnet. Auf ihn setzte er die größte Hoffnung, nicht nur
weil seine Großherzigkeit und die Tatsache, daß sein Hunger nach
Ruhm gestillt war, ihn besonders versöhnlich machte und es den
Völkerschaften bekannt war, wie er sich als Sieger in Spanien und dann
in Afrika verhalten hatte, sondern auch weil sein Sohn gefangen und in
der Hand des Königs war. Wo und wann und bei welcher Gelegenheit
er in Gefangenschaft geriet, steht, wie auch sonst sehr vieles, in den
Quellen zu wenig fest. Die einen sagen, zu Anfang des Krieges, als er
von Chalkis nach Oreos wollte, sei er von Schiffen des Königs umzingelt worden. Die anderen, nachdem man nach Kleinasien hinübergekommen war, sei er mit einer Schwadron aus Fregellae zum königlichen
Lager geschickt worden, um es auszukundschaften; als ihm Reiterei
entgegenstürmte und er sich zurückzog, sei er in diesem Getümmel vom
Pferd gestürzt und mit noch zwei anderen Reitern überwältigt und zum
König geführt worden. Es steht jedoch hinreichend fest, wenn Friede
mit dem römischen Volk gewesen wäre und persönliche Gastfreundschaft zwischen dem König und den Scipionen bestanden hätte, hätte
der junge Mann nicht höflicher und freundlicher behandelt und geehrt
werden können, als er tatsächlich geehrt wurde. Nachdem der Gesandte

adventum P. Scipionis legatus exspectasset, ubi is
venit, consulem adit petitque, ut mandata audiret.

Advocato frequenti consilio legati verba sunt audi-   **35**
ta. Is, multis ante legationibus ultro citroque nequi-   2
quam de pace missis, eam ipsam fiduciam impetrandi
sibi esse dixit, quod priores legati nihil impetrassent:
Zmyrnam enim et Lampsacum et Alexandriam Troa-
dem et Lysimachiam in Europa iactatas in illis discep-
tationibus esse; quarum Lysimachia iam cessisse re-   3
gem, ne quid habere eum in Europa dicerent; eas,
quae in Asia sint, civitates tradere paratum esse, et si
quas alias Romani, quod suarum partium fuerint,
vindicare ab imperio regio velint; impensae quoque in   4
bellum factae partem dimidiam regem praestaturum
populo Romano. Hae condiciones erant pacis; reliqua   5
oratio fuit, ut memores rerum humanarum et suae
fortunae moderarentur et alienam ne urgerent. Finirent Europa imperium, id quoque immensum esse; et   6
parari singula acquirendo facilius potuisse quam universa teneri posse; quod si Asiae quoque partem   7
aliquam abstrahere velint, dummodo non dubiis re-
gionibus finiant, vinci suam temperantiam Romana
cupiditate pacis et concordiae causa regem passurum.
Ea, quae legato magna ad pacem impetrandam videbantur, parva Romanis visa: nam et impensam, quae   8
in bellum facta esset, omnem praestare regem aequum
censebant, cuius culpa bellum excitatum esset, et non   9
Ionia modo atque Aeolide deduci debere regia praesidia, sed sicut Graecia omnis liberata esset, ita, quae in   10
Asia sint, omnes liberari urbes; id aliter fieri non
posse, quam ut cis Taurum montem possessione
Asiae Antiochus cedat.

Legatus postquam nihil aequi in consilio impetrare   **36**
se censebat, privatim — sic enim imperatum erat — P.
Scipionis temptare animum est conatus. Omnium   2

deswegen auf die Ankunft des P. Scipio gewartet hatte, wandte er sich, sobald er gekommen war, an den Konsul und bat ihn, sich seine Aufträge anzuhören.

Der Kriegsrat wurde vollzählig einberufen, und man hörte sich die Worte des Gesandten an. Er sagte, nachdem bisher viele Friedensgesandtschaften ohne Erfolg hin- und hergeschickt worden seien, habe er gerade darum Zuversicht, etwas zu erreichen, weil die früheren Gesandtschaften nichts erreicht hätten. Denn bei jenen Diskussionen sei immer wieder die Rede gewesen von Smyrna, Lampsakos, dem troischen Alexandreia und Lysimacheia in Europa; von diesen Städten habe der König Lysimacheia schon aufgegeben, damit sie nicht sagen könnten, er habe etwas in Europa; er sei bereit, auf die Städte in Kleinasien zu verzichten und wenn die Römer noch irgendwelche andere von der Herrschaft des Königs befreien wollten, weil sie auf ihrer Seite gestanden hätten. Auch werde der König dem römischen Volk die Hälfte der Unkosten bezahlen, die ihnen durch den Krieg entstanden seien. Das waren die Friedensbedingungen. Der Rest der Rede war, sie sollten sich, eingedenk der menschlichen Situation, in ihrem Glück mäßigen und andere nicht noch tiefer ins Unglück hineintreiben. Sie sollten ihre Herrschaft auf Europa beschränken, auch das sei unermeßlich viel. Es sei leichter, ein Reich zu schaffen, indem man einzelne Teile dazuerwerbe, als das Ganze zu halten. Wenn sie aber auch einen Teil Kleinasiens wegnehmen wollten, werde der König dem Frieden und der Eintracht zuliebe sein Maßhalten durch die römische Begehrlichkeit übertreffen lassen, wenn sie nur über die Grenzen keinen Zweifel ließen. Das, was dem Gesandten bedeutend vorkam, um Frieden zu erlangen, kam den Römern unerheblich vor. Denn sie meinten, es sei nicht mehr als recht, wenn der König, durch dessen Schuld der Krieg heraufbeschworen worden sei, die Kosten, die sie durch diesen Krieg gehabt hätten, ganz bezahle; und nicht nur aus Jonien und der Aiolis müßten die Besatzungen des Königs abgezogen werden, sondern wie ganz Griechenland befreit worden sei, so müßten auch alle Städte in Kleinasien befreit werden. Das könne nicht anders geschehen, als daß Antiochos alle Besitzungen in Kleinasien diesseits des Tauros aufgebe.

Nachdem der Gesandte meinte, daß er bei der Beratung keine billigen Bedingungen erlange, versuchte er privat – denn so war es ihm befohlen worden – bei P. Scipio vorzufühlen. Zuallererst sagte er, der König

primum filium ei sine pretio redditurum regem dixit;
deinde ignarus et animi Scipionis et moris Romani,
auri pondus ingens ⟨est⟩ pollicitus et nomine tantum
regio excepto societatem omnis regni, si per eum
pacem impetrasset. Ad ea Scipio: „Quod Romanos   3
omnis, quod me, ad quem missus es, ignoras, minus
miror, cum te fortunam eius, a quo venis, ignorare
cernam. Lysimachia tenenda erat, ne Chersonesum   4
intraremus, aut ad Hellespontum obsistendum, ne in
Asiam traiceremus, si pacem tamquam ab sollicitis de
belli eventu petituri eratis; concesso vero in Asiam   5
transitu et non solum frenis, sed etiam iugo accepto
quae disceptatio ex aequo, cum imperium patiendum
sit, relicta est? Ego ex munificentia regia maximum   6
donum filium habebo; aliis, deos precor, ne umquam
fortuna egeat mea; animus certe non egebit. Pro tanto   7
in me munere gratum me in se esse sentiet, si privatam
gratiam pro privato beneficio desiderabit; publice nec
habebo quicquam ab illo nec dabo. Quod in prae-   8
sentia dare possim, fidele consilium est. Abi, nuntia
meis verbis, bello absistat, pacis condicionem nullam
recuset!‟

Nihil ea moverunt regem, tutam fore belli aleam   9
ratum, quando perinde ac victo iam sibi leges dicerentur. Omissa igitur in praesentia mentione pacis
totam curam in belli apparatum intendit.

Consul omnibus praeparatis ad proposita exse-   37
quenda cum ex stativis movisset, Dardanum primum,
deinde Rhoeteum utraque civitate obviam effusa venit. Inde Ilium processit, castrisque in campo, qui est   2
subiectus moenibus, positis in urbem arcemque cum

werde ihm seinen Sohn ohne Lösegeld zurückgeben. Dann versprach er
ihm ohne Kenntnis von Scipios Charakter und der römischen Tradition
eine gewaltige Menge Gold und Teilhabe an der gesamten königlichen
Gewalt mit Ausnahme nur des Königstitels, wenn er durch ihn Frieden
erlange. Darauf Scipio: „Daß du die Römer insgesamt, daß du mich, zu
dem du geschickt bist, nicht kennst, darüber wundere ich mich weniger,
weil ich ja sehe, daß du sogar die Situation dessen nicht kennst, von dem
du kommst. Lysimacheia hätte gehalten werden müssen, damit wir
nicht in die Chersones eindringen konnten, oder am Hellespont hätte
Widerstand geleistet werden müssen, damit wir nicht nach Kleinasien
übersetzten, wenn ihr euch bei Leuten um den Frieden bemühen
wolltet, die über den Ausgang des Krieges besorgt waren. Nachdem
man uns aber den Übergang nach Kleinasien gestattet hat und sich nicht
nur die Zügel, sondern auch das Joch hat gefallen lassen, welche
Diskussion auf gleicher Ebene bleibt da noch übrig, wo man sich der
Macht beugen muß? Ich werde von der Großzügigkeit des Königs als
größtes Geschenk meinen Sohn entgegennehmen. Möchte ich nie,
darum bitte ich die Götter, in eine Lage kommen, wo ich die anderen
Dinge nötig habe; mein Herz jedenfalls wird sie nicht nötig haben. Er
wird merken, daß ich für ein so großes Geschenk an mich ihm gegenüber dankbar bin, wenn er persönliche Dankbarkeit für eine persönliche
Wohltat wünscht. Als Vertreter des Staates werde ich von ihm weder
etwas entgegennehmen noch ihm etwas geben. Was ich ihm im Augenblick geben kann, ist ein getreuer Rat. Geh weg, und verkünde als meine
Worte, er solle mit dem Krieg aufhören und solle keine Friedensbedingungen ausschlagen!'
    Das blieb ohne Wirkung auf den König; denn er glaubte, er brauche
das Glücksspiel des Krieges nicht zu fürchten, weil ihm Friedensbedingungen diktiert würden, als wenn er schon besiegt wäre. Er hörte also
für den Augenblick damit auf, vom Frieden zu sprechen, und richtete
seine ganze Aufmerksamkeit auf die Vorbereitung des Krieges.
    Als der Konsul alle Vorbereitungen getroffen hatte, um das, was er
sich vorgenommen hatte, auszuführen, und aus dem Standlager aufgebrochen war, kam er zunächst nach Dardanos, dann nach Rhoiteion;
die Bevölkerung beider Ortschaften strömte ihm entgegen. Dann zog er
weiter nach Ilion, und nachdem er in der Ebene unterhalb der Mauern
das Lager aufgeschlagen hatte und zur Stadt und zur Burg hinaufgestie-

escendisset, sacrificavit Minervae, praesidi arcis, et   3
Iliensibus in omni rerum verborumque honore ab se
oriundos Romanos praeferentibus et Romanis laetis
origine sua. Inde profecti sextis castris ad caput Caici
amnis pervenerunt. Eo et Eumenes rex, primo cona-   4
tus ab Hellesponto reducere classem in hiberna Elaeam, adversis deinde ventis cum aliquot diebus superare Lecton promunturium non potuisset, in terram
egressus, ne deesset principiis rerum, qua proximum
fuit, in castra Romana cum parva manu contendit. Ex   5
castris Pergamum remissus ad commeatus expedien-
dos, tradito frumento quibus iusserat consul, in eadem stativa rediit. Inde plurium dierum praeparatis
cibariis consilium erat ire ad hostem, priusquam hiems opprimeret.

Regia castra circa Thyatiram erant. Ubi cum audis-   6
set Antiochus P. Scipionem aegrum Elaeam delatum,
legatos, qui filium ad eum reducerent, misit. Non   7
animo solum patrio gratum munus, sed corpori quoque salubre gaudium fuit; satiatusque tandem com-   8
plexu filii ,,Renuntiate'' inquit ,,gratias regi me agere,
referre aliam gratiam nunc non posse, quam ut suade-
am, ne ante in aciem descendat, quam in castra me
redisse audierit.'' Quamquam sexaginta milia pedi-   9
tum, plus duodecim milia equitum animos interdum
ad spem certaminis faciebant, motus tamen Antiochus
tanti auctoritate viri, in quo ad incertos belli eventus
omnis fortunae posuerat subsidia, recepit se et trans-
gressus Phrygium amnem circa Magnesiam, quae ad
Sipylum est, posuit castra; et ne, si extrahere tempus   10
vellet, munimenta Romani temptarent, fossam sex
cubita altam, duodecim latam cum duxisset, extra   11
duplex vallum fossae circumdedit, interiore labro
murum cum turribus crebris obiecit, unde facile arceri
transitu fossae hostis posset.

gen war, brachte er Athene, der Herrin der Burg, ein Opfer dar. Die Bewohner von Ilion wiesen durch alle möglichen Ehrungen in Tat und Wort darauf hin, daß die Römer von ihnen abstammten, und die Römer freuten sich über ihre Herkunft. Von dort rückten sie weiter und gelangten am sechsten Marschtag an die Mündung des Kaïkos. Dorthin kam auch König Eumenes; er hatte zuerst versucht, die Flotte vom Hellespont nach Elaia ins Winterquartier zurückzuführen; aber er konnte infolge ungünstiger Winde einige Tage lang das Kap Lekton nicht bezwingen, ging dann an Land und eilte, um beim Beginn der Operationen nicht zu fehlen, auf dem nächsten Weg mit einer kleinen Schar ins römische Lager. Aus dem Lager wurde er nach Pergamon zurückgeschickt, um Proviant zu beschaffen, übergab das Getreide denen, die der Konsul dazu bestimmt hatte, und kehrte in dasselbe Standlager zurück. Man hatte vor, die Rationen für mehrere Tage im voraus zuzubereiten und dann gegen den Feind zu ziehen, bevor der Winter sie überfiel.

Das königliche Lager war im Gebiet von Thyateira. Als Antiochos dort hörte, daß P. Scipio krank nach Elaia geschafft worden sei, schickte er Gesandte, die seinen Sohn zu ihm zurückführen sollten. Das war nicht nur für das Herz des Vaters ein willkommenes Geschenk, sondern auch für seinen Körper eine Freude, die seiner Gesundheit förderlich war. Und nachdem er sich endlich an der Umarmung seines Sohnes ersättigt hatte, sagte er: „Meldet dem König, daß ich ihm meinen Dank ausspreche, daß ich meine Dankbarkeit aber jetzt nicht anders beweisen kann, als daß ich ihm rate, sich nicht auf eine Schlacht einzulassen, bis er hört, daß ich ins Lager zurückgekehrt bin." 60 000 Fußsoldaten und mehr als 12 000 Reiter machten Antiochos zuweilen Mut, auf einen günstigen Ausgang des Kampfes zu hoffen; er zog sich jedoch zurück, durch den Einfluß des so bedeutenden Mannes bestimmt, an dem er bei der Unsicherheit von Erfolgen im Krieg in jedem Geschick einen Rückhalt zu haben glaubte, überschritt den Phrygios und schlug bei Magnesia am Sipylos sein Lager auf. Und damit die Römer, wenn er die Zeit hinziehen wollte, seine Befestigungsanlagen nicht angriffen, zog er einen sechs Ellen tiefen und zwölf Ellen breiten Graben, führte außen einen doppelten Wall um den Graben herum und errichtete an seinem inneren Rand eine Mauer mit zahlreichen Türmen, von der aus man leicht den Feind am Überschreiten des Grabens hindern konnte.

Consul circa Thyatiram esse regem ratus, continuis   **38**
itineribus quinto die ad Hyrcanium campum descendit. Inde cum profectum audisset, secutus vestigia   2
citra Phrygium amnem quattuor milia ab hoste posuit
castra. Eo mille ferme equites — maxima pars Gallo-   3
graeci erant et Dahae quidam aliarumque gentium
sagittarii equites intermixti — tumultuose amni
traiecto in stationes impetum fecerunt. Primo turba-
verunt incompositos; dein, cum longius certamen   4
fieret ⟨et⟩ Romanorum ex propinquis castris facili
subsidio cresceret numerus, regii fessi iam et pluris
non sustinentes recipere se conati circa ripam amnis,
priusquam flumen ingrederentur, ab instantibus tergo
aliquot interfecti sunt. Biduum deinde silentium fuit   5
neutris transgredientibus amnem; tertio post die Romani simul omnes transgressi sunt et duo milia fere et
quingentos passus ab hoste posuerunt castra. Metan-   6
tibus et muniendo occupatis tria milia delecta equitum peditumque regiorum magno terrore ac tumultu
advenere; aliquanto pauciores in statione erant; hi   7
tamen per se, nullo ⟨a⟩ munimento castrorum milite
avocato, et primo aequum proelium sustinuerunt et
crescente certamine pepulerunt hostis centum ex iis
occisis, centum ferme captis. Per quadriduum inse-   8
quens instructae utrimque acies pro vallo stetere;
quinto die Romani processere in medium campi;
Antiochus nihil promovit signa, ita ut extremi minus   9
mille pedes a vallo abessent.

Consul postquam detractari certamen vidit, poste-   **39**
ro die in consilium advocavit, quid sibi faciendum
esset, si Antiochus pugnandi copiam non faceret.
Instare hiemem; aut sub pellibus habendos milites   2
fore, aut, si concedere in hiberna vellet, differendum
esse in aestatem bellum. Nullum umquam hostem   3
Romani aeque contempserunt. Conclamatum undi-

Der Konsul glaubte, der König sei im Gebiet von Thyateira, legte beim Marsch keinen Ruhetag ein und stieg am fünften Tag in die Hyrkanische Ebene hinab. Als er hörte, daß der König von dort aufgebrochen war, folgte er seinen Spuren und schlug diesseits des Phrygios vier Meilen vom Feind entfernt sein Lager auf. Hier kamen ungefähr 1000 Reiter – es waren größtenteils Galater, nur einige Daher und berittene Bogenschützen aus anderen Völkerschaften daruntergemischt – mit Lärm über den Fluß und griffen die Vorposten an. Zuerst brachten sie diese in Unruhe, weil sie sich nicht mehr hatten formieren können; dann, als der Kampf sich länger hinzog und die Zahl der Römer wuchs, weil die Unterstützung aus dem nahegelegenen Lager leicht war, versuchten die Leute des Königs, schon erschöpft und der Übermacht nicht gewachsen, sich zurückzuziehen; aber am Ufer des Flusses wurde, bevor sie in den Fluß hineinstiegen, durch die Römer, die ihnen auf der Flucht hart zusetzten, eine Anzahl getötet. Zwei Tage herrschte dann Ruhe, weil keine der beiden Parteien den Fluß überschritt. Am dritten Tag danach gingen die Römer alle zugleich hinüber und schlugen ungefähr 2500 Schritt vom Feind entfernt ihr Lager auf. Während sie es noch absteckten und mit dem Befestigen beschäftigt waren, kamen 3000 ausgesuchte Reiter und Fußsoldaten von den Königlichen mit viel schreckenerregendem Lärm heran. Die auf Posten standen, waren erheblich weniger. Sie hielten jedoch aus eigener Kraft, ohne einen Soldaten vom Befestigen des Lagers wegzurufen, das Gefecht zunächst in der Waage, und als der Kampf härter wurde, vertrieben sie die Feinde; sie hatten 100 von ihnen erschlagen und ungefähr 100 gefangengenommen. Die vier folgenden Tage standen auf beiden Seiten die Heere zur Schlacht aufgestellt vor dem Wall. Am fünften Tag rückten die Römer in die Mitte des freien Feldes vor. Antiochos ließ seine Abteilungen nicht vorrücken, so daß seine letzten Reihen weniger als 1000 Fuß vom Wall entfernt waren.

Nachdem der Konsul sah, daß der Kampf verweigert wurde, berief er am nächsten Tag zu einer Beratung ein, was er tun solle, wenn Antiochos keine Gelegenheit zum Kampf gebe. Der Winter stehe vor der Tür; entweder müsse er die Soldaten in ihren Winterzelten lassen oder, wenn er sich in feste Winterquartiere begeben wolle, den Krieg auf den Sommer verschieben. Keinen Feind haben die Römer jemals so verachtet. Man rief von allen Seiten, er solle sogleich losziehen und die

que est, duceret extemplo et uteretur ardore militum,
qui, tamquam non pugnandum cum tot milibus ho-   4
stium, sed par numerus pecorum trucidandus esset,
per fossas, per vallum castra invadere parati erant, si
in proelium hostis non exiret. Cn. Domitius ad ex-   5
plorandum iter et, qua parte adiri hostium vallum
posset, missus, postquam omnia certa rettulit, postero
die propius admoveri castra placuit; tertio signa in
medium campi prolata et instrui acies coepta est. Nec   6
Antiochus ultra tergiversandum ratus, ne et suorum
animos minueret detractando certamen et hostium
spem augeret, et ipse copias eduxit tantum progressus
a castris, ut dimicaturum appareret.

Romana acies unius prope formae fuit et hominum   7
et armorum genere. Duae legiones Romanae, duae
⟨alae⟩ socium ac Latini nominis erant; quina milia et
quadringenos singulae habebant. Romani mediam   8
aciem, cornua Latini tenuerunt; hastatorum prima
signa, dein principum erant, triarii postremos claudebant. Extra hanc velut iustam aciem a parte dextra   9
consul Achaeorum caetratis immixtos auxiliares Eumenis, tria milia ferme peditum, aequata fronte instruxit; ultra eos equitum minus tria milia opposuit,
ex quibus Eumenis octingenti, reliquus omnis Romanus equitatus erat; extremos Trallis et Cretensis —   10
quingentorum utrique numerum explebant — statuit.
Laevum cornu non egere videbatur obiectis talibus   11
auxiliis, quia flumen ab ea parte ripaeque deruptae
claudebant; quattuor tamen inde turmae equitum op-
positae. Haec summa copiarum erat Romanis et duo   12
milia mixtorum Macedonum Thracumque, qui volun-
tate secuti erant; hi praesidio castris relicti sunt. Sede- 13
cim elephantos post triarios in subsidio locaverunt;
nam praeterquam quod multitudinem regiorum elephantorum — erant autem quattuor et quinquaginta

Begeisterung der Soldaten ausnutzen; diese waren, als wenn man nicht mit so vielen Tausenden von Feinden kämpfen, sondern eine gleiche Anzahl Vieh abschlachten müsse, bereit, über die Gräben und über die Wälle in das Lager einzudringen, wenn der Feind nicht zum Kampf herauskam. Cn. Domitius wurde ausgeschickt, um den Weg zu erkunden und wo man an den Wall der Feinde herankommen konnte. Nachdem er alles zuverlässig berichtet hatte, beschloß man, am nächsten Tag das Lager noch näher heranzubringen. Am dritten Tag rückten die Manipel bis in die Mitte des freien Feldes vor, und man begann die Schlachtreihe zu bilden. Auch Antiochos glaubte nun nicht mehr länger Ausflüchte machen zu dürfen, um seinen Leuten nicht durch das Verweigern des Kampfes den Mut zu nehmen und in den Feinden die Hoffnung zu stärken, und führte selbst seine Truppen heraus und rückte so weit vom Lager aus vor, daß ersichtlich war, er würde kämpfen.

Die römische Schlachtreihe war fast einheitlich, was Menschen und Waffen angeht. Es waren zwei römische Legionen und zwei Alen der Bundesgenossen und Latiner; jede hatte 5400 Mann. Die Römer standen im Zentrum, die Latiner auf den Flügeln. Die vordersten Manipel waren die Hastati, dann kamen die Principes, als letzte die Triarier. Außerhalb von dieser sozusagen regulären Schlachtreihe stellte der Konsul auf die rechte Seite noch die Hilfstruppen des Eumenes, vermischt mit den Peltasten der Achäer, ungefähr 3000 Fußsoldaten, in Verlängerung der Linie. Noch weiter als sie postierte er nicht ganz 3000 Reiter, von denen 800 von Eumenes, alles übrige römische Reiterei war. Auf den äußersten Flügel stellte er die Traller und Kreter – jede dieser beiden Gruppen war 500 Mann stark. Der linke Flügel schien den Schutz durch solche Hilfstruppen nicht nötig zu haben, weil hier der Fluß und die abschüssigen Ufer einen natürlichen Abschluß bildeten; trotzdem wurden hier vier Schwadronen Reiter postiert. Das war die Gesamtzahl der Truppen bei den Römern, dazu noch 2000 Makedonen und Thraker vermischt, die als Freiwillige mitgezogen waren; sie wurden zum Schutz des Lagers zurückgelassen. 16 Elefanten stellten sie als Reserve hinter die Triarier; denn abgesehen davon, daß es so aussah, als ob sie der Menge der königlichen Elefanten – es waren 54 – nicht

— sustinere non videbantur posse, ne pari quidem
numero Indicis Africi resistunt, sive quia magnitudine
— longe enim illi praestant — sive robore animorum
vincuntur.

Regia acies varia magis multis gentibus, dissimilitu-   **40**
dine armorum auxiliorumque erat. Decem et sex milia
peditum more Macedonum armati fuere, qui pha-
langitae appellabantur. Haec media acies fuit, in fronte in decem partes divisa; partes eas interpositis binis   **2**
elephantis distinguebat; a fronte introrsus in duos et
triginta ordines armatorum acies patebat. Hoc et ro-   **3**
boris in regiis copiis erat, et perinde cum alia specie,
tum eminentibus tantum inter armatos elephantis magnum terrorem praebebat. Ingentes ipsi erant; adde-   **4**
bant speciem frontalia et cristae et tergo impositae
turres turribusque superstantes praeter rectorem qua-
terni armati. Ad latus dextrum phalangitarum mille et   **5**
quingentos Gallograecorum pedites opposuit. His
tria milia equitum loricatorum — cataphractos ipsi
appellant - adiunxit. Addita his ala mille ferme equitum — agema eam vocabant —; Medi erant, lecti viri,   **6**
et eiusdem regionis mixti multarum gentium equites.
Continens his grex sedecim elephantorum est opposi-
tus in subsidiis. Ab eadem parte, paulum producto   **7**
cornu, regia cohors erat; argyraspides a genere armorum appellabantur; Dahae deinde, equites sagittarii,   **8**
mille et ducenti; tum levis armatura, trium milium,
pari ferme numero, pars Cretenses, pars Tralles; duo
milia et quingenti Mysi sagittarii his adiuncti erant.
Extremum cornu claudebant quattuor milia, mixti   **9**
Cyrtii funditores et Elymaei sagittarii. Ab laevo cor-   **10**
nu phalangitis adiuncti erant Gallograeci pedites mille
et quingenti et similiter his armati duo milia Cappadocum — ab Ariarathe missi erant regi; inde auxilia-   **11**
res mixti omnium generum, duo milia septingenti, et
tria milia cataphractorum equitum et mille alii equites, regia ala levioribus tegumentis suis equorumque,

standhalten könnten, leisten afrikanische Elefanten nicht einmal bei
gleicher Zahl den indischen Widerstand, sei es daß sie durch deren
Größe – jene sind nämlich viel größer – oder durch ihren ungeheuren
Mut überwältigt werden.

Die königliche Schlachtordnung war buntscheckiger infolge der vielen Völkerschaften, der Unähnlichkeit der Waffen und der Hilfsvölker.
16 000 Fußsoldaten waren auf makedonische Weise bewaffnet, sie wurden Phalangiten genannt. Sie bildeten das Zentrum, in der Breite in zehn
Abteilungen aufgeteilt. Diese Abteilungen trennte er jeweils durch zwei
Elefanten, die er dazwischenstellte. Die Schlachtordnung hatte eine
Tiefe von 32 Gliedern Bewaffneter. Das waren die Kerntruppen unter
den Streitkräften des Königs, und dementsprechend lösten sie schon
durch ihr sonstiges Erscheinungsbild, vor allem aber durch die so hoch
unter den Bewaffneten herausragenden Elefanten großen Schrecken aus.
Diese waren schon an sich gewaltig groß; den Eindruck steigerte noch
ihr Stirn- und Kopfschmuck und die Türme, die man ihnen auf den
Rücken gesetzt hatte, sowie die vier Bewaffneten, die außer dem Treiber
oben auf jedem Turm standen. Rechts von den Phalangiten postierte er
1500 Fußsoldaten der Galater. An sie schloß er 3000 Panzerreiter an –
sie selbst nennen sie Kataphrakten. Ihnen war eine Abteilung von fast
1000 Reitern beigegeben, das sogenannte Agema; es waren Meder,
ausgesuchte Männer, und daruntergemischt Reiter aus verschiedenen
Völkerschaften derselben Gegend. Unmittelbar daneben postierte er
eine Gruppe von 16 Elefanten zur Unterstützung. Auf derselben Seite,
mit ein wenig vorgezogenem Flügel, stand die Leibwache des Königs;
sie wurden nach der Art ihrer Waffen Argyraspiden (*Silberschilde*)
genannt. Darauf 1200 Daher, berittene Bogenschützen; dann die
Leichtbewaffneten, 3000, teils Kreter, teils Traller in fast gleicher Zahl.
2500 mysische Bogenschützen schlossen sich an sie an. Auf dem äußersten Flügel standen 4000 Mann, kyrtische Schleuderer und elymäische
Bogenschützen miteinander vermischt. Links schlossen sich an die
Phalangiten 1500 galatische Fußsoldaten an und 2000 Kappadoker,
ähnlich bewaffnet wie diese – sie waren dem König von Ariarathes
geschickt worden –; darauf Hilfssoldaten aller Art miteinander vermischt, 2700 Mann, und 3000 Kataphraktenreiter sowie 1000 andere
Reiter, die Abteilung des Königs, mit leichteren Panzern für sich und

alio haud dissimili habitu; Syri plerique erant Phrygi-
bus et Lydis immixti. Ante hunc equitatum falcatae   12
quadrigae et cameli, quos appellant dromadas. His
insidebant Arabes sagittarii, gladios tenuis habentes
longos quaterna cubita, ut ex tanta altitudine contin-
gere hostem possent. Inde alia multitudo, par ei, quae   13
in dextro cornu erat: primi Tarentini ⟨. . .⟩, deinde
Gallograecorum equitum duo milia et quingenti, inde
Neocretes mille et eodem armatu Cares et Cilices
mille et quingenti et totidem Tralles et quattuor milia
caetratorum: Pisidae erant et Pamphylii et Lycii; tum   14
Cyrtiorum et Elymaeorum paria in dextro cornu
locatis auxilia et sedecim elephanti modico intervallo
distantes.

Rex ipse in dextro cornu erat; Seleucum filium et   41
Antipatrum fratris filium in laevo praeposuit; media
acies tribus permissa, Minnioni et Zeuxidi et Philippo, magistro elephantorum.

Nebula matutina, crescente die levata in nubes,   2
caliginem dedit; umor inde ab austro velut ⟨pluvia⟩
perfudit omnia; quae nihil admodum Romanis, ea-   3
dem perincommoda regiis erant; nam et obscuritas
lucis in acie modica Romanis non adimebat in omnis
partes conspectum, et umor toto fere gravi armatu
nihil gladios aut pila hebetabat; regii tam lata acie ne   4
ex medio quidem cornua sua conspicere poterant,
nedum extremi inter se conspicerentur, et umor arcus
fundasque et iaculorum amenta emollierat. Falcatae   5
quoque quadrigae, quibus se perturbaturum hostium
aciem Antiochus crediderat, in suos terrorem verterunt. Armatae autem in hunc maxime modum erant: 6
cuspides circa temonem ab iugo decem cubita exstan-
tis velut cornua habebant, quibus, quidquid obvium   7
daretur, transfigerent, et in extremis iugis binae circa

ihre Pferde, sonst aber im Aussehen nicht unähnlich; die meisten waren
Syrer, aber es waren auch Phryger und Lyder unter sie gemischt. Vor
dieser Reiterei standen vierspännige Sichelwagen und Kamele, die sie
Dromaden *(Läufer)* nennen. Auf ihnen saßen arabische Bogenschützen,
die schmale, vier Ellen lange Schwerter hatten, um aus so großer Höhe
den Feind treffen zu können. Darauf eine andere Menge, der gleich, die
auf dem rechten Flügel stand: zunächst ... Tarentiner, darauf 2500
galatische Reiter, dann 1000 Neokreter und 1500 Karer und Kiliker mit
derselben Bewaffnung und ebenso viele Traller und 4000 Peltasten – es
waren Pisider, Pamphylier und Lykier; dann Hilfstruppen der Kyrtier
und Elymaier, genauso viele wie die, die auf dem rechten Flügel
standen, und 16 Elefanten in mäßigem Abstand.

Der König selbst befand sich auf dem rechten Flügel. Seinem Sohn
Seleukos und Antipater, dem Sohn seines Bruders, gab er das Kom-
mando auf dem linken Flügel; das Zentrum wurde dreien anvertraut,
Minnion, Zeuxis und Philipp, dem Kommandanten der Elefanten.
Frühnebel, der sich mit zunehmenden Tag hob und Wolken bildete,
ließ es nicht richtig hell werden. Dann durchnäßte Feuchtigkeit von
Süden her alles wie ein Regen. Das machte den Römern so gut wie
nichts aus, kam aber den Truppen des Königs äußerst ungelegen. Denn
das trübe Licht nahm den Römern bei ihrer nicht übermäßig großen
Schlachtreihe nicht den Blick auf alle Teile, und die Feuchtigkeit
konnte, da es fast nur Schwerbewaffnete waren, den Schwertern und
Pilen nichts anhaben. Die Leute des Königs aber konnten bei ihrer so
weit ausgedehnten Schlachtordnung nicht einmal vom Zentrum aus ihre
Flügel sehen, geschweige denn daß die äußersten Enden sich gegenseitig
gesehen hätten, und die Feuchtigkeit hatte die Bogen und die Schleudern und die Riemen der Wurfspeere aufgeweicht. Auch die vierspänni-
gen Sichelwagen, von denen Antiochos geglaubt hatte, er werde damit
die Schlachtreihe der Feinde in Verwirrung setzen, kehrten den Schrek-
ken gegen ihre eigenen Leute. Ausgerüstet waren sie im wesentlichen
auf folgende Weise: Sie hatten Stacheln zu beiden Seiten der Deichsel,
die vom Joch aus zwei Ellen vorstanden wie Hörner; damit sollten sie,
was ihnen in den Weg kam, durchbohren. Und an den Enden des Jochs
standen auf beiden Seiten zwei Sicheln vor, die eine in Verlängerung des

eminebant falces, altera aequata iugo, altera inferior in
terram devexa, illa ut, quidquid ab latere obiceretur,
abscideret, haec ut prolapsos subeuntisque continge-
ret; item ab axibus rotarum utrimque binae eodem
modo diversae deligabantur falces. Sic armatas qua- 8
drigas, quia, si in extremo aut in medio locatae forent,
per suos agendae erant, in prima acie, ut ante dictum
est, locaverat rex. Quod ubi Eumenes vidit, haud 9
ignarus, quam anceps esset pugnae et auxilii genus, si
quis pavorem magis equis iniceret, quam iusta adoriretur pugna, Cretenses sagittarios funditoresque et
iaculatores ⟨cum aliquot turmis⟩ equitum non con-
fertos, sed quam maxime possent dispersos excurrere
iubet et ex omnibus simul partibus tela ingerere. Haec 10
velut procella partim vulneribus missilium undique
coniectorum, partim clamoribus dissonis ita consternavit equos, ut repente velut effrenati passim incerto
cursu ferrentur; quorum impetus et levis armatura et 11
expediti funditores et velox Cretensis momento declinabant; et eques insequendo tumultum ac pavorem
equis camelisque, et ipsis simul consternatis, augebat
clamore et ab alia circumstantium turba multiplici
adiecto. Ita medio inter duas acies campo exiguntur 12
quadrigae; amotoque inani ludibrio, tum demum ad
iustum proelium signo utrimque dato concursum est.

Ceterum vana illa res verae mox cladis causa fuit. **42**
Auxilia enim subsidiaria, quae proxima locata erant,
pavore et consternatione quadrigarum territa et ipsa
in fugam versa nudarunt omnia usque ad cataphractos
equites. Ad quos cum dissipatis subsidiis pervenisset 2
equitatus Romanus, ne primum quidem impetum sustinuerunt; pars eorum fusi sunt, alii propter gravita-
tem tegumentorum armorumque oppressi. Totum 3

Jochs, die andere darunter schräg zum Boden hin, jene, um zu zerschnei-
den, was sich an der Seite in den Weg stellte, diese, um die zu treffen, die
sich zu Boden warfen und die sich duckten. Ebenfalls wurden an den
Radachsen auf beiden Seiten zwei Sicheln genauso nach verschiedenen
Richtungen hin befestigt. Weil man die so ausgerüsteten Viergespanne,
wenn sie hinten oder in der Mitte aufgestellt gewesen wären, durch die
eigenen Reihen hindurch hätte lenken müssen, hatte der König sie, wie
oben gesagt worden ist, im ersten Treffen aufgestellt. Als Eumenes das
sah, befahl er, weil ihm nicht unbekannt war, wie zweischneidig die
Kampfesweise und die Art der Unterstützung war, wenn man den
Pferden mehr Angst einjagte als sie in regelrechtem Kampf angriff, den
kretischen Bogenschützen und Speerwerfern mit einigen Schwadronen
der Reiter, nicht dichtgedrängt, sondern so weit auseinandergezogen,
wie sie könnten, vorzustürmen und von allen Seiten zugleich ihre
Geschosse auf sie zu schleudern. Dieser Ansturm machte teils durch die
Wunden, welche die von allen Seiten heranfliegenden Geschosse schlugen, teils durch das schrecklich tönende Geschrei die Pferde so scheu,
daß sie plötzlich, als wenn man ihnen die Zügel hätte schießen lassen,
nach allen Seiten ziellos davonstürzten. Ihren Ansturm konnten die
Leichtbewaffneten und die beweglichen Schleuderer und die schnellen
Kreter im Nu ablenken. Und die Reiter vergrößerten im Nachsetzen
bei den Pferden und Kamelen, die auch zugleich scheu geworden
waren, die Unruhe und die Angst, wozu noch das vielfältige Geschrei
kam, das von der Menge rundum erhoben wurde. So wurden die
Viergespanne im Feld mitten zwischen den beiden Schlachtreihen ver-
jagt, und als dieses wertlose Spottwerk verschwunden war, da endlich
stieß man zur regelrechten Schlacht zusammen, nachdem auf beiden
Seiten das Signal gegeben worden war.

Aber jene unbedeutende Angelegenheit wurde dann gleich die Ursache der wirklichen Niederlage. Denn die zur Unterstützung eingesetz-
ten Hilfstruppen, die als nächste postiert waren, gerieten durch die
Angst und das Scheuen der Viergespanne in Schrecken und wandten
sich auch selbst zur Flucht und gaben alles bis zu den Kataphraktenrei-
tern hin frei. Als die römische Reiterei, nachdem die Hilfstruppen sich
aufgelöst hatten, auf die Kataphraktenreiter stieß, hielten diese nicht
einmal den ersten Angriff aus. Ein Teil von ihnen wurde in die Flucht
geschlagen, die anderen infolge des Gewichts ihrer Panzer und Waffen

deinde laevum cornu inclinavit, et turbatis auxiliaribus, qui inter equitem et, quos appellant phalangitas,
erant, usque ad mediam aciem terror pervenit. Ibi   4
simul perturbati ordines et impeditus intercursu suo-
rum usus praelongarum hastarum — sarisas Macedones vocant — intulere signa Romanae legiones et pila
in perturbatos coniecere. Ne interpositi quidem ele-   5
phanti militem Romanum deterrebant, adsuetum iam
ab Africis bellis et vitare impetum beluae et ex trans-
verso aut pilis incessere aut, si propius subire posset,
gladio nervos incidere. Iam media acies fere omnis a   6
fronte prostrata erat, et subsidia circumita ab tergo
caedebantur, cum in parte alia fugam suorum et prope
iam ad ipsa castra clamorem paventium accepere.
Namque Antiochus a dextro cornu, cum ibi fiducia   7
fluminis nulla subsidia cerneret praeter quattuor tur-
mas equitum et eas, dum applicant se suis, ripam
nudantis, impetum in eam partem cum auxiliis et
cataphracto equitatu fecit; nec a fronte tantum insta-   8
bat, sed circumito a flumine cornu iam ab latere
urgebat, donec fugati equites primum, dein proximi
peditum effuso cursu ad castra compulsi sunt.

Praeerat castris M. Aemilius tribunus militum, M.   43
Lepidi filius, qui post paucos annos pontifex maximus
factus est. Is qua fugam cernebat suorum, cum praesi-   2
dio omni occurrit et stare primo, deinde redire in
pugnam iubebat pavorem et turpem fugam increpans;
minae exinde erant: in perniciem suam caecos ruere,   3
ni dicto parerent; postremo dat suis signum, ut pri-
mos fugientium caedant, turbam insequentium ferro
et vulneribus in hostem redigant. Hic maior timor   4
minorem vicit; ancipiti coacti metu primo constite-

überwältigt. Der ganze linke Flügel kam dann ins Wanken, und als die Hilfstruppen, die zwischen den Reitern und den sogenannten Phalangiten standen, in Unordnung gerieten, drang der Schrecken bis zum Zentrum. Sobald dort die Reihen in Panik gerieten und durch das Dazwischenlaufen der eigenen Leute gehindert wurden, ihre überlangen Lanzen zu gebrauchen – die Makedonen nennen sie Sarisen –, drangen die römischen Legionen auf sie ein und schleuderten ihre Pilen auf die in Panik Geratenen. Nicht einmal die dazwischen stehenden Elefanten schreckten den römischen Soldaten ab, der schon von den Kriegen in Afrika her daran gewöhnt war, dem Angriff des Ungetüms auszuweichen und es entweder von der Seite mit Pilen anzugreifen oder, wenn er näher herankommen konnte, mit dem Schwert die Sehnen zu durchschlagen. Schon war das Zentrum fast ganz von vorne her vernichtet, und die Hilfstruppen, die man umgangen hatte, wurden von hinten niedergehauen; da nahmen die Römer an einer anderen Stelle die Flucht ihrer eigenen Leute wahr und das Geschrei der Verängstigten fast schon unmittelbar am Lager. Denn als Antiochos auf dem rechten Flügel sah, daß hier im Vertrauen auf den Fluß außer den vier Reiterschwadronen keine Reserven standen und daß diese, während sie an ihre Leute Anschluß hielten, das Ufer freigaben, griff er diesen Abschnitt mit den Hilfstruppen und der Kataphraktenreiterei an; und er drang nicht nur von vorne auf sie ein, sondern umging den Flügel auch vom Fluß her und bedrängte sie dann von der Flanke, bis zuerst die Reiter in die Flucht geschlagen, dann auch die zunächst stehenden Fußsoldaten in wildem Lauf zum Lager gejagt wurden.

Das Kommando über das Lager hatte der Kriegstribun M. Aemilius, der Sohn des M. Lepidus, der wenige Jahre später Pontifex maximus wurde. Wo er die eigenen Leute fliehen sah, eilte er ihnen mit der ganzen Besatzung entgegen und befahl ihnen zunächst stehenzubleiben, dann in die Schlacht zurückzukehren und warf ihnen ihre Angst und ihre schimpfliche Flucht vor. Dann kamen Drohungen: sie stürzten blind in ihr eigenes Verderben, wenn sie seinem Befehl nicht Folge leisteten. Zuletzt gab er seinen Leuten das Zeichen, die vordersten der Fliehenden niederzuhauen und die Schar der Folgenden mit dem Schwert und mit Wunden gegen den Feind zurückzutreiben. Diese größere Furcht trug über die kleinere den Sieg davon. Angesichts der Bedrohung von zwei Seiten machten sie zunächst halt, dann kehrten sie

runt; deinde et ipsi rediere in pugnam, et Aemilius
cum suo praesidio — erant autem duo milia virorum
fortium — effuse sequenti regi acriter obstitit, et   5
Attalus, Eumenis frater, ab dextro cornu, quo laevum
hostium primo impetu fugatum fuerat, ⟨ut ⟩ ab sinistro fugam suorum et tumultum circa castra vidit, in
tempore cum ducentis equitibus advenit. Antiochus   6
postquam et eos, quorum terga modo viderat, repe-
tentis pugnam et aliam et a castris et ex acie adfluen-
tem turbam conspexit, in fugam vertit equum. Ita   7
utroque cornu victores Romani per acervos corporum, quos in media maxime acie cumulaverant, ubi et
robur fortissimorum virorum et arma gravitate fugam
impedierant, pergunt ad castra diripienda. Equites   8
primi omnium Eumenis, deinde et alius equitatus toto
passim campo sequuntur hostem et postremos, ut
quosque adepti sunt, caedunt. Ceterum fugientibus   9
maior pestis intermixtis quadrigis elephantisque et
camelis erat sua ipsorum turba, cum solutis ordinibus
velut caeci super alios alii ruerent et incursu beluarum
obtererentur. In castris quoque ingens et maior prope   10
quam in acie caedes est edita; nam et primorum fuga
in castra maxime inclinavit, et huius fiducia multitudinis, qui in praesidio erant, pertinacius pro vallo pu-
gnarunt. Retenti in portis valloque, quae se impetu   11
ipso capturos crediderant, Romani, postquam tandem
perruperunt, ab ira graviorem ediderunt caedem.

Ad quinquaginta milia peditum caesa eo die dicun-   **44**
tur, equitum tria milia; mille et quadringenti capti et
quindecim cum rectoribus elephanti. Romanorum ali-   2
quot vulnerati sunt; ceciderunt non plus trecenti pedites, quattuor et viginti equites et de Eumenis exercitu quinque et viginti.
  Et illo quidem die victores direptis hostium castris   3
cum magna praeda in sua reverterunt; postero die

in die Schlacht zurück, auch Aemilius stellte sich mit seiner Besatzung – es waren 2000 tapfere Männer – dem ohne jede Ordnung nachsetzenden König energisch entgegen; und Attalos, der Bruder des Eumenes, bemerkte vom rechten Flügel aus, wo der linke Flügel der Feinde beim ersten Ansturm in die Flucht gejagt worden war, auf dem linken Flügel die Flucht der eigenen Leute und die Verwirrung um das Lager herum und kam im richtigen Augenblick mit 200 Reitern heran. Nachdem Antiochos sah, daß die, die ihm gerade noch den Rücken zugekehrt hatten, den Kampf wiederaufnahmen und daß ein anderes Getümmel sowohl vom Lager wie vom Schlachtfeld her heranwogte, wandte er sein Pferd zur Flucht. So waren die Römer auf beiden Flügeln siegreich, und über Berge von Leichen, die sie vor allem im Zentrum aufgehäuft hatten, wo die außerordentliche Tapferkeit der Kerntruppen und das Gewicht der Waffen eine Flucht verhindert hatten, gingen sie weiter vor, um das Lager zu plündern. Als allererste verfolgten die Reiter des Eumenes, dann auch die übrige Reiterei überall auf dem ganzen Feld den Feind und schlugen die letzten nieder, sobald sie sie erreichten. Im übrigen brachte den Fliehenden, unter die sich auch noch die Viergespanne und die Elefanten und Kamele gemischt hatten, ihr eigenes Gewimmel noch größeres Verderben, da sie ohne jede Ordnung wie blind einer über den anderen stürzten und durch die einherlaufenden Ungetüme zertrampelt wurden. Auch im Lager kam es zu einem ungeheuren und fast noch größeren Gemetzel als auf dem Schlachtfeld; denn die Flucht der ersten ging vor allem ins Lager, und im Vertrauen auf diese Menge verteidigte die Besatzung ziemlich hartnäckig den Wall. An den Toren und am Wall wurden die Römer aufgehalten, während sie geglaubt hatten, sie würden sie im ersten Ansturm nehmen; nachdem sie dann endlich durchgebrochen waren, richteten sie in ihrem Zorn ein schreckliches Blutbad an.

Ungefähr 50 000 Fußsoldaten sollen an diesem Tag erschlagen worden sein, an Reitern 3000. 1400 gerieten in Gefangenschaft und 15 Elefanten mit ihren Treibern. Von den Römern wurde eine beträchtliche Anzahl verwundet; es fielen nicht mehr als 300 Fußsoldaten und 24 Reiter und vom Heer des Eumenes 25.

Und an jenem Tage kehrten die Sieger nach der Plünderung des feindlichen Lagers mit großer Beute ins eigene Lager zurück. Am

spoliabant caesorum corpora et captivos contrahe-
bant. Legati ab Thyatira et Magnesia ab Sipylo ad   4
dedendas urbes venerunt. Antiochus cum paucis fu-   5
giens, in ipso itinere pluribus congregantibus se, modica manu armatorum media ferme nocte Sardis concessit. Inde, cum audisset Seleucum filium et quos-   6
dam amicorum Apameam progressos, et ipse quarta
vigilia cum coniuge ac filia petit Apameam Xenoni   7
tradita custodia urbis, Timone Lydiae praeposito;
quibus spretis consensu oppidanorum et militum, qui
in arce erant, legati ad consulem missi sunt.

Sub idem fere tempus et ab Trallibus et a Magnesia,   **45**
quae super Maeandrum est, et ab Epheso ad dedendas
urbes venerunt. Reliquerat Ephesum Polyxenidas au-   2
dita pugna, et classi usque ad Patara Lyciae pervectus,
metu stationis Rhodiarum navium, quae ad Megisten
erant, in terram egressus cum paucis itinere pedestri
Syriam petit. Asiae civitates in fidem consulis dicio-   3
nemque populi Romani sese tradebant. Sardibus iam
consul erat; eo et P. Scipio ab Elaea, cum primum pati
laborem viae potuit, venit.
Sub idem fere tempus caduceator ab Antiocho per   4
P. Scipionem a consule petit impetravitque, ut oratores mittere liceret regi. Paucos post dies Zeuxis, qui   5
praefectus Lydiae fuerat, et Antipater, fratris ⟨regis⟩
filius, venerunt. Prius Eumene convento, quem prop-   6
ter vetera certamina aversum maxime a pace credebant esse, et placatiore eo et sua et regis spe invento,
tum P. Scipionem et per eum consulem adierunt;
praebitoque iis petentibus frequenti consilio ad man-   7
data edenda „Non tam, quid ipsi dicamus, habemus"
inquit Zeuxis „quam a vobis quaerimus, Romani, quo
piaculo expiare errorem regis, pacem veniamque impetrare a victoribus possimus. Maximo semper animo   8
victis regibus populisque ignovistis; quanto id maiore

nächsten Tag nahmen sie den Leichen der Erschlagenen alles weg und zogen die Gefangenen zusammen. Gesandte von Thyateira und Magnesia am Sipylos kamen, um ihre Städte zu übergeben. Antiochos floh mit wenigen, unterwegs schlossen sich mehr an, und er kam mit einer nicht allzu großen Schar Bewaffneter etwa um Mitternacht nach Sardes. Als er dann hörte, daß sein Sohn Seleukos und einige seiner Freunde nach Apameia fortgegangen waren, machte auch er selbst sich in der vierten Nachtwache mit seiner Frau und seiner Tochter nach Apameia auf. Zuvor übertrug er noch Xenon den Schutz der Stadt und machte Timon zum Satrapen von Lydien; aber man schenkte ihnen keine Beachtung, und auf einhelligen Beschluß der Bevölkerung und der Soldaten, die auf der Burg waren, wurden Gesandte zum Konsul geschickt.

Etwa um dieselbe Zeit kamen Leute von Tralleis wie von Magnesia am Mäander und von Ephesos, um die Städte zu übergeben. Polyxenidas hatte Ephesos verlassen, als er von der Schlacht gehört hatte, war mit der Flotte bis nach Patara in Lykien gefahren, dann aber aus Furcht vor dem Vorposten der rhodischen Schiffe, die bei Megiste lagen, an Land gegangen und zog mit wenigen Begleitern auf dem Landweg nach Syrien. Die Gemeinden Kleinasiens stellten sich unter den Schutz des Konsuls und unter die Herrschaft des römischen Volkes. Der Konsul war schon in Sardes. Dorthin kam auch P. Scipio von Elaia aus, sobald er die Anstrengung des Weges auf sich nehmen konnte.

Etwa um dieselbe Zeit bat ein Herold von Antiochos durch Vermittlung des P. Scipio den Konsul für den König um die Erlaubnis, Unterhändler zu schicken, und bekam es bewilligt. Wenige Tage später kamen Zeuxis, der Satrap von Lydien gewesen war, und Antipater, der Sohn eines Bruders des Königs. Sie trafen zunächst mit Eumenes zusammen, von dem sie glaubten, er sei wegen der alten Streitigkeiten einem Frieden am meisten abgeneigt, und als sie ihn versöhnlicher fanden, als sie selbst und der König es gehofft hatten, da wandten sie sich an P. Scipio und über ihn an den Konsul. Als für sie auf ihre Bitte hin eine Sitzung mit vielen Teilnehmern stattfand, damit sie ihre Aufträge darlegen konnten, sagte Zeuxis: „Wir haben selbst nicht viel mitzuteilen, sondern wir möchten euch Römer fragen, mit welcher Sühneleistung wir den Irrtum des Königs wiedergutmachen und Frieden und Gnade von den Siegern erlangen können. Ihr habt immer in hochherzigster Gesinnung besiegten Königen und Völkern verziehen. Ziemt es sich

et placatiore animo decet vos facere in hac victoria,
quae vos dominos orbis terrarum fecit? Positis iam   9
adversus omnes mortales certaminibus haud secus
quam deos consulere et parcere vos generi humano
oportet." Iam antequam legati venirent, decretum   10
erat, quid responderetur. Respondere Africanum pla-   11
cuit. Is in hunc modum locutus fertur: „Romani ex
iis, quae in deum immortalium potestate erant, ea
habemus, quae dii dederunt; animos, qui nostrae   12
mentis sunt, eosdem in omni fortuna gessimus geri-
musque, neque eos secundae res extulerunt nec adversae minuerunt. Eius rei, ut alios omittam, Hannibalem vestrum vobis testem darem, nisi vos ipsos dare
possem. Postquam traiecimus Hellespontum, prius-   13
quam castra regia, priusquam aciem videremus, cum
communis Mars et incertus belli eventus esset, de pace
vobis agentibus quas pares paribus ferebamus condiciones, easdem nunc victores victis ferimus: Europa   14
abstinete; Asia omni, quae cis Taurum montem est,
decedite. Pro impensis deinde in bellum factis quindecim milia talentum Euboicorum dabitis, quingenta
praesentia, duo milia et quingenta, cum senatus populusque Romanus pacem comprobaverint, ⟨duodecim
milia⟩ deinde talentum per duodecim annos. Eumeni   15
quoque reddi quadringenta talenta et quod frumenti
reliquum ex eo, quod patri debitum est, placet. Haec   16
cum pepigerimus, facturos vos ut pro certo habea-
mus, erit quidem aliquod pignus, si obsides viginti
nostro arbitratu dabitis. Sed numquam satis liquebit
nobis ibi pacem esse populo Romano, ubi Hannibal
erit; eum ante omnia deposcimus. Thoantem quoque   17
Aetolum, concitorem Aetolici belli, qui et illorum
fiducia vos et vestra illos in nos armavit, dedetis et
cum eo Mnasilochum Acarnana et Chalcidensis Phi-
lonem et Eubulidam. In deteriore sua fortuna pacem   18
faciet rex, quia serius facit, quam facere potuit. Si
nunc moratus fuerit, sciat regum maiestatem diffici-

da nicht, daß ihr bei diesem Sieg, der euch zu Herren des Erdkreises
gemacht hat, in eurem Verhalten eine noch viel großmütigere und
versöhnlichere Gesinnung zeigt? Ihr müßt jetzt die Streitigkeiten gegen
alle Sterblichen aufgeben und nicht anders als die Götter für das
Menschengeschlecht Sorge tragen und ihm Schonung angedeihen lassen." Schon bevor die Gesandten kamen, war festgelegt worden, was
man antworten wollte. Africanus sollte die Antwort geben. Er soll auf
folgende Weise gesprochen haben: „Wir Römer haben von dem, was in
der Hand der unsterblichen Götter lag, das, was die Götter gegeben
haben. Die Haltung, die unserer Denkweise entspricht, haben wir
unverändert in jedem Geschick gezeigt und zeigen sie nach wie vor, und
weder hat das Glück uns überheblich werden lassen noch das Unglück
uns entmutigt. Dafür würde ich euch, um anderes beiseite zu lassen,
euren Hannibal als Zeugen anführen, wenn ich nicht euch selbst anführen könnte. Nachdem wir den Hellespont überschritten hatten, aber
noch bevor wir das Lager des Königs und bevor wir seine Schlachtreihe
sahen, als das Kriegsglück sich noch keinem zugeneigt hatte und der
Ausgang des Krieges noch offen war, wolltet ihr über den Frieden
verhandeln; dieselben Bedingungen, die wir euch damals als gleichge-
stelltem Partner genannt haben, nennen wir jetzt als Sieger den Besiegten: Haltet euch von Europa fern; räumt ganz Kleinasien, das diesseits
des Tauros liegt! Für die Kriegskosten sodann werdet ihr 15 000 euböische Talente zahlen, 500 auf der Stelle, 2500, wenn Senat und Volk von
Rom den Frieden gutgeheißen haben, 12 000 Talente dann über zwölf
Jahre verteilt. Ihr sollt auch Eumenes 400 Talente erstatten und den
Rest des Getreides, das sein Vater bekommen sollte. Wenn wir das
abgemacht haben, wird es, damit wir sicher sind, daß ihr die Abmachungen erfüllt, ein Unterpfand geben, wenn ihr 20 Geiseln nach
unserem Gutdünken stellt. Aber wir werden niemals davon überzeugt
sein, daß es für das römische Volk dort Frieden gibt, wo Hannibal ist;
seine Auslieferung fordern wir vor allem. Auch den Ätoler Thoas, den
Anstifter des Ätolerkrieges, der im Vertrauen auf jene euch unter
Waffen gebracht hat und im Vertrauen auf euch jene, werdet ihr
ausliefern und mit ihm den Akarnanen Mnasilochos und Philon und
Eubulidas aus Chalkis. Der König wird unter für ihn weniger günstigen
Umständen Frieden schließen, weil er ihn später schließt, als er ihn hätte
schließen können. Wenn er auch jetzt noch säumt, mag er wissen, daß es

lius ab summo fastigio ad medium detrahi quam a
mediis ad ima praecipitari." Cum iis mandatis ab rege   19
missi erant legati, ut omnem pacis condicionem acciperent; itaque Romam mitti legatos placuit. Consul in
hiberna exercitum Magnesiam ad Maeandrum et Trallis Ephesumque divisit. Ephesum ad consulem paucos   20
post dies obsides ab rege adducti sunt, et legati, qui
Romam irent, venerunt. Eumenes quoque eodem   21
tempore profectus est Romam, quo legati regis. Secu-
tae eos sunt legationes omnium Asiae populorum.

Dum haec in Asia geruntur, duo fere sub idem   46
tempus cum triumphi spe proconsules de provinciis
Romam redierunt, Q. Minucius ex Liguribus, M'.
Acilius ex Aetolia. Auditis utriusque rebus gestis   2
Minucio negatus triumphus, Acilio magno consensu
decretus; isque triumphans de rege Antiocho et Aetolis urbem est invectus. Praelata in eo triumpho sunt   3
signa militaria ducenta triginta et argenti infecti tria
milia pondo, signati tetrachmum Atticum centum
decem tria milia, cistophori ducenta undequinquaginta, vasa argentea caelata multa magnique ponderis;
tulit et suppellectilem regiam argenteam ac vestem   4
magnificam, coronas aureas, dona sociarum civitatium, quadraginta quinque, spolia omnis generis. Captivos nobiles, Aetolos et regios duces, sex et triginta
duxit. Damocritus, Aetolorum dux, paucos ante dies,   5
cum e carcere noctu effugisset, in ripa Tiberis conse-
cutis custodibus, priusquam comprehenderetur, gladio se transfixit. Milites tantum, qui sequerentur cur-   6
rum, defuerunt; alioqui magnificus et spectaculo et
fama rerum triumphus fuit.

Huius triumphi minuit laetitiam nuntius ex Hispa-   7
nia tristis adversa pugna in Bastetanis ductu L. Aemilii proconsulis apud oppidum Lyconem cum Lusitanis sex milia de Romano exercitu cecidisse, ceteros   8
paventis intra vallum compulsos aegre castra defen-

schwerer ist, die Majestät der Könige vom höchsten Gipfel auf die Mitte herabzuziehen, als sie aus mittleren Verhältnissen in die Tiefe zu stürzen." Die Gesandten waren vom König mit dem Auftrag geschickt worden, jede Friedensbedingung anzunehmen. Deshalb beschloß man, nach Rom Gesandte zu schicken. Der Konsul verteilte das Heer für das Winterlager auf Magnesia am Mäander, Tralleis und Ephesos. Nach Ephesos zum Konsul wurden wenige Tage später die Geiseln vom König geführt, und es kamen die Gesandten, die nach Rom gehen sollten. Auch Eumenes machte sich zur selben Zeit wie die Gesandten des Königs nach Rom auf. Es folgten ihnen Gesandtschaften aller Völker Kleinasiens.

Während dies in Kleinasien geschah, kehrten fast um dieselbe Zeit zwei Prokonsuln mit der Hoffnung auf einen Triumph aus ihren Aufgabengebieten nach Rom zurück, Q. Minucius aus dem Gebiet der Ligurer und M'. Acilius aus Ätolien. Als man die Taten beider vernommen hatte, wurde Minucius der Triumph verweigert, Acilius aber mit großer Einmütigkeit bewilligt, und er zog im Triumph über König Antiochos und die Ätoler in die Stadt ein. Vorangetragen wurden bei diesem Triumph 230 Feldzeichen und 3000 Pfund unverarbeitetes Silber, an gemünztem 113 000 attische Tetrachmen und 249 000 Kistophoren, außerdem viele getriebene Silbergefäße von großem Gewicht. Er ließ auch königliches Silbergeschirr und prächtige Kleidung vorübertragen und 45 goldene Kränze, Geschenke verbündeter Gemeinden, sowie Beute jeder Art. 36 bedeutende Gefangene führte er vor, Heerführer der Ätoler und des Königs. Damokritos, der Heerführer der Ätoler, war wenige Tage vorher bei Nacht aus dem Kerker entflohen; als er von Wächtern verfolgt wurde, durchbohrte er sich am Ufer des Tiber mit dem Schwert, bevor er ergriffen wurde. Es fehlten nur die Soldaten, die dem Triumphwagen folgten; sonst war der Triumph großartig, sowohl was das Schauspiel als was den Ruhm der Taten anging.

Die Freude über diesen Triumph wurde durch eine traurige Botschaft aus Spanien gedämpft: unter Führung des Prokonsuls L. Aemilius sei im Gebiet der Bastetaner bei der Stadt Lycon eine Schlacht mit den Lusitanern ungünstig ausgegangen und 6000 vom römischen Heer seien gefallen, die übrigen in Panik hinter den Wall getrieben worden und sie

disse et in modum fugientium magnis itineribus in
agrum pacatum reductos. Haec ex Hispania nuntiata.   9

Ex Gallia legatos Placentinorum et Cremonensium
L. Aurunculeius praetor in senatum introduxit. Iis   10
querentibus inopiam colonorum aliis belli casibus,
aliis morbo absumptis, quosdam taedio accolarum
Gallorum reliquisse colonias, decrevit senatus, uti C.
Laelius consul, si ei videretur, sex milia familiarum
conscriberet, quae in eas colonias dividerentur, et ut
L. Aurunculeius praetor triumviros crearet ad eos
colonos deducendos. Creati M. Atilius Serranus, L.   11
Valerius P. f. Flaccus, L. Valerius C. f. Tappo.

Haud ita multo post, cum iam consularium comi-   47
tiorum appeteret tempus, C. Laelius consul ex Gallia
Romam redit. Is non solum ex facto absente se sena-   2
tus consulto in supplementum Cremonae et Placen-
tiae colonos scripsit, sed, ut novae coloniae duae in
agrum, qui Boiorum fuisset, deducerentur, et rettulit
et auctore eo patres censuerunt.
  Eodem tempore litterae L. Aemilii praetoris adlatae   3
de navali pugna ad Myonnesum facta et L. Scipionem
consulem in Asiam exercitum traiecisse. Victoriae   4
navalis ergo in diem unum supplicatio decreta est, in
alterum diem, quod exercitus Romanus tum primum
in Asia posuisset castra, ut ea res prospera et laeta
eveniret. Vicenis maioribus hostiis in singulas suppli-   5
cationes sacrificare consul est iussus.
  Inde consularia comitia magna contentione habita.   6
M. Aemilius Lepidus petebat adversa omnium fama,
quod provinciam Siciliam petendi causa non consulto
senatu, ut sibi id facere liceret, reliquisset. Petebant   7
cum eo M. Fulvius Nobilior, Cn. Manlius ⟨Volso⟩,
M. Valerius Messalla. Fulvius consul unus creatur,
cum ceteri centurias non explessent, isque postero die

hätten nur mit Mühe das Lager verteidigen können und seien wie
Flüchtlinge in großen Tagemärschen in ruhiges Gebiet zurückgeführt
worden. Dies wurde aus Spanien gemeldet.

Aus Gallien führte der Prätor L. Aurunculejus Gesandte aus Placentia und Cremona in den Senat. Diese beklagten sich über den Mangel an
Siedlern; nachdem die einen durch Vorkommnisse des Krieges, andere
durch Krankheit dahingerafft worden seien, seien einige der gallischen
Nachbarn überdrüssig geworden und hätten die Ansiedlungen verlassen. Der Senat beschloß, der Konsul C. Laelius solle, wenn es ihm gut
scheine, 6000 Familien einschreiben, die auf diese Ansiedlungen verteilt
werden sollten, und der Prätor L. Aurunculejus solle eine Dreierkommission ernennen, die diese Siedler an ihren Bestimmungsort führen
solle. Ernannt wurden M. Atilius Serranus, L. Valerius Flaccus, der
Sohn des Publius, und L. Valerius Tappo, der Sohn des Gajus.

Nicht sehr viel später, als schon die Zeit der Konsulwahlen herankam, kehrte der Konsul C. Laelius aus Gallien nach Rom zurück. Er
trug nicht nur aufgrund eines Senatsbeschlusses, der in seiner Abwesenheit gefaßt worden war, Siedler zur Ergänzung für Cremona und
Placentia in die Liste ein, sondern stellte auch den Antrag, daß zwei
neue Kolonien in dem Gebiet, das den Bojern gehört hatte, angelegt
werden sollten, und die Senatoren stimmten seinem Antrag zu.

Zur gleichen Zeit traf ein Brief des Prätors L. Aemilius über die
Seeschlacht bei Myonnesos ein und daß der Konsul L. Scipio das Heer
nach Kleinasien hinübergeführt habe. Wegen des Sieges in der Seeschlacht wurde ein Gang zu allen Tempeln für einen Tag beschlossen
und für einen zweiten Tag, weil das römische Heer jetzt zum ersten Mal
in Kleinasien sein Lager aufgeschlagen hatte, daß das gut und glücklich
ausgehe. Der Konsul wurde aufgefordert, an jedem Bettag 20 voll
ausgewachsene Opfertiere darzubringen.

Darauf fanden die Konsulwahlen statt, bei denen es zu heftigen
Auseinandersetzungen kam. M. Aemilius Lepidus bewarb sich, obwohl
die öffentliche Meinung gegen ihn war, weil er, um sich zu bewerben,
die Provinz Sizilien verlassen hatte, ohne beim Senat anzufragen, ob
ihm das erlaubt sei. Mit ihm bewarben sich M. Fulvius Nobilior,
Cn. Manlius Volso und M. Valerius Messala. Fulvius wurde allein zum
Konsul gewählt, weil die übrigen nicht die nötige Zahl der Centurien
für sich gehabt hatten, und er rief am nächsten Tag Cn. Manlius als

Cn. Manlium Lepido deiecto — nam Messalla iacuit
— collegam dixit. Praetores exinde facti duo Q. Fabii,   8
Labeo et Pictor — Pictor flamen Quirinalis eo anno
inauguratus fuerat —, M. Sempronius Tuditanus, Sp.
Postumius Albinus, L. Plautius Hypsaeus, L. Baebius
Dives.

M. Fulvio Nobiliore et Cn. Manlio Volsone consu-   **48**
libus Valerius Antias auctor est rumorem celebrem
Romae fuisse et paene pro certo habitum, recipiendi   2
Scipionis adulescentis causa consulem L. Scipionem et
cum eo P. Africanum in colloquium evocatos regis et
ipsos comprehensos esse et ducibus captis confestim   3
ad castra Romana exercitum ductum eaque expugnata
et deletas omnis copias Romanorum esse. Ob haec   4
Aetolos sustulisse animos et abnuisse imperata facere
principesque eorum in Macedoniam et in Dardanos et
in Thraeciam ad conducenda mercede auxilia profec-
tos. Haec qui nuntiarent Romam, A. Terentium Var-   5
ronem et M. Claudium Lepidum ab A. Cornelio
propraetore ex Aetolia missos esse. Subtexit deinde   6
fabulae huic legatos Aetolos in senatu inter cetera hoc
quoque interrogatos esse, unde audissent imperatores
Romanos in Asia captos ab Antiocho rege et exerci-
tum deletum esse; Aetolos respondisse ab suis legatis   7
se, qui cum consule fuerint, certiores factos. Rumoris
huius quia neminem alium auctorem habeo, neque
adfirmata res mea opinione sit nec pro vana praetermissa.

Aetoli legati in senatum introducti, cum et causa   **49**
eos sua et fortuna hortaretur, ut confitendo seu culpae
seu errori veniam supplices peterent, orsi a beneficiis   2
in populum Romanum et prope exprobrantes virtu-
tem suam in Philippi bello et offenderunt aures inso-
lentia sermonis et eo, vetera et oblitterata repetendo,   3
rem adduxerunt, ut haud paulo plurium maleficiorum
gentis quam beneficiorum memoria subiret animos

seinen Amtsgenossen aus, nachdem er dafür gesorgt hatte, daß Lepidus nicht gewählt wurde – denn Messala war durchgefallen. Dann wurden die Prätoren gewählt: zwei namens Q. Fabius, Labeo und Pictor – Pictor war in diesem Jahr zum Flamen des Quirinus geweiht worden –, M. Sempronius Tuditanus, Sp. Postumius Albinus, L. Plautius Hypsaeus und L. Baebius Dives.

Im Konsulatsjahr des M. Fulvius Nobilior und des Cn. Manlius Volso, berichtet Valerius Antias, habe in Rom das Gerücht kursiert und es sei fast für gewiß gehalten worden, der Konsul L. Scipio und mit ihm P. Africanus seien wegen der Rückkehr des jungen Scipio zu einer Unterredung eingeladen und dabei festgenommen worden und nach der Gefangennahme der Feldherrn sei das Heer unverzüglich zum römischen Lager geführt und dieses sei erobert und alle Streitkräfte der Römer vernichtet worden. Daher hätten die Ätoler wieder Mut gefaßt und sich geweigert, den Befehlen nachzukommen, und führende Männer von ihnen seien nach Makedonien und zu den Dardanern und nach Thrakien aufgebrochen, um Hilfstruppen in Sold zu nehmen. Um dies in Rom zu melden, seien A. Terentius Varro und M. Claudius Lepidus von dem Proprätor A. Cornelius aus Ätolien geschickt worden. Verwoben hat er mit dieser Geschichte noch, die Ätoler seien im Senat unter anderem auch danach gefragt worden, woher sie gehört hätten, daß die römischen Feldherrn in Kleinasien von König Antiochos gefangengenommen worden seien und daß das Heer vernichtet sei. Die Ätoler hätten geantwortet, sie seien von ihren Gesandten, die beim Konsul gewesen seien, davon in Kenntnis gesetzt worden. Weil ich für dieses Gerücht keine andere Quelle habe, soll die Sache durch meine Ansicht weder bestätigt noch als eitel übergangen werden.

Als die ätolischen Gesandten in den Senat geführt wurden, legte ihre Rechtslage und ihre Situation es ihnen nahe, sich entweder zu einer Schuld oder zu einer Verirrung zu bekennen und demütig um Gnade zu bitten. Aber sie fingen an mit ihren Verdiensten gegenüber dem römischen Volk und wiesen fast vorwurfsvoll auf ihre Tapferkeit im Krieg gegen Philipp hin und beleidigten die Ohren durch die Unverschämtheit ihrer Rede; und dadurch, daß sie Altes und in Vergessenheit Geratenes wieder auftischten, brachten sie es dahin, daß den Senatoren die feindseligen Aktionen der Völkerschaft wieder in Erinnerung

patrum et, quibus misericordia opus erat, iram et
odium irritarent. Interrogati ab uno senatore, permit-   4
terentne arbitrium de se populo Romano, deinde ab
altero, habiturine eosdem quos populus Romanus
socios et hostis essent, nihil ad ea respondentes egredi
templo iussi sunt. Conclamatum deinde prope ab   5
universo senatu est totos adhuc Antiochi Aetolos esse
et ex unica ea spe pendere animos eorum; itaque
bellum cum haud dubiis hostibus gerendum perdo-
mandosque feroces animos esse. Illa etiam res accen-   6
dit, quod eo ipso tempore, quo pacem ab Romanis
petebant, Dolopiae atque Athamaniae bellum inferebant. Senatus consultum in M'. Acilii sententiam, qui   7
Antiochum Aetolosque devicerat, factum est, ut
Aetoli eo die iuberentur proficisci ab urbe et intra
quintum decimum diem Italia excedere. A. Terentius   8
Varro ad custodiendum iter eorum missus denuntia-
tumque, si qua deinde legatio ex Aetolis, nisi permissu imperatoris, qui eam provinciam obtineret, et cum
legato Romano venisset Romam, pro hostibus omnis
futuros. Ita dimissi Aetoli.

De provinciis deinde consules rettulerunt; sortiri   50
eos Aetoliam et Asiam placuit; qui Asiam sortitus   2
esset, ei exercitus, quem L. Scipio haberet, est decretus et in eum supplementum quattuor milia peditum   3
Romanorum, ducenti equites et sociorum ac Latini
nominis octo milia peditum, quadringenti equites; his
copiis ut bellum cum Antiocho gereret. Alteri consuli   4
exercitus, qui erat in Aetolia, est decretus, et ut in
supplementum scriberet permissum civium socio-
rumque eundem numerum quem collega. Naves quo-   5
que idem consul, quae priore anno paratae erant,
ornare iussus ac ducere secum; nec cum Aetolis solum
bellum gerere, sed etiam in Cephallaniam insulam
traicere. Mandatum eidem, ut, si per commodum rei   6
publicae facere posset, ut ad comitia Romam veniret;

kamen, die erheblich zahlreicher waren als ihre Verdienste, und daß sie, die Mitleid nötig hatten, Zorn und Haß erregten. Als sie von einem Senator gefragt wurden, ob sie die Entscheidung über sich dem römischen Volk überließen, und dann von einem anderen, ob sie dieselben als Bundesgenossen und Feinde haben würden wie das römische Volk, und sie darauf keine Antwort gaben, wurden sie aufgefordert, das Heiligtum zu verlassen. Fast der ganze Senat rief dann laut, die Ätoler ständen noch ganz auf der Seite des Antiochos und klammerten sich einzig an diese Hoffnung. Deshalb müsse man mit den erwiesenen Feinden Krieg führen und ihre trotzigen Herzen zähmen. Auch der Umstand, daß sie gerade zu diesem Zeitpunkt, wo sie die Römer um Frieden baten, Dolopien und Athamanien überfielen, erregte die Gemüter. Es kam zu einem Senatsbeschluß entsprechend dem Antrag des M'. Acilius, der Antiochos und die Ätoler besiegt hatte, die Ätoler sollten noch an diesem Tag aufgefordert werden, aus der Stadt aufzubrechen und innerhalb von 15 Tagen Italien zu verlassen. A. Terentius Varro wurde geschickt, um ihren Weg zu überwachen, und es wurde ihnen mitgeteilt, wenn künftig eine Gesandschaft von den Ätolern nach Rom komme, werde man sie alle als Feinde betrachten, es sei denn, sie komme mit Erlaubnis des Feldherrn, der dort sein Tätigkeitsfeld habe, und in Begleitung eines römischen Legaten. So wurden die Ätoler weggeschickt.

Die Konsuln setzten dann die Aufgabengebiete auf die Tagesordnung. Man beschloß, daß sie über Ätolien und Kleinasien losen sollten. Wer Kleinasien durch das Los erhielt, für den wurde das Heer bestimmt, das L. Scipio hatte, und als Ersatz dafür 4000 römische Fußsoldaten und 200 Reiter und von den Bundesgenossen und Latinern 8000 Fußsoldaten und 400 Reiter; mit diesen Truppen sollte er gegen Antiochos Krieg führen. Für den anderen Konsul wurde das Heer bestimmt, das in Ätolien stand, und es wurde ihm gestattet, als Ersatz dieselbe Zahl an Bürgern und Bundesgenossen auszuheben wie sein Amtsgenosse. Dieser Konsul sollte auch die Schiffe, die im Vorjahr gebaut worden waren, ausrüsten und mitnehmen; und er sollte nicht nur mit den Ätolern Krieg führen, sondern auch zur Insel Kephallania übersetzen. Ihm wurde auch aufgetragen, wenn er es ohne Nachteil für den Staat tun könne, zu den Wahlen nach Rom zu kommen. Denn

nam praeterquam quod magistratus annui subrogandi   7
essent, censores quoque placere creari. Si qua res eum
teneret, senatum certiorem faceret se ad comitiorum
tempus occurrere non posse. Aetolia M. Fulvio, Asia   8
Cn. Manlio sorte evenit. Praetores deinde sortiti sunt,
Sp. Postumius Albinus urbanam et inter peregrinos,
M. Sempronius Tuditanus Siciliam, Q. Fabius Pictor,
flamen Quirinalis, Sardiniam, Q. Fabius Labeo classem, L. Plautius Hypsaeus Hispaniam citeriorem, L.
Baebius Dives Hispaniam ulteriorem. Siciliae legio   9
una et classis, quae in ea provincia erat, decreta, et ut
duas decumas frumenti novus praetor imperaret Sicu-
lis; earum alteram in Asiam, alteram in Aetoliam
mitteret. Idem ab Sardis exigi atque ad eosdem exerci-   10
tus id frumentum, ad quos Siculum, deportari iussum,
L. Baebio supplementum in Hispaniam datum mille   11
Romani pedites, equites quinquaginta et sex milia
peditum Latini nominis, ducenti equites; Plautio   12
Hypsaeo in Hispaniam citeriorem mille Romani dati
sunt pedites, duo milia socium Latini nominis et
ducenti equites; cum his supplementis ut singulas
legiones duae Hispaniae haberent. Prioris anni magi-   13
stratibus C. Laelio cum suo exercitu prorogatum in
annum imperium est; prorogatum et P. Iunio
propraetori in Etruria cum eo exercitu, qui in provincia esset, et M. Tuccio propraetori in Bruttiis et
Apulia.
   Priusquam in provincias praetores irent, certamen   51
inter P. Licinium pontificem maximum fuit et Q.
Fabium Pictorem flaminem Quirinalem, quale patrum memoria inter L. Metellum et Postumium Al-
binum fuerat. Consulem illum cum C. Lutatio collega   2
in Siciliam ad classem proficiscentem ad sacra retinue-
rat Metellus pontifex maximus; praetorem hunc, ne in   3
Sardiniam proficisceretur, P. Licinius tenuit. Et in
senatu et ad populum magnis contentionibus certatum et imperia inhibita ultro citroque et pignera capta   4

abgesehen davon, daß die neuen Jahresbeamten gewählt werden muß-
ten, sollten auch die Zensoren gewählt werden. Wenn irgendein
Umstand ihn festhalten sollte, sollte er den Senat davon in Kenntnis
setzen, daß er nicht zum Zeitpunkt der Wahlen eintreffen könne.
Ätolien fiel durch das Los an M. Fulvius, Kleinasien an Cn. Manlius.
Darauf losten die Prätoren; Sp. Postumius Albinus erhielt die Stadt-
und die Fremdenprätur, M. Sempronius Tuditanus Sizilien, Q. Fabius
Pictor, der Flamen des Quirinus, Sardinien, Q. Fabius Labeo die Flotte,
L. Plautius Hypsaeus das Diesseitige Spanien und L. Baebius Dives das
Jenseitige Spanien. Für Sizilien wurde eine Legion bestimmt und die
Flotte, die in dieser Provinz lag; und der neue Prätor sollte von den
Siculern den doppelten Zehnten an Getreide einfordern und davon den
einen nach Kleinasien, den anderen nach Ätolien schicken. Dasselbe
sollte von den Sarden gefordert werden, und dieses Getreide sollte zu
denselben Heeren geschickt werden wie das aus Sizilien. L. Baebius
wurden als Ersatz für Spanien 1000 römische Fußsoldaten und 50 Reiter
gegeben und 6000 Fußsoldaten von den Latinern und 200 Reiter.
Plautius Hypsaeus erhielt für das Diesseitige Spanien 1000 römische
Fußsoldaten und 2000 Bundesgenossen und Latiner und 200 Reiter. Mit
diesem Ersatz sollten die beiden Spanien je eine Legion haben. Von den
Beamten des Vorjahres wurde C. Laelius mit seinem Heer das Kommando für ein Jahr verlängert, ebenso dem Proprätor P. Junius in
Etrurien mit dem Heer, das in diesem Aufgabenbereich stand, und dem
Proprätor M. Tuccius im Gebiet der Bruttier und in Apulien.

Bevor die Prätoren in ihre Aufgabengebiete gingen, gab es einen
Streit zwischen P. Licinius, dem Pontifex maximus, und Q. Fabius
Pictor, dem Flamen des Quirinus, wie es ihn in der Generation der
Väter zwischen L. Metellus und A. Postumius Albinus gegeben hatte.
Als der Konsul war und mit seinem Amtsgenossen C. Lutatius nach
Sizilien zur Flotte aufbrechen wollte, hatte ihn Metellus, der Pontifex
maximus, für die Opferhandlungen zurückgehalten. Diesen, den Prätor,
hielt jetzt P. Licinius fest, daß er nicht nach Sardinien gehen konnte.
Sowohl im Senat wie vor dem Volk stritt man mit großer Leidenschaft,
und man machte von der Amtsgewalt hin und her Gebrauch, ließ sich

et multae dictae et tribuni appellati et provocatum ad
populum est. Religio ad postremum vicit; ut dicto   5
audiens esset flamen pontifici, iussus; et multa iussu
populi ei remissa. Ira provinciae ereptae praetorem   6
magistratu abdicare se conantem patres auctoritate
sua deterruerunt et, ut ius inter peregrinos diceret,
decreverunt.

Dilectibus deinde intra paucos dies — neque enim   7
multi milites legendi erant — perfectis consules praetoresque in provincias proficiscuntur.
Fama dein de rebus in Asia gestis temere vulgata   8
sine auctore, et post dies paucos nuntii certi litteraeque imperatoris Romam adlatae, quae non tantum   9
gaudium ab recenti metu attulerunt — desierant enim
victum in Aetolia ⟨regem⟩ metuere — quam a vetere
fama, quod ineuntibus id bellum gravis hostis et suis
viribus et quod Hannibalem rectorem militiae haberet, visus fuerat. Nihil tamen aut de consule mittendo   10
in Asiam mutandum aut minuendas eius copias censuerunt metu, ne cum Gallis foret bellandum.

Haud multo post M. Aurelius Cotta legatus L.   52
Scipionis cum Antiochi regis legatis et Eumenes rex
Rhodiique Romam venerunt. Cotta in senatu pri-   2
mum, deinde in contione iussu patrum, quae acta in
Asia essent, exposuit. Supplicatio inde in triduum
decreta est et quadraginta maiores hostiae immolari
iussae. Tum omnium primum Eumeni senatus datus   3
est. Is cum breviter et egisset gratias patribus, quod
obsidione se ac fratrem exemissent regnumque ab
iniuriis Antiochi vindicassent, et gratulatus esset,
quod terra marique res prospere gessissent quodque   4
regem Antiochum fusum fugatumque et exutum castris prius Europa, post et Asia, quae cis Taurum
montem est, expulissent, sua deinde merita malle eos   5

Unterpfänder geben, verhängte Bußgelder, appellierte an die Tribunen und legte Berufung beim Volk ein. Die Rücksicht auf die Religion trug zuletzt den Sieg davon. Der Flamen wurde aufgefordert, dem Befehl des Pontifex Folge zu leisten, und die Buße wurde ihm auf Geheiß des Volkes erlassen. Als der Prätor im Zorn darüber, daß ihm seine Provinz entrissen worden war, sein Amt niederlegen wollte, brachten ihn die Senatoren durch ihren Einfluß davon ab, und sie bestimmten, er solle die Fremdenprätur erhalten.

Die Aushebungen wurden dann innerhalb weniger Tage durchgeführt – denn es brauchten nicht viele Soldaten ausgehoben zu werden –, und die Konsuln und die Prätoren brachen in ihre Provinzen auf.

Die Kunde von den Taten in Kleinasien verbreitete sich dann von ungefähr ohne einen Gewährsmann, und wenige Tage später gelangten zuverlässige Boten und ein Brief des Feldherrn nach Rom, der Freude auslöste, nicht so sehr als wenn sie sich in jüngster Zeit gefürchtet hätten – sie hatten nämlich aufgehört, den König zu fürchten, seitdem er in Ätolien besiegt worden war –, wie in Anbetracht seines alten Rufes; denn als sie in diesen Krieg eintraten, war er ihnen als ein bedeutender Feind vorgekommen sowohl wegen seiner militärischen Stärke als auch weil er Hannibal als Leiter der Operationen hatte. Sie beschlossen jedoch bei der Entsendung eines Konsuls nach Kleinasien nichts zu ändern und seine Streitkräfte nicht zu verringern in der Befürchtung, daß man mit den Galliern Krieg führen müsse.

Nicht viel später kamen M. Aurelius Cotta, ein Legat des L. Scipio, mit den Gesandten des Königs Antiochos und König Eumenes und die Rhodier nach Rom. Cotta legte zunächst im Senat, dann auf Geheiß der Senatoren in der Volksversammlung dar, was in Kleinasien geschehen war. Ein dreitägiges Dankfest wurde daraufhin beschlossen, und es wurde angeordnet, 40 voll ausgewachsene Opfertiere zu opfern. Dann fand zuallererst für Eumenes eine Senatssitzung statt. Er dankte den Senatoren kurz dafür, daß sie ihn und seinen Bruder von der Belagerung befreit und sein Königreich gegen die Gewalttätigkeiten des Antiochos geschützt hätten, und sprach ihnen seine Glückwünsche dazu aus, daß sie zu Lande und zu Wasser erfolgreich gewesen seien und daß sie König Antiochos geschlagen und in die Flucht gejagt und ihm sein Lager weggenommen und ihn zunächst aus Europa, dann auch aus Kleinasien, das diesseits des Tauros liegt, vertrieben hätten, und sagte dann, er wolle lieber, daß sie von

ex imperatoribus suis legatisque quam se commemo-
rante cognoscere dixit. Haec approbantibus cunctis   6
iubentibusque dicere ipsum, omissa in id verecundia,
quid sibi ab senatu populoque Romano tribui aequum
censeret; propensius cumulatiusque, si quo possit,
prout eius merita sint, senatum facturum. Ad ea rex,   7
si ab aliis sibi praemiorum optio deferretur, libenter,
data modo facultate consulendi senatum Romanum,
consilio amplissimi ordinis usurum fuisse, ne quid aut
immoderate cupisse aut petisse parum modeste videri
posset; verum enimvero cum ipsi daturi sint, multo   8
magis munificentiam eorum in se fratesque suos ipsorum arbitrii debere esse. Nihil hac oratione eius   9
patres conscripti deterriti sunt, quo minus dicere
ipsum iuberent, et cum aliquamdiu hinc indulgentia,
hinc modestia inter permittentis in vicem non magis
mutua quam inexplicabili facilitate certatum esset,
Eumenes ex templo excessit. Senatus in eadem persta-   10
re sententia, ut absurdum esse diceret ignorare regem,
quid sperans aut petens venerit; quae accommodata
regno suo sint, ipsum optime scire; Asiam longe
melius quam senatum nosse; revocandum igitur et
cogendum, quae vellet quaeque sentiret, expromere.

Reductus a praetore in templum rex et dicere iussus   53
„Perseverassem" inquit „tacere, patres conscripti, nisi
Rhodiorum legationem mox vocaturos vos scirem et
illis auditis mihi necessitatem fore dicendi. Quae qui-   2
dem eo difficilior oratio erit, quod ea postulata eorum
futura sunt, ut non solum nihil, quod contra me sit,
sed ne quod ad ipsos quidem proprie pertineat, petere
videantur. Agent enim causam civitatium Graecarum   3
et liberari eas dicent debere. Quo impetrato cui dubium est, quin et a nobis aversuri sint non eas modo
civitates, quae liberabuntur, sed etiam veteres stipendiarias nostras, ipsi autem tanto obligatos beneficio   4

seinen Verdiensten durch ihre Feldherrn und Legaten erführen als aus seinem Mund. Alle pflichteten ihm bei und forderten ihn auf, selbst zu sagen, was er für angemessen halte, daß es ihm vom Senat und Volk von Rom gewährt werde, und dabei alle Scheu abzulegen. Entsprechend seinen Verdiensten werde der Senat sich noch bereitwilliger und großzügiger zeigen, wenn er es irgendwie könne. Darauf der König: Wenn ihm andere die Wahl seiner Belohnungen freistellten, würde er gerne, wenn ihm nur eine Gelegenheit gegeben würde, den römischen Senat zu befragen, vom Rat der erlauchtesten Körperschaft Gebrauch machen, damit es nicht so aussehen könne, als wenn er etwas maßlos begehrt oder zu wenig bescheiden erbeten habe. Da die Gabe aber jedoch von ihnen selbst komme, müsse ihr Gnadenerweis gegen ihn und seine Brüder noch viel mehr ihrer Entscheidung überlassen sein. Durch diese seine Worte ließen die Mitglieder des Senats sich keineswegs davon abbringen, ihn aufzufordern, es selbst zu sagen, und nachdem man eine Weile mit Großzügigkeit auf der einen Seite und Bescheidenheit auf der anderen gestritten hatte, wobei in gegenseitigem Entgegenkommen, das zu nichts führte, abwechselnd einer es dem anderen anheimstellte, verließ Eumenes das Heiligtum. Der Senat beharrte bei derselben Meinung, daß er sagte, es sei unvorstellbar, daß der König nicht wisse, in welcher Hoffnung und mit welchen Wünschen er gekommen sei. Was für sein Reich angemessen sei, wisse er selbst am besten; Kleinasien kenne er weit besser als der Senat; er müsse also zurückgerufen und gezwungen werden, sich zu äußern, was er wolle und was er meine.

Als der König vom Prätor ins Heiligtum zurückgeführt wurde und aufgefordert wurde zu reden, sagte er: „Senatoren, ich hätte weiter geschwiegen, wenn ich nicht wüßte, daß ihr bald die Gesandtschaft der Rhodier rufen werdet und daß ich, wenn ihr jene angehört habt, gezwungen sein werde zu reden. Diese Rede wird um so schwieriger sein, weil ihre Forderungen so sein werden, daß sie nicht nur um nichts zu bitten scheinen, was gegen mich ist, sondern nicht einmal um etwas, was sie selbst direkt angeht. Denn sie werden die Sache der griechischen Gemeinden vertreten und werden sagen, diese müßten befreit werden. Wenn sie das erreicht haben, wer zweifelt daran, daß sie dann auch uns nicht nur die Gemeinden abspenstig machen, die die Freiheit erhalten, sondern auch die, die uns seit alter Zeit Abgaben leisten, daß sie selbst aber dann diese Gemeinden, die sie sich durch eine so große Wohltat verpflichtet, dem

verbo socios, re vera subiectos imperio et obnoxios
habituri sint? Et, si dis placet, cum has tantas opes   5
adfectabunt, dissimulabunt ulla parte id ad se pertinere; vos modo id decere et conveniens esse ante factis
dicent. Haec vos ne decipiat oratio, providendum   6
vobis erit, neve non solum inaequaliter alios nimium
deprimatis ex sociis vestris, alios praeter modum ex-
tollatis, sed etiam ne, qui adversus vos arma tulerint,
in meliore statu sint quam socii et amici vestri.

Quod ad me attinet, in aliis rebus cessisse intra   7
finem iuris mei cuilibet videri malim quam nimis
pertinaciter in obtinendo eo tetendisse; in certamine
autem amicitiae vestrae, benevolentiae erga vos, ho-
noris, qui ab vobis habebitur, minime aequo animo
vinci possum. Hanc ego maximam hereditatem a pa-   8
tre accepi, qui primus omnium Asiam Graeciamque
incolentium in amicitiam venit vestram eamque perpetua et constanti fide ad extremum vitae finem perduxit; nec animum dumtaxat vobis fidelem ac bonum   9
praestitit, sed omnibus interfuit bellis, quae in Graecia gessistis, terrestribus navalibus, omni genere commeatuum, ita ut nemo sociorum vestrorum ulla parte
aequari posset, vos adiuvit; postremo, cum Boeotos   10
ad societatem vestram hortaretur, in ipsa contione
intermortuus haud multo post exspiravit. Huius ego   11
vestigia ingressus voluntati quidem et studio in colen-
dis vobis adicere — etenim inexsuperabilia haec erant
— nihil potui; rebus ipsis meritisque et impensis   12
officiorum ut superare possem, fortuna, tempora,
Antiochus et bellum in Asia gestum praebuerunt
materiam. Rex Asiae et partis Europae Antiochus   13
filiam suam in matrimonium mihi dabat; restituebat
extemplo civitates, quae defecerant a nobis; spem
magnam in posterum amplificandi regni faciebat, si
secum bellum adversus vos gessissem. Non gloriabor   14

Wort nach als Bundesgenossen haben, daß diese in Wirklichkeit aber ihrer
Herrschaft unterworfen und abhängig sind? Und wenn es den Göttern
gefällt, während sie nach dieser so großen Macht trachten, werden sie so
tun, als wenn es sie überhaupt nicht beträfe. Sie werden nur sagen, daß sich
das für euch zieme und daß es euren früheren Taten entspreche. Ihr müßt
euch vorsehen, daß ihr euch durch diese Rede nicht täuschen laßt und daß
ihr nicht ungerechterweise die einen von euren Bundesgenossen allzusehr
niederdrückt, die anderen übermäßig emporhebt, aber auch, daß es nicht
denen, die gegen euch in Waffen gestanden haben, besser geht als euren
Bundesgenossen und Freunden.

Was mich betrifft, möchte ich bei anderen Dingen lieber, daß man den
Eindruck hat, ich hätte in meinem Recht jedem beliebigen nachgegeben als
allzu hartnäckig auf der Behauptung meines Rechts bestanden; aber im
Wetteifer um eure Freundschaft, um das Wohlwollen gegen euch, um die
Ehre, die ihr einem erweist, kann ich mich keineswegs mit Gleichmut
besiegt geben. Das ist das Bedeutendste an dem Erbe, das ich von meinem
Vater erhalten habe, der als erster von allen, die Kleinasien und Griechenland bewohnen, euer Freund geworden ist und an dieser Freundschaft in
beständiger und unwandelbarer Treue bis zum letzten Ende seines Lebens
festgehalten hat. Und er hat nicht nur gegen euch eine getreue und gute
Gesinnung gezeigt, sondern hat an allen Kriegen teilgenommen, die ihr in
Griechenland geführt habt, zu Lande und zu Wasser, und hat euch mit
jeder Art von Versorgungsgütern so unterstützt, daß keiner von euren
Bundesgenossen ihm irgendwie an die Seite gestellt werden kann. Zuletzt,
als er die Böoter zum Bündnis mit euch ermahnte, fiel er in der
Versammlung selbst in Ohnmacht und verschied nicht viel später. Ich bin
in seine Fußstapfen getreten, konnte aber dem Willen und dem Eifer, euch
zu dienen, nichts mehr hinzufügen – denn die waren nicht zu übertreffen.
Daß ich ihn aber durch meine Taten und durch meine Verdienste und
durch den Aufwand für meine Dienste übertreffen konnte, dazu boten das
Schicksal, die Zeitumstände und Antiochos und der Krieg in Kleinasien
mir Gelegenheit. Antiochos, der König von Asien und einem Teil
Europas, wollte mir seine Tochter zur Frau geben; er wollte mir
unverzüglich die Gemeinden, die von uns abgefallen waren, wieder
zurückgeben; er machte mir große Hoffnung auf künftige Vergrößerung
meines Königreiches, wenn ich mit ihm gegen euch Krieg führte. Ich
werde mich nicht rühmen, daß ich mir gegen euch nichts habe zuschulden

eo, quod nihil in vos deliquerim; illa potius, quae
vetustissima domus nostrae vobiscum amicitia digna
sunt, referam. Pedestribus navalibusque copiis, ut   15
nemo sociorum vestrorum me aequiperare posset,
imperatores vestros adiuvi; commeatus terra marique
suppeditavi; navalibus proeliis, quae multis locis facta
sunt, omnibus adfui; nec labori meo nec periculo
usquam peperci. Quod miserrimum est in bello, obsi-   16
dionem passus sum, Pergami inclusus cum discrimine
ultimo simul vitae regnique. Liberatus deinde obsi-   17
dione, cum alia parte Antiochus, alia Seleucus circa
arcem regni mei castra haberent, relictis meis rebus
tota classe ad Hellespontum L. Scipioni consuli vestro
occurri, ut eum in traiciendo exercitu adiuvarem.
Posteaquam in Asiam exercitus vester est transgres-   18
sus, numquam a consule abscessi; nemo miles Romanus magis adsiduus in castris fuit vestris quam ego
fratresque mei; nulla expeditio, nullum equestre proelium sine me factum est; in acie ibi steti, eam partem   19
sum tutatus, in qua me consul esse voluit.

Non sum hoc dicturus, patres conscripti: ‚Quis hoc
bello meritis erga vos mecum comparari potest?‘ Ego   20
nulli omnium neque populorum neque regum, quos
in magno honore habetis, non ausim me comparare.
Masinissa hostis vobis ante quam socius fuit nec   21
incolumi regno cum auxiliis suis, sed extorris, expulsus, amissis omnibus copiis, cum turma equitum in
castra confugit vestra; tamen eum, quia in Africa   22
adversus Syphacem et Carthaginiensis fideliter atque
impigre vobiscum stetit, non in patrium solum regnum restituistis, sed adiecta opulentissima parte Syphacis regni praepotentem inter Africae reges fecistis.

Quo tandem igitur nos praemio atque honore digni   23
apud vos sumus, qui numquam hostes, semper socii
fuimus? Pater, ego, fratres mei non in Asia tantum,   24
sed etiam procul ab domo in Peloponneso, in Boeotia,
in Aetolia, Philippi, Antiochi, Aetolico bello, terra

kommen lassen; ich werde vielmehr das berichten, was der sehr alten
Freundschaft unseres Hauses mit euch würdig ist. Mit meinen Land- und
Seestreitkräften habe ich eure Feldherrn unterstützt, so daß keiner von
euren Bundesgenossen sich mir an die Seite stellen kann. Ich habe euch zu
Lande und zu Wasser mit allem versorgt. An allen Seeschlachten, die an
vielen Orten stattfanden, habe ich teilgenommen. Ich habe nirgendwo
Mühe und Gefahr für mich gescheut. Was das schlimmste im Kriege ist,
eine Belagerung habe ich über mich ergehen lassen, in Pergamon
eingeschlossen unter äußerster Gefahr für mein Leben und mein Königreich zugleich. Als ich dann von der Belagerung befreit war, habe ich,
obwohl auf der einen Seite Antiochos, auf der anderen Seleukos in der
Nähe der Burg meines Königreiches ihre Lager hatten, meine Interessen
zurückgestellt und bin mit der ganzen Flotte eurem Konsul L. Scipio
entgegengefahren, um ihn beim Übersetzen des Heeres zu unterstützen.
Nachdem euer Heer nach Kleinasien hinübergegangen war, bin ich dem
Konsul niemals von der Seite gewichen. Kein römischer Soldat war mehr
in eurem Lager als ich und meine Brüder. Kein Unternehmen, kein
Reiterkampf geschah ohne mich. In der Schlachtreihe habe ich dort
gestanden, habe ich den Abschnitt geschützt, wo ich nach dem Willen des
Konsuls sein sollte.

Ich will die folgende Frage nicht stellen, ihr Senatoren: ‚Wer kann sich in
diesem Krieg an Verdiensten gegenüber euch mit mir vergleichen?' Ich
würde es wagen, mich mit jedem von all den Völkern und Königen zu
vergleichen, die bei euch in hohem Ansehen stehen. Masinissa war euer
Feind, ehe er euer Bundesgenosse wurde, und nicht, als sein Königreich
noch in vollem Umfang bestand, mit seinen Hilfstruppen, sondern ohne
Land, vertrieben, nach Verlust all seiner Truppen hat er sich mit einer
Schwadron Reiter in euer Lager geflüchtet. Trotzdem habt ihr ihm, weil er
in Afrika gegen Syphax und die Karthager treu und unermüdlich an eurer
Seite gestanden hat, nicht nur sein väterliches Königreich wiederverschafft, sondern den reichsten Teil von Syphax' Königreich noch hinzugefügt und ihn dadurch unter den Königen Afrikas sehr mächtig gemacht.

Welche Belohnung und Ehre verdienen wir dann also bei euch, die wir
niemals eure Feinde, sondern immer eure Bundesgenossen gewesen sind?
Mein Vater, ich, meine Brüder, wir haben nicht nur in Kleinasien, sondern
auch weit weg von daheim in der Peloponnes, in Böotien und in Ätolien im
Krieg gegen Philipp, gegen Antiochos und gegen die Ätoler zu Lande und

marique pro vobis arma tulimus. ‚Quid ergo postu-   25
las?‘ dicat aliquis. Ego, patres conscripti, quoniam
dicere utique volentibus vobis parendum est, si vos ea
mente ultra Tauri iuga Antiochum emostis, ut ipsi
teneretis eas terras, nullos accolas nec finitimos habere quam vos malo nec ulla re alia tutius stabiliusque   26
regnum meum futurum spero; sed si vobis decedere   27
inde atque deducere exercitus in animo est, neminem
digniorem esse ex sociis vestris, qui bello a vobis parta
possideat, quam me dicere ausim. At enim magnifi-   28
cum est liberare civitates servas. Ita opinor, si nihil
hostile adversus vos fecerunt; sin autem Antiochi
partis fuerunt, quanto est vestra prudentia et aequitate
dignius sociis bene meritis quam hostibus vos consulere?“

Grata oratio regis patribus fuit et facile apparebat   **54**
munifice omnia et propenso animo facturos. Interpo-   2
sita Zmyrnaeorum brevis legatio est, quia non aderat
quidam Rhodiorum. Collaudatis egregie Zmyrnaeis,
quod omnia ultima pati quam se regi tradere maluis-
sent, introducti Rhodii sunt. Quorum princeps lega-   3
tionis expositis initiis amicitiae cum populo Romano
meritisque Rhodiorum Philippi prius, deinde Antiochi bello „Nihil“ inquit „nobis tota nostra actione,   4
patres conscripti, neque difficilius neque molestius
est, quam quod cum Eumene nobis disceptatio est,
cum quo uno maxime regum et privatim singulis et,   5
quod magis nos movet, publicum civitati nostrae
hospitium est. Ceterum non animi nostri, patres   6
conscripti, nos, sed rerum natura, quae potentissima
est, disiungit, ut nos liberi etiam aliorum libertatis
causam agamus, reges serva omnia et subiecta imperio
suo esse velint. Utcumque tamen res sese habet, magis   7
verecundia nostra adversus regem nobis obstat, quam
ipsa disceptatio aut nobis impedita est aut vobis per-
plexam deliberationem praebitura videtur. Nam si   8
aliter socio atque amico regi et bene merito hoc ipso

zu Wasser für euch in Waffen gestanden. ‚Was forderst du also?' könnte
jemand fragen. Nun denn, ihr Senatoren, weil ihr unbedingt wollt, daß ich
es sage, und man euch gehorchen muß: wenn ihr Antiochos hinter die
Kette des Tauros zurückgedrängt habt in der Absicht, selbst diese Länder
zu besitzen, will ich niemand lieber als Anwohner und Nachbarn haben als
euch, und ich stelle mir vor, daß mein Königreich dadurch sicherer und
dauerhafter sein wird als durch sonst etwas. Doch wenn ihr vorhabt, von
dort wieder wegzugehen und eure Heere abzuziehen, möchte ich zu sagen
wagen, daß niemand von euren Bundesgenossen mehr als ich verdient, das
von euch im Krieg Errungene zu besitzen. Es ist aber freilich etwas
Großes, unterjochte Gemeinden zu befreien. Das meine ich auch, wenn sie
nichts Feindseliges gegen euch unternommen haben. Wenn sie aber auf der
Seite des Antiochos gestanden haben, wieviel eher paßt es dann zu eurer
Klugheit und zu eurem Gerechtigkeitsgefühl, für eure Bundesgenossen,
die sich um euch verdient gemacht haben, zu sorgen als für eure Feinde!"
  Die Rede des Königs wurde von den Senatoren freundlich aufgenommen, und es war ersichtlich, daß sie alles großzügig und entgegenkom-
mend regeln würden. Es wurde kurz die Gesandtschaft von Smyrna
zwischengeschoben, weil noch keiner von den Rhodiern da war. Die
Bewohner von Smyrna wurden außerordentlich gelobt, weil sie lieber
alles, selbst das Äußerste, hätten dulden wollen als sich dem König
ergeben, und dann wurden die Rhodier hineingeführt. Der Führer ihrer
Gesandtschaft stellte die Anfänge ihrer Freundschaft mit dem römischen
Volk dar und die Verdienste der Rhodier zunächst im Krieg gegen Philipp,
dann gegen Antiochos und fuhr danach fort: „Senatoren, nichts ist für uns
bei unserer ganzen Verhandlungsführung schwieriger und peinlicher, als
daß es zwischen uns und Eumenes eine Streitfrage gibt, dem einzigen von
den Königen, mit dem einzelne privat und, was uns mehr bewegt, unser
Staat offiziell Gastfreundschaft hat. Aber, ihr Senatoren, nicht unsere
Gefühle, sondern die Natur der Dinge, die das mächtigste ist, scheidet uns
voneinander, daß wir als Freie auch die Sache der Freiheit anderer
vertreten, die Könige aber wollen, daß alles untertan und ihrer Herrschaft
unterworfen ist. Wie auch immer jedoch die Sache sich verhält, es ist mehr
so, daß unsere Achtung vor dem König uns hindert, als daß die Streitfrage
selbst für uns verzwickt wäre oder euch vor eine umständliche Überlegung
zu stellen schiene. Denn wenn einem verbündeten und befreundeten
König, der sich gerade in diesem Krieg verdient gemacht hat und um

in bello, de cuius praemiis agitur, honos haberi nullus
posset, nisi liberas civitates in servitutem traderetis ei,
esset deliberatio anceps, ne aut regem amicum inho-   9
noratum dimitteretis aut decederetis instituto vestro
gloriamque Philippi bello partam nunc servitute tot
civitatium deformaretis; sed ab hac necessitate aut   10
gratiae in amicum minuendae aut gloriae vestrae egregie vos fortuna vindicat. Est enim deum benignitate
non gloriosa magis quam dives victoria vestra, quae
vos facile isto velut aere alieno exsolvat. Nam et   11
Lycaonia et Phrygia utraque et Pisidia omnis et Chersonesus, quaeque circumiacent Europae, in vestra
sunt potestate, quarum una quaelibet regi adiecta   12
multiplicare regnum Eumenis potest, omnes vero da-
tae maximis eum regibus aequare.

Licet ergo vobis et praemiis belli ditare socios et   13
non decedere instituto vestro et meminisse, quem
titulum praetenderitis prius adversus Philippum,
nunc adversus Antiochum belli, quid feceritis Philip-
po victo, quid nunc a vobis, non magis quia fecistis,   14
quam quia id vos facere decet, desideretur atque
exspectetur. Alia enim aliis et honesta et probabilis est
causa armorum; illi agrum, hi vicos, hi oppida, hi   15
portus oramque aliquam maris ut possideant; vos nec
cupistis haec, antequam haberetis, nec nunc, cum
orbis terrarum in dicione vestra sit, cupere potestis.
Pro dignitate et gloria apud omne humanum genus,   16
quod vestrum nomen imperiumque iuxta ac deos
immortales iam pridem intuetur, pugnastis. Quae parare et quaerere arduum fuit, nescio, an tueri difficilius sit.

Gentis vetustissimae nobilissimaeque vel fama re-   17
rum gestarum vel omni commendatione humanitatis
doctrinarumque tuendam ab servitio regio libertatem

dessen Belohnung es geht, anders keine Ehre erwiesen werden könnte als dadurch, daß ihr ihm freie Gemeinden in Knechtschaft überantwortetet, wäre die Überlegung zweischneidig; ihr müßtet entweder einen befreundeten König ungeehrt davonschicken oder von eurem Brauch abweichen und den Ruhm, den ihr im Krieg gegen Philipp errungen habt, jetzt durch die Knechtung so vieler Gemeinden schänden. Aber von dieser Notwendigkeit, entweder die Dankbarkeit gegenüber einem Freund zu schmälern oder euren Ruhm, entbindet euch in ausgezeichneter Weise das Schicksal; durch die Gnade der Götter bringt euch euer Sieg nämlich nicht weniger Reichtum als Ehre, so daß er euch leicht von dieser vermeintlichen Schuld befreit. Denn Lykaonien und die beiden Phrygien und ganz Pisidien und die Chersones und was von Europa in dieser Gegend liegt, ist in eurer Hand, wovon jedes für sich, wenn es dem König dazugegeben wird, das Reich des Eumenes um ein Vielfaches größer machen kann; wenn ihm aber alle diese Gebiete gegeben werden, kann ihn das den größten Königen an die Seite stellen.

Ihr habt also die Möglichkeit, sowohl durch Belohnungen für den Krieg eure Bundesgenossen reich zu machen wie auch nicht von eurem Brauch abzuweichen und euch daran zu erinnern, was eure Parole war zunächst im Krieg gegen Philipp, jetzt in dem gegen Antiochos, wie ihr euch verhalten habt, nachdem ihr Philipp besiegt hattet, und was jetzt von euch erhofft und erwartet wird, nicht nur weil ihr euch damals so verhalten habt, sondern mindestens ebensosehr weil es sich ziemt, daß ihr euch so verhaltet. Denn für die einen ist dies, für die anderen jenes ein ehrenvoller und annehmbarer Grund, zu den Waffen zu greifen: jene wollen Land, diese Dörfer, diese Städte, diese Häfen und eine Meeresküste besitzen. Ihr habt weder danach Verlangen gehabt, bevor ihr es hattet, noch könnt ihr jetzt danach Verlangen haben, wo der Erdkreis unter eurer Herrschaft ist. Ihr habt für eure Würde und euren Ruhm bei dem ganzen Menschengeschlecht gekämpft, das auf euch und eure Herrschaft schon längst wie auf die unsterblichen Götter schaut. Diese Stellung zu erringen und zu gewinnen war schwierig; ich weiß nicht, ob es nicht noch schwieriger sein wird, sie zu behaupten.

Ihr habt es auf euch genommen, die Freiheit eines uralten Volkes gegen die Unterdrückung durch einen König zu schützen, eines Volkes, das durch den Ruf seiner Taten wie durch jede Empfehlung, welche die Menschenbildung und die Wissenschaften geben können, hochgerühmt

suscepistis; hoc patrocinium receptae in fidem et
clientelam vestram universae gentis perpetuum vos
praestare decet. Non, quae in solo antiquo sunt,   18
Graecae magis urbes sunt quam coloniae earum illinc
quondam profectae in Asiam; nec terra mutata muta-
vit genus aut mores. Certare pio certamine cuiuslibet   19
bonae artis ac virtutis ausi sumus cum parentibus
quaeque civitas et conditoribus suis. Adistis Graeciae,   20
adistis Asiae urbes plerique; nisi quod longius a vobis
absumus, nulla vincimur alia re. Massiliensis, quos, si   21
natura insita velut ingenio terrae vinci posset, iam
pridem efferassent tot indomitae circumfusae gentes,
in eo honore, in ea merito dignitate audimus apud vos
esse, ac si medium umbilicum Graeciae incolerent.
Non enim sonum modo linguae vestitumque et habi-   22
tum, sed ante omnia mores et leges et ingenium
sincerum integrumque a contagione accolarum serva-
runt.

Terminus est nunc imperii vestri mons Taurus;   23
quidquid intra eum cardinem est, nihil longinquum
vobis debet videri; quo arma vestra pervenerunt, eodem ius hinc profectum perveniat. Barbari, quibus   24
pro legibus semper dominorum imperia fuerunt, quo
gaudent, reges habeant; Graeci suam fortunam, vestros animos gerunt. Domesticis quondam viribus   25
etiam imperium amplectebantur; nunc imperium, ubi
est, ibi ut sit perpetuum, optant; libertatem vestris
tueri armis satis habent, quoniam suis non possunt.
,At enim quaedam civitates cum Antiocho sense-   26
runt.' Et aliae prius cum Philippo et cum Pyrrho
Tarentini; ne alios populos enumerem, Carthago libera cum suis legibus est. Huic vestro exemplo quantum   27
debeatis, videte, patres conscripti; inducetis in animum negare Eumenis cupiditati, quod iustissimae irae
vestrae negastis.
Rhodii ⟨et in hoc⟩ et in omnibus bellis, quae in   28

ist. Es gehört sich, daß ihr die Schirmherrschaft über das ganze Volk, das ihr unter euren Schutz und unter eure Obhut genommen habt, immerzu ausübt. Die Städte, die auf dem alten Boden liegen, sind nicht mehr griechisch als ihre Tochterstädte, die von dort einst nach Kleinasien aufgebrochen sind. Der Wechsel des Landes hat die Art oder die Sitten nicht verändert. Wir haben es gewagt, einen frommen Wettstreit in jeder guten Eigenschaft und sittlicher Vollkommenheit auszutragen, jede Gemeinde mit ihrer Mutterstadt und ihren Gründern. Die meisten von euch haben die Städte Griechenlands, haben die Kleinasiens besucht. Abgesehen davon, daß wir weiter von euch entfernt sind, stehen wir in keinem anderen Punkte schlechter da. Wenn die angeborene Art durch die vermeintliche Natur eines Landes besiegt werden könnte, wären die Bewohner von Massilia schon längst durch die so vielen ungebändigten Völkerschaften, die sie rings umgeben, verwildert; wir hören aber, daß sie in solcher Ehre und verdientermaßen in solchem Ansehen bei euch stehen, als wenn sie im Herzen Griechenlands wohnten. Denn sie haben nicht nur den Klang der Sprache und die Kleidung und das äußere Erscheinungsbild bewahrt, sondern vor allem auch die Sitten und die Gesetze und die reine und von dem verderblichen Einfluß der Anwohner unberührte Art.

Die Grenze eures Machtgebietes ist jetzt der Tauros. Nichts, was innerhalb dieser Schwelle liegt, darf euch weit vorkommen. Wohin eure Waffen gelangt sind, dorthin soll auch das Recht gelangen, das von hier seinen Ausgang genommen hat. Die Barbaren, die anstelle von Gesetzen immer die Befehle ihrer Herren gehabt haben, sollen, woran sie sich freuen, Könige haben. Die Griechen haben ihr eigenes Schicksal, aber sie denken wie ihr. Einst haben sie auch mit ihren eigenen Kräften nach der Herrschaft gegriffen; jetzt wünschen sie, daß die Herrschaft dort, wo sie ist, von Dauer sei. Sie sind zufrieden damit, daß ihre Freiheit mit euren Waffen geschützt wird, da sie es mit ihren eigenen nicht können.

‚Aber einige Gemeinden haben doch zu Antiochos gehalten‘, *wird eingeworfen.* Auch andere früher zu Philipp, und die Tarentiner zu Pyrrhos. Um andere Völker nicht aufzuzählen, Karthago lebt frei unter seinen eigenen Gesetzen. Seht, ihr Senatoren, was ihr diesem von euch gegebenen Beispiel schuldig seid; dann werdet ihr dahin kommen, der Begehrlichkeit des Eumenes zu verweigern, was ihr eurem gerechtesten Zorn verweigert habt.

Wie tapfer und treu wir Rhodier euch in diesem und in allen Kriegen

illa ora gessistis, quam forti fidelique vos opera
adiuverimus, vestro iudicio relinquimus. Nunc in pace consilium id adferimus, quod si comprobaritis,
magnificentius vos victoria usos esse quam vicisse
omnes existimaturi sint."

Apta magnitudini Romanae oratio visa est.

Post Rhodios Antiochi legati vocati sunt. Ii vulgato **55**
petentium veniam more errorem fassi regis obtestati
sunt patres conscriptos, ut suae potius clementiae **2**
quam regis culpae, qui satis superque poenarum dedisset, memores consulerent; postremo pacem datam
a L. Scipione imperatore, quibus legibus dedisset,
confirmarent auctoritate sua. Et senatus eam pacem **3**
servandam censuit et paucos post dies populus iussit.
Foedus in Capitolio cum Antipatro principe legationis et eodem fratris filio regis Antiochi est ictum.

Auditae deinde et aliae legationes ex Asia sunt. **4**
Quibus omnibus datum responsum decem legatos
more maiorem senatum missurum ad res Asiae dis-
ceptandas componendasque. Summam tamen hanc **5**
fore, ut cis Taurum montem, quae intra regni Antiochi fines fuissent, Eumeni attribuerentur praeter Lyciam Cariamque usque ad Maeandrum amnem; ea ut
civitatis Rhodiorum essent. Ceterae civitates Asiae, **6**
quae Attali stipendiariae fuissent, eaedem vectigal
Eumeni penderent; quae vectigales Antiochi fuissent,
eae liberae atque immunes essent. Decem legatos hos **7**
decreverunt: Q. Minucium Rufum, L. Furium Pur-
purionem, Q. Minucium Thermum, Ap. Claudium
Neronem, Cn. Cornelium Merulam, M. Iunium Bru-
tum, L. Aurunculeium, L. Aemilium Paulum, P. Cornelium Lentulum, P. Aelium Tuberonem.

His, quae praesentis disceptationis essent, libera **56**
mandata; de summa rerum senatus constituit. Lycao- **2**
niam omnem et Phrygiam utramque et Mysiam,
⟨quam ademerat Prusias⟩ regi, ac Milyas et Lydiam
Ioniamque extra ea oppida, quae libera fuissent, quo

unterstützt haben, die ihr an jener Küste geführt habt, überlassen wir
eurem Urteil. Jetzt im Frieden geben wir einen solchen Rat, daß, wenn ihr
ihn annehmt, alle glauben werden, daß die Art, wie ihr von eurem Sieg
Gebrauch gemacht habt, noch großartiger ist als der Sieg selbst."
Die Rede schien der Größe Roms angemessen.

Nach den Rhodiern wurden die Gesandten des Antiochos gerufen.
Diese gestanden nach verbreiteter Sitte von Leuten, die um Gnade bitten,
den Irrtum des Königs ein und beschworen die Senatoren, bei der
Beratung lieber an ihre Milde als an die Schuld des Königs zu denken, der
genug und übergenug bestraft worden sei. Schließlich, sie sollten den
Frieden, der ihnen von dem Feldherrn L. Scipio gewährt worden sei, zu
den Bedingungen, zu denen er ihn ihnen gegeben habe, durch ihren
Beschluß bestätigen. Der Senat entschied sich dafür, diesen Frieden gelten
zu lassen, und wenige Tage später genehmigte ihn das Volk. Der Vertrag
wurde auf dem Kapitol mit Antipater abgeschlossen, dem Führer der
Gesandtschaft und dem Sohn eines Bruders von König Antiochos.
Man hörte dann auch die anderen Gesandtschaften aus Kleinasien an.
Ihnen allen wurde geantwortet, der Senat werde nach der Sitte der
Vorfahren zehn Kommissare schicken, um die Angelegenheiten in
Kleinasien zu untersuchen und zu regeln. Die Hauptsache jedoch werde
sein, daß alles, was diesseits des Tauros innerhalb der Grenzen von
Antiochos' Reich gelegen habe, Eumenes zufallen solle abgesehen von
Lykien und Karien bis zum Mäander; das solle der Bürgerschaft der
Rhodier gehören. Die übrigen Gemeinden Kleinasiens, die Attalos tri-
butpflichtig gewesen seien, sollten Eumenes Abgaben leisten; die
Antiochos gegenüber zu Abgaben verpflichtet gewesen seien, sollten
souverän und von Abgaben frei sein. Sie bestimmten folgende zehn
Kommissare: Q. Minucius Rufus, L. Furius Purpurio, Q. Minucius
Thermus, App. Claudius Nero, Cn. Cornelius Merula, M. Junius Bru-
tus, L. Aurunculejus, L. Aemilius Paulus, P. Cornelius Lentulus und
P. Aelius Tubero.
Diese erhielten unbeschränkte Vollmacht in den Dingen, die an Ort und
Stelle zu entscheiden waren; die Hauptpunkte legte der Senat fest. Ganz
Lykaonien, die beiden Phrygien und Mysien, das Prusias dem König
weggenommen hatte, und das Gebiet der Milyer und Lydien und Jonien
außer den Städten, die an dem Tag, an dem mit König Antiochos gekämpft

die cum rege Antiocho pugnatum est, et nominatim
Magnesiam ad Sipylum et Cariam, quae Hydrela   3
appellatur, agrumque Hydrelitanum ad Phrygiam
vergentem et castella vicosque ad Maeandrum amnem
et oppida, nisi quae libera ante bellum fuissent, Tel-   4
messon item nominatim et castra Telmessium praeter
agrum, qui Ptolemaei Telmessii fuisset — : haec omnia, quae supra sunt scripta, regi Eumeni iussa dari.
Rhodiis Lycia data extra eundem Telmesson et castra   5
Telmessium et agrum, qui Ptolemaei Telmessii fuisset; hic et ab Eumene et Rhodiis exceptus. Ea quoque   6
iis pars Cariae data, quae propior Rhodum insulam
trans Maeandrum amnem est, oppida, vici, castella,
agri, qui ad Pisidiam vergunt, nisi quae eorum oppida
in libertate fuissent pridie, quam cum Antiocho rege
in Asia pugnatum est.

Pro his cum gratias egissent Rhodii, de Solis urbe,   7
quae in Cilicia est, egerunt: Argis et illos sicut sese
oriundos esse; ab ea germanitate fraternam sibi cum
iis caritatem esse; petere hoc extraordinarium munus,
ut eam civitatem ex servitute regia eximerent. Vocati   8
sunt legati regis Antiochi actumque cum iis est nec
quicquam impetratum testante foedera Antipatro, adversus quae ab Rhodiis non Solos, sed Ciliciam peti et
iuga Tauri transcendi. Revocatis in senatum Rhodiis   9
cum, quanto opere tenderet legatus regius, exposuis-
sent, adiecerunt, si utique eam rem ad civitatis suae
dignitatem pertinere censerent Rhodii, senatum omni
modo expugnaturum pertinaciam legatorum. Tum   10
vero impensius quam ante Rhodii gratias egerunt
cessurosque sese potius arrogantiae Antipatri quam
causam turbandae pacis praebituros dixerunt. Ita nihil
de Solis mutatum est.

Per eos dies, quibus haec gesta sunt, legati Massi-   57
liensium nuntiarunt L. Baebium praetorem in provinciam Hispaniam proficiscentem ab Liguribus circum-

wurde, frei gewesen seien, und namentlich Magnesia am Sipylos und der
Teil Kariens, der Hydrela genannt wird, und das Gebiet von Hydrela, das
nach Phrygien hin liegt, und die festen Plätze und Dörfer am Mäander und
die Städte bis auf die, die schon vor dem Krieg frei gewesen seien, ebenso
namentlich Telmessos und die Festung von Telmessos außer dem Gebiet,
das dem Ptolemaios von Telmessos gehört hatte – dies alles, was oben
aufgeführt ist, sollte König Eumenes gegeben werden. Den Rhodiern
wurde Lykien gegeben außer dem erwähnten Telmessos und der Festung
von Telmessos und dem Gebiet, das dem Ptolemaios von Telmessos
gehört hatte; dieses Gebiet wurde sowohl gegenüber Eumenes wie auch
gegenüber den Rhodiern herausgenommen. Ihnen wurde auch der Teil
von Karien gegeben, der jenseits des Mäander näher zur Insel Rhodos hin
liegt, die Städte, die Dörfer, die festen Plätze und die Ländereien, die nach
Pisidien hin liegen bis auf die Städte von ihnen, die an dem Tag, bevor mit
König Antiochos in Kleinasien gekämpft wurde, frei gewesen seien.

Nachdem die Rhodier sich dafür bedankt hatten, brachten sie die
Rede auf die Stadt Soloi in Kilikien. Auch ihre Bewohner stammten wie
sie aus Argos; infolge dieser Verwandtschaft seien sie ihnen mit brüder-
liche Liebe zugetan; sie bäten um die außerordentliche Vergünstigung,
daß die Römer diese Gemeinde von der Unterdrückung durch den
König befreiten. Die Gesandten des Königs Antiochos wurden gerufen,
und es wurde mit ihnen verhandelt, aber nichts erreicht, da Antipater
sich auf die Verträge berief, im Widerspruch zu denen die Rhodier nicht
Soloi, sondern Kilikien haben wollten und die Kette des Tauros überschritten. Die Rhodier wurden in den Senat zurückgerufen, und nachdem sie ihnen dargelegt hatten, wie sehr der Gesandte des Königs sich
für seine Sache einsetzte, fügten sie hinzu, wenn die Rhodier meinten,
diese Angelegenheit habe unter allen Umständen mit dem Ansehen
ihres Staates zu tun, werde der Senat auf jeden Fall die Hartnäckigkeit
der Gesandten zu überwinden wissen. Da bedankten sich die Rhodier
noch inständiger als vorher und sagten, sie würden lieber der Anma-
ßung des Antipater nachgeben als Anlaß dazu geben, daß der Friede
gestört werde. So wurde in bezug auf Soloi nichts geändert.

Während der Tage, an denen dies geschah, meldeten Gesandte aus
Massilia, der Prätor L. Baebius sei auf dem Weg in seine Provinz
Spanien von den Ligurern umzingelt worden, ein großer Teil seiner

ventum, magna parte comitum caesa vulneratum ip-   2
sum cum paucis sine lictoribus Massiliam perfugisse
et intra triduum exspirasse. Senatus ea re audita decre-   3
vit, uti P. Iunius Brutus, qui propraetor in Etruria
esset, provincia exercituque traditis uni, cui videretur
ex legatis, ipse in ulteriorem Hispaniam proficisceretur eaque ei provincia esset. Hoc senatus consultum   4
litteraeque a Sp. Postumio praetore in Etruriam missae sunt profectusque in Hispaniam est P. Iunius
propraetor.

   In qua provincia prius aliquanto, quam successor   5
veniret, L. Aemilius Paulus, qui postea regem Persea
magna gloria vicit, cum priore anno haud prospere
rem gessisset, tumultuario exercitu collecto signis collatis cum Lusitanis pugnavit. Fusi fugatique hostes;   6
caesa decem octo milia armatorum; duo milia trecenti
capti et castra expugnata. Huius victoriae fama tran-
quilliores in Hispania res fecit.

   Eodem anno ante diem tertium Kal. Ianuarias Bo-   7
noniam Latinam coloniam ex senatus consulto L.
Valerius Flaccus, M. Atilius Serranus, L. Valerius
Tappo triumviri deduxerunt. Tria milia hominum sunt   8
deducta; equitibus septuagena iugera, ceteris colonis
quinquagena sunt data. Ager captus de Gallis Bois
fuerat, Galli Tuscos expulerant.

   Eodem anno censuram multi et clari viri petierunt.   9
Quae res, tamquam in se parum magni certaminis
causam haberet, aliam contentionem multo maiorem
excitavit. Petebant T. Quinctius Flamininus, P. Cor-   10
nelius Cn. f. Scipio, L. Valerius Flaccus, M. Porcius
Cato, M. Claudius Marcellus, M'. Acilius Glabrio,
qui Antiochum ad Thermopylas Aetolosque devicerat. In hunc maxime, quod multa congiaria distribue-   11
rat, quibus magnam partem hominum obligarat, favor
populi se inclinabat. Id cum aegre paterentur tot   12
nobiles, novum sibi hominem tantum praeferri, P.
Sempronius Gracchus et C. Sempronius Rutilus

Begleiter sei gefallen und er selbst habe sich verwundet mit nur wenigen ohne Liktoren nach Massilia geflüchtet und sei dort innerhalb von drei Tagen verschieden. Als der Senat das hörte, beschloß er, P. Junius Brutus, der als Proprätor in Etrurien sei, solle seine Provinz und sein Heer einem seiner Legaten nach eigenem Ermessen übergeben, solle selbst ins Jenseitige Spanien aufbrechen und das solle seine Provinz sein. Dieser Senatsbeschluß und ein Brief wurde vom Prätor Sp. Postumius nach Etrurien geschickt, und der Proprätor P. Junius brach nach Spanien auf.

In dieser Provinz hatte L. Aemilius Paulus, der später König Perseus besiegte und dadurch großen Ruhm erlangte, im Vorjahr kein Glück gehabt; aber er hatte rasch ein neues Heer aufgestellt und kämpfte erhebliche Zeit vor der Ankunft seines Nachfolgers in offener Schlacht mit den Lusitanern. Die Feinde wurden geschlagen und in die Flucht gejagt. 18 000 Bewaffnete fielen; 2300 wurden gefangen und ihr Lager erobert. Auf die Kunde von diesem Sieg wurde es in Spanien ruhiger.

Im selben Jahr, am 28. Dezember führte eine Dreierkommission, die aus L. Valerius Flaccus, M. Atilius Serranus und L. Valerius Tappo bestand, auf Senatsbeschluß eine Latinerkolonie nach Bononia. 3000 Mann wurden hingeführt. Jeder Reiter erhielt 70 Joch, die übrigen Siedler 50. Das Land war dem gallischen Stamm der Bojer weggenommen worden; die Gallier hatten die Etrusker vertrieben.

Im selben Jahr bewarben sich viele bedeutende Männer um die Zensur. Als wenn dieser Umstand noch zu wenig Anlaß zu einem großen Kampf geboten hätte, löste er noch einen anderen, viel größeren Streit aus. Es bewarben sich T. Quinctius Flamininus, P. Cornelius Scipio, der Sohn des Gnaeus, L. Valerius Flaccus, M. Porcius Cato, M. Claudius Marcellus und M'. Acilius Glabrio, der bei den Thermopylen Antiochos und die Ätoler besiegt hatte. Diesem wandte sich, weil er viele Spenden verteilt und sich dadurch einen großen Teil der Leute verpflichtet hatte, die Gunst des Volkes am meisten zu. Während so viele Männer aus senatorischen Familien sich darüber ärgerten, daß ein Neuling ihnen so sehr vorgezogen wurde, erhoben die Volkstribunen P. Sempronius Gracchus und C. Sempronius Rutilus Anklage gegen

⟨tribuni plebis⟩ ei diem dixerunt, quod pecuniae
regiae praedaeque aliquantum captae in Antiochi castris neque in triumpho tulisset neque in aerarium
rettulisset. Varia testimonia legatorum tribunorum-   13
que militum erant. M. Cato ante alios testis conspicie-
batur; cuius auctoritatem perpetuo tenore vitae partam toga candida elevabat. Is testis, quae vasa aurea   14
atque argentea castris captis inter aliam praedam regiam vidisset, ea se in triumpho negabat vidisse. Po-   15
stremo in huius maxime invidiam desistere se petitione Glabrio dixit, quando, quod taciti indignarentur
nobiles homines, id aeque novus competitor intesta-
bili periurio incesseret. Centum milium multa irroga-   58
ta erat; bis de ea certatum est; tertio, cum de petitione
destitisset reus, nec populus de multa suffragium ferre
voluit et tribuni eo negotio destiterunt. Censores T.   2
Quinctius Flamininus, M. Claudius Marcellus creati.

Per eos dies L. Aemilio Regillo, qui classe praefec-   3
tum Antiochi regis devicerat, extra urbem in aede
Apollinis cum senatus datus esset, auditis rebus gestis
eius, quantis cum classibus hostium dimicasset, quot
inde naves demersisset aut cepisset, magno consensu
patrum triumphus navalis est decretus. Triumphavit   4
Kal. Februariis. In eo triumpho undequinquaginta
coronae aureae translatae sunt, pecunia nequaquam
pro specie regii triumphi, tetrachma Attica triginta
quattuor milia ducenta, cistophori centum triginta
duo milia trecenti.
Supplicationes deinde fuerunt ex senatus consulto,   5
quod L. Aemilius in Hispania prospere rem publicam
gessisset.
Haud ita multo post L. Scipio ad urbem venit; qui   6
ne cognomini fratris cederet, Asiaticum se appellari
voluit. Et in senatu et in contione de rebus ab se gestis   7
disseruit. Erant, qui fama id maius bellum quam

ihn, er habe eine erhebliche Menge vom Geld des Königs und von der
Beute, die er im Lager des Antiochos gemacht habe, weder im Triumphzug mitgeführt noch in den Staatsschatz gelegt. Die Aussagen der
Legaten und der Kriegstribunen waren ganz verschieden. M. Cato zog
mehr als die anderen Zeugen die Aufmerksamkeit auf sich. Sein Einfluß,
den er sich durch die Geradlinigkeit seiner Lebensführung erworben
hatte, wurde aber dadurch abgeschwächt, daß er selbst kandidierte. Er
sagte als Zeuge aus, er habe die goldenen und silbernen Gefäße, die er
nach der Einnahme des Lagers unter der übrigen vom König gemachten
Beute gesehen habe, beim Triumphzug nicht gesehen. Schließlich sagte
Glabrio, vor allem um Mißgunst gegen ihn zu wecken, er ziehe seine
Bewerbung zurück, weil sein Mitbewerber, der ebenso ein Neuling sei,
das, worüber sich die Männer aus den senatorischen Familien still-
schweigend ärgerten, durch einen abscheulichen Meineid bekämpfe.
Eine Buße von 100 000 As war beantragt worden. Zweimal setzte man
sich darüber auseinander; bei drittenmal, nachdem der Angeklagte seine
Bewerbung zurückgezogen hatte, wollte das Volk nicht über die Buße
abstimmen, und auch die Tribunen ließen die Sache fallen. Zu Zensoren
wurden T. Quinctius Flamininus und M. Claudius Marcellus gewählt.

Als in diesen Tagen für L. Aemilius Regillus, der mit der Flotte den
entscheidenden Sieg über den Befehlshaber des Königs Antiochos
errungen hatte, außerhalb der Stadt im Tempel des Apollo eine Senatssitzung stattfand und man den Bericht über seine Taten gehört hatte,
mit wie starken Flotten der Feinde er gekämpft und wie viele Schiffe
davon er versenkt oder genommen hatte, wurde ihm mit großer Einmütigkeit unter den Senatoren der Triumph als Flottenbefehlshaber bewilligt. Er triumphierte am 1. Februar. Bei diesem Triumph wurden 49
goldene Kränze vorübergetragen; das Geld, 34 200 attische Tetrachmen
und 132 300 Kistophoren, entsprach nicht der Vorstellung von einem
Triumph über einen König.

Darauf fand auf Senatsbeschluß ein Dankfest statt, weil L. Aemilius
in Spanien glücklich gekämpft hatte.

Nicht sehr viel später kam L. Scipio zur Stadt. Um nicht mit dem
Beinamen hinter seinem Bruder zurückzustehen, wollte er, daß man ihn
Asiaticus nannte. Sowohl im Senat wie in der Volksversammlung sprach
er ausführlich über seine Taten. Es gab Leute, die dazu bemerkten, von

difficultate rei fuisse interpretarentur: uno memorabili proelio debellatum gloriamque eius victoriae prae-
floratam ad Thermopylas esse. Ceterum vere aesti-   8
manti Aetolicum magis ad Thermopylas bellum quam
regium fuit. Quota enim parte virium suarum ibi
dimicavit Antiochus? In Asia totius Asiae steterunt
vires ab ultimis Orientis ⟨finibus⟩ omnium gentium
contractis auxiliis.

Merito ergo et diis immortalibus, quantus maximus   59
poterat, habitus est honos, quod ingentem victoriam
facilem etiam fecissent, ⟨et⟩ imperatori triumphus est
decretus. Triumphavit mense intercalario pridie Kal.   2
Martias. Qui triumphus spectaculo oculorum maior
quam Africani fratris eius fuit, recordatione rerum et
aestimatione periculi certaminisque non magis com-
parandus, quam si imperatorem imperatori aut Antiochum ducem Hannibali conferres. Tulit in triumpho   3
signa militaria ducenta viginti quattuor, oppidorum
simulacra centum triginta quattuor, eburneos dentes
mille ducentos triginta unum, aureas coronas ducen-
tas triginta quattuor, argenti pondo centum triginta   4
septem milia quadringenta viginti, tetrachmum Atti-
corum ducenta quattuordecim milia, cistophori trecenta viginti unum milia septuaginta, nummos aureos
Philippeos centum quadraginta milia ⟨. . .⟩, vasorum   5
argenteorum − omnia caelata erant − mille pondo et
quadringenta viginti tria, aureorum mille pondo viginti tria. Et duces regii, praefecti, purpurati duo et
triginta ante currum ducti. Militibus quini viceni de-   6
narii dati, duplex centurioni, triplex equiti. Et stipendium militare et frumentum duplex post triumphum
datum; ⟨iam⟩ proelio in Asia facto duplex dederat.
Triumphavit anno fere post, quam consulatu abiit.
     Eodem fere tempore et Cn. Manlius consul   60
in Asiam et Q. Fabius Labeo praetor ad classem venit.

diesem Krieg habe man über seine wirkliche Schwierigkeit hinaus zuviel Aufhebens gemacht. In einem einzigen nennenswerten Kampf sei die Entscheidung gefallen, und der Ruhm dieses Sieges sei schon zuvor bei den Thermopylen sozusagen seiner Blüte beraubt worden. Aber wenn man die Dinge richtig einschätzt, war es bei den Thermopylen mehr ein Krieg gegen die Ätoler als gegen den König. Denn mit dem wievielten Teil seiner Streitkräfte hat Antiochos dort gekämpft! In Asien standen die Streitkräfte ganz Asiens, und aus den äußersten Gebieten des Ostens waren Hilfstruppen aus allen Völkerschaften zusammengezogen worden.

Verdientermaßen wurde also den unsterblichen Göttern die größtmögliche Ehre erwiesen, weil sie den gewaltigen Sieg auch noch leicht gemacht hatten, und dem Feldherrn der Triumph bewilligt. Er triumphierte im Schaltmonat einen Tag vor dem 1. März. Dieser Triumph war als Schauspiel für die Augen großartiger als der seines Bruders Africanus, aber in Ansehung seiner Taten und in Anbetracht der Gefahr und des Kampfes ebensowenig zu vergleichen, als wenn man den einen Feldherrn mit dem anderen oder Antiochos als Heerführer mit Hannibal vergleichen würde. Er führte in seinem Triumphzug 224 Feldzeichen mit, Bilder von 134 Städten, 1231 Elefantenzähne, 234 goldene Kränze, 137 420 Pfund Silber, 214 000 attische Tetrachmen, 321 070 Kistophoren, 140 000 (?) Gold-Philippeen, an Silbergefäßen – sie waren alle ziseliert – 1423 Pfund, an goldenen 1023 Pfund; und 32 Heerführer, Kommandanten und Würdenträger des Königs wurden vor dem Triumphwagen hergeführt. Jedem Soldaten wurden 25 Denare gegeben, der doppelte Betrag jedem Centurio, der dreifache jedem Reiter. Sowohl der Kriegssold wie die Getreideration wurde nach dem Triumph doppelt gegeben; schon nach der Schlacht in Kleinasien hatte er das Doppelte gegeben. Er triumphierte fast ein Jahr nach Ablauf seines Konsulats.

Fast zur selben Zeit kam der Konsul Cn. Manlius nach Kleinasien und der Prätor Q. Fabius Labeo zur Flotte. Dem Konsul fehlte es nun

Ceterum consuli non deerat cum Gallis belli materia.   2
Mare pacatum erat devicto Antiocho, cogitantique
Fabio, cui rei potissimum insisteret, ne otiosam provinciam habuisse videri posset, optimum visum est in
Cretam insulam traicere. Cydoniatae bellum adversus   3
Gortynios Gnosiosque gerebant, et captivorum Romanorum atque Italici generis magnus numerus in
servitute esse per totam insulam dicebatur. Classe ab   4
Epheso profectus cum primum Cretae litus attigit,
nuntios circa civitates misit, ut armis absisterent cap-
tivosque in suis quaeque urbibus agrisque conquisitos
reducerent et legatos mitterent ad se, cum quibus de
rebus ad Cretensis pariter Romanosque pertinentibus
ageret. Nihil magnopere ea Cretenses moverunt; cap-   5
tivos praeter Gortynios nulli reddiderunt. Valerius   6
Antias quattuor milia captivorum, quia belli minas
timuerint, ex tota insula reddita scripsit; eamque causam Fabio, cum rem nullam aliam gessisset, triumphi
navalis impetrandi ab senatu fuisse. A Creta Ephesum   7
Fabius redit; inde tribus navibus in Thraciae oram
missis ab Aeno et Maronia praesidia Antiochi deduci
iussit, ut in libertate eae civitates essent.

aber nicht an einer Gelegenheit zum Krieg mit den Galliern. Jedoch auf dem Meer herrschte Friede nach dem Sieg über Antiochos. Und als Fabius nachdachte, was er sich am besten vornehmen solle, damit es nicht so aussehen könne, als habe er in seinem Aufgabengebiet Ruhe gehabt, schien es ihm am besten, zur Insel Kreta hinüberzufahren. Die Bewohner von Kydonia führten Krieg gegen die von Gortyn und Knosos, und es hieß, auf der ganzen Insel befinde sich eine große Anzahl von römischen und italischen Kriegsgefangenen in Sklaverei. Er lief mit der Flotte von Ephesos aus, und sobald er die Küste von Kreta erreicht hatte, schickte er Boten ringsumher zu den Stadtstaaten, sie sollten die Waffen niederlegen und jeder von ihnen solle die Kriegsgefangenen in seinen Städten und auf dem offenen Land sammeln und zurückgeben und sie sollten Gesandte zu ihm schicken, mit denen er über die Dinge, die die Kreter und die Römer in gleicher Weise beträfen, verhandeln wolle. Das machte auf die Kreter keinen sonderlichen Eindruck. Außer den Gortyniern gaben keine die Gefangenen zurück. Valerius Antias hat geschrieben, es seien ungefähr 4000 Kriegsgefangene aus der ganzen Insel zurückgegeben worden, weil sie die Kriegsdrohungen fürchteten, und das sei für Fabius der Grund gewesen, obwohl er weiter nichts vollbracht hatte, beim Senat einen Triumph als Flottenbefehlshaber zu erwirken. Von Kreta aus kehrte Fabius nach Ephesos zurück. Von dort aus schickte er drei Schiffe zur Küste Thrakiens und ließ die Besatzungen des Antiochos Ainos und Maroneia räumen, damit diese Städte in Freiheit leben konnten.

LIBER XXXVIII

Dum in Asia bellum geritur, ne in Aetolia quidem 1
res quietae fuerant, principio a gente Athamanum
orto. Athamania ea tempestate pulso Amynandro sub 2
praefectis Philippi regio tenebatur praesidio, qui superbo atque immodico imperio desiderium Amyn-
andri fecerant. Exulanti tum Amynandro in Aetolia 3
litteris suorum, indicantium statum Athamaniae, spes
recuperandi regni facta est. Remissique ab eo nuntiant 4
principibus Argitheam — id enim caput Athamaniae
erat —, si popularium animos satis perspectos haberet, impetrato ab Aetolis auxilio in Athamaniam se
venturum ⟨cum exercitu. Agit deinde⟩ cum delectis
Aetolorum, quod consilium est gentis, et Nicandro
praetore. Quos ubi ad omnia paratos esse vidit, cer- 5
tiores ⟨suos⟩ subinde facit, quo die cum exercitu
Athamaniam ingressurus esset. Quattuor primo fue- 6
runt coniurati adversus Macedonum praesidium. Hi
senos sibi adiutores ad rem gerendam adsumpserunt;
dein paucitate parum freti, quae celandae rei quam
agendae aptior erat, parem priori numerum adiecerunt. Ita duo et quinquaginta facti quadrifariam se 7
diviserunt; pars una Heracleam, altera Tetraphyliam
petit, ubi custodia regiae pecuniae esse solita erat,
tertia Theudoriam, quarta Argitheam. Ita inter omnis 8
convenit, ut primo quieti, velut ad privatam rem
agendam venissent, in foro obversarentur; die certa

BUCH XXXVIII

Während in Kleinasien Krieg geführt wurde, war es auch in Ätolien nicht ruhig gewesen, wobei der Anfang von der Völkerschaft der Athamanen ausging. Athamanien hatte in dieser Zeit nach der Vertreibung des Amynander eine makedonische Besatzung unter den Kommandanten Philipps; diese hatten durch ihr hochmütiges und maßloses Regiment die Sehnsucht nach Amynander wach werden lassen. Amynander lebte damals als Verbannter in Ätolien; ein Brief seiner Anhänger, in dem sie ihm von der Lage in Athamanien Mitteilung machten, hatte in ihm die Hoffnung geweckt, die Königsherrschaft wiedergewinnen zu können. Die Leute wurden von ihm zurückgeschickt und meldeten den führenden Männern in Argithea – das war nämlich die Hauptstadt von Athamanien –, wenn er über die Gesinnung ihrer Landsleute hinreichende Gewißheit habe, werde er von den Ätolern Hilfe erhalten und mit einem Heer nach Athamanien kommen. Er verhandelte dann mit den Apokleten der Ätoler – das ist die beratende Versammlung der Völkerschaft – und dem Strategen Nikander. Als er sah, daß sie zu allem bereit waren, teilte er seinen Anhängern unverzüglich mit, an welchem Tag er mit dem Heer in Athamanien einrücken werde. Es waren zuerst nur vier Verschworene gegen die Besatzung der Makedonen. Diese suchten sich jeder sechs Helfer dazu, um die Sache durchzuführen. Weil sie sich nicht auf die geringe Anzahl verlassen wollten, die eher geeignet war, die Sache geheimzuhalten als sie auszuführen, fügten sie dann noch einmal die gleiche Anzahl wie zuvor hinzu. So waren sie 52, und sie teilten sich in vier Gruppen. Die eine Gruppe ging nach Herakleia, die andere nach Tetraphylia, wo die Wachmannschaft des Königsschatzes gewöhnlich war, die dritte nach Theudoria, die vierte nach Argithea. Sie hatten alle unter sich ausgemacht, daß sie zunächst ruhig auf dem Markt herumgehen wollten, als

multitudinem omnem convocarent ad praesidia Macedonum arcibus expellenda. Ubi ea dies advenit et   9
Amynander cum mille Aetolis in finibus erat, ex
composito quattuor simul locis praesidia Macedonum
expulsa litteraeque in alias urbes passim dimissae, ut
vindicarent sese ab impotenti dominatione Philippi et
restituerent ⟨regem⟩ in patrium ac legitimum regnum. Undique Macedones expelluntur. Telum oppi-   10
dum litteris a Xenone praefecto praesidii interceptis et
arce ab regiis occupata paucos dies obsidentibus restitit; deinde id quoque traditum Amynandro est, et   11
omnis Athamania in potestate erat praeter Athenaeum castellum finibus Macedoniae subiectum.

Philippus audita defectione Athamaniae cum sex   2
milibus armatorum profectus ingenti celeritate Gomphos pervenit. Ibi relicta maiore parte exercitus —   2
neque enim ad tanta itinera sufficerent — cum duobus
milibus Athenaeum, quod unum a praesidio suo retentum fuerat, pervenit. Inde proximis temptatis cum   3
facile animadvertisset cetera hostilia esse, Gomphos
regressus omnibus copiis simul in Athamaniam redit.
Xenonem inde cum mille peditibus praemissum   4
Aethopiam occupare iubet, opportune Argitheae imminentem; quem ubi teneri ab suis locum vidit, ipse   5
circa templum Iovis Acraei posuit castra. Ibi unum
diem foeda tempestate retentus postero die ducere ad
Argitheam intendit. Euntibus extemplo apparuere   6
Athamanes in tumulos imminentis viae discurrentes.
Ad quorum conspectum constitere prima signa, toto-
que agmine pavor et trepidatio erat et pro se quisque,   7
quidnam futurum esset, cogitare, si in valles subiectas
rupibus agmen foret demissum. Haec tumultuatio   8
regem cupientem, si se sequerentur, raptim evadere
angustias, revocare primos et eadem, qua venerat, via
referre coegit signa. Athamanes primo ex intervallo

wenn sie gekommen wären, um eine private Angelegenheit zu regeln; an
einem bestimmten Tag wollten sie die ganze Menge zusammenrufen,
um die makedonischen Besatzungen aus den Burgen zu vertreiben.
Sobald dieser Tag gekommen war und Amynander sich mit 1000
Ätolern in ihrem Gebiet befand, wurden verabredungsgemäß an den
vier Plätzen zugleich die makedonischen Besatzungen vertrieben und
Briefe in die anderen Städte ringsumher geschickt, sie sollten sich von
der zügellosen Gewaltherrschaft Philipps befreien und den König wieder in seine ererbte und gesetzmäßige Herrschaft einsetzen. Überall
wurden die Makedonen vertrieben. Die Stadt Telon leistete den Belage-
rern einige Tage Widerstand, nachdem von Xenon, dem Kommandanten der Besatzung, ein Brief abgefangen und die Burg von den königlichen Truppen besetzt worden war. Dann wurde auch sie Amynander
übergeben, und ganz Athamanien war in seiner Gewalt bis auf den
festen Platz Athenaion, der dicht am Gebiet Makedoniens lag.

Als Philipp von dem Abfall Athamaniens hörte, brach er mit 6000
Bewaffneten auf und gelangte in unglaublicher Schnelligkeit nach Gomphoi. Dort ließ er den größten Teil des Heeres zurück – sie wären
nämlich zu so weiten Märschen nicht imstande gewesen – und gelangte
mit 2000 nach Athenaion, das als einziger Platz von seiner Besatzung
gehalten worden war. Als er von dort aus die nächsten Orte angriff und
unschwer merkte, daß das übrige Gebiet gegen ihn war, ging er zurück
nach Gomphoi und kehrte mit allen Truppen zugleich nach Athamanien zurück. Er schickte Xenon dann mit 1000 Fußsoldaten voraus und
befahl ihm, Aithopia zu besetzen, das günstig dicht bei Argithea liegt.
Sobald er sah, daß dieser Platz in der Hand seiner Leute war, schlug er
selbst beim Heiligtum des Zeus Akraios sein Lager auf. Dort wurde er
einen Tag durch ein scheußliches Unwetter aufgehalten, am nächsten
Tag beabsichtigte er nach Argithea zu ziehen. Als sie losmarschierten,
zeigten sich sogleich die Athamanen, die sich auf die Höhen dicht am
Weg verteilten. Als die Makedonen sie erblickten, machte die Spitze
halt, und im ganzen Zug kam es zu Angst und Aufregung, und jeder
überlegte bei sich, was denn geschehen werde, wenn der Heereszug in
die Täler, die unterhalb der Felsen lagen, hinabsteige. Der König wollte,
wenn sie ihm folgten, den Engpaß eilends hinter sich bringen; aber die
entstandene Unruhe zwang ihn, die Spitze zurückzurufen und auf
demselben Weg, auf dem er gekommen war, zurückzuziehen. Die

quieti sequebantur; postquam Aetoli se coniunxe-   9
runt, hos, ut ab tergo agmini instarent, reliquerunt,
ipsi ab lateribus se circumfuderunt, quidam per notas   10
calles breviore via praegressi transitus insedere; tantumque tumultus Macedonibus est iniectum, ut fugae
magis effusae quam itineris ordinati modo multis
armis virisque relictis flumen traiecerint. Hic finis   11
sequendi fuit. Inde tuto Macedones Gomphos et a
Gomphis in Macedoniam redierunt. Athamanes   12
Aetolique Aethopiam ad Xenonem ac mille Macedonas opprimendos undique concurrerunt. Macedones   13
parum loco freti ab Aethopia in altiorem deruptio-
remque undique tumulum concessere; quo pluribus
ex locis aditu invento expulere eos Athamanes disper-   14
sosque et per invia atque ignotas rupes iter fugae non
expedientis partim ceperunt, partim interfecerunt.
Multi pavore in derupta praecipitati; perpauci cum
Xenone ad regem evaserunt. Postea per indutias sepe-
liendi caesos potestas facta est.

Amynander recuperato regno legatos et Romam ad   3
senatum et ad Scipiones in Asiam, Ephesi post magnum cum Antiocho proelium morantes, misit. Pa-   2
cem petebat excusabatque sese, quod per Aetolos
recuperasset paternum regnum; Philippum incusabat.

Aetoli ex Athamania in Amphilochos profecti sunt   3
et maioris partis voluntate in ius dicionemque totam
redegerunt gentem. Amphilochia recepta — nam fue-   4
rat quondam Aetolorum — eadem spe in Aperantiam
transcenderunt; ea quoque magna ex parte sine certamine in deditionem venit. Dolopes numquam Aetolorum fuerant, Philippi erant. Hi primo ad arma   5
concurrerunt; ceterum postquam Amphilochos cum

Athamanen folgten zunächst mit Abstand und verhielten sich ruhig. Nachdem dann die Ätoler zu ihnen gestoßen waren, ließen sie diese zurück, damit sie vom Rücken her den Heereszug bedrohten, umschwärmten selbst die Makedonen auf den Seiten, und einige liefen über Pfade, die sie kannten, auf einem kürzeren Weg voraus und besetzten die Durchgänge. Und ein so großer Schrecken wurde den Makedonen eingejagt, daß sie mehr wie in wilder Flucht als in geordnetem Marsch unter Zurücklassung vieler Waffen und Männer den Fluß überschritten. Das war das Ende der Verfolgung. Von dort kehrten die Makedonen sicher nach Gomphoi und von Gomphoi nach Makedonien zurück. Die Athamanen und die Ätoler eilten von allen Seiten nach Aithopia, um Xenon und die 1000 Makedonen zu überwältigen. Die Makedonen hatten zu wenig Zutrauen zu dem Platz und zogen sich von Aithopia aus auf eine höhere und nach allen Seiten hin steiler abfallende Erhebung zurück. Nachdem die Athamanen von mehreren Stellen aus einen Zugang dorthin gefunden hatten, vertrieben sie die Makedonen, und weil diese sich zerstreuten und in dem unwegsamen Gelände und den unbekannten Felsen keinen Weg zur Flucht finden konnten, wurden sie teils gefangen, teils erschlagen. Viele stürzten in ihrer Angst in die Abgründe; nur sehr wenige mit Xenon entkamen zum König. Später wurde durch einen Waffenstillstand Gelegenheit geboten, die Gefallenen zu bestatten.

Als Amynander die Herrschaft zurückgewonnen hatte, schickte er Gesandte nach Rom zum Senat und zu den Scipionen nach Kleinasien – sie hielten sich nach der großen Schlacht gegen Antiochos in Ephesos auf. Er bat um Frieden und entschuldigte sich, daß er mit Hilfe der Ätoler sein ererbtes Königreich zurückgewonnen habe; über Philipp beschwerte er sich.

Die Ätoler brachen von Athamanien aus in das Gebiet der Amphilocher auf, und mit Einwilligung des größten Teils brachten sie die ganze Völkerschaft wieder unter ihr Recht und ihre Gerichtsbarkeit. Als Amphilochien zurückgewonnen war – denn es hatte einmal den Ätolern gehört –, stiegen sie in der gleichen Erwartung nach Aperantien hinüber; auch diese Landschaft unterwarf sich großenteils ohne Kampf. Die Doloper hatten niemals zu den Ätolern gehört, sie waren Untertanen Philipps. Sie eilten zunächst zu den Waffen; nachdem sie aber erfahren hatten, daß die Amphilocher mit den Ätolern vereinigt seien

Aetolis esse fugamque ex Athamania Philippi et caedem praesidii eius accepere, et ipsi a Philippo ad
Aetolos deficiunt.

Quibus circumiectis gentibus iam undique se a   6
Macedonibus tutos credentibus esse Aetolis fama ad-
fertur Antiochum in Asia victum ab Romanis; nec ita
multo post legati ab Roma rediere sine spe pacis
Fulviumque consulem nuntiantes cum exercitu iam
traiecisse. His territi, prius ab Rhodo et Athenis   7
legationibus excitis, ut per auctoritatem earum civitatium suae preces nuper repudiatae faciliorem aditum ad senatum haberent, principes gentis ad tempt-
tandam spem ultimam Romam miserunt, nihil, ne   8
bellum haberent, priusquam paene in conspectu hostis erat, praemeditati.

Iam M. Fulvius Apolloniam exercitu traiecto cum   9
Epirotarum principibus consultabat, unde bellum in-
ciperet. Epirotis Ambraciam placebat adgredi, quae
tum contribuerat se Aetolis: sive ad tuendam eam   10
venirent Aetoli, apertos circa campos ad dimicandum
esse; sive detractarent certamen, oppugnationem fore
haud difficilem; nam et copiam in propinquo materiae   11
ad aggeres excitandos et cetera opera esse et Aratthum, navigabilem amnem, opportunum ad compor-
tanda, quae usui sint, praeter ipsa moenia fluere et
aestatem aptam rei gerendae adesse. His persuaserunt,
ut per Epirum duceret.

Consuli ad Ambraciam advenienti magni operis   4
oppugnatio visa est. Ambracia tumulo aspero subiecta
est; Perranthem incolae vocant. Urbs, qua murus   2
vergit in campos et flumen, occidentem, arx, quae
imposita tumulo est, orientem spectat. Amnis Arat-   3
thus ex Athamania fluens cadit in sinum maris ab
nomine propinquae urbis Ambracium appellatum.
Praeterquam quod hinc amnis munit, hinc tumuli,   4
muro quoque firmo saepta erat, patente in circuitu

und von der Flucht Philipps aus Akarnanien und der Niedermetzelung seiner Truppenabteilung gehört hatten, fielen auch sie von Philipp zu den Ätolern ab.

Während diese umliegenden Völkerschaften sich jetzt auf allen Seiten vor den Makedonen sicher fühlten, drang zu den Ätolern die Kunde, Antiochos sei in Kleinasien von den Römern besiegt worden. Nicht sehr viel später kamen ihre Gesandten aus Rom zurück ohne Aussicht auf Frieden und meldeten, der Konsul Fulvius sei mit seinem Heer schon übergesetzt. Darüber gerieten sie in Schrecken, veranlaßten zunächst Gesandtschaften von Rhodos und Athen, damit durch den Einfluß dieser Staaten ihre Bitten, die gerade erst abgewiesen worden waren, beim Senat eher Gehör fänden, und schickten dann die führenden Männer ihrer Völkerschaft nach Rom, um zu versuchen, ob es noch eine letzte Hoffnung gebe, während sie sich vorher, bevor sie den Feind fast vor Augen hatten, nichts hatten einfallen lassen, um keinen Krieg zu haben.

M. Fulvius hatte sein Heer schon nach Apollonia übergesetzt und beriet sich mit den Führern der Epiroten, wo er den Krieg anfangen solle. Die Epiroten wollten, daß er Ambrakia angriff, das sich damals den Ätolern angeschlossen hatte. Wenn die Ätoler kämen, um es zu schützen, sei die Ebene ringsum offen für einen Kampf; und wenn sie den Kampf verweigerten, werde der Angriff nicht schwer sein. Denn es gebe in der Nähe eine Menge Material, um einen Damm und die übrigen Belagerungsanlagen zu errichten, und der Aratthos, ein schiffbarer Fluß, günstig, um heranzuschaffen, was man brauche, fließe dicht an den Mauern vorbei und der Sommer sei da, der sich dazu eigne, eine Operation durchzuführen. Damit überredeten sie ihn, durch Epirus zu ziehen.

Als der Konsul vor Ambrakia ankam, erschien ihm der Angriff als ein mühseliges Unterfangen. Ambrakia liegt am Fuß eines schwer zugänglichen Hügels; die Einwohner nennen ihn Perrhanthes. Die Stadt blickt, wo die Mauer zur Ebene und zum Fluß hin geht, nach Westen, die Burg, die auf dem Hügel errichtet ist, nach Osten. Der Aratthos, der aus Athamanien kommt, ergießt sich in den Golf, der nach dem Namen der nahe gelegenen Stadt Golf von Ambrakia heißt. Abgesehen davon, daß auf der einen Seite der Fluß einen Schutz bietet, auf der anderen die Höhen, war die Stadt auch von einer starken Mauer umgeben, die eine

paulo amplius quattuor milia passuum. Fulvius bina a 5
campo castra modico inter se distantia intervallo,
unum castellum loco edito contra arcem obiecit; ea 6
omnia vallo atque fossa ita iungere parat, ne exitus
inclusis ab urbe neve aditus foris ad auxilia intromit-
tenda esset.

Ad famam oppugnationis Ambraciae Stratum iam
edicto Nicandri praetoris convenerant Aetoli. Inde 7
primo copiis omnibus ad prohibendam obsidionem
venire in animo fuerat; dein, postquam urbem iam
magna ex parte operibus saeptam viderunt, Epirotarum trans flumen loco plano castra posita esse, dividere copias placuit. Cum mille expeditis Eupolemus 8
Ambraciam profectus per nondum commissa inter se
munimenta urbem intravit. Nicandro cum cetera ma- 9
nu primo Epirotarum castra nocte adgredi consilium
fuerat haud facili ab Romanis auxilio, quia flumen
intererat; dein, periculosum inceptum ratus, ne qua 10
sentirent Romani et regressus inde in tuto non esset,
deterritus ab hoc consilio ad depopulandam Acar-
naniam iter convertit.

Consul iam munimentis, quibus saepienda urbs 5
erat, iam operibus, quae admovere muris parabat,
perfectis quinque simul locis moenia est adgressus.
Tria ⟨opera⟩ paribus intervallis, faciliore aditu a cam- 2
po, adversus Pyrrheum quod vocant admovit, unum e
regione Aesculapii, unum adversus arcem. Arietibus 3
muros quatiebat; asseribus falcatis detergebat pinnas.
Oppidanos primo et ad speciem et ad ictus moenium
cum terribili sonitu editos pavor ac trepidatio cepit;
deinde, ut praeter spem stare muros viderunt, collec- 4
tis rursus animis in arietes tollenonibus libramenta
plumbi aut saxorum stipitesve robustos incutiebant;
falces ancoris ferreis iniectis in interiorem partem
muri trahentes asserem praefringebant; ad hoc erup- 5

Länge von etwas mehr als 4000 Schritt hatte. Fulvius errichtete zwei
Lager in der Ebene in mäßigem Abstand voneinander und eine Bastion
auf einer Anhöhe gegenüber der Burg. Er machte sich daran, sie alle mit
Wall und Graben so miteinander zu verbinden, daß es für die in der
Stadt Eingeschlossenen kein Herauskommen mehr gab und von außen
keinen Zugang, um Verstärkungen hineinzuschicken.

Bei der Kunde vom Angriff auf Ambrakia waren die Ätoler schon auf
Anordnung des Strategen Nikander in Stratos zusammengekommen.
Sie hatten zuerst vorgehabt, von dort aus mit all ihren Truppen zu
kommen, um die Belagerung zu verhindern. Nachdem sie dann aber
sahen, daß die Stadt schon zum großen Teil von Belagerungswerken
eingeschlossen und daß das Lager der Epiroten auf der anderen Seite des
Flusses in dem ebenen Gelände aufgeschlagen war, beschlossen sie ihre
Truppen zu teilen. Mit 1000 Mann ohne Gepäck brach Eupolemos nach
Ambrakia auf und gelangte durch die noch nicht ganz geschlossenen
Befestigungsanlagen hindurch in die Stadt. Nikander hatte zuerst den
Plan gehabt, mit der übrigen Schar bei Nacht das Lager der Epiroten
anzugreifen, wo Hilfe von seiten der Römern nicht leicht war, weil der
Fluß dazwischenlag. Dann schien ihm das Unternehmen aber mit dem
Risiko verbunden, daß die Römer etwas merkten und der Rückweg von
dort nicht gesichert sei, und er nahm von dem Plan Abstand und
änderte die Marschrichtung nach Akarnanien, um es auszuplündern.

Der Konsul hatte schon die Befestigungsanlagen, mit denen die Stadt
eingeschlossen werden sollte, und die Belagerungswerke, die er an die
Mauern heranbringen wollte, fertiggestellt und griff die Mauern an fünf
Stellen zugleich an. Drei Belagerungswerke führte er mit gleichen
Abständen, weil der Zugang von der Ebene her leichter war, gegen das
sogenannte Pyrrheion vor, eins in der Gegend des Asklepieions und
eins gegen die Burg. Mit Rammböcken versuchte er die Mauern zu
erschüttern, mit Sichelstangen die Zinnen herunterzureißen. Die
Bewohner der Stadt ergriff zunächst bei dem Anblick und bei den
Stößen gegen die Mauer, die mit schrecklichem Getöse erfolgten, Angst
und Unruhe; dann, als sie sahen, daß die Mauern wider Erwarten
stehenblieben, faßten sie wieder Mut und ließen mit Hilfe von Kränen
Blei- und Steingewichte oder starke Stämme auf die Rammböcke fallen;
gegen die Mauersicheln warfen sie eiserne Anker, zogen sie damit über
die Mauer und brachen die Stange vorne ab. Dazu jagten sie mit

tionibus et nocturnis in custodias operum et diurnis
in stationes ultro terrorem inferebant.

In hoc statu res ad Ambraciam cum essent, iam   6
Aetoli a populatione Acarnaniae Stratum redierant.
Inde Nicander praetor spem nactus solvendae incepto
forti obsidionis, Nicodamum quendam cum Aetolis
quingentis Ambraciam intromittit. Noctem certam   7
tempusque etiam noctis constituit, quo et illi ab urbe
opera hostium, quae adversus Pyrrheum erant, adgre-
derentur et ipse ad castra Romana terrorem faceret,
posse ratus ancipiti tumultu et nocte augente pavorem
memorabilem rem geri. Et Nicodamus intempesta   8
nocte, cum alias custodias fefellisset, per alias impetu
constanti perrupisset, superato bracchio in urbem
penetrat animique aliquantum ad omnia audenda et
spei obsessis adiecit et, simul constituta nox venit, ex
composito repente opera est adgressus. Id inceptum   9
conatu quam effectu gravius fuit, quia nulla ab exteriore parte vis admota est, seu metu deterrito praetore   10
Aetolorum, seu quia potius visum est Amphilochis
nuper receptis ferre opem, quos Perseus, Philippi
filius, missus ad Dolopiam Amphilochosque recipien-
dos, summa vi oppugnabat.

Tribus locis, sicut ante dictum est, ad Pyrrheum   6
opera Romana erant, quae omnia simul, sed nec apparatu nec vi simili, Aetoli adgressi sunt: alii cum ar-   2
dentibus facibus, alii stuppam picemque et malleolos
ferentes, tota collucente flammis acie, advenere. Mul-   3
tos primo impetu custodes oppresserunt; dein, postquam clamor tumultusque in castra est perlatus da-
tumque a consule signum, arma capiunt et omnibus
portis ad opem ferendam effunduntur ⟨Romani⟩.
Ferro ignique gesta res; ab duobus ⟨operibus⟩ irrito   4
incepto, cum temptassent magis quam inissent certa-

Ausfällen in der Nacht gegen die Wachen der Belagerungswerke und am Tage gegen die Feldwachen auch ihrerseits Schrecken ein.

Als die Dinge vor Ambrakia so standen, waren die Ätoler schon von der Plünderung Akarnaniens nach Stratos zurückgekehrt. Von dort aus schickte der Stratege Nikander, der Hoffnung geschöpft hatte, durch ein tapferes Unternehmen die Belagerung aufheben zu können, einen gewissen Nikodamos mit 500 Ätolern nach Ambrakia hinein. Er legte eine bestimmte Nacht und auch den Zeitpunkt in der Nacht fest, an dem jene von der Stadt aus die Belagerungswerke der Feinde gegenüber dem Pyrrheion angreifen sollten und er selbst beim römischen Lager Schrecken verbreiten wollte; wenn sich der Kampflärm von zwei Seiten erhob und die Nacht die Angst noch vergrößerte, glaubte er, könne eine denkwürdige Tat vollbracht werden. Nikodamos überwand in tiefer Nacht, nachdem er einen Teil der Wachen getäuscht hatte und durch die anderen in ausdauerndem Angriff durchgebrochen war, einen Verbindungsdamm und gelangte in die Stadt und vermehrte bei den Eingeschlossenen die Bereitschaft, alles zu wagen, und die Hoffnung erheblich. Sobald die vereinbarte Nacht gekommen war, griff er verabredungsgemäß plötzlich die Belagerungswerke an. Dieses Unternehmen war dem Ansatz nach bedeutender als in seinem Ergebnis, weil von außen her keine Streitmacht herangeführt wurde, sei es daß Furcht den Strategen der Ätoler davon abgebracht hatte oder daß es ihm wichtiger schien, den erst vor kurzem zurückgewonnenen Amphilochern Hilfe zu bringen, die Perseus, der Sohn Philipps, der geschickt worden war, um Dolopien und das Gebiet der Amphilocher zurückzugewinnen, mit äußerster Energie angriff.

An drei Stellen gab es, wie oben gesagt ist, beim Pyrrheion römische Belagerungswerke; diese griffen die Ätoler alle zugleich an, aber weder mit gleicher Ausrüstung noch mit gleicher Gewalt. Die einen kamen mit brennenden Fackeln, andere mit Werg, Pech und Brandpfeilen heran, so daß die ganze Schlachtreihe von Flammen leuchtete. Im ersten Ansturm überwältigten sie viele Wachposten. Dann, nachdem das Geschrei und der Kampflärm ins Lager drang und vom Konsul das Signal gegeben wurde, griffen die Römer zu den Waffen und strömten aus allen Toren heraus, um Hilfe zu bringen. Mit Schwert und Feuer wurde der Kampf ausgetragen. An zwei Werken blieb das Unternehmen ohne Erfolg, und die Ätoler zogen sich hier zurück, nachdem sie den Kampf mehr

men, Aetoli abscesserunt; atrox pugna in unum incli-
naverat locum. Ibi diversis partibus duo duces Eupo-   5
lemus et Nicodamus pugnantis hortabantur et prope
certam fovebant spem iam Nicandrum ex composito
adfore et terga hostium invasurum. Haec res aliquam-   6
diu animos pugnantium sustinuit; ceterum, postquam
nullum ex composito signum a suis accipiebant et
crescere numerum hostium cernebant, destituti se-
gnius instare; postremo re omissa iam vix tuto receptu   7
fugientes in urbem compelluntur, parte operum in-
censa et pluribus aliquanto, quam ⟨ab⟩ ipsis cecide-
rant, interfectis. Quod si ex composito acta res fuisset, haud dubium erat expugnari una utique parte
opera cum magna caede hostium potuisse. Ambra-   8
cienses quique intus erant Aetoli, non ab eius solum
noctis incepto recessere, sed in reliquum quoque tempus velut proditi ab suis segniores ad pericula erant.
Iam nemo eruptionibus ut ante in stationes hostium,   9
sed dispositi per muros et turres ex tuto pugnabant.

Perseus ubi adesse Aetolos audivit, omissa obsidio-   7
ne urbis, quam oppugnabat, depopulatus tantum
agros Amphilochia excessit atque in Macedoniam
redit. Et Aetolos inde avocavit populatio maritumae   2
orae. Pleuratus, Illyriorum rex, cum sexaginta lembis
Corinthium sinum invectus adiunctis Achaeorum,
quae Patris erant, navibus marituma Aetoliae vasta-
bat. Adversus quos mille Aetoli missi, quacumque se   3
classis circumegerat per litorum amfractus, breviori-
bus semitis occurrebant.
   Et Romani ad Ambraciam pluribus locis quatiendo   4
arietibus muros aliquantum urbis nudaverant nec ta-
men penetrare in urbem poterant; nam et pari celeri-   5
tate novus pro diruto murus obiciebatur, et armati
ruinis superstantes instar munimenti erant. Itaque   6

versucht als begonnen hatten; heftiger Kampf hatte sich auf eine Stelle konzentriert. Dort feuerten von verschiedenen Seiten her zwei Führer, Eupolemos und Nikodamos, die Kämpfenden an und hegten die fast sichere Hoffnung, Nikander werde gleich verabredungsgemäß dasein und von hinten auf die Feinde eindringen. Das stützte eine Zeitlang den Mut der Kämpfenden. Aber nachdem sie das verabredete Signal von ihren Leuten nicht erhielten und sahen, daß die Zahl der Feinde wuchs, drängten sie, wo man sie im Stich gelassen hatte, weniger energisch heran; schließlich gaben sie die Sache auf, als der Rückzug kaum noch gesichert war, und wurden fliehend in die Stadt getrieben, nachdem sie einen Teil der Belagerungswerke in Brand gesetzt und erheblich mehr getötet hatten, als auf ihrer Seite gefallen waren. Wenn aber die Sache verabredungsgemäß abgelaufen wäre, hätten zweifellos die Belagerungswerke wenigstens an einer Stelle erobert werden können mit großen Verlusten für die Feinde. Die Bewohner vom Ambrakia und die Ätoler, die in der Stadt waren, gaben nicht nur das Unternehmen dieser Nacht auf, sondern waren auch für die übrige Zeit, als wenn sie von ihren Leuten verraten worden wären, weniger bereit, Gefahren auf sich zu nehmen. Schon machte niemand mehr wie vorher Ausfälle gegen die Feldwachen der Feinde, sondern auf die Mauern und Türme verteilt, kämpften sie von sicherer Stelle aus.

Sobald Perseus hörte, daß die Ätoler da waren, gab er die Belagerung der Stadt auf, die er gerade angriff, verließ Amphilochien, wo er nur das offene Land verwüstet hatte, und kehrte nach Makedonien zurück. Auch die Ätoler rief die Plünderung ihrer Meeresküste von dort weg. Der Illyrerkönig Pleuratos war mit 60 Lemben in den Golf von Korinth eingelaufen, hatte sich mit den Schiffen der Achäer, die in Patrai lagen, vereinigt und verwüstete das Küstengebiet Ätoliens. 1000 Ätoler wurden gegen sie geschickt, und wo auch immer die Flotte um die Krümmungen der Küstenlinie im Bogen herumgefahren war, eilten sie ihr auf kürzeren Wegen entgegen.

Die Römer hatten zwar bei Ambrakia an mehreren Stellen durch das Erschüttern der Mauern mit den Rammböcken einen erheblichen Teil der Stadt seines Schutzes beraubt, konnten aber doch nicht in die Stadt eindringen; denn mit gleicher Schnelligkeit wurde eine neue Mauer anstelle der zerstörten errichtet, und die Bewaffneten, die auf den Trümmern standen, waren wie ein Bollwerk. Weil es dem Konsul mit

cum aperta vi parum procederet consuli res, cuniculum occultum vineis ante contecto loco agere instituit; et aliquamdiu, cum dies noctesque in opere essent, non solum sub terra fodientes, sed egerentes etiam humum fefellere hostem. Cumulus repente terrae   7
eminens index operis oppidanis fuit, pavidique, ne iam subrutis muris facta in urbem via esset, fossam intra murum e regione eius operis, quod vineis contectum erat, ducere instituunt. Cuius ubi ad tantam   8
altitudinem, quantae esse solum infimum cuniculi poterat, pervenerunt, silentio facto pluribus locis aure admota sonitum fodientium captabant. Quem ubi   9
acceperunt, aperiunt rectam in cuniculum viam; nec fuit magni operis: momento enim ad inane suspenso fulturis ab hostibus muro pervenerunt. Ibi commissis   10
operibus, cum e fossa in cuniculum pateret iter, primo ipsis ferramentis, quibus in opere usi erant, deinde celeriter armati etiam subeuntes occultam sub terra ediderunt pugnam; segnior deinde ea facta est intersaepientibus cuniculum, ubi vellent, nunc ciliciis praetentis, nunc foribus raptim obiectis. Nova etiam   11
haud magni operis adversus eos, qui in cuniculo erant, excogitata res. Dolium a fundo pertusum, qua fistula modica inseri posset, et ferream fistulam operculumque dolii ferreum, et ipsum pluribus locis perforatum, fecerunt. Hoc tenui pluma completum dolium ore in cuniculum verso posuerunt. Per operculi foramina   12
praelongae hastae, quas sarisas vocant, ad submovendos hostes eminebant. Scintillam levem ignis inditam plumae folle fabrili ad caput fistulae imposito flando accenderunt. Inde non solum magna vis fumi, sed   13
acrior etiam foedo quodam odore ex adusta pluma cum totum cuniculum complesset, vix durare quisquam intus poterat.

offener Gewalt zu wenig voranging, begann er daher, einen verborgenen Stollen anzulegen, wobei die Stelle durch Schutzdächer nach vorn
abgeschirmt wurde. Und eine Zeitlang, während sie Tag und Nacht bei
der Arbeit waren, wurden nicht nur die unter der Erde Grabenden,
sondern auch die, die das Erdreich hinausschafften, vom Feind nicht
bemerkt. Aber der Erdhaufen, der plötzlich über den Boden ragte,
verriet den Bewohnern der Stadt die Anlage, und voll Angst, daß die
Mauern schon unterwühlt und ein Weg in die Stadt gegraben sei,
begannen sie innerhalb der Mauer in Richtung auf diese Anlage, die mit
den Schutzdächern abgeschirmt war, einen Graben zu ziehen. Sobald
sie mit ihm bis zu einer Tiefe gekommen waren, wie sie die Sohle des
Stollens haben konnte, waren sie ganz still, führten das Ohr heran und
hörten das Geräusch der Grabenden. Sobald sie das vernommen hatten,
hoben sie direkt auf den Stollen zu einen Weg aus. Das machte keine
große Mühe; denn sie gelangten im Nu an eine Aushöhlung, wo die
Mauer von den Feinden durch Stempel abgestützt worden war. Nachdem die Anlagen dort zusammengestoßen waren und der Weg aus dem
Graben in den Stollen offen dalag, lieferten sie sich zunächst mit den
Eisengeräten, die sie beim Graben benutzt hatten, einen verborgenen
Kampf unter der Erde, in den auch schnell Bewaffnete eingriffen. Der
Kampf ließ dann an Heftigkeit nach, da sie den Stollen versperrten, wo
sie wollten, hier mit ausgespannten Haardecken, dort mit Türen, die sie
eilends hinstellten. Man dachte sich auch gegen die, die in dem Stollen
waren, etwas Neues aus, was nicht viel Mühe kostete. Sie bohrten in den
Boden eines Fasses ein Loch, so daß dort ein mäßig großes Rohr
hineinpaßte, und machten ein eisernes Rohr und einen eisernen Deckel
für das Faß, den sie auch an mehreren Stellen durchlöcherten. Dieses
Faß füllten sie mit zarten Flaumfedern und stellten es mit der Öffnung
zum Stollen hin auf. Durch die Löcher des Deckels ragten überlange
Lanzen, die sie Sarisen nennen, heraus, um die Feinde fernzuhalten.
Einen leichten Feuerfunken, den sie in die Federn hineingetan hatten,
schürten sie durch Blasen mit einem Blasebalg, den sie auf den Kopf des
Rohres setzten. Wenn dann die nicht nur große, sondern auch ziemlich
beißende Menge an Rauch mit dem scheußlichen Gestank von den
verbrannten Federn den ganzen Stollen angefüllt hatte, konnte kaum
noch einer drinnen ausharren.

Cum in hoc statu ad Ambraciam res esset, legati ab   8
Aetolis Phaeneas et Damoteles cum liberis mandatis
decreto gentis ad consulem venerunt. Nam praetor
eorum, cum alia parte Ambraciam oppugnari cerneret, alia infestam oram navibus hostium esse, alia   2
Amphilochos Dolopiam⟨que⟩ a Macedonibus vastari
nec Aetolos ad tria simul diversa bella occursantis
sufficere, convocato concilio Aetoliae principes, quid
agendum esset, consuluit. Omnium eo sententiae de-   3
currerunt, ut pax, si posset, aequis, si minus, toleran-
dis condicionibus peteretur; Antiochi fiducia bellum
susceptum; Antiocho terra marique superato et prope   4
extra orbem terrae ultra iuga Tauri exacto quam spem
esse sustinendi belli? Phaeneas et Damoteles quod e re   5
Aetolorum, ut in tali casu, fideque sua esse censerent,
agerent. Quod enim sibi consilium aut cuius rei elec-
tionem a fortuna relictam? Cum his mandatis legati   6
missi orare consulem, ut parceret urbi, misereretur
gentis quondam sociae, nolle dicere iniuriis, miseriis
certe coactae insanire; non plus mali meritos Aetolos   7
Antiochi bello quam boni ante, cum adversus Philippum bellatum sit, fecisse; nec tum large gratiam
relatam sibi nec nunc immodice poenam iniungi debere. Ad ea consul respondit magis saepe quam vere
umquam Aetolos pacem petere. Imitarentur Antiochum in petenda pace, quem in bellum traxissent; non   8
paucis urbibus eum, de quarum libertate certatum sit,
sed omni Asia cis Taurum montem, opimo regno,
excessisse. Aetolos nisi inermes de pace agentes non   9
auditurum se; arma illis prius equosque omnis traden-   10
dos esse, deinde mille talentum argenti populo Romano dandum, cuius summae dimidium praesens nume-

Als die Dinge vor Ambrakia so standen, kamen als Gesandte von den Ätolern Phaineas und Damoteles mit unumschränkter Vollmacht auf Beschluß der Völkerschaft zum Konsul. Denn als ihr Stratege sah, daß einerseits Ambrakia angegriffen, andererseits die Küste von den Schiffen der Feinde heimgesucht und weiterhin das Gebiet der Amphilocher und Dolopien von den Makedonen verwüstet wurde und daß die Ätoler nicht stark genug waren, sich zugleich in drei Kriegen an verschiedenen Stellen zur Wehr zu setzen, hatte er eine Versammlung einberufen und die führenden Männer der Ätoler befragt, was zu tun sei. Die Meinungen aller liefen darauf hinaus, daß man sich, wenn es möglich sei, um einen Frieden zu günstigen Bedingungen, wenn nicht, um einen zu erträglichen bemühen solle. Im Vertrauen auf Antiochos sei man in den Krieg eingetreten; nachdem Antiochos zu Lande und zu Wasser besiegt und fast aus dem Erdkreis hinaus über die Kämme des Tauros gedrängt worden sei, welche Hoffnung gebe es da noch für die Weiterführung des Krieges? Phaineas und Damoteles sollten tun, was ihrer Meinung nach in einer solchen Lage im Interesse der Ätoler liege und was mit ihrer Treue zu vereinbaren sei. Denn welcher Entschluß oder welche Wahl sei ihnen vom Schicksal gelassen worden? Die Gesandten, die mit diesen Vollmachten geschickt worden waren, baten den Konsul, er solle die Stadt schonen und mit der Völkerschaft Mitleid haben, die mit ihnen einmal verbündet gewesen sei und die, sie wollten nicht sagen durch Ungerechtigkeiten, aber jedenfalls durch ihr Unglück dazu gebracht worden sei, sich wie toll zu gebärden. Die Ätoler hätten im Antiochoskrieg nicht mehr Schlimmes verdient, als sie zuvor im Krieg gegen Philipp Gutes getan hätten. Man habe ihnen damals nicht reichlich Dank gespendet; so dürfe man auch jetzt nicht maßlos Strafe über sie verhängen. Darauf antwortete der Konsul, die Ätoler bemühten sich zwar oft, aber niemals ernstlich um Frieden. Sie sollten sich bei ihren Bemühungen um Frieden Antiochos zum Vorbild nehmen, den sie in den Krieg hineingezogen hätten. Der habe nicht nur die wenigen Städte, um deren Freiheit man gekämpft habe, sondern ganz Kleinasien bis zum Tauros geräumt, ein reiches Land. Wenn die Ätoler über den Frieden verhandeln wollten, werde er sie nur anhören, wenn sie die Waffen niedergelegt hätten. Sie müßten zunächst alle Waffen und Pferde abliefern, dann dem römischen Volk 1000 Talente Silber geben, wovon die Hälfte auf der Stelle gezahlt werden solle, wenn sie Frieden haben

retur, si pacem habere vellent. Ad ea adiecturum
etiam in foedus esse, ut eosdem quos populos Romanus amicos atque hostis habeant.

Adversus quae legati, et quia gravia erant et quia   9
suorum animos indomitos ac mutabiles noverant,
nullo reddito responso domum regressi sunt, ut etiam
atque etiam, quid agendum esset, re integra praetorem
et principes consulerent. Clamore et iurgio excepti,   2
quam diu rem traherent, qualemcumque pacem referre iussi, cum redirent Ambraciam, Acarnanum insidiis prope viam positis, cum quibus bellum erat, cir-
cumventi Thyrreum custodiendi deducuntur. Haec   3
mora iniecta est paci, cum iam Atheniensium Rhodio-
rumque legati, qui ad deprecandum pro iis venerant,
apud consulem essent. Amynander quoque Athama-   4
num rex fide accepta venerat in castra Romana, magis
pro Ambracia urbe, ubi maiorem partem temporis
exulaverat, quam pro Aetolis sollicitus. Per hos cer-   5
tior factus consul de casu legatorum adduci eos a
Thyrreo iussit; quorum post adventum agi coeptum
est de pace. Amynander, quod sui maxime operis erat,   6
impigre agebat, ut Ambracienses compelleret ad deditionem. ⟨Ad⟩ id cum per colloquia principum succe-   7
dens murum parum proficeret, postremo consulis
permissu ingressus urbem partim consilio, partim
precibus evicit, ut permitterent se Romanis. Et Aeto-   8
los C. Valerius Laevini filius, qui cum ea gente primum amicitiam pepigerat, consulis frater matre eadem genitus, egregie adiuvit. Ambracienses prius pac-   9
ti, ut Aetolorum auxiliares sine fraude emitterent,
aperuerunt portas.

Dein ⟨Aetolis condiciones pacis dictae:⟩ quingenta
Euboica ut darent talenta, ex quibus ducenta praesentia, trecenta per annos sex pensionibus aequis;

wollten. Dazu werde er auch noch in den Vertrag aufnehmen, daß sie dieselben zu Freunden und Feinden haben sollten wie das römische Volk.

Weil das schwerwiegend war und weil sie die wilde und wandelbare Natur ihrer Landsleute kannten, gaben sie darauf keine Antwort und kehrten nach Hause zurück, um noch einmal und noch einmal, solange die Sache noch nicht entschieden war, den Strategen und die führenden Männer zu befragen, was sie tun sollten. Sie wurden mit Geschrei und Gezänk empfangen, wie lange sie die Sache hinzögen, und erhielten den Auftrag, Frieden zurückzubringen, er sei, wie er wolle. Auf dem Rückweg nach Ambrakia wurden sie aus einem Hinterhalt heraus, den die Akarnanen, mit denen sie im Krieg lagen, in der Nähe der Straße gelegt hatten, umzingelt und nach Thyrrheion in Gewahrsam geführt. Diese Verzögerung erfuhr der Friede, als schon die Gesandten der Athener und der Rhodier, die gekommen waren, um Fürbitte für sie einzulegen, beim Konsul waren. Auch Amynander, der König der Athamanen, war unter Zusicherung freien Geleits ins römische Lager gekommen, mehr um die Stadt Ambrakia besorgt, wo er den größten Teil seiner Zeit als Verbannter zugebracht hatte, als um die Ätoler. Durch sie erfuhr der Konsul von dem Schicksal der Gesandten und befahl, sie von Thyrrheion herzubringen. Nach ihrer Ankunft begann man über den Frieden zu verhandeln. Amynander arbeitete unermüdlich darauf hin, die Bewohner von Ambrakia zur Übergabe zu drängen, was vor allem sein Anliegen war. Als er dabei in den Unterredungen mit den führenden Männern, zu denen er an die Mauern heranging, zu wenig ausrichtete, begab er sich schließlich mit Erlaubnis des Konsuls in die Stadt und setzte es teilweise durch seinen Rat, teilweise durch seine Bitten durch, daß sie sich den Römern ergaben. Auch C. Valerius, der Sohn des Laevinus, der mit dieser Völkerschaft den ersten Freundschaftsvertrag geschlossen hatte, ein Halbbruder des Konsuls, der dieselbe Mutter hatte, setzte sich außerordentlich für die Ätoler ein. Nachdem die Bewohner von Ambrakia die Zusicherung erhalten hatten, daß sie die Hilfstruppen der Ätoler ungefährdet abziehen lassen könnten, öffneten sie die Tore.

Darauf wurden den Ätolern die Friedensbedingungen genannt. Sie sollten 500 euböische Talente zahlen, davon 200 sofort, 300 über sechs Jahre verteilt in gleichen Raten. Die Kriegsgefangenen und Überläufer

captivos perfugasque redderent Romanis; urbem ne   10
quam formulae sui iuris facerent, quae post id tempus, quo T. Quinctius traiecisset in Graeciam, aut vi
capta ab Romanis esset aut voluntate in amicitiam
venisset; Cephallania insula ut extra ius foederis esset.
Haec quamquam spe ipsorum aliquanto leviora erant,   11
petentibus Aetolis, ut ad concilium referrent, permissum est. Parva disceptatio de urbibus tenuit, quae   12
cum sui iuris aliquando fuissent, avelli velut a corpore
suo aegre patiebantur; ad unum omnes tamen accipi
pacem iusserunt. Ambracienses coronam auream con-   13
suli centum et quinquaginta pondo dederunt. Signa
aenea marmoreaque et tabulae pictae, quibus ornatior
Ambracia, quia regia ibi Pyrrhi fuerat, quam ceterae
regionis eius urbes erant, sublata omnia avectaque;
nihil praeterea tactum violatumve.   14

Profectus ab Ambracia consul in mediterranea   10
Aetoliae ad Argos Amphilochium — viginti duo milia
ab Ambracia abest — castra posuit. Eo tandem legati
Aetoli mirante consule, quod morarentur, venerunt.
Inde, postquam approbasse pacem concilium Aeto-   2
lorum accepit, iussis proficisci Romam ad senatum
permissoque, ut et Rhodii et Athenienses deprecato-
res irent, dato, qui simul cum iis proficisceretur, C.
Valerio fratre ipse in Cephallaniam traiecit.
Praeoccupatas auris animosque principum Romae   3
criminibus Philippi invenerunt, qui per legatos, per
litteras Dolopas Amphilochosque et Athamaniam
erepta sibi querens praesidiaque sua, postremo filium
etiam Persea ex Amphilochis pulsum, averterat senatum ab audiendis precibus eorum. Rhodii tamen et   4
Athenienses cum silentio auditi sunt. Atheniensis legatus Leon Cichesiae filius eloquentia etiam dicitur
movisse; qui vulgata similitudine, mari tranquillo,   5

sollten sie den Römern zurückgeben. Sie sollten keine Stadt ihrem Bund anschließen, die von dem Zeitpunkt an, als T. Quinctius nach Griechenland hinübergekommen sei, entweder mit Gewalt von den Römern genommen worden sei oder freiwillig ihre Freundschaft gesucht habe. Die Insel Kephallania solle von den Bestimmungen des Vertrages ausgeschlossen sein. Obwohl dies erheblich günstiger war, als sie selbst gehofft hatten, baten die Ätoler doch noch darum, es vor die Bundesversammlung bringen zu dürfen, und es wurde ihnen gestattet. Es kam zu einer kurzen Diskussion über die Städte; daß sie, auch wenn sie zu ihrem Bund gehört hätten, gleichsam von ihrem Körper losgerissen wurden, nahmen sie nur ungern hin; jedoch stimmten alle bis auf den letzten Mann dafür, den Frieden anzunehmen. Die Bewohner von Ambrakia gaben dem Konsul einen goldenen Kranz von 150 Pfund. Die Bronze- und Marmorstandbilder und die Gemälde, mit denen Ambrakia, weil dort die Residenz des Pyrrhos gewesen war, reicher geschmückt war als die übrigen Städte dieser Gegend, wurden alle weggenommen und fortgeschafft. Sonst wurde nichts berührt oder zerstört.

Der Konsul zog von Ambrakia in das Innere Ätoliens und schlug beim amphilochischen Argos – es ist 22 Meilen von Ambrakia entfernt – sein Lager auf. Dorthin kamen endlich die Gesandten der Ätoler, als der Konsul sich schon wunderte, daß sie ausblieben. Nachdem er dann gehört hatte, daß die Bundesversammlung der Ätoler den Frieden gebilligt hatte, befahl er ihnen, nach Rom zum Senat zu gehen, gestattete, daß sowohl die Rhodier wie die Athener als Fürsprecher mitgingen, und gab ihnen seinen Bruder C. Valerius mit, der zusammen mit ihnen aufbrechen sollte; er selbst fuhr nach Kephallania hinüber.

Sie fanden die Ohren und die Herzen der führenden Männer in Rom durch die Anschuldigungen Philipps voreingenommen; er hatte sich durch Gesandte und durch Briefe darüber beklagt, daß man ihm die Doloper, die Amphilocher und Athamanien entrissen habe und daß seine Truppen, zuletzt sogar sein Sohn Perseus von den Amphilochern vertrieben worden sei, und hatte so den Senat davon abgebracht, die Bitten der Ätoler anzuhören. Die Rhodier und die Athener jedoch fanden aufmerksames Gehör. Der athenische Gesandte Leon, ein Sohn des Kichesias, soll durch seine Beredsamkeit auch Eindruck gemacht haben. In einem bekannten Vergleich verglich er die Ätoler mit dem

quod ventis concitaretur, aequiperando multitudinem
Aetolorum, usus, dum in fide Romanae societatis
mansissent, insita gentis tranquillitate quiesse eos aiebat; postquam flare ab Asia Thoas et Dicaearchus, ab   6
Europa Menestas et Damocritus coepissent, tum illam
tempestatem coortam, quae ad Antiochum eos sicuti
in scopulum intulisset.

Diu iactati Aetoli tandem, ut condiciones pacis   11
convenirent, effecerunt. Fuerunt autem hae: „Impe-   2
rium maiestatemque populi Romani gens Aetolorum
conservato sine dolo malo; ne quem exercitum, qui
adversus socios amicosque eorum ducetur, per fines
suos transire sinito neve ulla ope iuvato; hostis eos-   3
dem habeto quos populus Romanus armaque in eos
ferto bellumque pariter gerito; perfugas, fugitivos,   4
captivos reddito Romanis sociisque, praeterquam si
qui capti, cum domos redissent, iterum capti sunt, aut
si qui eo tempore ex iis capti sunt, qui tum hostes
erant Romanis, cum intra praesidia Romana Aetoli
essent; aliorum qui comparebunt intra dies centum,   5
Corcyraeorum magistratibus sine dolo malo tradantur; qui non comparebunt, quando quisque eorum
primum inventus erit, reddatur; obsides quadraginta   6
arbitratu consulis Romanis dato ne minores duodecim annorum neu maiores quadraginta; obses ne esto   7
praetor, praefectus equitum, scriba publicus neu quis,
qui ante obses fuit apud Romanos; Cephallania extra
pacis leges esto.“ De pecuniae summa, quam pende-   8
rent, pensionibusque eius nihil ex eo, quod cum
consule convenerat, mutatum; pro argento si aurum
dare mallent, darent, convenit, dum pro argenteis
decem aureus unus valeret. „Quae urbes, qui agri, qui   9
homines Aetolorum iuris aliquando fuerunt, qui eorum T. Quinctio Cn. Domitio consulibus postve eos
consules aut armis subacti aut voluntate in dicionem

ruhigen Meer, das durch Winde aufgewühlt wird, und sagte, solange sie treu an dem Bündnis mit Rom festgehalten hätten, hätten sie sich bei der angeborenen Gemütsruhe ihrer Völkerschaft ruhig verhalten. Nachdem aber von Kleinasien Thoas und Dikaiarchos, von Europa Menestas und Damokritos zu blasen begonnen hätten, da sei jener Sturm entstanden, der sie zu Antiochos wie auf eine Klippe geworfen habe.

Nachdem man lange über die Ätoler verhandelt hatte, erreichten diese endlich, daß man sich über die Friedensbedingungen einigte. Es waren folgende: „Die Völkerschaft der Ätoler soll die Herrschaft und die Hoheit des römischen Volkes ohne Arglist anerkennen. Sie soll kein Heer, das gegen deren Bundesgenossen und Freunde geführt wird, durch ihr Gebiet durchziehen lassen noch es in irgendeiner Form unterstützen. Sie soll dieselben zu Feinden haben wie das römische Volk und soll Waffen gegen sie tragen und in gleicher Weise Krieg führen. Sie soll Überläufer, entlaufene Sklaven und Kriegsgefangene den Römern und ihren Bundesgenossen zurückgeben, außer wenn irgendwelche Gefangenen, nachdem sie nach Hause zurückgekehrt waren, wieder in Gefangenschaft geraten sind oder wenn in der Zeit, als die Ätoler bei den römischen Streitkräften waren, welche von denen, die damals Feinde der Römer waren, in Gefangenschaft geraten sind; von den anderen sollen die, die man innerhalb von 100 Tagen ausfindig macht, den Behörden von Korkyra ohne Arglist übergeben werden; die man nicht ausfindig macht, sollen, sobald man einen von ihnen gefunden hat, zurückgegeben werden. Die Völkerschaft der Ätoler soll den Römern 40 Geiseln nach Ermessen des Konsuls stellen, nicht jünger als 12 Jahre und nicht älter als 40; Geisel soll nicht sein der Stratege, der Hipparch, der Staatsschreiber noch einer, der schon früher bei den Römern Geisel war. Kephallania soll in die Bestimmungen des Friedens nicht mit einbezogen sein." Bei der Geldsumme, die sie zahlen sollten, und den Raten wurde nichts von dem, was mit dem Konsul ausgemacht worden war, abgeändert; wenn sie anstelle von Silber lieber Gold geben wollten, sollten sie es geben dürfen, kam man überein, solange für zehn Silbermünzen eine Goldmünze gerechnet werde. „Die Städte, die Gebiete und die Menschen, die einmal unter ätolischer Herrschaft gestanden haben, was davon unter dem Konsulat von T. Quinctius und Cn. Domitius oder nach ihrem Konsulat entweder mit den Waffen unterworfen worden ist oder sich freiwillig in die Abhängigkeit des

populi Romani venerunt, ne quem eorum Aetoli rece-
pisse velint; Oeniadae cum urbe agrisque Acarnanum
sunto." His legibus foedus ictum cum Aetolis est.

Eadem non aestate solum, sed etiam iisdem prope   **12**
diebus, quibus haec a M. Fulvio consule in Aetolia
gesta sunt, consul alter Cn. Manlius in Gallograecia
bellum gessit, quod nunc ordiri pergam. Vere primo   **2**
Ephesum consul venit acceptisque copiis ab L. Scipione et exercitu lustrato contionem apud milites habuit,
qua collaudata virtute eorum, quod cum Antiocho   **3**
uno proelio debellassent, adhortatus eos ⟨ad⟩ novum
cum Gallis suscipiendum bellum, qui et auxiliis iuvis-   **4**
sent Antiochum et adeo indomita haberent ingenia, ut
nequiquam Antiochus emotus ultra iuga Tauri montis
esset, nisi frangerentur opes Gallorum, de se quoque
pauca, nec falsa nec immodica, adiecit. Laeti milites   **5**
cum frequenti adsensu consulem audiverunt, partem
virium Antiochi fuisse Gallos credentes; rege superato nullum momentum in solis per se Gallorum copiis
fore. Eumenen haud in tempore abesse — Romae tum   **6**
erat — credere consul, gnarum locorum hominum-
que, et cuius interesset frangi Gallorum opes. Atta-   **7**
lum igitur fratrem eius accersit a Pergamo hortatus-
que ad capessendum secum bellum pollicentem suam
suorumque operam domum ad comparandum dimit-
tit. Paucos post dies profecto ab Epheso consuli ad   **8**
Magnesiam occurrit Attalus cum mille peditibus equi-
tibusque quingentis, Athenaeo fratre iusso cum ceteris copiis subsequi, commendata iis custodia Pergami,
quos fratri regnoque fidos credebat. Consul collauda-   **9**
to iuvene cum omnibus copiis ad Maeandrum progressus castra posuit, quia vado superari amnis non
poterat et contrahendae naves erant ad exercitum
traiciendum. Transgressi Maeandrum ad Hieran Co-   **10**
men pervenerunt.

römischen Volkes begeben hat, davon sollen die Ätoler nichts zurück-
zuholen suchen. Oiniadai soll mit der Stadt und dem Land den Akarnanen gehören." Zu diesen Bedingungen wurde der Vertrag mit den
Ätolern abgeschlossen.

Nicht nur im selben Sommer, sondern auch fast an denselben Tagen,
an denen dies vom Konsul M. Fulvius in Ätolien vollbracht wurde,
führte der andere Konsul Cn. Manlius in Galatien einen Krieg, mit dem
ich jetzt in Fortsetzung meiner Darstellung beginne. Bei Frühlingsanfang kam der Konsul nach Ephesos, und nachdem er die Truppen von
L. Scipio übernommen und das Heer entsühnt hatte, hielt er eine
Heeresversammlung mit den Soldaten ab; hier lobte er ihre Tapferkeit,
daß sie den Krieg mit Antiochos in einem einzigen Kampf entschieden
hätten, feuerte sie an, den neuen Krieg gegen die Gallier auf sich zu
nehmen, die mit ihren Hilfstruppen Antiochos unterstützt hätten und
so wild seien, daß Antiochos umsonst hinter die Kämme des Tauros
vertrieben worden sei, wenn nicht die Macht der Gallier gebrochen
werde, und fügte auch einiges wenige über sich, weder falsch noch
maßlos, hinzu. Die Soldaten hörten den Konsul voll Freude mit allgemeiner Zustimmung an und glaubten, die Gallier hätten einen Teil der
Streitkräfte des Antiochos ausgemacht; nachdem der König besiegt sei,
komme den Truppen der Gallier, allein und nur auf sich gestellt, keine
Bedeutung mehr zu. Der Konsul glaubte, Eumenes, der mit dem
Gelände und den Menschen vertraut sei und der ein Interesse daran
habe, daß die Macht der Gallier gebrochen werde, sei zum unrechten
Zeitpunkt abwesend – er war damals in Rom. Er rief also dessen Bruder
Attalos von Pergamon herbei und redete ihm zu, mit ihm in den Krieg
einzutreten, und als er seine und seiner Leute Hilfe versprach, entließ er
ihn nach Haus, um die Vorbereitungen zu treffen. Nachdem der Konsul
wenige Tage später von Ephesos aufgebrochen war, kam ihm bei
Magnesia Attalos mit 1000 Fußsoldaten und 500 Reitern entgegen; er
hatte seinem Bruder Athenaios befohlen, mit den übrigen Truppen auf
dem Fuße zu folgen, und den Schutz von Pergamon Leuten anvertraut,
von denen er glaubte, daß sie seinem Bruder und dem Königreich treu
seien. Der Konsul lobte den jungen Mann, rückte mit allen Truppen
zum Mäander vor und schlug dort sein Lager auf, weil man den Fluß
nicht an einer Furt überschreiten konnte und Schiffe zusammenziehen
mußte, um das Heer überzusetzen. Nachdem sie den Mäander überschritten hatten, gelangten sie nach Hiera Kome.

Fanum ibi augustum Apollinis et oraculum; sortes   **13**
versibus haud inconditis dare vates dicuntur. Hinc   **2**
alteris castris ad Harpasum flumen ventum est, quo
legati ab Alabandis venerunt, ut castellum, quod ab
ipsis nuper descisset, aut auctoritate aut armis cogeret
iura antiqua pati. Eodem et Athenaeus, Eumenis et   **3**
Attali frater, cum Cretense Leuso et Corrago Mace-
done venit; mille pedites mixtarum gentium et trecentos equites secum adduxerunt. Consul tribuno mili-   **4**
tum misso cum modica manu castellum vi cepit,
captum Alabandensibus reddit. Ipse nihil via degres-
sus ad Antiochiam super Maeandrum amnem posuit
castra. Huius amnis fontes Celaenis oriuntur. Celae-   **5**
nae urbs caput quondam Phrygiae fuit; migratum
inde haud procul veteribus Celaenis novaeque urbi
Apameae nomen inditum ab Apama, sorore Seleuci
regis. Et Marsyas amnis, haud procul a Maeandri   **6**
fontibus oriens, in Maeandrum cadit, famaque ita
tenet Celaenis Marsyan cum Apolline tibiarum cantu
certasse. Maeander ex arce summa Celaenarum ortus,   **7**
media urbe decurrens, per Caras primum, deinde
Ionas in sinum maris editur, qui inter Prienen et
Miletum est.

Ad Antiochiam in castra consulis Seleucus Antio-   **8**
chi filius ex foedere icto cum Scipione ad frumentum
exercitui dandum venit. Parva disceptatio de Attali   **9**
auxiliaribus orta est, quod Romano tantum militi
pactum Antiochum, ut daretur frumentum, Seleucus
dicebat. Discussa ea quoque est constantia consulis,   **10**
qui misso tribuno edixit, ne Romani milites acciperent, priusquam Attali auxilia accepissent. Inde ad   **11**
Gordiutichos quod vocant processum est. Ex eo loco
ad Tabas tertiis castris perventum. In finibus Pisida-
rum posita urbs est, in ea parte, quae vergit ad Pamphylium mare. Integris viribus regionis eius feroces
ad bellandum habebat viros. Tum quoque equites in   **12**

Dort ist ein ehrwürdiges Heiligtum des Apollon und ein Orakel. Die Seher sollen die Weissagungen in kunstvollen Versen geben. Von hier aus kam man in zwei Tagesmärschen zum Fluß Harpasos, wohin Gesandte von Alabanda kamen, er solle einen festen Platz, der von ihnen abgefallen sei, durch sein Ansehen oder mit Waffengewalt zwingen, die alten Rechtsverhältnisse hinzunehmen. Dorthin kam auch Athenaios, der Bruder des Eumenes und des Attalos, mit dem Kreter Leusos und dem Makedonen Korrhagos; sie führten 1000 Fußsoldaten aus verschiedenen Völkerschaften und 300 Reiter mit sich heran. Der Konsul schickte einen Kriegstribunen mit einer nicht allzu großen Abteilung, nahm den festen Platz gewaltsam ein und gab ihn nach der Einnahme den Bewohnern von Alabanda zurück. Er selbst ging nicht von der Straße herunter und schlug bei Antiocheia am Mäander sein Lager auf. Die Quellen dieses Flusses entspringen in Kelainai. Die Stadt Kelainai war früher einmal die Hauptstadt von Phrygien; die Bevölkerung zog von dort weg an einen Platz nicht weit von dem alten Kelainai, und die neue Stadt erhielt den Namen Apameia nach Apama, der Schwester des Königs Seleukos. Auch der Fluß Marsyas, der nicht weit von den Quellen des Mäander entspringt, ergießt sich in den Mäander, und es hält sich die Sage, in Kelainai habe Marsyas mit Apollon den Wettkampf im Flötenspiel ausgetragen. Der Mäander entspringt auf der Höhe der Burg von Kelainai, fließt mitten durch die Stadt hinab und dann zunächst durch das Gebiet der Karer, sodann durch das der Jonier und mündet in die Meeresbucht, die zwischen Priene und Milet liegt.

Nach Antiocheia ins Lager des Konsuls kam Seleukos, der Sohn des Antiochos, um aufgrund des mit Scipio abgeschlossenen Vertrages dem Heer das Getreide zu liefern. Es kam zu einer kurzen Diskussion über die Hilfstruppen des Attalos, weil Seleukos sagte, Antiochos habe sich nur verpflichtet, dem römischen Heer Getreide zu liefern. Auch dieses scheiterte an der Festigkeit des Konsuls, der einen Tribunen schickte und anordnete, die römischen Soldaten sollten nichts entgegennehmen, bevor die Truppen des Attalos etwas bekommen hätten. Von dort zog man weiter nach Gordiu Teichos, wie man es nennt. Von diesem Platz aus gelangte man in drei Tagesmärschen nach Tabai; die Stadt liegt im Gebiet der Pisider, in dem Teil, der sich zum Pamphylischen Meer hin erstreckt. Die Kräfte dieser Gegend waren noch unverbraucht und die Männer der Stadt wild darauf, zu kämpfen. Auch jetzt machten die

agmen Romanum eruptione facta haud modice primo
impetu turbavere; deinde ut apparuit nec numero se
nec virtute pares esse, in urbem compulsi veniam
erroris petebant, dedere urbem parati. Quinque et   13
viginti talenta argenti et decem milia medimnum tritici imperata; ita in deditionem accepti.

   Tertio inde die ad Casum amnem perventum; inde   14
profecti Erizam urbem primo impetu ceperunt. Ad   2
Tabusion castellum imminens flumini Indo ventum
est, cui fecerat nomen Indus ab elephanto deiectus.
Haud procul a Cibyra aberant nec legatio ulla a   3
Moagete, tyranno civitatis eius, homine ad omnia
infido atque importuno, veniebat. Ad temptandum   4
eius animum C. Helvium cum quattuor milibus peditum et quingentis equitibus consul praemittit. Huic
agmini iam finis ingredienti legati occurrerunt nuntiantes paratum esse tyrannum imperata facere; ora-   5
bant, ut pacatus finis iniret cohiberetque a populatione agri militem, et in corona aurea quindecim talenta
adferebant. Helvius integros a populatione agros ser-   6
vaturum pollicitus ire ad consulem legatos iussit.
Quibus eadem referentibus consul „Neque Romani"   7
inquit „bonae voluntatis ullum signum erga nos tyranni habemus, et ipsum talem esse inter omnes constat, ut de poena eius magis quam de amicitia nobis
cogitandum sit." Perturbati hac voce legati nihil aliud   8
petere, quam ut coronam acciperet veniendique ad
eum tyranno potestatem et copiam loquendi ac pur-
gandi se faceret. Permissu consulis postero die in   9
castra tyrannus venit, vestitus comitatusque vix ad
privati modice locupletis habitum, et oratio fuit sub-
missa et infracta extenuantis opes suas urbiumque
suae dicionis egestatem querentis. Erant autem sub eo   10
praeter Cibyram Sylleum et ad Limnen quae appellatur. Ex his, ut se suosque spoliaret, quinque et viginti
talenta se confecturum, prope ut diffidens polliceba-

Reiter einen Überfall auf den römischen Heereszug und setzten ihn
beim ersten Angriff nicht wenig in Verwirrung. Als sich dann aber
zeigte, daß sie den Römern weder an Zahl noch an Tapferkeit gewachsen waren, wurden sie in der Stadt zusammengetrieben und baten für
ihren Irrtum um Verzeihung, bereit, die Stadt zu übergeben. 25 Talente
Silber und 10 000 Medimnen Weizen wurden ihnen abverlangt; so
wurde ihre Unterwerfung angenommen.

Am dritten Tag kam man dann an den Fluß Kasos. Als sie von dort
weiterzogen, nahmen sie die Stadt Eriza beim ersten Angriff. Man kam
nach Tabusion, einem festen Platz am Fluß Indos, dem ein Inder, der
von seinem Elefanten abgeworfen worden war, den Namen gegeben
hatte. Sie waren nicht mehr weit von Kibyra entfernt, aber es kam keine
Gesandtschaft von Moagetes, dem Tyrannen dieser Bürgerschaft, einem
Menschen, der in allem unzuverlässig und rücksichtslos war. Um sich
über seine Gesinnung Klarheit zu verschaffen, schickte der Konsul
C. Helvius mit 4000 Fußsoldaten und 500 Reitern voraus. Als dieser
Heereszug schon in das Gebiet eingedrungen war, kamen ihm Gesandte
entgegen und teilten mit, der Tyrann sei bereit, zu tun, was man ihm
befehle; sie baten, er solle friedlich in das Gebiet einrücken und die
Soldaten daran hindern, die Felder zu verwüsten, und brachten 15
Talente in Form eines goldenen Kranzes heran. Helvius versprach, das
Land von Verwüstung zu verschonen, und forderte die Gesandten auf,
zum Konsul zu gehen. Als sie dasselbe vorbrachten, sagte der Konsul:
„Wir Römer haben kein Zeichen von gutem Willen des Tyrannen uns
gegenüber, und es steht bei allen fest, daß er ein Mensch ist, bei dem wir
mehr über seine Bestrafung als über Freundschaft mit ihm nachdenken
müssen." Über diese Äußerung bestürzt, baten die Gesandten um
nichts anderes, als daß er den Kranz entgegennehme und dem Tyrannen
Gelegenheit gebe, zu ihm zu kommen, und die Möglichkeit, zu sprechen und sich zu rechtfertigen. Mit Genehmigung des Konsuls kam der
Tyrann am nächsten Tag ins Lager; seine Kleidung und seine Begleitung
entsprachen kaum dem Auftreten eines mäßig reichen Privatmanns, und
seine Rede war leise und stockend, wobei er seinen Reichtum herab-
setzte und über die Armut der Städte unter seiner Herrschaft klagte.
Unter ihm standen aber außer Kibyra auch noch Sylleion und ein Ort
mit dem Namen An der Limne (*Am Sumpf*). Er versprach, fast als wenn
er selbst nicht daran glauben könne, er werde von diesen, wenn er sich

tur. „Enimvero" inquit consul „ferri iam ludificatio   11
ista non potest. Parum est non erubuisse absentem,
cum per legatos frustrareris nos; praesens quoque in
eadem perstas impudentia. Quinque et viginti talenta   12
tyrannidem tuam exhaurient? Quingenta ergo talenta
nisi triduo numeras, populationem in agris, obsidionem in urbe exspecta!" Hac denuntiatione conterritus   13
perstare tamen in pertinaci simulatione inopiae. Et   14
paulatim illiberali adiectione nunc per cavillationem,
nunc precibus et simulatis lacrimis ad centum talenta
est perductus. Adiecta decem milia medimnum frumenti. Haec omnia intra sex dies exacta.

A Cibyra per agros Sindensium exercitus ductus,   15
transgressusque Caularem amnem posuit castra.
Postero die praeter Caralitin paludem agmen ductum;   2
ad Madamprum manserunt. Inde progredientibus ab
Lago, proxima urbe, metu incolae fugerunt; vacuum   3
hominibus et refertum rerum omnium copia oppidum
diripuerunt. Inde ad Lysis fluminis fontes, postero
die ad Cobulatum amnem progressi. Termessenses eo   4
tempore Isiondensium arcem urbe capta oppugna-
bant. Inclusi, cum alia spes auxilii nulla esset, legatos
ad consulem orantes opem miserunt: cum coniugibus   5
ac liberis in arce inclusos se mortem in dies aut ferro
aut fame patiendam exspectare. Volenti consuli causa
in Pamphyliam devertendi oblata est. Adveniens obsidione Isiondensis exemit; Termesso pacem dedit   6
quinquaginta talentis argenti acceptis; item Aspendiis
ceterisque Pamphyliae populis. Ex Pamphylia rediens   7
ad fluvium Taurum primo die, postero ad Xylinen
quam vocant Comen posuit castra. Profectus inde
continentibus itineribus ad Cormasa urbem pervenit.
Darsa proxima urbs erat; eam metu incolarum deser-   8

selbst und die Seinen beraube, 25 Talente zusammenbringen. „Wahrhaftig", sagte der Konsul, „diese Fopperei ist nicht mehr zu ertragen. Nicht genug, daß du in Abwesenheit nicht errötet bist, als du uns durch deine Gesandten zum besten zu haben versuchtest; sogar vor unseren Augen machst du mit der gleichen Hartnäckigkeit weiter. 25 Talente sollten deine Tyrannenherrschaft erschöpfen? Wenn du also nicht innerhalb von drei Tagen 500 Talente hinzählst, kannst du die Verwüstung deines Landes und die Belagerung deiner Stadt erwarten." Durch diese Ankündigung geriet er in Schrecken, blieb aber doch hartnäckig dabei, Armut zu heucheln. Und allmählich wurde er, indem er bald mit leeren Ausflüchten, bald mit Bitten und Krokodilstränen knickrig drauflegte, auf 100 Talente gebracht. Hinzugefügt wurden noch 10 000 Medimnen Getreide. Dies alles wurde innerhalb von sechs Tagen eingetrieben.

Von Kibyra aus wurde das Heer durch das Gebiet von Sinda geführt, und nachdem es den Fluß Kaularis überschritten hatte, schlug es sein Lager auf. Am nächsten Tag wurde der Heereszug am Karalitis-Sumpf entlanggeführt; sie blieben bei Madampros. Als sie von dort aus weiter vorrückten, flohen die Einwohner von Lagon, der nächsten Stadt, aus Furcht; die menschenleere und mit Vorrat aller Art vollgestopfte Stadt plünderten sie. Von dort aus rückten sie weiter vor zu den Quellen des Lysis, am nächsten Tag zum Fluß Kobulatos. Die Termesser griffen zu diesem Zeitpunkt die Burg von Isionda an, nachdem sie die Stadt eingenommen hatten. Die Eingeschlossenen schickten, weil es sonst keine Hoffnung auf Hilfe gab, Gesandte zum Konsul und baten um Unterstützung; mit Frauen und Kindern in der Burg eingeschlossen, warteten sie von Tag zu Tag darauf, den Tod durch das Schwert oder durch Hunger erleiden zu müssen. Dem Konsul bot sich ein willkommener Anlaß, einen Abstecher nach Pamphylien zu machen. Als er herankam, befreite er die Bewohner von Isionda von der Belagerung. Termessos gewährte er Frieden, nachdem er 50 Talente Silber entgegengenommen hatte, ebenso den Bewohnern von Aspendos und den übrigen Völkern Pamphyliens. Bei der Rückkehr von Pamphylien schlug er am ersten Tag am Fluß Tauros, am nächsten bei einem Ort namens Xyline Kome sein Lager auf. Von dort zog er weiter und gelangte in aufeinanderfolgenden Märschen zu der Stadt Kormasa. Darsa war die nächste Stadt; er fand sie infolge der Furcht der Einwoh-

tam, plenam omnium rerum copia invenit. Progre-
dienti praeter paludes legati ab Lysinoe dedentes civitatem venerunt. Inde in agrum Sagalassenum uberem   9
fertilemque omni genere frugum ventum est. Colunt
Pisidae, longe optimi bello regionis eius. Cum ea res
animos fecit, tum agri fecunditas et multitudo hominum et situs inter paucas munitae urbis. Consul, quia   10
nulla legatio ad finem praesto fuerat, praedatum in
agros misit. Tum demum fracta pertinacia est, ut ferri
agique res suas viderunt; legatis missis pacti quinqua- 11
ginta talentis et viginti milibus medimnum tritici,
viginti hordei pacem impetraverunt. Progressus inde   12
ad Rhocrinos fontes ad vicum, quem Acoridos Comen vocant, posuit castra. Eo Seleucus ab Apamea
postero die venit. Aegros inde et inutilia impedimenta   13
cum Apameam dimisisset, ducibus itinerum ab Seleuco acceptis profectus eo die in Metropolitanum campum, postero die Dynias Phrygiae processit. Inde   14
Synnada venit, metu omnibus circa oppidis desertis.
Quorum praeda iam grave agmen trahens vix quinque
milium die toto itinere perfecto ad Beudos, quod vetus
appellant, pervenit. Ad Anabura inde et altero die ad   15
Mandri fontes, tertio ad Abbasium posuit castra. Ibi
plures dies stativa habuit, quia perventum erat ad
Tolostobogiorum fines.

Galli, magna hominum vis, seu inopia agri seu   16
praedae spe, nullam gentem, per quam ituri essent,
parem armis rati, Brenno duce in Dardanos pervenerunt. Ibi seditio orta est; ad viginti milia hominum   2
cum Lonorio ac Lutario regulis secessione facta a
Brenno in Thraeciam iter avertunt. Ubi cum resisten-   3
tibus pugnando, pacem petentibus stipendium impo-
nendo Byzantium cum pervenissent, aliquamdiu
oram Propontidis vectigalis habendo regionis eius

ner verlassen vor, voll mit Vorrat an allen Dingen. Als er an den
Sümpfen entlang weiter vorrückte, kamen Gesandte von Lysinoë und
übergaben ihre Stadt. Von dort kam man in das Gebiet von Sagalassos,
das ertragreich ist und Früchte jeder Art hervorbringt. Pisider bewohnen es, im Krieg die weitem besten in dieser Gegend. Das machte sie
zuversichtlich, noch mehr aber die Fruchtbarkeit ihres Landes und die
Menge an Menschen und die Lage der Stadt, die befestigt war wie
wenige. Weil sich keine Gesandtschaft an der Grenze eingefunden hatte,
ließ der Konsul das offene Land plündern. Da endlich wurde ihre
Hartnäckigkeit gebrochen, als sie sahen, daß ihr Besitz davongetragen
und davongetrieben wurde. Sie schickten Gesandte und verpflichteten
sich zur Zahlung von 50 Talenten und zur Lieferung von 20 000
Medimnen Weizen und 20 000 Medimnen Gerste und erlangten daraufhin
hin Frieden. Von dort zog er weiter und schlug an den Rhokriner
Quellen bei einem Dorf namens Akoridos Kome sein Lager auf.
Dorthin kam Seleukos von Apameia aus am nächsten Tage. Nachdem
der Konsul dann die Kranken und das hinderliche Gepäck nach Apameia weggeschickt und von Seleukos Wegführer erhalten hatte, zog er
noch an diesem Tag in die Ebene von Metropolis, am nächsten Tag
rückte er weiter vor nach Dyniai in Phrygien. Von dort aus kam er nach
Synnada, während alle Städte ringsum aus Furcht verlassen dalagen. Mit
Beute von dort schwer beladen, führte er das Heer mühsam weiter und
legte am ganzen Tag kaum fünf Meilen zurück; so gelangte er nach
Beudos, das sie das alte nennen. Dann schlug er bei Anabura und am
nächsten bei den Quellen des Mandros, am dritten bei Abbasion sein
Lager auf. Dort hatte er mehrere Tage ein Standlager, weil man an das
Gebiet der Tolostobogier gelangt war.

Die Gallier, eine große Menschenmenge, gelangten entweder aus
Mangel an Land oder in der Hoffnung auf Beute, da sie glaubten, keine
Völkerschaft, durch deren Gebiet sie ziehen würden, sei ihnen mit den
Waffen gewachsen, unter Führung von Brennos in das Gebiet der
Dardaner. Dort kam es zu einem Zerwürfnis; an die 20 000 Mann mit
den Fürsten Lonorios und Lutarios sonderten sich von Brennos ab und
zogen nach Thrakien. Hier kämpften sie mit denen, die sich zur Wehr
setzten, erlegten denen, die um Frieden baten, Tribut auf, und als sie
nach Byzanz gelangt waren, hatten sie eine Zeitlang die Küste der
Propontis in ihrer Hand, und die Städte in dieser Gegend mußten ihnen

urbes obtinuerunt. Cupido inde eos in Asiam trans-   4
eundi audientis ex propinquo, quanta ubertas eius
terrae esset, cepit; et Lysimachia fraude capta Cherso-
nesoque omni armis possessa ad Hellespontum descenderunt. Ibi vero exiguo divisam freto cernentibus   5
Asiam multo magis animi ad transeundum accensi;
nuntiosque ad Antipatrum praefectum eius orae de
transitu mittebant. Quae res cum lentius spe ipsorum
traheretur, alia rursus nova inter regulos seditio orta
est. Lonorius retro, unde venerat, cum maiore parte   6
hominum repetit Byzantium; Lutarius Macedonibus
per speciem legationis ab Antipatro ad speculandum
missis duas tectas naves et tris lembos adimit. Iis alios
atque alios dies noctesque travehendo intra paucos
dies omnis copias traiecit. Haud ita multo post Lono-   7
rius adiuvante Nicomede Bithyniae rege a Byzantio
transmisit. Coeunt deinde in unum rursus Galli et   8
auxilia Nicomedi dant adversus Ziboetam, tenentem
partem Bithyniae, gerenti bellum. Atque eorum maxi-   9
me opera devictus Ziboeta est Bithyniaque omnis in
dicionem Nicomedis concessit. Profecti ex Bithynia
in Asiam processerunt. Non plus ex viginti milibus
hominum quam decem armata erant. Tamen tantum   10
terroris omnibus, quae cis Taurum incolunt, gentibus
iniecerunt, ut, quas adissent quasque non adissent,
pariter ultimae propinquis, imperio parerent. Postre-   11
mo cum tres essent gentes, Tolostobogii, Trocmi,
Tectosages, in tris partis, qua cuique populorum
suorum vectigalis Asia esset, diviserunt. Trocmis Hel-   12
lesponti ora data; Tolostobogii Aeolida atque Ioniam,
Tectosages mediterranea Asiae sortiti sunt. Et stipendium tota cis Taurum Asia exigebant, sedem autem
ipsi sibi circa Halyn flumen cepere. Tantusque terror   13
eorum nominis erat multitudine etiam magna subole
aucta, ut Syriae quoque ad postremum reges stipen-

Abgaben leisten. Dann ergriff sie das Verlangen, nach Kleinasien hinüberzugehen, da sie aus der Nähe hörten, wie groß die Fruchtbarkeit
dieses Landes war. Als sie dann auch noch Lysimacheia durch Hinterlist
eingenommen und die ganze Chersones mit Waffengewalt in ihren
Besitz gebracht hatten, stiegen sie zum Hellespont hinab. Hier sahen sie
nun, daß sie von Kleinasien nur durch eine schmale Meerenge getrennt
waren; ihr Verlangen hinüberzugehen wurde dadurch noch viel größer,
und sie schickten wegen des Übergangs Boten zu Antipater, dem Statthalter dieser Küste. Als die Sache sich länger hinzog, als sie erwartet
hatten, kam es wieder zu einem neuen Zerwürfnis unter den Fürsten.
Lonorios kehrte dorthin zurück, von wo er gekommen war, und ging
mit dem größeren Teil der Menschen wieder nach Byzanz. Lutarios
nahm den Makedonen, die unter dem Deckmantel einer Gesandtschaft
von Antipater gekommen waren, um zu spionieren, zwei Deckschiffe
und drei Lemben weg. Auf denen schaffte er, indem er die einen um die
anderen bei Tag und bei Nacht hinüberfuhr, innerhalb weniger Tage
alle seine Scharen hinüber. Nicht sehr viel später setzte Lonorios mit
Unterstützung des Nikomedes, des Königs von Bithynien, von Byzanz
aus über. Die Gallier vereinigten sich dann wieder und stellten Nikomedes Hilfstruppen, der mit Ziboites, der einen Teil von Bithynien in
seiner Hand hatte, im Krieg lag. Und vor allem durch ihre Hilfe wurde
Ziboites besiegt, und ganz Bithynien kam wieder unter die Herrschaft
des Nikomedes. Sie brachen von Bithynien aus auf und zogen weiter
nach Kleinasien hinein. Von den 20 000 Menschen waren nicht mehr als
10 000 bewaffnet. Trotzdem jagten sie allen Völkerschaften, die diesseits
des Tauros wohnen, einen so großen Schrecken ein, daß sowohl die, die
sie heimsuchten, wie die, die sie nicht heimsuchten, die fernsten ebenso
wie die nächsten, ihrem Befehl gehorchten. Zuletzt teilten sie, da sie drei
Völkerschaften waren, die Tolostobogier, die Trokmer und die Tektosagen, Kleinasien in drei Teile auf, wo es jedem ihrer Völker tributpflichtig sein sollte. Den Trokmern wurde die Küste des Hellespont
zugewiesen; die Tolostobogier erhielten durch das Los die Aiolis und
Jonien, die Tektosagen das Binnenland Kleinasiens. Und sie forderten
Tribut in ganz Kleinasien bis zum Tauros; als Wohnsitz aber nahmen
sie für sich selbst das Gebiet um den Halys herum. Und so groß war der
Schrecken, der von ihrem Namen ausging, zumal sich ihre Anzahl auch
noch durch starke Nachkommenschaft vergrößert hatte, daß zuletzt

dium dare non abnuerent. Primus Asiam incolentium   14
abnuit Attalus, pater regis Eumenis; audacique incepto praeter opinionem omnium adfuit fortuna, et signis
collatis superior fuit. Non tamen ita infregit animos
eorum, ut absisterent imperio; eaedem opes usque ad   15
bellum Antiochi cum Romanis manserunt. Tum quoque, pulso Antiocho, magnam spem habuerunt, quia
procul mari incolerent, Romanum exercitum ad se
non perventurum.

Cum hoc hoste tam terribili omnibus regionis eius   17
quia bellum gerendum erat, pro contione milites in
hunc maxime modum adlocutus est consul: „Non me   2
praeterit, milites, omnium, quae Asiam colunt, gentium Gallos fama belli praestare. Inter mitissimum   3
genus hominum ferox natio pervagata bello prope
orbem terrarum sedem cepit. Procera corpora, pro-
missae et rutilatae comae, vasta scuta, praelongi gla-
dii; ad hoc cantus ineuntium proelium et ululatus et   4
tripudia et quatientium scuta in patrium quendam   5
modum horrendus armorum crepitus, omnia de industria composita ad terrorem.

Sed haec, quibus insolita atque insueta sunt, Graeci
et Phryges et Cares timeant; Romanis Gallici tumultus adsueti, etiam vanitates notae sunt. Semel primo   6
congressu ad Aliam eos olim fugerunt maiores nostri;
ex eo tempore per ducentos iam annos pecorum in
modum consternatos caedunt fugantque et plures
prope de Gallis triumphi quam de toto orbe terrarum
acti sunt. Iam usu hoc cognitum est: si primum   7
impetum, quem fervido ingenio et caeca ira effun-
dunt, sustinueris, fluunt sudore et lassitudine mem-
bra, labant arma; mollia corpora, molles, ubi ira
consedit, animos sol, pulvis, sitis, ut ferrum non
admoveas, prosternunt. Non legionibus legiones eo-   8
rum solum experti sumus, sed vir unus cum viro

selbst die Könige von Syrien sich nicht weigerten, Tribut zu zahlen. Als erster von den Bewohnern Kleinasiens weigerte sich Attalos, der Vater von König Eumenes; dem kühnen Unternehmen war wider aller Erwarten das Glück hold, und er blieb in offener Schlacht siegreich. Aber er brach ihren Mut nicht so sehr, daß sie ihre Herrschaft aufgaben. Ihre Macht blieb dieselbe bis zum Krieg des Antiochos mit den Römern. Auch jetzt, nachdem Antiochos zurückgedrängt worden war, hegten sie große Hoffnung, weil sie weit weg vom Meer wohnten, werde das römische Heer nicht zu ihnen gelangen.

Weil man mit diesem Feind, der für alle in dieser Gegend so schrecklich war, Krieg führen mußte, wandte der Konsul sich vor der Heeresversammlung etwa folgendermaßen an die Soldaten: „Es ist mir nicht unbekannt, Soldaten, daß von allen Völkerschaften, die Kleinasien bewohnen, die Gallier sich durch ihren Ruf im Krieg auszeichnen. Unter dem friedfertigsten Menschenschlag hat das wilde Volk, nachdem es im Krieg fast den Erdkreis durchzogen hatte, seinen Wohnsitz genommen. Schlanke Körper, lang herabfallende rötliche Haare, riesige Schilde, überlange Schwerter; dazu der Gesang, wenn sie in den Kampf ziehen, und das Geheul und der Waffentanz und der schreckliche Lärm der Waffen, wenn sie auf eine von den Vätern überkommene Art an die Schilde schlagen, alles mit Fleiß darauf angelegt, Schrecken auszulösen.

Aber dies mögen Griechen, Phryger und Karer fürchten, denen es fremd und ungewohnt ist. Den Römern sind die plötzlichen Erhebungen der Gallier vertraut, auch deren Vergeblichkeit ist ihnen bekannt. Einmal sind unsere Vorfahren einst beim ersten Zusammenstoß an der Alia vor ihnen geflohen. Von dieser Zeit an erschlagen sie sie, die wie Vieh die Fassung verlieren, schon 200 Jahre lang und jagen sie in die Flucht, und es sind fast mehr Triumphe über Gallier gefeiert worden als über den ganzen Erdkreis. Das folgende ist schon aus der Erfahrung bekannt: wenn man ihren ersten Angriff aushält, den sie mit glühender Begeisterung und in blinder Wut vortragen, strömt ihnen der Schweiß über die Glieder, und sie ermatten, und die Waffen fallen ihnen fast aus der Hand; ihre weichlichen Körper, ihre, sobald die Wut sich gelegt hat, weichlichen Gemüter streckt die Sonne, der Staub, der Durst nieder, selbst wenn man nicht mit der Waffe an sie herangeht. Wir haben uns nicht nur im Kampf der Legionen miteinander gemessen, sondern auch als einzelner Mann im Zusammentreffen mit einem Mann haben

congrediendo T. Manlius, M. Valerius, quantum Gal-
licam rabiem vinceret Romana virtus, docuerunt. Iam   9
M. Manlius unus agmine scandentis in Capitolium
detrusit Gallos.

Et illis maioribus nostris cum haud dubiis Gallis, in
sua terra genitis, res erat; hi iam degeneres sunt, mixti,
et Gallograeci vere, quod appellantur; sicut in frugi-   10
bus pecudibusque non tantum semina ad servandam
indolem valent, quantum terrae proprietas caelique,
sub quo aluntur, mutat. Macedones, qui Alexandream   11
in Aegypto, qui Seleuciam ac Babyloniam, quique
alias sparsas per orbem terrarum colonias habent, in
Syros, Parthos, Aegyptios degenerarunt; Massilia, in-   12
ter Gallos sita, traxit aliquantum ab accolis animorum; Tarentinis quid ex Spartana dura illa et horrida
disciplina mansit? ⟨Est⟩ generosius, in sua quidquid   13
sede gignitur; insitum alienae terrae in id, quo alitur,
natura vertente se degenerat. Phrygas igitur Gallicis
oneratos armis, sicut in acie Antiochi cecidistis, victos
victores caedetis. Magis vereor, ne parum inde glo-   14
riae, quam ne nimium belli sit. Attalus eos rex saepe   15
fudit fugavitque. Nolite existimare beluas tantum recens captas feritatem illam silvestrem primo servare,
dein, cum diu manibus humanis aluntur, mitescere, in
hominum feritate mulcenda non eandem naturam
esse. Eosdemne hos creditis esse, qui patres eorum   16
avique fuerunt? Extorres inopia agrorum profecti domo per asperrimam Illyrici oram, Paeoniam inde et
Thraeciam   pugnando   cum   ferocissimis   gentibus
emensi has terras ceperunt. Duratos eos tot malis   17
exasperatosque accepit terra, quae copia omnium rerum saginaret. Uberrimo agro, mitissimo caelo, cle-
mentibus accolarum ingeniis omnis illa, cum qua
venerant, mansuefacta est feritas.

Vobis mehercule, Martiis viris, cavenda ac fugienda   18
quam primum amoenitas est Asiae: tantum hae pere-

T. Manlius und M. Valerius gezeigt, wie sehr römische Tapferkeit gallischer Raserei überlegen ist. M. Manlius hat gar allein die Gallier, die mit einer Abteilung auf das Kapitol stiegen, hinabgestoßen.

Und jene unsere Vorfahren hatten es mit Leuten zu tun, die ohne jeden Zweifel Gallier waren, in ihrem eigenen Land geboren. Die hier sind schon entartet, vermischt und in Wirklichkeit Galliergriechen, wie man sie nennt. Wie bei den Feldfrüchten und den Haustieren haben die Samen nicht so viel Kraft, die Anlage zu bewahren, wie die Eigentümlichkeit des Landes und des Klimas, unter dem sie aufwachsen, sie verändert. Die Makedonen, die in Alexandria in Ägypten, in Seleukeia und Babylon und anderswo zerstreut über den Erdkreis ihre Pflanzstädte haben, sind zu Syrern, Parthern und Ägyptern entartet. Massilia, das mitten unter Galliern liegt, hat eine Menge vom Geist der Nachbarn angenommen. Was ist den Tarentinern von jener harten und rauhen spartanischen Zucht geblieben? Alles, was in seiner eigenen Heimat geboren wird, ist edler; in eine fremde Erde verpflanzt, wandelt sich seine Natur, und es entartet zu dem, wovon es ernährt wird. Phryger also, mit gallischen Waffen beladen, wie ihr sie in der Schlachtreihe des Antiochos niedergehauen habt, werdet ihr niederhauen, die Sieger die Besiegten. Ich fürchte mehr, daß es davon zuwenig Ruhm, als daß es zuviel Krieg gibt. König Attalos hat sie oft geschlagen und in die Flucht gejagt. Glaubt doch nicht, daß nur frisch gefangene Ungeheuer jene Wildheit aus dem Wald zunächst bewahren und dann, wenn sie lange von Menschenhänden ernährt werden, zahm werden, daß es aber mit dem Besänftigen der Wildheit von Menschen nicht genau dasselbe sei. Meint ihr, daß die hier dieselben sind wie ihre Väter und Großväter? Durch Mangel an Ackerland aus ihrer Heimat getrieben, sind sie von Hause aufgebrochen an der äußerst rauhen Küste von Illyrien entlang, sind dann im Kampf mit sehr wilden Völkerschaften durch Paionien und Thrakien gezogen und haben schließlich diese Länder hier an sich gebracht. Abgehärtet durch so viel Unglück und verwildert, hat ein Land sie aufgenommen, das sie mit der Fülle an allen Dingen gemästet hat. Durch das äußerst fruchtbare Ackerland, durch das sehr milde Klima und durch das sanfte Wesen ihrer Nachbarn hat sich jene Wildheit, mit der sie gekommen waren, vollkommen gelegt.

Ihr Männer des Mars, müßt euch, beim Herkules, vor der Annehmlichkeit Kleinasiens hüten und so bald wie möglich vor ihr fliehen; so

grinae voluptates ad exstinguendum vigorem animorum possunt; tantum contagio disciplinae morisque
accolarum valet. Hoc tamen feliciter evenit, quod   19
sicut vim adversus vos nequaquam, ita famam apud
Graecos parem illi antiquae obtinent, cum qua venerunt, bellique gloriam victores eandem inter socios   20
habebitis, quam si servantis anticum specimen animorum Gallos vicissetis."

Contione dimissa missisque ad Eposognatum lega-   18
tis, qui unus ex regulis et in Eumenis manserat amicitia et negaverat Antiocho adversus Romanos auxilia,
castra movit. Primo die ad Lalandum flumen, postero
ad vicum, quem vocant Tyscon, ventum. Eo legati   2
Oroandensium cum venissent amicitiam petentes, ducenta talenta his sunt imperata precantibusque, ut
domum renuntiarent, potestas facta. Ducere inde ex-   3
ercitum consul ad Plitendum intendit; deinde ad Aly-
attos castra posita. Eo missi ad Eposognatum redierunt et legati reguli orantes, ne Tectosagis bellum
inferret; ipsum in eam gentem iturum Eposognatum
persuasurumque, ut imperata faciant. Data venia re-   4
gulo, duci inde exercitus per Axylon quam vocant
terram coeptus. Ab re nomen habet: non ligni modo
quicquam, sed ne spinas quidem aut ullum aliud
alimentum fert ignis; fimo bubulo pro lignis utuntur.
Ad Cuballum, Gallograeciae castellum, castra haben-   5
tibus Romanis apparuere cum magno tumultu hostium equites nec turbarunt tantum Romanas stationes repente invecti, sed quosdam etiam occiderunt.
Qui tumultus cum in castra perlatus esset, effusus   6
repente omnibus portis equitatus Romanus fudit fugavitque Gallos et aliquot fugientis occidit. Inde con-   7
sul, ut qui iam ad hostis perventum cerneret, explorato deinde et cum cura coacto agmine procedebat. Et
continentibus itineribus cum ad Sangarium flumen
venisset, pontem, quia vado nusquam transitus erat,

viel Macht haben diese fremdartigen Vergnügungen, das Feuer des
Herzens auszulöschen; so viel vermag der Einfluß der Gewohnheit und
der Sitte der Nachbarn. Es ist jedoch zu eurem Glück so gekommen;
wie sie euch gegenüber keineswegs Kraft haben, so haben sie bei den
Griechen einen Ruf, der jenem alten, mit dem sie gekommen sind,
gleich ist, und ihr werdet als Sieger denselben Kriegsruhm bei den
Bundesgenossen haben, als wenn ihr Gallier besiegt hättet, die ihren
alten charakteristischen Mut noch bewahrten.''

Er entließ die Heeresversammlung, schickte Gesandte zu Eposognatos, der als einziger von den Fürsten an der Freundschaft mit Eumenes
festgehalten und Antiochos Hilfstruppen gegen die Römer verweigert
hatte, und brach dann auf. Am ersten Tag kam man an den Fluß
Lalandos, am nächsten zu einem Dorf, das sie Tyskos nennen. Als dort
Gesandte aus Oroanda ankamen und Freundschaft schließen wollten,
wurden ihnen 200 Talente abverlangt, und auf ihre Bitte hin wurde
ihnen die Möglichkeit gegeben, es nach Hause zu melden. Von dort aus
führte der Konsul das Heer weiter nach Plitendon; dann wurde bei
Alyattoi das Lager aufgeschlagen. Dorthin kehrten die zurück, die zu
Eposognatos geschickt worden waren, und Gesandte des Fürsten mit
der Bitte, die Tektosagen nicht anzugreifen. Eposognatos werde selbst
zu dieser Völkerschaft gehen und sie überreden, das zu tun, was man
ihnen befehle. Es wurde dem Fürsten gewährt. Man begann dann das
Heer durch eine Landschaft zu führen, die sie Axylos *(die Holzlose)*
nennen. Sie hat ihren Namen von der Sache her; sie bringt nämlich nicht
nur kein Holz hervor, sondern nicht einmal Dornen oder etwas anderes, was dem Feuer Nahrung bietet. Man gebraucht dort Rindermist
anstelle von Brennholz. Während die Römer bei Kuballon, einem festen
Platz in Galatien, ihr Lager hatten, erschienen mit großem Lärm Reiter
der Feinde und setzten die römischen Posten nicht nur in Verwirrung,
als sie plötzlich herangaloppierten, sondern töteten auch einige. Als
dieser Lärm ins Lager drang, stürzte sich plötzlich aus allen Toren die
römische Reiterei, schlug die Gallier und jagte sie in die Flucht und
tötete eine Anzahl der Fliehenden. Weil der Konsul sah, daß man
schon zu den Feinden gelangt war, rückte er von dort aus erst weiter,
nachdem er Kundschafter ausgeschickt hatte, und hielt den Heereszug
sorgfältig zusammen. Und als er in aufeinanderfolgenden Märschen zum
Fluß Sangarios gekommen war, beschloß er eine Brücke zu bauen, weil

facere instituit. Sangarius ex Adoreo monte per Phry-   8
giam fluens miscetur ad Bithyniam Tymbri fluvio;
inde maior iam geminatis aquis per Bithyniam fertur
et in Propontidem sese effundit, non tamen tam magnitudine memorabilis, quam quod piscium accolis
ingentem vim praebet. Transgressis ponte perfecto   9
flumen praeter ripam euntibus Galli Matris Magnae a
Pessinunte occurrere cum insignibus suis vaticinantes
fanatico carmine deam Romanis vim belli et victoriam
dare imperiumque eius regionis. Accipere se omen   10
cum dixisset consul, castra eo ipso loco posuit. Postero die ad Gordium pervenit. Id haud magnum quidem   11
oppidum est, sed plus quam mediterraneum celebre et
frequens emporium. Tria maria pari ferme distantia   12
intervallo habet, Hellespontum, ad Sinopen et alterius
orae litora, qua Cilices maritimi colunt; multarum
magnarumque praeterea gentium finis contingit,
quarum commercium in eum maxime locum mutui
usus contraxere. Id tum desertum fuga incolarum   13
oppidum, refertum idem copia rerum omnium invenerunt. Ibi stativa habentibus legati ab Eposognato   14
venerunt nuntiantes profectum eum ad regulos Gallorum nihil aequi impetrasse; ex campestribus vicis   15
agrisque frequentes demigrare et cum coniugibus ac
liberis, quae ferre atque agere possint, prae se agentis
portantisque Olympum montem petere, ut inde armis
locorumque situ sese tueantur.

Certiora postea Oroandensium legati attulerunt   19
Tolostobogiorum civitatem Olympum montem cepisse; diversos Tectosagos alium montem, Magaba
qui dicatur, petisse; Trocmos coniugibus ac liberis   2
apud Tectosagos depositis armatorum agmine Tolo-
stobogiis statuisse auxilium ferre. Erant autem tunc
trium populorum reguli Ortiago et Conbolomarus et
Gaudotus. Iis haec maxime ratio belli sumendi fuerat,
quod, cum montes editissimos regionis eius tenerent,

es nirgendwo eine Furt zum Überschreiten gab. Der Sangarios fließt
vom Adoreos herab durch Phrygien und vereinigt sich an der Grenze
von Bithynien mit dem Tymbris. Von dort aus nimmt er, größer
geworden, da die Wassermassen sich verdoppelt haben, seinen Lauf
durch Bithynien und ergießt sich in die Propontis. Er ist jedoch nicht so
sehr wegen seiner Größe erwähnenswert, als weil er den Anwohnern
eine ungeheure Menge Fische bietet. Als die Brücke fertiggestellt war
und sie über den Fluß gegangen waren und an seinem Ufer entlangzo-
gen, kamen ihnen Galloi der Großen Mutter von Pessinus aus in ihrem
Ornat entgegen und prophezeiten in einem ekstatischen Lied, die
Göttin gebe den Römern Stärke im Krieg und den Sieg und die
Herrschaft über diese Gegend. Nachdem der Konsul gesagt hatte, er
nehme das Vorzeichen an, schlug er das Lager genau an dieser Stelle auf.
Am nächsten Tag gelangte er nach Gordion. Es ist zwar keine große
Stadt, aber doch mehr und stärker besucht als es bei einem Handelsplatz
im Binnenland sonst der Fall ist. Es ist von drei Meeren fast gleich weit
entfernt, dem Hellespont, dem Meer bei Sinope und den Gestaden einer
anderen Küste, wo die See-Kiliker wohnen. Es berührt außerdem die
Gebiete vieler großer Völkerschaften, deren Handel die gegenseitigen
Bedürfnisse gerade an diesem Ort konzentriert haben. Sie fanden diese
Stadt damals infolge der Furcht der Einwohner verlassen vor, aber
vollgestopft mit Vorrat an allen Dingen. Als sie dort ein Standlager
hatten, kamen Gesandte von Eposognatos und meldeten, er sei zu den
Fürsten der Gallier gegangen, habe aber nichts Günstiges erreicht. Sie
verließen in großer Zahl ihre Dörfer in der Ebene und ihre Felder und
zögen mit Frauen und Kindern zum Olympos, wobei sie alles, was sie
tragen und treiben könnten, vor sich trieben und trügen; hier wollten
sie sich mit ihren Waffen und durch die Lage des Platzes schützen.

Die Gesandten aus Oroanda brachten später zuverlässigere Nachrichten: der Stamm der Tolostobogier habe den Olympos besetzt.
Getrennt von ihnen seien die Tektosagen auf einen anderen Berg
gezogen, der Magaba heiße. Die Trokmer hätten Frauen und Kinder bei
den Tektosagen in Sicherheit gebracht und beschlossen, mit dem Zug
ihrer Bewaffneten den Tolostobogiern Hilfe zu bringen. Die Fürsten
der drei Völker waren damals Ortiagon, Konbolomaros und Gaudotos.
Sie hatten im wesentlichen folgenden Plan für die Kriegführung gefaßt:
sie meinten, indem sie die höchsten Berge dieser Gegend besetzt hielten

convectis omnibus, quae ad usum quamvis longi temporis sufficerent, taedio se fatigaturos hostem censebant: nam neque ausuros per tam ardua atque iniqua   4
loca subire eos et, si conarentur, vel parva manu
prohiberi aut deturbari posse nec quietos in radicibus
montium gelidorum sedentes frigus aut inopiam la-
turos. Et cum ipsa altitudo locorum eos tutaretur,   5
fossam quoque et alia munimenta verticibus iis, quos
insederant, circumiecere. Minima apparatus missilium   6
telorum cura fuit, quod saxa adfatim praebituram
asperitatem ipsam locorum credebant.

Consul quia non comminus pugnam, sed procul   20
locis oppugnandis futuram praeceperat animo, ingentem vim pilorum, velitarium hastarum, sagittarum
glandisque et modicorum, qui funda mitti possent,
lapidum paraverat instructusque missilium apparatu   2
ad Olympum montem ducit et a quinque ferme milibus castra locat. Postero die cum quadringentis equi-   3
tibus et Attalo progressum eum ad naturam montis
situmque Gallicorum castrorum visendum equites
hostium, duplex numerus, effusi e castris in fugam
averterunt; occisi quoque pauci fugientium, vulnerati
plures. Tertio die cum omnibus ⟨equitibus⟩ ad loca   4
exploranda profectus, quia nemo hostium extra munimenta processit, tuto circumvectus montem, animadvertit meridiana regione terrenos et placide acclives ad
quendam finem colles esse, a septentrione ardua et
rectas prope rupes atque omnibus ferme aliis inviis   5
itinera tria esse, unum medio monte, qua terrena
erant, duo difficilia ab hiberno solis ortu et ab aestivo
occasu. Haec contemplatus eo die sub ipsis radicibus
posuit castra; postero, sacrificio facto, cum primis   6
hostiis litasset, trifariam exercitum divisum ducere ad
hostem pergit. Ipse cum maxima parte copiarum, qua   7

und alles zusammengebracht hätten, daß es für den Bedarf auch in einer
noch so langen Zeit ausreiche, würden sie es dem Feind verleiden und
ihn zermürben. Denn die Römer würden es nicht wagen, durch ein so
schwieriges und unebenes Gelände an sie heranzurücken, und wenn sie
es versuchten, könnten sie schon durch eine kleine Schar abgewehrt
oder hinabgejagt werden, und sie würden auch nicht ruhig am Fuß der
kalten Berge sitzen und Kälte und Mangel ertragen. Und obwohl schon
die bloße Höhe der Berge sie schützte, zogen sie auch noch einen
Graben und andere Befestigungsanlagen um die Gipfel herum, auf
denen sie sich festgesetzt hatten. Die geringste Sorge war das Beschaffen
von Wurfgeschossen, weil sie glaubten, die Rauheit des Geländes selbst
werde ihnen mehr als genug Steine zur Verfügung stellen.

Weil der Konsul vorausgeahnt hatte, daß der Kampf nicht im Handgemenge, sondern von weitem mit dem Angriff auf Plätze ausgetragen
würde, hatte er eine ungeheure Menge Pilen, Lanzen für die Leichtbewaffneten, Pfeile sowie Schleuderkugeln und mäßig große Steine, die
mit der Schleuder geschossen werden konnten, bereitgestellt, und ausgerüstet mit einem Vorrat an Wurfgeschossen, zog er zum Olympos
und schlug ungefähr 5 Meilen davor sein Lager auf. Als er am nächsten
Tag mit 400 Reitern und Attalos vorging, um die Beschaffenheit des
Berges und die Lage des gallischen Lagers in Augenschein zu nehmen,
stürzten Reiter der Feinde, die doppelte Anzahl, aus dem Lager und
warfen ihn in die Flucht. Einige wurden auf der Flucht erschlagen, mehr
verwundet. Am dritten Tag brach er mit allen Reitern auf, um die
Gegend zu erkunden, und weil keiner von den Feinden aus den
Befestigungsanlagen herauskam, ritt er ungefährdet um den Berg herum
und bemerkte, daß an der Südseite Hügel mit einer Erdschicht waren,
die sanft bis zu einem gewissen Punkt anstiegen, an der Nordseite aber
steile Höhen und fast senkrecht abfallende Felsen, und daß es, während fast alles andere unwegsam war, drei Zugänge gab, einen in der
Mitte des Berges, wo es die Erde gab, und zwei schwer zu bewältigende
im Südosten und im Nordwesten. Nachdem er das beobachtet hatte,
schlug er an diesem Tag unmittelbar am Fuß des Berges sein Lager auf.
Am nächsten brachte er ein Opfer dar, und da er schon bei den ersten
Opfertieren günstige Vorzeichen erhielt, teilte er das Heer in drei
Gruppen und führte es weiter gegen den Feind. Er selbst zog mit dem
größten Teil der Truppen da hinauf, wo der Berg den leichtesten

aequissimum aditum praebebat mons, ascendit; L.
Manlium fratrem ab hiberno ortu, quoad loca patian-
tur et tuto possit, subire iubet; si qua periculosa et   8
praerupta occurrant, non pugnare cum iniquitate locorum neque inexsuperabilibus vim adferre, sed obli-
quo monte ad se declinare et suo agmini coniungi; C.   9
Helvium cum tertia parte circuire sensim per infima
montis, deinde ab occasu aestivo erigere agmen. Et
Attali auxilia trifariam aequo numero divisit, secum
esse ipsum iuvenem iussit. Equitatum cum elephantis   10
in proxima tumulis planitie reliquit; edictum praefectis, ut intenti, quid ubique geratur, animadvertant
opemque ferre, quo postulet res, possint.

   Galli ab duobus lateribus satis fidentes invia esse ab   21
ea parte, quae in meridiem vergeret, ut armis claude-
rent viam, quattuor milia fere armatorum ad tumulum
imminentem viae minus mille passuum a castris occu-
pandum mittunt, eo se rati veluti castello iter impedi-
turos. Quod ubi Romani viderunt, expediunt sese ad   2
pugnam. Ante signa modico intervallo velites eunt et
ab Attalo Cretenses sagittarii et funditores et Tralles
⟨et⟩ Thraeces; signa peditum, ut per arduum, leni   3
gradu ducuntur ita prae se habentium scuta, ut missilia tantum vitarent, pede collato non viderentur pu-
gnaturi. Missilibus ex intervallo loci proelium com-   4
missum est, primo par Gallos loco adiuvante, Romanos varietate et copia telorum; procedente certamine
nihil iam aequi erat. Scuta longa ceterum ad amplitu-
dinem corporum parum lata, et ea ipsa plana, male
tegebant Gallos. Nec tela iam alia habebant praeter   5
gladios, quorum, cum manum hostis non consereret,
nullus usus erat. Saxis nec modicis, ut quae non   6
praeparassent, sed quod cuique temere trepidanti ad

Zugang bot. Seinem Bruder L. Manlius befahl er, im Südosten empor-
zusteigen, solange das Gelände es zuließ und er es ohne Gefahr konnte.
Wenn er an gefährliche und abschüssige Stellen kam, sollte er nicht mit
der Ungunst des Geländes kämpfen und gegenüber unüberwindlichen
Schwierigkeiten Gewalt anwenden, sondern schräg am Berg hin zu ihm
abbiegen und sich seiner Abteilung anschließen. C. Helvius sollte mit
dem dritten Teil langsam unten am Berg herumziehen und dann von
Nordwesten her seine Abteilung hinaufführen. Die Hilfstruppen des
Attalos teilte er ebenfalls in drei gleich starke Teile und forderte den
jungen Mann selbst auf, bei ihm zu bleiben. Die Reiterei mit den
Elefanten ließ er in der Ebene in nächster Nähe der Hügel zurück; ihren
Kommandeuren wurde aufgetragen, aufmerksam zu beobachten, was
überall geschah, und sich zur Hilfeleistung bereitzuhalten, wo die Sache
es erforderlich machte.

Die Gallier verließen sich darauf, daß es an den beiden Flanken
unwegsam genug war, und um den Weg mit Waffengewalt zu sperren,
schickten sie an die Seite, die sich nach Süden neigte, ungefähr 4000
Bewaffnete, die einen Hügel, der weniger als 1000 Schritt vom Lager
entfernt an dem Weg lag, besetzen sollten; sie glaubten, damit könnten
sie wie mit einem Bollwerk den Weg abriegeln. Sobald die Römer das
sahen, machten sie sich zum Kämpfen bereit. Vor den Manipeln gingen
in mäßigem Abstand die Leichtbewaffneten und von Attalos die kretischen Bogenschützen und die Schleuderer und die Traller und die
Thraker. Die Manipel der Fußsoldaten wurden, da das Gelände steil
war, in langsamem Schritt geführt, und sie hielten die Schilde so vor
sich, daß sie nur die Geschosse von sich abwehrten, aber nicht so
aussahen, als wollten sie Mann gegen Mann kämpfen. Mit Geschossen
von weitem begann der Kampf, der zuerst ausgeglichen war, weil die
Gallier durch das Gelände begünstigt wurden, die Römer von der
Mannigfaltigkeit und der Menge ihrer Waffen. Als der Kampf sich
länger hinzog, stand es nicht mehr gleich. Die langen Schilde, die aber
für die Größe ihrer Körper nicht breit genug waren und dazu noch
flach, deckten die Gallier schlecht. Und schon hatten sie keine anderen
Angriffswaffen mehr als ihre Schwerter, für die es keine Verwendung
gab, weil der Feind es nicht zum Nahkampf kommen ließ. Da griffen sie
zu Steinen, aber nicht zu solchen von angemessener Größe, da sie sie
nicht bereitgelegt hatten, sondern zu dem, was einem jeden, wenn er auf

manum venisset, ⟨et⟩ ut insueti, nec arte nec viribus
adiuvantes ictum, utebanur. Sagittis, glande, iaculis   7
incauti ab omni parte configebantur nec, quid agerent, ira et pavore occaecatis animis cernebant et erant
deprensi genere pugnae, in quod minime apti sunt.
Nam quemadmodum comminus, ubi in vicem pati et   8
inferre vulnera licet, accendit ira animos eorum, ita,
ubi ex occulto et procul levibus telis vulnerantur nec,
quo ruant caeco impetu, habent, velut ferae transfixae
in suos temere incurrunt. Detegebat vulnera eorum,   9
quod nudi pugnant et sunt fusa et candida corpora, ut
quae numquam nisi in pugna nudentur; ita et plus
sanguinis ex multa carne fundebatur et foediores pate-
bant plagae et candor corporum magis sanguine atro
maculabatur. Sed non tam patentibus plagis moven-   10
tur; interdum insecta cute, ubi latior quam altior
plaga est, etiam gloriosius se pugnare putant; iidem,   11
cum aculeus sagittae aut glandis abditae introrsus
tenui vulnere in speciem urit et scrutantis, qua evell-
lant, telum non sequitur, tum in rabiem et pudorem
tam parvae perimentis versi pestis prosternunt corpora humi, sicut tum passim procumbebant; alii ruentes   12
in hostem undique configebantur et, cum comminus
venerant, gladiis a velitibus trucidabantur. Hic miles   13
tripedalem parmam habet et in dextera hastas, quibus
eminus utitur; gladio Hispaniensi est cinctus; quod si
pede collato pugnandum est, translatis in laevam hastis stringit gladium. Pauci iam supererant Gallorum,   14
qui, postquam ab levi armatura superatos se viderunt
et instare legionum signa, effusa fuga castra repetunt
pavoris et tumultus iam plena, ut ubi feminae pueri-

gut Glück hin und her lief, in die Hand kam; und als wenn sie keine
Übung hätten, verliehen sie ihrem Wurf weder durch Technik noch mit
ihren Kräften Nachdruck. Von Pfeilen, Schleuderkugeln und Wurfspeeren wurden sie bei ihrer Unvorsichtigkeit von allen Seiten getroffen,
und mit von Zorn und Entsetzen verblendeten Herzen sahen sie nicht,
was sie tun sollten, und fanden sich in eine Kampfesart verwickelt, zu
der sie am wenigsten geeignet sind. Denn wie im Nahkampf, wo man
gegenseitig Wunden erleiden und schlagen kann, Wut ihre Herzen
entflammt, so greifen sie, wenn sie aus einem Versteck oder von weitem
durch leichte Geschosse verwundet werden und nichts haben, worauf
sie sich in blindwütigem Angriff stürzen können, wie wilde Tiere, die
verwundet worden sind, kopflos ihre eigenen Leute an. Ihre Wunden
waren gut zu sehen, weil sie nackt kämpfen und ihre Körper fleischig
und weiß sind, da sie sie niemals entblößen außer im Kampf. So strömte
ziemlich viel Blut aus dem vielen Fleisch, die Wunden klafften ganz
gräßlich, und das Weiß ihrer Körper wurde durch das schwarze Blut
auffallend besudelt. Aber durch klaffende Wunden lassen sie sich nicht
so leicht beeindrucken. Mitunter glauben sie sogar, sie kämpften ehrenvoller, wenn die Haut zerschnitten ist, sofern die Wunde mehr breit als
tief ist. Wenn aber die Spitze eines Pfeiles oder einer Schleuderkugel in
ihren Körper eingedrungen ist und tief in einer scheinbar unbedeuten-
den Wunde brennt und sie nach einem Weg suchen, das Geschoß
herauszureißen, es sich aber nicht herausziehen läßt, dann werden sie
von Raserei und Scham darüber gepackt, daß eine so kleine Verletzung
sie dahinrafft, und werfen sich auf die Erde; so sanken sie auch jetzt überall zu Boden. Andere stürzten sich auf den Feind und wurden von allen Seiten getroffen, und wenn sie ins Handgemenge gekommen waren,
wurden sie von den Leichtbewaffneten mit den Schwertern niedergemacht. Dieser Soldat hat einen drei Fuß großen Rundschild und in der
Rechten Lanzen, die er beim Kampf auf Schußweite einsetzt, und ist mit
einem spanischen Schwert gegürtet. Wenn man aber Mann gegen Mann
kämpfen muß, nimmt er die Lanzen in die Linke und zückt das
Schwert. Nur wenige von den Galliern waren jetzt noch übrig, und
nachdem sie sahen, daß sie von den Leichtbewaffneten überwunden
worden waren und daß die Manipel der Legionen heranrückten, suchten sie in wilder Flucht ihr Lager wieder zu erreichen, in dem sich schon
Entsetzen und Lärm ausbreitete, weil sich dort auch Frauen und Kinder

que et alia imbellis turba permixta esset. Romanos   15
victores deserti fuga hostium acceperunt tumuli.

Sub idem tempus L. Manlius et C. Helvius, cum,   22
quoad viam colles obliqui dederunt, escendissent,
postquam ad invia ventum est, flexere iter in partem
montis, quae una habebat iter, et sequi consulis ag-   2
men modico uterque intervallo velut ex composito
coeperunt, quod primo optimum factu fuisset, in id
necessitate ipsa compulsi; subsidia enim in talibus   3
iniquitatibus locorum maximo saepe usui fuerunt, ut
primis forte deturbatis secundi et tegant pulsos et
integri pugnam excipiant.

Consul, postquam ad tumulos ab levi armatura   4
captos prima signa legionum pervenerunt, respirare et
conquiescere paulisper militem iubet; simul strata per
tumulos corpora Gallorum ostentat et: cum levis   5
armatura proelium tale ediderit, quid ab legionibus,
quid ab iustis armis, quid ab animis fortissimorum
militum exspectari? Castra illis capienda esse, in quae
compulsus ab levi armatura hostis trepidet. Praecede-   6
re tamen iubet levem armaturam, quae, cum staret
agmen, colligendis per tumulos telis, ut missilia sufficerent, haud segne id ipsum tempus consumpserat.
Iam castris appropinquabant; et Galli, ne parum se   7
munimenta sua tegerent, armati pro vallo constite-
rant. Obruti deinde omni genere telorum cum, quo
plures atque densiores erant, eo minus vani quicquam
intercideret teli, intra vallum momento temporis
compelluntur stationibus tantum firmis ad ipsos aditus portarum relictis. In multitudinem compulsam in   8
castra vis ingens missilium telorum coniciebatur et
vulnerari multos clamor permixtus mulierum atque
puerorum ploratibus significabat. In eos, qui portas   9
stationibus suis clauserant, legionum antesignani pila
coniecerunt. Iis vero non vulnerabantur, sed transver-

und die übrige Masse der Nichtkämpfer befanden. Die siegreichen Römer besetzten die durch die Flucht der Feinde freigegebenen Hügel.

Um die gleiche Zeit waren L. Manlius und C. Helvius hinaufgestiegen, solange die sich schräg hinanziehenden Hügel einen Weg boten. Nachdem man aber an unwegsame Stellen gekommen war, änderten sie die Richtung auf den Teil des Berges hin, der als einziger einen Zugang bot, und begannen dem Zug des Konsuls beide in mäßigem Abstand zu folgen wie auf Verabredung. Was von Anfang an das beste gewesen wäre, dazu wurden sie erst durch die Notwendigkeit getrieben; denn Reserven sind in solch ungünstigem Gelände oft von größtem Nutzen gewesen, um, wenn die Ersten etwa zurückgetrieben waren, als zweites Treffen die Geschlagenen zu schützen und mit frischen Kräften den Kampf wiederaufzunehmen.

Nachdem die ersten Manipel der Legionen zu den Hügeln gelangt waren, die die Leichtbewaffneten eingenommen hatten, ließ der Konsul die Soldaten wieder zu Atem kommen und sich kurze Zeit ausruhen. Zugleich zeigte er ihnen die über die Hügel hingestreckten Leichen der Gallier und sagte: wenn die Leichtbewaffneten einen solchen Kampf geliefert hätten, was werde dann von den Legionen erwartet, was von regelrechten Waffen, was von dem Mut der tapfersten Soldaten? Sie müßten das Lager einnehmen, in das der von den Leichtbewaffneten geschlagene Feind stürze. Trotzdem befahl er den Leichtbewaffneten voranzugehen; solange der Heereszug stand, hatten sie diese Zeit nicht faul damit verbracht, die Geschosse auf den Hügeln aufzusammeln, damit ausreichend Wurfgeschosse vorhanden waren. Schon näherten sie sich dem Lager. Und die Gallier, die fürchteten, daß die Befestigungsanlagen sie zu wenig schützten, hatten sich bewaffnet vor dem Wall aufgestellt. Sie wurden dann mit Geschossen jeder Art überschüttet; je mehr sie waren und je dichter sie standen, desto weniger fiel dabei ein Geschoß wirkungslos dazwischen. Im Nu wurden sie hinter dem Wall zusammengetrieben und ließen nur starke Posten unmittelbar an den Zugängen der Tore zurück. Auf die im Lager zusammengetriebene Menge ging ein Hagel von Geschossen nieder, und das Geschrei der Frauen und Kinder, vermischt mit lautem Wehklagen, zeigte an, daß viele verwundet wurden. Auf die, die die Tore mit ihren Posten gesperrt hatten, schleuderten die vordersten Reihen der Legionen ihre Pilen. Dadurch wurden die Gallier zwar nicht verwundet, aber weil ihre

beratis scutis plerique inter se conserti haerebant; nec
diutius impetum Romanorum sustinuerunt.

Patentibus iam portis, priusquam irrumperent vic-   23
tores, fuga e castris Gallorum in omnis partes facta
est. Ruunt caeci per vias, per invia; nulla praecipitia
saxa, nullae rupes obstant; nihil praeter hostem metu-
unt; itaque plerique praecipites per vastam altitudi-   2
nem prolapsi ⟨contusi⟩ aut debilitati exanimantur.
Consul captis castris direptione praedaque abstinet
militem; sequi pro se quemque et instare et perculsis
pavorem addere iubet.

Supervenit et alterum cum L. Manlio agmen; nec   3
eos castra intrare sinit; protinus ad persequendos
hostis mittit et ipse paulo post tradita captivorum
custodia tribunis militum sequitur debellatum ratus,
si in illo pavore quam plurimi caesi forent aut capti.
Egresso consule C. Helvius cum tertio agmine adve-   4
nit nec continere suos ab direptione castrorum valuit
praedaque eorum, iniquissima sorte, qui pugnae non
interfuerant, facta est.

Equites diu ignari et pugnae et victoriae suorum   5
steterunt; deinde et ipsi, quantum equis subire poterant, sparsos fuga Gallos circa radices montis consec-
tati cecidere aut cepere. Numerus interfectorum haud   6
facile iniri potuit, quia late per omnis amfractus montium fugaque et caedes fuit, et magna pars rupibus   7
inviis in profundae altitudinis convalles delapsa est,
pars in silvis vepribusque occisa. Claudius, qui bis   8
pugnatum in Olympo monte scribit, ad quadraginta
milia hominum auctor est caesa, Valerius Antias, qui
magis immodicus in numero augendo esse solet, non
plus decem milia. Numerus captivorum haud dubie   9
milia quadraginta explevit, quia omnis generis aetatis-
que turbam secum traxerant demigrantium magis

Schilde durchbohrt wurden, wurden sehr viele aneinandergeheftet und konnten nicht loskommen. Und sie hielten dem Angriff der Römer nicht länger stand.

Als die Tore schon offenstanden, kam es, noch bevor die Sieger eindrangen, zur Flucht der Gallier aus dem Lager nach allen Seiten. Sie rannten blindlings über Wege und durch unwegsames Gelände. Keine schroffen Klippen, keine Felswände hielten sie auf. Sie fürchteten nichts als den Feind. Deshalb stürzten sehr viele kopfüber in die ungeheure Tiefe und kamen zerschmettert oder gelähmt ums Leben. Nach der Einnahme des Lagers hielt der Konsul die Soldaten vom Plündern und Beutemachen ab. Er befahl ihnen, jeder für sich die Verfolgung aufzunehmen und heranzugehen und die hart Mitgenommenen noch mehr in Panik zu versetzen.

Es kam auch die zweite Abteilung mit L. Manlius dazu. Der Konsul ließ sie nicht ins Lager hinein, sondern schickte sie unverzüglich zur Verfolgung der Feinde und folgte ihnen selbst wenig später, nachdem er die Bewachung der Gefangenen den Kriegstribunen übergeben hatte; er glaubte, der Krieg sei entschieden, wenn in dieser Panik möglichst viele erschlagen oder gefangen würden. Nachdem der Konsul ausgerückt war, kam C. Helvius mit der dritten Abteilung heran und konnte seine Leute nicht daran hindern, das Lager zu plündern, und die Beute fiel, was höchst ungerecht war, denen zu, die am Kampf nicht teilgenommen hatten.

Die Reiter standen lange da, ohne den Kampf und den Sieg ihrer Kameraden zu bemerken. Dann verfolgten auch sie, soweit sie mit den Pferden herankommen konnten, die Gallier, die sich auf der Flucht am Fuß des Berges zerstreut hatten, und erschlugen sie oder nahmen sie gefangen. Die Zahl der Getöteten konnte nicht leicht ermittelt werden, weil die Flucht und das Gemetzel weithin über alle Krümmungen der Berge ging und ein großer Teil von den unwegsamen Felsen in die tiefen Abgründe der Talkessel stürzte und ein Teil in den Wäldern und im Dorngebüsch erschlagen wurde. Claudius, der schreibt, es sei zweimal auf dem Olympos gekämpft worden, behauptet, ungefähr 40 000 Menschen seien erschlagen worden, Valerius Antias, der beim Übertreiben einer Zahl noch maßloser zu sein pflegt, nicht mehr als 10 000. Die Zahl der Gefangenen belief sich zweifellos auf 40 000, weil sie eine Menge jeden Geschlechts und Alters mitgeschleppt hatten mehr nach Art von

quam in bellum euntium modo. Consul armis ho-   10
stium in uno concrematis cumulo ceteram praedam
conferre omnis iussit et aut vendidit, quod eius in
publicum redigendum erat, aut cum cura, ut quam
aequissima esset, per milites divisit. Laudati quoque   11
pro contione omnes sunt donatique pro merito quisque, ante omnis Attalus summo ceterorum adsensu;
nam singularis eius iuvenis cum virtus et industria in
omnibus laboribus periculisque, tum modestia etiam
fuerat.

Supererat bellum integrum cum Tectosagis. Ad eos   **24**
profectus consul tertiis castris Ancyram, nobilem in
illis locis urbem, pervenit, unde hostes paulo plus
decem milia aberant. Ubi cum stativa essent, facinus   2
memorabile a captiva factum est. Orgiagontis reguli
uxor forma eximia custodiebatur inter plures captivos; cui custodiae centurio praeerat et libidinis et
avaritiae militaris. Is primo animum temptavit; quem   3
cum abhorrentem a voluntario videret stupro, corpori, quod servum fortuna erat, vim fecit. Deinde ad   4
leniendam indignitatem iniuriae spem reditus ad suos
mulieri facit, et ne eam quidem ut amans gratuitam.
Certo auri pondere pactus, ne quem suorem con-
scium haberet, ipsi permittit, ut quem vellet unum ex
captivis nuntium ad suos mitteret. Locum prope flu-   5
men constituit, quo duo ne plus necessarii captivae
cum auro venirent nocte insequenti ad eam accipiendam. Forte ipsius mulieris servus inter captivos eius-   6
dem custodiae erat. Hunc nuntium primis tenebris
extra stationes centurio educit. Nocte insequenti et   7
duo necessarii mulieris ad constitutum locum et centurio cum captiva venit. Ubi cum aurum ostenderent,   8
quod summam talenti Attici — tanti enim pepigerat
— expleret, mulier lingua sua, stringerent ferrum et
centurionem pensantem aurum occiderent, imperavit.

Leuten, die ihren Wohnsitz verlegen, als von solchen, die in den Kampf
ziehen. Der Konsul verbrannte die Waffen der Feinde auf einem Haufen
und ließ von allen die übrige Beute zusammentragen und verkaufte
davon das, was für die Staatskasse eingezogen werden mußte, den Rest
verteilte er mit Sorgfalt, damit es möglichst gleichmäßig geschah, unter
die Soldaten. Es wurden auch alle vor der Heeresversammlung gelobt
und jeder seinem Verdienst entsprechend beschenkt, vor allem Attalos
unter größtem Beifall der andern; denn die Tapferkeit und die Einsatzbereitschaft dieses jungen Mannes in allen Mühen und Gefahren war
einzigartig gewesen, noch mehr aber seine Bescheidenheit.

Der Krieg mit den Tektosagen mußte noch im vollen Umfang geführt
werden. Der Konsul brach zu ihnen auf und gelangte in drei Tagesmärschen nach Ankyra, einer berühmten Stadt in jener Gegend, von der die
Feinde wenig mehr als zehn Meilen entfernt waren. Während dort das
Standlager war, wurde von einer Gefangenen eine denkwürdige Tat
vollbracht. Die Frau des Fürsten Orgiagon, die außerordentlich schön
war, wurde mit noch mehr Gefangenen bewacht. Das Kommando über
diese Wachmannschaft hatte ein Centurio mit der Triebhaftigkeit und
der Habgier eines Soldaten. Der suchte zunächst ihre Einwilligung zu
erreichen. Als er sah, daß sie davor zurückschauderte, sich ihm freiwillig hinzugeben, tat er ihr, die durch das Schicksal versklavt war, Gewalt
an. Darauf machte er, um die Nichtswürdigkeit des Unrechts zu
lindern, der Frau Hoffnung auf Rückkehr zu den Ihrigen, aber nicht
einmal das, wie ein Liebender, umsonst. Er einigte sich mit ihr auf eine
bestimmte Menge Gold, und um keine Mitwisser unter seinen eigenen
Leuten zu haben, erlaubte er ihr, nach ihrem Belieben einen von den
Gefangenen als Boten zu den Ihren zu schicken. Er bestimmte eine
Stelle nahe an einem Fluß, wohin zwei und nicht mehr Verwandte der
Frau in der kommenden Nacht mit dem Gold kommen sollten, um sie
entgegenzunehmen. Zufällig befand sich ein Sklave der Frau unter den
Gefangenen dieser Wachmannschaft. Diesen führte der Centurio nach
Einbruch der Dunkelheit aus dem Bereich der Posten hinaus. In der
folgenden Nacht kamen die beiden Verwandten der Frau zu der verab-
redeten Stelle und auch der Centurio mit der Gefangenen. Als sie das
Gold zeigten, das den Wert von einem attischen Talent hatte – denn auf
so viel hatte er sich mit ihr geeinigt –, befahl die Frau in ihrer Sprache,
sie sollten das Schwert zücken und den Centurio, der das Gold wog,

Iugulati praecisum caput ipsa involutum veste ferens   9
ad virum Orgiagontem, qui ab Olympo domum refu-
gerat, pervenit; quem priusquam complecteretur, caput centurionis ante pedes eius abiecit mirantique,   10
cuiusnam id caput hominis aut quod id facinus haudquaquam muliebre esset, et iniuriam corporis et ultio-
nem violatae per vim pudicitiae confessa viro est
aliaque, ut traditur, sanctitate et gravitate vitae huius   11
matronalis facinoris decus ad ultimum conservavit.

Ancyram in stativa oratores Tectosagum ad consu-   25
lem venerunt petentes, ne ante castra moveret, quam
collocutus cum suis regibus esset: nullas condiciones
pacis iis non bello fore potiores. Tempus in posterum   2
diem constituitur locusque, qui medius maxime inter
castra Gallorum et Ancyram est visus. Quo cum   3
consul ad tempus cum praesidio quingentorum equitum venisset nec ullo Gallorum ibi viso regressus in
castra esset, oratores idem redeunt excusantes religio-   4
ne obiecta venire reges non posse; principes gentis,
per quos aeque res transigi posset, venturos. Consul   5
se quoque Attalum missurum dixit. Ad hoc colloquium utrimque ventum est. Trecentos equites Attalus praesidii causa cum adduxisset, iactatae sunt pacis
condiciones; finis rei quia absentibus ducibus imponi   6
non poterat, convenit, uti consul regesque eo loco
postero die congrederentur. Frustratio Gallorum eo   7
spectabat, primum ut tererent tempus, donec res suas,
quibus periclitari nolebant, cum coniugibus et liberis
trans Halyn flumen traicerent, deinde quod ipsi consuli, parum cauto adversus colloquii fraudem, insi-
diabantur. Mille ad eam rem ex omni numero auda-   8
ciae expertae delegerunt equites; et successisset frau-
di, ni pro iure gentium, cuius violandi consilium
initum erat, stetisset fortuna. Pabulatores lignatores-   9

töten. Den abgeschnittenen Kopf des Erschlagenen hüllte sie selbst in ihr Gewand und gelangte damit zu ihrem Mann Orgiagon, der vom Olympos nach Hause geflohen war. Bevor sie ihn umarmte, warf sie ihm den Kopf des Centurio vor die Füße, und als er sich wunderte, von welchem Menschen denn dieser Kopf stamme und was für eine keineswegs zu einer Frau passende Tat das sei, gestand sie ihrem Mann das ihrem Körper angetane Unrecht und die Rache für die mit Gewalt verletzte Keuschheit, und sie bewahrte, wie berichtet wird, bis zuletzt mit ihrer sonstigen Sittenreinheit und Würde den Ruhm dieser Frauentat.

Nach Ankyra in das Standlager kamen Unterhändler der Tektosagen zum Konsul und baten ihn, nicht eher aufzubrechen, bis er mit ihren Königen eine Unterredung gehabt habe; jede Friedensbedingung werde ihnen lieber sein als der Krieg. Der Zeitpunkt wurde auf den nächsten Tag festgesetzt und ein Platz, der ziemlich als die Mitte zwischen dem Lager der Gallier und Ankyra angesehen wurde. Als der Konsul rechtzeitig mit einer Bedeckungsmannschaft von 500 Reitern dorthin kam, aber keinen von den Galliern dort sah und wieder ins Lager zurückkehrte, kamen dieselben Unterhändler zurück mit der Entschuldigung, ihre Könige könnten nicht kommen, weil sich religiöse Bedenken ergeben hätten. Es würden führende Männer der Völkerschaft kommen, durch die die Sache ebensogut abgemacht werden könne. Der Konsul sagte, auch er werde Attalos schicken. Zu dieser Unterredung kam man von beiden Seiten zusammen. Attalos hatte 300 Reiter herangeführt, und die Friedensbedingungen wurden besprochen. Weil die Sache in Abwesenheit der Führer nicht zum Abschluß gebracht werden konnte, kam man überein, der Konsul und die Könige sollten am nächsten Tag an derselben Stelle zusammenkommen. Die Hinhaltetaktik der Gallier zielte zunächst darauf ab, Zeit zu gewinnen, bis sie ihr Hab und Gut, das sie nicht der Gefahr aussetzen wollten, mit ihren Frauen und Kindern über den Halys geschafft hätten; dann planten sie auch gegen den Konsul selbst, der sich vor hinterhältiger Täuschung bei der Unterredung zu wenig hütete, einen Anschlag. Sie wählten dazu aus der Gesamtzahl ihrer Reiter 1000 von bewährter Kühnheit aus. Und die hinterhältige Täuschung wäre gelungen, wenn nicht das Schicksal auf der Seite des Völkerrechts gestanden hätte, das man zu verletzen plante. Römische Futterholer und Holzholer wurden in die Gegend geführt,

que Romani in eam partem, in qua colloquium futurum erat, ducti sunt tutius id futurum tribunis ratis,
quia consulis praesidium et ipsum pro statione habituri erant hosti oppositum; suam tamen alteram sta-   10
tionem propius castra sescentorum equitum posuerunt. Consul, adfirmante Attalo venturos reges et   11
transigi rem posse, profectus e castris, cum eodem
quo antea praesidio equitum quinque milia fere processisset nec multum a constituto loco abesset, repente concitatis equis cum impetu hostili videt Gallos
venientis. Constituit agmen et expedire tela animos-   12
que equitibus iussis primo constanter initium pugnae
excepit nec cessit; dein, cum praegravaret multitudo,
cedere sensim nihil confusis turmarum ordinibus coepit; postremo, cum iam plus in mora periculi quam in   13
ordinibus conservandis praesidii esset, omnes passim
in fugam effusi sunt. Tum vero instare dissipatis Galli
et caedere; magnaque pars oppressa foret, ni statio
pabulatorum, sescenti equites, occurrissent. Ii procul   14
clamore pavido suorum audito, cum tela equosque
expedissent, integri profligatam pugnam acceperunt.
Itaque versa extemplo fortuna est, versus a victis in   15
victores terror. Et primo impetu fusi Galli sunt et ex
agris concurrebant pabulatores et undique obvius hostis Gallis erat, ut ne fugam quidem tutam aut facilem
haberent, quia recentibus equis Romani fessos sequebantur. Pauci ergo effugerunt; captus est nemo;   16
maior multo pars per fidem violati colloquii poenas
morte luerunt. Romani ardentibus ira animis postero
die omnibus copiis ad hostem perveniunt.

Biduum natura montis per se ipsum exploranda, ne   26
quid ignoti esset, absumpsit consul; tertio die, cum
auspicio operam dedisset, deinde immolasset, in quattuor partes divisas copias educit, duas, ut medio

wo die Unterredung stattfand, da die Tribunen glaubten, das werde
sicherer sein, weil sie dann auch die Bedeckungsmannschaft des Konsuls
als Wachposten haben würden, der dem Feind gegenüberstehe; ihren
eigenen Wachposten von 600 Reitern jedoch stellten sie als zweiten
näher an das Lager. Weil Attalos versicherte, die Könige würden
kommen und die Sache könne abgemacht werden, brach der Konsul mit
derselben Bedeckungsmannschaft an Reitern wie vorher aus dem Lager
auf, und nachdem er etwa fünf Meilen weit gekommen war und nicht
mehr weit von der vereinbarten Stelle entfernt war, sah er plötzlich die
Gallier im Galopp zum feindlichen Angriff herankommen. Er ließ seine
Formation halten, befahl den Reitern, die Waffen bereitzumachen und
sich auf den Kampf einzustellen, und nahm zunächst den Kampf ruhig
auf und wich nicht. Als dann die Menge das Übergewicht gewann,
begann er langsam zurückzugehen, ohne daß die Reihen der Schwadronen in Unordnung geraten wären. Zuletzt, als schon mehr Gefahr darin
lag, wenn sie noch länger warteten, als Sicherheit darin, wenn sie in der
Reihe blieben, stoben sie alle nach allen Seiten in wilder Flucht davon.
Da aber waren die Gallier den Zersprengten auf den Fersen und
schlugen sie nieder. Und ein großer Teil wäre erschlagen worden, wenn
nicht der Wachposten der Futterholer, die 600 Reiter, zu Hilfe geeilt
wären. Diese hörten von weitem das Angstgeschrei ihrer Kameraden,
machten ihre Waffen und Pferde bereit und nahmen mit frischen
Kräften den fast schon entschiedenen Kampf wieder auf. Daher wandte
sich augenblicklich das Geschick, und der Schrecken kehrte sich von
den Besiegten gegen die Sieger. Im ersten Ansturm wurden die Gallier
geschlagen, von den Feldern liefen die Futterholer zusammen, und
überall trat der Feind den Galliern entgegen, so daß sie nicht einmal eine
sichere und leichte Flucht hatten, weil die Römer mit frischen Pferden
die Erschöpften verfolgten. Nur wenige entkamen also; Gefangene
wurde nicht gemacht; der weitaus größte Teil büßte mit dem Tode
dafür, daß die Unterredung treulos mißbraucht worden war. Die
Römer gelangten mit vor Zorn lodernden Herzen am nächsten Tag mit
allen Truppen zum Feind.

Zwei Tage verbrachte der Konsul damit, die Beschaffenheit des
Berges an sich zu erkunden, damit ihm nichts unbekannt wäre. Am
dritten Tag, nachdem er sich um das Auspicium bemüht und dann
geopfert hatte, führte er seine Truppen, die er in vier Formationen

monte duceret, duas ab lateribus, ut adversus cornua   2
Gallorum erigeret. Hostium quod roboris erat, Tec-   3
tosagi et Trocmi, mediam tenebant aciem, milia hominum quinquaginta; equitatum, quia equorum nullus erat inter inaequales rupes usus, ad pedes deductum, decem milia hominum, ab dextro locaverant
cornu; Ariarathis Cappadoces et Morzi auxiliares in   4
laevo quattuor ferme milium numerum explebant.
Consul, sicut in Olympo monte, prima in acie locata
levi armatura, telorum omnis generis ut aeque magna
vis ad manum esset, curavit. Ubi appropinquarunt,   5
omnia eadem utrimque, quae fuerant in priore proelio, erant praeter animos et victoribus ab re secunda
auctos et hostibus fractos, quia, etsi non ipsi victi   6
erant, suae gentis hominum cladem pro sua ducebant.
Itaque a paribus initiis coepta res eundem exitum
habuit. Velut nubes levium telorum coniecta obruit   7
aciem Gallorum. Nec aut procurrere quisquam ab
ordinibus suis, ne nudarent undique corpus ad ictus,
audebant et stantes, quo densiores erant, hoc plura,
velut destinatum petentibus, vulnera accipiebant.
Consul iam per se turbatis si legionum signa ostendis-   8
set, versuros extemplo in fugam omnis ratus receptis
inter ordines velitibus et alia turba auxiliorum aciem
promovit.

Galli et memoria Tolostobogiorum cladis territi et   27
inhaerentia corporibus gerentes tela fessique et stando
et vulneribus ne primum quidem impetum et clamorem Romanorum tulerunt. Fuga ad castra inclinavit;   2
sed pauci intra munimenta sese recepere; pars maior
dextra laevaque praelati, qua quemque impetus tulit,
fugerunt. Victores usque ad castra secuti ceciderunt   3
terga; deinde in castris cupiditate praedae haeserunt
nec sequebatur quisquam. In cornibus Galli diutius   4

aufgeteilt hatte, heraus, zwei, um sie gegen die Mitte des Berges zu
führen, zwei an den Flanken, um sie gegen die Flügel der Gallier
hinaufrücken zu lassen. Was die Feinde an Kerntruppen hatten, die
Tektosagen und die Trokmer, standen im Zentrum, 50 000 Mann. Die
Reiterei hatten sie absitzen lassen, weil es zwischen den unebenen
Felsen für Pferde keine Verwendung gab, und hatten sie, 10 000 Mann,
auf dem rechten Flügel aufgestellt. Die Kappadoker des Ariarathes und
die Hilfstruppen des Morzios waren auf dem linken Flügel etwa 4000
Mann stark. Der Konsul stellte wie am Olympos die Leichtbewaffneten
ins erste Treffen und sorgte dafür, daß von Geschossen aller Art eine
ebenso große Menge zur Hand war. Sobald sie sich näherten, war auf
beiden Seiten alles genauso, wie es bei dem vorigen Kampf gewesen war,
bis auf den Mut, der bei den Siegern aufgrund ihres Erfolges gewachsen
und bei den Feinden gebrochen war, weil sie, auch wenn sie nicht selbst
besiegt worden waren, doch die Niederlage von Leuten ihrer Völkerschaft wie ihre eigene betrachteten. Und so nahm die Sache den gleichen
Anfang und hatte dasselbe Ende. Ein Hagel von leichten Geschossen
ging auf die Schlachtreihe der Gallier nieder, und keiner wagte aus
seiner Abteilung vorzustürmen, um nicht seinen Körper von allen
Seiten den Geschossen auszusetzen, und da sie sich nicht von der Stelle
rührten, erhielten sie, je dichter sie standen, um so mehr Wunden, als
wenn die Feinde auf ein bestimmtes Ziel schössen. Der Konsul glaubte,
wenn er ihnen, die auch so schon in Verwirrung gerieten, die Manipel
der Legionen zeigte, würden sie sich alle augenblicklich zur Flucht
wenden; er nahm daher die Leichtbewaffneten und die übrige Schar der
Hilfstruppen zwischen seine Abteilungen zurück und ließ die Schlachtreihe vorgehen.

Die Gallier waren durch die Erinnerung an die Niederlage der
Tolostobogier in Schrecken, in ihren Körpern steckten Geschosse, und
sie waren erschöpft von dem Stehen und von ihren Wunden; so hielten
sie nicht einmal den ersten Ansturm und das Geschrei der Römer aus.
Die Flucht ging in Richtung auf das Lager. Aber nur wenige kehrten
hinter die Befestigungsanlagen zurück; der größte Teil stürzte rechts
und links vorbei, und sie flohen, wohin einen jeden der Schwung trug.
Die Sieger verfolgten sie bis zum Lager und schlugen von hinten auf sie
ein. Dann blieben sie in der Gier auf Beute im Lager hängen, und keiner
setzte die Verfolgung fort. Auf den Flügeln standen die Gallier länger an

steterunt, quia serius ad eos perventum est; ceterum
ne primum quidem coniectum telorum tulerunt.
Consul, quia ingressos in castra ab direptione abstra-   5
here non poterat, eos, qui in cornibus fuerant, protinus ad sequendos hostis misit. Per aliquantum spa-   6
tium secuti; non plus tamen octo milia hominum in
fuga — nam pugna nulla fuit — ceciderunt; reliqui
flumen Halyn traiecerunt. Romanorum pars magna   7
ea nocte in castris hostium mansit; ceteros in sua
castra consul reduxit. Postero die captivos praedam-
que recensuit, quae tanta fuit, quantam avidissima
rapiendi gens, cum cis montem Taurum omnia armis
per multos annos tenuisset, coacervare potuit. Galli   8
ex dissipata passim fuga in unum locum congregati,
magna pars saucii aut inermes, nudati omnibus rebus,
oratores de pace ad consulem miserunt. Eos Manlius   9
Ephesum venire iussit; ipse — iam enim medium
autumni erat — locis gelidis propinquitate Tauri
montis excedere properans victorem exercitum in hiberna maritimae orae reduxit.

Dum haec in Asia geruntur, in ceteris provinciis   28
tranquillae res fuerunt. Censores Romae T. Quinctius
Flamininus et M. Claudius Marcellus senatum lege-
runt; princeps in senatu tertium lectus P. Scipio Afri-   2
canus; quattuor soli praeteriti sunt, nemo curuli usus
honore. Et in equitatu recensendo mitis admodum
censura fuit. Substructionem super Aequimelium in   3
Capitolio et viam silice sternendam a porta Capena ad
Martis locaverunt. Campani, ubi censerentur, sena-   4
tum consuluerunt; decretum, uti Romae censerentur.

Aquae ingentes eo anno fuerunt; Tiberis duode-
ciens campum Martium planaque urbis inundavit.

Ab Cn. Manlio consule bello in Asia cum Gallis   5
perfecto, alter consul M. Fulvius perdomitis Aetolis
cum traiecisset in Cephallaniam, circa civitates insulae
misit percontatum, utrum se dedere Romanis an belli

ihrem Platz, weil man erst später zu ihnen gelangte. Aber sie hielten nicht einmal den ersten Wurf der Geschosse aus. Weil der Konsul die, die ins Lager hineingekommen waren, nicht vom Plündern abhalten konnte, schickte er die, die auf den Flügeln gestanden hatten, unverzüglich zur Verfolgung der Feinde. Sie verfolgten sie ein erhebliches Stück. Jedoch erschlugen sie nicht mehr als 8000 Mann auf der Flucht – denn es gab keinen Kampf. Die übrigen gingen über den Halys. Ein großer Teil der Römer blieb in dieser Nacht im Lager der Feinde; die übrigen führte der Konsul ins eigene Lager zurück. Am nächsten Tag musterte er die Gefangenen und die Beute, die so groß war, wie eine Völkerschaft, die aufs Rauben äußerst versessen war, sie aufhäufen konnte, als sie alles bis zum Tauros mit ihren Waffen über viele Jahre hin beherrscht hatte. Die Gallier sammelten sich von der Flucht, die in alle Richtungen gegangen war, wieder an einer Stelle, ein großer Teil verwundet und ohne Waffen, aller Dinge beraubt, und schickten Unterhändler wegen des Friedens zum Konsul. Manlius befahl ihnen, nach Ephesos zu kommen. Er selbst – denn es war schon mitten im Herbst – beeilte sich, das kalte Gebiet in der Nähe des Tauros zu verlassen, und führte das siegreiche Heer in das Winterlager an der Meeresküste.

Während dies in Kleinasien geschah, war es in den anderen Gebieten ruhig. In Rom verlasen die Zensoren T. Quinctius Flamininus und M. Claudius Marcellus die Senatsliste. Als Erster im Senat wurde zum drittenmal P. Scipio Africanus verlesen. Nur vier wurden übergangen, darunter keiner, der ein kurulisches Amt gehabt hatte. Auch bei der Musterung des Ritterstandes war die Zensur äußerst milde. Sie vergaben den Auftrag für eine Stützmauer über dem Aequimelium am Kapitol und für die Pflasterung der Straße von der Porta Capena zum Marstempel. Die Kampaner fragten im Senat an, wo sie geschätzt werden sollten; es wurde beschlossen, sie sollten in Rom geschätzt werden.

In diesem Jahr gab es gewaltige Überschwemmungen; der Tiber überflutete zwölfmal das Marsfeld und die flachen Teile der Stadt.

Als von dem Konsul Cn. Manlius der Krieg in Kleinasien mit den Galliern beendet und der andere Konsul M. Fulvius nach der Niederwerfung der Ätoler nach Kephallania übergesetzt war, schickte er rundum zu den Gemeinden der Insel Leute, um zu fragen, ob sie sich lieber den Römern ergeben oder das Kriegsglück versuchen wollten.

fortunam experiri mallent. Metus ad omnes valuit, ne   6
deditionem recusarent. Obsides inde imperatos pro
viribus inopes populi, ⟨... Pronni⟩, vicenos autem
Cranii et Palenses et Samaei dederunt. Insperata pax   7
Cephallaniae adfulserat, cum repente una civitas, incertum quam ob causam, Samaei desciverunt. Quia   8
opportuno loco urbs posita esset, timuisse se aiebant,
ne demigrare cogerentur ab Romanis. Ceterum ipsine
sibi eum finxerint metum et timore vano quietum
excitaverint malum, an iactata sermonibus res apud
Romanos perlata ad eos sit, nihil comperti est, nisi   9
quod datis iam obsidibus repente portas clauserunt et
ne suorum quidem precibus — miserat enim sub
muros consul ad temptandam misericordiam parenti-
um populariumque — desistere ab incepto voluerunt.
Oppugnari deinde, postquam nihil pacati responde-   10
batur, coepta urbs est. Apparatum omnem tormen-
torum machinarumque travectum ab Ambraciae oppugnatione habebat, et opera, quae facienda erant,   11
impigre milites perfecerunt. Duobus igitur locis ad-
moti arietes quatiebant muros.

   Nec ab Samaeis quicquam, quo aut opera aut hostis   29
arceri posset, praetermissum est. Duabus tamen maxime resistebant rebus, una, interiorem semper iuxta   2
validum pro diruto novum obstruentes murum, altera, eruptionibus subitis nunc in opera hostium,
nunc in stationes; et plerumque his proeliis superiores
erant. Una ad coercendos inventa, haud magna me-   3
moratu, res est. Centum funditores ab Aegio et Patris
et Dymis acciti. A pueris ii more quodam gentis saxis   4
globosis, quibus ferme harenae immixtis strata litora
sunt, funda mare apertum incessentes exercebantur.
Itaque longius certiore et validiore ictu quam Baliaris   5
funditor eo telo usi sunt. Et est non simplicis habenae,   6
ut Baliarica aliarumque gentium funda, sed triplex

Die Furcht bewirkte bei allen, daß sie die Unterwerfung nicht verweigerten. Die daraufhin geforderten Geiseln stellten die armen Gemeinden ihren Kräften entsprechend, ... die Bewohner von Pronnoi, und je
zwanzig die von Krane, Pale und Same. Unverhofft war der Friede über
Kephallania aufgestrahlt, da fiel plötzlich, unklar aus welchem Grund,
eine Gemeinde, die von Same, ab. Sie sagten, weil ihre Stadt eine
günstige Lage habe, hätten sie befürchtet, daß sie von den Römern
gezwungen würden wegzuziehen. Aber ob sie selbst sich diese Furcht
einredeten und aus unbegründeter Angst das schlafende Übel aufweck-
ten oder ob die Sache bei den Römern gesprächsweise behandelt
worden war und Kunde davon zu ihnen gelangte, ist nicht gesichert, nur
daß sie, nachdem sie die Geiseln schon gestellt hatten, plötzlich die Tore
schlossen und nicht einmal auf die Bitten ihrer eigenen Leute hin – der
Konsul hatte sie nämlich dicht an die Mauern geschickt, um es mit dem
Mitleid ihrer Eltern und Landsleute zu versuchen – von ihrem Beginnen
ablassen wollten. Dann, nachdem man keine friedfertige Antwort
erhielt, begann man die Stadt anzugreifen. Die ganze Ausrüstung an
Wurfgeschützen und Belagerungsmaschinen hatte er vom Angriff auf
Ambrakia herübergeschafft, und die Belagerungswerke, die errichtet
werden mußten, stellten die Soldaten mit Eifer fertig. An zwei Stellen
also wurden die Sturmböcke vorgebracht und erschütterten die Mauern.
    Und die Bewohner von Same ließen nichts unversucht, wodurch die
Belagerungswerke und der Feind abgewehrt werden konnte. Sie setzten
sich jedoch hauptsächlich auf zwei Arten zur Wehr: einmal, indem sie
weiter innen immer eine genauso starke neue Mauer anstelle der zerstörten errichteten, zum zweiten durch plötzliche Ausfälle bald gegen
die Belagerungswerke der Feinde, bald gegen die Feldwachen; und
meistens behielten sie in diesen Kämpfen die Oberhand. Um sie in die
Schranken zu weisen, kam man auf eine Sache, die unschwer darzustellen ist. Man ließ 100 Schleuderer von Aigion, Patrai und Dyme kommen. Von Kindesbeinen an übten diese sich nach einem Brauch ihrer
Völkerschaft mit runden Steinen, mit denen ihre Strände bedeckt sind,
fast als wenn sie unter den Sand gemischt wären, und zielten mit der
Schleuder auf das offene Meer. Deshalb reichten sie mit diesem
Geschoß weiter als der baliarische Schleuderer und hatten einen sichere-
ren und kräftigeren Wurf. Und ihre Schleuder hat nicht einen einfachen
Riemen wie die der Baliaren und der anderen Völkerschaften, sondern

scutale, crebris suturis duratum, ne fluxa habena vo-
lutetur in iactu glans, sed librata cum sederit, velut
nervo missa excutiatur. Coronas modici circuli ma-   7
gno ex intervallo loci adsueti traicere non capita solum hostium vulnerabant, sed quem locum destinas-
sent oris. Hae fundae Samaeos cohibuerunt, ne tam   8
crebro neve tam audacter erumperent, adeo ut preca-
rentur ex muris Achaeos, ut parumper abscederent et
se cum Romanis stationibus pugnantis quiete specta-
rent. Quattuor menses obsidionem Same sustinuit.   9
Cum ex paucis cotidie aliqui eorum caderent aut
vulnerarentur et, qui supererant, fessi et corporibus et
animis essent, Romani nocte per arcem, quam Cyma-   10
tidem vocant — nam urbs in mare devexa in occidentem vergit —, muro superato in forum pervenerunt.
Samaei postquam captam partem urbis ab hostibus   11
senserunt, cum coniugibus ac liberis in maiorem refugerunt arcem. Inde postero die dediti direpta urbe sub
corona omnes venierunt.

Consul compositis rebus Cephallaniae, praesidio   30
Samae imposito in Peloponnesum iam diu accersenti-
bus Aegiensibus maxime ac Lacedaemoniis traiecit.
Aegium a principio Achaici concilii semper conventus   2
gentis indicti sunt, seu dignitati urbis id seu loci
opportunitati datum est. Hunc morem Philopoemen   3
eo primum anno labefactare conatus legem parabat
ferre, ut in omnibus civitatibus, quae Achaici concilii
essent, in vicem conventus agerentur. Et sub adven-   4
tum consulis damiurgis civitatium, qui summus est
magistratus, Aegium evocantibus Philopoemen —
praetor tum erat — Argos conventum edixit. Quo   5
cum appareret omnes ferme conventuros, consul quoque, quamquam Aegiensium favebat causae, Argos
venit; ubi cum disceptatio fuisset et rem inclinatam
cerneret, incepto destitit.

ein dreifaches Schleuderleder, das durch zahlreiche Nähte verhärtet ist, damit die Schleuderkugel nicht beim Wurf von einem geschmeidigen Riemen fortgewirbelt wird, sondern wenn sie, in Schwung gesetzt, festen Halt hat, wie von der Sehne geschnellt abgeschossen wird. Daran gewöhnt, aus großer Entfernung durch Kränze von mäßigem Umfang hindurchzuschießen, trafen sie nicht nur die Köpfe der Feinde, sondern jede Stelle im Gesicht, die sie sich ausgesucht hatten. Diese Schleudern wiesen die Bewohner von Same in die Schranken, daß sie nicht so häufig und nicht so kühn ihre Ausfälle machten, so daß sie schließlich von der Mauer herab die Achäer baten, für eine kurze Zeit wegzugehen und in Ruhe zuzusehen, wie sie mit den römischen Feldwachen kämpften. Vier Monate hielt Same der Belagerung stand. Da sie nur wenige waren und täglich einige davon fielen oder verwundet wurden und die, die noch übrig waren, an Leib und Seele erschöpft waren, gelangten die Römer bei Nacht über die Burg, die sie Kymatis nennen – denn die zum Meer hin abfallende Stadt neigt sich nach Westen –, nach Überwindung der Mauer auf den Markt. Als die Bewohner von Same merkten, daß dieser Teil der Stadt von den Römern eingenommen war, flohen sie mit ihren Frauen und Kindern auf die größere Burg. Von dort aus ergaben sie sich am folgenden Tage; die Stadt wurde geplündert und alle in die Sklaverei verkauft.

Nachdem die Dinge in Kephallania geordnet und eine Besatzung nach Same gelegt worden war, setzte der Konsul zur Peloponnes über, da vor allem die Bewohner von Aigion und von Sparta ihn schon lange herbeiriefen. Nach Aigion wurden seit der Gründung des Achäischen Bundes die Bundesversammlungen der Völkerschaft einberufen, sei es, daß man es der Würde der Stadt oder der günstigen Lage zuliebe tat. An dieser Sitte suchte Philopoimen in diesem Jahr zum erstenmal zu rütteln und machte sich daran, ein Gesetz vorzuschlagen, daß in allen Gemeinden, die zum Achäischen Bund gehörten, abwechselnd die Bundesversammlungen stattfinden sollten. Und während unmittelbar vor der Ankunft des Konsuls die Damiurgen der Gemeinden, ihre höchste Beamten, nach Aigion beriefen, setzte Philopoimen – er war damals Stratege – die Bundesversammlung in Argos an. Da es offenkundig war, daß fast alle dorthin kommen würden, kam auch der Konsul nach Argos, obwohl er die Sache von Aigion begünstigte. Als es dort zur Diskussion kam und er sah, daß die Sache entschieden war, ließ er von seinem Vorhaben ab.

Lacedaemonii deinde eum in sua certamina averte-   6
runt. Sollicitam eam civitatem exules maxime habebant, quorum magna pars in maritimis Laconicae orae
castellis ⟨vicisque⟩, qui omnes adempti erant, habitabant. Id aegre patientes Lacedaemonii, ut aliqua   7
liberum ad mare haberent aditum, si quando Romam
aliove quo mitterent legatos, simul ut emporium et
receptaculum peregrinis mercibus ad necessarios usus
esset, nocte adorti vicum maritimum nomine Lan
improviso occupaverunt. Vicani quique ibi exules   8
habitabant, primo inopinata re territi sunt; deinde sub
lucem congregati levi certamine expulerunt Lacedaemonios. Terror tamen omnem maritimam oram per-   9
vasit legatosque communiter et castella omnia vicique
et exules, quibus ibi domicilia erant, ad Achaeos
miserunt.

Philopoemen praetor, iam inde ab initio exulum   31
causae amicus, et auctor semper Achaeis minuendi
opes et auctoritatem Lacedaemoniorum, concilium
querentibus dedit decretumque referente eo factum   2
est, cum in fidem Achaeorum tutelamque T. Quinctius et Romani Laconicae orae castella et vicos tradidissent et, cum abstinere iis ex foedere Lacedaemonii
deberent, Las vicus oppugnatus esset caedesque ibi
facta, qui eius rei auctores adfinesque essent, nisi
dederentur Achaeis, violatum videri foedus. Ad ex-   3
poscendos eos legati extemplo Lacedaemonem missi
sunt. Id imperium adeo superbum et indignum Lacedaemoniis visum est, ut, si antiqua civitatis fortuna
esset, haud dubie arma extemplo capturi fuerint. Ma-   4
xime autem consternavit eos metus, si semel primis
imperiis oboediendo iugum accepissent, ne, id quod
iam diu moliretur Philopoemen, exulibus Lacedaemonem traderet. Furentes igitur ira triginta homini-   5
bus ex factione, cum qua consiliorum aliqua societas
Philopoemeni atque exulibus erat, interfectis decreverunt renuntiandam societatem Achaeis legatosque

Die Spartaner lenkten dann seine Aufmerksamkeit auf ihre Streitigkeiten. Die Verbannten vor allem hielten diese Stadt in Unruhe, von
denen ein großer Teil in den festen Plätzen und Dörfern am Meer an der
lakonischen Küste wohnte, die den Spartanern alle weggenommen
worden waren. Die Spartaner litten sehr darunter, und um irgendwo
einen freien Zugang zum Meer zu haben, wenn sie einmal nach Rom
oder anderswohin Gesandte schickten, zugleich auch, um einen Han-
dels- und Stapelplatz für fremde Waren für ihre notwendigen Bedürfnisse zu haben, griffen sie bei Nacht ein Dorf an der See namens Las
unvermutet an und brachten es in ihren Besitz. Die Dorfbewohner und
die Verbannten, die dort lebten, erschraken zunächst über das unerwartete Ereignis, dann rotteten sie sich kurz vor Tagesanbruch zusammen
und vertrieben die Spartaner in einem leichten Kampf. Der Schrecken
jedoch verbreitete sich über die ganze Meeresküste, und alle festen
Plätze und Dörfer und die Verbannten, die dort ihre Wohnsitze hatten,
schickten gemeinsam Gesandte zu den Achäern.

Der Stratege Philopoimen, der schon von Anfang an ein Freund der
Sache der Verbannten gewesen war und der den Achäern immer dazu
geraten hatte, die Macht und das Ansehen der Spartaner zu mindern,
gab ihnen mit ihrer Beschwerde Zutritt zur Bundesversammlung, und
auf seinen Antrag wurde erklärt, T. Quinctius und die Römer hätten die
festen Plätze und die Dörfer der lakonischen Küste der Obhut und dem
Schutz der Achäer überantwortet; obwohl die Spartaner sich von ihnen
aufgrund des Vertrages fernhalten müßten, sei aber das Dorf Las
überfallen worden und es dort zu einem Blutbad gekommen; daher
scheine der Vertrag verletzt, wenn nicht die, die für diese Sache verantwortlich und darin verwickelt seien, den Achäern ausgeliefert würden.
Um ihre Auslieferung zu fordern, wurden sogleich Gesandte nach
Sparta geschickt. Dieser Befehl kam den Spartanern so überheblich und
unwürdig vor, daß sie zweifellos sogleich zu den Waffen gegriffen
hätten, wenn die Umstände ihres Staates noch die alten gewesen wären.
Am meisten aber erregte sie die Befürchtung, wenn sie einmal durch
Willfährigkeit gegenüber dem ersten Befehl das Joch auf sich genommen hätten, werde Philopoimen, womit er schon lange umgehe, Sparta
den Verbannten übergeben. Vor Zorn rasend, töteten sie daher 30 Leute
von der Partei, mit der Philopoimen und die Verbannten eine gewisse
Verbindung bei ihren Plänen hatten, und beschlossen, den Achäern das

extemplo Cephallaniam mittendos, qui consuli M.
Fulvio quique Romanis Lacedaemonem dederent ora-   6
rentque eum, ut veniret in Peloponnesum ad urbem
Lacedaemonem in fidem dicionemque populi Romani
accipiendam.

Id ubi legati ad Achaeos rettulerunt, omnium civi-   32
tatium, quae eius concilii erant, consensu bellum Lacedaemoniis indictum est. Ne extemplo gereretur,
hiems impediit; incursionibus tamen parvis, latrocinii   2
magis quam belli modo, non terra tantum, sed etiam
navibus a mari fines eorum vastati.

Hic tumultus consulem Peloponnesum adduxit ius-   3
suque eius Elin concilio indicto Lacedaemonii ad
disceptandum acciti. Magna ibi non disceptatio mo-   4
do, sed altercatio fuit, cui consul, cum alia satis
ambitiose partem utramque fovendo incerta respon-
disset, una denuntiatione, ut bello abstinerent, donec
Romam ad senatum legatos misissent, finem imposuit. Utrimque legatio missa Romam est. Exules quoque   5
Lacedaemoniorum   suam   causam   legationemque
Achaeis iniunxerunt. Diophanes et Lycortas, Megalo-   6
politani ambo, principes legationis Achaeorum fuerunt, qui, dissidentes in re publica, tum quoque minime inter se convenientis orationes habuerunt. Dio-   7
phanes senatui disceptationem omnium rerum per-
mittebat: eos optime controversias inter Achaeos ac
Lacedaemonios finituros esse; Lycortas ex praeceptis   8
Philopoemenis postulabat, ut Achaeis ex foedere ac
legibus suis, quae decressent, agere liceret libertatem-
que sibi illibatam, cuius ipsi auctores essent, praestarent. Magnae auctoritatis apud Romanos tum gens   9
Achaeorum erat; novari tamen nihil de Lacedaemoniis placebat. Ceterum responsum ita perplexum fuit, ut
et Achaei sibi de Lacedaemone permissum acciperent
et Lacedaemonii non omnia concessa iis interpreta-   10
rentur. Hac potestate immodice Achaei ac superbe usi
sunt.

Bündnis aufzukündigen und sogleich Gesandte nach Kephallania zu schicken, die dem Konsul M. Fulvius und den Römern Sparta übergeben und ihn bitten sollten, in die Peloponnes zu kommen, um die Stadt Sparta unter die Obhut und die Macht des römischen Volkes zu nehmen.

Sobald die Gesandten das den Achäern berichteten, wurde mit Zustimmung aller Gemeinden, die auf dieser Bundesversammlung vertreten waren, den Spartanern der Krieg erklärt. Der Winter verhinderte, daß er sogleich geführt wurde; in kleinen Streifzügen jedoch, mehr nach Art eines Raubüberfalles als eines Krieges, wurde nicht nur zu Lande, sondern auch mit Schiffen von der See her ihr Gebiet verwüstet.

Diese Wirren führten den Konsul auf die Peloponnes, und auf seine Anordnung wurde in Elis eine Bundesversammlung angesetzt, und auch die Spartaner wurden dazugerufen, um die Sache zu diskutieren. Dort kam es nicht nur zu einer großen Diskussion, sondern zu einem Streit; dem machte der Konsul, der zunächst andere, unbestimmte Antworten gegeben hatte, weil er sehr darauf bedacht war, sich beliebt zu machen, und sich beiden Seiten gewogen zeigen wollte, allein durch den Befehl ein Ende, sie sollten sich aller Feindseligkeiten enthalten, bis sie nach Rom zum Senat Gesandte geschickt hätten. Von beiden Seiten wurde eine Gesandtschaft nach Rom geschickt. Auch die Verbannten der Spartaner übertrugen es den Achäern, ihre Sache zu führen und sie zu vertreten. Diophanes und Lykortas, beide aus Megalopolis, waren die Führer der Gesandtschaft der Achäer. Im politischen Leben miteinander zerstritten, hielten sie auch jetzt Reden, die überhaupt nicht zueinander paßten. Diophanes überließ dem Senat die Entscheidung in allen Dingen; sie würden am besten die Streitigkeiten zwischen den Achäern und den Spartanern beenden. Lykortas forderte aufgrund der Weisungen Philopoimens, es solle den Achäern erlaubt sein, aufgrund des Vertrages und ihrer Gesetze, die sie beschlossen hätten, zu handeln, und sie sollten ihnen die Freiheit, die sie selbst ihnen geschenkt hätten, uneingeschränkt lassen. Die Völkerschaft der Achäer genoß damals bei den Römern hohes Ansehen. Man beschloß jedoch, mit den Spartanern solle sich nichts ändern. Aber die Antwort war so unklar, daß die Achäer es so auffaßten, als sei ihnen gegenüber den Spartanern freie Hand gegeben, und die Spartaner es so auslegten, als sei jenen nicht alles erlaubt worden. Von dieser Vollmacht machten die Achäer maßlos und überheblich Gebrauch.

Philopoemeni continuatur magistratus. Qui veris   33
initio exercitu indicto castra in finibus Lacedaemoniorum posuit, legatos deinde misit ad deposcendos   2
auctores defectionis, et civitatem in pace futuram, si
id fecisset, pollicentis et illos nihil indicta causa passu-
ros. Silentium prae metu ceterorum fuit; quos nomi-   3
natim depoposcerat, ipsi se ituros professi sunt, fide
accepta a legatis vim abfuturam, donec causam dixis-
sent. Ierunt etiam alii illustres viri, et advocati privatis   4
et quia pertinere causam eorum ad rem publicam
censebant. Numquam alias exules Lacedaemoniorum   5
Achaei secum adduxerant in finis, quia nihil aeque
alienaturum animos civitatis videbatur; tunc exercitus
totius prope antesignani exules erant. Hi venientibus   6
Lacedaemoniis ad portam castrorum agmine facto
occurrerunt; et primo lacessere iurgiis, deinde alterca-
tione orta, cum accenderentur irae, ferocissimi exulum impetum in Lacedaemonios fecerunt. Cum illi   7
deos et fidem legatorum testarentur, et legati et praetor submovere turbam et protegere Lacedaemonios
vinclaque iam quosdam inicientis arcere. Crescebat   8
tumultu concitato turba; et Achaei ad spectaculum
primo concurrebant; deinde vociferantibus exulibus,   9
quae passi forent, et orantibus opem adfirmantibus-
que simul numquam talem occasionem habituros, si
eam praetermisissent; foedus, quod in Capitolio,
quod Olympiae, quod in arce Athenis sacratum fuisset, irritum per illos esse; priusquam alio de integro   10
foedere obligarentur, noxios puniendos esse — accen-
sa his vocibus multitudo ad vocem unius, qui, ut
ferirent, inclamavit, saxa coniecit. Atque ita decem
septem, quibus vincula per tumultum iniecta erant,
interfecti sunt. Sexaginta tres postero die comprehen-   11
si, a quibus praetor vim arcuerat, non quia salvos

Philopoimen wurde in seinem Amt für das kommende Jahr wiedergewählt. Bei Frühlingsanfang ließ er das Heer zusammenkommen und
schlug sein Lager im Gebiet der Spartaner auf, schickte dann Gesandte,
um die Auslieferung der für den Abfall Verantwortlichen zu verlangen,
und ließ versprechen, ihre Stadt werde Frieden haben, wenn sie der
Aufforderung nachgekommen sei, und jenen werde ohne ein ordentliches Gerichtsverfahren kein Leid geschehen. Es herrschte Schweigen,
weil die übrigen sich fürchteten. Diejenigen, deren Auslieferung er
namentlich verlangt hatte, sagten selbst, sie würden gehen, nachdem
ihnen die Gesandten ihr Wort gegeben hatten, man werde keine Gewalt
gegen sie anwenden, bis sie ihre Sache vor Gericht vertreten hätten. Es
gingen auch andere bedeutende Männer mit, sowohl als Rechtsbei-
stände für die einzelnen als auch, weil sie meinten, deren Sache sei von
allgemeinem Interesse. Sonst hatten die Achäer nie Verbannte der
Spartaner in deren Gebiet mitgebracht, weil es schien, als würde nichts
in gleicher Weise die Herzen der Bürgerschaft gegen sie aufbringen;
jetzt waren die vordersten Reihen fast des ganzen Heeres Verbannte.
Diese eilten den Spartanern, als sie ans Lagertor kamen, in einer Gruppe
entgegen. Und zuerst reizten sie sie mit Sticheleien, dann, als es zum
Streit kam und der Zorn aufloderte, drangen die Hitzigsten der Verbannten auf die Spartaner ein. Als jene die Götter zu Zeugen anriefen
und an das von den Gesandten gegebene Wort erinnerten, drängten die
Gesandten und der Stratege den Schwarm weg und schützten die
Spartaner und hinderten einige, die ihnen schon Fesseln anlegen wollten. Da Lärm entstanden war, vergrößerte sich der Schwarm. Auch die
Achäer liefen zusammen, zunächst nur zum Zuschauen. Als darauf die
Verbannten schrien, was sie erduldet hätten, und um Hilfe baten und
zugleich versicherten, niemals wieder würden sie eine solche Gelegenheit haben, wenn sie sich diese hier entgehen ließen; der Vertrag, der auf
dem Kapitol, der in Olympia, der auf der Akropolis von Athen
unverletzlich gemacht worden sei, sei durch jene ungültig geworden;
bevor sie sich durch einen anderen Vertrag erneut bänden, müßten die
Schuldigen bestraft werden – durch diese Worte entflammt, schleuderte
die Menge auf das Wort eines einzigen hin, der rief, sie sollten treffen,
Steine. Und so wurden 17, denen in dem Durcheinander Fesseln
angelegt worden waren, getötet. 63, die der Stratege vor Gewalt
geschützt hatte, nicht weil er gewollt hätte, daß sie heil davonkämen,

vellet, sed quia perire causa indicta nolebat, obiecti
multitudini iratae, cum aversis auribus pauca locuti
essent, damnati omnes et traditi sunt ad supplicium.

Hoc metu iniecto Lacedaemoniis imperatum pri-   34
mum, uti muros diruerent; deinde, ut omnes externi
auxiliares, qui mercede apud tyrannos militassent,
terra Laconica excederent; tum, uti, quae servitia   2
tyranni liberassent — ea magna multitudo erat —,
ante diem certam abirent; qui ibi mansissent, eos
prendendi, abducendi, vendendi Achaeis ius esset;
Lycurgi leges moresque abrogarent, Achaeorum ad-   3
suescerent legibus institutisque: ita unius eos corporis
fore et de omnibus rebus facilius consensuros. Nihil   4
oboedientius fecerunt, quam ut muros diruerent, nec
aegrius passi sunt quam exules reduci. Decretum Te-   5
geae in concilio communi Achaeorum de restituendis
iis factum est; et mentione illata externos auxiliares   6
dimissos ac Lacedaemoniis adscriptos — ita enim
vocabant, qui ab tyrannis liberati erant — urbe excessisse ⟨et⟩ in agros dilapsos, priusquam dimitteretur
exercitus, ire praetorem cum expeditis et comprehen-
dere id genus hominum et vendere iure praedae placuit. Multi comprehensi venierunt. Porticus ex ea pecu- 7
nia Megalopoli permissu Achaeorum refecta est,
quam Lacedaemonii diruerant. Et ager Belbinatis,   8
quem iniuria tyranni Lacedaemoniorum possederant,
restitutus eidem civitati ex decreto vetere Achaeorum,
quod factum erat Philippo Amyntae filio regnante.
Per haec velut enervata civitas Lacedaemoniorum diu   9
Achaeis obnoxia fuit; nulla tamen res tanto erat damno quam disciplina Lycurgi, cui per octingentos annos adsuerant, sublata.

A concilio, ubi ad consulem inter Achaeos   35
Lacedaemoniosque disceptatum est, M. Fulvius, quia

sondern weil er nicht wollte, daß sie ohne ein ordentliches Gerichtsverfahren umkämen, wurden am nächsten Tag ergriffen, vor die aufgebrachte Menge gestellt und, nachdem sie nur weniges gesagt hatten,
ohne daß jemand darauf gehört hätte, alle verurteilt und zur Hinrichtung ausgeliefert.

Nachdem man so den Spartanern Schrecken eingejagt hatte, befahl
man ihnen als erstes, ihre Mauern niederzureißen. Dann sollten alle
fremden Hilfstruppen, die gegen Sold bei den Tyrannen gedient hatten,
das spartanische Gebiet verlassen. Weiterhin sollten die Sklaven, die die
Tyrannen freigelassen hatten – das war eine große Menge –, bis zu
einem bestimmten Tag wegziehen; die dablieben, bei denen sollten die
Achäer das Recht haben, sie zu ergreifen, wegzuführen und zu verkaufen. Sie sollten die Gesetze und die Bräuche des Lykurgos aufheben und
sich an achäische Gesetze und Einrichtungen gewöhnen; so würden sie
Glieder eines Körpers werden und in allen Dingen leichter zustimmen.
Sie taten nichts bereitwilliger, als daß sie die Mauern einrissen, und
nichts traf sie schwerer, als daß die Verbannten zurückgeführt wurden.
In Tegea auf der allgemeinen Bundesversammlung der Achäer kam es
zu dem Beschluß über ihre Rückführung. Und als es zur Sprache kam,
daß die fremden Hilfstruppen, die entlassen worden waren, und die
unter die Spartaner Aufgenommenen – denn so nannten sie die, die von
den Tyrannen die Freiheit erhalten hatten – die Stadt verlassen und sich
über das offene Land verteilt hätten, beschloß man, bevor das Heer
entlassen werde, solle der Stratege mit Soldaten ohne Gepäck losziehen
und diese Sorte Menschen ergreifen und nach dem Beuterecht verkaufen. Viele wurden ergriffen und verkauft. Von diesem Geld wurde in
Megalopolis mit Erlaubnis der Achäer eine Säulenhalle wiederaufge-
baut, die die Spartaner zerstört hatten. Und das Gebiet von Belbina, das
die Tyrannen der Spartaner zu Unrecht besessen hatten, wurde der
Bürgerschaft von Megalopolis zurückgegeben aufgrund eines alten
Beschlusses der Achäer, der während der Regierungszeit von Philipp,
dem Sohn des Amyntas, ergangen war. Hierdurch wie gelähmt, war die
Bürgerschaft der Spartaner lange den Achäern untertan. Nichts jedoch
war so unheilvoll wie die Aufhebung der Ordnung des Lykurgos, an die
sie sich 800 Jahre lang gewöhnt hatten.

Von der Versammlung aus, bei der die Achäer und die Spartaner vor
dem Konsul miteinander debattierten, brach M. Fulvius, weil das Jahr

iam in exitu annus erat, comitiorum causa profectus
Romam creavit consules M. Valerium Messalam et C.
Livium Salinatorem, cum M. Aemilium Lepidum inimicum eo quoque anno petentem deiecisset. Praeto-   2
res inde creati Q. Marcius Philippus, M. Claudius
Marcellus, C. Stertinius, C. Atinius, P. Claudius Pulcher, L. Manlius Acidinus. Comitiis perfectis consu-   3
lem M. Fulvium in provinciam et ad exercitum redire
placuit eique et collegae Cn. Manlio imperium in
annum prorogatum est. Eo anno in aede Herculis   4
signum dei ipsius ex decemvirorum responso et seiu-
ges in Capitolio aurati a P. Cornelio positi; consulem
dedisse inscriptum est. Et duodecim clupea aurata ab   5
aedilibus curulibus P. Claudio Pulchro et Ser. Sulpicio Galba sunt posita ex pecunia, qua frumentarios ob
annonam compressam damnarunt; et aedilis plebi Q.   6
Fulvius Flaccus duo signa aurata uno reo damnato —
nam separatim accusaverant — posuit; collega eius A.
Caecilius neminem condemnavit. Ludi Romani ter,
plebei quinquiens toti instaurati.

M. Valerius Messala inde et C. Livius Salinator   7
consulatum idibus Martiis cum inissent, de re publica
deque provinciis et exercitibus senatum consuluerunt.
De Aetolia et Asia nihil mutatum est; consulibus   8
alteri Pisae cum Liguribus, alteri Gallia provincia
decreta est. Comparare inter se aut sortiri iussi et   9
novos exercitus, binas legiones, scribere et ut sociis
Latini nominis quina dena milia peditum imperarent
et mille et ducentos equites. Messalae Ligures, Salina-   10
tori obtigit Gallia. Praetores inde sortiti sunt: M.
Claudio urbana, P. Claudio peregrina iurisdictio evenit; Q. Marcius Siciliam, C. Stertinius Sardiniam, L.
Manlius Hispaniam citeriorem, C. Atinius ulteriorem
est sortitus.

De exercitibus ita placuit: ex Gallia legiones, quae   36
sub C. Laelio fuerant, ad M. Tuccium propraetorem

schon zu Ende ging, wegen der Wahlen nach Rom auf, und unter seiner
Leitung wurden M. Valerius Messala und C. Livius Salinator zu Konsuln gewählt, nachdem er die Wahl seines Gegners M. Aemilius Lepidus, der sich auch in diesem Jahr wieder bewarb, vereitelt hatte. Zu
Prätoren wurden dann gewählt Q. Marcius Philippus, M. Claudius
Marcellus, C. Stertinius, C. Atinius, P. Claudius Pulcher und L. Manlius Acidinus. Nach Durchführung der Wahlen beschloß man, der
Konsul M. Fulvius solle in sein Aufgabengebiet und zu seinem Heer
zurückkehren, und ihm und seinem Amtsgenossen Cn. Manlius wurde
die Befehlsgewalt für ein Jahr verlängert. In diesem Jahr wurde im
Tempel des Herkules aufgrund eines Bescheides der Decemvirn ein
Standbild des Gottes aufgestellt und auf dem Kapitol von P. Cornelius
ein vergoldetes Sechsgespann; es erhielt die Inschrift, ein Konsul habe es
gestiftet. Auch wurden zwölf vergoldete Schilde von den kurulischen
Ädilen P. Claudius Pulcher und Ser. Sulpicius Galba aufgehängt von
dem Geld, zu dem sie Getreidehändler wegen der Zurückhaltung von
Getreide verurteilten. Und der plebejische Ädil Q. Fulvius Flaccus
stellte zwei vergoldete Standbilder auf, nachdem er nur einen einzigen
Angeklagten verurteilt hatte – denn sie hatten getrennt Anklage erhoben; sein Amtsgenosse A. Caecilius verurteilte niemanden. Die Römerspiele wurden dreimal, die Plebejerspiele fünfmal ganz wiederholt.
    Nachdem dann M. Valerius Messala und C. Livius Salinator ihr
Konsulat an den Iden des März angetreten hatten, ließen sie den Senat
über die allgemeine politische Lage und über die Aufgabengebiete und
die Heere beraten. Bei Ätolien und Kleinasien wurde nichts geändert.
Für die Konsuln wurde für den einen Pisae mit dem Gebiet der Ligurer,
für den anderen Gallien als Aufgabenbereich bestimmt. Sie sollten sich
untereinander einigen oder losen und neue Heere ausheben, jeder zwei
Legionen, und von den Bundesgenossen und Latinern sollten sie jeder
15 000 Fußsoldaten anfordern und 1200 Reiter. An Messala fiel das
Gebiet der Ligurer, an Salinator Gallien. Darauf losten die Prätoren;
M. Claudius erhielt die städtische Prätur, P. Claudius die Rechtspre-
chung mit den Fremden; Q. Marcius erloste Sizilien, C. Stertinius
Sardinien, L. Manlius das Diesseitige Spanien und A. Atinius das Jen-
seitige.
    Wegen der Heere beschloß man folgendes: Aus Gallien sollten die
Legionen, die unter C. Laelius gestanden hatten, zu dem Proprätor

in Bruttios traduci, et qui in Sicilia esset, dimitti   2
exercitum, et classem, quae ibi esset, Romam reduceret M. Sempronius propraetor. Hispaniis singulae   3
legiones, quae tum in iis provinciis erant, decretae, et
ut terna milia peditum, ducenos equites ambo praetores in supplementum sociis imperarent secumque
transportarent.

Priusquam in provincias novi magistratus proficis-   4
cerentur, supplicatio triduum pro collegio decemvirorum imperata fuit in omnibus compitis, quod luce
inter horam tertiam ferme et quartam tenebrae obor-
tae fuerant. Et novemdiale sacrificium indictum est,
quod in Aventino lapidibus pluvisset.

Campani, cum eos ex senatus consulto, quod priore   5
anno factum erat, censores Romae censeri coegissent
— nam antea incertum fuerat, ubi censerentur —,
petierunt, ut sibi cives Romanas ducere uxores liceret
et, si qui prius duxissent, ut habere eas et nati ante   6
eam diem uti iusti sibi liberi heredesque essent. Utraque res impetrata.

De Formianis Fundanisque municipibus et Arpina-   7
tibus C. Valerius Tappo tribunus plebis promulgavit,
ut iis suffragii latio — nam antea sine suffragio habuerant civitatem – esset. Huic rogationi quattuor tri-   8
buni plebis, quia non ex auctoritate senatus ferretur,
cum intercederent, edocti populi esse, non senatus ius
suffragium, quibus velit, impertire, destiterunt incepto. Rogatio perlata est, ut in Aemilia tribu Formiani et   9
Fundani, in Cornelia Arpinates ferrent; atque in his
tribubus tum primum ex Valerio plebiscito censi sunt.

M. Claudius Marcellus censor sorte superato T.   10
Quinctio lustrum condidit. Censa sunt civium capita
CCLVIII CCCXVIII. Lustro perfecto consules in
provincias profecti sunt.

M. Tuccius ins Gebiet der Bruttier geführt werden; das Heer, das sich in Sizilien befinde, solle entlassen werden, und die Flotte, die dort liege, solle der Proprätor M. Sempronius nach Rom zurückführen. Für jede der spanischen Provinzen wurde eine Legion bestimmt, die damals in diesen Provinzen standen, und die beiden Prätoren sollten jeder 3000 Fußsoldaten und 200 Reiter als Ersatz von den Bundesgenossen anfordern und mitnehmen.

Bevor die neuen Beamten in ihre Aufgabengebiete aufbrachen, war im Namen des Kollegiums der Decemvirn ein Bittfest für drei Tage an allen Weggabelungen angeordnet, weil am hellichten Tag etwa zwischen der dritten und vierten Stunde eine Finsternis ausgebrochen war. Und ein neuntägiges Opfer wurde angekündigt, weil es auf dem Aventin Steine geregnet hatte.

Nachdem die Zensoren aufgrund eines Senatsbeschlusses, der im Vorjahr ergangen war, die Kampaner gezwungen hatten, sich in Rom schätzen zu lassen — denn vorher war es unklar gewesen, wo sie geschätzt werden sollten –, baten diese darum, daß man ihnen gestatte, römische Bürgerinnen zu heiraten, und wenn welche sie schon früher geheiratet hätten, sie zu behalten, und daß die Kinder, die vor diesem Tag geboren seien, ihre rechtmäßigen Kinder und Erben sein sollten. Beides konnte durchgesetzt werden.

Wegen der Bürger der Municipien Formiae und Fundi sowie Arpinum schlug der Volkstribun C. Valerius Tappo vor, daß sie das Stimmrecht erhalten sollten; denn vorher hatten sie das Bürgerrecht ohne Stimmrecht besessen. Als vier Volkstribunen gegen diesen Antrag Einspruch erhoben, weil er nicht aufgrund eines Senatsbeschlusses gestellt wurde, wurden sie belehrt, daß das Volk und nicht der Senat die Vollmacht habe, das Stimmrecht nach seinem Belieben zu erteilen, und sie sahen von ihrem Einspruch ab. Der Antrag kam durch, daß die Bürger von Formiae und Fundi in der Tribus Aemilia, die von Arpinum in der Cornelia ihre Stimme abgeben sollten. Und in diesen Tribus wurden sie damals auch zum erstenmal aufgrund des von Valerius herbeigeführten Volksbeschlusses geschätzt.

Der Zensor M. Claudius Marcellus führte das Reinigungsopfer durch, nachdem er durch das Los über T. Quinctius den Sieg davongetragen hatte. Geschätzt wurden 258 318 Bürger. Nach dem Reinigungsopfer brachen die Konsuln in ihre Aufgabengebiete auf.

Hieme ea, qua haec Romae gesta sunt, ad Cn.   37
Manlium consulem primum, dein pro consule hiber-
nantem in Asia legationes undique ex omnibus civitatibus gentibusque, quae cis Taurum montem incolunt, conveniebant. Et ut clarior nobiliorque victoria   2
Romanis de rege Antiocho fuit quam de Gallis, ita
laetior sociis erat de Gallis quam de Antiocho. Tole-   3
rabilior regia servitus fuerat quam feritas immanium
barbarorum incertusque in dies terror, quo velut tem-
pestas eos populantis inferret. Itaque, ut quibus liber-   4
tas Antiocho pulso, pax Gallis domitis data esset, non
gratulatum modo venerant, sed coronas etiam aureas
pro suis quaeque facultatibus attulerant. Et ab Antio-   5
cho legati et ab ipsis Gallis, ut pacis leges dicerentur,
et ab Ariarathe rege Cappadocum venerunt ad veniam
petendam luendamque pecunia noxam, quod auxiliis
Antiochum iuvisset. Huic sescenta talenta argenti   6
sunt imperata; Gallis responsum, cum Eumenes rex
venisset, tum daturum iis leges. Civitatium legationes
cum benignis responsis, laetiores etiam, quam venerant, dimissae. Antiochi legati pecuniam in Pamphy-   7
liam frumentumque ex pacto cum L. Scipione foedere
iussi advehere; eo se cum exercitu venturum.

Principio deinde veris lustrato exercitu profectus   8
die octavo Apameam venit. Ibi triduum stativis habitis, tertiis rursus ab Apamea castris in Pamphyliam,
quo pecuniam frumentumque regios convehere iusserat, pervenit. ⟨Duo⟩ milia et quingenta talenta argenti   9
accepta Apameam deportantur; frumentum exercitui
dividitur. Inde ad Pergam ducit, quae una in iis locis
regio tenebatur praesidio. Appropinquanti praefectus   10
praesidii obvius fuit triginta dierum tempus petens, ut
regem Antiochum de urbe tradenda consuleret. Dato
tempore ad eam diem decessum praesidio est. A Perga   11

In dem Winter, in dem dies in Rom geschah, kamen bei Cn. Manlius, der zunächst als Konsul, dann als Prokonsul in Kleinasien überwinterte, Gesandtschaften von überallher aus allen Gemeinden und Völkerschaften zusammen, die diesseits des Tauros wohnen. Und wenn der Sieg über Antiochos für die Römer glänzender und ruhmvoller war als der über die Gallier, so war für die Bundesgenossen der über die Gallier beglückender als der über Antiochos. Die Knechtschaft unter dem König war leichter zu ertragen gewesen als die Wildheit der entsetzlichen Barbaren und Tag um Tag die ungewisse Furcht, wohin sozusagen ein Sturm sie auf ihren Plünderungszügen trüge. Daher waren die, denen durch die Zurückdrängung des Antiochos die Freiheit und durch die Bezwingung der Gallier der Friede geschenkt worden war, nicht nur gekommen, um ihrer Freude Ausdruck zu geben, sondern sie hatten auch, jeder seinen Mitteln entsprechend, goldene Kränze mitgebracht. Auch von Antiochos kamen Gesandte und von den Galliern selbst, damit ihnen die Friedensbedingungen genannt würden, und von Ariarathes, dem König der Kappadoker, um um Gnade zu bitten und um seine Schuld mit Geld zu sühnen, weil er Antiochos mit Hilfstruppen unterstützt habe. Von ihm wurden 600 Talente Silber gefordert. Die Gallier erhielten die Antwort, erst dann, wenn König Eumenes gekommen sei, werde man ihnen die Bedingungen stellen. Die Gesandtschaften der Gemeinden wurden mit freundlichen Antworten noch froher, als sie gekommen waren, entlassen. Die Gesandten des Antiochos wurden aufgefordert, das Geld und das Getreide aufgrund des mit L. Scipio getroffenen Abkommens nach Pamphylien zu bringen; er werde mit dem Heer dorthin kommen.

Zu Beginn des Frühling entsühnte Manlius dann das Heer, brach auf und kam am achten Tag nach Apameia. Dort blieb er drei Tage in einem Standlager und gelangte dann wiederum in drei Tagesmärschen von Apameia aus nach Pamphylien, wohin er die Leute des Königs das Geld und das Getreide hatte schaffen lassen. 2500 Talente Silber wurden entgegengenommen und nach Apameia gebracht; das Getreide wurde an das Heer verteilt. Von dort zog er nach Perge, das allein in dieser Gegend noch eine königliche Besatzung hatte. Als er sich näherte, kam ihm der Kommandant der Besatzung entgegen und bat um eine Frist von dreißig Tagen, um König Antiochos wegen der Übergabe der Stadt zu befragen. Die Frist wurde ihm gegeben, und die Besatzung zog zu

L. Manlio fratre cum quattuor milibus militum Oroanda ad reliquum pecuniae ex eo, quod pepigerant,
exigendum misso, ipse, quia Eumenem regem et decem legatos ab Roma Ephesum audierat venisse, iussis
sequi Antiochi legatis Apameam exercitum reduxit.

Ibi ex decem legatorum sententia foedus in haec   **38**
verba fere cum Antiocho conscriptum est: „Amicitia   2
regi Antiocho cum populo Romano his legibus et
condicionibus esto: ne quem exercitum, qui cum
populo Romano sociisve bellum gesturus erit, rex per
fines regni sui eorumve, qui sub dicione eius erunt,
transire sinito neu commeatu neu qua alia ope iuvato;
idem Romani sociique Antiocho et iis, qui sub impe-   3
rio eius erunt, praestent. Belli gerendi ius Antiocho ne
esto cum illis, qui insulas colunt, neve in Europam
transeundi. Excedito urbibus, agris, vicis, castellis cis 4
Taurum montem usque ad Halyn amnem et ⟨ab⟩ ea
valle usque ad iuga Tauri, qua in Lycaoniam vergit.
Ne qua ⟨praeter⟩ arma efferto ex iis oppidis, agris   5
castellisque, quibus excedat; si qua extulit, quo quaeque oportebit, recte restituito. Ne militem neu quem   6
alium ex regno Eumenis recipito. Si qui earum urbium cives, quae regno abscedunt, cum rege Antiocho
intraque fines regni eius sunt, Apameam omnes ante
diem certam redeunto; qui ex regno Antiochi apud   7
Romanos sociosque sunt, iis ius abeundi manendique
esto; servos seu fugitivos seu bello captos, seu quis
liber captus aut transfuga erit, reddito Romanis sociisque. Elephantos tradito omnis neque alios parato.   8
Tradito et naves longas armamentaque earum neu
plures quam decem naves actuarias, quarum nulla
plus quam triginta remis agatur, habeto neve minores
belli causa, quod ipse illaturus erit. Ne navigato citra   9

diesem Termin ab. Von Perge aus schickte er seinen Bruder L. Manlius mit 4000 Mann nach Oroanda, um den Rest des Geldes einzufordern, das zu zahlen sie sich verpflichtet hatten. Er selbst, weil er gehört hatte, König Eumenes und die zehn Kommissare seien von Rom nach Ephesos gekommen, befahl den Gesandten des Antiochos, ihm zu folgen, und führte sein Heer nach Apameia zurück.

Dort wurde aufgrund der Entscheidung der zehn Kommissare der Vertrag mit Antiochos etwa mit folgenden Worten niedergeschrieben: „Es soll Freundschaft zwischen König Antiochos und dem römischen Volks bestehen unter folgenden Bestimmungen und Bedingungen: Der König soll kein Heer, das mit dem römischen Volk und dessen Bundesgenossen Krieg führen will, durch das Gebiet seines Königsreiches oder derer, die unter seiner Herrschaft stehen, durchziehen lassen noch es mit Proviant oder auf irgendeine andere Art unterstützen. Dasselbe sollen die Römer und ihre Bundesgenossen Antiochos und denen, die unter seiner Herrschaft stehen, garantieren. Antiochos soll weder das Recht haben, mit den Bewohnern der Inseln Krieg zu führen noch nach Europa überzusetzen. Er soll die Städte, Landgebiete, Dörfer und festen Plätze diesseits des Tauros bis zum Halys räumen und von diesem Tal bis zu den Kämmen des Tauros, wo er sich nach Lykaonien hin neigt. Aus diesen Städten, Landgebieten und festen Plätzen, die er räumt, soll er nichts außer den Waffen mitnehmen. Wenn er etwas mitgenommen hat, soll er es ordnungsgemäß da zurückerstatten, wo es hingehört. Er soll keinen Soldaten noch sonst jemand aus dem Königreich des Eumenes aufnehmen. Wenn irgendwelche Bürger aus den Städten, die von dem Königreich abgetrennt werden, bei König Antiochos und innerhalb der Grenzen seines Königreiches sind, sollen sie alle bis zu einem bestimmten Tag nach Apameia zurückkehren. Die aus dem Königreich des Antiochos bei den Römern und deren Bundesgenossen sind, die sollen das Recht haben, wegzugehen oder zu bleiben. Sklaven, seien es entlaufene oder im Krieg gefangene, und Freie, die womöglich in Gefangenschaft geraten oder übergelaufen sind, soll er den Römern und ihren Bundesgenossen zurückgeben. Die Elefanten soll er alle ausliefern und keine anderen anschaffen. Er soll auch die Kriegsschiffe und ihre Takelage ausliefern und nicht mehr als zehn Schnellruderer haben, davon keinen mit mehr als 30 Rudern, und auch keine kleineren für den Einsatz in einem Krieg, den er selbst anfangen will. Und er soll nicht

Calycadnum neu Sarpedonium promunturia, extra
quam si qua navis pecuniam ⟨in⟩ stipendium aut
legatos aut obsides portabit. Milites mercede condu-   10
cendi ex iis gentibus, quae sub dicione populi Romani
sunt, Antiocho regi ius ne esto, ne voluntarios quidem recipiendi. Rhodiorum sociorumve, quae aedes   11
aedificiaque intra fines regni Antiochi sunt, quo iure
ante bellum fuerunt, eo Rhodiorum sociorumve sunto; si quae pecuniae debentur, earum exactio esto; si   12
quid ablatum est, id conquirendi cognoscendi repe-
tendique item ius esto. Si quas urbes, quas tradi
oportet, ii tenent, quibus Antiochus dedit, et ex iis
praesidia deducito, utique recte tradantur, curato.
Argenti probi talenta Attica duodecim milia dato   13
intra duodecim annos pensionibus aequis — talentum
ne minus pondo octoginta Romanis ponderibus pendat — et tritici quingenta quadraginta milia modium.
Eumeni regi talenta trecenta quinquaginta intra quin-   14
quennium dato et pro frumento, quod aestimatione
fit, talenta centum viginti septem. Obsides Romanis   15
viginti dato et triennio mutato, ne minores octonum
denum annorum neu maiores quinum quadragenum.
Si qui sociorum populi Romani ultro bellum inferent   16
Antiocho, vim vi arcendi ius esto, dum ne quam
urbem aut belli iure teneat aut in amicitiam accipiat.
Controversias inter se iure ac iudicio disceptanto aut,   17
si utrisque placebit, bello.“ De Hannibale Poeno et   18
Aetolo Thoante et Mnasilocho Acarnane et Chalci-
densibus Eubulida et Philone dedendis in hoc quoque
foedere adscriptum est et ut, si quid postea addi, demi
mutarive placuisset, ut id salvo foedere fieret.

Consul in hoc foedus iuravit; ab rege qui exigerent   39
ius iurandum, profecti Q. Minucius Thermus et L.
Manlius, qui tum forte ab Oroandis rediit. Et Q.   2
Fabio Labeoni, qui classi praeerat, scripsit, ut Patara

über das Kap von Kalykadnos und das von Sarpedon hinausfahren, es
sei denn, daß ein Schiff Geld für die Abgaben oder Gesandte oder
Geiseln transportiert. König Antiochos soll nicht das Recht haben,
Soldaten aus den Völkerschaften, die unter der Herrschaft des römischen Volkes stehen, in Sold zu nehmen, nicht einmal, sie als Freiwillige
anzunehmen. Was an Häusern und Gebäuden der Rhodier oder ihrer
Bundesgenossen im Gebiet von Antiochos' Königreich ist, soll mit
demselben Recht, mit dem es ihnen vor dem Krieg gehört hat, den
Rhodiern oder ihren Bundesgenossen gehören. Wenn irgendwelche
Gelder geschuldet werden, sollen sie eingetrieben werden. Wenn etwas
beiseite geschafft worden ist, soll ebenso das Recht bestehen, danach zu
suchen, es als sein Eigentum zu erkennen und es zurückzufordern.
Wenn irgendwelche Städte, die abgetreten werden müssen, in der Hand
von Leuten sind, denen Antiochos sie gegeben hat, so soll er auch aus
ihnen die Besatzungen abziehen und dafür sorgen, daß sie ordnungsgemäß übergeben werden. 12 000 attische Talente guten Silbers soll er
innerhalb von zwölf Jahren in gleichmäßigen Raten zahlen, das Talent
zu nicht weniger als 80 römischen Pfund, und 540 000 Scheffel Weizen
liefern. König Eumenes soll er 350 Talente innerhalb von fünf Jahren
zahlen und für das Getreide, das sich aus der Schätzung ergibt, 127
Talente. Er soll den Römern 20 Geiseln geben, nicht jünger als 18 Jahre
und nicht älter als 45, und sie im Verlauf von drei Jahren auswechseln.
Wenn welche von den Bundesgenossen des römischen Volkes von sich
aus mit Antiochos Krieg anfangen, soll er das Recht haben, der Gewalt
mit Gewalt zu begegnen, wenn er nur keine Stadt nach Kriegsrecht
behält oder mit ihr Freundschaft schließt. Streitigkeiten untereinander
sollen sie nach dem Recht und vor dem Gericht entscheiden oder, wenn
es beiden Parteien so gefällt, durch Krieg." Wegen der Auslieferung des
Karthagers Hannibal, des Ätolers Thoas, des Akarnanen Mnasilochos
und des Eubulidas und des Philon aus Chalkis wurde auch noch ein
Zusatz in diesen Vertrag aufgenommen, und wenn es später gefalle, daß
etwas zugefügt, weggenommen oder abgeändert werde, daß dies unbeschadet des Vertrages geschehen solle.

Der Konsul beschwor diesen Vertrag. Q. Minucius Thermus und
L. Manlius, der damals gerade von Oroanda zurückkehrte, brachen auf,
um vom König den Eid zu fordern. Und der Konsul schrieb an
Q. Fabius Labeo, der das Kommando über die Flotte hatte, er solle

extemplo proficisceretur, quaeque ibi naves regiae
essent, concideret cremaretque. Profectus ab Epheso   3
quinquaginta tectas naves aut concidit aut incendit.
Telmessum eadem expeditione territis subito adventu
classis oppidanis recipit. Ex Lycia protinus, iussis ab   4
Epheso sequi, qui ibi relicti erant, per insulas in
Graeciam traiecit. Athenis paucos moratus dies, dum
Piraeum ab Epheso naves venirent, totam inde classem in Italiam reduxit.

Cn. Manlius cum inter cetera, quae accipienda ab   5
Antiocho erant, elephantos quoque accepisset dono-
que Eumeni omnis dedisset, causas deinde civitatium,
multis inter novas res turbatis, cognovit. Et Ariara-   6
thes rex parte dimidia pecuniae imperatae beneficio
Eumenis, cui desponderat per eos dies filiam, remissa
in amicitiam est acceptus. Civitatium autem cognitis   7
causis decem legati aliam aliarum fecerunt condicionem. Quae stipendiariae regi Antiocho fuerant et cum
populo Romano senserant, iis immunitatem dederunt; quae partium Antiochi fuerant aut stipendiariae   8
Attali regis, eas omnes vectigal pendere Eumeni iusserunt. Nominatim praeterea Colophoniis, qui in Notio
habitant, et Cymaeis et Mylasenis immunitatem concesserunt; Clazomeniis super immunitatem et Dry-   9
musam insulam dono dederunt et Milesiis, quem
sacrum appellant agrum, restituerunt et Iliensibus   10
Rhoeteum et Gergithum addiderunt non tam ob recentia ulla merita quam originum memoria. Eadem et
Dardanum liberandi causa fuit. Chios quoque et   11
Zmyrnaeos et Erythraeos pro singulari fide, quam eo
bello praestiterant, et agro donarunt et in omni praecipuo honore habuerunt. Phocaeensibus et ager,   12
quem ante bellum habuerant, redditus et, ut legibus

sogleich nach Patara auslaufen und die Schiffe des Königs, die dort
lägen, zerschlagen und verbrennen. Der lief von Ephesos aus und
zerschlug 50 Deckschiffe oder setzte sie in Brand. Bei diesem Unternehmen nahm er auch Telmessos, da die Bewohner der Stadt durch die
plötzliche Ankunft der Flotte in Schrecken gerieten. Von Lykien aus
fuhr er sofort durch die Inseln hindurch nach Griechenland und gab
denen, die in Ephesos zurückgeblieben waren, Befehl, ihm von dort aus
zu folgen. Er blieb einige Tage in Athen, bis die Schiffe von Ephesos
nach Piraeus kamen, und führte die ganze Flotte von dort aus nach
Italien zurück.

Nachdem Cn. Manlius mit dem anderen, das er von Antiochos
entgegennehmen sollte, auch die Elefanten entgegengenommen und sie
alle Eumenes zum Geschenk gemacht hatte, untersuchte er dann die
Angelegenheiten der Gemeinden, da bei der Umgestaltung der politischen Verhältnisse viel Verwirrung entstanden war. Und König Ariarathes wurde die Hälfte des geforderten Geldes durch Vermittlung des
Eumenes erlassen, dem er in diesen Tagen seine Tochter verlobt hatte,
und mit ihm Freundschaft geschlossen. Nachdem die Angelegenheiten
der Gemeinden untersucht waren, bestimmten die zehn Kommissare für
die einen dies, für die anderen jenes. Die König Antiochos tributpflichtig gewesen waren und zum römischen Volk gehalten hatten, denen erließen sie alle Abgaben; die auf der Seite des Antiochos gestanden hatten oder König Attalos tributpflichtig gewesen waren, die sollten alle König Eumenes Steuern zahlen. Namentlich gewährten sie außerdem den
Bürgern von Kolophon, die in Notion wohnen, und denen von Kyme
und Mylasa Abgabenfreiheit. Den Bewohnern von Klazomenai machten sie neben der Abgabenfreiheit auch noch die Insel Drymusa zum
Geschenk, den Bewohnern von Milet gaben sie den sogenannten heiligen Acker zurück, und den Bewohnern von Ilion gaben sie noch
Rhoiteion und Gergithos dazu, nicht so sehr wegen irgendwelcher
Verdienste aus jüngster Zeit als in Erinnerung an ihre Ursprünge. Das
war auch der Grund dafür, daß Dardanos die Freiheit erhielt. Auch die
Bewohner von Chios, Smyrna und Erythrai beschenkten sie für die
einzigartige Treue, die sie in diesem Krieg gezeigt hatten, mit Land und
erwiesen ihnen jede außergewöhnliche Ehre. Den Bewohnern von
Phokaia wurde das Land, das sie vor dem Krieg gehabt hatten, zurückgegeben, und es wurde ihnen gestattet, nach ihren alten Gesetzen zu

antiquis uterentur, permissum. Rhodiis adfirmata,   13
quae data priore decreto erant: Lycia et Caria datae
usque ad Maeandrum amnem praeter Telmessum.
Regi Eumeni Chersonesum in Europa et Lysima-   14
chiam, castella, vicos, agrum, quibus finibus tenuerat
Antiochus, adiecerunt; in Asia Phrygiam utramque   15
— alteram ad Hellespontum, maiorem alteram vocant
— et Mysiam, quam Prusia rex ademerat, ei restituerunt et Lycaoniam et Milyada et Lydiam et nomina-   16
tim urbes Trallis atque Ephesum et Telmessum. De   17
Pamphylia disceptatum inter Eumenem et Antiochi
legatos cum esset, quia pars eius citra, pars ultra
Taurum est, integra ⟨res⟩ ad senatum reicitur.
     His foederibus decretisque datis Manlius cum de-   40
cem legatis omnique exercitu ad Hellespontum profectus evocatis eo regulis Gallorum leges, quibus pacem cum Eumene servarent, dixit, denuntiavit, ut   2
morem vagandi cum armis finirent agrorumque suorum terminis se continerent. Contractis deinde ex   3
omni ora navibus et Eumenis etiam classe per Athenaeum fratrem regis ab Elaea adducta copias omnes in
Europam traiecit. Inde per Chersonesum modicis   4
itineribus grave praeda omnis generis agmen trahens
Lysimachiae stativa habuit, ut quam maxime recentibus et integris iumentis Thraeciam, per quam iter
vulgo horrebant, ingrederetur.

     Quo profectus est ab Lysimachia die, ad amnem,   5
Melana quem vocant, inde postero die Cypsela pervenit. A Cypselis via decem milium fere silvestris, angu-   6
sta, confragosa excipiebat, propter cuius difficultatem
itineris in duas partes divisus exercitus, et praecedere
una iussa, altera magno intervallo cogere agmen; media impedimenta interposuit; plaustra cum pecunia
publica erant pretiosaque alia praeda. Ita cum per   7
saltum iret, Thraecum decem haud amplius milia ex

leben. Den Rhodiern wurde bestätigt, was sie in dem früheren Beschluß erhalten hatten: sie erhielten Lykien und Karien bis zum Mäander mit Ausnahme von Telmessos. König Eumenes schenkten sie noch in Europa die Chersones und Lysimacheia und die festen Plätze, die Dörfer und das Land, soweit es Antiochos gehört hatte; in Kleinasien gaben sie ihm die beiden Phrygien – das eine nennt man das am Hellespont, das andere das größere – und Mysien zurück, das König Prusias ihm weggenommen hatte, und Lykaonien, Milyas und Lydien und namentlich die Städte Tralleis, Ephesos und Telmessos. Als es wegen Pamphylien zwischen Eumenes und den Gesandten des Antiochos zu einer Diskussion kam, weil ein Teil davon diesseits, ein Teil jenseits des Tauros liegt, wurde die Sache unentschieden an den Senat verwiesen.

Nachdem diese Verträge geschlossen und diese Anordnungen getroffen waren, brach Manlius mit den zehn Kommissaren und dem ganzen Heer zum Hellespont auf, ließ die Fürsten der Gallier dorthin kommen und nannte ihnen die Bestimmungen, unter denen sie mit Eumenes Frieden halten sollten; er ordnete an, sie sollten mit der Gewohnheit, bewaffnet umherzustreifen, aufhören und sie sollten sich innerhalb der Grenzen ihres Landes halten. Nachdem er dann Schiffe von der ganzen Küste zusammengezogen hatte und auch die Flotte des Eumenes durch Athenaios, den Bruder des Königs, von Elaia aus herangebracht worden war, setzte er alle Truppen nach Europa über. Dann schleppte er das Heer, das mit Beute jeder Art schwer beladen war, in mäßigen Tagesmärschen durch die Chersones und bezog ein Standlager in Lysimacheia, um mit möglichst frischen und unverbrauchten Lasttieren nach Thrakien zu kommen, durch das zu ziehen man sich allgemein fürchtete.

An dem Tag, an dem er von Lysimacheia aufbrach, gelangte er an einen Fluß mit dem Namen Melas, von dort am nächsten Tag nach Kypsela. Hinter Kypsela nahm sie ein Weg von fast zehn Meilen auf, der waldig, eng und holprig war. Wegen der Schwierigkeit dieses Weges wurde das Heer in zwei Teile geteilt; der eine erhielt den Befehl, vorauszuziehen, der andere, in weitem Abstand den Zug zu beschließen. Mitten dazwischen stellte er den Troß; es waren Lastwagen mit dem Geld für die Staatskasse und mit anderer kostbarer Beute. Als er so durch das Waldgebiet zog, umlagerten nicht mehr als 10 000 Thraker

quattuor populis, Asti et Caeni et Maduateni et Core-
li, ad ipsas angustias viam circumsederunt. Opinio   8
erat non sine Philippi Macedonum regis fraude id
factum; eum scisse non alia quam per Thraeciam
redituros Romanos, et quantam pecuniam secum por-
tarent. In primo agmine imperator erat, sollicitus   9
propter iniquitatem locorum. Thraeces nihil se moverunt, donec armati transirent; postquam primos supe-   10
rasse angustias viderunt, postremos nondum appropinquantis, impedimenta et sarcinas invadunt, caesisque custodibus partim ea, quae in plaustris erant,
diripere, partim sub oneribus iumenta abstrahere.
Unde postquam clamor primum ad eos, qui iam   11
ingressi saltum sequebantur, deinde etiam ad primum
agmen est perlatus, utrimque in medium concurritur
et inordinatum pluribus simul locis proelium conseri-
tur. Thraecas praeda ipsa impeditos oneribus et ple-   12
rosque, ut ad rapiendum vacuas manus haberent,
inermes ad caedem praebet; Romanos iniquitas locorum barbaris per calles notas occursantibus et latenti-
bus interdum per cavas valles prodebat. Ipsa etiam   13
onera plaustraque, ut fors tulit, his aut illis incommo-
de obiecta pugnantibus impedimento sunt. Alibi
praedo, alibi praedae vindex cadit. Prout locus ini-   14
quus aequusve his aut illis, prout animus pugnantium
est, prout numerus — alii enim pluribus, quam ipsi
erant, alii paucioribus occurrerant —, varia fortuna
pugnae est; multi utrimque cadunt. Iam nox appete-   15
bat, cum proelio excedunt Thraeces, non fuga vulne-
rum aut mortis, sed quia satis praedae habebant.

Romanorum primum agmen extra saltum circa   41
templum Mendidium castra loco aperto posuit; pars
altera ad custodiam impedimentorum medio in saltu,
duplici circumdato vallo, mansit. Postero die prius   2
explorato saltu, quam moverent, primis se coniun-
gunt. In eo proelio cum et impedimentorum et calo-   3

aus vier Völkern, Asten, Kainer, Maduatener und Koreler, genau an den
Engen den Weg. Es gab eine Vermutung, das sei nicht ohne Hinterlist
Philipps, des Königs der Makedonen, geschehen; er habe gewußt, daß
die Römer auf keinem anderen Weg als durch Thrakien zurückkehren
würden und wieviel Geld sie bei sich hätten. Bei der Spitze des
Heereszuges war der Feldherr, besorgt wegen der Ungunst des Geländes. Die Thraker rührten sich nicht, bis die Bewaffneten vorüber waren.
Nachdem sie aber sahen, daß die Spitze die Engen hinter sich gebracht
hatte, der Schluß sich aber noch nicht näherte, drangen sie auf den Troß
und das Gepäck ein, erschlugen die Wächter und plünderten teils das,
was auf den Lastwagen war, teils trieben sie die Lasttiere unter ihren
Lasten davon. Nachdem von dort das Geschrei zunächst zu denen
drang, die schon in das Waldgebiet gekommen waren und ihnen nach-
folgten, dann auch zur Spitze des Zuges, lief man von beiden Seiten zur
Mitte zusammen, und es begann ein ungeordneter Kampf an mehreren
Stellen zugleich. Die Beute selbst gab die Thraker dem Niedermetzeln
preis; denn sie waren durch die Lasten behindert, und die meisten
waren ohne Waffen, um die Hände zum Raffen frei zu haben. Die
Römer waren durch die Ungunst des Geländes den Barbaren ausgeliefert, die sich ihnen auf bekannten Waldwegen immer wieder entgegen-
warfen und zuweilen in tiefen Tälern versteckt lagen. Auch die Lasten
selbst und die Lastwagen kamen, wie es der Zufall wollte, diesen oder
jenen unangenehm in den Weg und bildeten ein Hindernis beim Kämpfen. An der einen Stelle fiel der Plünderer, an der anderen der, der das
geplünderte Gut zurückzugewinnen suchte. Je nachdem wie die Stelle
für diese oder jene ungünstig oder günstig, wie der Kampfgeist war, wie
die Zahl – denn die einen waren auf mehr gestoßen, als sie selber waren,
die anderen auf weniger –, war der Ausgang des Kampfes verschieden.
Viele auf beiden Seiten fielen. Schon kam die Nacht heran, da brachen
die Thraker den Kampf ab, nicht auf der Flucht vor Wunden und Tod,
sondern weil sie genug Beute hatten.

Die Spitze des römischen Heereszuges schlug außerhalb des Waldge-
bietes in der Nähe des Heiligtums der Mendis in offenem Gelände das
Lager auf. Der andere Teil blieb zur Bewachung des Trosses mitten in
dem Waldgebiet, mit einem doppelten Wall umgeben. Am nächsten Tag
erkundeten sie zunächst, bevor sie aufbrachen, das Waldgebiet und
vereinigten sich dann mit der Spitze. In diesem Kampf fielen sowohl ein

num pars et milites aliquot, cum passim toto prope
saltu pugnaretur, cecidissent, plurimum Q. Minucii
Thermi morte damni est acceptum, fortis ac strenui
viri.

Eo die ad Hebrum flumen perventum est. Inde   4
Aeniorum finis praeter Apollinis, Zerynthium quem
vocant incolae, templum superant. Aliae angustiae   5
circa Tempyra excipiunt — hoc loco nomen est — nec
minus confragosae quam priores; sed quia nihil silve-
stre circa est, ne latebras quidem ad insidiandum
praebent. Huc ad eandem spem praedae Trausi, gens   6
et ipsa Thraecum, convenere; sed quia nudae valles,
procul ut conspicerentur angustias obsidentes, efficie-
bant, minus terroris tumultusque fuit apud Romanos;
quippe etsi iniquo loco, proelio tamen iusto, acie
aperta, signis collatis dimicandum erat. Conferti sub-   7
eunt et cum clamore impetu facto primum expulere
loco hostis, deinde avertere; fuga inde caedesque suis
ipsos impedientibus angustiis fieri coepta est. Romani   8
victores ad vicum Maronitarum — Salen appellant —
posuerunt castra. Postero die patenti itinere Priaticus
campus eos excepit triduumque ibi frumentum acci-
pientes manserunt, partem ex agris Maronitarum,
conferentibus ipsis, partem ex navibus suis, quae cum
omnis generis commeatu sequebantur. Ab stativis diei   9
via Apolloniam fuit. Hinc per Abderitarum agrum   10
Neapolim perventum est. Hoc omne per Graecorum
colonias pacatum iter fuit; reliquum inde per medios
Thraecas dies noctesque, etsi non infestum, tamen
suspectum, donec in Macedoniam pervenerunt.

Mitiores Thraecas idem exercitus, cum a Scipione   11
eadem via duceretur, habuerat, nullam ob aliam causam, quam quod praedae minus, quod peteretur, fuerat; quamquam tunc quoque Claudius auctor est ad   12
quindecim milia Thraecum praecedenti ad exploranda
loca agmen Muttini Numidae occurrisse. Quadrin-

Teil der Packtiere und Troßknechte wie auch eine Anzahl Soldaten, da
überall fast in dem ganzen Waldgebiet gekämpft wurde; als schwersten
Verlust aber empfand man den Tod des Q. Minucius Thermus, eines
tapferen und tüchtigen Mannes.

An diesem Tag gelangte man zum Hebros. Dann durchquerten sie am
Heiligtum des Apollon vorbei, den die Einwohner den Zerynthischen
nennen, das Gebiet von Ainos. Eine andere Enge bei Tempyra nahm sie
auf – der Platz hat diesen Namen –, nicht weniger holprig als die
frühere. Doch weil es ringsum keinen Wald gab, bot sie nicht einmal ein
Versteck für einen Hinterhalt. Hier kamen mit derselben Hoffnung auf
Beute die Trauser zusammen, auch sie eine thrakische Völkerschaft.
Aber weil die nackten Täler bewirkten, daß man die, die die Enge
belagerten, schon von weitem erblickte, gab es weniger Schrecken und
Unruhe bei den Römern. Denn sie mußten zwar auf ungünstigem
Gelände kämpfen, aber doch in einem regelrechten Kampf, in offener
Schlacht und in Reih und Glied. Dichtgedrängt rückten sie heran,
griffen mit Geschrei an und drängten die Feinde zunächst von der Stelle,
dann jagten sie sie davon. Darauf begann die Flucht und das Gemetzel,
wobei die Enge, die sie sich selbst ausgesucht hatten, sie hinderte. Die
siegreichen Römer errichteten bei einem Dorf im Gebiet von Maroneia
– sie nennen es Sale – ihr Lager. Am nächsten Tag nahm die Priatische
Ebene sie mit einem offenen Weg auf. Dort blieben sie drei Tage und
faßten Getreide, einen Teil von den Feldern im Gebiet von Maroneia,
was die Bevölkerung selbst heranschaffte, einen Teil aus ihren eigenen
Schiffen, die mit Nachschub jeder Art folgten. Von dem Standlager aus
war es ein Weg von einem Tag bis Apollonia. Von hier aus gelangte man
durch das Gebiet von Abdera nach Neapolis. Dieser ganze Weg durch
die griechischen Pflanzstädte vollzog sich in Ruhe und Frieden. Der
Rest ging dann mitten durch das Gebiet der Thraker, Tag und Nacht,
wenn auch nicht vom Feind belästigt, so doch immer in Erwartung
eines Angriffs, bis sie nach Makedonien gelangten.

Dasselbe Heer hatte die Thraker sanfter kennengelernt, als es von
Scipio auf demselben Weg geführt wurde, aus keinem anderen Grund,
als weil es weniger Beute gegeben hatte, worauf man hätte aussein
können. Trotzdem berichtet Claudius, auch damals hätten sich etwa
15 000 Thraker dem Numider Muttines entgegengeworfen, der dem
Heer vorauszog, um die Gegend zu erkunden. Es seien 400 numidische

gentos equites fuisse Numidas, paucos elephantos;
Muttinis filium per medios hostes cum centum quin-   13
quaginta delectis equitibus perrupisse; eundem mox,
cum iam Muttines in medio elephantis locatis, in
cornua equitibus dispositis manum cum hoste conse-
ruisset, terrorem ab tergo praebuisse atque inde tur-   14
batos equestri velut procella hostis ad peditum agmen
non accessisse.

Cn. Manlius per Macedoniam in Thessaliam exerci-   15
tum traduxit. Inde per Epirum Apolloniam cum pervenisset, nondum adeo hiberno contempto mari, ut
traicere auderet, Apolloniae hibernavit.

Exitu prope anni M. Valerius consul ex Liguribus   42
ad magistratus subrogandos Romam venit nulla memorabili in provincia gesta re, ut ea probabilis morae
causa esset, quod solito serius ad comitia venisset.
Comitia consulibus rogandis fuerunt ante diem duo-   2
decimum kalendas Martias; creati M. Aemilius Lepidus, C. Flaminius. Postero die praetores facti Ap.   3.4
Claudius Pulcher, Ser. Sulpicius Galba, Q. Terentius
Culleo, L. Terentius Massaliota, Q. Fulvius Flaccus,
M. Furius Crassipes. Comitiis perfectis, quas provin-   5
cias praetoribus esse placeret, rettulit ad senatum
consul. Decreverunt duas Romae iuris dicendi causa,
duas extra Italiam, Siciliam ac Sardiniam, duas in
Italia, Tarentum et Galliam; et extemplo, priusquam   6
inirent magistratum, sortiri iussi. Ser. Sulpicius urbanam, Q. Terentius peregrinam est sortitus, L. Terentius Siciliam, Q. Fulvius Sardiniam, Ap. Claudius
Tarentum, M. Furius Galliam.

Eo anno L. Minucius Myrtilus et L. Manlius, quod   7
legatos Carthaginienses pulsasse dicebantur, iussu M.
Claudii praetoris urbani per fetiales traditi sunt legatis
et Carthaginem avecti.

In Liguribus magni belli et gliscentis in dies magis   8
fama erat. Itaque consulibus novis, quo die de provinciis et de re publica rettulerunt, senatus utrisque

Reiter gewesen und wenige Elefanten. Der Sohn des Muttines sei mit 150 ausgesuchten Reitern mitten durch die Feinde durchgebrochen; er habe dann kurz darauf, als Muttines schon die Elefanten in die Mitte genommen und die Reiter auf den Flügeln postiert hatte und mit dem Feind aneinandergeraten war, vom Rücken her den Feinden Schrecken eingejagt, und daraufhin seien diese vom Ansturm der Reiter verwirrt, nicht mehr zum Zug der Fußtruppen gelangt.

Cn. Manlius führte das Heer durch Makedonien nach Thessalien. Als er von dort durch Epirus nach Apollonia gekommen war, überwinterte er in Apollonia, da man das Meer noch nicht so sehr verachtete, daß man überzusetzen gewagt hätte.

Fast am Ende des Jahres kam der Konsul M. Valerius aus dem Gebiet der Ligurer zur Wahl der Beamten nach Rom; er hatte in seinem Aufgabengebiet nichts Bemerkenswertes geleistet, daß es ein annehmbarer Grund gewesen wäre für die Verzögerung, daß er später als gewöhnlich zu den Wahlen gekommen war. Die Konsulwahlen fanden am 18. Februar statt; die Wahl fiel auf M. Aemilius Lepidus und C. Flaminius. Am nächsten Tag wurden App. Claudius Pulcher, Ser. Sulpicius Galba, Q. Terentius Culleo, L. Terentius Massaliota, Q. Fulvius Flaccus und M. Furius Crassipes zu Prätoren gewählt. Nach den Wahlen befragte der Konsul den Senat, welche Amtsbereiche die Prätoren haben sollten. Sie setzten zwei Amtsbereiche in Rom zur Rechtsprechung fest, zwei außerhalb von Italien, nämlich Sizilien und Sardinien, sowie zwei in Italien, nämlich Tarent und Gallien. Und sie wurden aufgefordert, sogleich, bevor sie ihr Amt anträten, zu losen. Ser. Sulpicius Galba erloste die Stadt-, Q. Terentius die Fremdenprätur, L. Terentius Sizilien, Q. Fulvius Sardinien, App. Claudius Tarent und M. Furius Gallien.

In diesem Jahr wurden L. Terentius Myrtilus und L. Manlius, weil sie Gesandte der Karthager geschlagen haben sollten, auf Anordnung des Stadtprätors M. Claudius durch die Fetialen den Gesandten übergeben und nach Karthago abgeführt.

Es kursierte ein Gerücht von einem großen Krieg im Gebiet der Ligurer, der von Tag zu Tag mehr um sich greife. Deshalb bestimmte der Senat für die neuen Konsuln an dem Tage, an dem sie die politische

Ligures provinciam decrevit. Huic senatus consulto   9
Lepidus consul intercedebat indignum esse praedi-
cans consules ambos in valles Ligurum includi, M.   10
Fulvium et Cn. Manlium biennium iam, alterum in
Europa, alterum in Asia velut pro Philippo atque
Antiocho substitutos regnare. Si exercitus in his terris
esse placeat, consules iis potius quam privatos praees-
se oportere. Vagari eos cum belli terrore per nationes,   11
quibus bellum indictum non sit, pacem pretio vendi-
tantis. Si eas provincias exercitibus obtinere opus
esset, sicut M'. Acilio L. Scipio consul, L. Scipioni M.
Fulvius et Cn. Manlius successissent consules, ita   12
Fulvio Manlioque C. Livium et M. Valerium consules
debuisse succedere. Nunc certe, perfecto Aetolico
bello, recepta ab Antiocho Asia, devictis Gallis, aut
consules ad exercitus consulares mitti aut reportari
legiones inde reddique tandem rei publicae debere.
Senatus his auditis in sententia perseveravit, ut consu-   13
libus ambobus Ligures provincia esset; Manlium Fulviumque decedere de provinciis et exercitus inde deducere ac redire Romam placuit.

Inimicitiae inter M. Fulvium et M. Aemilium consu-   **43**
lem erant et super cetera Aemilius serius biennio se
consulem factum M. Fulvii opera ducebat. Itaque ad   2
invidiam ei faciendam legatos Ambraciensis in senatum subornatos criminibus introduxit, qui sibi, cum
in pace essent imperataque prioribus consulibus fecissent et eadem oboedienter praestare M. Fulvio parati
essent, bellum illatum questi, agros primum depopu-   3
latos, terrorem direptionis et caedis urbi iniectum, ut
eo metu claudere cogerentur portas; obsessos deinde   4
et oppugnatos se et omnia exempla belli edita in se

Lage und die Verteilung der Amtsbereiche auf die Tagesordnung setzten, für beide das Gebiet der Ligurer als Aufgabenbereich. Gegen diesen
Senatsbeschluß erhob der Konsul Lepidus Einspruch und sagte, es sei
unwürdig, daß beide Konsuln in den Tälern der Ligurer eingeschlossen
würden, M. Fulvius und Cn. Manlius dagegen schon zwei Jahre lang,
der eine in Europa, der andere in Kleinasien gleichsam anstelle von
Philipp und Antiochos wie Könige schalteten und walteten. Wenn sie
wollten, daß Heere in diesen Ländern seien, gehöre es sich eher, daß
Konsuln an deren Spitze ständen als Privatleute. Sie zögen umher und
trügen den Schrecken des Krieges zu Völkern, denen man nicht den
Krieg erklärt habe, und verkauften den Frieden für Geld. Wenn es nötig
sei, daß Heere in diesen Gebieten ständen, hätten an die Stelle von
Fulvius und Manlius die Konsuln C. Livius und M. Valerius treten
müssen, wie an die Stelle von M'. Acilius der Konsul L. Scipio, an die
Stelle von L. Scipio die Konsuln M. Fulvius und Cn. Manlius getreten
seien. Jetzt, nachdem der Ätolerkrieg zu Ende und Kleinasien Antiochos abgenommen worden sei und die Gallier völlig besiegt seien,
müßten bestimmt entweder die Konsuln zu den konsularischen Heeren
geschickt oder die Legionen von dort zurückgeschafft und endlich dem
Staat wieder zur Verfügung gestellt werden. Auch als der Senat das
gehört hatte, blieb er bei der Meinung, daß beide Konsuln Ligurien als
Aufgabengebiet haben sollten. Manlius und Fulvius sollten ihre Aufgabengebiete verlassen und die Heere von dort zurückführen und nach
Rom zurückkehren.

Zwischen M. Fulvius und dem Konsul M. Aemilius bestand Feindschaft, und zu allem übrigen glaubte Aemilius, daß er zwei Jahre später
Konsul geworden sei, sei das Werk des M. Fulvius. Deshalb führte er,
um gegen ihn Stimmung zu machen, Gesandte aus Ambrakia in den
Senat, die er instruiert hatte, welche Anschuldigungen sie vorbringen
sollten. Sie beklagten sich darüber, daß man mit ihnen Krieg angefangen
habe, obwohl sie im Frieden lebten und die Befehle der früheren
Konsuln erfüllt hatten und bereit waren, dasselbe gehorsam dem
M. Fulvius zu gewähren; zunächst habe man ihre Felder verwüstet und
der Stadt mit der Androhung der Plünderung und eines Blutbades
Schrecken eingejagt, so daß sie durch Furcht davor sich gezwungen
gesehen hätten, ihre Tore zu schließen; dann habe man sie belagert und
angegriffen und alle Schrecken des Krieges an ihnen verübt mit Gemet-

caedibus, incendiis, ruinis, direptione urbis, coniuges
liberos in servitium abstractos, bona adempta et,
quod se ante omnia moveat, templa tota urbe spoliata   5
ornamentis; simulacra deum, deos immo ipsos con-
vulsos ex sedibus suis ablatos esse; parietes postesque
nudatos, quos adorent, ad quos precentur et suppli-
cent, Ambraciensibus superesse. Haec querentis in-   6
terrogando criminose ex composito consul ad plura
velut non sua sponte dicenda eliciebat. Motis patribus   7
alter consul C. Flaminius M. Fulvii causam excepit,
qui veterem viam et obsoletam ingressos Ambracienses dixit; sic M. Marcellum ab Syracusanis, sic Q.   8
Fulvium a Campanis accusatos. Quin eadem opera T.
Quinctium a Philippo rege, M'. Acilium et L. Scipionem ab Antiocho, Cn. Manlium a Gallis, ipsum M.
Fulvium ab Aetolis et Cephallaniae populis accusari
paterentur? „Ambraciam oppugnatam et captam et   9
signa inde ornamentaque ablata et cetera facta, quae
captis urbibus soleant, negaturum aut me pro M.
Fulvio aut ipsum M. Fulvium censetis, patres conscripti, qui ob has res gestas triumphum a vobis   10
postulaturus sit, Ambraciam captam signaque, quae
ablata criminantur, et cetera spolia eius urbis ante
currum laturus et fixurus in postibus suis? Nihil est,   11
quod se ab Aetolis separent; eadem Ambraciensium
et Aetolorum causa est. Itaque collega meus vel in alia   12
causa inimicitias exerceat vel, si in hac utique mavult,
retineat Ambraciensis suos in adventum M. Fulvii;
ego nec de Ambraciensibus nec de Aetolis decerni   13
quicquam absente M. Fulvio patiar."

Cum Aemilius callidam malitiam inimici velut no-   **44**
tam omnibus insimularet et tempus eum morando
extracturum diceret, ne consule inimico Romam veni-

zel, Feuer, Trümmern und Plünderung der Stadt, habe ihre Frauen und
Kinder in die Sklaverei weggeschleppt, ihnen ihr Hab und Gut genommen und, was sie vor allem bewege, die Heiligtümer in der ganzen Stadt
ihres Schmuckes beraubt. Die Götterbilder, ja die Götter selbst habe
man von ihren Plätzen gerissen und weggeschafft; nur die nackten
Wände und Türpfosten hätten die Bewohner von Ambrakia noch, die
sie anbeten, bei denen sie bitten und flehen könnten. Als sie diese
Klagen erhoben, brachte der Konsul sie, wie es verabredet war, durch
gehässige Fragen dazu, scheinbar gegen ihren Willen noch mehr zu
sagen. Das machte auf die Senatoren Eindruck. Aber der andere Konsul
C. Flaminius nahm sich der Sache des M. Fulvius an und sagte, die
Leute von Ambrakia seien auf eine alte und überholte Methode verfallen; so sei M. Marcellus von den Syrakusanern, so Q. Fulvius von den
Kampanern verklagt worden. Sollten sie wirklich zulassen, daß auf
dieselbe Art ein T. Quinctius von König Philipp, ein M'. Acilius und
ein L. Scipio von Antiochos, ein Cn. Manlius von den Galliern und
M. Fulvius selbst von den Ätolern und den Völkern von Kephallania
angeklagt werde? „Ihr Senatoren, meint ihr, daß ich für M. Fulvius
leugnen werde oder daß M. Fulvius selbst leugnen wird, daß Ambrakia
angegriffen und eingenommen, daß Kunstwerke und Kostbarkeiten von
dort weggeschafft worden sind und daß anderes geschehen ist, was bei
der Einnahme von Städten zu geschehen pflegt, wo er doch vorhat,
wegen dieser Taten eine Triumph von euch zu fordern und die Einnahme von Ambrakia und die Kunstwerke, die weggeschafft worden
sind, was sie ihm zum Vorwurf machen, und die andere Beute aus dieser
Stadt vor seinem Triumphwagen hertragen zu lassen und an seinen
Türpfosten zu befestigen. Es gibt keinen Grund dafür, daß sie zwischen
sich und den Ätolern einen Unterschied machen. Die Situation der
Leute von Ambrakia und der Ätoler ist dieselbe. Deshalb soll mein
Amtsgenosse entweder in einer anderen Sache seiner Feindschaft nach-
gehen oder, wenn er es auf jeden Fall lieber in dieser Sache will, seine
Ambrakier zurückhalten bis zur Ankunft des M. Fulvius. Ich jedenfalls
werde weder zulassen, daß über die Leute von Ambrakia noch über die
Ätoler etwas beschlossen wird, solange M. Fulvius abwesend ist."
    Während Aemilius die verschlagene Bösartigkeit seines Feindes wie
etwas allen Bekanntes anprangerte und sagte, Fulvius werde durch
Hinauszögern die Zeit vertun, um nicht im Konsulat seines Feindes

ret, certamine consulum biduum absumptum est; nec   2
praesente Flaminio decerni quicquam videbatur posse. Captata occasio est, cum aeger forte Flaminius   3
abesset, et referente Aemilio senatus consultum factum est, ut Ambraciensibus suae res omnes redde-   4
rentur; in libertate essent ac legibus suis uterentur;
portoria, quae vellent, terra marique caperent, dum
eorum immunes Romani ac socii nominis Latini essent; signa aliaque ornamenta, quae quererentur ex   5
aedibus sacris sublata esse, de iis, cum M. Fulvius
Romam revertisset, placere ad collegium pontificum
referri et, quod ii censuissent, fieri. Neque his conten-   6
tus consul fuit, sed postea per infrequentiam adiecit
senatus consultum Ambraciam vi captam esse non
videri.

Supplicatio inde ex decemvirorum decreto pro va-   7
letudine populi per triduum fuit, quia gravis pesti-
lentia urbem atque agros vastabat. Latinae inde fue-   8
runt. Quibus religionibus liberati consules et dilectu
perfecto — novis enim uterque maluit uti militibus —
in provinciam profecti sunt veteresque omnes dimise-
runt.

Post consulum profectionem Cn. Manlius procon-   9
sul Romam venit; cui cum ab Ser. Sulpicio praetore
senatus ad aedem Bellonae datus esset et ipse comme-   10
moratis rebus ab se gestis postulasset, ut ob eas diis
immortalibus honos haberetur sibique triumphanti
urbem invehi liceret, contradixerunt pars maior de-   11
cem legatorum, qui cum eo fuerant, et ante alios L.
Furius Purpurio et L. Aemilius Paulus.

Legatos sese Cn. Manlio datos pacis cum Antiocho   45
faciendae causa foederisque legum, quae cum L. Scipione incohatae fuissent, perficiendarum. Cn. Man-   2
lium summa ope tetendisse, ut eam pacem turbaret et
Antiochum, si sui potestatem fecisset, insidiis excipe-

nach Rom zu kommen, vergingen über dem Streit der Konsuln zwei
Tage. Und es schien, als könne in Anwesenheit von Flaminius nichts
entschieden werden. Man ergriff die Gelegenheit, als Flaminius zufällig
wegen Krankheit abwesend war, und auf Antrag des Aemilius wurde
ein Senatsbeschluß gefaßt, den Bewohnern von Ambrakia solle all ihre
Habe zurückgegeben werden; sie sollten frei sein und nach ihren
eigenen Gesetzen leben; sie sollten Zölle, wie sie wollten, zu Lande und
zu Wasser erheben, wenn nur die Römer und die Bundesgenossen und
Latiner davon nicht betroffen würden. Die Kunstwerke und die anderen Kostbarkeiten, die aus ihren heiligen Tempeln weggeschafft worden
seien, worüber sie sich beklagten, das solle, wenn M. Fulvius nach Rom
zurückgekehrt sei, vor das Kollegium der Pontifices gebracht werden
und was diese meinten, solle geschehen. Der Konsul war damit noch
nicht zufrieden, sondern fügte später, als der Senat einmal nur schwach
besetzt war, noch einen Senatsbeschluß hinzu, es mache den Eindruck,
als sei Ambrakia nicht mit Gewalt eingenommen worden.

Dann fand auf Anordnung der Decemvirn ein dreitägiger Bittgang
für die Gesundheit des Volkes statt, weil eine schwere Seuche die Stadt
und das Land heimsuchte. Dann war das Latinerfest. Als die Konsuln
diese religiösen Verpflichtungen hinter sich gebracht und die Aushebung abgeschlossen hatten – denn jeder der beiden wollte lieber neue
Soldaten haben –, brachen sie in ihr Aufgabengebiet auf und entließen
alle alten Soldaten.

Nach dem Aufbruch der Konsuln kam der Prokonsul Cn. Manlius
nach Rom. Als für ihn durch den Prätor Ser. Sulpicius Galba eine
Senatssitzung im Tempel der Bellona einberufen worden war und er
selbst über seine Taten berichtet und gefordert hatte, daß man deswegen
den unsterblichen Göttern Ehre erweise und ihm erlaube, im Triumph
in die Stadt einzuziehen, sprach der größere Teil der zehn Kommissare,
die bei ihm gewesen waren, dagegen, L. Furius Purpurio und L. Aemilius Paulus noch mehr als die anderen.

Sie seien Cn. Manlius als Kommissare zugewiesen worden, um Frieden mit Antiochos zu schließen und die Bestimmungen des Vertrages,
die zunächst einmal mit L. Scipio ausgemacht worden seien, endgültig
festzulegen. Cn. Manlius habe sich die größte Mühe gegeben, diesen
Frieden zu stören und sich der Person des Antiochos heimtückisch zu
bemächtigen, wenn er ihm Gelegenheit dazu gegeben hätte. Aber jener

ret; sed illum cognita fraude consulis, cum saepe
colloquiis petitis captatus esset, non congressum modo, sed conspectum etiam eius vitasse. Cupientem   3
transire Taurum aegre omnium legatorum precibus,
ne carminibus Sibyllae praedictam superantibus terminos fatalis cladem experiri vellet, retentum admosse
tamen exercitum et prope ⟨in⟩ ipsis iugis ad divortia
aquarum castra posuisse.

Cum ibi nullam belli causam invenisset quiescenti-   4
bus regiis, circumegisse exercitum ad Gallograecos;
cui nationi non ex senatus auctoritate, non populi   5
iussu bellum illatum. Quod quem umquam de sua
sententia facere ausum? Antiochi, Philippi, Hannibalis et Poenorum recentissima bella esse; de omnibus   6
his consultum senatum, populum iussisse, per legatos
ante res repetitas, postremo, qui bellum indicerent,
missos. ,,Quid eorum, Cn. Manli, factum est, ut istud 7
publicum populi Romani bellum et non tuum privatum latrocinium ducamus? At eo ipso contentus fui-   8
sti, recto itinere exercitum duxisti ad eos, quos tibi
hostis desumpseras. An per omnes amfractus viarum,   9
cum ad bivia consisteres, ut, quo flexisset agmen
Attalus, Eumenis frater, eo consul mercennarius cum
exercitu Romano sequereris, Pisidiae Lycaoniaeque et
Phrygiae recessus omnis atque angulos peragrasti sti-
pem ab tyrannis castellanisque deviis colligens? Quid
enim tibi cum Oroandis? Quid cum aliis aeque inno-
xiis populis?

Bellum autem ipsum, cuius nomine triumphum   10
petis, quo modo gessisti? Loco aequo, tempore tuo
pugnasti? Tu vero recte, ut diis immortalibus honos   11
habeatur, postulas, primum quod pro temeritate imperatoris, nullo gentium iure bellum inferentis, poe-

sei, da er die Tücke des Konsuls erkannt habe, obwohl man ihn oftmals
mit der Bitte um eine Unterredung zu überlisten gesucht habe, nicht nur
einem Zusammentreffen mit ihm, sondern sogar seinem Anblick aus
dem Weg gegangen. Als Manlius den Tauros überschreiten wollte, sei er
nur mit Mühe durch die Bitten aller Kommissare davon abgehalten
worden, es auf die Niederlage ankommen lassen zu wollen, die in den
Sprüchen der Sibylle denen prophezeit ist, die die vom Schicksal
gesetzten Grenzen überschreiten; er habe aber doch das Heer herangeführt und habe fast unmittelbar auf den Kämmen an der Wasserscheide
sein Lager aufgeschlagen.

Als er dort keinen Anlaß zum Krieg gefunden habe, da die Leute des
Königs sich ruhig verhielten, sei er mit dem Heer umhergezogen zu den
Galatern und habe mit dieser Völkerschaft ohne Senatsbeschluß und
ohne Auftrag des Volkes Krieg angefangen. Wer habe das jemals aus
eigenem Entschluß zu tun gewagt? Die letzten Kriege seien die mit
Antiochos, mit Philipp und mit Hannibal und den Karthagern. In all
diesen Fällen sei der Senat befragt worden, habe das Volk entschieden,
habe man zuvor Gesandte geschickt und Wiedergutmachung gefordert
und habe zuletzt welche geschickt, die den Krieg erklären sollten. „Was
davon ist geschehen, Cn. Manlius, daß wir sagen können, es sei ein im
Namen des Staates geführter Krieg des römischen Volkes und nicht dein
privater Raubzug? Aber gerade damit bist du ja zufrieden gewesen, hast
dein Heer geradewegs zu denen geführt, die du dir als Feinde ausgesucht hattest. Oder hat du an den Weggabelungen haltgemacht, um
Attalos, dem Bruder des Eumenes, mit dem römischen Heer dorthin zu
folgen, wohin er sich mit seinem Heereszug wandte, als wenn du als
Konsul in seinem Sold ständest, und bist auf allen möglichen Umwegen
durch alle abgelegenen Gebiete und Winkel von Pisidien, Lykien und
Phrygien gezogen und hast einen Geldbetrag von Tyrannen und den
Bewohnern abgelegener fester Plätze eingesammelt? Denn was hattest
du mit Oroanda zu tun? Was mit anderen ebenso unschuldigen Völkern?

Der Krieg selbst aber, um dessentwillen du den Triumph forderst,
wie hast du den geführt? Hast du auf günstigem Gelände, zu einem für
dich günstigen Zeitpunkt gekämpft? Du forderst wahrhaftig mit Recht,
daß den unsterblichen Göttern Ehre erwiesen wird, erstens einmal, weil
sie nicht wollten, daß das Heer für die Unbesonnenheit des Feldherrn

nas luere exercitum noluerunt; deinde quod beluas,
non hostis nobis obiecerunt.

Nolite nomen tantum existimare mixtum esse Gal-   **46**
lograecorum; multo ante et corpora et animi mixti ac
vitiati sunt. An si illi Galli essent, cum quibus miliens   2
vario eventu in Italia pugnatum est, quantum in imperatore nostro fuit, nuntius illinc redisset? Bis cum iis   3
pugnatum est, bis loco iniquo subiit, in valle inferiore
pedibus paene hostium aciem subiecit. Ut non tela ex
superiore loco mitterent, sed corpora sua nuda inicerent, obruere nos potuerunt. Quid igitur incidit?   4
Magna fortuna populi Romani est, magnum et terribi-
le nomen. Recenti ruina Hannibalis, Philippi, Antiochi prope attoniti erant. Tantae corporum moles fundis sagittisque in fugam consternatae sunt; gladius in
acie cruentatus non est Gallico bello; velut avium   5
examina ad crepitum primum missilium avolavere. At   6
hercule iidem nos — monente fortuna, quid, si hostem habuissemus, casurum fuisset —, cum redeuntes
in latrunculos Thracas incidissemus, caesi, fugati, ex-
uti impedimentis sumus. Q. Minucius Thermus, in   7
quo haud paulo plus damni factum est, quam si Cn.
Manlius, cuius temeritate ea clades inciderat, perisset,
cum multis viris fortibus cecidit; exercitus spolia regis   8
Antiochi referens trifariam dissipatus, alibi primum,
alibi postremum agmen, alibi impedimenta, inter ve-
pres in latebris ferarum noctem unam delituit.

Pro his triumphus petitur? Si nihil in Thracia cladis   9
ignominiaeque foret acceptum, de quibus hostibus
triumphum peteres? De iis, ut opinor, quos tibi hostes senatus aut populus Romanus dedisset. Sic huic   10
L. Scipioni, sic illi M'. Acilio de rege Antiocho, sic
paulo ante T. Quinctio de rege Philippo, sic P. Africano de Hannibale et Poenis et Syphace triumphus

büßte, der ohne jede völkerrechtliche Grundlage einen Krieg anfing, dann, weil sie uns Untiere, keine Feinde entgegengestellt haben.

Glaubt doch nicht, daß Galliergriechen nur ein Mischname ist; schon viel früher sind ihre Körper und ihre Seelen gemischt und verdorben worden. Wäre etwa, wenn jene Gallier wären, mit denen in Italien tausendmal mit welchselndem Ausgang gekämpft worden ist, soweit es an unserem trefflichen Feldherrn lag, überhaupt ein Bote von dort zurückgekehrt? Zweimal ist mit ihnen gekämpft worden, zweimal ist er auf ungünstigem Gelände gegen sie angerückt, hat er in einem tiefer gelegenen Tal fast zu Füßen der Feinde seine Schlachtreihe aufgestellt. Auch ohne Geschosse von oben zu schleudern, wenn sie sich nur mit ihren nackten Körpern auf uns geworfen hätten, hätten sie uns vernichten können. Was ist also geschehen? Groß ist das Glück des römischen Volkes, groß und schrecklich sein Name. Durch den kürzlich erfolgten Sturz Hannibals, Philipps und des Antiochos waren sie fast wie vom Donner gerührt. Solche Massen von Körpern sind, durch Schleudern und Pfeile verstört, in die Flucht gejagt worden; das Schwert ist in der Schlacht nicht blutig geworden im Krieg mit den Galliern; wie Schwärme von Vögeln stoben sie beim ersten Schwirren der Geschosse davon. Und beim Herkules, wir, dieselben Leute – eine Mahnung des Schicksals, was geschehen wäre, wenn wir einen Feind gehabt hätten –, als wir auf dem Rückmarsch auf die thrakischen Wegelagerer stießen, sind wir niedergehauen, in die Flucht gejagt und unseres Trosses beraubt worden. Q. Minucius Thermus ist mit vielen tapferen Männern gefallen, ein erheblich größerer Verlust, als wenn Cn. Manlius gefallen wäre, durch dessen Unbesonnenheit diese Niederlage herbeigeführt worden war. Das Heer, das mit der Beute von König Antiochos zurückzog, in drei Teile verstreut, hier die Spitze, dort der Schluß des Zuges, anderswo der Troß, hat sich unter Dornen im Schlupfwinkel wilder Tiere eine Nacht verkrochen.

Dafür wird ein Triumph gefordert? Wenn in Thrakien keine Niederlage und keine Schmach erlitten worden wäre, über welche Feinde würdest du dann den Triumph fordern? Vermutlich doch über die, die dir der Senat oder das römische Volk als Feinde gegeben hat. So ist diesem L. Scipio, so jenem M'. Acilius über König Antiochos, so kurz zuvor T. Quinctius über König Philipp, so P. Africanus über Hannibal, die Karthager und Syphax der Triumph bewilligt worden. Und jene

datus. Et minima illa, cum iam senatus censuisset   11
bellum, quaesita tamen sunt, quibus nuntiandum esset: ipsis utique regibus nuntiaretur, an satis esset ad
praesidium aliquod nuntiari? Vultis ergo haec omnia   12
pollui et confundi, tolli fetialia iura, nullos esse fetiales? Fiat, pace deum dixerim, iactura religionis; obli-
vio deorum capiat pectora vestra. Num senatum quoque de bello consuli non placet? Non ad populum   13
ferri, velint iubeantne cum Gallis bellum geri? Modo   14
certe consules Graeciam atque Asiam volebant; tamen
perseverantibus vobis Ligures provinciam decernere
dicto audientes fuerunt. Merito ergo a vobis prospere   15
bello gesto triumphum petent, quibus auctoribus gesserunt."

Talis oratio Furii et Aemilii fuit. Manlium in hunc   47
maxime modum respondisse accepi: „Tribuni plebis
antea solebant triumphum postulantibus adversari,
patres conscripti; quibus ego gratiam habeo, quod seu   2
mihi seu magnitudini rerum gestarum hoc dederunt,
ut non solum silentio comprobarent honorem meum,
sed referre etiam, si opus esset, viderentur parati esse;
ex decem legatis, si diis placet, quod consilium dis-   3
pensandae cohonestandaeque victoriae imperatoribus
maiores dederunt nostri, adversarios habeo. L. Furius   4
et L. Aemilius currum triumphalem me conscendere
prohibent, coronam insignem capiti detrahunt, quos
ego, si tribuni triumphare me prohiberent, testes ci-
taturus fui rerum a me gestarum. Nullius equidem   5
invideo honori, patres conscripti; vos tribunos plebei
nuper, viros fortes ac strenuos, impedientes Q. Fabii
Labeonis triumphum auctoritate vestra deterruistis;
triumphavit, quem non bellum iniustum gessisse, sed
hostem omnino non vidisse inimici iactabant; ego, qui   6

Bagatelle: als der Senat sich schon für den Krieg entschieden hatte, hat
man doch noch die Frage gestellt, wem man es mitteilen müsse; ob es
auf jeden Fall den Königen selbst mitgeteilt werden solle oder ob es
genug sei, wenn es einem Truppenteil von ihnen mitgeteilt werde! Wollt
ihr also, daß das alles besudelt und durcheinandergebracht wird, daß das
Fetialrecht aufgehoben wird, daß es keine Fetialen mehr gibt? Es mag
denn – die Götter mögen mir dieses Wort verzeihen – zu einem Verlust
an Gottesfurcht kommen, die Götter mögen in euren Herzen in Vergessenheit geraten. Soll etwa auch der Senat nicht mehr über den Krieg
befragt werden? Es nicht mehr vor das Volk gebracht werden, ob sie
wollen und anordnen, daß mit den Galliern Krieg geführt wird? Gerade
erst verlangten die Konsuln doch noch Griechenland und Kleinasien.
Dennoch gehorchten sie aufs Wort, als ihr dabeibliebt, das Gebiet der
Ligurer zu ihrem Aufgabenbereich zu bestimmen. Mit Recht also werden
sie, wenn sie den Krieg glücklich geführt haben, von euch einen
Triumph fordern, auf deren Veranlassung hin sie den Krieg geführt
haben."

So war die Rede des Furius und des Aemilius. Ich habe gehört,
Manlius habe im wesentlichen auf folgende Art geantwortet: „Senatoren, früher pflegten die Volkstribunen denen, die einen Triumph forderten, entgegenzutreten. Ich bin ihnen dankbar dafür, daß sie entweder
mir oder der Größe meiner Taten so viel Achtung entgegengebracht
haben, daß sie nicht nur durch ihr Schweigen meine Ehrung guthießen,
sondern auch bereit zu sein schienen, wenn es nötig wäre, einen Antrag
zu stellen. Unter den zehn Kommissaren, wer hätte das gedacht, die
unsere Vorfahren den Feldherren als beratendes Kollegium an die Seite
gestellt haben, um nach dem Sieg die nötigen Regelungen zu treffen und
um dem Sieg mehr Glanz zu verleihen, habe ich Feinde. L. Furius und
L. Aemilius hindern mich daran, den Triumphwagen zu besteigen, sie
reißen mir den Ehrenkranz vom Kopf. Ich wollte sie, wenn die Tribunen mich daran hindern würden zu triumphieren, als Zeugen anrufen
für die Taten, die ich vollbracht habe. Ich meinerseits neide keinem
seine Ehre, Senatoren. Ihr habt vor kurzem erst Volkstribunen, tapfere
und tüchtige Männer, die den Triumph des Q. Fabius Labeo zu verhindern suchten, durch euren Einfluß abgeschreckt. Er hat triumphiert,
obwohl seine Gegner vorbrachten, nicht daß er einen ungerechten Krieg
geführt, sondern daß er den Feind überhaupt nicht gesehen habe. Ich,

cum centum milibus ferocissimorum hostium signis
collatis totiens pugnavi, qui plus quadraginta milia
hominum cepi aut occidi, qui bina castra eorum expu-
gnavi, qui citra iuga Tauri omnia pacatiora, quam terra
Italia est, reliqui, non triumpho modo fraudor, sed   7
causam apud vos, patres conscripti, accusantibus meis
ipse legatis dico.

Duplex eorum, ut animadvertistis, patres conscrip-   8
ti, accusatio fuit: nam nec gerendum mihi fuisse bellum cum Gallis et gestum temere atque imprudenter
dixerunt. ,Non erant Galli hostes, sed tu eos pacatos
imperata facientes violasti.' Non sum postulaturus a   9
vobis, patres conscripti, ut, quae communiter de im-
manitate gentis Gallorum, de infestissimo odio in
nomen Romanum scitis, ea de illis quoque, qui Asiam
incolunt, existimetis Gallis; remota universae gentis   10
infamia atque invidia per se ipsos aestimate. Utinam
rex Eumenes, utinam Asiae omnes civitates adessent
et illos potius querentes quam me accusantem audire-
tis. Mittite agedum legatos circa omnes Asiae urbes et   11
quaerite, utra graviori servitute, Antiocho ultra Tauri
iuga emoto an Gallis subactis, liberati sint. Quotiens   12
agri eorum vastati sint, quotiens praedae abactae,
referant, cum vix redimendi captivos copia esset et
mactatas humanas hostias immolatosque liberos suos
audirent. Stipendium scitote pependisse socios ve-   13
stros Gallis et nunc, liberatos per vos regio imperio,
fuisse pensuros, si a me foret cessatum.

Quo longius Antiochus emotus esset, hoc impo-   **48**
tentius in Asia Galli dominarentur et, quidquid est
terrarum citra Tauri iuga, Gallorum imperio, non
vestro adiecissetis. At enim sunt haec ista vera; ⟨sed⟩   2
etiam Delphos quondam, commune humani generis
oraculum, umbilicum orbis terrarum, Galli spoliave-
runt, nec ideo populus Romanus his bellum indixit

der ich mit 100000 der wildesten Feinde in offener Schlacht so oft
gekämpft, der ich mehr als 40000 Mann gefangengenommen oder
erschlagen, der ich zwei Lager von ihnen eingenommen, der ich bis zu
den Kämmen des Tauros alles ruhiger zurückgelassen habe, als es in
Italien ist, werde nicht nur um den Triumph betrogen, sondern muß
mich sogar vor euch, Senatoren, gegen die Anklagen meiner eigenen
Kommissare rechtfertigen.

Ihre Anklage war, wie ihr bemerkt habt, Senatoren, eine doppelte.
Denn sie haben gesagt, ich hätte den Krieg mit den Galliern nicht führen
dürfen und er sei unbesonnen und unklug geführt worden. ‚Die Gallier
waren keine Feinde, vielmehr hast du ihnen, die friedfertig waren und
den Befehlen nachkamen, Gewalt angetan.‘ Ich will von euch nicht
fordern, Senatoren, daß ihr das, was ihr allgemein über die Wildheit der
Völkerschaft der Gallier, über ihren tödlichen Haß auf den Römerna-
men wißt, auch von den Galliern glaubt, die diese Landstriche bewohnen. Stellt den schlechten Ruf der ganzen Völkerschaft und den Haß auf
sie zurück, und beurteilt sie nach sich selbst! Wenn doch König
Eumenes, wenn doch alle Gemeinden Kleinasiens hier wären und ihr
deren Klagen hören würdet statt meiner Anklage! Los, schickt
Gesandte zu allen Städten Kleinasiens und fragt sie, welche Knechtschaft schlimmer war, die, vor der sie durch die Zurückdrängung des
Antiochos hinter die Kämme des Tauros, oder die, von der sie durch die
Niederwerfung der Gallier befreit worden sind. Sie dürften wohl
berichten, wie oft ihre Felder verwüstet worden sind, wie oft Beute
weggetrieben worden ist, während sie kaum die Mittel hatten, die
Gefangenen loszukaufen, und hören mußten, daß ihre eigenen Kinder
als Menschenopfer hingeschlachtet und dargebracht worden waren.
Macht euch klar, daß eure Bundesgenossen den Galliern Tribut gezahlt
haben und auch jetzt, durch euch von der Oberherrschaft des Königs
befreit, noch zahlen würden, wenn ich gezögert hätte.

Je weiter Antiochos hinausgedrängt worden wäre, desto zügelloser
würden die Gallier in Kleinasien herrschen, und alles, was an Ländern
bis zu den Kämmen des Tauros liegt, hättet ihr zu der Macht der
Gallier, nicht zu eurer hinzugefügt. ‚Das ist freilich wahr; aber auch
Delphi, das allgemeine Orakel des Menschengeschlechtes, den Nabel
der Welt, haben die Gallier einst beraubt, und das römische Volk hat
ihnen deswegen nicht den Krieg erklärt oder ihn mit ihnen angefangen.‘

aut intulit. Equidem aliquid interesse rebar inter id   3
tempus, quo nondum in iure ac dicione vestra Graecia
atque Asia erat, ad curandum animadvertendumque,
quid in his terris fieret, et hoc, quo finem imperii   4
Romani Taurum montem statuistis, quo libertatem,
immunitatem civitatibus datis, quo aliis fines adicitis,
alias agro multatis, aliis vectigal imponitis, regna au-
getis, minuitis, donatis, adimitis, curae vestrae censetis esse, ut pacem terra marique habeant. An nisi   5
praesidia deduxisset Antiochus, quae quieta in suis
arcibus erant, non putaretis liberatam Asiam; si Gallorum exercitus effusi vagarentur, rata dona vestra,
quae dedistis, regi Eumeni, rata libertas civitatibus
esset?

Sed quid ego haec ita argumentor, tamquam non   6
acceperim, sed fecerim hostes Gallos? Te, L. Scipio,   7
appello, cuius ego mihi, succedens in vicem imperii
tui, virtutem felicitatemque pariter non frustra ab diis
immortalibus precatus sum, te, P. Scipio, qui legati
ius, collegae maiestatem et apud fratrem consulem et
apud exercitum habuisti, sciatisne in exercitu Antiochi Gallorum legiones fuisse, videritis in acie eos, in   8
cornu utroque — id enim roboris esse videbatur —
locatos, pugnaveritis ut cum hostibus iustis, cecideri-
tis, spolia eorum rettuleritis. ‚Atqui cum Antiocho,   9
non cum Gallis bellum et senatus decreverat et populus iusserat.‘ Sed simul, ut opinor, cum his decreve-
rant iusserantque, qui intra praesidia eius fuissent; ex   10
quibus praeter Antiochum, cum quo pacem pepigerat
Scipio et cum quo nominatim foedus ut fieret, manda-
veratis, omnes hostes erant, qui pro Antiocho arma
adversus nos tulerunt. In qua causa cum Galli ante   11
omnes fuissent et reguli quidam et tyranni, ego tamen
et cum aliis, pro dignitate imperii vestri coactis luere

Ich jedenfalls glaubte, im Hinblick darauf, daß ihr euch darum kümmertet und es ahndetet, was in diesen Ländern geschah, bestehe ein gewisser Unterschied zwischen jener Zeit, in der Griechenland und Kleinasien noch nicht in eurer Gewalt und in Abhängigkeit von euch waren, und dieser, in der ihr als Grenze der römischen Macht den Tauros festgesetzt habt, in der ihr den Gemeinden Freiheit und Abgabenfreiheit gewährt, in der ihr den einen das Gebiet vergrößert, andere mit Verlust an Land bestraft, wieder anderen Abgaben auferlegt, Königreiche vergrößert und verkleinert, schenkt und wegnehmt und meint, es sei eure Angelegenheit, daß sie zu Lande und zu Wasser Frieden haben. Ihr würdet doch wohl nicht glauben, Kleinasien sei befreit, wenn Antiochos seine Besatzungen, die ruhig auf ihren Burgen saßen, nicht abgezogen hätte. Wenn aber die Heere der Gallier frei umherstreiften, würden dann für König Eumenes eure Geschenke, die ihr ihm gemacht habt, würde für die Gemeinden die Freiheit Gültigkeit haben?

Aber was bringe ich dies so vor, als wenn ich die Gallier nicht als Feinde übernommen, sondern sie dazu gemacht hätte? An dich, L. Scipio, wende ich mich, dessen Tapferkeit und Glück in gleichem Maße ich mir nicht vergeblich von den unsterblichen Göttern erfleht habe, als ich als dein Nachfolger im Oberbefehl an deine Stelle trat, an dich, P. Scipio, der du die rechtliche Stellung eines Legaten und die Würde eines Amtsgenossen sowohl bei deinem Bruder, dem Konsul, wie beim Heer gehabt hast: Wißt ihr, daß im Heer des Antiochos gallische Verbände gewesen sind, habt ihr sie in der Schlachtreihe gesehen, auf beiden Flügeln aufgestellt – denn das schien ihre Stärke zu sein –, habt ihr mit ihnen wie mit regelrechten Feinden gekämpft, sie erschlagen und die ihnen abgewonnenen Waffen als Beute heimgebracht? ‚Aber einen Krieg mit Antiochos, nicht mit den Galliern hatte der Senat doch beschlossen und das Volk angeordnet.‘ Jedoch zugleich, wie ich meine, hatten sie ihn mit denen beschlossen und angeordnet, die sich unter seinen Truppen befanden. Von denen waren außer Antiochos, mit dem Scipio Frieden geschlossen hatte und mit dem auf eure ausdrückliche Anordnung hin ein Vertrag abgeschlossen werden sollte, alle noch Feinde, die für Antiochos gegen uns in Waffen gestanden hatten. Obwohl in dieser Situation vor allem die Gallier gewesen waren und einige Fürsten und Tyrannen, habe ich doch mit den anderen, nachdem ich sie entsprechend der Würde eures Reiches gezwungen hatte, für ihre

peccata sua, pacem pepigi et Gallorum animos, si
possent mitigari a feritate insita, temptavi et, post-   12
quam indomitos atque implacabiles cernebam, tum
demum vi atque armis coercendos ratus sum.

Nunc, quoniam suscepti belli purgatum est crimen,   13
gesti reddenda est ratio. In quo confiderem equidem
causae meae, etiam si non apud Romanum, sed apud
Carthaginiensem senatum agerem, ubi in crucem tolli
imperatores dicuntur, si prospero eventu, pravo consilio rem gesserunt; sed ego in ea civitate, quae ideo   14
omnibus rebus incipiendis gerendisque deos adhibet,
quia nullius calumniae subicit ea, quae dii comproba-
verunt, et in sollemnibus verbis habet, cum supplicationem aut triumphum decernit, ‚quod bene ac felici-   15
ter rem publicam administrarit‘, si nollem, si grave ac
superbum existimarem virtute gloriari, ⟨si⟩ pro felicitate ⟨tantum⟩ mea exercitusque mei, quod tantam
nationem sine ulla militum iactura devicimus, postu-
larem, ut diis immortalibus honos haberetur et ipse   16
triumphans in Capitolium ascenderem, unde votis rite
nuncupatis profectus sum, negaretis hoc mihi cum
diis immortalibus?

Iniquo enim loco dimicavi. Dic igitur, quo aequiore   49
potuerim dimicare. Cum hostes montem cepissent,
loco se munito tenerent, nempe eundum ad hostes
erat, si vincere vellem. Quid? Si urbem eo loco habe-   2
rent et moenibus se tenerent? Nempe oppugnandi
erant. Quid? Ad Thermopylas aequone loco M'. Acilius cum rege Antiocho pugnavit? Quid? Philippum   3
non eodem modo super Aoum amnem iuga tenentem
montium T. Quinctius deiecit? Equidem adhuc, qua-
lem aut sibi fingant aut vobis videri velint hostem
fuisse, non invenio. Si degenerem et emollitum amoe-   4
nitate Asiae, quid periculi vel iniquo loco subeuntibus

Vergehen Buße zu zahlen, Frieden geschlossen und habe es auch bei den Galliern versucht, ob sie von ihrer angeborenen Wildheit abgebracht werden könnten, und erst, nachdem ich sah, daß sie ungezähmt und unversöhnlich waren, da erst glaubte ich, sie mit Waffengewalt zügeln zu müssen.

Jetzt, da der Vorwurf eines vom Zaun gebrochenen Krieges widerlegt ist, muß Rechenschaft abgelegt werden über seine Durchführung. Dabei würde ich Vertrauen in meine Sache setzen, auch wenn ich nicht vor dem römischen, sondern vor dem karthagischen Senat reden würde, wo die Feldherrn, wie es heißt, gekreuzigt werden, wenn sie einen Krieg mit günstigem Ausgang, aber nach einem verkehrten Plan geführt haben. Aber in dieser Bürgerschaft, die so sehr bei dem Beginn und der Durchführung aller Dinge die Götter heranzieht, weil sie das, was die Götter gebilligt haben, keiner Deutelei aussetzt, und die unter ihren feierlichen Formeln hat, wenn sie ein Dankfest oder einen Triumph beschließt: ,weil er die Interessen der Allgemeinheit gut und glücklich wahrgenommen hat' – wenn ich es in dieser Bürgerschaft nicht wollte, wenn ich es für schlimm und überheblich hielte, sich seiner Tapferkeit zu rühmen, wenn ich nur für mein Glück und das meines Heeres, weil wir eine so große Völkerschaft ohne einen Verlust an Soldaten entscheidend besiegt haben, fordern würde, daß man den unsterblichen Göttern Ehre erweise und daß ich selbst im Triumph zum Kapitol hinaufsteigen dürfe, von wo ich aufgebrochen bin, nachdem ich die Gelübde ordnungsgemäß ausgesprochen hatte, würdet ihr dies mir zugleich mit den unsterblichen Göttern verweigern?

Ich habe ja auf ungünstigem Gelände gekämpft. Sag mir also, wo hätte ich auf günstigerem kämpfen können? Als die Feinde den Berg besetzt hatten und sich auf dem befestigten Gelände hielten, mußte ich doch wohl zum Feind hingehen, wenn ich siegen wollte. Wie, wenn sie an dieser Stelle eine Stadt gehabt und sich hinter ihren Mauern gehalten hätten? Sie hätten doch wohl angegriffen werden müssen. Wie? Hat M'. Acilius an den Thermopylen auf günstigem Gelände mit König Antiochos gekämpft? Wie? Hat T. Quinctius Philipp, der die Kämme am Aoos besetzt hatte, nicht auf dieselbe Weise hinabgeworfen? Ich für meine Person finde bisher nicht heraus, wie sie sich den Feind vorstellen oder wie sie möchten, daß ihr euch den Feind vorstellt. Wenn entartet und verweichlicht durch die Lieblichkeit Kleinasiens, welche Gefahr

fuit? Si timendum et feritate animorum et robore
corporum, huicine tantae victoriae triumphum nega-
tis? Caeca invidia est, patres conscripti, nec quicquam   5
aliud scit quam detractare virtutes, corrumpere honores ac praemia earum. Mihi quaeso ita ignoscatis,   6
patres conscripti, si longiorem orationem non cupidi-
tas gloriandi de me, sed necessaria criminum defensio
fecit.

An etiam per Thraciam saltus patentes, qui angusti   7
erant, et plana ex arduis et culta ex silvestribus facere
potui et praestare, necubi notis sibi latebris delitesce-
rent latrones Thraces, ne quid sarcinarum raperetur,   8
ne quod iumentum ex tanto agmine abstraheretur, ne
quis vulneraretur, ne ex vulnere vir fortis ac strenuus
Q. Minucius moreretur? In hoc casu, quo infeliciter   9
incidit, ut talem civem amitteremus, haerent; quod   10
saltu iniquo, loco alieno cum adortus nos hostis esset,
duae simul acies primi et novissimi agminis haerentem
ad impedimenta nostra exercitum barbarorum cir-
cumvenerunt, quod multa milia ⟨illo⟩ ipso die, plura   11
multo post dies paucos ceciderunt et ceperunt, hoc, si
ipsi tacuerint, vos scituros, cum testis orationis meae
totus exercitus sit, non credunt? Si gladium in Asia   12
non strinxissem, si hostem non vidissem, tamen
triumphum in Thracia duobus proeliis merueram. Sed   13
iam dictum satis est; quin pro eo, quod pluribus
verbis vos, quam vellem, fatigavi, veniam a vobis
petitam impetratamque velim, patres conscripti.''

Plus crimina eo die quam defensio valuissent, ni   50
altercationem in serum perduxissent. Dimittitur senatus ea opinione, ut negaturus triumphum fuisse videretur. Postero die et cognati amicique Cn. Manlii   2
summis opibus adnisi sunt, et auctoritas seniorum
valuit negantium exemplum proditum memoriae esse,
ut imperator, qui devictis perduellibus, confecta pro-   3

bestand dann auch auf ungünstigem Gelände für die Heranrückenden?
Wenn zu fürchten wegen der Wildheit ihres Wesens und der Kraft ihrer
Körper, verweigert ihr dann diesem so großen Sieg den Triumph? Es ist
blinde Mißgunst, Senatoren, und sie kennt nichts anderes, als Helden-
taten in den Staub zu ziehen und die Ehren und Belohnungen dafür zu
vereiteln. Ihr mögt mir bitte verzeihen, Senatoren, wenn die notwendige
Verteidigung gegen die Anschuldigungen, nicht jedoch das Verlangen,
mich meiner zu rühmen, meine Rede ziemlich lang gemacht hat.

Oder konnte ich auch in Thrakien die Waldgebiete, die eng waren,
weit machen, das, was steil war, eben, und das, was waldig war, zu
bestelltem Land und dafür sorgen, daß sich nirgendwo thrakische
Räuber in den ihnen bekannten Schlupfwinkeln versteckten, daß nichts
vom Gepäck geraubt, daß keins der Zugtiere von dem so großen Zug
weggetrieben, daß keiner verwundet wurde und daß der tüchtige und
tapfere Q. Minucius nicht an seiner Wunde starb? An diesen Zufall
klammern sie sich, durch den es unglücklicherweise dazu gekommen
ist, daß wir einen solchen Bürger verloren haben. Daß in dem unebenen
Waldgebiet, auf dem ungünstigen Gelände, als der Feind uns angegriffen hatte, zwei Schlachtreihen von der Spitze und der Nachhut zugleich
das an unserem Troß festhängende Heer der Barbaren umzingelten, daß
sie viele tausend von ihnen gerade an diesem Tage, viel mehr noch
wenige Tage später erschlagen und gefangengenommen haben, glauben
sie nicht, auch wenn sie selbst davon schweigen, daß ihr das zu wissen
bekommen werdet, wo doch das ganze Heer Zeuge für meine Rede ist?
Wenn ich in Kleinasien das Schwert nicht gezogen, wenn ich den Feind
nicht gesehen hätte, so hatte ich doch in Thrakien durch zwei Schlachten den Triumph verdient. Aber jetzt ist genug gesagt; ja ich möchte
dafür, daß ich euch mit mehr Worten, als ich gewünscht hätte, ermüdet
habe, um Verzeihung bitten und sie auch erlangen, Senatoren."

Die Vorwürfe hätten sich an diesem Tage als stärker erwiesen als die
Verteidigung, wenn sie nicht den Wortwechsel bis zu später Stunde
hingezogen hätten. Der Senat wurde entlassen und meinte, es sähe so
aus, als hätte er den Triumph verweigern wollen. Am nächsten Tag
bemühten sich die Verwandten und Freunde des Cn. Manlius mit allen
Mitteln, und der Einfluß der Älteren setzte sich durch, die sagten, es sei
kein Beispiel dafür überliefert, daß ein Feldherr, der über seine Feinde
einen entscheidenden Sieg errungen, seinen Auftrag durchgeführt und

vincia exercitum reportasset, sine curru et laurea pri-
vatus inhonoratusque urbem iniret. Hic pudor mali-
gnitatem vicit triumphumque frequentes decreverunt.

Oppressit deinde mentionem memoriamque om-   4
nem contentionis huius maius et cum maiore et cla-
riore viro certamen ortum. P. Scipioni Africano, ut   5
Valerius Antias auctor est, duo Q. Petilii diem dixerunt. Id, prout cuiusque ingenium erat, interpreta-
bantur. Alii non tribunos plebis, sed universam civita-   6
tem, quae id pati posset, incusabant: duas maximas   7
orbis terrarum urbes ingratas uno prope tempore in
principes inventas, Romam ingratiorem, si quidem
victa Carthago victum Hannibalem in exilium expulisset, Roma victrix victorem Africanum expellat.
Alii, neminem unum civem tantum eminere debere,   8
ut legibus interrogari non possit; nihil tam aequandae
libertatis esse quam potentissimum quemque posse
dicere causam. Quid autem tuto cuiquam, nedum   9
summam rem publicam, permitti, si ratio non sit
reddenda? Qui ius aequum pati non possit, in eum
vim haud iniustam esse. Haec agitata sermonibus,   10
donec dies causae dicendae venit. Nec alius antea
quisquam nec ille ipse Scipio consul censorve maiore
omnis generis hominum frequentia quam reus illo die
in forum est deductus. Iussus dicere causam sine ulla   11
criminum mentione orationem adeo magnificam de
rebus ab se gestis est exorsus, ut satis constaret neminem umquam neque melius neque verius laudatum
esse. Dicebantur enim ab ⟨eo⟩ eodem animo inge-   12
nioque, quo gesta erant, et aurium fastidium aberat,
quia pro periculo, non in gloriam referebantur.

Tribuni vetera luxuriae crimina Syracusanorum hi-   51
bernorum et Locris Pleminianum tumultum cum ad
fidem praesentium criminum rettulissent, suspicioni-

das Heer zurückgeführt habe, ohne Triumphwagen und Lorbeerkranz als Privatmann und ungeehrt die Stadt betreten habe. Die Scham davor besiegte die Boshaftigkeit, und sie beschlossen in großer Zahl den Triumph.

Jede Erwähnung dieser Streitigkeit und jede Erinnerung daran verdrängte ein größerer Streit mit einem größeren und berühmteren Mann. Den P. Scipio Africanus luden, wie Valerius Antias berichtet, die beiden Q. Petilius vor Gericht. Das nahmen die Leute auf, je nachdem wie die Denkweise eines jeden war. Die einen machten nicht den Volkstribunen, sondern der ganzen Bürgerschaft einen Vorwurf, die das zulassen könne; die beiden größten Städte des Erdkreises seien fast zur gleichen Zeit als undankbar gegen ihren größten Mann befunden worden, Rom aber als undankbarer, weil ja Karthago besiegt den besiegten Hannibal in die Verbannung geschickt habe, Rom aber siegreich den Sieger Africanus vertreibe. Die anderen: Kein einziger Bürger dürfe so sehr herausragen, daß er nicht vor Gericht gebracht werden könne. Nichts diene so sehr dazu, allen ein gleiches Maß an Freiheit zu geben, wie die Möglichkeit, daß gerade die Mächtigsten zur Verantwortung gezogen werden könnten. Was aber könne einem ohne Gefahr anvertraut werden, von der höchsten Macht im Staat ganz abgesehen, wenn nicht Rechenschaft abgelegt werden müsse? Wer die Gleichheit vor dem Recht nicht ertragen könne, gegenüber dem sei die Anwendung von Gewalt nicht ungerecht. Dies wurde in Gesprächen diskutiert, bis der Tag kam, an dem er sich vor Gericht verantworten mußte. Kein anderer zuvor, auch Scipio selbst nicht, als er Konsul oder Zensor war, ist je von einer größeren Menge Menschen jeder Art auf das Forum geleitet worden als der Angeklagte an diesem Tag. Aufgefordert, sich zu rechtfertigen, begann er, ohne auf die Vorwürfe überhaupt einzugehen, eine so glänzende Rede über seine Taten, daß hinreichend feststand, keiner sei jemals besser und mit mehr Recht gelobt worden. Denn es wurde von ihm vorgebracht in dem Geist und mit dem Temperament, mit dem es vollbracht worden war, und es gab keinen Widerwillen beim Zuhören, weil es zur Abwendung der Gefahr berichtet wurde, nicht um sich zu rühmen.

Nachdem die Volkstribunen die alten Vorwürfe einer üppigen Lebensweise im Winterlager von Syrakus und die Wirren in Locri um Pleminius wieder vorgebracht hatten, um die im Augenblick erhobenen

bus magis quam argumentis pecuniae captae reum
accusarunt: filium captum sine pretio redditum omni-   2
busque aliis rebus Scipionem, tamquam in eius unius
manu pax Romana bellumque esset, ab Antiocho
cultum; dictatorem eum consuli, non legatum in pro-   3
vincia fuisse; nec ad aliam rem eo profectum, quam
ut, id quod Hispaniae, Galliae, Siciliae, Africae iam
pridem persuasum esset, hoc Graeciae Asiaeque et
omnibus ad orientem versis regibus gentibusque appareret, unum hominem caput columenque imperii   4
Romani esse, sub umbra Scipionis civitatem dominam
orbis terrarum latere, nutum eius pro decretis patrum,
pro populi iussis esse. Infamia intactum invidia, qua
possunt, urgent. Orationibus in noctem perductis   5
prodicta dies est.

    Ubi ea venit, tribuni in rostris prima luce consede-   6
runt; citatus reus magno agmine amicorum clientium-
que per mediam contionem ad rostra subiit silentio-
que facto „Hoc" inquit „die, tribuni plebis vosque,   7
Quirites, cum Hannibale et Carthaginiensibus signis
collatis in Africa bene ac feliciter pugnavi. Itaque,   8
cum hodie litibus et iurgiis supersederi aequum sit,
ego hinc extemplo in Capitolium ad Iovem optimum
maximum Iunonemque et Minervam ceterosque deos,
qui Capitolio atque arci praesident, salutandos ibo
hisque gratias agam, quod mihi et hoc ipso die et   9
saepe alias egregie gerendae rei publicae mentem fa-
cultatemque dederunt. Vestrum quoque quibus com-   10
modum est, Quirites, ite mecum et orate deos, ut mei
similes principes habeatis, ita, si ab annis septendecim   11
ad senectutem semper vos aetatem meam honoribus
vestris anteistis, ego vestros honores rebus gerendis
praecessi." Ab rostris in Capitolium ascendit. Simul   12
se universa contio avertit et secuta Scipionem est,

Vorwürfe glaubhaft zu machen, beschuldigten sie den Angeklagten mehr mit Verdächtigungen als mit Beweisen, sich finanzielle Vorteile verschafft zu haben. Sein Sohn sei aus der Gefangenschaft ohne Lösegeld zurückgegeben worden, und auch in allen anderen Dingen sei Scipio von Antiochos der Hof gemacht worden, als wenn einzig und allein in seiner Hand der Friede und der Krieg mit Rom liege. Für den Konsul sei er in seinem Amtsbereich ein Diktator, kein Legat gewesen. Und er sei nur zu dem Zweck dorthin aufgebrochen, daß, wovon Spanien, Gallien, Sizilien und Afrika schon längst überzeugt wären, daß das auch Griechenland und Kleinasien und allen Königen und Völkerschaften im Osten deutlich werde: daß ein einziger Mensch Haupt und Stütze des römischen Reiches sei, daß die Bürgerschaft, die die Welt beherrsche, im Schatten Scipios stehe und daß sein Wille an die Stelle der Beschlüsse des Senats und an die Stelle der Anordnungen des Volkes trete. Weil sie seinen guten Ruf nicht antasten konnten, setzten sie ihm, soviel sie konnten, mit Mißgunst zu. Nachdem die Reden sich bis in die Nacht hingezogen hatten, wurde die Sache vertagt.

Als der neue Termin kam, saßen die Tribunen schon im Morgengrauen auf der Rednertribüne. Der Angeklagte ging nach dem Aufruf mit einem großen Zug von Freunden und Klienten mitten durch die Volksversammlung hindurch bis vor die Rednertribüne und sagte, nachdem Ruhe hergestellt war: „Volkstribunen und ihr, Mitbürger, an diesem Tag habe ich mit Hannibal und den Karthagern in offener Schlacht in Afrika gut und glücklich gekämpft. Weil es daher nicht mehr als recht ist, daß man heute Zank und Streit ruhen läßt, werde ich von hier aus sogleich zum Kapitol gehen, um den besten und größten Jupiter und Juno und Minerva und die anderen Götter, die das Kapitol und die Burg schützen, zu grüßen, und werde ihnen dafür Dank sagen, daß sie mir an diesem Tage und auch sonst oft die Einsicht und die Gelegenheit gegeben haben, Hervorragendes für den Staat zu leisten. Soweit es euch gelegen kommt, Mitbürger, geht mit mir und bittet die Götter, daß ihr ähnliche Führer habt wie mich, aber nur, wenn ihr von meinem siebzehnten Lebensjahr an bis zu meinem hohen Alter immer meinen Lebensjahren durch die Übertragung eurer Ämter voraus gewesen seid, ich aber die von euch verliehenen Ämter durch meine Taten in den Schatten gestellt habe." Von der Rednertribüne aus stieg er zum Kapitol hinauf. Zugleich wandte sich die ganze Volksversammlung ab

adeo ut postremo scribae viatoresque tribunos relin-
querent nec cum iis praeter servilem comitatum et
praeconem, qui reum ex rostris citabat, quisquam
esset. Scipio non in Capitolio modo, sed per totam   13
urbem omnia templa deum cum populo Romano
circumiit. Celebratior is prope dies favore hominum   14
et aestimatione vera magnitudinis eius fuit, quam quo
triumphans de Syphace rege et Carthaginiensibus urbem est invectus.

Hic speciosus ultimus dies P. Scipioni illuxit. Post   52
quem cum invidiam et certamina cum tribunis prospi-
ceret, die longiore prodicta in Literninum concessit
certo consilio, ne ad causam dicendam adesset. Maior   2
animus et natura erat ac maiori fortunae adsuetus,
quam ut reus esse sciret et submittere se in humilitatem
causam dicentium. Ubi dies venit citarique absens est   3
coeptus, L. Scipio morbum causae esse, cur abesset,
excusabat. Quam excusationem cum tribuni, qui diem   4
dixerant, non acciperent et ab eadem superbia non
venire ad causam dicendam arguerent, qua iudicium
et tribunos plebis et contionem reliquisset et, quibus   5
ius sententiae de se dicendae et libertatem ademisset,
his comitatus, velut captos trahens, triumphum de
populo Romano egisset secessionemque eo die in
Capitolium a tribunis plebis fecisset − „Habetis ergo   6
temeritatis illius mercedem; quo duce et auctore nos   7
reliquistis, ab eo ipsi relicti estis, et tantum animorum
in dies nobis decrescit, ut, ad quem ante annos septendecim exercitum et classem habentem tribunos plebis
aedilemque mittere in Siciliam ausi sumus, qui pren-
derent eum et Romam reducerent, ad eum privatum
ex villa sua extrahendum ad causam dicendam mittere
non audeamus." Tribuni plebis appellati ab L. Scipio-   8

und folgte Scipio, so daß zuletzt auch die Schreiber und Amtsboten die Tribunen verließen und außer den Sklaven ihres Gefolges und dem Herold, der den Angeklagten von der Rednertribüne herab aufzurufen pflegte, keiner mehr bei ihnen war. Scipio ging nicht nur auf dem Kapitol, sondern in der ganzen Stadt mit dem römischen Volk zu allen Heiligtümern der Götter. Dieser Tag war durch die Anhänglichkeit der Menschen und die wahre Einschätzung seiner Größe fast festlicher als der, an dem er im Triumph über König Syphax und die Karthager in die Stadt einzog.

Dies war der letzte glanzvolle Tag, der für Scipio anbrach. Weil er danach Anfeindung und Kämpfe mit den Volkstribunen voraussah, begab er sich, als die Sache auf einen ungewöhnlich späten Termin vertagt wurde, auf sein Gut bei Liternum in der festen Absicht, sich nicht einzufinden, um seine Verteidigung zu führen. Seine Sinnesart und sein Wesen war zu groß und an eine glänzendere Stellung gewöhnt, als daß er sich dazu hätte verstehen können, angeklagt zu sein und sich herabzulassen zu der Unterwürfigkeit der Leute, die sich vor Gericht verteidigen. Als der Termin gekommen war und man anfing, ihn in Abwesenheit aufzurufen, brachte L. Scipio Krankheit als Entschuldigungsgrund dafür vor, daß er abwesend sei. Die Tribunen, die ihn vor Gericht geladen hatten, erkannten diese Entschuldigung nicht an und erhoben den Vorwurf, er komme aus Überheblichkeit nicht, um sich vor Gericht zu rechtfertigen; es sei die gleiche Überheblichkeit, mit der er das Gericht und die Volkstribunen und die Volksversammlung verlassen und einen Triumph über das römische Volk gefeiert habe, begleitet von denen, denen er das Recht, über ihn ihre Stimme abzugeben, und die Freiheit genommen, sie wie Gefangene mit sich schleppend, und es an diesem Tage zustande gebracht habe, daß man sich von den Volkstribunen auf das Kapitol absonderte. „Da habt ihr also den Lohn für jene Unbesonnenheit. Unter dessen Führung und auf dessen Veranlassung hin ihr uns verlassen habt, von dem seid ihr selbst verlassen worden, und unser Mut nimmt von Tag zu Tag so sehr ab, daß wir, die wir vor 17 Jahren gewagt haben, zu ihm, der ein Heer und eine Flotte hatte, Volkstribunen und einen Ädil nach Sizilien zu schicken, um ihn zu ergreifen und nach Rom zurückzuschaffen, jetzt nicht wagen, Leute zu schicken, um ihn als Privatmann aus seinem Landgut herauszuschleppen, damit er sich vor Gericht verantworte." Als L. Sci-

ne ita decreverunt: si morbi causa excusaretur, sibi
placere accipi eam causam diemque ab collegis prodi-
ci. Tribunus plebis eo tempore Ti. Sempronius Grac-   9
chus erat, cui inimicitiae cum P. Scipione intercedebant. Is, cum vetuisset nomen suum decreto collegarum adscribi tristioremque omnes sententiam exspectarent, ita decrevit: cum L. Scipio excusasset morbum   10
esse causae fratri, satis id sibi videri; se P. Scipionem,
priusquam Romam redisset, accusari non passurum;
tum quoque, si se appellet, auxilio ei futurum, ne
causam dicat: ad id fastigium rebus gestis, honoribus   11
populi Romani P. Scipionem deorum hominumque
consensu pervenisse, ut sub rostris reum stare et
praebere aures adulescentium conviciis populo Romano magis deforme quam ipsi sit.

Adiecit decreto indignationem: „Sub pedibus ve-   53
stris stabit, tribuni, domitor ille Africae Scipio? Ideo   2
quattuor nobilissimos duces Poenorum in Hispania,
quattuor exercitus fudit fugavitque; ideo Syphacem
cepit, Hannibalem devicit, Carthaginem vectigalem
nobis fecit, Antiochum — recipit enim fratrem con-   3
sortem huius gloriae L. Scipio — ultra iuga Tauri
emovit, ut duobus Petiliis succumberet? Vos de P.
Africano palmam pet⟨i f⟩eretis ⟨, Quirites⟩? Nullis-   4
ne meritis suis, nullis vestris honoribus umquam in
arcem tutam et velut sanctam clari viri pervenient,
ubi, si non venerabilis, inviolata saltem senectus eorum considat?" Movit et decretum et adiecta oratio   5
non ceteros modo, sed ipsos etiam accusatores, et
deliberaturos se, quid iuris sui et officii esset, dixerunt.

Senatus deinde concilio plebis dimisso haberi est   6
coeptus. Ibi gratiae ingentes ab universo ordine, praecipue a consularibus senioribusque, Ti. Graccho actae

pio an die anderen Volkstribunen appellierte, gaben diese folgende
Erklärung ab: Wenn Krankheit als Entschuldigungsgrund angeführt
werde, wollten sie, daß dieser Grund anerkannt und daß die Sache von
ihren Amtsgenossen vertagt werde. Damals war auch Tib. Gracchus
Volkstribun, der mit P. Scipio in Feindschaft lebte. Nachdem er verboten hatte, seinen Namen zu der Erklärung der Amtsgenossen zu setzen,
und alle einen härteren Bescheid erwarteten, gab er folgende Erklärung
ab: Da L. Scipio für seinen Bruder als Entschuldigung vorgebracht
habe, daß Krankheit der Grund sei, scheine ihm das ausreichend. Er
werde nicht zulassen, daß P. Scipio, bevor er nach Rom zurückgekehrt
sei, angeklagt werde. Auch dann werde er ihm helfen, wenn er an ihn
appelliere, daß er sich nicht vor Gericht zu verantworten brauche.
P. Scipio sei durch seine Taten wie durch die Ehrungen des römischen
Volkes nach der übereinstimmenden Meinung der Götter und Menschen zu einer solch hohen Stellung gelangt, daß es für das römische
Volk schimpflicher sei als für Scipio selbst, wenn er als Angeklagter vor
der Rednertribüne stehe und die Schmähungen junger Leute höre.
Er ließ auf seine Erklärung noch eine Äußerung seines Unmuts
folgen: „Soll Scipio, der Bezwinger Afrikas, zu euren Füßen stehen, ihr
Tribunen? Hat er dazu in Spanien vier sehr berühmte Heerführer der
Karthager und vier Heere geschlagen und in die Flucht gejagt, dazu
Syphax gefangengenommen, Hannibal die entscheidende Niederlage
beigebracht, Karthago uns tributpflichtig gemacht und Antiochos –
denn L. Scipio war damit einverstanden, daß sein Bruder an seinem
Ruhm teilhatte – hinter die Kämme des Tauros zurückgedrängt, daß er
zwei Petiliern unterliegt? Werdet ihr es hinnehmen, Mitbürger, daß
man nach dem Siegespreis über P. Africanus trachtet? Sollen berühmte
Männer nicht aufgrund ihrer Verdienste und aufgrund der von euch
erwiesenen Ehren einmal in eine sichere und gewissermaßen unantast-
bare Burg gelangen, wo sie in ihrem Alter, wenn schon nicht ehrfurcht-
gebietend, so doch wenigstens unverletzbar eine bleibende Stätte finden?“ Der Bescheid und die anschließende Äußerung machten nicht
nur auf die übrigen Eindruck, sondern auch auf die Ankläger, und sie
sagten, sie würden überlegen, was ihr Recht und ihre Pflicht sei.
Daraufhin wurde die Volksversammlung entlassen, und es begann
eine Senatssitzung. Dort bezeigte der ganze Stand, vor allem die ehemaligen Konsuln und die älteren, Tib. Gracchus seine ungeheure Dankbar-

sunt, quod rem publicam privatis simultatibus potio-
rem habuisset, et Petilii vexati sunt probris, quod   7
splendere aliena invidia voluissent et spolia ex Africani triumpho peterent.

Silentium deinde de Africano fuit. Vitam Literni   8
egit sine desiderio urbis; morientem rure eo ipso loco
sepeliri se iussisse ferunt monumentumque ibi aedifi-
cari, ne funus sibi in ingrata patria fieret. Vir memora-   9
bilis, bellicis tamen quam pacis artibus memorabilior.
⟨Nobilior⟩ prima pars vitae quam postrema fuit, quia
in iuventa bella adsidue gesta, cum senecta res quoque
defloruere nec praebita est materia ingenio. Quid ad   10
primum consulatum secundus, etiam si censuram adi-
cias? Quid Asiatica legatio, et valetudine adversa inu-
tilis et filii casu deformata et post reditum necessitate
aut subeundi iudicii aut simul cum patria deserendi?
Punici tamen belli perpetrati, quo nullum neque   11
maius neque periculosius Romani gessere, unus prae-
cipuam gloriam tulit.

Morte Africani crevere inimicorum animi, quorum   54
princeps fuit M. Porcius Cato, qui vivo quoque eo
adlatrare magnitudinem eius solitus erat. Hoc auctore   2
existimantur Petilii et vivo Africano rem ingressi et
mortuo rogationem promulgasse. Fuit autem rogatio   3
talis: „Velitis iubeatis, Quirites, quae pecunia capta,
ablata, coacta ab rege Antiocho est quique sub imperio eius fuerunt, quod eius in publicum relatum non
est, uti de ea re Ser. Sulpicius praetor urbanus ad   4
senatum referat, quem eam rem velit senatus quaerere
de iis, qui praetores nunc sunt?“ Huic rogationi   5

keit, weil er das allgemeine Interesse höher gestellt habe als seine
privaten Streitigkeiten, und die Petilier wurden mit Vorwürfen überhäuft, weil sie durch gehässige Anschuldigungen gegen einen anderen
hatten glänzen wollen und nach Siegesbeute aus einem Triumph über
Africanus trachteten.

Darauf wurde es still um Africanus. Er führte sein Leben in Liternum
ohne Verlangen nach der Stadt. Es ist überliefert, er habe auf dem
Sterbebett angeordnet, ihn auf dem Land, genau an diesem Platz, zu
begraben und ihm dort das Grabmal zu errichten, damit sein Begräbnis
nicht in der undankbaren Vaterstadt stattfinden solle. Ein denkwürdiger
Mann, doch durch seine Fähigkeiten im Krieg noch denkwürdiger als
durch die im Frieden. Der erste Abschnitt seines Lebens war berühmter
als der letzte, insofern es in seiner Jugend unablässig Kriege gab,
zugleich mit dem Alter aber auch sein Tatenruhm verblaßte und sich
seinem Genie kein Betätigungsfeld mehr bot. Was ist sein zweites
Konsulat im Vergleich mit dem ersten, selbst wenn man seine Zensur
noch hinzunimmt? Was seine Stellung als Legat in Kleinasien, die durch
seine Krankheit ohne Nutzen war wie auch durch das Mißgeschick
seines Sohnes beeinträchtigt und nach seiner Rückkehr durch die Notwendigkeit, entweder einen Prozeß über sich ergehen zu lassen oder
sich ihm zu entziehen und zugleich auch die Vaterstadt aufzugeben. Er
allein genoß jedoch den außerordentlichen Ruhm, den Punischen Krieg
beendet zu haben, den größten und gefährlichsten, den die Römer je
geführt.

Durch den Tod des Africanus wuchs der Mut seiner Feinde; deren
Anführer war M. Porcius Cato, der auch schon zu Scipios Lebzeiten die
Gewohnheit gehabt hatte, dessen Größe anzukläffen. Man glaubt, es sei
auf seine Veranlassung hin geschehen, daß die Petilier sich noch zu
Lebzeiten des Africanus auf die Sache einließen und nach seinem Tode
einen Gesetzesvorschlag veröffentlichten. Der Gesetzesvorschlag lautete aber folgendermaßen: „Mitbürger, ihr sollt verlangen und anordnen, das Geld, das von König Antiochos und denen, die unter seiner
Herrschaft gestanden haben, erbeutet, weggeschafft und eingetrieben
worden ist, was davon nicht an die Staatskasse abgeliefert worden ist,
daß in dieser Sache der Stadtprätor Ser. Sulpicius dem Senat die Frage
vorlegen soll, wer von den jetzt amtierenden Prätoren nach dem Willen
des Senats diese Angelegenheit untersuchen soll." Gegen diesen Antrag

primo Q. et L. Mummii intercedebant; senatum
quaerere de pecunia non relata in publicum, ita ut
antea semper factum esset, aequum censebant. Petilii　6
nobilitatem et regnum in senatu Scipionum accusa-
bant. L. Furius Purpurio consularis, qui in decem
legatis in Asia fuerat, latius rogandum censebat, non　7
quae ab Antiocho modo pecuniae captae forent, sed
quae ab aliis regibus gentibusque, Cn. Manlium inimicum incessens. Et L. Scipio, quem magis pro se　8
quam adversus legem dicturum apparebat, dissuasor
processit. Is morte P. Africani fratris, viri omnium
fortissimi clarissimique, eam exortam rogationem est
conquestus; parum enim fuisse non laudari pro rostris　9
P. Africanum post mortem, nisi etiam accusaretur; et　10
Carthaginienses exilio Hannibalis contentos esse, populum Romanum ne morte quidem P. Scipionis exsa-
tiari, nisi et ipsius fama sepulti laceretur et frater
insuper, accessio invidiae, mactetur. M. Cato suasit　11
rogationem − exstat oratio eius de pecunia regis
Antiochi − et Mummios tribunos auctoritate deter-
ruit, ne adversarentur rogationi. Remittentibus ergo　12
his intercessionem omnes tribus, uti rogassent, iusserunt.

Ser. Sulpicio deinde referente, quem rogatione Peti-　55
lia quaerere vellent, Q. Terentium Culleonem patres
iusserunt. Ad hunc praetorem, adeo amicum Corne-　2
liae familiae, ut, qui Romae mortuum elatumque P.
Scipionem − est enim ea quoque fama − tradunt,
pilleatum, sicut in triumpho ierat, in funere quoque
ante lectum isse memoriae prodiderint et ad portam
Capenam mulsum prosecutis funus dedisse, quod ab
eo inter alios captivos in Africa ex hostibus receptus
esset, aut adeo inimicum eundem, ut propter insig-　3
nem simultatem ab ea factione, quae adversa Scipioni-

wollten Q. und L. Mummius zunächst Einspruch einlegen; sie hielten es für recht, daß der Senat, so wie es früher immer geschehen sei, die Untersuchung wegen des Geldes führe, das nicht an die Staatskasse abgeliefert worden sei. Die Petilier klagten die Senatsclique und die königliche Stellung der Scipionen im Senat an. Der ehemalige Konsul L. Furius Purpurio, der zu der Zehnerkommission in Kleinasien gehört hatte, meinte, man müsse die Frage umfassender stellen, nicht nur nach den Geldern, die von Antiochos, sondern auch nach denen, die von anderen Königen und Völkerschaften erbeutet worden seien; das ging auf Cn. Manlius, seinen Feind. Und L. Scipio, bei dem es klar war, daß er mehr für sich als gegen das Gesetz sprechen werde, trat vor und riet ab. Er beklagte sich darüber, daß es nach dem Tode seines Bruders P. Africanus, des tapfersten und berühmtesten von allen Männern, zu diesem Antrag gekommen sei; denn es sei noch zu wenig gewesen, daß P. Africanus nach seinem Tode nicht von der Rednertribüne herab gelobt worden sei; er solle auch noch angeklagt werden. Sogar die Karthager hätten sich mit der Verbannung Hannibals begnügt; das römische Volk aber werde nicht einmal durch den Tod des Africanus zufriedengestellt, wenn nicht nach seinem Begräbnis auch noch sein Ruf verunglimpft und sein Bruder obendrein als weiteres Opfer ihres Hasses falle. M. Cato befürwortete den Antrag – seine Rede „Über das Geld des Königs Antiochos" liegt noch vor – und schreckte die beiden Tribunen Mummius durch seinen Einfluß davon ab, gegen den Antrag Einspruch einzulegen. Da diese also von ihrem Einspruch absahen, stimmten alle Tribus dem Antrag zu.

Ser. Sulpicius setzte dann auf die Tagesordnung, wer aufgrund des Antrags der Petilier die Untersuchung führen solle, und der Senat bestimmte Q. Terentius Culleo. Dieser Prätor war ein so guter Freund der Familie der Cornelier, daß bei denen, die berichten, P. Scipio sei in Rom gestorben und begraben – denn es gibt auch diese Tradition –, überliefert ist, er sei mit einer Filzkappe, so wie er im Triumphzug mitgezogen sei, auch im Leichenzug vor der Bahre hergegangen und habe an der Porta Capena denen, die dem Leichenzug folgten, mit Honig gewürzten Wein gegeben, weil er von Africanus mit den anderen Kriegsgefangenen in Afrika aus der Hand der Feinde befreit worden war; oder ein so großer Feind, daß wegen seiner beispiellosen Feindschaft gerade er von der Partei, die gegen die Scipio-

bus erat, delectus sit potissimum ad quaestionem
exercendam; ceterum ad hunc nimis aequum aut ini-   4
quum praetorem reus extemplo factus L. Scipio. Simul et delata et recepta nomina legatorum eius, A. et   5
L. Hostiliorum Catonum, et C. Furii Aculeonis quae-
storis et, ut omnia contacta societate peculatus viderentur, scribae quoque duo et accensus. L. Hostilius
et scribae et accensus, priusquam de Scipione iudicium fieret, absoluti sunt, Scipio et A. Hostilius legatus et C. Furius damnati: quo commodior pax Antio-   6
cho daretur, Scipionem sex milia pondo auri, quadringenta octoginta argenti plus accepisse, quam in
aerarium rettulerit, A. Hostilium octoginta pondo   7
auri et argenti quadringenta tria, Furium quaestorem
auri pondo centum triginta, argenti ducenta. Has ego   8
summas auri et argenti relatas apud Antiatem inveni.
In L. Scipione malim equidem librarii mendum quam
mendacium scriptoris esse in summa auri atque argenti; similius enim veri est argenti quam auri maius   9
pondus fuisse, et potius quadragiens quam ducentiens
quadragiens litem aestimatam, eo magis, quod tantae   10
summae rationem etiam ab ipso P. Scipione requisi-
tam esse in senatu tradunt, librumque rationis eius   11
cum Lucium fratrem adferre iussisset, inspectante
senatu suis ipsum manibus concerpsisse indignantem,
quod, cum bis milliens in aerarium intulisset, quadra- 12
giens ratio ab se posceretur. Ab eadem fiducia animi,   13
cum quaestores pecuniam ex aerario contra legem
promere non auderent, poposcisse clavis et se aper-
turum aerarium dixisse, qui, ut clauderetur, effecisset.

   Multa alia in Scipionis exitu maxime vitae dieque   56
dicta, morte, funere, sepulcro, in diversum trahunt,
ut, cui famae, quibus scriptis adsentiar, non habeam.
Non de accusatore convenit: alii M. Naevium, alii   2
Petilios diem dixisse scribunt, non de tempore, quo

nen war, ausgewählt worden sei, um die Untersuchung durchzuführen; vor diesem Prätor jedenfalls, der allzu wohlwollend oder gehässig war, wurde L. Scipio unverzüglich angeklagt. Zugleich wurde auch gegen seine Legaten A. und L. Hostilius Cato und gegen den Quästor C. Furius Aculeo Anklage eingebracht und zugelassen, und damit alles von der Teilnahme an der Veruntreuung öffentlicher Gelder erfaßt zu sein schien, auch gegen zwei Schreiber und einen Amtsdiener. L. Hostilius, die Schreiber und der Amtsdiener wurden freigesprochen, bevor die Verhandlung gegen Scipio stattfand, Scipio, der Legat A. Hostilius und C. Furius verurteilt: damit Antiochos ein Frieden zu verhältnismäßig angenehmen Bedingungen bewilligt wurde, habe Scipio 6000 Pfund Gold und 480 Pfund Silber mehr erhalten, als er an die Staatskasse abgeliefert habe; A. Hostilius 80 Pfund Gold und 403 Pfund Silber, der Quästor Furius 130 Pfund Gold und 200 Pfund Silber. Die Angaben über diese Beträge an Gold und Silber habe ich bei Antias gefunden. Bei L. Scipio möchte ich jedoch für den Betrag an Gold und Silber eher einen Fehler des Abschreibers als des Schriftstellers annehmen; denn es ist wahrscheinlicher, daß das Gewicht des Silbers größer gewesen ist als das des Goldes und daß der Streitwert eher auf 4 000 000 als auf 24 000 000 abgeschätzt worden ist, umso mehr, weil überliefert ist, daß auch von P. Scipio selbst im Senat eine Abrechnung über eine so große Summe verlangt worden sei und daß er, nachdem er seinen Bruder Lucius aufgefordert hatte, das Rechnungsbuch zu bringen, es vor den Augen des Senats eigenhändig zerrissen habe, empört darüber, daß von ihm, nachdem er 200 000 000 in die Staatskasse gelegt habe, über 4 000 000 Rechenschaft gefordert werde. Aus dem gleichen Selbstvertrauen heraus habe er, als die Quästoren nicht wagten, entgegen dem Gesetz Geld aus der Staatskasse zu nehmen, die Schlüssel gefordert und gesagt, er werde die Staatskasse öffnen, der es fertiggebracht habe, daß sie geschlossen wurde.

In vielem anderen, vor allem beim Lebensende Scipios und seiner Vorladung, seinem Tod, seinem Begräbnis und seinem Grabmal, gehen die Darstellungen auseinander, so daß ich nicht weiß, welcher Tradition und welchen Quellen ich mich anschließen soll. Keine Übereinstimmung gibt es hinsichtlich des Anklägers – die einen schreiben, M. Naevius habe ihn vor Gericht geladen, andere, die Petilier –, keine hinsichtlich des Zeitpunktes, an dem er vor Gericht geladen wurde, keine

dicta dies sit, non de anno, quo mortuus sit, non ubi
mortuus aut elatus sit; alii Romae, alii Literni et   3
mortuum et sepultum. Utrobique monumenta osten-
duntur et statuae; nam et Literni monumentum
monumentoque statua superimposita fuit, quam tempestate disiectam nuper vidimus ipsi, et Romae extra   4
portam Capenam in Scipionum monumento tres statuae sunt, quarum duae P. et L. Scipionum dicuntur
esse, tertia poetae Q. Ennii. Nec inter scriptores   5
rerum discrepat solum, sed orationes quoque, si modo ipsorum sunt, quae feruntur, P. Scipionis et Ti.
Gracchi abhorrent inter se. Index orationis P. Scipio-   6
nis nomen M. Naevii tribuni plebis habet, ipsa oratio
sine nomine est accusatoris; modo nebulonem, modo
nugatorem appellat. Ne Gracchi quidem oratio aut   7
Petiliorum accusatorum Africani aut diei dictae Africano ullam mentionem habet. Alia tota serenda fabula   8
est Gracchi orationi conveniens, et illi auctores sequendi sunt, qui, cum L. Scipio et accusatus et damnatus sit pecuniae captae ab rege, legatum in Etruria
fuisse Africanum tradunt ⟨adiciunt⟩que post famam   9
de casu fratris adlatam relicta legatione cucurrisse
eum Romam et, cum a porta recta ad forum se
contulisset, quod in vincula duci fratrem dictum erat,
reppulisse a corpore eius viatorem et tribunis reti-
nentibus magis pie quam civiliter vim fecisse. Haec   10
enim ipsa Ti. Gracchus queritur dissolutam esse a
privato tribuniciam potestatem, et ad postremum,
cum auxilium L. Scipioni pollicetur, adicit tolerabilio-
ris exempli esse a tribuno plebis potius quam a privato
victam videri et tribuniciam potestatem et rem publicam esse. Sed ita hanc unam impotentem eius iniu-   11
riam invidia onerat, ut increpando, quod degenerarit
tantum a se ipse, cumulatas ei veteres laudes modera-

hinsichtlich seines Todesjahres, keine darüber, wo er gestorben ist und begraben wurde. Die einen behaupten, er sei in Rom gestorben und begraben, die anderen, in Liternum. An beiden Orten werden Grabmale gezeigt und Standbilder. Denn in Liternum gibt es ein Grabmal, und auf das Grabmal war oben ein Standbild gesetzt, das durch einen Sturm zertrümmert ist, wie wir vor einiger Zeit selbst gesehen haben; und in Rom gibt es vor der Porta Capena im Grabmal der Scipionen drei Standbilder, von denen zwei P. und L. Scipio darstellen sollen, das dritte den Dichter Q. Ennius. Und nicht nur bei den Geschichtsschreibern bestehen Widersprüche, sondern auch die Reden des P. Scipio und des Tib. Gracchus widersprechen einander, wenn die, die ihnen zugeschrieben werden, wirklich von ihnen selbst sind. Im Titel der Rede des P. Scipio erscheint der Name des Volkstribunen M. Naevius, in der Rede selbst kommt der Name des Anklägers nicht vor; mal nennt er ihn den Taugenichts, mal den Schwätzer. Auch die Rede des Gracchus erwähnt weder die Petilier, die Ankläger des Africanus, noch die Vorladung des Africanus irgendwo. Man müßte eine ganz andere Geschichte zusammenstellen, wenn sie zu der Rede des Gracchus passen soll, und jenen Quellen folgen, die überliefern, als L. Scipio angeklagt und verurteilt wurde, weil er vom König Geld genommen habe, sei Africanus als Legat in Etrurien gewesen, und hinzufügen, als die Kunde von dem Unglück seines Bruders dorthin drang, habe er sich um seine Aufgabe als Legat nicht weiter gekümmert und sei nach Rom geeilt, und nachdem er sich vom Tor aus geradewegs zum Forum begeben habe, weil gesagt worden war, sein Bruder werde ins Gefängnis geführt, habe er den Amtsgehilfen vom Körper seines Bruders weggedrängt und den Tribunen, die ihn zurückhalten wollten, mit mehr Liebe zu seinem Bruder als Achtung vor der bürgerlichen Ordnung Gewalt angetan. Denn gerade darüber beklagt sich Tib. Gracchus, daß die Amtsgewalt der Tribunen von einem Privatmann aufgehoben worden sei, und zuletzt, wo er L. Scipio seine Hilfe verspricht, fügt er hinzu, es gebe ein leichter zu ertragendes Beispiel ab, wenn ein Volkstribun sich gegenüber der Amtsgewalt der Tribunen und der Staatsgewalt eher durchzusetzen scheine als ein Privatmann. Aber er gießt wegen dieser einen zügellosen Gewalttätigkeit die ganze Schale seines Unmuts über ihn aus, indem er ihm Vorhaltungen macht, daß er sich selbst so sehr untreu geworden sei, und ihn statt eines direkten Tadels für sein

tionis et temperantiae pro reprehensione praesenti
reddat; castigatum enim quondam ab eo populum ait,   12
quod eum perpetuum consulem et dictatorem vellet
facere; prohibuisse statuas sibi in comitio, in rostris,
in curia, in Capitolio, in cella Iovis poni; prohibuisse,   13
ne decerneretur, ut imago sua triumphali ornatu e
templo Iovis optimi maximi exiret. Haec vel in lauda-   57
tione posita ingentem magnitudinem animi moderan-
tis ad civilem habitum honoribus significarent, quae
exprobrando inimicus fatetur.

Huic Graccho minorem ex duabus filiis − nam   2
maior P. Cornelio Nasicae haud dubie a patre collo-
cata erat − nuptam fuisse convenit. Illud parum   3
constat, utrum post mortem patris ei desponsa sit et
nupserit, an verae illae opiniones sint, Gracchum,
cum L. Scipio in vincula duceretur nec quisquam
collegarum auxilio esset, iurasse sibi inimicitias cum   4
Scipionibus, quae fuissent, manere nec se gratiae
quaerendae causa quicquam facere, sed, in quem carcerem reges et imperatores hostium ducentem vidisset
P. Africanum, in eum se fratrem eius duci non passu-
rum. Senatum eo die forte in Capitolio cenantem   5
consurrexisse et petisse, ut inter epulas Graccho filiam Africanus desponderet. Quibus ita inter publi-   6
cum sollemne sponsalibus rite factis cum se domum
recepisset, Scipionem Aemiliae uxori dixisse filiam se
minorem despondisse. Cum illa, muliebriter indigna-   7
bunda nihil de communi filia secum consultatum,
adiecisset, non, si Ti. Graccho daret, expertem consilii
debuisse matrem esse, laetum Scipionem tam concor-   8
di iudicio ei ipsi desponsam respondisse.

Haec de tanto viro, quamquam et opinionibus et
monumentis litterarum variarent, proponenda erant.

gegenwärtiges Verhalten an die alten Lobsprüche erinnert, mit denen er
wegen seiner Zurückhaltung und seines Maßhaltens überhäuft worden
sei. Denn einst, sagt er, sei das Volk von ihm getadelt worden, weil es
ihn zum Konsul für alle Zeit und zum Diktator habe machen wollen. Er
habe verhindert, daß ihm auf dem Comitium, auf der Rednertribüne, im
Senatsgebäude, auf dem Kapitol und in der Cella des Jupitertempels
Standbilder errichtet wurden. Er habe verhindert, daß man beschloß,
sein Bildnis mit den Triumphalinsignien aus dem Heiligtum des besten
und größten Jupiters herauskommen zu lassen. Dies würde sogar, wenn
es in einer Lobrede stände, die ungeheure Seelengröße eines Mannes
zeigen, der seine Ehrungen auf das bürgerliche Maß beschränkte; sein
Feind aber gibt es in seinem Vorwurf zu.

Es herrscht Übereinstimmung darüber, daß die jüngere von den
beiden Töchtern Scipios mit diesem Gracchus verheiratet war – denn
die ältere war von ihrem Vater zweifellos mit P. Cornelius Nasica
verheiratet worden. Es steht jedoch nicht hinreichend fest, ob sie erst
nach dem Tod ihres Vaters mit ihm verlobt worden ist und ihn
geheiratet hat oder ob jene Vermutungen richtig sind, daß Gracchus, als
L. Scipio ins Gefängnis geführt werden sollte und keiner von seinen
Amtsgenossen ihm zu Hilfe kam, geschworen habe, seine Feindschaft,
die er mit den Scipionen gehabt habe, bleibe bestehen und er tue nichts,
um sich beliebt zu machen, aber daß in den Kerker, in den er P. Scipio
Könige und Feldherrn der Feinde habe führen sehen, daß in den sein
Bruder geführt werde, das werde er nicht zulassen. Der Senat, der an
diesem Tage gerade auf dem Kapitol speiste, habe sich erhoben und
darum gebeten, daß Africanus noch während des Mahles dem Gracchus
seine Tochter verlobe. Als diese Verlobung so bei einer öffentlichen
Feier ordnungsgemäß geschlossen worden war und Scipio nach Hause
zurückkehrte, habe er seiner Frau Aemilia gesagt, er habe seine jüngste
Tochter verlobt. Jene, nach Frauenart unwillig darüber, daß wegen
ihrer gemeinsamen Tochter nichts mit ihr zusammen überlegt worden
sei, habe dazu bemerkt, nicht einmal wenn er sie dem Tib. Gracchus
gebe, hätte die Mutter von der Entscheidung ausgeschlossen werden
dürfen; da habe Scipio, froh über das so übereinstimmende Urteil, gesagt,
genau mit dem sei sie verlobt worden.

Dies mußte über den so großen Mann mitgeteilt werden, obwohl die
Meinungen und Darstellungen voneinander abweichen.

Iudiciis a Q. Terentio praetore perfectis Hostilius   **58**
et Furius damnati praedes eodem die quaestoribus
urbanis dederunt; Scipio cum contenderet omnem,   2
quam accepisset pecuniam, in aerario esse nec se
quicquam publici habere, in vincula duci est coeptus.
P. Scipio Nasica tribunos appellavit orationemque   3
habuit plenam veris decoribus non communiter modo
Corneliae gentis, sed proprie familiae suae. Parentes   4
suos et P. Africani ac L. Scipionis, qui in carcerem
duceretur, fuisse Cn. et P. Scipiones, clarissimos viros. Eos, cum per aliquot annos in terra Hispania   5
adversus multos Poenorum Hispanorumque et duces
et exercitus nominis Romani famam auxissent non
bello solum, sed quod Romanae temperantiae fidei-   6
que specimen illis gentibus dedissent, ad extremum
ambo pro re publica morte occubuisse. Cum illorum   7
gloriam tueri posteris satis esset, P. Africanum tantum paternas superiecisse laudes, ut fidem fecerit non
sanguine humano, sed stirpe divina satum se esse. L.   8
Scipionem, de quo agatur, ut, quae in Hispania, quae
in Africa, cum legatus fratris esset, gessisset, praeter-
eantur, consulem et ab senatu dignum habitum, cui
extra sortem Asia provincia et bellum cum Antiocho
rege decerneretur, et a fratre, cui post duos consulatus
censuramque et triumphum legatus in Asiam iret. Ibi   9
ne magnitudo et splendor legati laudibus consulis
officeret, forte ita incidisse, ut, quo die ad Magnesiam
signis collatis L. Scipio Antiochum devicisset, aeger
P. Scipio Elaeae dierum aliquot viam abesset. Non   10
fuisse minorem eum exercitum quam Hannibalis,
cum quo in Africa esset pugnatum; Hannibalem eundem fuisse inter multos alios regios duces, qui imperator Punici belli fuerit. Et bellum quidem ita gestum
esse, ut ne fortunam quidem quisquam criminari possit; in pace crimen quaeri; eam dici venisse. Hic   11

Nachdem der Prätor Q. Terentius die Gerichtsverhandlungen zu Ende gebracht hatte, stellten Hostilius und Furius, die verurteilt worden waren, noch am selben Tag dem Stadtquästor Bürgen. Da Scipio versicherte, das ganze Geld, das er bekommen habe, befinde sich in der Staatskasse und er habe kein öffentliches Eigentum in seinem Besitz, schickte man sich an, ihn ins Gefängsnis zu führen. P. Scipio Nasica appellierte an die Tribunen und hielt eine Rede, die voll war von den unbestreitbaren Ruhmestaten nicht nur der Sippe der Cornelier allgemein, sondern speziell seiner eigenen Familie. Sein Vater und der des P. Africanus und des L. Scipio, der in den Kerker geführt werden solle, seien Cn. und P. Scipio gewesen, sehr berühmte Männer. Nachdem diese eine Reihe von Jahren in Spanien gegenüber vielen Feldherrn und Heeren der Karthager und der Spanier den Ruhm des römischen Namens nicht nur im Krieg vergrößert hätten, sondern auch dadurch, daß sie jenen Völkerschaften Beispiele römischen Maßhaltens und römischer Zuverlässigkeit gaben, hätten sie zuletzt beide für ihr Vaterland den Tod gefunden. Während es für ihre Nachkommen schon genug gewesen wäre, für den Ruhm ihrer Väter Sorge zu tragen, habe P. Africanus die ruhmvollen Taten seines Vaters so weit in den Schatten gestellt, daß er Anlaß gegeben habe zu dem Glauben, er stamme nicht aus menschlichem Blut, sondern sei von göttlicher Herkunft. L. Scipio, um den es gehe, sei – wenn man auch übergehen wolle, was er in Spanien und was er in Afrika, als er Legat seines Bruders war, geleistet habe – als Konsul vom Senat für würdig befunden worden, daß man ihm ohne Losverfahren als Aufgabengebiet Kleinasien und den Krieg mit König Antiochos übertrug, und von seinem Bruder, daß er nach zwei Konsulaten und der Zensur und dem Triumph als sein Legat mit ihm nach Kleinasien ging. Damit dort die Größe und das Ansehen seines Legaten den Ruhm des Konsuls nicht beeinträchtigte, sei es zufällig so gekommen, daß an dem Tage, an dem L. Scipio bei Magnesia in offener Schlacht den entscheidenden Sieg über Antiochos errang, P. Scipio krank in Elaia lag, einen Weg von einigen Tagen entfernt. Dieses Heer sei nicht kleiner gewesen als das Hannibals, mit dem man in Afrika gekämpft habe; derselbe Hannibal, der der Feldherr des Punischen Krieges gewesen sei, sei unter den vielen anderen Heerführern des Königs gewesen. Und der Krieg sei so geführt worden, daß man nicht einmal dem Schicksal etwas vorwerfen könne. Beim Frieden

decem legatos simul argui, quorum ex consilio data
pax esset; quamquam exstitissent ex decem legatis,   12
qui Cn. Manlium accusarent, tamen non modo ad
criminis fidem, sed ne ad moram quidem triumphi
eam accusationem valuisse.

At hercule in Scipione leges ipsas pacis, ut nimium   59
accommodatos Antiocho, suspectas esse; integrum
enim ei regnum relictum; omnia possidere eum victum, quae ante bellum eius fuerint; auri et argenti   2
cum vim magnam habuisset, nihil in publicum relatum, omne in privatum versum. An praeter omnium   3
oculos tantum auri argentique in triumpho L. Scipionis, quantum non ⟨in⟩ decem aliis triumphis, si omne
in unum conferatur, latum? „Nam quid de finibus   4
regni dicam?" Asiam omnem et proxima Europae
tenuisse Antiochum. Ea quanta regio orbis terrarum   5
sit, a Tauro monte in Aegaeum usque prominens
mare, quot non urbes modo, sed gentes amplectatur,
omnes scire. Hanc regionem dierum plus triginta   6
⟨iter⟩ in longitudinem, decem inter duo maria in
latitudinem patentem usque ad Tauri montis iuga
Antiocho ademptam, expulso in ultimum angulum   7
orbis terrarum. Quid, si gratuita pax esset, plus adimi
ei potuisse? Philippo victo Macedoniam, Nabidi Lacedaemonem relictam, nec Quinctio crimen quaesitum; non enim habuisse eum Africanum fratrem;
cuius ⟨cum⟩ gloria prodesse L. Scipioni debuisset,
invidiam nocuisse. Tantum auri argentique iudicatum   8
esse in domum L. Scipionis illatum, quantum venditis
omnibus bonis redigi non posset. Ubi ergo esse regium aurum, ubi tot hereditates acceptas? In domo,   9
quam sumptus non exhauserint, exstare debuisse novae fortunae cumulum. At enim, quod ex bonis redigi

suche man nach einem Vorwurf; man sage, er sei verschachert worden. Hiermit würden zugleich auch die Mitglieder der Zehnerkommission beschuldigt, nach deren Rat der Friede bewilligt worden sei. Obwohl unter den Mitgliedern der Zehnerkommission welche gewesen seien, die Cn. Manlius anklagten, habe die Anklage doch nicht nur zur Erhärtung des Verdachts nicht ausgereicht, sondern nicht einmal zum Aufschub des Triumphes.

Aber beim Herkules, bei Scipio erregten die Bedingungen des Friedens selbst Verdacht, als wenn man sich zu sehr nach Antiochos gerichtet habe. Denn ihm sei sein Königreich ja in vollem Umfang gelassen worden; er besitze als Besiegter alles, was ihm vor dem Krieg gehört habe; obwohl er eine große Menge Gold und Silber gehabt habe, sei nichts an die Staatskasse abgeliefert worden, sondern alles sei Privatvermögen geworden. Oder sei im Triumphzug des L. Scipio so viel Gold und Silber vor den Augen aller vorübergetragen worden wie nicht in zehn anderen Triumphzügen, wenn man alles zu einem zusammenträge? „Denn was soll ich über die Grenzen seines Königreiches sagen?" Antiochos habe ganz Kleinasien und die angrenzenden Teile Europas in seiner Hand gehabt. Ein wie großes Gebiet des Erdkreises das sei, vom Tauros bis in Ägäische Meer hineinragend, wie viele Städte nicht nur, sondern auch Völkerschaften es umfasse, das wüßten alle. Dieses Gebiet, das sich über einen Weg von mehr als 30 Tagen in die Länge erstrecke und von zehn zwischen den beiden Meeren in die Breite, sei bis zu den Kämmen des Tauros Antiochos weggenommen worden, der dadurch in den äußersten Winkel des Erdkreises zurückgedrängt worden sei. Wenn der Friede nicht erkauft worden sei, was hätte ihm dann mehr weggenommen werden können? Dem besiegten Philipp sei Makedonien, Nabis sei Sparta gelassen worden, und man habe Quinctius deswegen nicht zu beschuldigen versucht. Denn er habe nicht den Africanus zum Bruder gehabt; dessen Ruhm hätte L. Scipio nützen müssen, aber die Mißgunst habe ihm geschadet. Das Gericht sei zu dem Urteil gekommen, so viel Gold und Silber sei in das Haus des L. Scipio geschafft worden, wie man nach Verkauf seiner ganzen Habe nicht zusammenbringen könne. Wo also sei das Gold des Königs? Wo die so vielen Erbschaften, die er erhalten habe? In einem Hause, das nicht ein aufwendiger Lebensstil arm gemacht habe, hätte von dem neuen Vermögen ein Haufen vorhanden sein müssen. Aber freilich, was aus

non possit, ex corpore et tergo per vexationem et
contumelias L. Scipionis petituros inimicos, ut in   10
carcere inter fures nocturnos et latrones vir clarissi-
mus includatur et in robore et tenebris exspiret, deinde nudus ante carcerem proiciatur. Non id Corneliae   11
magis familiae quam urbi Romanae fore erube-
scendum.

Adversus ea Terentius praetor rogationem Petiliam   60
et senatus consultum et iudicium de L. Scipione factum recitavit; se, ni referatur pecunia in publicum,   2
quae iudicata sit, nihil habere, quod faciat, nisi ut
prendi damnatum et in vincula duci iubeat. Tribuni   3
cum in consilium secessissent, paulo post C. Fannius
ex sua collegarumque aliorum praeter Gracchum sententia pronuntiavit praetori non intercedere tribunos,
quo minus sua potestate utatur. Ti. Gracchus ita   4
decrevit, quo minus ex bonis L. Scipionis, quod iudicatum sit, redigatur, se non intercedere praetori; L.   5
Scipionem, qui regem opulentissimum orbis terrarum
devicerit, imperium populi Romani propagaverit in
ultimos terrarum fines, regem Eumenem, Rhodios,   6
alias tot Asiae urbes devinxerit populi Romani beneficiis, plurimos duces hostium in triumpho ductos carcere incluserit, non passurum inter hostes populi
Romani in carcere et vinculis esse, mittique eum se
iubere. Tanto adsensu auditum est decretum, adeo   7
dimissum Scipionem laeti homines viderunt, ut vix in
eadem civitate videretur factum iudicium. In bona   8
deinde L. Scipionis possessum publice quaestores
praetor misit. Neque in iis non modo vestigium ullum
comparuit pecuniae regiae, sed nequaquam tantum
redactum est, quantae summae damnatus fuerat. Col-   9
lata ea pecunia ab cognatis amicisque et clientibus est
L. Scipioni, ut, si acciperet eam, locupletior aliquanto

seinem Hab und Gut nicht zusammengebracht werden könne, das würden seine Feinde aus dem Körper und dem Rücken des L. Scipio durch Mißhandlung und Beschimpfungen zu bekommen suchen, so daß der hochberühmte Mann im Kerker zwischen Dieben, die nachts ihr Unwesen getrieben hätten, und Räubern eingesperrt werde und im tiefsten Kerkergewölbe und in Finsternis sein Leben aushauche und dann nackt vor den Kerker geworfen werde. Das werde für die Stadt Rom nicht weniger beschämend sein als für die Familie der Cornelier.

Dagegen verlas der Prätor Terentius den Antrag der Petilier, den Senatsbeschluß und das Urteil, das über L. Scipio ergangen war. Wenn das Geld nicht an den Staat abgeliefert werde, über das das Gericht entschieden habe, könne er nichts anderes tun als anordnen, daß der Verurteilte ergriffen und ins Gefängnis geführt werde. Die Tribunen zogen sich dann zur Beratung zurück, und bald darauf verkündete C. Fannius, nach seiner Entscheidung und der seiner anderen Amtsgenossen bis auf Gracchus untersagten die Tribunen dem Prätor nicht, von seiner Amtsgewalt Gebrauch zu machen. Tib. Gracchus gab folgende Erklärung ab: Daß aus dem Hab und Gut des L. Scipio das, worüber der Gerichtsbescheid ergangen sei, eingetrieben werde, untersage er dem Prätor nicht; aber daß L. Scipio, der über den mächtigsten König des Erdkreises den entscheidenden Sieg errungen, die Macht des römischen Volkes bis zu den äußersten Grenzen der Erde vorgetragen, König Eumenes, die Rhodier und dazu so viele Städte Kleinasiens durch die Wohltaten des römischen Volkes eng an dieses gebunden und sehr viele Heerführer der Feinde im Triumph aufgeführt und dann in den Kerker gesperrt habe, daß dieser L. Scipio unter den Feinden des römischen Volkes im Kerker und in Fesseln sei, werde er nicht zulassen und er ordne an, daß man ihn gehen lasse. Seine Erklärung wurde mit so großem Beifall angehört, so froh waren die Leute, als sie sahen, daß Scipio entlassen war, daß das Urteil kaum in derselben Bürgerschaft zustande gekommen zu sein schien. Der Prätor schickte sodann die Quästoren, um das Vermögen des L. Scipio für den Staat in Besitz zu nehmen. Hier fand sich nicht nur keine Spur vom Geld des Königs, sondern es wurde auch keineswegs so viel eingetrieben wie die Summe, zu der er verurteilt worden war. Von seinen Verwandten und Freunden und seinen Klienten wurde so viel Geld für L. Scipio zusammengebracht, daß er, wenn er es angenommen hätte, erheblich reicher gewesen

esset, quam ante calamitatem fuerat. Nihil accepit;   10
quae necessaria ad cultum erant, redempta ei a proximis cognatis sunt; verteratque Scipionum invidia in
praetorem et consilium eius et accusatores.

wäre, als er vor seinem Unglück gewesen war. Er nahm aber nichts an; was er für seine Lebenshaltung brauchte, wurde für ihn von seinen nächsten Verwandten zurückgekauft. Und der Haß hatte sich von den Scipionen auf den Prätor und seinen Beirat und auf die Ankläger gerichtet.

PERIOCHAE

P. Scipio Africanus legatus ad Antiochum missus
Ephesi cum Hannibale, qui se Antiocho adiunxerat,
collocutus est, ut, si fieri posset, metum ei, quem ex
populo Romano conceperat, eximeret. Inter alia cum
quaereret, quem fuisse maximum imperatorem Hannibal crederet, respondit Alexandrum Macedonum
regem, quod parva manu innumerabiles exercitus fudisset quodque ultimas oras, quas visere supra spem
humanam esset, peragrasset. Quaerenti deinde, quem
secundum poneret, Pyrrhum inquit castra metari primum docuisse, ad hoc neminem loca elegantius cepisse, praesidia disposuisse. Exsequenti, quem tertium
diceret, semet ipsum dixit. Ridens Scipio „Quidnam
tu diceres" inquit, „si me vicisses?" „Tunc vero me"
inquit „et ante Alexandrum et ante Pyrrhum et ante
alios posuissem." Inter alia prodigia, quae plurima
fuisse traduntur, bovem Cn. Domitii consulis locu-
tam „Roma, cave tibi!" refertur. Nabis Lacedaemoniorum tyrannus incitatus ab Aetolis, qui et Philippum et Antiochum ad inferendum bellum populo
Romano sollicitabant, a populo Romano descivit, sed
bello adversus Philopoemenen Achaeorum praetorem
gesto ab Aetolis interfectus est. Aetoli quoque ab
amicitia populi Romani defecerunt. Cum societate
iuncta Antiochus Syriae rex bellum Graeciae intulis-

DIE ANTIKEN INHALTSANGABEN

P. Scipio Africanus, der als Gesandter zu Antiochos geschickt worden war, unterhielt sich in Ephesos mit Hannibal, der sich Antiochos angeschlossen hatte, um ihm womöglich die Furcht vor dem römischen Volk zu nehmen, die er in sich hatte aufkommen lassen. Als er ihn unter anderem fragte, von wem Hannibal glaube, daß er der größte Feldherr gewesen sei, antwortete er, Alexander, der König der Makedonen, weil er mit einer kleinen Schar zahllose Heere der Feinde geschlagen und weil er die fernsten Küstenstriche durchzogen habe, die zu sehen jede menschliche Hoffnung übersteige. Als er dann fragte, wem er den zweiten Platz gebe, sagte er, dem Pyrrhos; er habe als erster gezeigt, wie man ein Lager abstecke; dazu habe niemand zweckmäßiger die Stellungen ausgesucht und die Posten verteilt. Als er dann weiter wissen wollte, wen er als den dritten bezeichne, nannte er sich selbst. Unter Lachen sagte Scipio: „Was würdest du denn sagen, wenn du mich besiegt hättest?" „Dann", sagte er, „hätte ich mich bestimmt über Alexander und über Pyrrhos und über die anderen gestellt." Neben anderen Zeichen vom Himmel, die nach der Überlieferung sehr zahlreich waren, wird berichtet, ein Rind des Konsuls Cn. Domitius habe gesagt: „Rom, nimm dich in acht!" Nabis, der Tyrann der Spartaner, wurde von den Ätolern aufgehetzt, die auch Philipp und Antiochos aufreizten, mit dem römischen Volk Krieg anzufangen, und wandte sich vom römischen Volk ab; aber nachdem er gegen Philopoimen, den Strategen der Achäer, Krieg geführt hatte, wurde er von den Ätolern getötet. Auch die Ätoler fielen von der Freundschaft mit dem römischen Volk ab. Nachdem Antiochos, der König von Syrien, mit ihnen ein Bündnis geschlossen und den Krieg nach Griechenland hineingetra-

set, complures urbes occupavit, inter quas Chalcidem et totam Euboeam. Res praeterea in Liguribus gestas et apparatum belli ab Antiocho continet.

Acilius Glabrio consul Antiochum ad Thermopylas Philippo rege adiuvante victum Graecia expulit idemque Aetolos subegit. P. Cornelius Scipio Nasica consul aedem Matris deum, quam ipse in Palatium intulerat vir optimus a senatu iudicatus, dedicavit. Idemque Boios Gallos victos in deditionem accepit, de his triumphavit. Praeterea navalia certamina prospera adversus praefectos Antiochi regis referuntur.

L. Cornelius Scipio consul legato Scipione Africano fratre, qui se legatum fratris futurum dixerat, si ei Graecia provincia decerneretur, cum C. Laelio, qui multum in senatu poterat, ea provincia dari videretur, profectus ad bellum adversus Antiochum regem gerendum primus omnium Romanorum ducum in Asiam traiecit. Regillus adversus regiam classem Antiochi feliciter pugnavit ad Myonnesum Rhodiis iuvantibus. Filius Africani captus ab Antiocho patri remissus est. Victo deinde Antiocho ab L. Cornelio Scipione adiuvante Eumene, rege Pergami, Attali filio, pax data est ea condicione, ut omnibus provinciis

gen hatte, besetzte er mehrere Städte, darunter Chalkis und ganz Euböa. Das Buch enthält außerdem die Ereignisse bei den Ligurern und die Kriegsvorbereitungen von seiten des Antiochos.

INHALT VON BUCH XXXVI

Der Konsul Acilius Glabrio besiegte Antiochos bei den Thermopylen mit Unterstützung von König Philipp und vertrieb ihn aus Griechenland; er unterwarf auch die Ätoler. Der Konsul P. Cornelius Scipio Nasica weihte den Tempel der Göttermutter, die er selbst auf das Palatium gebracht hatte, nachdem er vom Senat als der beste Mann bezeichnet worden war. Er besiegte auch den gallischen Stamm der Bojer und nahm seine Unterwerfung entgegen; er triumphierte über sie. Außerdem werden erfolgreiche Seeschlachten gegen die Befehlshaber des Königs Antiochos mitgeteilt.

INHALT VON BUCH XXXVII

Der Konsul L. Cornelius Scipio hatte seinen Bruder Scipio Africanus als Legaten. Der hatte gesagt, er werde Legat seines Bruders sein, wenn für diesen Griechenland als Aufgabengebiet bestimmt werde; denn es sah so aus, als ob dieses Aufgabengebiet dem C. Laelius gegeben werde, der im Senat großen Einfluß hatte. Nachdem er aufgebrochen war, um gegen König Antiochos Krieg zu führen, setzte er als erster von allen römischen Heerführern nach Kleinasien über. Regillus kämpfte bei Myonnesos mit Unterstützung der Rhodier erfolgreich gegen die königliche Flotte des Antiochos. Der Sohn des Africanus, der in Gefangenschaft geraten war, wurde von Antiochos seinem Vater zurückgeschickt. Als Antiochos dann von L. Cornelius Scipio mit Hilfe des Eumenes, des Königs von Pergamon, des Sohnes des Attalos, besiegt worden war, wurde ihm der Friede gewährt unter der Bedin-

citra Taurum montem cederet. L. Cornelius Scipio,
qui cum Antiocho debellaverat, cognomine fratri ex-
aequatus Asiaticus appellatus. Colonia deducta est
Bononia. Eumenis, quo iuvante Antiochus victus
erat, regnum ampliatum. Rhodiis quoque, qui et ipsi
iuverant, quaedam civitates concessae. Aemilius Regillus, qui praefectos Antiochi navali proelio devicerat, navalem triumphum deduxit. M'. Acilius Glabrio
de Antiocho, quem Graecia expulerat, et de Aetolis
triumphavit.

EPITOMA OXYRHYNCHI REPERTA

[LIBER XXXVII]

. . . .
In Hispa]nia Romani caesi.
M. Fulvio] Cn. Manlio coss.
Aetoli]s pax iterum negata est. P. Licinius
pontif]ex maximus Q. Fabium pr., quod flamen
Quirin]alis erat, proficisci in Sardiniam
prohib]uit. Antiocho regi pax data. Lusitani
vastati.] Bononia ⟨colonia⟩ de s. c. deducta. Acilius
Glabrio] censuram petens minantibus
accusa]tionem competitoribus proposito
destiti]t.

gung, daß er alle seine Provinzen bis zum Tauros räumte. L. Cornelius Scipio, der die Entscheidung im Krieg gegen Antiochos herbeigeführt hatte, erhielt in Anlehnung an seinen Bruder den Beinamen Asiaticus. Eine Kolonie wurde nach Bononia geführt. Das Königreich des Eumenes, mit dessen Hilfe Antiochos besiegt worden war, wurde vergrößert. Auch den Rhodiern, die ebenfalls geholfen hatten, wurden einige Gemeinden bewilligt. Aemilius Regillus, der die Befehlshaber des Antiochos in einer Seeschlacht völlig besiegt hatte, feierte einen Triumph als Flottenbefehlshaber. M'. Acilius Glabrio triumphierte über Antiochos, den er aus Griechenland vertrieben hatte, und über die Ätoler.

INHALTSANGABEN AUS OXYRHYNCHOS[1]

BUCH XXXVII

. . . .

Die Römer erlitten in Spanien eine blutige Niederlage.
IM KONSULATSJAHR VON M. FULVIUS UND CN. MANLIUS
wurde den Ätolern der Friede wiederum verweigert. Der Pontifex maximus P. Licinius hielt den Prätor Q. Fabius, weil er Flamen des Quirinus war, davon ab, nach Sardinien aufzubrechen. König Antiochos wurde der Friede gewährt. Das Gebiet der Lusitaner wurde verwüstet. Nach Bononia wurde auf Senatsbeschluß eine Kolonie geführt. Acilius Glabrio, der sich um die Zensur bewarb, gab sein Vorhaben auf, weil seine Mitbewerber ihn mit einer Anklage bedrohten.

---

[1] Neben den in einer Reihe von Handschriften überlieferten „Periochae" kennen wir seit 1903 Teile des Textes eines anderen Auszugs aus dem Gesamtwerk des Livius durch einen Papyrus aus Oxyrhynchos (Brit.Mus.668) vom Ende des 3. oder Anfang des 4. Jahrhunderts. Die Fragmente dieser „Epitome" beginnen mit dem Ende des Inhalts von Buch XXXVII.

LIBRI XXXVIII PERIOCHA

M. Fulvius consul in Epiro Ambracienses obsessos in deditionem accepit, Cephallaniam subegit, Aetolis perdomitis pacem dedit. Cn. Manlius consul, collega eius, Gallograecos Tolostobogios et Tectosagos et Trocmos, qui Brenno duce in Asiam transierant, cum soli citra Taurum montem non apparerent, vicit. Eorum origo et, quo modo ea loca, quae tenent, occupaverint, refertur. Exemplum quoque virtutis et pudicitiae in femina traditur. Quae cum regis Gallograecorum uxor fuisset, capta centurionem, qui ei vim intulerat, occidit. Lustrum a censoribus conditum est; censa sunt civium capita $\overline{\text{CCLVIII}}$ CCCX. Cum

---

LIBER XXXVIII

Ambra]cia capta.
Gallog]raecis in Pamphylia proelio vastatis
tota Asi]a liberata. Orgiagontis ⟨uxor⟩, capti*va* nobilis,
centuri]onem, cuius vim pass*a* erat, aurum ad ⟨se⟩
mittendam] poscentem occidit caputque eius ad virum
secum tulit.] Campanis conu*b*ium datum e[s]t.
Inter Achae]os et Lacedaemonios cruenta [pr]oelia.
M. Messala C. L]*ivio Salinatore* coss.
pretiosa p]raeda ex Gallograecia per *Th*ra[eciam
avecta. L. M]inuci*us* Myrtilus et L. Ma*nli*u[s
dediti legat]*is* Carthaginiensium, qui
pulsati eran]t.

Der Konsul M. Fulvius nahm in Epirus die Unterwerfung der belagerten Bewohner von Ambrakia entgegen, unterwarf Kephallania und
gewährte den bezwungenen Ätolern den Frieden. Der Konsul
Cn. Manlius, sein Amtsgenosse, besiegte die Galaterstämme der Tolostobogier, Tektosagen und Trokmer, die unter Führung von Brennos
nach Kleinasien hinübergekommen waren, da sie als einzige diesseits
des Tauros nicht erschienen. Ihre Herkunft wird berichtet und wie sie
die Gegend, die sie besitzen, in ihre Gewalt gebracht haben. Auch ein
Beispiel von Tapferkeit und Sittsamkeit bei einer Frau wird mitgeteilt.
Sie war die Frau eines Galaterkönigs gewesen; in Gefangenschaft geraten, tötete sie einen Centurio, der ihr Gewalt angetan hatte. Das
Reinigungsopfer wurde von den Zensoren durchgeführt; 258 310 Bürger wurden geschätzt. Mit Ariarathes, dem König von Kappadokien,

---

BUCH XXXVIII

Ambrakia wurde eingenommen.
Nachdem die Galater in Pamphylien in einer Schlacht vernichtend
geschlagen worden waren, wurde ganz Kleinasien befreit. Die Frau des
Orgiagon, eine Kriegsgefangene von Adel, tötete einen Centurio, von
dem sie vergewaltigt worden war, als er Gold für ihre Freilassung
forderte, und nahm seinen Kopf mit zu ihrem Mann. Die Kampaner
erhielten das Eherecht. Zwischen den Achäern und Spartanern gab es
blutige Kämpfe.

IM KONULATSJAHR VON M. MESSALA UND C. LIVIUS SALINATOR
wurde die kostbare Beute aus Galatien durch Thrakien weggeschafft.
L. Minucius Myrtilus und L. Manlius wurden den Gesandten der Karthager übergeben, die geschlagen worden waren.

Ariarathe Cappadociae rege amicitia iuncta est. Cn. Manlius contradicentibus decem legatis, ex quorum consilio foedus cum Antiocho conscripserat, de Gallograecis acta pro se in senatu causa triumphavit. Scipio Africanus die ei dicta, ut quidam tradunt, a Q. Petilio tribuno plebis, ut quidam, a Naevio, quod praeda ex Antiocho capta aerarium fraudasset, postquam is dies venit, evocatus in rostra „Hac die" inquit, „Quirites, Carthaginem vici" et prosequente populo Capitolium escendit. Inde ne amplius tribuniciis iniuriis vexaretur, in voluntarium exilium Liternum concessit. Incertum, ibi an Romae defunctus sit; nam monumentum eius utrobique fuit. L. Scipio Asiaticus, frater Africani, eodem crimine peculatus accusatus damnatusque cum in vincula et carcerem duceretur, Ti. Sempronius Gracchus tribunus plebis, qui antea Scipionibus inimicus fuerat, intercessit et ob id beneficium Africani filiam duxit. Cum quaestores in bona eius publice possidenda missi essent, non modo in his ullum vestigium pecuniae regiae apparuit, sed nequaquam tantum redactum, quantae summae erat damnatus. Collatam a cognatis et amicis innumerabilem pecuniam accipere noluit; quae necessaria ei erant ad cultum, redempta.

M. Lepido C. Fl]aminio coss.
P. Scipio] Africanus a Quintis Petillis die
dicta in Li]terninum abit. Qui ne revocaretur,
Gracchus t]rib. pl. intercessit. L. Cornelius
Scipio dam[natus peculatus crim]ine.

wurde Freundschaft geschlossen. Cn. Manlius triumphierte trotz des Einspruchs der Zehnerkommission, nach deren Rat er den Vertrag mit Antiochos abgefaßt hatte, über die Galater, nachdem er seine Sache im Senat vertreten hatte. Scipio Africanus wurde nach einigen von dem Volkstribunen Q. Petilius, nach anderen von Naevius vorgeladen, weil er die Staatskasse um Beute, die er bei Antiochos gemacht hatte, betrogen habe, und als dieser Termin gekommen war und er zur Rednertribüne gerufen wurde, sagte er: „An diesem Tag, Mitbürger, habe ich Karthago besiegt" und stieg, vom Volk begleitet, zum Kapitol hinauf. Um dann nicht weiter unter den Verunglimpfungen der Tribunen leiden zu müssen, ging er freiwillig in die Verbannung nach Liternum. Es ist unklar, ob er dort oder in Rom gestorben ist; denn ein Grabmal von ihm gab es an beiden Orten. L. Scipio Asiaticus, der Bruder des Africanus, wurde desselben Verbrechens der Veruntreuung öffentlichen Eigentums angeklagt; als er nach der Verurteilung in Fesseln gelegt und in den Kerker geführt werden sollte, erhob der Volkstribun Tib. Sempronius Gracchus, der vorher ein Gegner der Scipionen gewesen war, Einspruch und erhielt wegen dieses Freundschaftsdienstes die Tochter des Africanus zur Frau. Als die Quästoren ausgeschickt wurden, um sein Vermögen für die Staatskasse in Besitz zu nehmen, fand sich dabei nicht nur keine Spur vom Geld des Königs, sondern es wurde keineswegs so viel eingetrieben wie die Summe, zu der er verurteilt worden war. Den unermeßlichen Geldbetrag, der von seinen Verwandten und Freunden aufgebracht wurde, wollte er nicht annehmen; was er für seinen Lebensunterhalt nötig hatte, wurde zurückgekauft.

IM KONSULATSJAHR VON M. LEPIDUS UND C. FLAMINIUS
wurde P. Scipio Africanus von den beiden Q. Petillius angeklagt und begab sich weg auf sein Landgut bei Liternum. Der Volkstribun Gracchus schritt ein, damit er nicht zurückbeordert wurde. L. Cornelius Scipio wurde wegen Veruntreuung öffentlichen Eigentums verurteilt.

VERZEICHNIS DER ABWEICHUNGEN VOM TEXT DER AUSGABE A. H. M^CDONALDS, OXFORD 1965

35. BUCH

1,12 refectum *B* : refectum est *χ*

5,7 Gallorum corpora *B* : corpora Gallorum *χ*

7,7 Inluciam *Bχ* : Illuciam *McDonald*

12,1 inimici infestique *dett.*, *Ascensius* : inimice infesti *Bχ*

22,5 Conribilonem *Bφ* : Corribilonem *ψ*

29,6 in castra *Bχ* : ad castra *Mg*

30,4 et ⟨ea⟩ *M. Müller* : et *Mg*

30,9 ⟨ad⟩ Barbosthenem *Wesenberg* : Barbosthenem *edd.*

34,1 de Antiocho ⟨... Aetoli ne⟩ nihil : de Antiocho ⟨adferrentur, excipiebant. Aetoli ne⟩ nihil *McDonald*

34,8 ita pro *M. Müller* : et pro *Mg*

34,9 prima luce *B* : luce prima *χ*

35,9 Nabidi quoque *Madvig* : Nabidi quoque et *Bχ*

36,3 facta est *B* : est facta *χ*

39,5 omnis Magnetum *B* : Magnetum omnis *χ*

40,6 equiti *Bχ* : equitibus *Mg*

41,6 sors *Madvig* : sors duae *Bχ*

47,6 iunctam *H. A. Koch* : inclutam *Bψ Gelenius*

48,3 refugientis *B* : refugientes *edd.*

48,7 auro semper *B* : semper auro *χ*

48,10 petit *χ* : petiit *Grynaeus*

50,11 ab hostibus obsessas *B* : obsessas ab hostibus *χ*

51,4 ... cecidit *Crévier* : † eos cecidit *Bχ*

Da der 6. Band der Livius-Ausgabe der Bibliotheca Oxoniensis noch nicht vorliegt, wurde für die Bücher XXXVI–XXXVIII der Text der Ausgabe der Bibliotheca Teubneriana von W. Weissenborn – M. Müller, 1890 (Nachdruck Stuttgart 1959) zugrunde gelegt.

VERZEICHNIS DER ABWEICHUNGEN
VOM TEXT DER AUSGABE
VON W. WEISSENBORN UND M. MÜLLER,
LEIPZIG 1890

36. BUCH

3,3 eo⟨dem⟩ *F. Fügner* : eo *B*ς

4,5 modium quingenta milia *H. J. Müller* : modium • milia *M. Müller*

7,3 belli in societatem *B*ς : in societatem belli *ed. Basil. a. 1535*

8,2 ad conveniendum *H. J. Müller* : ad conveniendum exercitui *B*ς

9,12 castigatione ς (castigationes *B*) : castigationibus *Mg*

10,2 Atragem (ad regem *B*ς) : Atracem *Mg*

10,4 praesentium *Muretus* : praesentem *B*ς

10,5 Pelinnaeum *(v. F. Stählin, Das hellenische Thessalien 117 n. 4)* : Pellinaeum *B*
  Item scripsi 13,7 (Phaelinnaeum B); 13,9 (Paelinnaeum B); 14,3.

10,12 redit *B*ς : rediit *Mg*

12,5 egressis legatis *B*ς : egressis *J. F. Gronovius*

12,8 portis *B* : portisque ς

13,4 Atragem (v. 10,2) : Atracem *B*ς

15,4 ante *B*ς : antea *Mg*

18,1 arma tela *B*ς : arma telaque ς

19,10 subsistentis *B* : subsistentes ς

20,6 tenuerunt *B*ς : tenuerant *Mg*

21,5 Hydruntem (Hidruntem *B*) : Hydruntum *edd. vet.*

22,5 Heraclea sita est *B* : sita est Heraclea ς

23,10 ipsi quoque hoc ς, *edd. vet.* : ipsi quoque ς, *ed. Paris. a. 1510*

25,3 in tumulo est *B*ς : est in tumulo *ed. Basil. a. 1535*

25,4 saepe *B*ς : paene *Mg*

27,8 se in fidem *B*ς : in fidem se *Mg*

28,4 interfatus Phaeneas *Drakenborch* : interfatus *B*ς

32,3 interdum purgare ς *(plerique)* : purgare interdum ς *(nonnulli), edd. vet.*

32,8 omnis *B* : omnes ς

35,2 redit *B*ς : rediit *ed. Ald.*

35,5 ⟨in⟩ tantum *Drakenborch* : tanti *cod. Lov. 3, Duker*

35,5 defensor deprecatorque *B*ς : deprecator defensorque *Mg*

36,2   eos uti de *B* : eos vel de *ed. Basil. a. 1535*

36,3   Matris Magnae Idaeae *BMgς* : Matris Magnae *Drakenborch*

36,4   scaenicos *B (cf. K. E. Georges, Lex. d. lat. Wortformen 620):* scenicos ς

36,6   sedecim *H. J. Müller (cf. K. E. Georges l. c. 628):* sexdecim ς

37,3   Minturnis ς : Menturnis *B*

42,7   profectus est *B* : est profectus ς

43,13   paululum (paulolum *B*) : paulum ς

37. BUCH

6,2   in sinu Maliaco erat *Weissenborn* : in sinum Maliacum venerat *ed. Paris a. 1510*

6,4   a septem milibus *H. Tränkle* : sex milia *Bς*

10,8   neque enim *B* : neque enim eum ς

12,11   ⟨se com⟩miserunt *H. J. Müller* : miserunt *Bς*

13,10   eliciundum *Mgς* : eliciendum *Bς*

14,2   ⟨. . .⟩ apertae *Damsté* : apertae *Bς*

16,2   Cous Cnidus *K. Heusinger* : Cnidus Cous *Mg*

16,11   navalis etiam *B* (navales etiam ς) : etiam navalis (etiam navales *Mg*)

16,11   remigum⟨que⟩ *Weissenborn* : remigum *BMgς*

18,7   emisit *Bς* : misit ς, *ed. Basil. a. 1535*

21,5   redit *Bς* : rediit *edd. vet.*

23,11   relictum *Weissenborn* : relicti *Bς*

24,4   sinistro (laevo *Crévier; cf. XXXIII 9,6*) : dextro *Bς*

25,2   ⟨metusque⟩ *Weissenborn* : ⟨metusque inde⟩ *M. Müller*

26,12   qui et ⟨ante⟩ *Otto* : qui et *Bς*

30,1   totis simul classibus *Bς* : totis classibus simul *ed. Basil. a. 1535*

30,7   terrebatur *Mgς* : terrebantur *Bς*

32,13   omnis *B* : omnes ς

33,2   sibi proposuerant. Ibi paucos *ed. Basil. a. 1535* : proposuerant sibi. Paucos *B*

34,6   equo *Bς* : ex equo *Mg*

38,1   Hyrcanium *B* : Hyrcanum ς

39,7   duae ⟨alae⟩ *Crévier* : duae *Bς*

40,13   Tarentini ⟨. . .⟩ *Wesenberg* : Tarentini *Bς*

41,2   velut ⟨pluvia⟩ *H. J. Müller* : velut • *M. Müller*

45,5   fratris ⟨regis⟩ filius *Weissenborn* : fratris filius *Bς*

45,7   habemus *Mg* : habe⟨ntes veni⟩mus *M. Müller*

45,7 a vobis quaerimus *Madvig* : ut a vobis quaeramus *B*ç
45,14 ⟨duodecim milia⟩ deinde *Wesenberg* : ⟨milia⟩ deinde *Gruter*
47,1 redit *B*ç : rediit ç
50,2 ei exercitus *H. J. Müller* : exercitus ei *B*ç
53,25 Antiochum emostis *B*ç : emostis Antiochum *Mg*ç
56,2 ⟨quam ademerat Prusias⟩ regi, ac *H. J. Müller* : ⟨quam Prusia rex ademerat, restituit⟩ regi et *M. Müller*
56,4 Telmesson *B*ç : Telmessum *Mg*ç
56,5 Telmesson *(v. 56,4)* : Telmessum *B*ç
59,4 quattuordecim *B*ç : viginti quattuor ç
59,4 ⟨...⟩, vasorum *H. J. Müller* : vasorum *B*ç

38. BUCH

1,4 venturum ⟨cum exercitu. Agit deinde⟩ *H. J. Müller* : ⟨venturum. Non difficile sibi con⟩venturum *M. Müller*
1,4 cum delectis Aetolorum *Mg* : cum delectis *ed. Paris a. 1513* (delectis *B*ç)
1,5 ⟨suos⟩ subinde *H. J. Müller* : suos inde *M. Müller*
1,9 restituerent ⟨regem⟩ *M. Müller (praef. p. XI)* : restituerent *B*ç
1,10 Telum *B*ç : Theium *edd.*
3,11 Aratthum *(cf. XLIII 21,9 et Polyb. 21,26,4)* : Arethontem *B*ç
4,3 Aratthus *(v. 3,11)* : Aretho *B*ç
5,2 tria ⟨opera⟩ *Weissenborn* : tria *B*ç
6,3 effunduntur ⟨Romani⟩ *(cf. M. Müller, praef. p. XI:* effunduntur ⟨Romani. Ad omnia opera⟩*)* : effunduntur *B*ç
6,4 ab duobus ⟨operibus⟩ *Madvig* : ab duobus *B*ç
6,5 certam fovebant spem *M. Müller (praef. p. XI)* : certa fovebant spe *B*ç
10,4 Leon Cichesiae *(cf. Polyb. 21,31,6)* : Leon Hicesiae *Bekker*
10,5 dum *J. F. Gronovius* : cum *B*ç
14,2 Tabusion *B*ç : Thabusion *edd.*
15,12 Rhocrinos ç, *W. M. Ramsay* : Rhotrinos ç
15,15 Mandri *A. Körte* : Alandri *Sigonius*
15,15 Abbasium *B*ç : Abbassium *cod. Lov. 2*
16,1 per quam ç : per quas *B, ed. Basil a. 1535*
16,6 traiecit *B*ç : traicit *Weissenborn*
17,11 Alexandream *B* : Alexandriam ç
18,1 Lalandum *W. M. Ramsay, A. Körte* : Alandrum *M*
18,3 Plitendum *B*ç : Pliten *Madvig*

18,9 vim O. *Skutsch* : viam *Bς*

18,12 Hellespontum *Bς* : ad Hellespontum *edd. ante ed. Basil. a. 1535*

19,2 Gaudotus *ς* (Gaudatus *B*) : Gaulotus *Mg*

20,4 cum omnibus ⟨equitibus⟩ *Wesenberg* : cum omnibus *Bς*

20,4 ardua et rectas *B* : arduas et rectas *Mg*

21,2 Tralles *ς* (Trallis *B*) : Tralli *ς*

23,10 in uno *Bς* : uno *Madvig*

26,3 locaverant *Madvig* : locaverunt *Bς*

27,6 secuti; non *Harant* : secuti non *edd.*

28,6 ⟨... Pronni⟩ *Heraeus* : •• *M. Müller*

29,5 certiore *Bς* : certiusque *Mg*

29,10 Cymatidem *Weissenborn* : † Cyneatidem *Mg*

30,6 castellis ⟨vicisque⟩, qui omnes adempti erant *Weissenborn* : castellis, quae omnis adempta erat *ed. Basil. a. 1535*

34,8 Belbinatis *Bς* : *Belbinates ς*

35,5 clupea (clypea *B*; cf. *XXXV 10,12*; *41,10*) : clipea *edd.*

37,11 decessum praesidio est *Zingerle* (decessit praesidio et *Bς*) : praesidio decessum est *ed. Basil. a. 1535*

37,11 audierat venisse *B* : venisse audierat *ς*

38,4 ⟨ab⟩ ea valle *P. Viereck* : a valle *ς*

38,4 usque ad iuga Tauri *H. J. Müller (adn. p. 292)* : Tauri usque ad (*ς* : ab *B*) iuga *Bς*

38,8 naves actuarias *Mg* : naves ⟨tectas neve plures quam ... naves⟩ actuarias *Madvig*

38,8 minores *A. H. McDonald – F. W. Walbank* : monerem *Madvig*

39,9 Drymusam *ed. Basil. a. 1535: „antiquior lectio" (Mg?)*, (Dromysam *B*, Dromisam *ς*) : Drymussam *Ursinus* (Dromissam *ς*)

39,11 praestiterant *Clericus* : praestiterunt *Bς*

39,16 Trallis *H. J. Müller* (Traliis *B*) : Tralles *ς, edd.*

40,7 Asti *Mg (cf. XLII 19,6)* : Astii *Bς*

41,1 Mendidium *Bς* : Bendidium *ed. Basil. a. 1531*

41,6 Trausi *H. J. Müller* (Transi *B, cl. Hdt. 5,3–4*) : Thrausi *Glareanus*

45,4 invenisset *B* : inveniret *ς*

46,2 nostro *ς* : vestro *Bς*

48,15 ⟨si⟩ pro felicitate ⟨tantum⟩ *M. Müller (praef. p. XIV)* : ⟨si⟩ pro felicitate *Ussing*

50,1 valuissent *ed. Ald.* : valuisset *ς, edd.*

50,1 ea opinione *Madvig* : in ea opinione *ς*

50,5   Petilii ς *(fere omnes)* : Petillii ς, **edd.**
       Item scripsi 53,3.7; 54,2.6; 55,1; 56,2.7; 60,1.
52,8   ab collegis ς : a collegis **edd. vet.**
53,4   pet⟨i f⟩eretis, ⟨Quirites⟩ *M. Müller (praef. p. XIV)* : pet⟨i
       f⟩eretis *Madvig*
56,3   disiectam ς : deiectam *Drakenborch*
56,9   tradunt ⟨adiciunt⟩que *M. Müller (praef. p. XIV):* tradunt;
       qua *Harant*
57,3   ei *Dompierre de Chaufepié* : et *Mg*ς
57,8   quamquam *edd. vett.* : quam ς
58,6   morte ς : mortem *ed. Paris. a. 1510*
58,9   viam *Drakenborch* : via ς
59,3   ⟨in⟩ decem *Wesenberg* : decem ς
60,9   ab cognatis ς *(plerique)* : a cognatis ς

ERLÄUTERUNGEN

BUCH XXXV

1, 1: *des Jahres . . .:* Am Ende von Buch XXXIV sind Ereignisse aus dem Jahre 193 berichtet.

1: *im Diesseitigen Spanien:* Aus Spanien ist zuletzt XXXIV 8,4 – 21,8 über Catos Statthalterschaft berichtet worden. Sex. Digitius war Catos Nachfolger in Spanien, s. XXXIV 43,7.

4: *als Prätor:* Also noch im Jahre 194.

5: *als Proprätor:* Zwischen dem Ende seines Amtsjahres und dem Eintreffen seines Nachfolgers. Eine ausdrückliche Verlängerung seines Kommandos ist nicht erwähnt.

2, 3: *eine der Reservelegionen:* Vgl. XXXIV 56,4.

4: *die aufgrund des Senatsbeschlusses ausgehobenen Soldaten:* Nach XXXIV 56,8 sollte er 3000 römische Fußsoldaten und 100 Reiter ausheben, dazu von den Bundesgenossen 5000 Fußsoldaten und 200 Reiter.

7: *die Soldaten zur Bekämpfung der Unruhe:* Solche außergewöhnlichen Aushebungen konnten über die normalen jährlichen Aushebungen hinaus im Notfall von den römischen Beamten außerordentlich rasch durchgeführt werden; vgl. XXXI 2,6 u. ö.

3, 1: *der Krieg mit den Ligurern:* Zu Beginn des Amtsjahres waren in Rom die Nachrichten von der Erhebung der Ligurer eingetroffen, s. XXXIV 56.

2: *angesetzt hatte:* Vgl. XXXIV 56,3–4.

2: Die *Viereckformation* konnte bei einem überraschenden Angriff sofort nach jeder Seite Front machen.

2: *des Flusses:* Auser.

4: *neue . . . Soldaten:* Die beiden Reservelegionen waren schon vor einem Jahr aufgestellt worden.

4, 1: *Bojer:* Vgl. XXXIV 56,10.

6: Die *Triarier* sind die ältesten Soldaten der Legion, s. zu XXXIV 15,6.

5, 1: *die Linke Ale:* s. zu XXXIV 14,8.

1: *die Elitekohorten:* s. zu XXXIV 47,3.

7: *die Hitze am allerwenigsten vertragen können:* Vgl. XXXIV 47,5.

6, 4: *Interregnum:* Wenn bis zum Ende eines Amtsjahres keine

neuen Konsuln gewählt waren oder wenn beide Konsuln
während des Amtsjahres durch Tod oder Abdankung aus-
schieden, ohne daß ein Nachfolger da war, bestellten die
patrizischen Senatoren aus ihrer Mitte einen Interrex. Dieser konnte höchstens fünf Tage im Amt bleiben und mußte
dann einen Nachfolger ernennen. Die wichtigste Aufgabe
der Interreges war, möglichst bald gültige Konsulwahlen
durchzuführen. – Siehe E. Meyer, Römischer Staat und
Staatsgedanke² 21 und 160 f.; zur fünftägigen Amtszeit
der einzelnen Interreges a.a.O. 472 A. 30.

7, 2: *viele Wuchergesetze:* Schon in den XII-Tafeln (8,18) war
ein Höchstzins festgelegt (1 *uncia* auf den *as* in einem
Jahr, d. i. 8¹/₃ %). Bei Überschreitung des Höchstzinses
konnte der Geschädigte den Wucherer auf das Vierfache
des Betrages verklagen, um den er geschädigt worden war
(Cato, agr. praef.). Diese Zinsbestimmung der XII-Tafeln
scheint im 4. Jahrhundert bei dem erhöhten Kapitalbedarf
nach der Gallierinvasion häufig übertreten worden zu sein
und wurde 357 v. Chr. durch die *lex Duilia Menenia*
erneut eingeschärft (VII 16,1; 19,5). Wenige Jahre später
begann man den Zins dann radikal zu bekämpfen: 347
wurde der Höchstzins auf 4¹/₆ % halbiert (VII 27,3); 344
v. Chr. fand der erste Strafprozeß wegen Zinswucher statt,
von dem wir wissen (VII 28,9); 342 v. Chr. schließlich
wurde das Nehmen von Zinsen durch die *lex Genucia*
völlig verboten (VII 42,1). Dieses Zinsverbot bestand
natürlich nur auf dem Papier und wurde allgemein umgangen; vgl. die Charakteristik der Wucherer bei Plautus,
Curc. 509 ff.:

Rogationes plurumas propter vos populus scivit,
Quas vos rogatas rumpitis: aliquam reperitis rimam;
Quasi aquam ferventem frigidam esse, ita vos putatis leges.

Das Volk hat euretwegen sehr viele Gesetzesvorschläge
    gebilligt,
Die ihr, sobald sie eingebracht sind, durchbrecht: ihr
    findet einen Durchschlupf;
Als wenn kochendes Wasser kalt wäre, so betrachtet ihr
    die Gesetze.

In der Praxis herrschte weitgehend freier Kreditverkehr,
unbeschränkt durch einen Maximalzins. Aber die *lex Genu-*

cia wurde nie ausdrücklich aufgehoben. Auswüchse des Kreditwesens wurden bekämpft, ohne daß wir alle Einzelheiten kennen. 198 hatte Cato die Wucherer aus Sardinien vertrieben (XXXII 27,4).

Die *lex Sempronia* von 193 (XXXV 7,1–5) war das erste Zinsgesetz, das auch Nichtrömer betraf. 192 hören wir zum letztenmal von der Bestrafung von Wucherern durch einen Ädilen (XXXV 41,9/10). Derselbe P. Junius Brutus oder sein Bruder oder Vetter M. Junius Brutus hat in diesen Jahren ein weiteres Gesetz gegen Zinswucher *(lex Iunia de feneratione)* eingebracht (entweder 195, als die beiden Bruti Volkstribunen waren, oder 191 oder 190, als Marcus und Publius hintereinander die Prätur bekleideten); das Gesetz wurde aber von Cato bekämpft (frg. 56/57 Malc.) und kam wahrscheinlich nicht durch; s. auch D. Kienast, Cato der Zensor 35 f. – Weitere Zinsgesetze der späteren Zeit bei G. Rotondi, Leges publicae populi Romani 99 f.

2: *auf die Namen von Bundesgenossen einzutragen:* Die römischen Geldgeber gaben die Darlehen zu einem höheren Zinssatz, als er unter römischen Bürgern gestattet war, an Mittelsmänner aus dem Kreis der Bundesgenossen und Latiner, die dann ihrerseits das Geld zu einem noch höheren Zinssatz wieder an römische Bürger ausliehen.

3: *Feralien:* Am 21. Februar, dem letzten Tag der jährlichen Gedenkfeiern für die Toten, s. K. Latte RRG 98. – Die beschriebene Praxis hatte offensichtlich in den letzten Monaten einen beträchtlichen Umfang angenommen.

5: *für die Bundesgenossen und Latiner dieselben rechtlichen Bestimmungen:* Die Ausdehnung der römischen Zinsbestimmungen auf die Bundesgenossen und Latiner stellt den ersten Eingriff in das *ius civile* der Bundesgenossen dar; s. Weissenborn z. St.

8, 6: *volle Befehlsgewalt:* Tib. Sempronius Longus war im Vorjahr Konsul gewesen; sein *imperium* hatte mit dem Eintreffen des Nachfolgers auf dem Kriegsschauplatz geendet. Der Einwand des Q. Metellus ist in diesem Punkt also unsachlich. XXXV 5,1 wird Tib. Sempronius wie M. Marcellus als Legat des Konsuls L. Cornelius bezeichnet, Marcellus ist als Konsul des Jahres 196 der Dienstältere.

9, 1: *Zensoren:* Über die Wahl und die Amtstätigkeit der Zensoren im Vorjahr ist XXXIV 44,4–5 berichtet.

3: *Porta Flumentana:* Im Bezirk des Circus Flaminius am Forum Holitorium dicht am Tiber.

3: *Porta Caelimontana:* An der Ostseite des Caelius im Bezirk Caelimontium.

6: *Ädikula:* Kleiner überdachter Bau zur Aufnahme eines Götterbildes.

6: Der *Tempel der Victoria* lag auf dem Palatin.

7: *Castrum Frentinum:* Im Gebiet von Thurii. Die Gründung dieser Kolonie war am Ende des Jahres 194 beschlossen worden, s. XXXIV 53,1 f.

10, 2: *nach großen Erfolgen:* Vgl. XXXV 1,3–12.

4: *als Patrizier bewarben sich beide um eine Stelle:* Nach den *leges Liciniae Sextiae* von 367 mußte einer der beiden Konsuln ein Plebejer sein.

5: *die Brüder:* Africanus war nicht der Bruder, sondern der Vetter des P. Cornelius Scipio Nasica. Das lateinische *frater* kann außer dem Bruder auch den Vetter bezeichnen. § 8 weist T. Quinctius darauf hin, daß er sich im Gegensatz zu Africanus für seinen leiblichen Bruder einsetzt.

5: *in diesem Jahr triumphiert:* T. Quinctius hatte Ende 194 triumphiert (XXXIV 52,4 ff.).

6: *was... weniger ehrwürdig erscheinen läßt:* Außerdem hatte Scipio sich durch seine Initiative für die Änderung der Sitzordnung im Theater beim Volk unbeliebt gemacht, s. XXXIV 54,8.

9: *der... Entscheid des Senates:* XXIX 14,8.

12: *Weidepächter:* Vgl. XXXIII 42,10 m. Anm.

12: *Porta Trigemina:* Tor mit drei Durchgangsbögen nördlich vom Aventin im Bezirk des Circus maximus.

12: *Porta Fontinalis:* Im Bezirk des Forum Romanum an der Westseite des Quirinals.

12: *Altar des Mars:* Auf dem Marsfeld.

11, 1: *lange nichts Erwähnenswertes:* Im Widerspruch zu XXXIV 56 und zu XXXV 3, wahrscheinlich aus anderer Quelle. Die annalistischen Geschichtswerke, die Livius benutzte, wichen bei der Darstellung der Ereignisse in Oberitalien erheblich voneinander ab.

2: *des Konsuls:* Q. Minucius Thermus.

3: *die Niederlage von Caudium:* 321 v. Chr. (VIII 1,1 – 12,4).

12, 1: *wie die Völkerschaft der Ätoler:* Über die Ereignisse in Griechenland bis zum Abzug der römischen Truppen im Sommer 194 hat Livius XXXIV 48,2 – 51,6 berichtet.

3: *beriefen eine Bundesversammlung nach Naupaktos ein:* Wahrscheinlich eine außerordentliche Bundesversammlung, die im Frühsommer 193 einberufen wurde, nachdem die aus Rom zurückkehrenden syrischen Gesandten über den Verlauf der Verhandlungen (XXXIV 57,4 – 59,8) berichtet hatten; s. F. W. Walbank, Philip V, S. 192 und 327.

4: *die Ungerechtigkeiten der Römer und die Stellung Ätoliens:* Seit der Schlacht von Kynoskephalai ist immer wieder von diesen Klagen der Ätoler die Rede.

7: *die Wegnahme der Städte am Meer:* Von den Folgen seiner Niederlage gegen die Römer und die koalierten Griechen 195 hatte der Verlust der Küstenorte Nabis besonders schwer getroffen (XXXIV 36,2/3).

13, 1: *sogleich:* Wohl noch im Spätsommer 193.

4: *in diesem Winter:* 194/3 lange vor den zuletzt berichteten Ereignissen. – Von den Unternehmungen des Antiochos in den letzten Jahren hat Livius nur noch kurz und unvollständig berichtet: XXXIV 33,12 f. (Frühjahr 193); 43,4 (194 nach dem Amtsantritt der Konsuln). Ausführlich sind die Verhandlungen der syrischen Gesandten in Rom im Frühjahr 193 dargestellt (XXXIV 57,4 – 59,8). Bei den unmittelbar nach diesen Verhandlungen in Rom eintreffenden Nachrichten aus Karthago (XXXIV 60,1 ff.) ist von eindeutigen Kriegsvorbereitungen des Antiochos die Rede; in Wirklichkeit war Antiochos damals noch nicht zum Krieg entschlossen, suchte aber durch seine Bündnispolitik und durch die Unterstützung der Karthagopläne Hannibals seine eigene Position zu stärken.

4: *seine Tochter:* Kleopatra, vgl. XXXIII 40,3. Nach der Beilegung der alten Differenzen wird durch diese Ehe das Band zwischen dem Seleukiden- und dem Ptolemäerreich fester geknüpft; vgl. W. Hoffmann, Hannibal 120.

5: *die fernsten Teile seines Reiches:* Die östlichen Gebiete des Seleukidenreiches. „Nach Syrien" ist ein Mißverständnis des Livius oder des Polybios. Vgl. H. H. Schmitt, Untersuchungen zur Geschichte Antiochos' des Großen und seiner Zeit 15–18.

5: *Erhebung in seinem Rücken:* Etwa durch den Partherkönig oder die Fürsten der Persis, s. H. H. Schmitt a.a.O. 16.

5: *um die Pisider anzugreifen:* Es ist unklar, ob Antiochos eine Erhebung der Pisider niederwerfen mußte oder ob er erst jetzt versuchte, auch dieses Gebiet seinem Reich wieder einzuverleiben. Vgl. H. H. Schmitt a.a.O. 268 und 279.

6: *in dieser Zeit:* Frühsommer 193

6: *wie oben gesagt:* XXXIV 59,8. Der dort als dritter genannte P. Aelius ist hier und XXXV 16,1 nicht mehr erwähnt.

7: *Eumenes wollte den Krieg gegen Antiochos:* Einen Annäherungsversuch des Antiochos, der ihm eine seiner Töchter als Frau anbot (Polyb. 21,20,8; App., Syr. 5), hatte er höflich, aber entschieden abgelehnt, s. H. H. Schmitt a.a.O. 25 f.

14, 2: *mit Hannibal ... zusammenzukommen:* Zu diesen Unterredungen s. W. Hoffmann a.a.O. 123.

5: *Claudius:* Q. Claudius Quadrigarius, der auch sonst häufig von Livius zitierte Annalist.

5: *C. Acilius* schrieb in der Mitte des 2. Jahrhunderts v. Chr. eine „Römische Geschichte" in griechischer Sprache.

5: *P. Africanus:* Die bei dem Annalisten überlieferte Unterredung Scipios mit Hannibal ist frei erfunden.

8: *als erster gezeigt, wie man ein Lager abstecke:* Vgl. Frontin., strat. 4,1,14. – Nach Plut., Pyrrh. 16,7 bewundert dagegen Pyrrhos die Ordnung und Anlage des römischen Lagers; vgl. auch XXXI 34,8.

15, 2: *Tod des Königssohnes:* Gegen Ende des Sommers 193, s. H. H. Schmitt a.a.O. 18.

4: *Verdacht:* Das Gerücht ist unbegründet, s. H. H. Schmitt a.a.O. 18 f.

7: *den Krieg, den er begonnen hatte:* Siehe XXXV 13,5.

16, 3: *Smyrna und Lampsakos* wollten ihre Freiheit nicht aufgeben und hatten sich an Rom gewandt. Antiochos begann die Belagerung der beiden Städte im Frühjahr 196, hatte aber keinen Erfolg, s. XXXV 42,2 m. Anm.

3: *Neapel* hatte 326 einen Bündnisvertrag mit Rom geschlossen, *Regium* 270 nach der Befreiung der Stadt von der kampanischen Besatzung (s. XXXI 31,5–7), *Tarent* 272, nachdem die Stadt sich nach 10jähriger Auseinandersetzung den Römern ergeben hatte.

3: *Abgaben:* Den Sold für die von ihnen gestellten Truppen.

3: *Schiffe:* Vgl. XXXVI 42,1–2.

6: *von seinen Vorfahren:* Durch den Sieg Seleukos' I. über Lysimachos bei Kurupedion, vgl. XXXIV 58,5.

10: *einige ... andere ... wieder andere:* Infolge des Niedergangs der seleukidischen Macht unter den Nachfolgern Seleukos' I.

17, 2: *kehrten nach Rom zurück:* Im Herbst 193.

7: *als die Perser von den Spartanern Wasser und Erde forderten:* Nach Hdt. 6,48 forderte Dareios 491 von den Griechen Erde und Wasser als Symbol der Unterwerfung; vgl. auch Paus. 3,12,7.

18, 4: *im Zentrum:* Das lateinische *umbilicus* spielt deutlich auf Delphi als den „Nabel der Welt" an, das zum Gebiet des Ätolischen Bundes gehörte.

5/6: *werde Nabis ... aufwiegeln, ... werde Philipp zu den Waffen greifen:* Diese Äußerungen des Akarnanen Alexander entsprechen genau dem, was der ätolische Gesandte Dikaiarchos schon vor den Verhandlungen in Apameia und Ephesos dem König mitgeteilt hatte (XXXV 12,17). – Wie die Situation in Griechenland sich inzwischen entwickelt hatte, ist am Seleukidenhof noch nicht bekannt.

8: *Hannibal ... um die Römer an verschiedenen Fronten zu binden:* Auch diese Vorstellung ist nach dem Scheitern von Hannibals Versuch mit Ariston reines Wunschdenken.

19, 2: *zu geeigneter Zeit:* Dieses Gespräch fand nach dem Kriegsrat statt, in den es in der Darstellung des Livius eingeschoben ist.

3: *mein Vater Hamilcar ...:* Diese Episode aus dem Jahre 237 wird auch XXI 1,4 zu Beginn der dritten Dekade mitgeteilt.

4: *36 Jahre:* So auch XXX 37,9.

7: *Entschluß zum Krieg:* Diese Mitteilung ist falsch; Antiochos versuchte weiterhin mit anderen Mitteln sein Ziel zu erreichen (s. vor allem XXXV 32,8 ff. m. Anm.). Noch als er ein Jahr später im Herbst 192 in Griechenland landete, waren die mitgeführten Streitkräfte so schwach, daß Livius mit Recht bemerkt, diese Streitmacht sei für einen Krieg mit den Römern völlig unzureichend gewesen (XXXV 43,6). – Vgl. E. Badian, WaG 20/1960,219.

20, 1: *in Rom:* Weiterführung des XXXV 10,12 abgebrochenen Berichts über die Ereignisse in Rom. Der Amtsantritt der neuen Konsuln ist entgegen dem üblichen Brauch nicht erwähnt.

2: *die beiden Konsuln:* L. Quinctius Flamininus und Cn. Domitius Ahenobarbus.

11/12: *Atilius . . . Baebius:* Gegenüber § 10 sind die Namen der beiden Prätoren hier verwechselt, ebenso in XXXV 21,1.

13: *Nabis, der schon ganz offen Bundesgenossen des römischen Volkes angriff:* s. XXXV 13, 1–3.

14: *wartete man auf die Gesandten:* Die Gesandten kehrten erst einige Zeit nach dem Amtsantritt der Konsuln zurück, vgl. XXXV 22,1. Dabei ist die Abweichung des damaligen römischen Kalenders vom natürlichen Kalender um etwa vier Monate zu bedenken; s. Anm. zu XXXIII 24,3 und zu XXXIV 9,12.

21, 5: *zwei Brücken:* Der pons Fabricius von der Stadt zur Tiberinsel und der pons Cestius von der Insel zum Janiculum.

5: *Porta Flumentana:* Siehe zu XXXV 9,3.

6: *Vicus Jugarius:* Straßenzug vom Forum aus am Fuß des Kapitols entlang nach Süden.

7: Von den Kämpfen mit den *Ligurern* ist zuletzt im Kapitel 11 berichtet worden.

11: *von den Plünderern geschickt:* Die Ligurer hatten im vergangenen Jahr beträchtliche Beute gemacht und in ihre festen Plätze und Dörfer geschafft (XXXV 3,6).

22, 1: *um dieselbe Zeit:* Die zuletzt mitgeteilten Ereignisse aus dem Gebiet der Ligurer scheinen ins Frühjahr 192 zu fallen. Die Gesandten müssen aber schon vorher, etwa Anfang Dezember, zurückgekehrt sein. Livius oder sein Vorgänger hat die Abweichung des damaligen römischen Kalenders nicht berücksichtigt. Vgl. zu XXXV 20,14.

1: *von den Königen:* Antiochos und Eumenes.

2: *Die Gesandten der Achäer* (vgl. XXXV 13,3) waren zu Beginn des Winters in Rom eingetroffen.

5: *in den beiden spanischen Provinzen:* Fortsetzung des Berichtes von XXXV 7, 6–8 über die spanischen Ereignisse.

8: *mit ihnen kämpfte er erfolgreich in offener Schlacht:* Schon XXXV 7,8 aus anderer Quelle berichtet.

23, 5: *Gesandte nach Griechenland:* Diese Gesandtschaft wurde noch im Winter 193/2 nach Griechenland geschickt.

10: *Ankunft des Attalos:* Im Frühjahr 192.

10: *König Antiochos habe mit seinem Heer den Hellespont überschritten:* Ob Antiochos 192 wiederum in Thrakien war (s. auch XXXV 35,7, was aber auch Zwecklüge sein kann), ist umstritten. Möglicherweise handelt es sich um eine vorschnelle Folgerung aus seinem Vorrücken nach Norden zur Fortsetzung der Belagerung von Lampsakos und Alexandreia in der Troas; s. dazu F. W. Walbank, Philip V, S. 328. – Auf keinen Fall war von Thrakien aus eine Invasion Griechenlands geplant.

24, 2: *Konsul:* L. Quinctius Flamininus, s. XXXV 20,7.

4: *weil drei Patrizier sich um eine Stelle bewarben:* Vgl. XXXV 10,4 m. Anm.

7: *mit allen Truppen nach Epirus hinüberzugehen:* Etwa Ende Oktober/Anfang November 192, s. F. W. Walbank, Philip V, S. 328. – In der annalistischen Darstellung verfügt M. Baebius über zwei römische Legionen und über 15 000 Fußsoldaten und 500 Reiter von den Bundesgenossen (XXXV 20,11 mit Verwechslung der beiden Prätoren M. Baebius und A. Atilius); diese Truppen stehen zunächst im Gebiet der Bruttier, werden dann nach Tarent und Brundisium verlegt (XXXV 23,5) und setzen nach Epirus über. In Wirklichkeit waren die Verbände des M. Baebius aber nicht so stark, wie es der Annalist darstellt. Es handelte sich vielmehr um ein Vorauskommando in Stärke von „ein paar tausend Soldaten" (De Sanctis, Storia dei Romani 4,1,152 A.75), das die Landung des Konsuls M'. Acilius Glabrio sichern sollte. – In den polybianischen Partien ist für diese Zeit nirgends von einer starken römischen Armee im Raum von Apollonia die Rede. Bei den Verhandlungen der Epiroten mit Antiochos geht es um eine mögliche Bedrohung durch die Römer von Italien aus und um fehlenden Schutz der Römer gegen einen möglichen Angriff des Antiochos (XXXVI 5,4.7; Polyb. 20,3,2); auch Hannibals Ratschläge an Antiochos (XXXVI 7,5.19) setzen voraus, daß zum mindesten die Hauptmacht der Römer die Adria noch nicht überschritten hat; und schließlich kann M. Baebius, als Philipp ihn XXXVI 8,6 gegen Ende des Winters um Hilfe bittet, dem König nicht mehr als 2000 Mann zur Verfügung stellen (App., Syr. 16). – Vgl. M. Gelzer, Die Glaubwürdigkeit der bei Livius überlieferten Senatsbeschlüsse über römische Truppenaufgebote, in: Römische Geschichtsschreibung, hrsg. von V. Pöschl (WdF XC) 194f.

25, 2: *Nabis ....:* Weiterführung von XXXV 13, 1–3.

4: *Rückkehr der Gesandten:* Noch im Winter 193/2.

4: *Bundesversammlung:* Es handelt sich um eine außerordentliche Bundesversammlung.

4: *zu T. Quinctius:* Dem einflußreichsten Mitglied der römischen Gesandtschaft (XXXV 23,5).

5: *den Prätor:* A. Atilius Serranus.

26, 1: *Pristen:* Kleine, schnelle Kriegsschiffe, s. Non., p. 535 M.

4: *Kommandeur von Hilfstruppen in Kreta:* Philopoimen war von etwa 220–210 als Söldnerführer in Kreta (Plut., Phil. 7,2f.; Paus. 8,49,7), ein zweitesmal 200–193 auf Bitten der Bewohner von Gortyn (Plut., Phil. 13; Paus. 8,50,6).

5: *Nikaia, die Frau des Krateros:* Krateros war der Halbbruder des Antigonos Gonatas, seit etwa 280 Statthalter von Korinth. Nikaia ist als seine Frau nur an dieser Stelle erwähnt. Da eine Nikaia als Frau von Krateros' Sohn Alexander bekannt ist (Plut., Arat. 17,2), der seinem Vater als Statthalter von Korinth folgte, liegt möglicherweise eine Verwechslung der beiden Frauen vor.

27, 4: *beschloß Philopoimen anzugreifen:* Philopoimen überfiel das spartanische Lager nach Paus. 8,50,8 nur wenige Tage nach der Seeschlacht.

11: *ihrer Bundesgenossen:* Wohl der gleich anschließend erwähnten Epiroten und Akarnanen.

13: *Gytheion erobert:* Februar 192.

14: *das sog. Lager des Pyrrhos:* Pyrrhos hatte 273 bei seinem vergeblichen Angriff auf Sparta sein Lager nördlich der Stadt auf dem linken Ufer des Eurotas aufgeschlagen.

28, 8: *die sogenannten Tarentinischen Reiter:* Die Tarentiner waren leichtbewaffnete Reiter, die mit Wurfspeeren kämpften und jeder zwei Pferde führten; ursprünglich Söldner aus Tarent, wo es eine trefflich geübte Reiterei gab, erscheinen sie später allgemein in Griechenland. (J. Kromayer – G. Veith, Heerwesen und Kriegsführung der Griechen und Römer 139).

30, 9: *zu den beiden Toren, die nach Pharai und zum Barbosthenes führen:* Das Tor zum Barbosthenes führt von Sparta aus nach NO. – Das Tor nach Pharai müßte im W der

Stadt gewesen sein, da Pharai in Messenien liegt. Das paßt aber schlecht zu den Kampfhandlungen, die sich im Vorland des Parnon abspielten. Wahrscheinlich ist Pharai mit Pharis verwechselt, einem Ort auf spartanischem Gebiet südöstlich von Amyklai. Das Tor nach Pharis wäre im SO von Sparta zu suchen. (Vgl. Bölte, RE III A 2, 1357).

12: *schloß den Tyrannen in der Stadt ein:* Ende Februar.

12: *kehrten nach Hause zurück.* Nach Plut., Phil. 15,3 und Paus. 8,50,10 beendete T. Quinctius den Krieg zwischen den Achäern und den Spartanern, wohl auf Bitten des Nabis. Das muß kurz nach der Panätolischen Bundesversammlung geschehen sein. – Vgl. auch die Anm. zu XXXV 37,2.

ihn ... dem römischen Feldherrn an die Seite stellten: Nach Plut., Phil. 15,1 wurde Philopoimen nicht nur von den Achäern, sondern von den Griechen überhaupt wegen dieser Taten bewundert und gefeiert. T. Quinctius Flamininus war deswegen auf ihn eifersüchtig; vgl. XXXV 47,4 und Plut., Flam. 17,2.

31, 1: *zogen die Gesandten der Römer in den Städten der Bundesgenossen umher:* Vgl. XXXV 23,5. – Vor allem die Anwesenheit des T. Quinctius verfehlte ihre Wirkung nicht. Plut., Flam. 15,3 berichtet: „Sein bloßes Erscheinen festigte mancherorts die wankende Treue, und dort, wo die Krankheit schon um sich gegriffen hatte, wirkte die alte Liebe zu ihm oft wie eine zur rechten Stunde eingegebene Arznei: die Städte gesundeten wieder und ließen sich von verhängnisvollen Fehltritten abhalten." (Übersetzung von W. Wuhrmann).

4: *Bundesversammlung der Magnesier:* Im Februar oder Anfang März.

5: *der Sohn, der als Geisel diene, werde Philipp zurückgegeben und die Abgabe ... werde ihm erlassen:* Nach Diodor 28,15,1 hatte der Senat Philipp diese Zugeständnisse schon im Frühjahr 193 gemacht, als seine Gesandten in Rom waren (s. XXXIV 57,2–3), da den Römern angesichts der Möglichkeit eines Krieges mit Antiochos an einem guten Verhältnis mit Philipp viel gelegen war. – Demetrios konnte 191 zu seinem Vater zurückkehren (XXXVI 35,13).

5: *die Römer würden ihm auch Demetrias zurückgeben:* Mit

Recht spricht Livius hier von einer „unhaltbaren Nachricht" und einer „grundlosen Furcht". Andererseits war es
den Römern aber nicht unlieb, daß Philipp sich dieser
Hoffnung hingab. Ob diese Hoffnung nur seinen Wünschen entsprang oder ob es sich um eine gezielte Fehlin-
formation handelte, läßt sich nicht mehr ermitteln.

10: *das:* Die Befreiung von den Makedonen.

32, 2: *Thoas:* Nachdem Dikaiarchos ohne Erfolg von Antiochos
zurückgekehrt war, schickten die Ätoler im Spätherbst
193 seinen Bruder Thoas zu Antiochos. Er dürfte den König vor allem auf die veränderte Situation auf der Peloponnes hingewiesen haben. Noch im Laufe des Winters,
kurze Zeit vor der Panätolischen Versammlung, kehrte er
zurück. Daß Thoas von einem Gesandten des Antiochos
begleitet wurde, zeigte den Ätolern, daß das Interesse des
Königs an einer Zusammenarbeit mit ihnen gewachsen war.

3: *Bundesversammlung:* Die Panätolische Versammlung im
März 192.

7: *wegen ihres alten Bündnisses mit den Ätolern:* Damit ist
nicht unbedingt ein förmliches Bündnis zwischen den Athe-
nern und den Ätolern gemeint.

11: *eine Freiheit..., die auf eigenen Füßen steht und nicht
von einer fremden Entscheidung abhängt:* Siehe dazu S.
579 f. – Vgl. XXXV 44,6; 46,6; 48,8.

33, 4: *Quinctius:* Zu seiner Rede s. S. 580.

4: *wie oft von ihnen die Bündnistreue verletzt worden sei:*
Aus dem einen, den Ätolern immer wieder vorgeworfenen
Treubruch durch den Sonderfrieden von 206 macht Quinc-
tius jetzt eine Anzahl von Treubrüchen.

4: *die rechtliche Situation der Gemeinden, die umstritten
waren:* Die Streitigkeiten um einige Gemeinden, auf die die
Ätoler ein Anrecht zu haben glaubten (Pharsalos, Larisa
Kremaste, Echinos, Theben in der Phthiotis und Leukas),
hatten gleich nach der Schlacht von Kynoskephalai eingesetzt und dauerten immer noch an; s. XXXIII 13,6 ff.;
34,7; 49,8; XXXIV 23,7.

5: *Gesandte nach Rom zu schicken:* Diesen Versuch hatten
die Ätoler 195 wegen Pharsalos und Leukas schon unternommen, waren aber an T. Quinctius zurückverwiesen
worden.

6: *auf Betreiben der Ätoler:* Durch das lateinische *lanistis*

Aetolis werden die Ätoler mit Gladiatorenmeistern verglichen, die die Gladiatorenpaare zum blutigen Kampf gegeneinander antreten lassen, ohne sich selbst in Gefahr zu
bringen.

9: *als Quinctius diesen Beschluß von ihm forderte:* Anscheinend bat Quinctius in der für ihn peinlichen Situation
den Strategen um schriftliche Ausfertigung des Beschlusses.

34, 1: *...:* Kleinere Lücke im Text. Die Römer bemühten sich,
aus den eintreffenden Informationen über die weiteren Absichten des Antiochos Klarheit zu gewinnen.

4: *Plan..., Demetrias, Chalkis und Sparta zu besetzen:* Die
ätolischen Unternehmungen gegen diese Städte fallen in
die frühen Sommermonate. – Demetrias und Chalkis waren neben Korinth die stärksten Festungen Griechenlands.

35, 1: *der Tyrann:* Siehe S. 582.

4: *Alexamenos:* Über seine Rolle bei der Ermordung des
Brachylles im Jahre 197 s. Anm. zu XXXIII 28,1.

7: *Antiochos... nach Europa übergesetzt:* Vgl. XXXV 23,10
m. Anm.

18: *die Lanzen abzulegen:* Livius hat hier offensichtlich Poly-
bianisches καταβάλλειν τὰς σαρίσας „die Lanzen zu sen-
ken" falsch wiedergegeben. Das gleiche Mißverständnis fin-
det sich auch XXXIII 8,13 (s. Anm. z. St.); es ist an unserer Stelle aber um so erstaunlicher, als die Reiter wenige
Augenblicke später mit ihren Lanzen auf Nabis einstechen.

36, 1: Die *Königsburg* lag wahrscheinlich auf der Akropolis der
Stadt.

6: *Schatzkammern... zu durchstöbern, ... machten sich ans
Plündern:* Von der Zuchtlosigkeit und unersättlichen Beutegier der Ätoler wird immer wieder berichtet.

8: *Lakonikos:* Als Eigenname ungewöhnlich. Wahrscheinlich
ist der Name in der Überlieferung verderbt. – K. Nissen,
KU 173 nimmt ein Mißverständnis des Livius an.

9: *Chalkioikos:* Das Heiligtum lag auf der Akropolis von
Sparta und war mit Bronzetafeln geschmückt (daher „der
eherne Tempel"); s. Paus. 3,17,2–3.

37, 2: *gliederte die Spartaner dem Achäischen Bund an:* Den
Römern, die auch ihre achäischen Bundesgenossen nicht zu
stark werden lassen wollten, lag an der Existenz eines
selbständigen Sparta, weil dadurch ein gewisses Gleichge-

wicht auf der Peloponnes erhalten blieb. Das Wissen darum wird auch bei dem raschen Handeln Philopoimens eine nicht geringe Rolle gespielt haben. Die Römer fanden sich dann mit der geschaffenen Tatsache ab.

3: *weil gerade in dieser Zeit A. Atilius sich ... Gytheion näherte:* Diese römische Flotte ist wohl nicht erst im Sommer in den peloponnesischen Gewässern aufgetaucht. Nach XXXV 23,4 hatte sie den Befehl zum Auslaufen erhalten, noch ehe die römischen Gesandten nach Griechenland geschickt wurden. Sie dürfte im März vor Gytheion erschienen sein und die Stadt sowie die anderen Küstenorte, wahrscheinlich mit Unterstützung des Eumenes (s. Dittenberger, Syll.³ 605) zurückerobert haben. – Ein erneutes Auftauchen der römischen Flotte in diesem Seegebiet im Sommer könnte mit den Wirren in Sparta zusammenhängen.

38, 3: *Amarynthische Artemis:* In Amarynthos bei Eretria war ein bekanntes Heiligtum der Artemis.

39, 1: *Eumenes* war schon längere Zeit mit seinen Schiffen in griechischen Gewässern; s. zu XXXV 37,3.

8: *Strategen:* Eunomos, s. § 4.

40, 1: *hat mich sozusagen aus der Bahn gebracht ...:* Vgl. XXXIII 20,13.

2: *als die Konsuln gewählt waren:* Fortsetzung des XXXV 24,8 abgebrochenen Berichts über die Vorgänge in Rom und Italien. Die Wahlen lagen in diesem Jahr wegen der Kriegsgefahr früher als sonst: XXXV 24,1.

2: *brachen in ihre Provinzen auf:* Nach XXXV 22,3 sind die beiden Konsuln vor den Wahlen in ihre Provinzen aufgebrochen; 24,2 wird der Konsul L. Quinctius zur vorzeitigen Durchführung der Wahlen aus seiner Provinz zurückgerufen. Wie die abweichende Darstellung zeigt, folgte Livius in Kap. 40 einer anderen Quelle als in Kap. 21 ff. Der Bericht über die Unternehmungen der beiden Konsuln in Oberitalien wiederholt – mit Abweichungen im einzelnen – die Mitteilungen von XXXV 21,7–11 und 22,3–4.

5: *Kolonie in Vibo:* Es ist die Kolonie im Bruttierland, deren Gründung 194 beschlossen worden war, s. XXXIV 53,1 f.

8: Das *Forum Bovarium* lag am Tiberbogen im Bezirk des Circus maximus.

41, 1: *Das Jahr war schon fast zu Ende:* Das römische Amtsjahr endete damals bereits im Herbst; s. zu XXXV 20,14. Die infolge des erwarteten Krieges gefaßten Beschlüsse fallen demnach in den September/Oktober des natürlichen Jahres.

5: *Der Konsul L. Quinctius erhielt den Auftrag, ihre Aushebung durchzuführen:* Das paßt besser zu XXXV 24,2 ff. als zu XXXV 40,2.

8: *zwei Jupitertempel:* Der im Jahre 200 von L. Furius bei den Kämpfen in Oberitalien gelobte Tempel war bereits 194 auf der Tiberinsel durch C. Servilius geweiht worden (s. XXXI 21, 12 und XXXIV 53,7 m.Anm.). Die Mitteilung von seiner Einweihung wird hier nach einer anderen Quelle wiederholt, als Standort des Tempels fälschlich das Kapitol angegeben. – Der zweite der hier erwähnten Tempel, ebenfalls ein Tempel des Vedjovis, wurde am 7. März dieses Jahres auf dem Kapitol geweiht, s. Ov., fast. 3,429 ff., Vitr. 4,8,4; K. Latte, RRG 82 und J. Briscoe zu XXXI 21,12. Daß L. Furius in seinem Konsulatsjahr 196 diesen Tempel gelobt hat, ist in dem Bericht über seine Tätigkeit in Oberitalien XXXIII 37, 1–9 nicht erwähnt.

9: *Urteile ... gegen die Wucherer:* Vgl. XXXV 7,2 ff. Anscheinend herrschte in dieser Zeit großer Geldmangel, der zu ungesetzlich hohen Zinsforderungen der Wucherer führte.

10: *am Giebel ... zwölf vergoldete Schilde, ... eine Säulenhalle vor der Porta Trigemina:* Vgl. die entsprechende Mitteilung aus dem Vorjahr (XXXV 10,12); offensichtlich handelt es sich um einen Parallelbericht aus einer anderen Quelle.

10: *Quartier der Holzhändler:* Südlich von der Porta Trigemina.

42, 1: Über *Antiochos* ist zuletzt XXXV 32,2 ff. berichtet.

2: *Smyrna ...:* Zu Smyrna und Lampsakos s. Anm. zu XXXV 16,3. Das troische Alexandreia wird hier zum erstenmal ausdrücklich in diesem Zusammenhang erwähnt. – Für Smyrna wird XXXVII 54,2 festgestellt, daß es nicht vor Antiochos kapituliert hat. Auch bei den anderen Städten ist zu bezweifeln, daß Antiochos Erfolg gehabt hat. XXXVII 35,3 werden die drei Städte in einem Atemzug genannt; dabei bedeutet das Livianische *tradere* (wie das Polybianische παραχωρεῖ und ἐκχωρεῖν an den entsprechenden Stellen 21,13,3 und 21,14,2) nicht die Räumung dieser Städte, sondern die Aufgabe aller Ansprüche auf sie. Vgl. H. H. Schmitt, Untersuchungen ... 283 f. und H. Tränkle, Livius und Polybios 76 A.17.

3: *Überlegungen wegen Hannibal:* Hannibals Pläne sind XXXIV 60,5 f. mitgeteilt, vgl. auch XXXV 18,8. Antiochos scheint sich erst im Lauf des Jahres 192 zur Unterstützung Hannibals entschieden zu haben. E. Badian, WaG 20/1960, 223 f. betont, daß der König durch seine Unterstützung von Hannibals Plänen vermeiden zu können hoffte, daß es zwischen ihm selbst und den Römern zu einem Krieg kam.

3: *Schiffe:* Hannibal hatte XXXIV 60,5 hundert Schiffe mit Deck gefordert. Antiochos kann ihm jetzt nur eine geringere Zahl von Schiffen ohne Deck versprochen haben, er selbst hatte bei der Überfahrt nach Europa nur 40 Schiffe mit Deck und 60 ohne zur Verfügung (XXXV 43,3).

4: *Thoas* ging im Spätsommer 192 abermals an der Spitze einer ätolischen Gesandtschaft zu Antiochos. – Appian (Syr. 12) verquickt die drei ätolischen Gesandtschaften 193–192 und die Verhandlungen nach der Landung des Königs miteinander.

43, 3: *nach Ilion:* Auch Xerxes (Hdt. 7,43) und Alexander (Plut., Alex. 15,7; Arr., anab. 1,11,7) hatten hier zu Beginn ihrer Unternehmungen geopfert.

5: *lief in den Hafen der Stadt ein:* Antiochos landete im Oktober 192 in Demetrias.

7: *Bundesversammlung:* Eine außerordentliche Bundesversammlung.

8/9: *Phalara ... Lamia:* Malis gehörte zum Ätolischen Bund.

45, 3: *als Friedensvermittler und als Schiedsrichter:* Entsprechend dem auf der Panätolischen Versammlung im März gefaßten Beschluß (XXXV 33,8).

9: *30 führende Männer:* Aus dem Kreis der Apokleten (s. XXXV 34,2).

46, 6: *um Griechenland zu befreien:* Vgl. XXXV 32,11 m. Anm.

10: *Vertrag zu ungleichen Bedingungen:* Vgl. XXXIV 57,7.

47, 3: *seit dem Tode des Brachylles und den darauf folgenden Ereignissen:* Siehe XXXIII 27,5 ff.

4: *Wettstreit um den Ruhm im Krieg gegen Sparta:* Siehe Anm. zu XXXV 30,13.

5: *den Namen Apama gegeben hatte:* Nach Apama, der Frau Seleukos' I.

7: *wirklich ein Nachkomme von Königen:* Im Gegensatz zu
den von Antigonos Monophthalmos abstammenden Anti-
goniden.

7: *Hoffnung auf die Herrschaft in Makedonien:* Die Ätoler
und Antiochos hatten alle Hoffnung auf ein Zusammengehen mit Philipp V. aufgegeben, daß sie ihn so zu brüskieren wagten.

8: *taten bei Amynander ihre Wirkung:* Im 2. Makedonischen
Krieg hatte Amynander von Anfang an (XXXI 28,1 ff.)
an der Seite der Römer gestanden; zur Belohnung hatte er
die festen Plätze behalten dürfen, die er im Krieg eingenommen hatte (XXXIII 34,11).

48, 1: *Bundesversammlung:* Im November, s. F. W. Walbank, Philip V, S. 330.

3: Die *Kataphrakten* waren schwer gepanzerte Reiter, deren
Pferde ebenfalls durch Bronzeplatten vor der Brust geschützt waren. In den europäischen Heeren des Altertums
gab es solche Reiter nicht. Über Herkunft und Verbreitung
dieser Truppengattung s. C. Schneider, Kulturgeschichte
des Hellenismus II 131.

3: *die vom Pferd ihre Pfeile abschössen:* Die östlich des Kaspischen Meeres wohnenden Daher kämpften auf diese Art,
vgl. XXXVII 40,8.

5: *Daher, Meder, Elymaier und Kadusier:* Völkerschaften aus
den parthischen und medischen Gebieten im fernen Osten
des Seleukidenreiches.

10: *den Ausgang des fremden Geschicks ... abwarten:* Vgl.
das Verhalten der Ätoler am Anfang des 2. Makedonischen
Krieges (XXXI 32,5).

13: *während der Schlacht ... die Auspizien anstellen:* Die
Durchführung dieser Zeremonien vor der Schlacht entspricht römischem Brauch. – Bei Kynoskephalai hatte T.
Quinctius die Ätoler unter Archidamos und Eupolemos verhältnismäßig früh in den Kampf geworfen (Polyb. 18,21,5),
ehe er selbst mit dem Gros der Truppen aus dem Lager
ausrückte.

49, 8: *Sklavennatur:* Vgl. Arr., anab. 2,7,4 f. und Cic., prov. 10.

50, 4: *in Athen war die Situation nicht weit von einem Aufruhr
entfernt:* Trotz der vorausgegangenen Bemühungen der
römischen Gesandtschaft (XXXV 31,3) und des Eumenes
(XXXV 39,2).

4: *die für einen Preis käufliche Menge:* Livius hat die schlechte Meinung, die Polybios vom athenischen Volk hat, übernommen, vgl. XXXI 14,6; 44,2 ff. und Polyb. 6,44.

6: *wie auch König Eumenes:* Schon nach dem ersten Unternehmen der Ätoler gegen Chalkis war T. Quinctius mit Eumenes im Sommer am Euripos zusammengetroffen, und Eumenes hatte 500 Mann zum Schutz von Chalkis zurückgelassen (XXXV 39, 1-2). Diese Abteilung scheint inzwischen wieder abgezogen zu sein, und Eumenes schickt jetzt erneut eine Abteilung nach Chalkis.

7: *in Lamia ganz rasch aufgestellt:* Die Ätoler hatten ihre Streitkräfte zu diesem Zeitpunkt noch nicht mobilisiert.

8: *überquerten:* Wohl auf der Brücke, die seit 411 über den Euripos führte; vgl. XXXI 24,3.

9: *römische Soldaten:* Eine Abteilung von der Flotte des A. Atilius.

9: *am Hermaion:* Der Hermestempel lag etwa 16 Stadien vor Mykalessos in Richtung auf den Euripos (Thuk. 7,29,3).

51, 2: *der Krieg war noch nicht erklärt:* Die Römer hatten den Krieg noch nicht erklärt, wohl aber die Achäer (XXXV 50,2).

4: *griff Menippos plötzlich... an:* Dieser Überfall fällt in den Dezember 192.

4: *tötete...:* Die Zahl ist in der Überlieferung verderbt. Madvig vermutet CCC.

6: *daß ihm die Tore geöffnet wurden:* Ebenfalls noch im Dezember 192.

BUCH XXXVI

1, 1: *als die Konsuln... ihr Amt angetreten hatten:* Fortsetzung des XXXV 41,10 abgebrochenen Berichts über die Ereignisse in Rom. Die Abweichung des damaligen römischen Kalenders vom natürlichen Kalender (s. Anm. zu XXXV 20,14 und zu XXXVII 4,4) ist zu berücksichtigen; den Iden des März, an denen die Konsuln ihr Amt antraten, entspricht in diesem Jahr der 6. November des Julianischen Kalenders.

2: *in denen den größten Teil des Jahres hindurch regelmäßig die Götterbilder auf Polstern ausgestellt werden:* Neben

dem ursprünglichen *lectisternium*, bei dem Götterbilder aus
den Tempeln herausgeholt und an einem Ort zusammengebracht werden, der dadurch zum *fanum* wird, hatte sich
der Brauch herausgebildet, in bestimmten Tempeln die
Götter regelmäßig auf Polstern auszustellen, so daß ihnen
jeder jederzeit ein Mahl darbringen konnte; s. dazu K.
Latte, RRG 242 ff. und 263.

6: *brachte diesen Antrag durch:* Der Entschluß zum Krieg
wurde gefaßt, nachdem die Nachricht von dem Überfall
von Delion und der Besetzung von Chalkis in Rom eingetroffen war (App., Syr. 15; Zonar. 9,19), d. h. in der
zweiten Dezemberhälfte.

6: *Griechenland:* Bei dem Senatsbeschluß XXXV 41,3 war
das nur angedeutet, noch nicht ausgesprochen worden.

6: *die der Konsul ...:* Vgl. XXXV 41,5. – *ausgehoben:* betrifft die römischen Bürger, *angefordert* die Bundesgenossen; vgl. XXXVI 3,13.

7: *das Heer, das der Prätor M. Baebius ... hinübergeschafft
habe:* Siehe XXXV 24,7 m. Anm.

8: Von einer Tätigkeit des *L. Quinctius als Legat* in diesem
Krieg wird weiter nichts berichtet.

9: *Italien als Aufgabenbereich:* Daß daneben Minucius noch
ein weiteres Jahr in Ligurien blieb (XXXVI 38, 1–4;
39,7; 40,2; XXXVII 2,5; 46, 1–2), ist nicht erwähnt.

2, 6: *die beiden Bereiche der Rechtsprechung:* Vgl. XXXV
41,6.

7: *die im Vorjahr ... ausgehoben worden waren:* XXXV
41,7.

11: *wenn es ihm so gut scheine:* Es ist zu erwarten, daß M. Aemilius der Empfehlung nachkam. Wenn die Ablösung des L.
Valerius in XXXVII 2,8 nicht erwähnt ist, kann das an
der Benutzung einer anderen annalistischen Quelle liegen.

12: Der von der Provinz zu entrichtende *Zehnte* diente nor-
malerweise zum Unterhalt der dort liegenden Truppen.
Wenn mehr Getreide benötigt wurde, konnte ein zweiter
Zehnter angefordert werden; dieser wurde dann bezahlt.

15: *Freigelassene als Seesoldaten ausheben:* Neben den Bundesgenossen dienten vor allem die armen Schichten der römischen Bevölkerung und im Bedarfsfall auch Freigelassene auf der römischen Flotte.

3, 3: *wer das Recht habe, sich im Senat zu äußern:* Die seit der letzten Zensur ein kurulisches Amt bekleidet hatten, aber noch nicht ordentliche Mitglieder des Senats waren.

3: *eines der kleineren Ämter:* Die amtierenden plebejischen Ädilen, Quästoren und Volkstribunen.

5: *zur Flotte eingezogen:* Die Bewohner der Küstenkolonien scheinen weitgehend vom Kriegsdienst befreit gewesen zu sein; dafür waren sie zum Schutz der Küste und der Umgebung verpflichtet. Nur bei besonderen Anlässen griff man auf sie zurück; vgl. XXVII 38, 1–5.

7: *Kollegium der Fetialen:* Vgl. XXXI 8,3 ff. m. Anm.

8: *das Bündnis und die Freundschaft:* Gewöhnlich vertraten die Römer den Ätolern gegenüber die Auffassung, der Vertrag von 212 sei von den Ätolern durch den Abschluß des Sonderfriedens von 206 gebrochen worden und bestehe somit nicht mehr (XXXIII 13,11 u. ö.). – Zwischen den Römern und Antiochos bestand – trotz XXXII 8,13 – kein Freundschaftsvertrag. Antiochos hatte sich Anfang 195 bei T. Quinctius (XXXIII 41,5 und XXXIV 25,2) und 193 im Senat (XXXIV 57,6) vergeblich um einen Freundschaftsvertrag mit Rom bemüht. Ihm gegenüber kann von Freundschaft höchstens in dem Sinne die Rede sein, „daß die gegenseitige Existenz mit Wohlwollen zur Kenntnis genommen wurde" (J. Bleicken).

10: *die berechtigten Forderungen:* Die Freiheit der griechischen Städte in Kleinasien zu respektieren und nicht nach Europa hinüberzukommen. – Die Fetialen benutzen in ihrer Antwort die bei der Eröffnung eines *bellum iustum* typischen Wendungen *res repetere, res reddere,* vgl. I 32,5 ff.

11: *Demetrias gewaltsam besetzt:* XXXV 34,4 ff.

12: *um Chalkis … anzugreifen:* XXXV 34,3 f.; 37,4 ff.

12: *König Antiochos nach Europa hinübergebracht:* Nach zwei vergeblichen Versuchen der Ätoler gelang es Thoas schließlich, den König zur Landung in Griechenland zu bewegen (XXXV 42,4 ff.). – In den annalistischen Abschnitten spielt der Überfall des Antiochos auf die römische Abteilung bei Delion im Gegensatz zu den aus Polybios stammenden Partien keine Rolle.

14: *am 3. Mai:* Am 24. Dezember des Julianischen Kalenders.

4, 1: *Gesandte … von Philipp und Ptolemaios:* Die Mitteilungen dieses Kapitels über Philipp und Ptolemaios sind an-

nalistische Erfindung. Philipp gab seine Neutralität erst
auf, als Antiochos die Gefallenen von Kynoskephalai be-
stattet hatte (XXXVI 8,5). Und Ptolemaios hatte sich mit
Antiochos ausgesöhnt und war sein Schwiegersohn geworden (XXXV 13,4).

5: *Gesandte von den Karthagern und König Masinissa:*
XXXVI 3,1 ist berichtet, daß die Römer kurz vorher eine
Gesandtschaft nach Karthago und zu Masinissa geschickt
hatten.

7: *Kriegsentschädigung:* Siehe XXX 37,5.

7: *jetzt ganz zahlen:* Dazu waren die Karthager aufgrund der
Reformen Hannibals (XXXIII 46,8 ff.) jetzt imstande.

8: *500 Reiter und 20 Elefanten:* Dieses Angebot militärischer
Unterstützung scheinen die Römer angenommen zu haben,
s. XXXVIII 41,12.

9: *aufgrund des Vertrages:* Eine entsprechende Bestimmung
des Friedensvertrages ist nicht bekannt. Die Karthager
haben noch im selben Jahr zur Unterstützung der Römer
Schiffe geschickt, s. XXXVI 42,2; 45,5.

9: *wenn sie es sich bezahlen ließen ... sie würden keins vor
dem Termin entgegennehmen:* Die Römer sind offensichtlich sehr darauf bedacht, nicht den Eindruck entstehen
zu lassen, als wenn sie wegen des Krieges finanzielle
Schwierigkeiten hätten.

5, 1: *Antiochos:* Fortsetzung des XXXV 51,10 abgebrochenen
Berichts über die Ereignisse in Griechenland.

1: *Die Epiroten* waren im 1. Makedonischen Krieg neutral
geblieben und hatten den Frieden von Phoinike vermittelt.
Auch im 2. Makedonischen Krieg wahrte der Epirotische
Bund Neutralität und bemühte sich 198, als die beiden
feindlichen Heere sich in Epirus gegenüberlagen, um das
Zustandekommen von Waffenstillstandsverhandlungen
(XXXII 10,1). Der größte Teil des Volkes stand aber mit
dem Herzen auf der Seite Philipps; nur Charops mit seinen
Anhängern unterstützte die Römer und hatte 198 entscheidenden Anteil an der Bezwingung der Aoosenge. In Epirus
bemühten sich die Römer um äußerste Korrektheit; eine
Anzahl von Freiwilligen stellte sich ihnen zur Verfügung.
(XXXII 6,1; 11,1 ff.; 14,5 f., 8; 15,5) – Nach Polyb.
20,3,1 stand Charops an der Spitze der epirotischen Gesandtschaft, die Antiochos aufsuchte.

1: *die Eleer:* Zwischen den Eleern und den Achäern herrsch-
te seit langem ein gespanntes Verhältnis. So hatten die
Eleer im Bundesgenossenkrieg und im 1. Makedonischen
Krieg gegen die Achäer und Philipp gekämpft. Am 2. Ma-
kedonischen Krieg beteiligten sie sich nicht. Die alten
Meinungsverschiedenheiten wegen der eleisch-arkadischen
Grenzgebiete waren von den Römern 196 zugunsten der
Achäer entschieden worden (XXXIII 34,9; Polyb. 18, 42,
7); seitdem standen die Eleer auch den Römern äußerst
distanziert gegenüber.

2: *Kriegserklärung an Antiochos:* XXXV 50,2.

6, 1: *nach Böotien:* Vgl. XXXV 47,2–3 m. Anm. und 50,5.

2: *seit vielen Menschenaltern:* Polybios schildert in einem
ausführlichen Exkurs (20,4,1 – 7,2) die Entwicklung der
Verhältnisse bei den Böotern seit der Schlacht bei Leuktra
(371 v. Chr.).

2: *die einst glänzende Ordnung:* Vor allem unter Pelopidas
und Epameinondas.

4: *In der ersten Unterredung bei Chalkis* hatten die Ätoler
die Verhandlungen geführt, während Antiochos bei den
Schiffen zurückgeblieben war (XXXV 46,5 ff., vor allem
§ 7).

4: *auf der Bundesversammlung der Achäer:* XXXV 48,2 ff.,
vor allem § 9.

6: *am festgesetzten Tag:* Im Januar, vgl. § 9.

7: *Hannibal, der schon lange nicht mehr hinzugezogen worden war:* Vgl. XXXV 19,1 ff.

7, 3: *müßten Philipp und die Makedonen für ein Waffenbündnis gewonnen werden:* Auch die Ätoler hatten sich auf
Thoas' Vorschlag um Philipp als Bundesgenossen bemüht
(XXXV 12,6.10–14), und der Akarnane Alexander hatte
es im Kriegsrat des Antiochos als Selbstverständlichkeit
hingestellt, daß Philipp an der Seite des Antiochos in den
Krieg eingreifen werde (XXXV 18,6–7).

8, 3: *Philipp von Megalopolis* machte sich Hoffnungen auf den
makedonischen Thron, s. XXXV 47,5–8.

9, 1: *Die Thessaler* scheinen mit der Neuordnung der politischen
Verhältnisse durch T. Quinctius (XXXIV 51,4–6) zufrieden gewesen zu sein.

4: *die Freiheit der Thessaler zu schützen und zu festigen:*
Vgl. XXXV 44,6; 46,6; 48,8.

6: *was für die Bewohner von Chalkis ... gesagt worden war:* XXXV 46,9–13; vgl. auch XXXV 38,10.

10, 8: *die Jahreszeit:* Die in Kap. 8–10 mitgeteilten Unternehmungen fallen in den Januar.

11, 1: *nach Chalkis:* Hier verbrachte Antiochos den Februar und März.

2: *feierte er Hochzeit:* Laodike, die erste Frau des Antiochos, die ihm drei Söhne und vier oder fünf Töchter geschenkt hatte, scheint damals noch am Leben gewesen zu sein. Wir wissen nicht, ob Antiochos sie verstoßen hatte oder ob er eine Doppelehe einging; s. dazu H. H. Schmitt, Untersuchungen 11–13 und F. W. Walbank, Commentary III 75. – E. Kornemann, Große Frauen des Altertums 415 A.3 hält die Monogamie der Seleukiden nicht für erwiesen.

2: *verbrachte den Rest des Winters bei Gelagen ...:* F. W. Walbank (zu Polyb. 20,8,2) hält diese Darstellung für übertrieben. Als Muster habe die Verweichlichung von Hannibals Heer im Winterlager 216/5 in Capua gedient (XXIII 18,10–16). – Vgl. auch J. Kromayer, Antike Schlachtfelder in Griechenland II 135.

5: *konnte merken, daß die Soldaten genausowenig ... in strenger Zucht den Winter verbracht hatten:* Diod. 29,2 berichtet, daß die Soldaten des Antiochos zu Beginn des Frühlings kaum noch den Strapazen eines Marsches gewachsen waren; eine Reihe von ihnen wurde krank, manche kamen beim Marsch von ihren Abteilungen ab.

7: *eine Beratung mit den führenden Männern Ätoliens:* Entweder mit der XXXV 45,9 erwähnten Kommission oder mit den Apokleten.

8: *das Volk für den König zu gewinnen:* Die Akarnanen waren im 2. Makedonischen Krieg Verbündete Philipps gewesen und waren 197 durch L. Quinctius Flamininus unterworfen worden.

9: *die bei Atilius und die im Gebiet von Kephallania war:* Ein Teil der römischen Flotte unter ihrem Befehlshaber Atilius scheint ausgelaufen zu sein, der Rest lag unter dem Kommando des A. Postumius (XXXVI 12,9) in Kephallania.

12, 6: *Milde:* Antiochos übte bewußt eine Politik der Milde, die ihre Wirkung auf die Bevölkerung nicht verfehlte; s. XXXVI 9,15.

9: *Cn. Octavius* ist einer der Gesandten, die der Senat im Vorjahr nach Griechenland geschickt hatte, um zu verhindern, daß die Bundesgenossen in ihrer Treue zu Rom wankend wurden (XXXV 23,5).

10: *mit seinen Legionen:* Siehe die Anm. zu XXXVI 14,1.

13, 4: *Atrax* war im Januar von den Truppen des Antiochos nicht besetzt worden.

8: *in die Hand Philipps werde er sein Schicksal nicht legen:* Seine Furcht vor König Philipp, den er so sehr brüskiert hatte, ist verständlich.

14, 1: *mit 20 000 Fußsoldaten...:* Diese Angabe nach Polybios (vgl. auch XXXVI 12,10) steht im Widerspruch zu der annalistischen Überlieferung über die Stärke der Truppen, die M'. Acilius nach Griechenland mitbrachte. Danach waren ihm 4000 Fußsoldaten und 300 Reiter sowie 6000 Fußsoldaten und 400 Reiter von den Bundesgenossen bewilligt worden (XXXV 41,4). – Vgl. zu XXXV 24,7.

1: *das Meer überquert:* Ende Februar 191, s. F. W. Walbank, Philip V, S. 329.

1: *befahl... den Kriegstribunen:* Zu den Kriegstribunen des M'. Acilius Glabrio gehörte auch M. Porcius Cato (s. XXXVI 17,1). Er wurde gleich nach der Landung in Apollonia als Gesandter nach Achaia und Athen geschickt, um die Römerfreunde in ihrer Haltung zu bestärken und um der Propaganda des Antiochos entgegenzuwirken (Plut., Cato mai. 12,4–5); s. dazu D. Kienast, Cato der Zensor 49.

4: *zum Spott;* Vgl. XXXII 34,3.

7: *Athamanien in seine Hand zu bekommen:* Von dort aus konnte Philipp leicht in das Gebiet der Ätoler, seiner alten Feinde, einfallen, wie er es bereits 207 getan hatte (s. XXXVI 31,11).

9: *Philipp, der schon lange sein Feind war:* Amynander hatte sich ursprünglich um gute Beziehungen sowohl zu den Ätolern wie zu den Makedonen bemüht. 208 versuchte er zusammen mit anderen Mächten im 1. Makedonischen Krieg zwischen den Ätolern und den Makedonen zu vermitteln (XXVII 30,4). Nur ein Jahr später entschied er sich aber um den Preis der Insel Zakynthos (s. XXXVI 31,10–11 m. Anm.) zur Unterstützung Philipps und gestattete diesem den Durchzug durch Athamanien zum Einfall in

Ätolien. Gleich zu Beginn des 2. Makedonischen Krieges ergriff er dann jedoch gegen Philipp Partei und bot den Römern seine Hilfe an (XXXI 28,1 ff.). Philipp hat Amynander diesen Verrat offensichtlich nie verziehen; er hatte geglaubt, sich 207 mehr als eine einmalige Gefälligkeit erkauft zu haben. Was den Frontwechsel Amynanders hervorgerufen hat, ist nicht bekannt; wahrscheinlich handelte er aus reinem Opportunismus. Die römische Gesandtschaft, die ihn kurz zuvor aufgesucht hatte (Polyb. 16, 27,4; vgl. die Anm. zu XXXI 2,3), dürfte ihn nachdrücklich auf die Macht Roms hingewiesen haben.

9: *wegen seines Abfalls:* XXXV 47,2.5–8.

12: *Thaumakoi* gehörte mit seiner Umgebung zum Ätolischen Bund; vgl. XXXII 4, 1–7.

15: *Hypata:* Die Landschaft Ainis gehörte zum Ätolischen Bund.

15, 2: *wegen ihrer eitlen Versprechungen:* XXXV 12,16; 42,5.

2: *der alles ... vorausgesagt hatte:* Vgl. XXXVI 7,4/5.

3: *später:* Nach seiner Landung in Demetrias.

5: *von den eigenen Leuten, die in Asien die Zeit verstreichen ließen:* Antiochos hatte Polyxenidas nach Asien zurückgeschickt, um die Flotte und Verstärkung heranzuführen (XXXVI 8,1).

6: *diesen Gebirgszug:* Die Gleichsetzung der Thermopylen mit dem Gebirge, an dessen äußerstem Ende im Osten sie liegen, ist irreführend.

12: *Tod der Spartaner beim Widerstand gegen die Perser:* Den Kampf an den Thermopylen und den Untergang der Spartaner des Leonidas schildert Herodot 7,200 ff.

16, 7: *daß auch die Spartaner ... umgangen worden seien:* Siehe Hdt. 7,213 ff.

7: *Philipp von denselben Römern:* Am Aoos, s. XXXII 11,1 ff.

11: *Das Kallidromon, die Rhoduntia und der Teichius* waren als Sperrfestungen auf den Höhen ausgebaut. Die Befestigungsanlagen waren wahrscheinlich von den Ätolern nach dem Galliereinfall von 279 errichtet worden.

17, 1: *der Konsul ... schickte:* Livius folgt in seiner Darstellung Polybios. Nach Catos eigener Darstellung (Plut., Cato mai. 13,1–3 stammte der Plan zur Umgehung der feindlichen Stellungen von ihm selbst.

1: *die Legaten:* In den meisten Quellen werden M. Porcius Cato und L. Valerius Flaccus nicht als Legaten, sondern als Kriegstribunen bezeichnet. Zwischen diesen Angaben besteht kein Widerspruch, s. Mommsen, RStR 2,694 ff. und Kienast, Cato der Zensor 48; vgl. auch XLII 49,9 mit 67,9.

1: *zum Kallidromon:* Das ist der Hdt. 7,216 beschriebene Pfad 'Ανόπαια.

4: *denn hier ist ein Tor:* Anspielung auf den Namen des Passes, s. XXXVI 15,12.

4: *die Befestigungsanlagen ... damals:* Siehe XXXII 5,10–13; 10,11.

4: *das Heer des Feindes war größer:* Vgl. XXXI 34,7 und J. Kromayer, Antike Schlachtfelder in Griechenland II 95.

5: *zur Knechtschaft geboren:* Vgl. XXXV 49,8.

7: *aus einer Familie, die sogar unter ihren Mitbürgern unbekannt war:* Dagegen bemerkt Polyb. 20,8,3 ausdrücklich, daß Kleoptolemos ein angesehener Bürger von Chalkis war.

10: *das ganze Gebiet vor sich:* Thessalien, das er im Januar vorübergehend besetzt hatte (XXXVI 8,6 - 10,9).

10: *einst die Spartaner:* Siehe Hdt. 7,208.223; erst ganz am Ende des letzten Kampftages hatten sich die Griechen in die Enge und hinter die Mauer zurückgezogen (Hdt. 7,225).

18, 1: *beim Morgengrauen:* Die Schlacht an den Thermopylen fand am 24. April 191 statt, s. F. W. Walbank, Philip V, 329.

2: *Makedonen:* Damit wird hier nicht die Herkunft der Soldaten bezeichnet; es sind die auf makedonische Art bewaffneten Fußtruppen des Antiochos.

6: *mit ihren vorgestreckten Lanzen:* Die Sarisen dieser Zeit hatten eine Länge von 21 Fuß ($\approx$ 6,30 m).

8: *M. Porcius:* Catos Übergang über das Gebirge und sein Kampf mit den Ätolern ist in Einzelheiten bei Plut., Cato mai. 13, 1–7 beschrieben.

19,11: *wie wir nach Polybios berichtet haben:* XXXV 43,6.

20, 3: *Tempel der Athena Itonia:* In Iton im Phthiotischen Achaia war ein berühmtes Heiligtum der Athene. Die Athene von Iton hatte auch an anderen Orten Heiligtümer. Zu ihrem Tempel bei Koroneia s. Paus. 9,34,1.

4: *so große Wohltaten:* Die Beziehungen zwischen den Rö-

mern und den Böotern waren in Wirklichkeit seit Jahren
äußerst gespannt, s. XXXIII 1,1 ff.; 27,5 ff.; XXXV
47,2 f.; XXXVI 6,1 ff. Die Erwähnung der so großen
Wohltaten ist eitles Gerede; aus dem, was Livius berichtet,
ließe sich höchstens anführen, daß im Winter 197/6 durch
römische Vermittlung die böotischen Soldaten, die auf der
Seite Philipps gekämpft hatten, in die Heimat zurückkehren konnten (XXXIII 27,5 f.).

21, 2: *als der Konsul nach Chalkis kam:* Nach der Hochzeit des
Antiochos mit der Tochter des Kleomenes waren die Bewohner von Chalkis zu begeisterten Anhängern des Königs
geworden. M'. Acilius wollte die Stadt deswegen hart bestrafen. Nur der beharrlichen Fürsprache des T. Quinctius
hatte Chalkis es zu danken, daß es vor dem Schlimmsten
bewahrt blieb (Plut., Flam. 16,1–4). Der Dank der Bevölkerung war überschwenglich. Sie weihte dem T. Quinctius ihre größten und schönsten Gebäude und brachte ihm
Opfer dar, für die ein eigener Priester bestimmt wurde
(Plut., Flam. 16,5–7). Der Kult des T. Quinctius Flamininus in Chalkis bestand noch zu Plutarchs Zeiten; aus
dem Paian, der am Fest des T. Quinctius nach dem Opfer
gesungen wurde, führt er die folgenden Verse an:

Πίστιν δὲ Ῥωμαίων σέβομεν
τὰν μεγαλειοτάταν ὅρκοις φυλάσσειν.
Μέλπετε, κοῦραι,
Ζῆνα μέγαν Ῥώμαν τε
Τίτον θ' ἅμα Ῥωμαίων τε
πίστιν· ἰὴ ἰὲ Παιάν·
ὦ Τίτε σῶτερ.

Die Treue der Römer verehren wir,
die hochgewaltige, mit Eiden zu schützen.
Singet, ihr Mädchen,
Zeus, den großen, Rom auch,
Titus zugleich und der Römer
Treue! I-ē i-e Paian!
O Titus, Retter!

(Übersetzung in Anlehnung an B. Kytzler)

4: *von dort:* Nach Plutarch, Cato mai. 14,3 wurde Cato
gleich nach der Schlacht abgeschickt.

4: *schickte ... M. Cato:* Dieser Bericht geht direkt oder indirekt auf Catos eigene Darstellung zurück.

7: *L. Cornelius Scipio:* Die Entsendung eines weiteren Boten neben Cato ist äußerst unwahrscheinlich. H. Nissen, KU 183 f. vermutet, daß L. Cornelius Scipio mit seinem Vetter, dem Konsul P. Cornelius Scipio Nasica an den Kämpfen in Oberitalien teilnahm und von diesem nach seinem Sieg über die Bojer (XXXVI 38,5–7) mit der Siegesnachricht nach Rom geschickt wurde; auch für diesen Sieg wurde ein Dankfest und ein großes Opfer beschlossen. Livius muß diese Nachricht, die er einer anderen Quelle entnahm als die über Cato, vollkommen mißverstanden haben. Oder wies vielleicht schon seine annalistische Quelle diesen Fehler auf? – Anders H. H. Scullard, Roman Politics[2] 125.

10: *in diesen Tagen:* Nach den Fasti triumph. am 16. Dezember des damaligen römischen Kalenders (= 3. August des Julianischen Kalenders), also lange nach dem Eintreffen Catos in Rom. – Livius bringt XXXVI 39, 1–2 diese Nachricht noch einmal; nur dort paßt sie zeitlich in den Zusammenhang.

22, 2: *die übrigen Staaten Griechenlands:* Übertreibend, da zwar viele, aber nicht alle auf die Seite des Antiochos getreten waren. Außer den Ätolern waren von den Römern abgefallen die Phoker (XXXVI 20,1) und Lokrer, die dem Ätolischen Bund angegliedert waren (XXXIII 34,8), die Magnesier (XXXV 31,3 ff.; 34,5 ff.; 43,5), die Athamanen (XXXV 47,5 ff.), die Euböer, nachdem sie sich zunächst Antiochos widersetzt hatten (XXXV 51,6 ff.), die Eleer (XXXVI 5,1–3), die Messenier (XXXVI 31,1 ff.), die Böoter (XXXVI 6,1 ff.) und die Akarnanen (XXXVI 11,8 ff.); die Epiroten hatten eine unklare Haltung eingenommen (XXXVI 5,1.3 ff.); Thessalien war vorübergehend von den Streitkräften des Antiochos besetzt worden (XXXVI 9,1 ff.).

4: Der Angriff auf *Herakleia* erfolgte im Juni.

24,12: *am Anfang des Krieges:* Auf der Panätolischen Versammlung im März 192 (XXXV 33,9/10). – Damokritos wurde nach Rom geschafft (XXXVII 3,8) und kam 190 wenige Tage vor dem Triumphzug des Acilius bei einem Fluchtversuch aus dem römischen Kerker ums Leben (XXXVII 46,6).

25, 6: *daß sie sich … lieber den Römern ergeben würden als ihm:*
Auch Malloia und Limnaion hatten Philipp Widerstand geleistet, sich aber beim Erscheinen römischer Truppen sogleich ergeben (XXXVI 13,4/5; 14,2). Bei der Kapitulation von Malloia werden zwei mögliche Gründe für dieses
Verhalten genannt: das Erkennen der militärischen Überlegenheit der Römer und die Hoffnung auf eine milde Behandlung durch sie; wahrscheinlich kam beides zusammen.
Ähnlich werden auch die Überlegungen in Lamia gewesen
sein, das den Römern mehr traute als den Makedonen.
Bisher hatten die römischen Truppen sich äußerst diszi-
pliniert verhalten, auch die von den Römern abgefalle-
nen Gebiete hatten die Gnade des Siegers erfahren, so daß
die Parole vom selbstlosen Kampf der Römer für die Freiheit der Griechen als durchaus glaubwürdig erscheinen
konnte.

7: *er solle den Angriff einstellen:* Schon der gemeinsame
Feldzug mit den Römern in Thessalien im März/April
war für Philipp unbefriedigend verlaufen. Seine militärische Schwäche und seine politische Abhängigkeit waren
dabei deutlich zutage getreten (s. S. 589). Philipp wird
sich um den Lohn seiner Mühen betrogen gefühlt haben.
Dem stolzen Makedonenkönig dürfte deutlich geworden
sein, wie seine Rolle in Griechenland an der Seite der
Römer war. Daß ihm 4000 Gefangene überlassen wurden,
hat für ihn wohl kaum einen Trost bedeutet. — Nach
der Befreiung Thessaliens hatte Philipp mit Einwilligung
des Konsuls Athamanien besetzt (14,7–9). — Vielleicht
ist seine Abwesenheit in der Schlacht an den Thermopylen
nicht nur auf eine Erkrankung zurückzuführen, sondern
auch ein Zeichen für seine Verärgerung. Wenn ihm an der
Unterstützung der Römer mehr gelegen hätte, hätte er
allenfalls einen seiner Befehlshaber mit Truppen schicken
können. — Möglicherweise hat Philipp die Zeit nach der
Schlacht, während der Konsul in Chalkis und Böotien war
(Mai), zur weiteren Förderung seiner eigenen Ziele genutzt
und im Phthiotischen Achaia die Städte Alope, Larisa
Kremaste, Antron und Pteleon, vielleicht auch Halos und
das Phthiotische Theben in seinen Besitz gebracht, die die
Ätoler im Winter 192/191 den Thessalern weggenommen
hatten (s. XXXIX 23,10; vgl. auch zu XXXVI 33,1). —

Bei der Zusammenkunft mit dem Konsul an den Thermopylen hatte Philipp den Auftrag zum Angriff auf Lamia
erhalten. Daß die Römer ihm kurz vor dem Erfolg (s.
XXXVII 4,9) den Abbruch des Angriffs befahlen, hat
Philipp schwer getroffen (XXXIX 23,9).

8: *so zog man von Lamia ab:* Nach dem schrecklichen
Schicksal von Herakleia war mit einer Übergabe Lamias
nicht mehr zu rechnen; man konnte den Römern jetzt nicht
mehr wie bisher vertrauen. Acilius hatte der Stadt ein
ähnliches Schicksal zugedacht wie Herakleia. Aber wegen
der Waffenstillstandsverhandlungen mit den Ätolern und
weil ihm der Angriff auf Naupaktos dringender erschien,
unterblieb der römische Angriff auf Lamia. Im nächsten
Jahr wurde die Stadt dann jedoch von ihrem Schicksal
ereilt (XXXVII 4,8 – 5,3).

26, 1: *Bundesversammlung:* Eine außerordentliche Bundesversammlung.

1: *Gesandte zu Antiochos:* Der Führer dieser Gesandtschaft
war Nikander.

27, 2: *Gesandte:* Nach Polybios 20,9,2 Archidamos, Pantaleon
und Chalepos.

3: *er habe zunächst andere Dinge zu erledigen:* Mit deutlicher
Anspielung auf die Antwort des Ätolers Damokritos an
T. Quinctius Flamininus (XXXV 33,10) auf der Panätoli-
schen Versammlung im März 192.

4: *die Führer der Ätoler:* Wahrscheinlich die Apokleten.

8: *glaubten sie . . .:* Polybios 20,9,11/12 schreibt: „Sie wußten nicht, was das bedeutet und ließen sich durch das Wort
fides täuschen, als wenn sie so vollkommenes Erbarmen
finden würden. Bei den Römern aber bedeutet *se in fidem
permittere* soviel wie ‚dem Sieger Vollmacht über sich
geben'.“

28, 3: *Menestas ... die Stadt zum Abfall getrieben:* Menestas
gehörte der römerfeindlichen Gruppe bei den Epiroten an
und war mit einem Hilfskorps nach Naupaktos gekommen. Daß er die Stadt Naupaktos zum Abfall getrieben
habe, ist ein Irrtum des Livius.

3: *Amynander mit den Führern der Athamanen, auf deren
Rat hin ihr von uns abgefallen seid:* Auch das ist falsch.
Vielmehr ist Amynander von den Ätolern zum Abfall ver-

anlaßt worden (XXXV 47,2.5–8); beim Herannahen der makedonischen Truppen war er nach Ätolien geflohen (XXXVI 14,9).

29, 3: *von König Antiochos kam:* Er war Mitglied der Gesandtschaft, von der XXXVI 26,1–6 berichtet ist.

6: *Philipp:* Philipps Verhalten gegenüber Nikander zeigt, daß der König in seiner tiefen Empörung über die Behandlung, die er vor Lamia durch die Römer erfahren hatte, aufgehört hat zu glauben, daß seine Zukunft im Zusammengehen mit den Römern liege. Anstatt den abgefangenen ätolischen Gesandten den Römern auszuliefern, empfängt er ihn wie einen Freund; dabei war Philipp seit seiner Jugend ein erbitterter Feind der Ätoler gewesen. Und auch seine Klage über die schwerwiegenden Fehler der ätolischen Politik hat einen verbindlichen Ton; er schlägt sogar vor, den alten Haß endlich zu begraben.

30, 6: *diese Belagerung:* Die Belagerung von Naupaktos zog sich über August und September hin.

31, 1: *Achäer:* Fortsetzung des XXXV 30,13 abgebrochenen Berichts über die Ereignisse auf der Peloponnes.

1: *Messene* war wie Elis (s.XXXVI 5,1–3) auf die Seite des Antiochos und der Ätoler getreten. – Schon seit der Mitte des 3. Jahrhunderts war Messene mit den Ätolern befreundet und verbündet gewesen. Trotzdem hatten die Ätoler auf ihren Plünderungszügen zu Anfang des Jahres 220 überraschend auch das messenische Gebiet überfallen. Das hatte zur Abkehr der Messenier von den Ätolern und zu einem Bündnis mit den Achäern und Philipp V. geführt. Als aber Philipp sich bei inneren Unruhen in Messenien 215 als gefährlicher Verbündeter erwies und ein Jahr später plündernd in Messenien einfiel (s. zu XXXI 31,4), neigte sich die Landschaft wieder den Ätolern zu und trat etwa im Winter 211/210 dem römisch-ätolischen Bündnis bei. 196 brachten die Messenier ihre Ansprüche auf die in achäischem Besitz befindlichen Gemeinden Pylos und Asine vor den römischen Senat (Polyb. 18,42,7); die Gemeinden wurden den Achäern belassen.

5: *dem man die Freiheit zu verdanken hatte:* Messenien war zwar bei der Freiheitsproklamation von 196 nicht erwähnt worden, da es nicht unter makedonischer Herrschaft gestanden hatte. Aber da die Römer allgemein als die Beschützer der Freiheit der Griechen auftraten, wollten die Messenier jetzt an T. Quinctius als den Verkünder dieser Freiheit appellieren in der Hoffnung, daß er sie vor dem erzwungenen Anschluß an den Achäischen Bund bewahre.

10: *Zakynthos* war für die Römer als Flottenbasis wichtig. Sie hatten Zakynthos bereits 211 im 1. Makedonischen Krieg besetzt (XXVI 24,15), aber Philipp hatte die Insel zurückgewinnen können.

11: *sein Heer durch Athamanien in den oberen Teil Ätoliens zu führen:* Im Sommer 207; das Unternehmen ist in der 3. Dekade nicht erwähnt.

33, 1: *führte ... vor Demetrias:* Wenn Philipp die zu 25,7 genannten Städte an der phthiotischen Küste nicht schon im Mai besetzt hatte, besetzte er sie spätestens jetzt auf dem Weg nach Demetrias. – Vgl. F. W. Walbank, Philip V, S. 204 f. und 207.

3: *Philipps, ihres Feindes:* Magnesia hatte bis 196 zu Makedonien gehört, Demetrias war eines der wichtigsten Bollwerke der makedonischen Herrschaft gewesen; in Philipp mußte die Stadt daher einen Feind ihrer Freiheit sehen.

3: *Recht, erzürnt zu sein:* Die Römer hatten Magnesia 196 die Freiheit geschenkt; trotzdem hatte es sich 192 den Ätolern und Antiochos angeschlossen.

6: *Eurylochos* war wesentlich am Abfall Magnesias beteiligt gewesen; s. XXXV 31,6.11 f.; 34,6 ff.; 43,5.

6: *nach Lysimacheia weggeführt:* Vgl. XXXVI 14,11.

7: *Schiffe in Demetrias:* Siehe XXXVI 20,5/6.

7: *das Land der Doloper:* Die Doloper waren seit etwa 277 Mitglied des Ätolischen Bundes gewesen. Während des 1. Makedonischen Krieges konnte Philipp ihr Land an sich bringen (wahrscheinlich 207). Im 2. Makedonischen Krieg gewannen die Ätoler es 198 zurück (XXXII 13,10). 196 wurden die Doloper für frei erklärt (XXXIII 34,6); sie scheinen sich wieder dem Ätolischen Bund angeschlossen zu haben.

7: *einige Gemeinden in Perrhäbien:* Von der Offensive des Antiochos im Bunde mit den Ätolern und Athamanen im Frühjahr (XXXVI 8,2 – 10,15) hatten sich trotz der römisch-makedonischen Gegenoffensive (XXXVI 13,1 –14,15) in einigen Gemeinden Besatzungen halten können.

34, 3: *daß sie allein seinem Ruhm entgegengearbeitet hatten, als er Griechenland befreite:* Siehe XXXIII 11,4–10; 31,1–3.8; 35, 9–11; 49,8; XXXIV 22,4–5; 23,3–4.7–10.

3: *daß sie sich durch seinen Rat kein bißchen hatten beein-flussen lassen:* Siehe XXXV 33,2–11.

35, 7: *Bundesversammlung der Achäer:* Die ordentliche Bundes-versammlung im Herbst.

7: *die Bewohner von Elis:* Fortsetzung der Diskussion über ihren Anschluß an den Achäischen Bund (vgl. XXXVI 31,2–3).

7: *die Rückführung der Verbannten aus Sparta:* Die sparta-nischen Tyrannen, vor allem Nabis, hatten viele ihrer Mit-bürger zum Verlassen der Heimat gezwungen (XXXIV 26,12). Die Römer hatten 195 nach ihrem Sieg über Nabis die Rückführung dieser Verbannten nicht zur Sprache ge-bracht (XXXIV 36,2). Nach der Ermordung des Nabis und der Angliederung Spartas an den Achäischen Bund wandte man sich jetzt dieser Frage zu. – Nach Polyb. 21,1,1–4 hatten die Spartaner eine Gesandtschaft nach Rom geschickt, die u. a. auch das Problem der Verbannten vortragen sollte; der Senat hatte in dieser Frage keine Entscheidung getroffen und erklärt, dieses Problem müßten die Spartaner selbst lösen.

7: *ihrem Einfluß vorbehalten blieb:* Gerade im Fall Spartas waren die Achäer römischen Eingriffen gegenüber außer-ordentlich empfindlich. Plut., Phil. 17, 6–7 bemerkt, es sei Philopoimens Werk gewesen, daß man in diesem Punkt zu keiner Einigung kam; er hatte zwar nichts gegen die Verbannten, wollte aber nicht, daß diese ihre Rückkehr den Römern und T. Quinctius zu verdanken hatten. Als Philopoimen 190/189 und 189/188 wieder Stratege des Achäischen Bundes war, ermöglichte er den Verbannten die Rückkehr in ihre Heimat (XXXVIII 30,6–34,5).

7: *Mitglied des Achäischen Bundes:* Elis trat dem Bund 191 noch vor dem Ende der Strategie des Diophanes bei. Ein Denkmal in Megalopolis feiert ihn als den Mann, der als erster die ganze Peloponnes im Achäischen Bund einigte (Paus. 8,30,5).

8: *Gesandte zum König geschickt:* Vgl. XXXVI 5,1.3–8.

12: *die wegen des Sieges Glück wünschten:* Nach Polyb. 21,3,2 waren die Gesandten König Philipps gekommen, um auf seine freundschaftliche Gesinnung und seine Einsatzbereitschaft, die er im Krieg gegen Antiochos bewiesen habe, hinzuweisen.

12: *auf dem Kapitol zu opfern und ein Geschenk . . . in den Tempel des Jupiter optimus maximus zu legen:* Als Ausländer war Philipp vom römischen Kult ausgeschlossen. Die Zulassung mußte durch den Senat erfolgen und stellte eine hohe Ehre dar.

13: *Antwort:* Nach Polyb. 21,3,3 versprach der Senat Philipp als Lohn für seinen Einsatz in diesem Krieg auch Befreiung von den Tributzahlungen.

13: *als Geisel:* Siehe XXXIII 30,10.

36, 1: *der andere Konsul:* Fortsetzung des Berichts über die Ereignisse in Rom am Anfang des Jahres 191 (XXXVI 1,1 – 4,9). Sowohl die XXXVI 21,4–11 wie die 35,11–14 berichteten Ereignisse liegen später.

1: *als Prätor in Spanien . . . gelobt:* XXXV 1,8.

2: *etwas Neuartiges:* Das Neuartige wird, der an der Tradition orientierten römischen Grundhaltung entsprechend, abgelehnt.

2: *aus eigener Initiative:* Im Gegensatz zu den Gelübden, die auf Senatsbeschluß zu Anfang eines Krieges gemacht werden konnten (z. B. XXXI 9,5–10; XXXVI 2,2–5).

2: *Anteil an der Kriegsbeute:* Der Feldherr durfte einen Teil der Kriegsbeute behalten, mußte ihn aber im Interesse der Öffentlichkeit verwenden, z. B. für Bauten oder Spiele.

3: *geweiht:* Am 10. April; s. K. Latte, RRG 436 und 261 Anm. 3.

3: Die Römer hatten 205, *im Konsulatsjahr des P. Cornelius Scipio und des P. Licinius* eine Gesandtschaft nach Pergamon geschickt, um die Große Göttermutter vom Ida nach Rom zu holen (XXIX 10,4–11). Sie kam in der Amtszeit der nächsten Konsuln M. Cornelius Cethegus und P. Sempronius Tuditanus in Rom an und wurde von P. Cornelius Scipio Nasica in Empfang genommen (XXIX 14,5–14). Die Mater Magna blieb bis zur Fertigstellung ihres eigenen Tempels im Heiligtum der Victoria auf dem Palatin, s. K. Latte, RRG 259.

4: *in Auftrag gegeben:* XXIX 37,2.

4: *Spiele . . . Megalesien genannt:* Nach XXIX 14,14 waren schon 204 nach der Ankunft der Mater Magna in Rom Spiele zu ihren Ehren durchgeführt worden. Auch zum

Jahre 194 berichtet Livius von Megalesien (XXXIV 54,3).
Die Megalesien wurden vom 4. bis 10. April gefeiert. Die
Göttin war am 4. April 204 in Rom angekommen. (XXIX
14,14 ist das überlieferte *pridie idus Aprilis* mit Pighius
in *pridie nonas Aprilis* zu korrigieren, vgl. die Fasti Prae-
nestini; wenn die Lesart *pridie idus Aprilis* beibehalten
wird, muß eine spätere Verlegung der Spiele angenommen
werden.)

4: *die ersten mit Theateraufführungen:* Es ist ein Irrtum des
Valerius Antias, daß dies die ersten Spiele mit szenischen
Aufführungen gewesen seien. Varro hatte inzwischen nach-
gewiesen, daß es seit 240 v. Chr. in Rom Theateraufführungen bei den Spielen gegeben hatte. Szenische Aufführungen
an den *ludi Romani* werden ausdrücklich XXXI 4,5 (201
v. Chr.) und XXXIII 25,1 (197 v. Chr.) erwähnt; 200 v.
Chr. wurde an den *ludi plebei* der „Stichus" des Plautus
aufgeführt, s. die Stichus-Didaskalie. 191 waren nicht einmal die ersten Megalesien mit szenischen Aufführungen;
nach XXXIV 54,3 fanden 194 zum erstenmal bei den Megalesien Bühnenaufführungen statt. Bei den Megalesien des
Jahres 191 wurde wahrscheinlich der „Pseudolus" des Plautus aufgeführt, s. die Reste der Didaskalie.

6: *an dem Tag, an dem er Hadrubal und sein Heer vernichtete:* In der Darstellung der Schlacht bei Sena 207 v. Chr.
(XXVII 48,1 – 49,9) wird das Gelübde des Livius nicht
erwähnt. Auch der Auftrag zum Bau des Tempels fehlt in
dem Bericht über seine Zensur (XXIX 37).

7: *mit größerer religiöser Erregung:* Vgl. XXXI 9,5.

37, 6: *in seinen Amtsbereich:* Fortsetzung des XXXV 40,4 abgebrochenen Berichts über die Ereignisse in Oberitalien.

6: *das Heer zu entlassen:* Nach XXXVI 1,9 sollte dieses
Heer nach Rom geschickt werden und dort als Reserve zur
Verfügung stehen. Hier wahrscheinlich nach anderer Quel-
le.

38, 1: *ein Gesetz, durch dessen Nichtbeachtung man einen Fluch
auf sich zog:* Sie hatten sich durch einen feierlichen Eid
verpflichtet, entweder zu siegen oder zu sterben.

7: *Angabe zu großer Zahlen:* Vgl. XXXVI 19,12.

39, 1: *in denselben Tagen:* Nach den Fasti triumph. am 16. Dezember des damaligen römischen Kalenders. Livius hat

diesen Triumph XXXVI 21,10–11 schon einmal mitgeteilt, s. die Anm. z. St.

1: *vom Jenseitigen Spanien:* Über seine Taten in Spanien ist XXXV 7,8 und 22,6–8 berichtet.

3: *Kolonien gründen:* Um das Land unter Kontrolle zu halten.

5: *Tempel der Bellona:* Siehe zu XXXI 47,7.

40, 8: *als den besten Mann bezeichnet:* XXIX 14,8.

9: *aufgrund dieser Aufschrift:* Im Atrium der römischen Adelshäuser befanden sich die aus Wachs angefertigten Bildnisse der Ahnen, die ein kurulisches Amt ausgeübt hatten. Bei jedem war vermerkt, was er Besonderes geleistet und welche Ehren man ihm erwiesen hatte. Vgl. Plin., nat. 35,6.

11: *P. Cornelius triumphierte:* In den Fasti triumph. erscheint dieser Triumph zum Jahre 191 hinter dem Triumph des M. Fulvius Nobilior, das Datum ist verlorengegangen.

11: *als Konsul:* Der Triumph noch während der Amtszeit ist besonders begehrt, weil er ein Zeichen für einen außerordentlich schnellen Erfolg ist; vgl. XXXI 49,2 und XXXIII 23,4.

12: *Halsreifen* sind ein für die Gallier typischer Schmuck; vgl. VII 10,11 und XXIV 42,8.

41, 1: Von *Antiochos* selbst ist zuletzt XXXVI 21,1 seine Flucht nach Ephesos berichtet worden.

2: *nur Hannibal ...:* Auch die Ätoler wiesen im Juli, als sie Antiochos durch eine Gesandtschaft an seine Verpflichtungen gegenüber den Bundesgenossen erinnerten und um finanzielle und militärische Unterstützung baten, auf die Gefahr einer römischen Invasion Kleinasiens hin (XXXVI 26,3–4).

2: *dessen Ansehen ... das allergrößte war:* Vgl. XXXVI 15,2.

4: *ihre Flotte im Gebiet von Malea:* Vgl. XXXVI 42,5.

4: *neue Schiffe:* Unter dem Kommando des C.Livius Salinator, s. Kap. 46.

4: *ein neuer Feldherr:* L. Cornelius Scipio kam erst 190 als Nachfolger des Acilius nach Griechenland, s. XXXVII 6,1.

42, 1: *C. Livius ... mit 50 Deckschiffen:* Nach Polybios; in der

annalistischen Darstellung XXXVI 2,14 verfügt er nur
über 30 Schiffe.

2: *sechs karthagische Schiffe:* Vgl. XXXVI 4,9.

2: *entsühnte . . . die Flotte:* Eine solche Zeremonie gibt Appian, b.c.5,401 f. wieder. Am Ufer wurde ein Altar errichtet, an dem die Besatzungen antraten. Die Opfernden umfuhren dann mit den Befehlshabern dreimal die Schiffe und beteten darum, daß alles Unheil statt der Flotte die Opfertiere treffe. Von diesen wurde dann ein Teil ins Meer geworfen, der andere auf den Altären verbrannt. Vgl. K. Latte, RRG 119.

3: *Stand des Krieges:* Die geschilderte Situation zeigt, daß die Flotte etwa Anfang Juni in Korkyra eintraf.

4: *Stellungen im Gebiet des Thermopylenpasses:* XXXVI 22 – 25.

4: *in Piraeus:* Vgl. XXXVI 20,8.

5: *Same:* Zwischen der Insel Kephallania und den Ätolern bestand seit etwa 226 Isopolitie (s. dazu Tarn-Griffith, Die Kultur der hellenistischen Welt 83). – Die römische Flottenabteilung, die im März noch auf der Insel stationiert gewesen war (XXXVI 11,9; 12,9), war inzwischen abgezogen worden.

5: *Zakynthos:* Die Insel war damals noch in der Hand des Hierokles, s. XXXVI 31,10–12.

43, 1: *griff der Konsul Acilius Naupaktos an:* Siehe XXXVI 30,6. Die Belagerung begann etwa Anfang August und dauerte zwei Monate (XXXVI 34,1).

11: *nach Phokaia:* Nach App., Syr. 22 hielt die Stadt zu Antiochos und nahm die Römer nur aus Angst auf. Noch im Winter 191/190 kam es in Phokaia zu einer Erhebung gegen die Römer (XXXVII 9,1–4).

44, 1: *die Feinde näherten sich:* Die Seeschlacht bei Korykos fällt in den September 191.

3: *Die Hilfsmasten* waren kleine, nach vorne umlegbare Masten im Vorschiff mit viereckigem Raasegel, die schnell aufgerichtet und umgelegt werden konnten; s. F. W. Walbank zu Polyb. 16,15,2 und Assmann, RE V 1, 1288 f.

9: *die Sklaven des Königs:* Vgl. XXXV 49,8 und XXXVI 17,5.

45, 6: *das Eingeständnis ihrer Niederlage:* Nach Polyb. 21,2, 1–2 fand aufgrund dieses Seesieges in Rom ein neuntägiges Dankfest statt. Die angebliche Dauer dieses Dankfestes steht allerdings im Widerspruch zum Brauch der Zeit. Das Dankfest nach dem Sieg von Zama dauerte nur drei Tage (XXX 40,4), ebenso das nach dem Sieg über Nabis (XXXVI 42,1) und das nach dem Sieg von Magnesia (XXXVII 52,2); fünftägige Dankfeste fanden nach den Siegen von Kynoskephalai (XXXIII 24,4) und Pydna (XLV 2,8) statt.

BUCH XXXVII

1, 1: *als ... Konsuln waren:* Der Amtsantritt der Konsuln an den Iden des März 190 entspricht dem 18. November 191 des Julianischen Kalenders.

1: *ihre Gesandten:* Vgl. XXXVI 35,5–6; nach Polyb. 21,2,3 nahmen auch Gesandte des Konsuls M'. Acilius Glabrio an dieser Senatssitzung teil.

5: *die freie Entscheidung über ihr Schicksal:* Das wäre die *deditio.*

5: *dieselben Freunde und dieselben Feinde haben:* Damit wären sie formal *socii* geworden, hätten aber jedes Recht zu einer selbständigen Außenpolitik verloren.

7: *Beide wollten Griechenland haben:* Val. Max. 5,5,1 weist auf die Schwierigkeit der Situation für den Africanus hin: sein Bruder und sein Freund bewarben sich um das Kommando.

7: *der Senat...:* Anders ist der Vorgang bei Cic., Mur. 32 dargestellt, wieder anders bei Cic., Phil. 11,17 und Val. Max. 5,5,1.

9: *das Alter der Beispiele:* Ein entsprechender Fall ist bei Livius zuletzt VIII 16,5 (335 v. Chr.) berichtet; 295 wird der Streit der beiden Konsuln um das Kommando in Etrurien durch das Volk in einer *contio* entschieden (X 24,1 ff.); 292 erwägt der Senat, dem Konsul Q. Fabius Gurges wegen militärischer Mißerfolge das Kommando zu entziehen (perioch. XI). – Siehe auch R. M. Ogilvie zu III 2,2.

2, 2: *zwei Legionen:* Nach XXXV 20,11; 23,5; 24,7 war M. Baebius 192 mit zwei Legionen, dazu 15 000 Mann und 500 Reitern von den Bundesgenossen nach Epirus hinübergegangen. 191 erhielt sein Nachfolger M'. Acilius als

Verstärkung 4000 Fußsoldaten und 300 Reiter, außerdem von den Bundesgenossen 6000 Fußsoldaten und 400 Reiter; dazu kam noch das Recht, außerhalb von Italien, d. h. in Griechenland, 5000 Bundesgenossen auszuheben (XXXV 41,4–5; XXXVI 1,6–8; 3,13). Abweichend davon steht XXXVI 14,1 nach Polybios, Acilius habe 20 000 Fußsoldaten und 2000 Reiter nach Griechenland mitgebracht.

5: *Q. Minucius:* Über seine Unternehmungen im Gebiet der Ligurer im Jahre 191 ist XXXVI 38,1–4; 39,7; 40,1 berichtet.

5: *Abtretung:* Siehe XXXVI 39,3.

6: *im Vorjahr ausgehoben:* Anders XXXVI 1,9, offensichtlich nach einer anderen annalistischen Quelle.

7: *A. Cornelius:* Vgl. XXXVI 2,6–7.

7: *mit seinem Heer:* Siehe XXXV 41,7 und XXXVI 2,6.

7: *nach Ätolien:* Vgl. XXXVII 48,5; 50,4. – Polybios (21, 25,9) und die Polybianischen Partien des Livius (XXXVII 7,7; XXXVIII 3,6.9) wissen von der Anwesenheit dieser Truppen in Ätolien nichts.

8: *von M. Aemilius:* Vgl. XXXVI 2,6.10–11.

11: *die die beiden Spanien und Sardinien verwalteten:* C. Flaminius, L. Aemilius Paulus und L. Oppius Salinator, s. XXXVI 2,6.9.

12: *wie im Vorjahr:* Siehe XXXVI 2,12 f.

3, 4: *das Fleisch, das ihnen zusteht:* Vgl. die Anm. zu XXXII 1,9. – *carnis* ist als Nom.Sing. bei Prisc., inst.gramm. 6, 16 bezeugt.

8: *43 führende Männer der Ätoler:* Die XXXVI 24,12 erwähnten.

8: Der *Kerker* befand sich in dem ehemaligen Steinbruch an der Nordostseite des Kapitols und hatte daher den Namen *lautumiae.*

9: *Königspaar:* Die Königin hat Anteil an der Herrschaft.

4, 1: *im Gebiet der Bruttier bei dem Proprätor A. Cornelius:* Siehe XXXVII 2,7–8.

1: *am 15. Quinctilis:* Genau vier Monate nach Antritt seines Konsulats; nach dem Julianischen Kalender am 18. März, s. zu § 4.

4: Die *Spiele zu Ehren des Apollo (ludi Apollinares)* wurden 212 eingeführt (XXV 12,8–15; vgl. K. Latte, RRG 223.255) und zunächst mit wechselnden Daten als *ludi votivi* gefeiert, seit 208 am 13. Quinctilis (XXVI 23,3; XXVII 11,6; 23,5-7). Die Feier dehnte sich dann über mehrere Tage aus; 190 dauerte sie mindestens drei Tage.

4: *am 11. Quinctilis:* Diese Sonnenfinsternis war am 14. März 190. Die Abweichung des römischen Kalenders vom natürlichen Jahr betrug damals 117 Tage.

6: *die Ätoler:* Fortsetzung des XXXVI 35,6 unterbrochenen Berichts über die Ereignisse bei den Ätolern.

6: *ihre Gesandten:* Siehe XXXVII 1,1-6.

6: *von den Achäern verwüstet:* Die Achäer hatten den Ätolern im November 192 den Krieg erklärt (XXXV 50,2). Nachdem sie sich 191 ihren Aufgaben auf der Peloponnes zugewandt hatten, begannen sie mit dem Ende des Winters 191/0 ihre Angriffe auf die ätolische Küste; vgl. XXXVIII 7,2.

8: *Lamia anzugreifen:* Der Angriff erfolgte Ende März.

9: *von Philipp an den Rand des Untergangs gebracht:* Siehe XXXVI 25,1-8.

5, 3: *die Beute:* Vgl. das ähnliche Schicksal von Herakleia (XXXVI 24,7 und Polyb. 20,9,4).

6, 1: *der Nachfolger... gelandet:* Zum Datum s. XXXVII 4,1 m. Anm.

2: *mit 13 000 Fußsoldaten und 500 Reitern:* Gegenüber den annalistischen Angaben XXXVII 2,2 und 4,3 mit einer geringen Abweichung bei den Reitern.

4: *Gesandte aus Athen:* Vgl. das Eintreten der Athener für die bedrängten Böoter im Winter 197/6 (XXXIII 29,10 f.).

4: *dann zum Konsul:* Bei Polybios nicht berichtet.

7: *dieselbe Antwort:* Siehe XXXVII 1,5.

7, 6: Der *Waffenstillstand* wurde etwa Anfang Mai 190 geschlossen, s. F. W. Walbank, Philip V, S. 332.

11: *gelangte... nach Pella:* Nach F. W. Walbank a.a.O. 345 im Mai.

15: *der Geselligkeit nicht abgeneigt:* Vgl. XXVIII 18,6 und Polyb. 11,24a,4.

16: *gelangte man zum Hellespont:* Das römische Heer erreichte Anfang November den Hellespont (XXXVII 33,4).

8, 1: *Antiochos...:* Der Bericht über die Maßnahmen des Antiochos im Winter 191/190 setzt den XXXVI 45,8 unterbrochenen Bericht über die Unternehmungen der Seestreitkräfte fort.

4: *nach Galatien:* Zur Einwanderung der Gallier nach Kleinasien s. XXXVIII 16.

6: *vorhin gesagt:* XXXVI 45,8.

9, 1: *in Phokaia:* Siehe XXXVI 43,11 m. Anm.

2: *Überwinterung der Schiffe:* Siehe XXXVI 45,7–8.

4: *am Bündnis mit den Römern festhalten:* Nach Polyb.
21,6,2–6 beschlossen die leitenden Beamten von Phokaia,
neutral zu bleiben und die Entscheidung des Krieges abzuwarten, und baten Seleukos, diese Haltung zu respektieren. Seleukos rückte jedoch sogleich gegen die Stadt vor
und wurde von seinen Parteigängern hineingelassen (s.
XXXVII 11,15).

7: *der Athene ein Opfer:* Vgl. XXXV 43,3 m. Anm.

9: *Galloi:* Nach Polyb. 21,6,7 nur zwei. – Die Galloi sind
Diener der Kybele, die sich selbst entmannen. Im Altertum
brachte man ihren Namen mit dem phrygischen Fluß Gallos in Verbindung (Ovid, fast. 4,361 ff.; Festus, p. 84 Lindsay); bei Walde-Hofmann, LEW[3] 581 ist Zusammenhang
mit einem phrygischen Wort für „schneiden" angenommen.

11,15: *Phokaia:* Siehe XXXVII 9,1–4 m. Anm.

12, 1: *Abydos:* Fortsetzung von XXXVII 9,11.

13,12: *der Spartaner Hybristas:* Vgl. XXXIV 32,18 über spartanische Kaperschiffe zur Zeit des Nabis.

14, 1: *L. Aemilius Regillus:* Vgl. XXXVII 4,5.

2: *nur zwei Fünfruderer:* Nach Polybios; nach der annalistischen Darstellung XXXVII 2,10 dagegen verfügte er über
20 Schiffe. – Vgl. zu XXXVI 42,1.

2: *... offene Schiffe:* Die Angabe über die Anzahl der athenischen Schiffe ist in der Überlieferung verlorengegangen.

4: *das Opfer:* Vgl. XXXVI 42,2.

15, 6: *nach Lykien schicken:* Lykien war 197 von Antiochos besetzt worden, s. XXXIII 19,6 ff. Die Lykier hatten den
Übergang von der ptolemäischen zur seleukidischen Herrschaft offensichtlich als Erleichterung empfunden und
hielten treu zu Antiochos. – Epikrates ging es bei seinem
Vorschlag vor allem darum, die Bedrohung der rhodischen
Festlandbesitzungen durch die Lykier und durch die seleukidischen Besatzungen in den lykischen Städten zu beseitigen.

16, 1: *nach Lykien geschickt:* April 190.

14: *Zusammenkunft mit den Scipionen:* Mit M. Aemilius Regillus traf C. Livius offensichtlich nicht mehr zusammen.

17, 5: Die Autonomie von *Jasos* wurde sowohl von den Römern (XXXIII 30,3) wie von Antiochos (OGI 237,12) respektiert.

18, 1: *um dieselbe Zeit:* Die Kampfhandlungen im Gebiet von Pergamon fallen nach F. W. Walbank, Philip V, S. 345 in die Monate Mai bis Juli 190.

7: ...: Der Name der Völkerschaft ist in der Überlieferung ausgefallen.

19, 7: *durch das Epos Homers bekannt:* Homer erwähnt in diesem Gebiet die Orte Thebe (Heimat der Andromache und der Chryseïs), Lyrnessos (Heimat der Briseïs) und Killa. Thebe und Lyrnessos wurden von den Griechen auf einem Plünderungszug während des Trojanischen Krieges eingenommen und verwüstet.

20, 1: *aus Achaia:* Polyb. 21,9,1–2 berichtet, daß die Achäer mit Eumenes auf dessen Vorschlag hin ein Bündnis abschlossen.

1: Polyb. 21,9,3–5 berichtet weitere Einzelheiten über *Diophanes aus Megalopolis.*

21, 5: *Prinne:* Ein Ort dieses Namens ist nicht bekannt, die Überlieferung ist möglicherweise verderbt. Die Basler Ausgabe von 1535 führt *Crene* als alte Lesart an; auch dies ist unbekannt. M. Müller (praef. VII) zieht in Erwägung, bei *et Prinne* bzw. *et Crene* könne es sich um einen verderbten Zusatz zu *Aphrodisias* handeln, um diese Stadt von anderen Städten gleichen Namens zu unterscheiden.

22, 2: *mit 13 eigenen Schiffen:* Vierruderern.

2: *aus Syrien herankam:* Vgl. XXXVII 8,3.

23, 2: *die ungesunde Gegend:* Bei Phaselis war ein See oder sumpfiges Gelände. Die Stadt selbst lag erhöht.

2: *Hochsommer:* August.

24,11: *nicht einmal jetzt:* Nachdem die feindliche Flotte nach Rhodos zurückgekehrt war.

25, 2: *diese Sorge:* Um Patara.

8: *ein Brief des Konsuls L. Scipio ... einer seines Bruders Africanus:* Nach Polybios 21,11,3 ein gemeinsamer Brief der beiden Brüder.

9: *in Spanien:* Bei Polybios 21,11,7 nennt Scipio die beiden spanischen Fürsten Indibilis und Culchas. Indibilis war

208 zu den Römern übergetreten (XXVII 17,3.8 ff.), aber schon 206 wieder abgefallen (XXVIII 24,3 ff.); er fiel 205 im Kampf gegen die Römer (XXIX 2,14 f.). Wann Culchas auf die Seite der Römer getreten ist, wissen wir nicht; er unterstützte sie 206 mit 3000 Fußsoldaten und 500 Reitern (XXVIII 13,3.5); 197 erhob auch er sich gegen die Römer (XXXIII 21,7 f.). – Außer diesen beiden spanischen Fürsten und Masinissa ist in dem Brief der Scipionen bei Polybios noch der Illyrer Pleuratos (s. Anm. zu XXXI 28,1) erwähnt.

12: *die Abgabe erlassen, seinen Sohn zurückgegeben:* Siehe XXXVI 35, 12 f. m. Anm.

12: *einige Gemeinden außerhalb Makedoniens zurückerhalten:* Siehe XXXVI 33,1–7 m. Anm.

26, 5: *vom alten Kolophon:* Lysimachos hatte etwa 299 v. Chr. die Bevölkerung von Kolophon zur Umsiedlung nach Ephesos gezwungen (Paus. 1,9,7). Die Stadt bestand danach nur noch in bescheidenem Umfang weiter.

6: *vor den Augen der Kolophonier:* Von den Bewohnern von Notion gesagt, das auch den Namen „Kolophon am Meer" führte.

27, 2: *von der Stadt aus:* Samos im Süden der Insel.

9: *Hafen, der hinter der Stadt liegt:* Teos hatte zwei Häfen, Geraistikos nördlich von der Stadt und den 28,9 erwähnten Haupthafen im Süden.

28, 1: *Die Wollbinden um die Stirn und die mit Wollbinden umwundenen Zweige* sind Zeichen dafür, daß man um Gnade bittet.

4: *Kolophon:* Notion, vgl. 26,6.

30, 3: *die Feuer vor sich hertrugen:* Vgl. XXXVII 11,13.

9: Der *Anker* hing an einem Balken, der über den Bug des Schiffes hinausragte.

10: *Seeschlacht bei Myonnesos:* September 190, s. F. W. Walbank, Philip V, S. 332.

31, 4: *Ariarathes:* Antiochos hatte dem Ariarathes 193(?) eine seiner Töchter zur Frau gegeben, um ihn als Bundesgenossen zu gewinnen; s. App., Syr. 5; Diod. 31,19,7; Zonar. 9,18.

8: *diese Stadt:* Zur Lage der Stadt und der beiden Häfen s. G. E. Bean, Kleinasien I, übersetzt und bearbeitet von J. Wiesner, Stuttgart 1969, 122 ff. (mit Kartenskizzen).

9: *wie ein Strich:* Nach den Interpunktionszeichen (*notae*) der antiken Buchrollen, vgl. Cicero, de orat. 3,173.

32, 9: *sich früher unter den Schutz des C. Livius gestellt:* Der Vorgang ist oben nicht erwähnt. XXXVI 45,7 (Herbst 191) ist die Stadt mit den Römern verbündet.

11: *niemals treue Bundesgenossen:* Siehe XXXVII 9,1–4; 11,15.

14: *gab ihnen die Stadt und das Land und ihre eigenen Gesetze zurück:* Offensichtlich als Entschädigung für das erlittene Unrecht. Diese Anordnung wurde im Friedensvertrag bestätigt: XXXVIII 39,12.

33, 1: *dem Konsul:* Schon XXXVII 7,16 war kurz vom Marsch des römischen Landheeres durch Thrakien zum Hellespont die Rede, s. die Anm. zur Stelle.

4: *setzten sie ... über:* Der Übergang über den Hellespont muß Anfang November erfolgt sein, da Scipio Africanus auf der europäischen Seite des Hellesponts zurückblieb; s. § 6 f. m. Anm.

6: *die Tage, an denen die heiligen Schilde bewegt werden:* Am 1. März begann die Festzeit zu Ehren des Mars mit den Umzügen und Kulttänzen der Salier (Lyd., mens. 4,42). (Der 1. März des damaligen römischen Jahres entspricht dem 4. November des Julianischen Kalenders.) Lydos, mens. 4,60 erwähnt den 23. März als letzten Tag der Feierlichkeiten. Polybios 21,13,12 berichtet, daß die Salier während der Festzeit 30 Tage lang nicht von dem Ort weggehen durften, an dem sie sich befanden. – Zum Bewegen der heiligen Schilde s. F. Bömer zu Ovid, fast. 3,259.

6: *religiöse Bedenken gegen einen Marsch:* Zu anderen religiösen Bedenken für die Zeit der Feiern zu Ehren des Mars s. Ovid, fast. 3, 393–398.

34, 4: *sein Sohn:* L. Cornelius Scipio, der jüngere Sohn des Africanus.

5: *die einen:* Polybios (und andere?); diese Überlieferung verdient den Vorzug.

6: *die anderen:* Annalistische Überlieferung.

35, 1: *der Kriegsrat:* Anfang Dezember.

5: *sich ... in ihrem Glück mäßigen:* Vgl. XXX 30,16 ff., vor allem 18 f. und XLV 8,6.

36, 2: *Teilhabe an der gesamten königlichen Gewalt:* Livius hat offensichtlich die Bedeutung von χορηγία („Einkünfte")

bei Polybios nicht verstanden; s. H. Tränkle, Livius und
Polybios 181 A.13.

5: *sondern auch das Joch:* Bei Polyb. 21,15,19 καὶ τὸν ἀνα-
βάτην („und den Reiter"); Livius hat das offensichtlich
mißverstanden, s. H. Tränkle a.a.O. 117 A. 46.

37, 2: *brachte der Athene ... ein Opfer dar:* Vgl. XXXV 43,3
m. Anm.

3: *daß die Römer von ihnen abstammten:* Die Sage von der
Flucht des Aeneas aus Troja ist in Etrurien und Rom schon
im 6. Jahrhundert bekannt. Die Römer scheinen Aeneas
dann bald als Stadtgründer für sich beansprucht zu haben;
der griechische Geschichtsschreiber Hellanikos von Lesbos
nennt in der 2. Hälfte des 5. Jahrhunderts Aeneas als
Gründer Roms. In der im 3. Jahrhundert einsetztenden li-
terarischen Überlieferung der Römer ist bereits in der frü-
hesten Darstellung bei Naevius, dem sich Ennius anschließt,
der Aeneas-Mythos mit den Romulus-Mythos verknüpft;
Romulus ist bei ihnen der Enkel des Aeneas. Fabius Pictor,
der früheste römische Historiker, fügt wegen der chronolo-
gischen Schwierigkeiten die Reihe der Könige von Alba
ein; die meisten Späteren folgen ihm darin, so Cato, Ver-
gil und Livius, der allerdings seine Skepsis gegenüber aller
Überlieferung über die Vorzeit praef. 6–8 deutlich aus-
spricht. – T. Quinctius Flamininus bezeichnet sich auf
den Weihgeschenken für den delphischen Apollon nach
dem Sieg von Kynoskephalai als Nachkommen des Aeneas
(Plut., Flam. 12,11 f.). – Seit der Mitte des 3. Jahrhunderts hat auch Ilion Vorteile von dem Glauben der Römer
an ihre trojanische Herkunft. Sie fordern den syrischen
König Seleukos II. Kallinikos auf, den Bewohnern von
Ilion Abgabenfreiheit zu gewähren, da diese ihre Bluts-
verwandten seien (Suet., Claud. 25,3). Im Friedensvertrag
von Phoinike (205) werden die Bewohner von Ilion ausdrücklich auf der Seite der Römer erwähnt (XXIX 12,14).
Vgl. auch XXXVIII 39,10 und Polyb. 22,5,3–6.

5: *bevor der Winter sie überfiel:* Es ist Dezember. – Zu den
klimatischen Verhältnissen bemerkt von Diest (zitiert nach
J. Kromayer, Antike Schlachtfelder in Griechenland II
163, Anm. 2): „Bis Ende Oktober kann man in Kleinasien
auf dauerndes trockenes Wetter rechnen mit einer Sicherheit, die uns in Westeuropa unbekannt ist. Auch die Mona-

te November, Dezember, Januar eignen sich zum wissen-
schaftlichen Reisen noch besser als Februar, März, April ...
die Wege sind dann ... zwar schon gründlich durchweicht,
aber nicht so schwierig wie zur Zeit der Schneeschmelze,
wo Haupt-Landesverbindungen tagelang unterbrochen sind
wegen einer fortgerissenen Brücke und wo Nebenwege
oft selbst mit Saumtieren völlig unbegehbar sind."

39, 3: *verachtet:* Vgl. XXXV 49,8; XXXVI 17,5; 44,9.

5: *am dritten Tag:* Es ist Ende Dezember.

7: *Alen:* Siehe zu XXXI 21,7.

8: *Hastati, Principes, Triarier:* Siehe zu XXXIII 1,2 und
zu XXXIV 15,6.

9: *Peltasten der Achäer:* Vielleicht handelt es sich um den Verband des Diophanes (vgl. XXXVII 20,1 ff.).

10: *Traller, Kreter:* Söldner von beiden Völkern standen auch
im Heer des Antiochos, s. XXXVII 40,8.

11: *Schwadronen:* Jede Schwadron hatte etwa 30 Mann.

40, 1: *auf makedonische Weise bewaffnet:* Vgl. XXXVI 18,2.

2: *eine Tiefe von 32 Gliedern:* Die normale Tiefe der Pha-
lanx betrug 16 Glieder, s. Polyb. 18,30,1.

5: *das sogenannte Agema:* Die Garde, eine Elitetruppe; vgl.
Arrian, anab. 7,11,3.

7: *Argyraspiden:* Schwere Fußtruppen, deren Schilde silberne Beschläge hatten. Nach der Schlacht von Ipsos (301
v. Chr.) gab es diese Formationen nur noch im syrischen
Heer.

13: *... Tarentiner:* Die Zahl ist in der Überlieferung verlorengegangen; es müssen mehr als 300 gewesen sein, da
XXXVII 37,9 die Gesamtstärke der Reiterei mit mehr als
12 000 angegeben ist. – Zu den Tarentinern s. die Anm. zu
XXXV 28,8.

13: *Neokreter:* Der Sinn des Namens ist umstritten. Wahrscheinlich wird mit dem Wort eine bestimmte Art der Bewaffnung bezeichnet; nach H. van Effenterre, La Crète
et le monde grec de Platon à Polybe, Paris 1948, 179 ff.
waren die Neokreter Leichtbewaffnete mit einem kleinen
Rundschild. Nach einer anderen Deutung waren die Neokreter Söldner, die in Kreta das Bürgerrecht erhalten hatten. – Siehe F. W. Walbank zu Polyb. 5,3,1.

41, 1: *Antipater, der Sohn seines Bruders:* Er war in Wirklichkeit ein Vetter des Antiochos, der Sohn einer Schwester

Seleukos' II. Der Titel „Neffe des Königs", den Livius
mißdeutet, blieb ihm auch nach dem Tode des Seleukos. –
Siehe H. H. Schmitt, Untersuchungen ... 29.

4: *Riemen der Wurfspeere:* Mit solchen Riemen versetzte man
den Speer beim Wurf in Rotation um seine Längsachse.
Reichweite und Treffsicherheit wurden dadurch erhöht.

43, 1: *wenige Jahre später:* 180 v. Chr., s. XL 42,12.

4: *2000 tapfere Männer:* Die XXXVII 39,12 erwähnten
makedonischen und thrakischen Freiwilligen.

44, 6: *mit seiner Frau:* Der Tochter des Kleoptolemos aus Chalkis, s. XXXVI 11,1.

45, 6: *wegen der alten Streitigkeiten:* Philetairos, der Kommandant von Pergamon, hatte 283 seinen Herrn Lysimachos
an Seleukos I. verraten und war dafür von diesem als
„Dynast" von Pergamon anerkannt worden. Sein Nachfolger Eumenes I. brach jedoch 262 mit Antiochos I. und
verbündete sich mit Ptolemaios II. Philadelphos. Attalos I.
konnte im Kampf gegen Antiochos Hierax, den jüngeren
Bruder Seleukos' II., der als selbständiger König in den
kleinasiatischen Teilen des Seleukidenreiches regierte, dessen Reich bis zum Tauros unter seine Herrschaft bringen
(228–223); Seleukos III. wurde 223 beim Beginn des Ge-
genangriffs gegen den Pergamener das Opfer einer Ver-
schwörung seiner Höflinge. Unter Antiochos III. gewann
dann Achaios in kurzer Zeit die verlorenen seleukidischen
Gebiete zurück (223/222). Nachdem Achaios sich 220 von
Antiochos losgesagt hatte, konnte Attalos 218 einen Teil
dieser Gebiete vorübergehend wieder besetzen, wurde aber
gleich darauf 218–216 durch einen Gegenangriff des
Achaios wieder zurückgedrängt. Als Antiochos III. 216 mit
dem Angriff gegen den abtrünnigen Achaios begann, verbündete er sich mit Attalos und machte ihm im Bündnisvertrag eine Reihe territorialer Zugeständnisse (wahrscheinlich den Besitzstand von 218); vielleicht hat Attalos
sich aber in Ausnutzung der Situation über die zugestan-
denen Gebiete hinaus noch weitere angeeignet. (Siehe H.
H. Schmitt, Untersuchungen ... 262 ff.). 198 war dann
Antiochos nach einer langen Zeit der Ruhe infolge seiner
Feldzüge im Osten und gegen Ägypten in das pergamenische Gebiet eingefallen und hatte einen erheblichen Teil
davon in seine Hand gebracht; s. XXXII 8,9–16 und

27,1 m. Anm. sowie H. H. Schmitt a.a.O. 269 ff. Durch das Vorrücken Antiochos' III. seit 197 und seine Ansprüche auf das ganze Gebiet, das Lysimachos besessen hatte, konnte Pergamon seine Existenz bedroht sehen.

13: *als gleichgestellte Partner:* Vgl. XXXIV 57,8.

14: *euböische Talente:* Das euböische Talent ist dem attischen Talent gleich.

15: *den Rest des Getreides, das sein Vater bekommen sollte:* Die pergamenische Getreideforderung stammte wahrscheinlich aus dem Schlichtungsvertrag nach dem Einfall des Antiochos in pergamenisches Gebiet im Jahre 198; vgl. die Anm. zu XXXII 27,1.

17: *Mnasilochos* hatte sich im Frühjahr 191 bemüht, Akarnanien auf die Seite des Antiochos zu bringen, s. XXXVI 11,8 ff.

17: *Philon und Eubulidas aus Chalkis:* Offensichtlich führende Männer der antirömischen Partei in Chalkis, bisher nicht erwähnt. Niese II 695 Anm. 2 vermutet, daß sie maßgeblich an der Übergabe von Chalkis an Antiochos beteiligt waren.

46, 1: *während dies in Kleinasien geschah:* Livius wendet sich wieder den Ereignissen in Rom zu, von denen zuletzt XXXVII 1,1 – 4,5 die Rede war.

1: *Q. Minucius:* Er war seit 193 in Ligurien; XXXVII 2,5 meldet er den erfolgreichen Abschluß seiner Unternehmungen. Das Land war aber nicht wirklich beruhigt, wie die XXXVII 57, 1–2 berichteten Ereignisse zeigen.

2: *wurde Minucius der Triumph verweigert:* Das scheint vor allem das Werk Catos gewesen zu sein. Von seinen beiden Reden gegen Minucius Thermus „De falsis pugnis" und „De decem hominibus" sind Reste erhalten (frg. 58–63 Malc.). In der ersten dieser Reden wirft Cato dem Q. Minucius vor, in seinem Tatenbericht Schlachten erfunden zu haben, und prangert Grausamkeiten und Rechtsverletzungen aus seiner Amtszeit an; in dem erhaltenen Fragment ist von zehn Beamten einer verbündeten Gemeinde die Rede, die Q. Minucius öffentlich hatte auspeitschen lassen, weil sie die Heereslieferungen seiner Meinung nach nicht sorgfältig genug ausgeführt hatten. Die zweite Rede hat die Hinrichtung von zehn Männern ohne ordentliches Gerichtsverfahren zum Thema. Vgl. D. Kienast, Cato der Zensor 50 ff.

2: *Triumph über König Antiochos und die Ätoler:* Der Gram-

matiker Caesius Bassus hat noch in neronischer Zeit die Tafel mit der in Saturniern abgefaßten Inschrift gesehen, die M'. Acilius Glabrio zur Erinnerung an seinen Triumph aufstellen ließ, und zitiert in seiner Schrift „De metris" aus ihr einen Vers (GrLat 6,265):
Fundit, fugat, prosternit maximas legiones.
Sehr starke Truppenverbände schlug er, jagte er in die Flucht, warf er nieder.

3: *Kistophoren:* Silbermünzen im Wert von 4 Drachmen, die im Gebiet von Pergamon zuerst unter Eumenes II. geprägt wurden und rasch zum Hauptzahlungsmittel in Kleinasien wurden. Sie haben ihren Namen von der dionysischen *cista mystica* auf der Vorderseite.

4: *36 bedeutende Gefangene:* XXXVII 3,8 ist von 43 führenden Ätolern die Rede. Vielleicht sind einige inzwischen gestorben oder geflohen, oder Livius folgt hier einer anderen Quelle.

7: *Spanien:* Aus Spanien ist zuletzt XXXV 7,6–8 und 22,5–8 berichtet.

9: *Gesandte aus Placentia und Cremona:* Bei der Erhebung der Gallier im Jahre 200 war Placentia in die Hand der Feinde gefallen, Cremona wurde belagert, aber durch ein heranrückendes römisches Entsatzheer vor dem Schlimmsten bewahrt (XXXI 10, 1–4; 21,1–18). Die verängstigte Bevölkerung der beiden Kolonien hat die Städte in dem unruhigen Gebiet zum großen Teil verlassen bzw. ist nicht wieder zurückgekehrt. XXXII 26,3 bemüht sich L. Cornelius, die Bewohner zur Rückkehr in die Städte zu bewegen. Offensichtlich haben auch die Wiederaufbaumaßnahmen des Jahres 195 (XXXIV 22,3) das Vertrauen der Siedler in die Sicherheit der Orte nicht wiederherstellen können.

47, 1: *C. Laelius:* Von seinen Taten in Gallien hat Livius nichts berichtet.

4: *Gang zu allen Tempeln:* Die erste dieser *supplicationes* ist ein reines Dankfest, die zweite ein Dank- und Bittfest zugleich.

7: *die nötige Zahl der Centurien für sich gehabt hatten:* Um gewählt zu werden, mußte man die absolute Mehrheit erreichen.

7: *am nächsten Tag:* Die Wahlen mußten unter Leitung eines

amtierenden Konsuls stattfinden, wenn nicht ein Diktator oder ein Interrex (s. XXXV 6,4 m. Anm.) zur Durchführung der Wahlen ernannt war. Wenn die Angabe buchstäblich zu verstehen ist, müßte Fulvius am letzten Tag des Jahres gewählt worden sein und an seinem ersten Tag im Amt die Wahl des Kollegen durchgeführt haben. Die Richtigkeit der Angabe über die Wahl des zweiten Konsuls „am nächsten Tag" ist jedoch bezweifelt worden, s. Th. Mommsen, Römisches Staatsrecht ³I 217 m. Anm. 4 und W. Weissenborn sowie E. T. Sage z. St.

  7: *nachdem er dafür gesorgt hatte, daß Lepidus nicht gewählt wurde:* Fulvius hat seinen Kollegen nicht kooptiert, sondern es fand eine erneute Wahl unter Vorsitz des neuen Konsuls statt.

48, 4: *den Befehlen nachzukommen:* Die Ätoler hatten sich noch nicht unterworfen. Über die Bedingungen der Übergabe ist nach XXXVII 6,4 – 7,7 keine Einigung erzielt worden; gerade deswegen kommt ihre Gesandtschaft nach Rom. Auch Livius scheint nach seiner Bemerkung in § 7 diese Mitteilungen des Valerius Antias mit Skepsis aufgenommen zu haben.

  4: *nach Makedonien:* Die Vorstellung, daß die Ätoler in dieser Zeit ausgerechnet in Makedonien Hilfstruppen anwerben, ist absurd.

49, 4: *dieselben als Bundesgenossen und Feinde haben:* Vgl. XXXVII 1,5 m. Anm.

  6: *Dolopien und Athamanien überfielen:* Die Vertreibung der Makedonen aus Athamanien und das Eindringen der Ätoler in Dolopien ist XXXVIII 1,1 – 3,5 dargestellt. – Wenn diese Ereignisse bei der Verhandlung des Senates mit den Ätolern eine Rolle gespielt haben und man sie nicht als eine Kombination des Annalisten abtun will – in dem auf Polybios zurückgehenden Parallelbericht Diodors (29,9) wird nichts davon erwähnt –, kann die Verhandlung frühestens Anfang Dezember 190 stattgefunden haben (d.i. Anfang April 189 des römischen Jahres), also nach Ablauf des sechsmonatigen Waffenstillstandes; bis dahin wäre dann die ätolische Gesandtschaft hingehalten worden. – Vgl. auch zu XXXVIII 3,6.

  8: *mit Erlaubnis des Feldherrn:* Nach XXXVII 7,4–6 war die jetzige Gesandtschaft mit Erlaubnis des Feldherrn gekommen. XXXVIII 3,7 schicken die Ätoler dagegen ohne Erlaubnis des Feldherrn und ohne Begleitung eines Legaten Gesandte nach Rom, ohne daß ihnen daraus Schwierigkeiten erwachsen. Die Mitteilungen des § 8 sind mit gleicher Skepsis zu betrachten wie das ganze Kapitel 48.

50, 3: *8000 Fußsoldaten:* Die Überlieferung der Zahl ist unsicher; in M steht *octo*, in B und ς *sex*. „Auch *sex* kann richtig sein, da die Fußtruppen der Römer bei solchen Ergänzungen kein Maß für die der Bundesgenossen sind (s. § 11 f.) und die Zahl der Reiter der letzteren im Verhältnis zu den Fußtruppen, die sie stellen, in der Regel größer ist als bei den Römern." (Weissenborn)

4: *das Heer, das in Ätolien stand:* Dieses Heer ist nur in der annalistischen Tradition erwähnt (s. XXXVII 2,7 f.); Polybios weiß von ihm nichts (s. XXXVII 7,7; XXXVIII 3,6). – Vgl. zu XXXV 24,7 und zu XXXVI 14,1.

5: *im Vorjahr:* Vgl. XXXVII 4,5.

5: *Kephallania:* Vgl. die Anm. zu XXXVI 42,5. – Die Römer wollten diesen wichtigen Stützpunkt ähnlich wie Zakynthos (s. XXXVI 31,10 – 32,9) für sich haben. Von Kephallania aus war 190 durch Piratenschiffe die Seeverbindung zwischen Italien und Kleinasien gefährdet worden (XXXVII 13,11 f.).

9: *den doppelten Zehnten:* Vgl. XXXVI 2,12 f. m. Anm. und XXXVII 2,12.

12: *1000 römische Fußsoldaten:* Es fällt auf, daß keine Reiter als Ergänzung erwähnt werden. Vielleicht ist diese Angabe in der Überlieferung verlorengegangen; Wesenberg vermutet ⟨et quinquaginta equites⟩ „und 50 Reiter", vgl. § 11.

51, 1: Der *Pontifex maximus* war der Vorgesetzte der Flamines, s. K. Latte, RRG 195.

1: Der *Flamen des Quirinus* scheint ähnlichen Beschränkungen unterworfen gewesen zu sein wie der Flamen des Jupiter. Dieser durfte ursprünglich überhaupt keine (V 52,13), später nicht mehr als zwei Nächte hintereinander von Rom abwesend sein (Tac., ann. 3,71,2 und Gellius 10,15,14 sowie R. M. Ogilvie zu Liv. V 52,13 und K. Kerényi, Antike Religion 147 ff., vor allem 163), auch das nicht häufiger als zweimal im Jahr (Tac., ann. 3,71,2). Für die Flamines des Mars und des Quirinus scheinen allerdings nach Tac., ann. 3,58,1 die Bestimmungen weniger streng gewesen zu sein als für die Flamines des Jupiter.

1: *in der Generation der Väter:* Die Auseinandersetzung zwischen L. Metellus und A. Postumius Albinus fällt in das Jahr 242, vgl. perioch. XIX; Val. Max. 1,1,2; Tac. ann. 3.71,3.

4: *Unterpfänder* konnten vor Verhängung der Bußgelder genommen werden.

52, 3: *ihn und seinen Bruder von der Belagerung befreit:* Anders in der auf Polybios beruhenden Darstellung XXXVII 21,4.

53, 8: *als erster von allen ... euer Freund geworden:* In Wirklichkeit waren die Ätoler schon vor ihm Bundesgenossen der Römer geworden: XXVI 24,4. Beim Abschluß dieses Bündnisses wird aber schon der Beitritt des Attalos ins Auge gefaßt (§ 9); XXVI 37,5 wird er zum erstenmal als Bundesgenosse der Römer erwähnt.

9: *an allen Kriegen, die ihr in Griechenland geführt habt:* Am 1. und 2. Makedonischen Krieg.

10: *zuletzt ...:* XXXIII 2,1–3; 21,1.

13: *seine Tochter zur Frau geben:* Vgl. App. Syr. 5 und H. H. Schmitt, Untersuchungen ... 25 f.

21: *ohne Land ...:* Siehe XXIX 26,4 – 33,10.

22: *sein väterliches Königreich wiederverschafft, ... den reichsten Teil von Syphax' Königreich noch hinzugefügt:* Siehe XXX 44,12.

54, 2: *Symrna* hatte seine Freiheit erfolgreich gegen Antiochos verteidigt (XXXIII 38,3–7; XXXV 42,2) und die Römer in ihrem Krieg gegen Antiochos mit Seestreitkräften unterstützt.

5: *Gastfreundschaft:* Attalos hatte die Rhodier nach dem großen Erdbeben von 227 oder 226 unterstützt und war deswegen zum Gastfreund erklärt worden. Dieses Verhältnis war erblich.

11: *die beiden Phrygien:* Kleinphrygien am Hellespont und Großphrygien im Innern Kleinasiens. Die Aufgliederung Phrygiens in zwei Teile geht auf die Perser zurück.

56, 2: *Mysien, das Prusias dem König weggenommen hatte:* Die östlichen Teile Mysiens zwischen Klein- und Großphrygien. Attalos hatte dieses Gebiet 228–223 und dann wieder seit 216 aufgrund des Vertrages mit Antiochos beherrscht (s. zu 45,6). Als Antiochos 198 in das pergamenische Reich einfiel, brachte Prusias Mysien an sich; sein Vorgehen dürfte mit Antiochos abgesprochen gewesen sein. – Daß die Römer dem König entgegen der Zusicherung, die sie ihm für seine Neutralität gegeben hatten, Mysien wegnahmen und es ihrem pergamenischen Bundesgenossen, dem Erzfeind des Prusias, gaben, empörte diesen zutiefst. Er weigerte sich, das Land abzutreten. Es kam darüber 188 zum Krieg, der erst 183 durch römische Intervention beendet wurde. Pergamon erhielt das umstrittene Gebiet, das seitdem den Namen Phrygia epiktetos trägt.

2: *das Gebiet der Milyer:* Das Bergland im Norden Lykiens und im Westen Pisidiens.

3: *der Teil Kariens, der Hydrela genannt wird:* Im Osten Kariens.

4: *Ptolemaios von Telmessos:* Ptolemaios, ein Sohn des Königs Lysimachos und der Arsinoë, hatte in Telmessos in Lykien eine selbständige Dynastie gegründet. Sein Enkel Ptolemaios von Telmessos hatte sein Gebiet 197 an Antiochos verloren.

57, 1: *von den Ligurern:* Siehe zu XXXVII 46,1.

2: *ein großer Teil seiner Begleiter:* L. Baebius war nur mit seinem Stab in seine Provinz aufgebrochen, gesondert von den Streitkräften, die ihm zur Verstärkung des spanischen Heeres bewilligt worden waren (XXXVII 50,11).

5: *im Vorjahr kein Glück gehabt:* XXXVII 46,7–8. – Plut., Aem. 4,3 erwähnt die Niederlage nicht und berichtet von zwei Siegen des Aemilius Paulus in Spanien; s. dazu E. Meyer, ANRW I 2, 982 ff.

7: *am 28. Dezember:* Am 17. August des Julianischen Kalenders.

7: *Bononia:* Das alte Felsina (s. XXXIII 37,3–4). Der Beschluß zur Gründung von zwei neuen Kolonien im Gebiet der Bojer war im Vorjahr gefaßt worden (XXXVII 47,2).

8: *Jeder Reiter erhielt 70 Joch, die übrigen Siedler 50:* Die Siedler erhielten mehr Land als üblich. Offensichtlich war ein besonderer Anreiz nötig, um Siedler für das immer wieder gefährdete Gebiet zu gewinnen.

12: *ein Neuling:* Ein *homo novus* ist ein Politiker, dessen Vorfahren noch nicht dem Senat angehört haben.

12: *die Volkstribunen P. Sempronius Gracchus und C. Sempronius Rutilus:* D. Kienast, Cato der Zensor 53 zeigt, daß

diese Anklage vor allem das Werk des T. Quinctius Flamininus und des M. Claudius Marcellus gewesen sein dürfte.

13: *M. Cato* war Legat des Acilius gewesen. Ein Zitat aus
einer Rede Catos „Gegen M'. Acilius Glabrio" ist durch
Festus erhalten (Fest.p. 268 Lindsay = Cato frg. 66 Malc.);
die Rede lag also in der augusteischen Zeit noch vor. Als
Fundstelle nennt Festus Catos vierte Rede gegen M'. Acilius
Glabrio; E. Malcovati bezweifelt jedoch, daß mehr als eine
Rede Catos gegen Acilius vorgelegen habe.

58, 1: *beim drittenmal:* Beim dritten Termin hätte das Urteil gefällt werden müssen. Aber als Acilius seine Bewerbung
zurückzog, ließen die Tribunen die Sache fallen. Nichts
zeigt deutlicher als dies, daß der Zweck des Verfahrens
einzig darin bestand, den politischen Gegner auszuschalten.

3: *der Triumph als Flottenbefehlshaber:* Wie sich dieser Triumph vom normalen Triumph unterschied, ist nicht bekannt.

4: *am 1. Februar:* Vgl. Fasti triumph; der 1. Februar entspricht in diesem Jahr dem 17. September des Julianischen
Kalenders.

7: *wie in der Volksversammlung:* Vor dem Triumph durfte
der Feldherr die Stadt nicht betreten; der Tatenbericht vor
der Volksversammlung war nach dem Triumph üblich
(z. B. XXXVI 40,14; XLV 40,9 – 42,1). Livius verbindet
die Rede im Senat vor dem Triumph mit der vor der
Volksversammlung nach dem Triumph.

59, 2: *im Schaltmonat einen Tag vor dem 1. März:* Vgl. Fasti triumph. – In Schaltjahren wurden nach dem 23. oder 24.
Februar 22 oder 23 Tage als Schaltmonat eingeschoben und
der Rest der ursprünglichen Februartage dem Schaltmonat
zugezählt, so daß dieser immer 27 Tage hatte. Der Tag vor
dem 1. März dieses Jahres entspricht dem 6. November des
Julianischen Kalenders.

3: *224 Feldzeichen:* Die Überlieferung der Zahl ist unsicher;
in B und ς 224, in Mg dagegen 234 *ducenta triginta quattuor.*

4: *140 000(?) Gold-Philippeen:* Die letzten drei Stellen der
Zahl fehlen in der Überlieferung.

5: *1423 Pfund:* Nach Plin., nat. 33,148 1400 Pfund.

5: *1023 Pfund:* Nach Plin., nat. 33,148 1500 Pfund.

6: *25 Denare:* Zum erstenmal wird hier erwähnt, daß die

Soldaten das Geschenk nach dem Triumph in Denaren erhielten; bisher war immer von Assen die Rede.

6: *sowohl der Kriegssold wie die Getreideration:* Die Soldaten erhielten den Sold jährlich, die Getreideration monatlich.

60, 3: *eine große Anzahl von römischen und italischen Kriegsgefangenen in Sklaverei:* Zum größten Teil wohl aus dem Punischen Krieg (vgl. XXXIV 50,3–7) und aus dem Krieg gegen Philipp.

6: *einen Triumph als Flottenbefehlshaber zu erwirken:* Siehe XXXVIII 47,5 m. Anm.

7: *Ainos und Maroneia:* Antiochos scheint diese Städte 196 in seinen Besitz gebracht zu haben. Als er die Besatzung von Lysimacheia abzog (XXXVII 31,1), wurden Ainos und Maroneia nicht geräumt. Das Heer der Scipionen zog durch das Gebiet dieser Städte, ohne sich um die Städte selbst und die seleukidischen Besatzungen zu kümmern (XXXVII 33,1).

BUCH XXXVIII

1, 1: *in Ätolien:* Aus Ätolien sind zuletzt XXXVII 4,6 – 7,7 die Ereignisse aus dem Frühjahr 190 berichtet: die Einnahme von Lamia, der Angriff auf Amphissa, das Eintreffen der Scipionen und der etwa Anfang Mai abgeschlossene sechsmonatige Waffenstillstand. Die Verhandlungen mit der Gesandtschaft der Ätoler in Rom sind XXXVII 49,1–8 mitgeteilt. – In Buch XXXVII ist die Darstellung nach annalistischen Quellen bis zum Ende des römischen Jahres 189 geführt. Buch XXXVIII setzt mit der Polybianischen Darstellung der Ereignisse im Sommer 190 ein, also mehr als ein Jahr vor den am Ende von Buch XXXVII berichteten Ereignissen.

2: *nach der Vertreibung des Amynander:* Im April 191, s. XXXVI 14,7–9; 34,9.

4: *Nikander* war 190/189 Stratege der Ätoler.

9: *sobald dieser Tag gekommen war:* Etwa im November 190.

11: *Gebiet Makedoniens:* Der von Makedonien besetzte Teil Thessaliens; s. F. Stählin, Das hellenische Thessalien 125.

3: 1: *Amynander ... Gesandte nach Rom zum Senat:* Amynander konnte einige Monate später unter Zusicherung freien Geleits vor Ambrakia erscheinen und die Kapitulation der Stadt vermitteln. Aber um das weitere Schicksal des unzuverlässigen Bundesgenossen scheinen die Römer sich dann nicht mehr gekümmert zu haben, und Philipp brachte ganz Athamanien in seinen Besitz (XXXIX 24, 8).

3: *das Gebiet der Amphilocher:* Die Amphilocher, die zum Ätolischen Bund gehört hatten (s. XXXII 34,4), scheinen sich 191, als Philipp Dolopien und Aperantien besetzte, vom Ätolischen Bund losgesagt zu haben.

4: *Die Doloper hatten niemals zu den Ätolern gehört:* In Wirklichkeit hatten die Doloper im 3. Jahrhundert lange Zeit dem Ätolischen Bund angehört. Philipp hatte 210 oder 207 das Land besetzt. 196 erhielten die Doloper durch die Römer die Freiheit (XXXIII 34,6); sie scheinen gleich danach wieder Mitglied des Ätolischen Bundes geworden zu sein. Philipp brachte das Land 191 wieder in seinen Besitz (XXXVI 33,7).

6: *kamen ihre Gesandten aus Rom zurück:* Nach F. W. Walbank, Philip V, S. 332 etwa im Januar/Februar 189.

6: *meldeten, der Konsul Fulvius sei mit seinem Heer schon übergesetzt:* So früh im Jahr konnten sie kaum mehr mitteilen, als daß die Entsendung eines neuen Heeres mit M. Fulvius Nobilior beschlossen worden war und daß der Konsul sich Mühe gab, möglichst bald in Ätolien zu erscheinen.

7: *Gesandtschaften aus Rhodos und Athen:* Rhodos und Athen treten auch sonst als Friedensvermittler hervor, s. XXVII 30,4 und XXXVII 6,4 m. Anm.

7: *die führenden Männer der Völkerschaft:* Nach Polybios (21,25,11) Alexander Isios, Phaineas, Chalepos, Alypos aus Ambrakia und Lykopos. – Diese Gesandtschaft fiel in der Nähe von Kephallania in die Hand der Epiroten und wurde teilweise gegen Lösegeld, teilweise auf römische Anordnung hin freigelassen. Die Ätoler schickten dann eine neue Gesandtschaft unter Damoteles. Als dieser aber erfuhr, daß die Römer gegen Ambrakia anrückten, hielt er eine Weiterreise für sinnlos und kehrte nach Ätolien zurück. (Polyb. 21, 26, 7–19).

9: *Fulvius hatte sein Heer schon nach Apollonia übergesetzt:*

Nach F. W. Walbank, Philip V, S. 345 etwa im April 189.
– Nach der Überlieferung der Annalisten befand sich in
Ätolien nach dem Abzug der Scipionen noch eine römische
Streitmacht unter dem Kommando des Proprätors A. Cor-
nelius (XXXVII 2,7–8; 48,5; 50,4).

9: *Ambrakıa, das sich damals den Ätolern angeschlossen
hatte:* Pyrrhos hatte seit 294/3 neben den epirotischen
Stämmen auch die Akarnanen und die Stadt Ambrakia
beherrscht. Er machte Ambrakia zu seiner Residenz und
errichtete dort prächtige Bauten. Nach dem Ende des
epirotischen Königtums schloß sich Ambrakia 230 oder
229 dem Ätolischen Bund an. – Zum Rat der Epiroten,
Ambrakia anzugreifen, vgl. Polyb. 4,61,4 ff.

11: *der Sommer sei da:* Etwa Mai.

4, 1: *Ambrakia:* Siehe die Karte bei Hammond, Epirus 141,
jetzt auch bei Walbank, Commentary III 124.

5, 2: *das sogenannte Pyrrheion:* Wahrscheinlich das Heroon des
Pyrrhos, in dem seine Gebeine beigesetzt waren. – Anders
Hammond, Epirus 145.

2: *Asklepieion:* Das Heiligtum des Asklepios im östlichen
Teil der Stadt.

3: *Sichelstangen:* Stangen mit sichelförmigen Haken.

7, 2: *Pleuratos:* Vgl. XXXI 28,1–2 und XXXIII 34,11 m.
Anm.

7: *in Richtung auf diese Anlage:* Bei Polybios 21,28,7 wird
der Graben innen parallel zur Stadtmauer gezogen.

10: *da sie den Stollen versperrten, ... hier mit ausgespannten
Haardecken, dort mit Türen:* Nach Polybios 21,28,11 blieb
der Kampf unter der Erde mit den Sarisen wirkungslos,
da die Kämpfer sich durch θυϱεοί (große Schilde) und
γέϱϱα (leichte Schilde, Faschinen) schützten. – Livius
oder das von ihm benutzte Polybios-Exemplar scheint
θυϱεούς (große Schilde) mit θύϱας (Türen) verwechselt
zu haben. Auch γέϱϱα ist nicht genau wiedergegeben;
die statt dessen genannten Decken aus Ziegenhaar wurden
auch sonst zur Abwehr von Geschossen gebraucht, s. Veg.,
mil. 4,6.

11: *etwas Neues:* Ausräuchern des Feindes im Minenkrieg
unter der Erde ist bereits Ain. Takt. 37 (um 360 v. Chr.)
bekannt.

12: *Die Löcher des Deckels* dienen bei Polybios nur zum Austreten des beißenden Rauches. Um die eigenen Leute gegen diesen Rauch zu schützen, wurden die Zwischenräume zwischen dem Faß und dem Stollen abgedichtet. Auf beiden Seiten blieben aber Öffnungen, durch die die Verteidiger der Stadt die Römer mit Sarisen daran hinderten, an das Faß heranzukommen (21,28,14).

8, 1: *als die Dinge vor Ambrakia so standen:* Etwa im September.

10: *alle Waffen abliefern:* Vgl. XXVIII 34,7.

10: *1000 Talente Silber:* Vgl. XXXVII 1,5; 6,7.

10: *dieselben zu Freunden und Feinden haben wie das römische Volk:* Vgl. XXXVII 1,5 m. Anm.; 6,7; 49,4.

9, 1: *die führenden Männer:* Die Apokleten.

3: *die Gesandten der Athener und der Rhodier:* Vgl. XXXVIII 3,7 m. Anm.

8: *den ersten Freundschaftsvertrag geschlossen:* 212 v. Chr.; s. XXVI 24,1–15.

9: *euböische Talente:* Vgl. die Anm. zu XXXVII 45,14.

10: *als T. Quinctius nach Griechenland hinübergekommen sei:* Mai 198. Bei Polybios 21,30,4 nach der Ankunft des L. Cornelius Scipio (März 190). Die Angabe des Polybios verdient den Vorzug. Durch diese Vertragsbedingung werden die Städte Amphissa und Ambrakia betroffen. Die von Livius vorgenommene Änderung dürfte durch die abgewandelte Bestimmung des Friedensvertrages von Rom (XXXVIII 11,9) zu erklären sein.

10: *die Insel Kephallania . . .:* Die Ätoler verzichteten mit dieser Formel auf die Insel, die die Römer für sich beanspruchten (vgl. XXXVII 50,5).

10, 1: *beim amphilochischen Argos:* Zur Diskussion über die Lage des Ortes s. F. W. Walbank zu Polyb. 21,30,12.

1: *die Gesandten der Ätoler:* Unter Führung des Damoteles (Polyb. 21,30,13).

3: *sie:* Die Führer dieser ätolischen Gesandtschaft nach Rom waren Phaineas und Nikander (Polyb. 21,30,15).

3: *daß man ihm . . . vertrieben worden sei:* XXXVIII 1,1 – 3,8; 5,10; 7,1.

11, 2: *die Herrschaft und die Hoheit des römischen Volkes ohne Arglist anerkennen:* Diese Formel ist typisch für den Vertrag mit Besiegten; vgl. XXXIV 57,7 und Cic., Balb. 35 ff.

4: *von denen, die damals Feinde der Römer waren:* Makedonen, Akarnanen und Böoter.

5: *den Behörden von Korkyra:* Nach Polybios 21,32,6 dem römischen Kommandanten von Korkyra.

8: *sollten sie es geben dürfen:* Nach Polybios 21,32,8 durfte höchstens ein Drittel der Summe in Gold bezahlt werden.

9: *unter dem Konsulat von T. Quinctius und Cn. Domitius:* Irrtümlich für das Konsulat des L. Quinctius Flamininus und des Cn. Domitius Ahenobarbus (192 v. Chr.). In diesem Jahr hatten sich die Ätoler offen gegen Rom erhoben (XXXV 33). – Durch diese Bestimmung des Friedensvertrages wurde die bei der Kapitulation getroffene Abmachung (XXXVIII 9,10) verschärft.

9: *Oiniadai* hatte abwechselnd zu Akarnanien und zu Ätolien gehört. 219 war es von Philipp besetzt worden. M. Valerius Laevinus hatte es eingenommen und 211 den Ätolern überlassen (XXVI 24,15).

12, 2: *das Heer entsühnt:* Die *lustratio* wurde regelmäßig vor Beginn eines Feldzuges vollzogen, s. K. Latte, RRG 119. Vgl. die Entsühnung der Flotte XXXVI 42,2 m. Anm.

4: *die mit ihren Hilfstruppen Antiochos unterstützt hätten:* An dem Unternehmen gegen Pergamon im Sommer 190 hatten 4000 gallische Söldner teilgenommen (XXXVII 18,7), und bei Magnesia hatten 1500 Fußsoldaten und 2500 Reiter der Gallier mitgekämpft (XXXVII 40,10.13).

4: *über sich:* Der Konsul stammte aus dem Geschlecht der Manlier, das sich im Verlauf der römischen Geschichte in den Kämpfen gegen die Gallier besonders ausgezeichnet hatte, vgl. XXXVIII 17,8 f. Daß ausgerechnet ein Manlier die römischen Truppen gegen die Gallier führte, konnte als ein gutes Omen gedeutet werden.

6: *der ein Interesse daran habe, daß die Macht der Gallier gebrochen werde:* Kleinasien hatte unter den Raubzügen der Gallier schwer zu leiden.

6: *er war damals in Rom:* Vgl. XXXVII 52,1 ff.

8: *von Ephesos aufgebrochen:* Zu seinem Zug s. die Karte bei Walbank, Comm. III 141.

13, 5: *Apama* war nicht die Schwester, sondern die Frau Seleukos' I.

6: *Wettkampf im Flötenspiel:* Vgl. Hdt. 7,26; Xen., an.

1,2,8; Diod. 3,58 f.; Ov., met. 6,382 ff.; fast. 6,703 ff.; Apollod., bibl. 1,4,2; Hyg., fab. 165.

8: *aufgrund des mit Scipio abgeschlossenen Vertrages:* XXXVII 45, 14–18; daß Antiochos das römische Heer bis zum Abschluß des Friedens versorgen mußte, ist oben nicht erwähnt, s. auch XXXVIII 37,7–9.

11: *Gordiu Teichos:* Südlich von Antiocheia am Mäander; die genaue Lage ist unbekannt.

13: *10 000 Medimnen:* Ein Medimnos (μέδιμνος, attischer Scheffel = 43,5 l) entspricht fünf römischen Scheffeln (*modius* = 8,7 l).

14, 1: *Kasos:* Dieser Flußname kommt nur hier vor. Walbank, Comm. III 142 vermutet, es handle sich um den durch Münzschriften der Gegend bekannten Καζάνης (heute Karahüyük Çay), einen Zufluß des Indos.

1: *Eriza:* Östlich von Tabai; zur Diskussion über die genaue Lage des Ortes s. Walbank, Comm. III 142.

2: *Tabusion:* Südlich von Eriza; die genaue Lage ist unbekannt.

2: Zum *Indos* (heute Dalaman Çay) vgl. Plin., nat. 5, 103.

10: *Sylleion... An der Limne:* Zur Diskussion über die Lage der Orte s. Walbank zu Polyb. 21,34,11.

15, 1: *Sinda* liegt nach Strabon 12,7,2 und 13,4,15 im Grenzgebiet von Phrygien und Karien östlich von Kibyra; nach Walbank, Comm. III 144 vielleicht das heutige Bayır Köyü oder Büyük Alan.

1: *Kaularis:* Nach Walbank, Comm. III 144 der Çavdır Çay.

2: *Karalitis-Sumpf:* Jetzt Söğüt Gölü.

2: *Madampros:* Wahrscheinlich das heutige Osmankalfalar am Nordufer des Sumpfes (G. E. Bean, BSA 51, 1956, 150).

2: *Lagon:* Im NO des Karalitis-Sumpfes.

3: *Lysis:* Wahrscheinlich der Gebrem Çay.

3: *Kobulatos:* Bei Polyb. 21,35,1 Kolobatos. Nach Ruge, RE XI 1, 1107 war der richtige Name wahrscheinlich Kalabatos; heute Istanos Çay.

4: *Isionda:* Südöstlich vom Kobulatos beim heutigen Kuşlar.

7: *Tauros:* Der Unterlauf des Kobulatos (s. zu § 3); s. Walbank, Comm. III 146.

7: *Xyline Kome:* Unbekannt, wahrscheinlich in der Nähe von Komama.

7: *Kormasa:* Bei Polybios Kyrmasa. Der Ort lag westlich vom Lysis in der Nähe des heutigen Eğneş (Bean, AS 9, 1959, 91 ff.).

8: *Darsa:* Unbekannt.

8: *Sümpfen:* Burdur Gölü.

8: *Lysinoë:* Am Westufer des Burdur Gölü.

12: *Rhokriner Quellen:* Diese Quellen liegen nach W. M. Ramsay, JHS 4,1883,67 ff. in Dombay Ovası, 7–8 Meilen von Apameia entfernt. Für ihren Namen vermutet er JHS 8, 1887, 509 f. Zusammenhang mit einem Ortsnamen der Gegend.

13: *die Ebene von Metropolis:* Nach W. M. Ramsay, JHS 4, 1883, 53 ff. Çöl Ovası, eine fruchtbare Ebene von 11 Meilen Länge und 4 Meilen Breite, 16–17 Meilen nordöstlich von Apameia.

13: *Dyniai:* Unbekannt.

14: *Synnada:* Beim heutigen Şuhut. – Für den Zug des Manlius von Synnada bis Gordion s. die Karte bei A. Körte, AM 22, 1897.

14: *Beudos, das sie das alte nennen:* Auf einem Hügel an der östlichen der beiden Paßstraßen, die von Synnada nach Norden führen (A. Körte a.a.O 6).

14: *Anabura:* Vielleicht bei dem heutigen Dorf Sürmenek (A. Körte a.a.O. 7).

15: *Quellen des Mandros:* Wahrscheinlich die Quellen auf der Höhe des Passes (A. Körte a.a.O. 8).

15: *Abbasion:* Etwas oberhalb des heutigen Gömek (A. Körte a.a.O. 9).

16, 1: *die Gallier:* Unvermittelt beginnt der Exkurs über die Geschichte der kleinasiatischen Gallier. Die Hauptquelle des Polybios für diesen Abschnitt war wahrscheinlich Demetrios von Byzanz, der 13 Bücher über die Γαλάτων ἐξ Εὐρώπης εἰς ’Ασίαν διάβασις geschrieben hatte (Diog. Laert. 5,83); s. F. Stähelin, Geschichte der kleinasiatischen Galater[2], S. 7, Anm. 1.

1: *in das Gebiet der Dardaner:* Nach dem Tod des Lysimachos (281) drangen gallische Scharen in Makedonien, Griechenland und Thrakien ein. Im Kampf gegen sie fiel 279 der makedonische König Ptolemaios Keraunos. Eine Gruppe unter Brennos gelangte bis nach Delphi, konnte hier aber durch die Ätoler und ihre Verbündeten aufgehalten

werden und wurde durch den Einbruch des Winters zum
Rückzug gezwungen. – Gleichzeitig gelangten die Scharen
des Lonorios und Lutarios nach Thrakien.

2: *Lonorios:* Bei Memnon (FGrH 434 F 11) und Strabon
(12, p. 566 f.) Leonnorios.

2: *Lutarios:* Bei Memnon (FGrH 434 F 11) Luturios.

6: *den Makedonen:* Die Leute des seleukidischen Statthalters
werden hier noch so bezeichnet.

6: *schaffte er ... alle seine Scharen hinüber:* Der Übergang
des Lonorios nach Kleinasien fällt in das Jahr 278/277
(Paus. 10,23,14).

7: *mit Unterstützung des Nikomedes, des Königs von Bithynien:* Nikomedes rief die Gallier nicht nur zur Unterstützung gegen seinen Bruder Ziboites ins Land; vielmehr
ging es ihm darum, Verstärkung für die Auseinandersetzung mit Antiochos I. zu gewinnen; s. F. Stähelin a.a.O. 7.

12: *als Wohnsitz aber nahmen sie für sich selbst das Gebiet um
den Halys herum:* Ihre Ansiedlung in diesem Gebiet ist
wahrscheinlich eine Folge ihrer Niederlage gegen Antiochos
in der „Elefantenschlacht" von 275 v. Chr. (App., Syr.
65; Lukian, laps. 9; Zeuxis 8–11; zu den frei erfundenen
Einzelheiten im „Zeuxis" s. F. Stähelin a.a.O. 12, Anm. 2) –
Die Tolostobogier saßen im Westen mit den Städten Pessinus und Gordion, die Tektosagen in der Mitte um Ankyra
herum, die Trokmer im Osten auf dem rechten, mit einem
Teil vielleicht auch auf dem linken Ufer des Halys.

14: *weigerte sich Attalos:* Über die Kämpfe zwischen ihm und
den Galliern s. F. Stähelin a.a.O. 19 ff.

17, 2: *Ruf im Krieg:* Vgl. XXXVII 8,4.

3: *riesige Schilde:* Die Schilde der Gallier waren zwar sehr
lang, aber nicht breit genug, s. XXXVIII 21,4; vgl. auch
Polyb. 2,30,3 und Diod. 5,30,2.

3: *überlange Schwerter:* Die gallischen Langschwerter hatten
keine Spitze und eigneten sich somit nur zum Hieb; vgl.
XXII 46,5 und Polyb. 3,114,3.

5: *die plötzlichen Erhebungen der Gallier:* In Oberitalien.

6: *Zusammenstoß an der Alia:* 387 v. Chr.; s. V 37,7 – 39,1.

7: *strömt ihnen der Schweiß über die Glieder ...:* Vgl.
XXXIV 47,5 und X 28,3–4.

8: *T. Manlius:* VII 9,8 – 10,14.

8: *M. Valerius:* VII 26,1–5.

9: *M. Manlius:* V 47,1–5.

9: *schon entartet:* In Wirklichkeit waren die kleinasiatischen Gallier am Anfang des 2. Jahrhunderts gefürchtete Gegner; vgl. XXXVII 8,4 und XXXVIII 47,9 ff.

12: *Massilia ... hat von den Nachbarn eine Menge angenommen:* Ganz anders werden die Bewohner von Massilia XXXVII 54,21–22 durch die Rhodier charakterisiert. Cn. Manlius stellt die Behauptung auf, um seine These zu beweisen.

13: *Phryger:* Die Phryger galten als weichlich.

18: *ihr ... müßt euch vor der Annehmlichkeit Kleinasiens hüten:* Diese Ausführungen befremden in einer Rede, die die Soldaten zum Kampf mit den Galliern ermutigen soll. Sie passen auch schlecht zum Charakter des Cn. Manlius, der eine ungeheure Beute aus Kleinasien wegführte. Der verderbliche Einfluß Kleinasiens auf Rom gerade infolge des Feldzugs des Cn. Manlius wird XXXIX 6,7–9 festgestellt.

18, 1: *Freundschaft mit Eumenes:* Nach den Siegen des Attalos über die Gallier scheint eine Art Burgfrieden eingetreten zu sein. Die Gallier mit Ausnahme des Eposognatos hatten dann aber Antiochos gegen Rom und Pergamon unterstützt und dabei auch wieder pergamenisches Gebiet verwüstet (XXXVII 18,7); daher ist das Interesse des Eumenes an der Niederwerfung der Gallier zu verstehen (XXXVIII 12,6).

1: *Lalandos:* Wahrscheinlich der Bunarbaş Su.

1: *Tyskos:* Lage unbekannt.

2: *Gesandte aus Oroanda:* Livius hält die Ὀροανδεῖς des Polybios irrtümlich für die Bewohner einer Stadt Oroanda (s. XXXVIII 27,11; 39,1; 45,9). In Wirklichkeit handelt es sich bei den Oroandern um eine Völkerschaft im Osten von Pisidien.

3: *Plitendon ... Alyattoi:* Lage unbekannt.

3: *die Tektosagen:* Versehentlich für die Tolostobogier; s. auch Polyb. 21,37,2.

4: *eine Landschaft ..., die sie Axylos nennen:* Die öde Steppe Tatta (Strabon 12,5,6,p.568) um den Salzsee herum; vgl. A. Körte, AM 22, 1897, 12 f.

5: *Kuballon:* Lage unbekannt.

7: *beschloß er eine Brücke zu bauen:* „Der Zweck dieses

Flußübergangs ist zunächst schwer verständlich, denn der Feind stand ja auf dem rechten Ufer ... Offenbar hat der Wunsch, zwischen sich und den Feind die Schranke des Flusses zu legen, den Konsul zum Brückenbau veranlaßt. Aus den damals gewiß bewaldeten Höhen, die sich am rechten Ufer des Sangarios hinziehen, konnte der Feind jeden Augenblick hervorbrechen, und gegen solche plötzlichen Überfälle war das Heer auf dem linken Ufer wenigstens einigermaßen geschützt." (A. Körte a.a.O 13 f.)

8: *Tymbris:* Zu den verschiedenen Formen des Flußnamens s. W. Ruge, RE V A 1,433.

9: *Galloi:* Vgl. XXXVII 9,9 m. Anm. Die Priesterschaft von Pessinus war offensichtlich um gute Beziehungen zu Rom gemüht. Bereits 204 hatte sie auf pergamenische Vermittlung hin den Römern den heiligen Stein überlassen. Durch solche Politik gewannen die Galloi in Rom und Pergamon einen Rückhalt gegen die Gallier.

15: *Olympos:* Um welchen Berg es sich handelt, ist nicht klar; s. auch Walbank zu Polyb. 21,37,9.

19, 1: *die Gesandten aus Oroanda:* Von dem XXXVIII 18,2 verlangten Geld brachten sie nur einen Teil mit. Der Rest wurde im nächsten Jahr gewaltsam eingefordert, s. XXXVIII 37,11.

1: *Magaba:* 10 Meilen von Ankyra entfernt, s. XXXVIII 24,1.

2: *den Tolostobogiern Hilfe zu bringen:* XXXVIII 26,3 kämpfen die Trokmer allerdings zusammen mit den Tektosagen. Ihre ursprüngliche Absicht konnten sie wohl infolge des raschen Erfolges des Cn. Manlius gegen die Tolostobogier nicht mehr verwirklichen.

20, 6: *brachte er ein Opfer dar:* Vgl. zu XXXV 48,13.

21, 4: *flach:* Die römischen Schilde waren dagegen gewölbt.

9: *nackt kämpfen:* Vgl. XXII 46,6; Polyb. 2,28,8; 29,7; 30,2 f.; 3,114,4; Diod. 5,29,2; 30,3.

13: *Lanzen:* XXVI 4,4 haben die Leichtbewaffneten sieben Wurfspieße.

13: *spanisches Schwert:* Das bei den römischen Truppen seit dem Ende des 3. Jahrhunderts eingeführte kurze Schwert; s. XXII 46,5 und Polyb. 26,23,6–7.

22, 9: *sehr viele aneinandergeheftet:* Vgl. Caes., Gall. 1,25,3.

24, 2: *Die Frau des Fürsten Orgiagon* heißt bei Plutarch, mor.

258 D/E *Chiomara,* der Fürst selbst XXXVIII 19,2 Ortiagon, ebenso bei Polybios (21,38,1; 22,21,1). – Livius scheint 22,21,1 in seinem Polybios-Exemplar ΟΡΓΙΑΓΩΝ statt ΟΠΤΙΑΓΩΝ gelesen zu haben (vgl. Holder, Altceltischer Sprachschatz 2,881) und an zwei verschiedene Fürsten mit ähnlichen Namen gedacht zu haben. Auch die gesamte von Livius abhängige Überlieferung bietet Orgiagon. – Ortiagon selbst war aus der Niederlage der Tolostobogier entkommen.

  8: *von einem attischen Talent:* Von einem attischen Silbertalent.

 11: *bis zuletzt:* Polybios hat nach seinen eigenen Worten noch selbst mit dieser Frau in Sardes gesprochen und ihren Charakter und ihre Klugheit bewundert (21,38,7 = Plut., mor. 258 F).

25, 1: *Königen:* Die Fürsten der Teilstämme der Tektosagen.

26, 1: *des Berges:* Siehe XXXVIII 19,1.

  1: *sich um das Auspicium bemüht und dann geopfert:* Vgl. XXXVIII 20,6.

  4: *die Kappadoker des Ariarathes:* Ariarathes hatte auch Antiochos in seinem Krieg gegen die Römer unterstützt, s. XXXVII 40,10.

28, 1: *in Rom:* Livius bringt einen Nachtrag zu den Ereignissen in Rom im Jahre 189, über die XXXVII 48,1 – 59,6 berichtet worden ist.

  3: *Aequimelium:* An der Südseite des Kapitols. Diese Baumaßnahme steht wahrscheinlich im Zusammenhang mit dem XXXV 21,6 berichteten Absturz eines Felsbrockens an dieser Stelle im Jahre 192.

  3: *Tempel des Mars:* An der Via Appia.

  4: *wo sie geschätzt werden sollten:* Es handelt sich um die Kampaner, die zur Strafe für den Abfall von Rom aus ihrer Heimat ausgewiesen worden waren (XXVI 16,11) und die weder das römische noch das latinische Bürgerrecht besitzen durften (XXVI 34,7). Als *peregrini dediticii* konnten sie nicht an ihrem derzeitigen Wohnsitz geschätzt werden und wurden daher nach Rom verwiesen.

  5: *der andere Konsul M. Fulvius:* Fortsetzung des XXXVIII 11,9 abgebrochenen Berichts über die Ereignisse in Ätolien.

  5: *Kephallania:* Vgl. XXXVIII 9,10 m. Anm. und XXXVIII 11,7.

5: *übergesetzt war:* im Herbst 189.

6: *...:* Die Zahl fehlt in der Überlieferung. Madvig ergänzt *quadraginta,* 40.

7: *unverhofft:* Die Bewohner der Insel hatten wahrscheinlich eine harte Bestrafung für ihre Piraterie (s. XXXVII 13,11 f.) erwartet.

10: *begann man die Stadt anzugreifen:* Die Belagerung von Same zog sich von Oktober 189 bis Januar 188 hin; s. F. W. Walbank, Philip V, S. 333.

29, 5: *Der baliarische Schleuderer* war berühmt, s. XXVIII 37,6.

8: *die Achäer:* Die aus den in § 4 genannten Städten Achaias stammenden Schleuderer.

30, 1: *setzte zur Peloponnes über:* Etwa Ende Januar 188.

2: *die Bundesversammlung der Völkerschaft:* Die regelmäßigen vierteljährlichen Bundesversammlungen der Achäer hatten bisher immer in Aigion stattgefunden, die außerordentlichen an verschiedenen Orten.

2: *der Würde der Stadt ... zuliebe:* In Helike im Gebiet von Aigion lag das Haupttheiligtum der Achäer.

4: *die Damiurgen:* Vgl. XXXII 22,2.

6: *die Verbannten:* Vgl. XXXVI 35,7 m. Anm.

7: *griffen sie ... Las unvermutet an:* Dieser Überfall muß etwa im September 189 erfolgt sein. – Vgl. auch den Überfall des Nabis auf die Küstenorte XXXV 22,2.

31, 1: *Bundesversammlung:* Etwa im Oktober 189.

2: *T. Quinctius und die Römer...:* Im Friedensvertrag mit Nabis 195, s. XXXIV 36,2 und XXXV 13,2.

32, 1: *Bundesversammlung:* Die 31,1 erwähnte Bundesversammlung.

3: *Diese Wirren führten den Konsul auf die Peloponnes:* Der rückgreifende Bericht über die vorausgegangenen Ereignisse mündet damit in die bereits 30, 1–5 mitgeteilte Ankunft des Konsuls auf der Peloponnes.

3: *in Elis:* Sogleich nach der Bundesversammlung in Argos.

5: *Von beiden Seiten wurde eine Gesandtschaft nach Rom geschickt:* Die Gesandten dürften sofort aufgebrochen und etwa Anfang April zurückgekehrt sein.

9: *mit den Spartanern solle sich nichts ändern:* Sie sollten im Achäischen Bund bleiben; ihr Vorschlag, in direkte Abhängigkeit von Rom zu treten (31,6), blieb unberücksichtigt.

10: *für das kommende Jahr wiedergewählt:* Philopoimens

sechste Strategie (189/8) schloß sich unmittelbar an die
fünfte an. Die Wiederwahl erfolgte im Herbst 189 und
wird hier nachgetragen. Eine solche unmittelbare Wiederwahl des Strategen war ungewöhnlich. – Bis 217 hatten
die Strategenwahlen der Achäer regelmäßig im Frühjahr
stattgefunden; in diesem Jahr wurde bereits im Herbst ein
neuer Stratege eingesetzt. Seitdem begann die Amtszeit der
achäischen Strategen regelmäßig im Herbst.

33, 1: *bei Frühlingsanfang:* Die militärischen Operationen begannen erst nach der Rückkehr der Gesandten etwa Mitte
April.

9: *auf dem Kapitol, in Olympia, auf der Akropolis von
Athen:* Der Text des Vertrages war an diesen Orten aufge-
stellt. Vertragstexte standen häufig in Heiligtümern, vgl.
XXVI 24,14; XLII 12,6.

34, 1: *ihre Mauern:* Siehe XXXIV 27,2 m. Anm.

2: *die Sklaven, die die Tyrannen freigelassen hatten:* Siehe
zu XXXIV 27,2.

3: *die Gesetze und die Bräuche des Lykurgos aufheben:* Von
dem Anschluß Spartas an den Achäischen Bund 192
(XXXV 37,2) war seine Verfassung nicht betroffen worden.

4: *nichts traf sie schwerer:* Die zurückgeführten Verbannten
machten natürlich ihre Ansprüche geltend.

5: *in Tegea auf der allgemeinen Bundesversammlung der
Achäer:* Eine außerordentliche Bundesversammlung im
Sommer 188.

7: *Megalopolis* war die Vaterstadt Philopoimens.

7: *die die Spartaner zerstört hatten:* Kleomenes hatte 223
Megalopolis, das dem Achäischen Bund angehörte, überfallen und zerstört (Polyb. 2,55,2–7; Plut., Kleom. 23,1
– 25,1; Paus. 8,27,15–16).

8: *Belbina* lag im Grenzgebiet von Sparta und Arkadien. Sowohl Sparta wie Megalopolis beanspruchten das Gebiet für
sich.

8: *das die Tyrannen der Spartaner zu Unrecht besessen hatten:* Kleomenes hatte 229 das Athenaion bei Belbina besetzt (Plut., Kleom. 4,1–2), Antigonos 224 die spartanischen Besatzungen wieder vertrieben und das Gebiet den
Bewohnern von Megalopolis zurückgegeben. Nach der
Einnahme und Zerstörung von Megalopolis 223 (s. zu

§ 7) kam das Gebiet wieder an Sparta (Polyb. 2,61,9–10),
nach der Schlacht von Sellasia (222) wieder an Megalopolis. Machanides oder Nabis scheint sich das strittige Gebiet
dann wieder angeeignet zu haben.

8: *aufgrund eines Beschlusses der Achäer...:* Philipp II. war
nach dem Sieg bei Chaironeia 338 in die Peloponnes gekommen, um die Verhältnisse dort zu ordnen. Dabei mußten die Spartaner das Gebiet um Belbina an Megalopolis
abtreten (Polyb. 2,48,2; vgl. 9,28,7; 18,14,6–7). Es handelte sich dabei aber nicht um einen Beschluß der Achäer;
die formale Regelung erfolgte durch den Korinthischen
Bund (Polyb. 9,33,12; Just. 9,5,1–3).

35, 1: *von der Versammlung aus:* In Wirklichkeit begab sich der
Konsul von Kephallania aus für kurze Zeit zur Durchführung der Wahlen nach Rom. Die Belagerung von Same ging
unterdessen weiter.

1: *die Wahl seines Gegners M. Aemilius... vereitelt:* Vgl.
XXXVII 47,6–7.

4: *Tempel des Herkules:* Der Tempel des Hercules Magnus
Custos im Bezirk des Circus Flaminius.

4: *ein vergoldetes Sechsgespann:* Vgl. XXXV 41,10.

4: *es erhielt die Inschrift:* Livius scheint die Inschrift selbst
gesehen zu haben.

4: *ein Konsul:* Nicht nur ein amtierender, sondern auch ein
ehemaliger Konsul durfte diesen Titel auf eine Inschrift
setzen.

5: *zwölf vergoldete Schilde:* Vgl. XXXV 10,12; 41,10.

5: *Getreidehändler ... verurteilten:* Die Ädilen hatten auch
die Verantwortung für die Getreideversorgung der Stadt.

6: *getrennt Anklage erhoben:* Gewöhnlich taten sie das zusammen, z. B. XXXV 10,11 f.; 41,9 f.

7: *an den Iden des März:* Am 21. November 189 des Julianischen Kalenders.

9: *und 1200 Reiter:* Wahrscheinlich für beide zusammen,
also 600 für jeden.

36, 4: *am hellichten Tag... eine Finsternis ausgebrochen:* Diese
Finsternis trat am 17. Juli 188 des Julianischen Kalenders ein, d. h. am 13. November des damaligen römischen
Jahres. Die Beamten brachen nach dem annalistischen Bericht in diesem Jahr also verhältnismäßig spät in ihre Aufgabengebiete auf; vgl. auch § 10.

5: *im Vorjahr:* Vgl. XXXVIII 28,4.

6: *sie zu behalten:* Mit der Verleihung des *ius conubii* waren die bestehenden Verbindungen noch nicht legitimiert; dies mußte gesondert geschehen. – Zur früheren Rechtssituation der Kampaner s. XXXI 31,11.

6: *die Kinder, die vor diesem Tag geboren seien:* Kinder aus der Verbindung eines Kampaners mit einer römischen Bürgerin waren römische Bürger, aber nach römischem Recht nicht *iusti liberi* ihres Vaters (Gajus, inst. 1,68); sie konnten ihn daher nach römischem Recht auch nicht beerben.

7: *schlug vor:* Solche Vorschläge wurden durch öffentlichen Aushang an drei Markttagen publiziert, ehe sie verhandelt werden konnten.

7: *das Stimmrecht erhalten:* Siehe dazu K. Christ, Krise und Untergang der römischen Republik 103 ff.

7: *vorher:* Formiae und Fundi seit 338 (VIII 14,10), Arpinum seit 303 (X 1,3).

10: *258 318 Bürger:* Vgl. XXXV 9,2.

37, 1: *in dem Winter, in dem dies in Rom geschah:* Die Fortsetzung des Berichts über die Ereignisse in Kleinasien schließt sich genau an XXXVIII 27,9 an, wo Cn. Manlius das Winterlager 189/188 in Ephesos bezieht. Die zuletzt aus Rom berichteten Ereignisse fallen dagegen in den Hochsommer 188 (s. zu XXXVIII 36,4).

1: *zunächst als Konsul, dann als Prokonsul:* Siehe zu XXXVIII 35,7.

5: *von den Galliern selbst:* Manlius hatte sie aufgefordert, nach Ephesos zu kommen (XXXVIII 27,9).

5: *Ariarathes* hatte nicht nur Antiochos, sondern auch die Gallier unterstützt (XXXVIII 26,4).

6: *König Eumenes* war noch nicht aus Rom zurück, vgl. XXXVII 52,1 ff.

7: *aufgrund des mit L. Scipio getroffenen Abkommens:* Vgl. XXXVIII 13,8 m. Anm.

8: *entsühnte:* Vgl. XXXVIII 12,2 m. Anm.

9: *2500 Talente Silber:* Entsprechend der mit L. Scipio getroffenen Vereinbarung (XXXVII 45,14).

10: *zu diesem Termin:* Nach Polyb. 21,42,5 erhielt der Kommandant schon nach wenigen Tagen den Befehl des Antiochos zur Räumung der Stadt.

11: *nach Oroanda, um den Rest des Geldes einzufordern:* Siehe XXXVIII 18,2; 19,1.

11: *nach Ephesos gekommen:* Nach Polyb. 21,42,6 im Frühsommer 188.

38, 1: *Der Vertrag mit Antiochos* enthält als Kernstück die Friedensbedingungen des L. Scipio (XXXVII 45,14–18), die vom Senat und vom Volk in Rom gutgeheißen worden waren (XXXVII 55, 1–3), dazu eine Reihe von Einzelbestimmungen.

4: *bis zum Halys und von diesem Tal bis zu den Kämmen des Tauros, wo er sich nach Lykaonien hin neigt:* Damit ist eine Demarkationslinie vom Schwarzen Meer bis zum Tauros gezogen; die Grenzziehung vom Halys bis zum Tauros ist allerdings nicht ganz klar.

9: Der *Kalykadnos* ist in Wirklichkeit ein Fluß (heute Gök Su); Livius hält ihn irrtümlich für ein Vorgebirge, ebenso Appian, Syr. 39.

13: *12 000 attische Talente:* Von den 15 000 Talenten (XXXVII 45,14) waren 3000 schon bezahlt.

14: *für das Getreide, das sich aus der Schätzung ergibt, 127 Talente:* Eumenes erklärte sich damit einverstanden, daß Antiochos ihm statt der noch ausstehenden Getreidelieferungen (s. XXXVII 45, 15) den genannten Betrag zahlte.

17: *oder ... durch Krieg:* Zusatz des Livius, der dem übrigen Wortlaut des Vertrages widerspricht; s. H. Tränkle, Livius und Polybios 183.

18: *Hannibal* war inzwischen nach Gortyn auf Kreta geflohen (Nep., Hann. 9; Plut., Flam. 20,4; Just. 32,4,3–5).

39, 1: *Q. Minucius Thermus* ist einer der zehn Kommissare.

1: *von Oroanda zurückkehrte:* Siehe XXXVIII 37,11.

2: *die Schiffe des Königs, die dort lägen:* Siehe XXXVII 45,2.

3: *Telmessos:* Vielleicht hatte die Stadt sich empört, weil sie im Gegensatz zu den anderen lykischen Städten Pergamon zugesprochen worden war (s. XXXVII 56,4).

6: *die Hälfte des geforderten Geldes:* Siehe XXXVIII 37,6.

7: *bestimmten die zehn Kommissare:* Aufgrund der vom Senat gegebenen Anweisungen, s. XXXVII 56,1 ff.

7: *denen erließen sie alle Abgaben:* Sie erhielten natürlich auch die Freiheit (XXXVII 55,6). – Außer den bei Livius erwähnten Städten führt F. W. Walbank, Comm. III 167 folgende an: Side, Aspendos und Termessos in Pamphylien;

das pisidische Antiocheia; Alabanda und Jasos (?) in Karien; Herakleia am Latmos und Magnesia am Mäander in Jonien sowie Parion in der Troas. Vgl. auch E. Bikerman, REG 50, 1937, 236–239 und H. H. Schmitt, Untersuchungen ... 278 ff.

8: *die auf der Seite des Antiochos gestanden hatten:* Nach F. W. Walbank, Comm. III 169 sind die Städte Tralleis, Nysa, Ephesos, Telmessos, Magnesia am Sipylos, Thyateira, Skepsis, Abydos und Priapos gemeint. Vgl. H. H. Schmitt, Untersuchungen ... 279 ff.

8: *König Attalos tributpflichtig gewesen waren:* Das betrifft wahrscheinlich Temnos und Aigai; s. E. Bikerman, REG 50, 1937, 221 und H. H. Schmitt, Untersuchungen ... 283. Die Städte, die am Tag von Magnesia oder vor dem Krieg frei waren, sind von dieser Anordnung nicht betroffen, s. XXXVII 56,2.4.

8: *den Bürgern von Kolophon ...:* Die im folgenden aufgeführten Gemeinden werden für ihre Hilfe und ihre Treue noch besonders belohnt. Unter diesen Gemeinden sind auch zwei (Kyme und Phokaia), die vorübergehend von Rom abgefallen waren.

10: *in Erinnerung an ihre Ursprünge:* Vgl. XXXVII 37,3.

13: *in dem früheren Beschluß:* XXXVII 56,5/6.

13: *mit Ausnahme von Telmessos:* Natürlich ebenfalls mit Ausnahme der oben angeführten Städte, die unabhängig sein sollten, sowie der freien Städte Myndos, Halikarnassos und Knidos, die im Krieg gegen Antiochos die Römer und Rhodier unterstützt hatten (XXXVII 10,11; 16,2; 22,2). – Unklar ist der Status von Bargylia und Pedasa.

14: *König Eumenes:* Vgl. XXXVII 56,2–4.

17: *ein Teil davon diesseits, ein Teil jenseits des Tauros:* Livius hat den Polybios-Text ungenau wiedergegeben. Polybios sagt 21,45,11, nach der von Eumenes vertretenen Ansicht liege Pamphylien diesseits, nach Ansicht der Gesandten des Antiochos jenseits des Tauros. Diese Auseinandersetzung konnte entstehen, weil im Friedensvertrag nicht geklärt war, ob Tauros im weiteren Sinn (die Gebirgszüge im Süden Anatoliens) oder im engeren Sinn (der Kilikische Tauros) zu verstehen sei. – XXXVIII 37,9–11 war diese Frage im Fall von Perge bereits im Sinn der von Eumenes vertretenen Ansicht entschieden worden.

40, 3: *setzte er ... nach Europa über:* Im Spätsommer 188, s. App., Syr. 43.

41, 1: *Mendis:* Dialektform des Namens der thrakischen Göttin Bendis.

12: *Muttines* war 210 auf die Seite der Römer getreten und hatte ihnen Agrigent übergeben (XXVI 40).

42, 1: *fast am Ende des Jahres:* Im Herbst des natürlichen Jahres 188.

2: *am 18. Februar:* Am 17. Oktober des Julianischen Kalenders.

7: *auf Anordnung des Stadtprätors:* Wahrscheinlich aufgrund eines Senatsbeschlusses, vgl. Cic., De orat. 1,181.

7: *den Gesandten übergeben und nach Karthago abgeführt:* Vgl. I 14, 1–4.

8: *an dem Tage ...:* Am Tag ihres Amtsantritts am 15. März, d. i. am 11. November des Julianischen Kalenders.

9: *der Konsul Lepidus:* Der Antrag des Lepidus ist sowohl Zeichen seines Ehrgeizes wie auch seiner feindseligen Gefühle gegenüber den beiden im Osten kommandierenden Prokonsuln. Über seine Gefühle gegenüber M. Fulvius Nobilior s. XXXVIII 43,1; auf Cn. Manlius Volso war er eifersüchtig, weil dieser das Konsulat erhalten hatte, um das er sich selbst vergeblich beworben hatte (XXXVII 47,7).

11: *trügen den Schrecken des Krieges zu Völkern, denen man nicht den Krieg erklärt habe, und verkauften den Frieden für Geld:* Diese Vorwürfe können mit einem gewissen Recht nur gegenüber Cn. Manlius erhoben werden. Vgl. XXXVIII 45, 5–7. 9.

13: *Manlius* hatte sein Heer schon bis Apollonia zurückgeführt und überwinterte dort. Das muß beim Amtsantritt des M. Aemilius Lepidus und des C. Flaminius in Rom bekannt gewesen sein.

13: *Fulvius* wartete trotz dieses Senatsbeschlusses noch eine Reihe von Monaten mit seiner Rückkehr, um einem Zusammenstoß mit M. Aemilius Lepidus in dessen Konsulat aus dem Wege zu gehen (s. XXXIX 4,1; 5,13).

43, 1: *daß er zwei Jahre später Konsul geworden sei:* Siehe XXXVII 47,6–7 und XXXVIII 35,1.

8: *M. Marcellus von den Syrakusanern verklagt:* XXVI 26, 5–9; 29,2 – 32,8.

8: *Q. Fulvius von den Kampanern verklagt:* XXVI 27,10–17; 33,1 – 34,13.

10: *die Einnahme von Ambrakia:* Bei den Triumphzügen wurden Bilder von den Erfolgen der Feldherrn mitgeführt.

44, 6: *als sei Ambrakia nicht mit Gewalt eingenommen worden:* Dieser Streit fand seine Fortsetzung nach der Rückkehr des M. Fulvius Nobilior XXXIX 4,1 - 5,6.

9: *nach dem Aufbruch der Konsuln . . .:* Sowohl der Aufbruch der Konsuln wie die Rückkehr des Cn. Manlius Volso fallen ins Frühjahr 187.

45, 3: *den Tauros überschreiten:* Das kann nur in Pamphylien gewesen sein (XXXVIII 15,5–6); vgl. zu XXXVIII 39,17.

3: *in den Sprüchen der Sibylle:* Die unter diesem Namen umlaufenden Prophezeiungen dürfen nicht mit den *libri Sibyllini* verwechselt werden, die im kapitolinischen Tempel aufbewahrt wurden.

46,11: *hat man doch noch die Frage gestellt . . .:* XXXI 8,3–4; XXXVI 3,7–12.

47, 1: *die Volkstribunen:* Siehe XXXI 20,5; XXXII 7,4; XXXIII 22,2 ff.; XXXV 8,9; XXXVI 39,6 ff.

5: *vor kurzem erst:* Das war vor etwa 1¹/₂ Jahren gewesen.

5: *er hat triumphiert:* Nach den Fasti triumphales triumphierte Q. Fabius am 5. Februar 188 des römischen Kalenders als Flottenbefehlshaber über König Antiochos. – Über seine Tätigkeit s. XXXVII 60,1-7 und XXXVIII 39, 2–4. Von der Auseinandersetzung über seinen Triumph und von dem Triumph selbst hat Livius in seinem Bericht über die Ereignisse am Ende des Jahres 189/8 in Rom nichts mitgeteilt.

5: *einen ungerechten Krieg geführt:* Vielleicht hielt man ihm die Einnahme von Telmessos (XXXVIII 39,3) vor.

12: *als Menschenopfer hingeschlachtet:* Von Menschenopfern bei den Galliern wird auch sonst mehrfach berichtet, s. Sopatros bei Ath. 4, p. 160 e; Cic., Font. 31; rep. 3,15; Caes. Gall. 6,16,2–5; 6,17,3; Diod. 5,31,3; 5,32,6; 31,13; Dion. Hal., ant. 1,38; Strab. 4,4,5 (p. 198); Lucan. 1,444 ff.; Tac., ann. 14,30,3; Flor. 1,39,2; Amm. Marc. 27,4,4.

48, 2: *einst:* Die Gallier unter Brennos gelangten 279 bis Delphi, konnten das Heiligtum aber nicht plündern. – Vgl. zu XXXVIII 16,1.

13: *mit günstigem Ausgang, aber nach einem verkehrten Plan:* Auch bei Val. Max. 2,7, ext. 1 erwähnt.

49, 2: *an den Thermopylen:* Zum römischen Sieg trug hier allerdings auch die Umgehung des Gegners bei.

3: *am Aoos:* In der Schlacht am Aoos spielt die Umgehung des Gegners eine noch größere Rolle als an den Thermopylen.

50, 1: *wenn sie nicht den Wortwechsel bis zu später Stunde hingezogen hätten:* Dadurch konnte nicht mehr abgestimmt werden.

5: *Den P. Scipio Africanus luden, wie Valerius Antias berichtet, die beiden Q. Petilius vor Gericht:* Valerius Antias verknüpft einen Vorfall im Senat aus dem Jahre 187 mit dem Prozeß gegen P. Cornelius Scipio aus dem Jahre 185/4. 187 forderten die beiden Petilier, damals Volkstribunen, im Senat von L. Scipio Rechenschaft über das Geld, das er vor Abschluß des Vertrages von Antiochos für Soldzahlungen erhalten hatte. P. Scipio wies die Forderung zunächst mit der Bemerkung zurück, er habe zwar die Belege, habe es aber nicht nötig, jemand darüber Rechenschaft abzulegen. Als die Petilier jedoch hartnäckig auf ihrer Forderung bestanden, ließ er das Rechnungsbuch holen und zerriß es vor den Augen des Senats mit den Worten, die Petilier sollten sich die gewünschte Auskunft in den Fetzen suchen; den Senat aber fragte er, wieso sie über die 3000 Talente von ihm Rechenschaft verlangten, aber von den 15 000 Talenten nicht redeten, die sie durch ihn von Antiochos erhielten. [Hauptquelle für diese Szene: Polyb. 23, 14,7–11; dazu Liv. XXXVIII 55,10–12; Val. Max. 3,7, 1d und Gell. 4,18,7–12. Der bei Polybios genannte Betrag von 3000 Talenten ist für Soldzahlungen an die römischen Truppen viel zu hoch, auch wenn man berücksichtigt, daß L. Scipio seinen Soldaten nach dem Sieg bei Magnesia und nach dem Triumph einen doppelten Jahressold auszahlen ließ (XXXVII 59,6). Möglicherweise hat Polybios das von Antiochos für Soldzahlungen erhaltene Geld mit den 3000 Talenten in Verbindung gebracht, die Antiochos im ersten Jahr nach seiner Niederlage an L. Scipio und an Cn. Manlius Volso auszahlte.] – Die Klage gegen P. Cornelius Scipio erfolgte erst 185/4 durch den Volkstribunen M. Naevius (vgl. XXXVIII 56,2.6). Die Darstellung des Livius bringt bis Kap. 53 Einzelheiten aus diesem Prozeß nach Valerius Antias.

7: *Hannibal in die Verbannung geschickt habe:* 195, s. XXXIII 45,6 – 49,7.

51, 1: *die alten Vorwürfe einer üppigen Lebensweise im Winterlager von Syrakus:* Siehe XXIX 19,11–13.

1: *die Wirren in Locri um Pleminius:* Siehe XXIX 8,6 – 9,12; 16,4 – 22,9.

1: *beschuldigten sie den Angeklagten:* Nach App., Syr. 40 und Gell. 4,18,3 lautete die Anklage auf Hochverrat: P. Scipio habe sich von Antiochos bestechen lassen und diesem dafür günstige Friedensbedingungen gewährt. – Zu dem Zusammenhang dieses Prozesses mit den Zensorenwahlen für 184 s. D. Kienast, Cato der Zensor 66 f.

2: *sein Sohn sei aus der Gefangenschaft ohne Lösegeld zurückgegeben worden:* Siehe XXXVII 36,1–2. 6–8; 37,6–8.

2: *als wenn einzig und allein in seiner Hand der Friede und der Krieg mit Rom liege:* Siehe XXXVII 34,8; 36,1.

3: *Gallien:* Siehe XXXIV 48,1.

11: *von meinem siebzehnten Lebensjahr an:* Als Siebzehnjähriger nahm Scipio an der Schlacht am Ticinus (218) teil, s. XXI 46,7–10.

11: *die Übertragung eurer Ämter:* 216 war Scipio Kriegstribun (XXII 53), 211 wurde er mit 24 Jahren nach dem Tode seines Vaters und seines Onkels Oberbefehlshaber in Spanien, 205 Konsul, 199 Zensor und Princeps senatus.

11: *meine Taten:* Vor allem die Eroberung Spaniens und die siegreiche Beendigung des 2. Punischen Krieges.

14: *Triumph über König Syphax und die Karthager:* XXX 45,2–7.

52, 1: *Anfeindung und Kämpfe:* Scipio dürfte erkannt haben, daß man ihm auf die Dauer das Sonderrecht, das er für sich in Anspruch nahm, nicht einräumen würde.

4: *die Tribunen ... erkannten diese Entschuldigung nicht an:* Die Bemühungen des Anklägers, nachdem Scipio Rom den Rücken gekehrt hatte, seine Anwesenheit beim Prozeß zu erzwingen, dürften Annalistenerfindung sein; vgl. App., Syr. 40.

7: *Volkstribunen und einen Ädil nach Sizilien zu schicken:* Siehe XXIX 20, 4–8.

8: *an die anderen Volkstribunen appellierte:* Dieser Appell an die anderen Volkstribunen und ihre Erklärung sowie die besondere Erklärung des Tib. Gracchus sind aus dem Verfahren gegen L. Scipio (s. XXXVIII 58,3 - 60,7 und Gell. 6,19) entlehnt.

53, 8: *auf dem Sterbebett:* Scipio starb bald darauf 184 oder 183; s. XXXIX 52,1–6 m. Anm.

54, 1: *durch den Tod des Africanus:* Der Zeitansatz des Valerius Antias für den Tod des Africanus ist falsch, ebenso seine Erklärung der Hintergründe des Verfahrens gegen L. Scipio. Der im folgenden dargestellte Prozeß gegen L. Scipio wegen Unterschlagung von Staatseigentum fand 187 bald nach dem Zwischenfall im Senat zu Lebzeiten seines Bruders statt.

1: *M. Porcius Cato:* Zu Catos Rolle bei dem Verfahren gegen L. Scipio s. D. Kienast a.a.O. 64.66.

2: *einen Gesetzesvorschlag veröffentlichten:* Die Veröffentlichung eines solchen Gesetzesvorschlags geschah durch öffentlichen Aushang, s. zu XXXVIII 36,7. Der Gesetzesvorschlag der Petilier dürfte bald nach dem zu XXXVIII 50,5 mitgeteilten Zwischenfall eingebracht worden sein.

55, 2: Die *Filzkappe* ist das Zeichen der Freigelassenen.

2: *so wie er im Triumphzug mitgezogen sei:* XXX 45,5.

3: *allzu wohlwollend oder gehässig:* Nach XXX 45,5 hat Q. Terentius Culleo den P. Cornelius Scipio lebenslang verehrt.

5: *seine Legaten ...:* Diese Untergebenen des L. Scipio sind weiter nicht bekannt, die Anklage gegen sie ist vielleicht Annalistenerfindung.

6: *damit Antiochos ein Frieden zu verhältnismäßig angenehmen Bedingungen bewilligt wurde:* Valerius Antias, der den Prozeß gegen L. Scipio auf den gegen P. Scipio folgen läßt, hat hier (ebenso XXXVIII 58,11 und 59,1–7) das Motiv der Bestechlichkeit und der Verschacherung des Friedens aus der Anklage des M. Naevius gegen P. Scipio (s. zu XXXVIII 51,1) fälschlich für den Prozeß seines Bruders übernommen. Bei dem Verfahren gegen L. Scipio ging es aber im Anschluß an den Zwischenfall im Senat nur um die Frage, was mit dem von Antiochos erhaltenen Geld geschehen sei (s. auch XXXVIII 54,3/4 und 58,2).

9: *daß das Gewicht des Silbers größer gewesen ist als das des Goldes ...:* W. Weissenborn nimmt an, Livius wolle damit sagen, der Abschreiber habe die Gold- und Silberpfunde miteinander verwechselt, es habe bei Valerius Antias geheißen: 480 Pfund Gold und 6000 Pfund Silber. 1 Pfund Gold wird zu 4000 Sesterzen gerechnet, 1 Pfund Silber zu 336. Denn würden die überlieferten 6000 Pfund Gold genau 24 000 000 Sesterzen entsprechen, auf die Umrechnung des Silbers wäre dabei verzichtet. Bei Vertauschung der Pfundzahlen ergeben 480 Pfund Gold 1 920 000 Sesterze, 6000 Pfund Silber 2 016 000 Sesterze, zusammen rund 4 000 000 Sesterze.

10: *P. Scipio:* In Wirklichkeit L. Scipio, s. zu XXXVIII 50,5.

10: *die Abrechnung über eine so große Summe:* Diese Angaben (4 000 000 Sesterze = 106²/₃ Talente; 200 000 000 Sesterze = 8500 Talente) stammen wahrscheinlich aus einem anderen Annalisten (Claudius Quadrigarius?) und weichen erheblich von den bei Polybios überlieferten Zahlen ab (3000 Talente bzw. 15 000 Talente, s. zu XXXVIII 50,5).

13: *die Quästoren nicht wagten:* Diese Episode fällt wahrscheinlich in Supios zweites Konsulat (s. F. W. Walbank, Comm. III 244); sie ist auch bei Polyb. 23,14,5–6 überliefert.

13: *daß sie geschlossen wurde:* Der Sinn ist wohl: er habe so viel in das vorher leere Aerarium gebracht, das es nötig gewesen sei, dieses zu schließen. (W. Weissenborn)

56, 2: *hinsichtlich des Anklägers, ... hinsichtlich des Zeitpunktes:* Siehe zu XXXVIII 50,5.

2: *hinsichtlich seines Todesjahres:* Valerius Antias setzt den Tod Scipios ins Jahr 187, Polybios und Rutilius 183/2; Livius selbst entscheidet sich XXXIX 52,1–6 für Anfang 184.

3: *in Liternum ein Grabmal:* Vgl. Strab. 5,4,4 (p. 243). – Nach Val. Max. 5,3,2b trug das Grab Scipios die von ihm selbst verfaßte Aufschrift:
Ingrata patria, ne ossa quidem mea habes.
Undankbare Vaterstadt, nicht einmal meine Gebeine hast du.

8: *Africanus als Legat in Etrurien:* Nach P. Fraccaro, I processi degli Scipioni, Studi storici 4,1911,312 ff. handelt es sich bei dieser Überlieferung um eine Erfindung aus der Zeit Caesars.

10: *gerade darüber beklagt sich Tib. Gracchus:* Auch bei dieser Rede handelt es sich nach P. Fraccaro a.a.O. um eine

Erfindung aus der Zeit Caesars; schon Livius scheint an der
Echtheit dieser Rede gezweifelt zu haben; s. auch H. Malcovati ORF² 98 und H. H. Scullard, Roman Politics² 282.

12: *weil es ihn zum Konsul für alle Zeit und zum Diktator
habe machen wollen:* Vgl. Val. Max. 4,1,6.

12: *er habe verhindert, daß ihm ... Standbilder errichtet wurden:* Vgl. Val. Max. 4,1,6.

13: *er habe verhindert, daß man beschloß, sein Bildnis...
herauskommen zu lassen:* Das geschah dann später doch,
s. Val. Max. 8,15,1 und App., Hisp. 23.

57, 2: *daß die jüngere von den beiden Töchtern Scipios mit diesem Gracchus verheiratet war:* Aus dieser Ehe gingen
zwölf Kinder hervor, darunter die beiden berühmten
Volkstribunen Tiberius und Gaius Sempronius Gracchus
sowie Sempronia, die Gattin des Scipio Aemilianus.

3: *erst nach dem Tode ihres Vaters:* Plut., Tib. Gracch. 4,4
versichert, daß die Verbindung erst nach Scipios Tod zustande kam, und beruft sich dafür auf Polybios. – Die
Anekdote von der Verlobung der Tochter ohne Wissen der
Mutter erzählt Plut., Tib. Gracch. 4,1–3 ebenfalls, aber
nicht von P. Cornelius Scipio und unserem Tib. Sempronius
Gracchus, sondern von App. Claudius und Tib. Sempronius
Gracchus dem Sohn. – Auch in der von Livius mitgeteilten Form war die Anekdote weit verbreitet, s. Cic., inv.
1,19; Sen., contr. 5,2,2; Val.Max.4,2,3; Gell. 12,8,1–4;
Dio 19, frg. 65.

4: *Feindschaft:* Nach XXXVII 7,11 herrschte zum mindesten
während des Jahres 190 zwischen den Scipionen und Gracchus kein gespanntes Verhältnis. Wahrscheinlich ist die
Überlieferung von der Feindschaft zwischen ihnen überhaupt nur eine Erfindung späterer Historiker, die die
Spannungen zwischen den beiden jüngeren Gracchen und
Scipio Aemilianus auf die ältere Generation übertrugen;
s. dazu H. H. Scullard, Roman Politics² 296.

58, 1: *nachdem der Prätor ...:* Hiermit kehrt Livius wieder zu
der 55,8 unterbrochenen Darstellung des Valerius Antias
zurück.

2: *schickte man sich an, ihn ins Gefängnis zu führen:* Er
sollte in Beugehaft genommen werden.

3: *P. Scipio Nasica:* Nach XXXVIII 53,8 und Gell. 6,19,3
appellierte P. Scipio Africanus an die Tribunen. Valerius

Antias hat an seine Stelle den Vetter der Scipionen gesetzt, weil bei ihm der Africanus schon vor dem Verfahren gegen seinen Bruder gestorben ist.

4: *Cn. und P. Scipio,* die Konsuln von 222 und 218, waren Brüder.

5: *eine Reihe von Jahren:* Cn. Cornelius Scipio seit 218 (XXI 32,3), P. Cornelius Scipio seit 217 (XXII 22,1).

6: *zuletzt beide für ihr Vaterland den Tod gefunden:* 211 (XXV 34,11; 36,13 f.).

7: *von göttlicher Herkunft:* Vgl. XXVI 19,7 f. und Sil., Pun. 13,634 ff.; Gell. 6,1,1–5; Vir. ill. 49,1.

8: *in Spanien:* Siehe XXVIII 3.

8: *in Afrika:* Vgl. Vir. ill. 53,1.

8: *für würdig befunden worden...:* Siehe XXXVII 1,7 ff.

10: *Hannibal* hatte aber an der Schlacht bei Magnesia nicht teilgenommen.

11: *die Mitglieder der Zehnerkommission beschuldigt:* Da keiner von ihnen Anklage gegen die Scipionen erhoben hatte, wie sie es gegenüber Cn. Manlius getan hatten.

59, 3: *Triumphzug des L. Scipio:* XXXVII 59,1–6.

8: *die so vielen Erbschaften:* Erbschaften stehen hier sprichwörtlich für ohne Anstrengung erworbenes Gut, vgl. Festus p. 370 Lindsay.

9: *aus dem Körper und dem Rücken des L. Scipio durch Mißhandlung ... zu bekommen suchen:* Körperliche Züchtigung als Zwangsmittel gab es zur Zeit des Prozesses nicht mehr. Die dem Bericht zugrunde liegende Rede ist eine freie Erfindung aus späterer Zeit (s. zu XXXVIII 56,10).

10: *im tiefsten Kerkergewölbe ... sein Leben aushauche und dann nackt vor den Kerker geworfen werde:* Auch dieses Schicksal hatte keiner dem L. Scipio zugedacht.

60, 1: *dagegen verlas der Prätor...:* Dadurch sollten die Volkstribunen bewegt werden, gegen seine Entscheidung nicht einzuschreiten.

10: *der Haß hatte sich von den Scipionen auf den Prätor... gerichtet:* Die politische Rolle des L. Scipio war nach diesem Prozeß nicht zu Ende. Er konnte 186 glänzende Spiele feiern (XXXIX 22,8–10) und bewarb sich um die Zensur für 184 (XXXIX 40,2).

10: *Beirat:* Die Beisitzer des Prätors im Gericht, die ihn bei seinen Entscheidungen berieten.

EINFÜHRUNG
IN DIE BÜCHER XXXV–XXXVIII
DES LIVIUS

Das Hauptthema der Bücher XXXV–XXXVIII bildet die Auseinandersetzung Roms mit den Ätolern und Antiochos III. von Syrien. Die Vorgeschichte dieses Krieges reicht weit in die vorausgegangenen Jahre zurück und zieht sich wie ein roter Faden durch die Livianische Darstellung der Ereignisse nach der Schlacht bei Kynoskephalai.

Die Ätoler, in ihren Erwartungen enttäuscht, fühlten sich von den Römern ausgenutzt und um den Lohn für ihre Waffenhilfe betrogen, steigerten ihre Unzufriedenheit zum erbitterten Haß, nahmen immer wieder gegen die Römer Stellung und suchten sich selbst als die wahren Vorkämpfer für die Freiheit der Griechen hinzustellen[1]. Die Römer unternahmen dagegen zunächst weiter nichts, als daß sie die Ätoler ihre Empörung und Verachtung spüren ließen und sie bei den Griechen zu isolieren suchten.

Antiochos' Vordringen nach Westen seit 197, mit dem er das Seleukidenreich in seinem alten Umfang von 281 wiederherstellen wollte – soweit nicht inzwischen neue Verhältnisse geschaffen worden waren wie im Fall von Pergamon –, weckte bei den Römern, die über seine Absichten im unklaren waren, tiefe Besorgnis. In den Verhandlungen, die sie seit 196 mit dem König führten, erhoben sie Einspruch gegen seine Anwesenheit in Europa und gegen sein Vorgehen gegen die freien Griechenstädte in Kleinasien, die sich seiner Macht nicht beugen wollten. Die Römer blieben auch bei diesem Einspruch, als sie erkannten, daß sie jedenfalls im Augenblick keine weitergehenden Angriffsabsichten des Königs zu befürchten hatten. Dabei war die Ausschaltung des seleukidischen Einflusses auf Europa ihnen wichtiger als die Freiheit der Grie-

---

1 Siehe Band VII, S. 540.

chenstädte in Kleinasien. In aller Deutlichkeit zeigt das der Kom-
promißvorschlag des T. Quinctius Flamininus bei den geheimen
Verhandlungen in Rom im Frühjahr 193: man werde dem König
in Kleinasien freie Hand lassen, wenn er seine europäischen Besitzungen aufgebe. Die syrischen Gesandten lehnten den Vorschlag
ab, schon weil sie keine so weitgehenden Vollmachten hatten. Daraufhin verkündete der Römer dann am nächsten Tag im Senat
in Anwesenheit vieler ausländischer Gesandtschaften, das römische
Volk werde sich Antiochos gegenüber ebenso für die Freiheit der
griechischen Gemeinden einsetzen, wie es es Philipp gegenüber
getan habe[1].

Sobald Livius in Buch XXXV in seinem fortlaufenden Bericht
über die Ereignisse des Jahres 193 auf die Ätoler zu sprechen
kommt, macht er mit Nachdruck deutlich, daß es sich hier um die
ärgsten Feinde Roms in dieser Zeit handelt. Da sich 194 ihre Erwartung nicht erfüllt hatte, Antiochos werde nach dem Abzug der
Römer sogleich nach Griechenland kommen, beschlossen sie im
Frühsommer 193 auf der Bundesversammlung in Naupaktos, sich
um eine große Koalition gegen die Römer zu bemühen, und schickten deswegen Gesandte zu Nabis, Philipp und Antiochos. Während Philipp und Antiochos sich dadurch nicht beeinflussen ließen,
trat Nabis noch im gleichen Sommer in Aktion und suchte die
Städte an der Küste Lakoniens, die er nach seiner Niederlage 195
hatte abtreten müssen, durch Aufwiegelung, Bestechung, Mord
und offene Gewalt wieder in seine Hand zu bringen. Sogleich
schickten die Achäer eine Gesandtschaft nach Rom, um diese Vorfälle zu berichten. Zum Einsatz gegen Nabis wurde daraufhin eine
römische Flottenabteilung aufgestellt, die etwa im März 192 in den
peloponnesischen Gewässern auftauchte.

Die nach der gescheiterten Frühjahrskonferenz von Rom abge-
schickte Gesandtschaft des Senats traf im Frühsommer 193 in Kleinasien ein und suchte zunächst Eumenes auf. Der König von Pergamon wollte den Krieg mit Antiochos, wie Livius in aller Deutlichkeit mitteilt, und suchte die Römer in diesem Sinn zu beeinflussen. In Apameia verliefen die Verhandlungen mit Antiochos

---

[1] Siehe Band VII, S. 540 ff.

dann zunächst ähnlich wie die in Rom vor einigen Monaten, mußten aber infolge des Todes von Antiochos' ältestem Sohn unterbrochen werden. Als sie nach einer angemessenen Trauerzeit wieder aufgenommen wurden, jetzt in Ephesos, nahm der König, der voller Hoffnungen in diese Verhandlungen eingetreten, aber durch ihren bisherigen Verlauf enttäuscht war[1], nicht mehr selbst an ihnen teil und überließ die Verhandlungsführung seinem Vertrauten Minnion. Dieser glaubte, daß sein König in der besseren rechtlichen Position sei, und war dazu auch von der militärischen Überlegenheit des Antiochos überzeugt. So trat er den Römern entschieden entgegen und suchte ihre Parole, sie träten für die Freiheit der griechischen Gemeinden ein, als Heuchelei zu entlarven: Die Römer sollten aufhören, mit zweierlei Maß zu messen. Die griechischen Städte in Italien seien zu Leistungen an die Römer verpflichtet, die in Sizilien ständen unter römischer Verwaltung. Das Recht dazu sei den Römern keineswegs zu bestreiten, sie hätten es schließlich im Kampf errungen. Aber gleiches Recht müsse man dann auch für Antiochos gelten lassen. Das Gegenargument der Römer, bei den Griechenstädten in Italien und Sizilien handle es sich um ununterbrochene Rechtstradition, bei den Griechenstädten in Kleinasien aber um eine unterbrochene, wirkt dagegen nur schwach. Um ihre Position zu stützen, ließen sie die Vertreter der kleinasiatischen Gemeinden rufen, die zuvor von Eumenes instruiert worden waren, was sie zu sagen hätten. Die Verhandlungen verloren darüber die Sachlichkeit und mußten abgebrochen werden. Die Römer hatten eine diplomatische Niederlage erlitten und kehrten nach Hause zurück (Herbst 193)[2].

---

1 Livius zieht als weitere Erklärungsmöglichkeit für die Abwesenheit des Königs bei der Fortführung der Verhandlungen den Schmerz über den Tod seines Sohnes in Erwägung. Aber dieser Schmerz hinderte ihn nicht an den Besprechungen mit Minnion.
2 Die Mitteilung, daß Antiochos sogleich nach dem Ende dieser Verhandlungen im Kriegsrat den Entschluß zum Krieg mit Rom gefaßt habe, dürfte nicht den Tatsachen entsprechen. Antiochos faßte diesen Entschluß vielmehr erst im Frühherbst des kommenden Jahres, nachdem ihm der Ätoler Thoas von der Überrumpelung von Demetrias berichtet hatte.

Hier wurden sie mit größter Spannung erwartet. Wenn auch viele in Antiochos den Feind sahen, so hielten doch die maßgebenden Kreise den Krieg noch für vermeidbar. Bei der Rückkehr der Gesandten fand man, daß man keinen Grund zum Krieg mit Antiochos habe.

Aber das Gerede von dem kommenden Krieg mit Antiochos wollte doch nicht verstummen. Manche ließen sich durch das Gerücht beunruhigen, Antiochos plane von Ätolien aus eine Invasion Siziliens. Vorsorglich wurde die Küstensicherung der Insel verstärkt. Als dann Attalos, der Bruder des Eumenes, im Frühjahr 192 nach Rom kam und von Truppenbewegungen des Antiochos und Rüstungen der Ätoler berichtete, erhielten die Gerüchte neue Nahrung. Da man für das kommende Jahr den Ausbruch des Krieges erwartete, wurden die Konsulwahlen früher als sonst angesetzt. Ein römisches Vorauskommando in Stärke von ein paar tausend Mann unter M. Baebius setzte im Spätherbst 192 nach Epirus über.

Wichtiger als die militärischen Sicherheitsmaßnahmen schien es jedoch, dem ätolischen Einfluß in Griechenland entgegenzutreten und zu verhindern, daß die Ätoler die mit Rom befreundeten griechischen Staaten auf ihre Seite zogen. Die Römer wußten, daß sie in jeder Gemeinde auch Feinde hatten. Doch sie glaubten, daß die große Masse der Griechen die Freiheitsproklamation von 196 noch nicht vergessen habe. Nur wenig mehr als ein Jahr war vergangen, seit sie 194 ihre letzten Truppen aus Griechenland abgezogen und damit bewiesen hatten, wie ernst es ihnen mit der Freiheit der Griechen war. Und schon waren hie und da ihre Feinde wieder so mächtig geworden, daß sie auf die Politik ihrer Gemeinde Einfluß gewinnen konnten. Das beständige Hetzen der Ätoler tat seine Wirkung; sie wußten auch die inneren Spannungen in den einzelnen Gemeinden für ihre Zwecke auszunutzen, vor allem die Gegensätze zwischen Arm und Reich. Man kann nur ahnen, wie tief die Enttäuschung der Römer über diese Entwicklung war. Die Politik des Vertrauens schien gescheitert. Um zu retten, was zu retten war, wurde T. Quinctius Flamininus, der wie kein anderer für diese Mission geeignet war, mit einigen anderen Senatoren im Winter 193/2 nach Griechenland geschickt.

Nur der Treue der Achäer war man sich sicher; fast überall sonst brodelte es. Man begab sich zunächst nach Athen, Chalkis und Thessalien; hier genügte das Erscheinen des T. Quinctius zur Einschüchterung der anti-römischen Parteien. In Demetrias aber fand die römische Gesandtschaft eine aufs äußerste gespannte Atmosphäre vor. Man fürchtete, die Römer würden die Stadt an Philipp V. zurückgeben als Preis für dessen erwünschte Unterstützung. Dem gegenüber erschienen vielen Magnesiern Antiochos und die Ätoler als das kleinere Übel. Der römische Versuch, die Furcht der Magnesier zu zerstreuen, mißlang. Aus dem Mund des Magnetarchen Eurylochos fiel das bittere Wort, sie seien nur dem Schein nach frei, in Wirklichkeit müßten sie tun, was die Römer wollten. In dem entstehenden Tumult bat der Römerfreund Zenon die römische Gesandtschaft, dieses Wort eines einzelnen nicht als die allgemeine Meinung anzusehen. Die Stimmung der Versammlung kehrte sich gegen Eurylochos, vor allem aus Furcht vor Vergeltungsmaßnahmen der aufgebrachten Römer. Eurylochos mußte flüchten und begab sich nach Ätolien.

Die Ätoler hatten, nachdem ihr Gesandter im Sommer 193 bei Antiochos nichts erreicht hatte, im Herbst des Jahres abermals einen Gesandten nach Syrien geschickt, diesmal Thoas. Er konnte dem König von der veränderten Situation in Griechenland berichten, wo inzwischen Nabis auf der Peloponnes aktiv geworden war. Der König, der auch über den Mißerfolg der Verhandlungen mit den Römern enttäuscht war, zeigte jetzt mehr Interesse an einer Zusammenarbeit mit den Ätolern und gab dem Thoas bei seiner Rückkehr Menippos als seinen Gesandten mit. Mit diesem Begleiter kam Thoas noch im Winter, kurz vor der Panätolischen Versammlung, nach Ätolien zurück. Hier berichteten beide von angeblichen Kriegsrüstungen des Antiochos und prahlten mit seiner ungeheuren militärischen Macht und seinem ungeheuren Reichtum.

Auch den Römern war klar, daß auf der Panätolischen Versammlung im Frühjahr 192 eine Entscheidung fallen würde. T. Quinctius sorgte daher dafür, daß auch die Athener eine Gesandtschaft dorthin schickten, um die Ätoler an ihre Pflicht gegenüber den Römern zu erinnern. Auf dieser Bundesversammlung berichtete zunächst Thoas kurz über seine Gesandtschaft zu Antiochos. Dann erhielt Menippos das Wort. In seiner Rede, die nicht nur an

die Ätoler, sondern an alle Griechen gerichtet war, nahm er die von
den Römern so feierlich verkündete Parole von der Freiheit der
Griechen auf, mit der diese den Ansprüchen des Antiochos auf die
kleinasiatischen Griechenstädte entgegengetreten waren, und wandte sie gegen die Römer. Zur wahren Freiheit gehöre, daß man auf
eigenen Füßen stehe und nicht von einer römischen Entscheidung
abhängig sei[1]. Solche Freiheit werde Antiochos den Griechen
schenken und ihnen damit die alte Würde wiedergeben.

Die Athener nahmen mit keinem Wort zu den Versprechungen
des königlichen Gesandten Stellung. Entsprechend ihrem Auftrag
erinnerten sie vielmehr die Ätoler an ihre Verpflichtungen und rieten zur Besonnenheit. Man solle die römischen Gesandten herbeirufen und es noch einmal mit Verhandlungen versuchen, ehe es zu
spät sei und es zu einem furchtbaren Krieg komme. Nur mit Mühe
setzten einige besonnene Elemente unter den Ätolern gegenüber
der erregten Menge durch, daß die Römer herbeigeholt wurden.

T. Quinctius scheint sich nicht viele Hoffnungen gemacht zu haben, als er sich dorthin begab. Aber selbst wenn er nichts erreichte,
würde wenigstens alle Welt sehen, daß die Schuld an dem Krieg
bei den Ätolern liege und daß die Römer mit gutem Recht und
notgedrungen zu den Waffen greifen würden. Die Rede des Quinctius mit dem schon fast routinemäßigen Rückgriff auf die Entwicklung der römisch-ätolischen Beziehungen seit dem Abschluß des
Bündnisses von 212, dem Ausweichen auf die vordergründige Diskussion von Einzelheiten, dem Gemeinplatz, daß eine Lösung auf
dem Verhandlungsweg einer kriegerischen Auseinandersetzung vor-
zuziehen sei, und der Drohung, daß es die Ätoler zuerst treffen
werde, wenn es zum Krieg komme, zeigt seine schwierige Situation
in der gereizten Atmosphäre der Versammlung.

Diese Rede fand dann auch kein Echo. Mühelos setzte Thoas
durch, daß man Antiochos herbeirief, damit er Griechenland be-
freie und die Streitigkeiten zwischen den Römern und den Ätolern
als Schiedsrichter entscheide. Dieser Beschluß dürfte den Wünschen
des Antiochos genau entsprochen haben[2]. Als Quinctius in der für

1 Siehe dazu E. Badian, WaG 20, 1960, 221.
2 Siehe E. Badian, a.a.O. 222.

ihn peinlichen Situation eine schriftliche Ausfertigung des Beschlusses forderte, gab ihm der ätolische Stratege Damokritos höhnisch
zur Antwort, er habe im Augenblick andere Dinge zu tun, den Bescheid werde er ihm in Kürze am Ufer des Tiber aushändigen. Damit war der Bruch vollzogen.

Als erstes faßten die Ätoler darauf den Plan, die Städte Demetrias, Chalkis und Sparta in ihre Hand zu bringen. Der Handstreich
auf Demetrias gelang mit Hilfe des Eurylochos und seiner Freunde.
Bei Chalkis dagegen hatten die Ätoler kein Glück; man bemerkte
ihr Vorhaben und traf die nötigen Gegenmaßnahmen. Thoas versuchte die Stadt dann zum Übertritt zu überreden: er sei nicht gekommen, um sie anzugreifen, sondern um sie von den Römern zu
befreien. Aber die Bewohner von Chalkis wiesen ihn zurück: ihre
Stadt sei von niemand unterjocht und brauche keinen Befreier. Da
gaben die Ätoler das Unternehmen auf. Kurz darauf legte T.
Quinctius eine pergamenische Besatzung zum Schutz gegen weitere
Überfälle in die Stadt. Er unternahm auch einen Versuch, Demetrias zurückzugewinnen, und schickte P. Villius mit einem Kriegs-
schiff zur Stadt, um die Stimmung dort zu erkunden; aber man
ließ ihn nicht in den Hafen und forderte ihn auf, die Magnesier in
Eintracht und Freiheit leben zu lassen und nicht Unruhe unter die
Bevölkerung zu tragen. Als Villius sich zu Beschimpfungen und
Drohungen hinreißen ließ und die Magnesier ihrerseits mit Vorwürfen gegen die Römer antworteten, war klar, daß die Stadt nicht
freiwillig zu den Römern zurückkehren würde.

Auf der Peloponnes hatte Nabis am Ende des Winters 193/2
mit aller Energie Gytheion angegriffen und gleichzeitig das Gebiet
der Achäer verwüstet. Diese wagten indessen erst nach der Rückkehr ihrer Gesandten aus Rom den Krieg gegen Nabis zu beschließen (Februar 192). Zur See erlitten sie eine Niederlage, aber sie
konnten das spartanische Lager bei Pleiai in nächtlichem Handstreich überrumpeln. Zwar gelang es Nabis noch, Gytheion einzunehmen, doch wurde er vor Sparta von Philopoimen geschlagen, in
der Stadt eingeschlossen und das fruchtbare Gebiet um Sparta von
den achäischen Truppen verwüstet. Kurz nach der Panätolischen
Bundesversammlung vom Frühjahr 192 wurde dieser Krieg durch
Vermittlung des T. Quinctius beendet. Offensichtlich lag ihm mehr

an der Erhaltung des Gleichgewichts auf der Peloponnes als an der völligen Niederwerfung des Nabis[1].

Nach dem für die Ätoler enttäuschenden Ausgang dieses Krieges hatte Nabis für sie als Bundesgenosse jede Bedeutung verloren. Jetzt kam es ihnen nur noch darauf an, Sparta wenigstens als Stützpunkt zu gewinnen. Um dieses Ziel zu erreichen, sollte Nabis bedenkenlos geopfert werden. Die Ätoler wurden von ihm als Bundesgenossen arglos aufgenommen, brachten ihn aber kurze Zeit später bei gemeinsamen Manövern vor der Stadt heimtückisch um. Das Ziel schien erreicht. Als die Ätoler sich dann ans Plündern gaben, wurden sie von den empörten Spartanern erschlagen; die wenigen, die fliehen konnten, wurden aufgegriffen und in die Sklaverei verkauft. So endete das Unternehmen der Ätoler gegen Sparta mit einem Mißerfolg. Auf die Nachricht von diesen Vorkommnissen hin erschien Philopoimen wieder und schloß Sparta dem Achäischen Bund an (Sommer 192).

Im Spätsommer 192 machte sich Thoas abermals zu Antiochos auf, um ihm über die Situation in Griechenland, vor allem über die gelungene Überrumpelung von Demetrias, zu berichten und ihn zur Landung in Griechenland zu bewegen. Wie er in seinen Landsleuten falsche Vorstellungen von den ungeheuren Rüstungsanstrengungen des Antiochos geweckt hatte, so gaukelte er diesem vor, daß ganz Griechenland auf seine Ankunft warte. Auf Antiochos verfehlte vor allem die Mitteilung, daß Demetrias für die Ätoler gewonnen worden war, nicht ihre Wirkung, und er beschloß jetzt, mit 10 000 Fußsoldaten und 500 Reitern überzusetzen. Im Oktober 192 landete er mit diesem Heer an der griechischen Küste. Es scheint dem König nicht klar gewesen zu sein, worauf er sich eingelassen hatte; die mitgeführten Streitkräfte reichten keineswegs aus, um erfolgreich gegen die Römer Krieg zu führen.

Die Bevölkerung von Magnesia bereitete Antiochos einen begeisterten Empfang, und die Ätoler luden ihn zu einer außerordentlichen Bundesversammlung nach Lamia ein. Hier entschuldigte der

---

[1] Livius berichtet nichts von dieser Vermittlung und teilt nur mit, daß die achäischen Truppen etwa 30 Tage nach Beginn der Belagerung von Sparta abzogen.

König sich dafür, daß er mit so schwachen Kräften gekommen sei, und versprach, im kommenden Frühjahr ein gewaltiges Heer nach Griechenland zu schaffen, um das Joch der Römer vom Land zu nehmen und den Griechen die wahre Freiheit zu schenken und die Ätoler zu den Ersten unter ihnen zu machen. Trotz dieser verlockenden Versprechungen unternahm der Ätoler Phaineas nach dem Abtreten des Königs noch einen letzten Versuch, den Frieden zu retten: man solle Antiochos bitten, zwischen den Römern und den Ätolern zu vermitteln und als Schiedsrichter die strittigen Fragen zu entscheiden. An der Aufrichtigkeit dieses Vorschlags, der dem Entschluß der Panätolischen Versammlung vom März entsprach, ist nicht zu zweifeln; aber Phaineas gab sich einer Täuschung hin, wenn er glaubte, die Römer würden sich einer solchen ultimativ vorgebrachten Forderung unterwerfen. Thoas wies diesen Vorschlag schroff zurück, und die Ätoler entschieden sich mit großer Mehrheit für den Krieg. Die wilde Kriegsbegeisterung der Ätoler und das blinde Hineinstolpern des Antiochos in diesen Krieg stehen in scharfem Gegensatz zu dem Zurückschaudern der Römer vor der militärischen Auseinandersetzung.

Gleich nach dieser Entscheidung beriet sich der König mit den Ätolern über die nächsten Schritte. Als erstes wollten sie erneut versuchen, Chalkis zu gewinnen. Nachdem der König und die Ätoler mit einigen Truppen auf Euböa gelandet waren und die Beamten der Stadt zu einer Unterredung herauskamen, versuchten es die Ätoler noch einmal mit dem Schlagwort von der wahren Freiheit, die der König ihnen bringen wolle. Dazu suchten sie ihnen einzureden, es sei das vorteilhafteste für die griechischen Gemeinden, sowohl die Römer wie den König zu Freunden zu haben; dann könnten sie gegen Übergriffe der einen Seite immer bei der anderen Unterstützung finden. Im merkwürdigen Gegensatz zu diesen „guten Ratschlägen" stehen dann jedoch die Androhungen für den Fall, daß Chalkis den König nicht aufnähme. Ähnlich wie bei dem vorausgegangenen Versuch der Ätoler wies Mikythion für seine Mitbürger den Anspruch des Königs zurück, er komme als Befreier Griechenlands. Griechenland sei frei; nirgendwo gebe es eine römische Besatzung, keine Gemeinde müsse den Römern Abgaben leisten, sie würden als Partner behandelt, kein Staat sei durch einen Vertrag zu ungleichen Bedingungen an die Römer gebunden oder müsse nach aufgezwungenen Gesetzen leben. So brauchten auch die Bürger von Chalkis keinen Retter und Befreier; durch die Wohltat des römischen Volkes hätten sie Frieden und Freiheit. Sie wollten aber auch gerne mit dem König und den Ätolern in Freundschaft leben; doch dann müßten diese ihre Stadt in Ruhe lassen. Dem König blieb nichts anderes übrig, als für den Augenblick nachzugeben; denn die Streitkräfte, mit denen er nach Chalkis gezogen war, reichten zu einem Angriff auf die Stadt nicht aus.

Nach diesem Mißerfolg bemühte sich Antiochos teils durch Verhandlungen, teils durch Bestechung und Versprechungen seine Position zu stärken bzw. die der Römer zu schwächen. Bei den Athamanen hatten diese Bemühungen rasch Erfolg. Indem er Philipp von Megalopolis, einem Schwager König Amynanders, Hoffnung auf den makedonischen Thron machte, gewann er einen Helfer, der den König der Athamanen zum Abfall von den Römern bewog.

Die Verhandlungen mit den Böotern verliefen jedoch nicht ganz nach Wunsch. Antiochos vertraute darauf, daß sie den Tod des Brachylles und die darauf folgenden Ereignisse[1] noch nicht vergessen hatten. Aber er erhielt eine ausweichende Antwort. Die Böoter wollten sich erst entscheiden, wenn Antiochos selbst nach Böotien kam.

Ein Erfolg des Antiochos bei den Achäern, die eine beachtliche Macht in Griechenland darstellten, wäre von größter Bedeutung gewesen. Die Achäer hatten sich 198 an die Römer angeschlossen. Zwar hatten sich nicht alle ihre Erwartungen, die sie an dieses Bündnis geknüpft hatten, erfüllt, aber sie hatten Korinth, Triphylia und Heraia sowie Argos zurückgewonnen, ihnen war der Schutz der Küstengemeinden Lakoniens anvertraut worden, und vor wenigen Monaten erst hatten sie Sparta ihrem Bund angegliedert. Die Hoffnungen des Antiochos, sie zu einer Änderung ihrer Politik bewegen zu können, gründeten sich auf sein Wissen um eine gewisse Eifersucht zwischen Philopoimen und T. Quinctius Flamininus. Auf der Bundesversammlung in Aigion, an der auch der Römer teilnahm, prahlte der Gesandte des Antiochos in fast unausstehlicher

---

[1] Siehe XXXIII 27,5 ff.

Weise mit der Macht und dem Reichtum seines Königs, um auf die Achäer Eindruck zu machen. Wieder fiel die Parole, der König sei gekommen, um Griechenland zu befreien. Trotzdem bitte er die Achäer nicht um Waffenhilfe, sondern nur um Neutralität; denn er kenne und respektiere ihre Verpflichtungen gegenüber den Römern. Der Gesandte der Ätoler bat die Achäer ebenfalls um Neutralität in der kommenden Auseinandersetzung und verband seinen Vorschlag mit dem Rat, die Achäer sollten zunächst abwarten, wer sich als der Stärkere im Krieg erweise und dann an die Seite des Siegers treten. In seiner Entgegnung gab T. Quinctius die Prahlereien der königlichen Gesandten und der Ätoler der Lächerlichkeit preis und forderte die Achäer auf, weiter zu den Römern zu halten, wobei sie bisher gut gefahren seien. Abwartende Neutralität sei alles andere als sicher; denn wer sich so verhalte, ernte Verachtung, und der Sieger werde eine solche „Hilfe" nicht belohnen. Ohne weitere Diskussion erklärten daraufhin die Achäer Antiochos und den Ätolern den Krieg und schickten je 500 Mann nach Chalkis und nach Piraeus.

Denn in Athen war es inzwischen zu Unruhen gekommen. Hier suchten einige Römerfeinde von sich aus die Menge mit der Hoffnung auf Schenkungen auf die Seite des Antiochos zu bringen. Die Römerfreunde riefen T. Quinctius herbei, und die Situation konnte gerettet werden. Der für den drohenden Abfall Verantwortliche wurde vor Gericht gestellt und in die Verbannung geschickt.

Antiochos hatte die Abfuhr, die ihm vor Chalkis erteilt worden war, nicht verwunden. Als er hörte, daß neben den pergamenischen nun auch noch achäische Truppen nach Chalkis verlegt worden waren, glaubte er, es sei höchste Zeit, die Stadt mit Gewalt in seine Hand zu bringen, ehe sie noch mehr Verstärkung erhielt. Auch in Chalkis rechnete man damit, daß Antiochos mit stärkeren Truppen zurückkehren werde, und hatte darum noch um zusätzliche Unterstützung durch römische Truppen gebeten. Als diese herankamen, standen jedoch Antiochos und die Ätoler bereits am Euripos. Die Römer zogen darum nach Delion, um von dort aus nach Euböa überzusetzen. Während sie hier teils das Heiligtum besichtigten, teils sich am Strand aufhielten, teils in der Umgebung Holz und Futter besorgten, kam plötzlich eine Formation des Antiochos unter Menippos heran und vernichtete die römische Abteilung; nur weni-

ge konnten dem Gemetzel entkommen. Es war die erste Kampf-
handlung des Krieges. Livius stellt diesen Überfall als etwas Un-
geheuerliches dar, weil er in einem Heiligtum erfolgte, das als unverletzlich galt, und weil der Krieg zwischen Rom und Antiochos
noch nicht erklärt war. Für die Römer wurden durch diesen Überfall auch die letzten Zweifel beseitigt, ob sie berechtigt seien, mit
Antiochos Krieg zu führen.

Unmittelbar nach dem Überfall von Delion öffnete Chalkis angesichts der Drohungen des Antiochos die Tore. Die Römerfreunde
hatten bis zuletzt versucht, die Stadt auf der Seite der Römer zu
halten; kurz vor dem Einrücken der feindlichen Truppen verließen sie die Stadt. Die Pergamener und die Achäer erhielten freien
Abzug. Auch die wenigen Römer, die dem Gemetzel von Delion
entkommen waren und sich in einem Kastell verschanzt hatten,
mußten schließlich kapitulieren. Nach dem Fall von Chalkis ergab
sich ganz Euböa dem König.

In Rom waren bereits vor den Wahlen im Herbst 192 die Aufgabenbereiche und die Truppenkontingente für die Beamten festgelegt worden. Dabei wurde der Aufgabenbereich des einen der
beiden Konsuln noch nicht direkt benannt; aber jeder wußte, daß
damit der Krieg gegen Antiochos und die Ätoler gemeint war. Als
dann in der zweiten Dezemberhälfte die Nachricht vom Überfall
in Delion eingetroffen war, beschloß die Volksversammlung den
Krieg. Ende Februar 191 setzte der Konsul M'. Acilius Glabrio
mit 20 000 Fußsoldaten und 2000 Reitern nach Illyrien über.

Inzwischen ging das diplomatische Spiel in Griechenland weiter.
Die Eleer fürchteten einen Angriff der Achäer, mit denen sie seit
langem in einem gespannten Verhältnis standen, und baten Antiochos um Schutz. Auch die Epiroten schickten eine Gesandschaft zu
ihm. Sie wollten weder für die Römer noch für Antiochos Partei
ergreifen; ihnen ging es darum, sich keinen der beiden zum Feind
zu machen und mit der Macht, die in ihr Land kam, in gutem Ein-
vernehmen zu stehen.

Zu den Böotern machte Antiochos sich mitten im Winter selbst
auf. Sie hatten ihm vor wenigen Wochen ihre Unterstützung in
Aussicht gestellt, wenn er selbst zu ihnen komme. Als er nun persönlich um ihre Freundschaft bat, traten sie an seine Seite. Bei die-

ser Entscheidung dürften auch die inzwischen errungenen Erfolge des Königs eine Rolle gespielt haben.

Mitte Januar fand in Demetrias eine Beratung des Antiochos mit den verbündeten Ätolern und Athamanen statt. Es ging vor allem um die Frage, wie man sich den Thessalern gegenüber verhalten solle. Auch Hannibal nahm an dieser Unterredung teil. Seine Ratschläge hoben sich von allen anderen ab. In den Bemühungen um die Gunst der griechischen Kleinstaaten sah er einen Fehler. Es sei nicht viel damit gewonnen, wenn man einige solcher Staaten wie Euböa, Böotien und Thessalien auf seine Seite bringe. Auf solche Staaten sei kein rechter Verlaß. Sie seien schwach und würden immer dem schmeicheln, der gerade im Lande sei; wenn die Situation sich aber ändere, würden sie versuchen, mit dem Hinweis auf ihre Schwäche bei der gegnerischen Macht Verständnis und Gnade zu finden. Von solchen Verbündeten sei nicht viel zu erwarten. Man müsse sich vielmehr um Philipp von Makedonien bemühen; der würde ein wertvoller Bundesgenosse sein. Es dürfte ein leichtes sein, Philipp zum Krieg gegen die Römer zu überreden. Wenn er sich weigere, so könne man ihn auf jeden Fall durch einen Angriff von der Chersones aus daran hindern, den Römern Hilfe zu leisten. Auch die strategischen Pläne, die Hannibal vorbrachte, hoben sich durch ihre Kühnheit von denen der anderen ab. Noch einmal trug er seinen Lieblingsgedanken[1] vor, der Krieg sei am ehesten durch einen Angriff auf Italien zu gewinnen. Der König müsse aber wenigstens nach Illyrien vorrücken; nur so könne er Griechenland wirklich schützen, und gleichzeitig bedrohe er dann Italien. Die Flotte solle mit einem Teil ihrer Schiffe die Seeverbindungen zwischen Italien und Griechenland stören, mit dem anderen Teil Italien von Westen her bedrohen. Diese Pläne fanden jedoch kein Echo. Der Kriegsrat beschloß, Gesandte zu den Thessalern zu schikken und gleichzeitig trotz des Winters in ihr Land einzurücken.

Während Antiochos bei Pherai auf den Anmarsch seiner Verbündeten wartete, ließ er durch Philipp von Megalopolis die Gebeine der bei Kynoskephalai gefallenen Makedonen beisetzen, die noch immer unbestattet auf dem Schlachtfeld lagen. Diese Taktlosig-

[1] Vgl. XXXIV 60,3 ff.

keit weckte in Philipp gewaltigen Zorn. Bisher hatte er sich aus
dem Krieg herausgehalten und abwarten wollen; jetzt informierte
er sofort M. Baebius, den Führer der römischen Vorausabteilung,
der im Spätherbst 192 in Illyrien gelandet war, über die Aktionen
des Antiochos gegen Thessalien und erklärte sich zur Zusammenarbeit mit den Römern bereit.

Bevor jedoch die römisch-makedonischen Gegenmaßnahmen einsetzten, konnten Antiochos und seine Verbündeten große Teile
Thessaliens und Perrhäbiens gewaltsam an sich bringen. Um wenigstens Larisa, die eingeschlossene Hauptstadt des Landes, vor der
drohenden Einnahme zu retten, wurde sogleich nach dem Zusammentreffen des M. Baebius mit Philipp eine römische Abteilung
unter App. Claudius nach Thessalien geschickt. Der König ließ sich
durch eine List des römischen Legaten täuschen und glaubte, das
gesamte Heer der Römer und Makedonen rücke gegen ihn heran;
daraufhin zog er sich sofort nach Demetrias zurück und ging von
dort aus wieder nach Chalkis. Hier feierte er Hochzeit mit einem
Mädchen aus der Stadt. Bei den Nachrichten von den Festen und
Gelagen, mit denen der König die wenigen Wochen bis zum Ende
des Winters verbrachte, und von den verheerenden Folgen seines
schlechten Beispiels auf die Disziplin und Einsatzfähigkeit seiner
Truppen dürfte es sich um Übertreibungen der antiseleukidischen
Propaganda handeln.

Bei Beginn des Frühlings schickte Antiochos seine Truppen nach
Stratos an der Grenze von Ätolien und Akarnanien. Er selbst
suchte zunächst Naupaktos auf, um sich mit den Führern der Ätoler zu beraten, und begab sich dann zu seinen Truppen.

In Akarnanien hatte er durch Bestechung den Mnasilochos auf
seine Seite gebracht, und dieser hatte den Strategen Klytos für die
Sache des Königs gewonnen. Aber die Völkerschaft war nicht zum
Abfall von den Römern zu bewegen, da die römische Flotte die
Küste des Landes bedrohte. Durch eine List gelang es Mnasilochos
und Klytos jedoch, die Stadt Medion im Landesinneren dem König
in die Hände zu spielen. Einige weitere Gemeinden Akarnaniens fielen daraufhin zu Antiochos ab. Bei Thyrrheion aber gelang das ver-
räterische Spiel nicht mehr. Inzwischen hatte auch T. Quinctius von
den Vorgängen in Akarnanien erfahren und den Cn. Octavius mit

einigen Schiffen dorthin geschickt, um der Völkerschaft Mut zum Durchhalten zu machen. Da gleichzeitig gemeldet wurde, der Konsul M'. Acilius habe mit seinen Streitkräften das Meer überquert, kehrte Antiochos mit seinen Truppen nach Chalkis zurück.

Während des Winters hatten M. Baebius und König Philipp von einer Gegenoffensive in Thessalien und Perrhäbien abgesehen. Aber mit dem Beginn des Frühlings begannen sie ihre Operationen, um die feindlichen Besatzungen zu vertreiben. Eine Stadt nach der anderen wurde von den Römern befreit, Philipp jedoch kam mit dem Angriff auf Malloia nicht voran; erst als die römischen Truppen wieder zu ihm stießen, ergab sich die Stadt sogleich, wobei Livius offenläßt, ob es unter dem Eindruck der Überlegenheit oder in der Hoffnung auf Gnade geschah. Die Römer vertrauten Philipp dann zunächst keine weiteren selbständigen Operationen mehr an; er mußte dem römischen Heereszug folgen, und Römer und Makedonen besetzten gemeinsam eine weitere Reihe von Städten. Als sie dann aber Pelinnaion einschlossen und der Kommandant Philipp von Megalopolis bei den Verhandlungen vor dem Angriff erklärte, zu den Römern und Thessalern habe er allenfalls Vertrauen, in die Hand Philipps aber werde er sein Schicksal nie legen, solidarisierten sich die Römer keineswegs mit ihrem Verbündeten, sondern schickten ihn weg mit dem Auftrag, Limnaion anzugreifen, während sie selbst den Angriff auf Pelinnaion durchführten. Auch vor Limnaion hatte Philipp keinen Erfolg, und wieder ging es ähnlich wie vor Malloia: als der Konsul bald nach seiner Landung in Griechenland mit seiner Reiterei vor Limnaion erschien, ergab sich die Stadt sogleich. Da auch Pelinnaion von den Truppen des Baebius allein nicht bezwungen werden konnte, führte M'. Acilius seine Reiterei dann auch dorthin, und auch diese Stadt kapitulierte sofort. Die 4000 Kriegsgefangenen, die die Römer bei der Befreiung der thessalischen und perrhäbischen Städte gemacht hatten, überließen sie König Philipp. Dieser behandelte die Athamanen unter ihnen äußerst zuvorkommend und entließ sie in ihre Heimatgemeinden, damit sie für ihn Stimmung machten. Seine Kalkulation erwies sich als richtig. Als er heranrückte, um das Land, das vor wenigen Monaten von den Römern abgefallen war, mit Einwilligung des Konsuls zu besetzen, war die Bevölkerung so makedonenfreundlich, daß der Athamanenkönig Amynander keinen Widerstand zu leisten wagte und das Land verließ. So konnte Philipp Athamanien mühelos an sich bringen. Von nun an mußten die Ätoler mit Angriffen von dort aus auf ihr Kernland rechnen.

Der Konsul M'. Acilius gönnte seinen Truppen kurze Rast in Larisa und zog dann zum Golf von Malis. Bei Thaumakoi stieß er auf den ersten nennenswerten Widerstand, den er aber leicht brechen konnte. Nachdem die römischen Truppen das Gebiet des Ätolischen Bundes betreten hatten, verwüsteten sie zunächst den Bezirk von Hypata, dann den von Herakleia.

Antiochos mußte indessen erkennen, daß er mit keiner wirksamen Unterstützung durch die Ätoler rechnen konnte. Zur offensiven Kriegführung zu schwach, beschloß er daher in den Thermopylen Stellung zu beziehen[1]. Von den Ätolern stießen insgesamt 4000 Mann zu ihm; sie wurden nach Herakleia und Hypata geschickt, konnten aber die Plünderung der Umgebung dieser Städte durch die Römer nicht verhindern und igelten sich in Herakleia ein. Der Konsul rückte dann weiter vor und schlug dem König gegenüber sein Lager auf. Um zu verhindern, daß er über die Höhen umgangen wurde und ihn ein ähnliches Schicksal traf wie 480 v. Chr. die Spartaner unter Leonidas, bat Antiochos die Ätoler in Herakleia, die Festungen auf der Höhe zu besetzen. Mit 2000 Mann kamen sie seinem Wunsch nach, die andere Hälfte blieb in Herakleia. Der Konsul schickte zwei seiner Legaten, M. Porcius Cato und L. Valerius Flaccus, die die Stellungen der Ätoler auf den Höhen bezwingen und dem Feind in den Rücken fallen sollten. Vom Ausgang dieses Unternehmens hingen Erfolg oder Mißerfolg der Schlacht ab.

Am Tage vor der Schlacht hielt der Konsul eine kurze Ansprache an seine Soldaten, in der er zunächst in ihnen die Überzeugung zu stärken suchte, daß ihnen Truppen gegenüberständen, die sich an Kampfgeist keineswegs mit ihnen messen könnten, und schärfte ihnen dann ein, worum es in diesem Kampfe gehe. Nur kurz ist dabei von der Freiheit der Griechen die Rede, für die die Römer

---

1 Zur strategischen Bedeutung dieser Stellung s. J. Kromayer, Antike Schlachtfelder in Griechenland II 137 f.

in den Krieg eingetreten sind. Daneben werden jetzt zum erstenmal auch die Folgen ins Auge gefaßt, die der Sieg über Antiochos haben wird: Kleinasien und Syrien und alle Königreiche bis zum Aufgang der Sonne mit ihren gewaltigen Reichtümern werden der römischen Herrschaft erschlossen werden, und diese wird dann von Gades bis zum Arabischen Meer reichen und erst am Ozean ihr Ende finden. Wenn diese Verheißung des Konsuls sich durch den Antiochos-Krieg auch nicht ganz erfüllte, so ist sie doch geeignet, aufzuzeigen, welche Bedeutung dieser Krieg in den Augen des Augusteers Livius auf dem Weg Roms zur Weltherrschaft hat. Im Anfang seines Werkes hat er Romulus kurz nach seiner Aufnahme unter die Götter seinem Volk verkünden lassen, es sei der Wille der Götter, daß Rom über die Welt herrsche (1 16, 7). Der Antiochos-Krieg hat bei der Verwirklichung dieses göttlichen Planes eine besondere Bedeutung [1].

Im Morgengrauen des 24. April 191 rückte das römische Heer zum Angriff auf die feindlichen Stellungen aus. Antiochos nahm die Schlacht an und trat ihnen entgegen. Die römische Übermacht konnte die königlichen Truppen bis an die Wälle zurückdrängen, wurde dort aber zum Stehen gebracht. Während hier der Kampf tobte, erschien Cato, der die ätolischen Stellungen auf dem Kallidromon überrumpelt hatte [2], im Rücken der Feinde. Die Truppen des Antiochos glaubten zunächst, die Ätoler kämen ihnen von den Höhen zu Hilfe. Als sie dann aber die römischen Feldzeichen und Waffen erkannten, wurden sie von Panik ergriffen und wandten sich zur Flucht. Das römische Heer machte im Lager und bei der Verfolgung der fliehenden Feinde reiche Beute und viele Gefangene. Der König konnte sich nach Chalkis retten, außer ihm entkamen noch 500 Mann. Antiochos gab jeden Gedanken an weiteren Widerstand in Griechenland auf und kehrte nach Kleinasien zurück. Cato wurde mit der Siegesnachricht nach Rom geschickt.

Die Bevölkerung von Phokis und Böotien ergab sich dem siegreichen Heer. Die Menschen befürchteten das Schlimmste, aber die

---

[1] Vgl. auch E. Burck, Livius als augusteischer Historiker, in: Wege zu Livius 115 ff.

[2] Flaccus dagegen war es nicht gelungen, die ätolischen Stellungen zu bezwingen.

Römer taten ihnen nichts zuleide. Nur in Koroneia kam es für kurze Zeit zu Ausschreitungen, weil ein Standbild des Antiochos im Tempel der Athena Itonia den Zorn der Römer erregte. Aber der Konsul besann sich, daß es unrecht sei, eine einzige Gemeinde für dieses Standbild büßen zu lassen, während es doch auf gemeinsamen Beschluß aller Böoter aufgestellt worden sei, und er gebot den Verwüstungen Einhalt. Auch Chalkis und Euböa wurden dem Konsul ohne Kampf übergeben. Mit Recht hebt Livius hervor, daß das disziplinierte und maßvolle Verhalten des römischen Heeres nach dem Sieg höchste Bewunderung verdient.

Von Euböa aus kehrte der Konsul zu den Thermopylen zurück. Er hoffte, die Ätoler jetzt nach der Niederlage des Antiochos zur Einstellung des Krieges bewegen zu können, und schickte daher Boten nach Herakleia und stellte den Ätolern Verzeihung in Aussicht, wenn sie ihre Fehler einsähen und sich ergäben. Sie gingen jedoch auf dieses Angebot nicht ein. Herakleia bekam dann die ganze Härte des Krieges zu spüren. Die Römer schlossen die Stadt ein und bezwangen nach fast einem Monat harter Kämpfe die völlig erschöpfte Besatzung. Die unglückliche Stadt wurde dem siegreichen Heer zur Plünderung überlassen.

Während Acilius Herakleia berannte, griff Philipp nach Absprache mit dem Konsul das nahe gelegene Lamia an. Der König gab sich die größte Mühe, die Stadt durch Waffengewalt oder durch Verhandlungen in seine Hand zu bekommen, ehe die Römer die Belagerung von Herakleia abschlossen; denn er glaubte zu wissen, daß sich die Bevölkerung lieber den Römern als ihm ergeben würde. Gleich nachdem die Römer Herakleia eingenommen hatten, erhielt Philipp den Befehl, die Belagerung von Lamia abzubrechen; die römischen Soldaten, nicht die Makedonen sollten die Frucht des Sieges davontragen. Philipp fühlte sich zutiefst gedemütigt, mußte aber dem Befehl des mächtigen Bundesgenossen nachkommen. Infolge des grausigen Geschicks ihrer Nachbarstadt wollte sich die Bevölkerung von Lamia jetzt aber auch den Römern nicht mehr ergeben.

Der Fall von Herakleia erfüllte die Ätoler mit Verzweiflung. Ihre Bundesversammlung trat zusammen, und sie schickten unverzüglich eine Gesandtschaft an Antiochos mit der dringenden Bitte um finanzielle und militärische Unterstützung. Wenige Tage später hatten sie dann aber alle Hoffnungen aufgegeben und baten den römischen Konsul um Frieden (Juli 191). Infolge der Waffenstillstandsverhandlungen blieb Lamia für diesmal von weiteren Angriffen verschont. Gleich zu Beginn der Verhandlungen kam es zu einer stürmischen Szene, da die Römer und die Ätoler den Begriff der Übergabe verschieden auslegten. Die ätolischen Unterhändler wollten sich zu der bedingungslosen Kapitulation, die von ihnen gefordert wurde, nicht verstehen. Die ätolische Bundesversammlung lehnte die harten römischen Bedingungen ebenfalls ab; zu dieser Entscheidung trug auch bei, daß inzwischen einer ihrer Gesandten von Antiochos zurückgekehrt war und ihnen neue Hoffnungen gemacht hatte. Als der Konsul erfuhr, daß die Ätoler weiterkämpfen wollten, entschloß er sich zum Angriff auf die ätolische Hauptstadt Naupaktos und führte sein Heer dorthin (Aug. 191). Daß die Ätoler es versäumt hatten, die Wege über das Gebirge zu sperren, zeigt die ganze Planlosigkeit ihrer Kriegführung.

Philipp konnte die schmähliche Behandlung, die er durch die Römer erfahren hatte, nicht verschmerzen; wenn er geglaubt hatte, daß im Zusammengehen mit den Römern sein Vorteil liege, so hatte er erfahren müssen, daß er für die Römer nur ein kleiner Vasallenkönig war und es immer bleiben würde. Kurze Zeit nachdem er zur Aufgabe des Angriffs auf Lamia gezwungen worden war, fiel der ätolische Gesandte Nikander auf der Rückkehr von Antiochos durch Zufall in seine Hände. Er lieferte ihn nicht den Römern aus, sondern behandelte ihn freundlich und ließ ihn unbehelligt zu den Ätolern ziehen. Das ist um so erstaunlicher, wenn man die jahrzehntelange Feindschaft zwischen dem König und den Ätolern bedenkt. Im vertrauten Gespräch mit Nikander zeigte der König sich bereit, den alten Haß zu begraben, und wies auf die Fehler der ätolischen Politik in der Vergangenheit hin: sie hätten zunächst durch ihr Bündnis mit den Römern, dann durch das mit Antiochos ihre Stellung in Griechenland verbessern wollen; aber sie selbst hätten beide Male das Nachsehen gehabt. Nach außen hin jedoch ließ Philipp sich seinen Groll auf die Römer nicht anmerken und besetzte mit seinen Truppen im Spätsommer mit Erlaubnis des Konsuls Demetrias und andere Städte, die von den Römern abgefallen waren. Demetrias hatte vor der Rache der Römer gezittert, wurde aber begnadigt.

Auf der Peloponnes forderten die Achäer nach der Schlacht an den Thermopylen die Eleer und Messenier, die einzigen Völkerschaften der Halbinsel, die noch nicht zu ihrem Bund gehörten, zum Anschluß auf. Die Eleer erklärten sich dazu bereit, sobald die Besatzungen des Antiochos abgezogen seien. Die Messenier dagegen erteilten den Achäern eine Absage. Als die achäischen Truppen dann in ihr Land einfielen, wandten sie sich an T. Quinctius Flamininus: sie wollten ihr Land den Römern, aber nicht den Achäern übergeben. In seinem Bestreben, alles für den Frieden in Griechenland zu tun, eilte T. Quinctius zur Peloponnes, wo er den Krieg rasch beendete und den Achäern einen Verweis erteilte, daß sie den Krieg angefangen hätten, ohne sich vorher mit den Römern zu besprechen; die Messenier veranlaßte er, sich dem Achäischen Bund anzuschließen. Von den Achäern verlangte er dann die Abtretung von Zakynthos. Die Insel hatte zum Herrschaftsbereich des Amynander gehört, und die Achäer hatten sie von dessen letztem Kommandanten durch Kauf erworben. Jetzt wollten die Römer die Insel als Flottenstützpunkt haben, und den Achäern blieb nichts anderes übrig, als die Insel herauszugeben. Elis trat kurze Zeit später dem Achäischen Bund bei; damit war zum erstenmal die ganze Halbinsel im Achäischen Bund geeinigt.

Von der Peloponnes eilte T. Quinctius nach Naupaktos, um die Stadt, die schon zwei Monate von Acilius belagert wurde, vor dem Schlimmsten zu bewahren. Trotz der bitteren Enttäuschungen, die er durch die Ätoler erfahren hatte, fühlte er sich wie allen Griechen, so auch ihnen gegenüber zur Fürsorge verpflichtet. Beim Zusammentreffen mit Acilius machte er diesem Vorhaltungen: er habe den Sommer mit der Belagerung von Herakleia und Naupaktos vertan, Philipp dagegen habe unterdessen weite Gebiete Griechenlands an sich gebracht. Es liege zwar im Interesse Roms, die Ätoler niederzuzwingen; aber noch wichtiger sei es, Philipp nicht zu stark werden zu lassen. Sobald die Ätoler T. Quinctius vor ihren Mauern erblickten, schöpften sie Hoffnung auf Rettung. Durch seine Vermittlung kam dann auch ein Waffenstillstand zustande; die Ätoler mußten eine Gesandtschaft zum Senat schicken, die Belagerung wurde aufgehoben, und das römische Heer zog nach Phokis ins Winterlager.

Aus Epirus waren inzwischen Gesandte zum Konsul gekommen und hatten um Freundschaft gebeten. Wegen ihrer undurchsichtigen Haltung – sie hatten wenige Monate zuvor auch an Antiochos eine Gesandtschaft geschickt – wurde die Gesandtschaft an den Senat verwiesen, wo sie Gnade erlangte.

Auch eine Gesandtschaft Philipps fand sich in Rom ein, um den Römern zu dem Sieg an den Thermopylen Glück zu wünschen. Zum Dank für seine Waffenhilfe im Krieg gegen Antiochos und die Ätoler durfte sein Sohn Demetrios, der seit 197 als Geisel in Rom lebte, zu ihm zurückkehren.

Antiochos hatte sich nach seiner Flucht aus Europa zunächst völlig sicher gefühlt und war in diesem Gefühl von seinen Vertrauten bestärkt worden. Nur Hannibal war der festen Überzeugung, daß die Römer das Eingreifen des Königs in Griechenland nicht auf sich beruhen lassen, sondern ihm nach Asien folgen und ihm sein Reich streitig machen würden; denn sie beanspruchten ja die Herrschaft über die Welt. Es gelang ihm schließlich, auch den König davon zu überzeugen. Antiochos begab sich zur Chersones, um den Landweg für die Römer zu sperren, und ließ seine Flotte auslaufen. Diese erlitt aber im September bei Korykos eine schwere Niederlage durch die römische Flotte unter C. Livius, die in diesem Jahr erheblich verstärkt worden war und zu der auch starke pergamenische Verbände gestoßen waren, und mußte sich nach Ephesos zurückziehen, wo sich inzwischen auch Antiochos wieder eingefunden hatte.

In Rom war man sich klar darüber, daß der Krieg gegen Antiochos noch nicht zu Ende war. Daß das römische Heer zum ersten Mal nach Kleinasien hinübergehen würde, erregte die Menschen aufs höchste. Von den Konsuln des Jahres 190 erhielt L. Scipio das Kommando in Griechenland, später auch die Vollmacht, nach Kleinasien überzusetzen; sein Bruder, der Africanus, hatte sich bereit erklärt, ihn zu begleiten.

Den ätolischen Gesandten, die im Winter 191/0 mit dem Senat verhandelten, gelang es nicht, Friedensbedingungen zu erhalten, die ihren Vorstellungen entsprachen. Sie sollten entweder alles der Entscheidung des Senats überlassen oder 1000 Talente zahlen und sich in ihrer Außenpolitik ganz von Rom bestimmen lassen. Da die Ätoler ablehnten, befahl der erzürnte Senat ihnen, Italien innerhalb von 15 Tagen zu verlassen.

Nach dem Scheitern der Friedensverhandlungen besetzten die Ätoler die Höhen des Korax, um zu verhindern, daß die Römer noch einmal auf diesem Weg in ihr Land eindrangen und den Angriff auf Naupaktos wiederaufnahmen. Aber Acilius griff, für die Ätoler völlig überraschend, mit dem Beginn des Frühlings Lamia an und nahm die Stadt, die sich verzweifelt zur Wehr setzte, am zweiten Tag. Dann rückte sein Heer nach Amphissa und schloß die Stadt ein.

In der zweiten Märzhälfte setzten L. und P. Scipio mit 13 000 Fußsoldaten und 500 Reitern, die sie zur Verstärkung der in Griechenland stehenden Truppen erhalten hatten, nach Apollonia über und erschienen bald vor Amphissa. Gleich nach dem Eintreffen des neuen Oberbefehlshabers kam es durch athenische Vermittlung zu neuen Verhandlungen mit den Ätolern. Auch P. Scipio war am Abschluß eines Waffenstillstands gelegen; denn er wollte alle Streitkräfte für den Krieg gegen Antiochos freibekommen. So kam Anfang Mai ein sechsmonatiger Waffenstillstand zustande. Das römische Heer zog dann durch Thessalien, Makedonien und Thrakien zur Chersones und traf Anfang November am Hellespont ein. Philipp zeigte sich eifrig bemüht, den Römern alle Schwierigkeiten aus dem Weg zu räumen, befestigte die Straßen, schlug Brücken und stellte Proviant bereit und gab dem römischen Heer nicht nur durch Makedonien, sondern auch durch Thrakien das Geleit. In Thrakien scheint die römische Vorhut auf Widerstand gestoßen zu sein, der aber rasch gebrochen werden konnte[1]. Die Scipionen legten die ca. 800 km[2] von Amphissa bis Sestos mit ihrem Heer ohne jede Eile zurück[3]; der Übergang nach Kleinasien war erst zu wagen, wenn die Seeherrschaft errungen war. So kommt den Seeoperationen des Sommers 190 entscheidende Bedeutung zu.

---

[1] Nach Claudius Quadrigarius; Livius trägt das XXXVIII 41,12–14 nach.

[2] Nach J. Kromayer, Antike Schlachtfelder in Griechenland II 155.

[3] Alexander hatte 334 v. Chr. mit seinem Heer für den Weg von Pella bis zum Hellespont nur 21 Tage gebraucht.

Im Winter 191/0 hatte Antiochos der Verstärkung seiner Flotte die größte Aufmerksamkeit geschenkt und bereitete sich auch zu Lande zur Abwehr des erwarteten römischen Angriffs vor. Die römisch-pergamenische Flotte war inzwischen durch die Rhodier verstärkt worden und begann im zeitigen Frühjahr mit einem Teil ihrer Verbände den Übergang über den Hellespont vorzubereiten. Die Gemeinden der Troas stellten sich unter römischen Schutz; Sestos auf der europäischen Seite des Hellesponts ergab sich, Abydos auf der asiatischen Seite dagegen leistete Widerstand.

Im April gelang es Polyxenidas, dem Flottenbefehlshaber des Antiochos, den rhodischen Admiral Pausistratos bei Panhormos zu überlisten und den größten Teil seiner Flotte zu vernichten. Als diese Nachricht vor Abydos eintraf, kehrten die römischen Einheiten sofort von dort nach Kanai zurück, um zu verhindern, daß noch weitere Teile der verbündeten Flotten einzeln von Polyxenidas überfallen wurden.

Die römischen Schiffe segelten dann nach Samos, ohne daß Polyxenidas es verhindern konnte. Dieser kehrte darauf mit seinen Schiffen nach Ephesos zurück. Die Rhodier schickten den Römern eine neue Flotte zur Unterstützung, und gemeinsam boten Römer und Rhodier dem Feind vor Ephesos die Schlacht an; aber Polyxenidas stellte sich nicht zum Kampf.

Als der neue Flottenbefehlshaber L. Aemilius Regillus herankam, war die Ägäis noch so unsicher, daß nur größere geschlossene Verbände sich auf das Meer hinauswagen konnten.

Die Seeoperationen wurden dann auf Betreiben der Rhodier auch auf Lykien ausgedehnt; sie wollten jede Bedrohung ihrer Besitzungen von dort her ausschalten. Die ausgesandten Schiffe erhielten in Rhodos Verstärkung, konnten aber Patara nicht einnehmen. L. Aemilius Regillus führte dann die ganze Flotte dorthin, da er den Mißerfolg nicht hinnehmen wollte. Aber seine Tribunen und Soldaten überzeugten ihn, daß er mit diesem Unternehmen seiner eigentlichen Aufgabe, das Gros der feindlichen Flotte zu binden und die verbündeten Städte in Kleinasien zu schützen, untreu wurde, und die Flotte kehrte nach Samos zurück. Auch als im Spätsommer die Rhodier die Römer zu einem dritten Angriff auf Patara überreden wollten, lehnten diese ab; ihre Aufgaben an der Westküste Kleinasiens schienen ihnen wichtiger, und sie überließen den lykischen Kriegsschauplatz ihrem rhodischen Verbündeten.

Im Mai fiel Seleukos, der Sohn des Antiochos, in Pergamon ein, verwüstete das offene Land und griff schließlich die Hauptstadt selbst an. Auch Antiochos rückte mit einem Teil seiner Truppen in das pergamenische Gebiet ein. Die römischen und rhodischen Seestreitkräfte eilten ihrem Verbündeten zu Hilfe. Als Antiochos erfuhr, daß die Armee der Scipionen auf dem Marsch zum Hellespont war, versuchte er durch Verhandlungen mit dem römischen Flottenbefehlshaber den Krieg, den er im Grunde nicht gewollt hatte, zu beenden. Aber Eumenes bemühte sich mit aller Energie, ein Abkommen zu verhindern, und hatte damit Erfolg. Antiochos verwüstete hierauf weithin das Land um Pergamon und kehrte nach Sardes zurück. Eine achäische Formation von 1000 Fußsoldaten und 100 Reitern unter Diophanes, die in dieser Zeit zur Unterstützung des bedrängten Pergamon eintraf, zwang dann innerhalb weniger Tage durch ihre Kühnheit auch Seleukos zum Abzug (Juli 190); er verlegte seine Truppen an die Küste, um die befreundeten Gemeinden zu schützen und die anderen einzuschüchtern.

Die verbündeten Flotten teilten sich dann: Eumenes sollte den Übergang über den Hellespont weiter vorbereiten, die Römer und Rhodier von Samos aus die Flotte des Polyxenidas in Ephesos überwachen. Als man erfuhr, daß eine zweite Flotte, die Antiochos in Syrien aufgestellt hatte, unter Hannibal herankam, fuhren die rhodischen Schiffe mit ihren kleinasiatischen Verbündeten ihr entgegen. Vor der pamphylischen Küste kam es bei Side zum Treffen. Infolge ihrer Tapferkeit und ihres seemännischen Geschicks besiegten die Rhodier unter Eudamos die zahlenmäßig überlegenen seleukidischen Schiffe (Aug. 190). Die siegreiche Flotte kehrte nach Rhodos zurück. Hannibal wagte keinen weiteren Versuch, mit dem Rest seiner Schiffe in den Krieg einzugreifen.

Antiochos hatte sich inzwischen bemüht, Prusias, den König von Bithynien, an seine Seite zu bringen, indem er ihm Angst machte, die Römer wollten alle Königreiche beseitigen. Da Bithynien mit Pergamon, dem Verbündeten der Römer, verfeindet war, mochte Prusias Schlimmes befürchten und schien einem Zusammengehen mit Antiochos nicht abgeneigt zu sein. Aber den Scipionen, die von

diesen Verhandlungen erfahren hatten, gelang es, durch einen Brief
den König davon zu überzeugen, daß ihm von den Römern keine
Gefahr drohte, wenn er neutral blieb. Dazu kam noch C. Livius
Salinator, der Flottenbefehlshaber des Vorjahres, als Gesandter des
Senats zum König und wies ihn darauf hin, daß die Siegesaussichten
der Römer größer seien als die des Antiochos. Prusias schien es
dann sicherer, neutral zu bleiben.

Auf der Höhe des Sommers begab Antiochos sich wieder nach
Ephesos, ließ die Flotte auslaufen und führte seine Truppen zum
Angriff auf Notion. Er erwartete, daß die römische Flotte der
Stadt zu Hilfe eilen würde und daß Polyxenidas sie dann angrei-
fen könne.

Doch es kam ganz anders. Als Polyxenidas Kunde erhielt, daß
die Römer das Gebiet von Teos plünderten, wollte er der römischen
Flotte ein ähnliches Schicksal bereiten wie wenige Monate zuvor
den rhodischen Schiffen des Pausistratos bei Panhormos. Aber er
wurde rechtzeitig entdeckt, die römischen und rhodischen Schiffe
liefen aus und brachten der Flotte des Polyxenidas beim Kap
Myonnesos eine vernichtende Niederlage bei (Sept. 190).

Durch die Seeschlachten von Side und Myonnesos waren innerhalb weniger Wochen die beiden syrischen Flotten ausgeschaltet
worden, die Römer und ihre Verbündeten hatten die Seeherrschaft
errungen. Antiochos zog darauf überstürzt die Besatzung von Lysimacheia ab und gab damit den Römern den Weg zum Hellespont
frei. Er selbst hob auch die Belagerung von Notion auf und ging
nach Sardes zurück, wo er weitere Verstärkungen an sich zog.

Die römische Flotte hatte ihre Hauptaufgabe gelöst. Ein Teil der
Schiffe wurde zum Hellespont geschickt, um zusammen mit den
Pergamenern den Übergang des Heeres zu sichern. Ein anderer
Teil mit L. Aemilius Regillus griff Phokaia an, das zu Antiochos
abgefallen war. Die Stadt ergab sich, da der römische Oberbefehlshaber ihr Schonung zusicherte. Aber die römischen Soldaten küm-
merten sich nicht um das Wort ihres Feldherrn und plünderten die
Stadt, ohne daß der Prätor es verhindern konnte. Unter Einsatz
seiner eigenen Person gelang es Aemilius Regillus nur mit Mühe,
wenigstens einem großen Teil der Freien das Leben zu retten.

Sobald die Scipionen vom Sieg bei Myonnesos und der Räumung von Lysimacheia erfahren hatten, rückten sie rasch vor, besetzten de Stadt und zogen an den Hellespont, wo inzwischen durch Eumenes alles zum Übersetzen vorbereitet war. Ohne Behinderung durch den Feind landeten die römischen Truppen Anfang November in Kleinasien. Der Africanus mußte aus religiösen Gründen zunächst zurückbleiben; Ende November/Anfang Dezember traf er wieder beim Heer ein, das so lange gewartet hatte.

Während das römische Heer am asiatischen Ufer des Hellesponts rastete, versuchte Antiochos noch einmal durch Verhandlungen den Krieg zu beenden. Er war zum Nachgeben in den beiden Punkten bereit, um die es in den Verhandlungen zwischen ihm und den Römern vor Ausbruch des Krieges gegangen war, und wollte seine europäischen Besitzungen und seine Ansprüche auf die kleinasiatischen Griechenstädte aufgeben. Dem Frieden zuliebe erklärte er sich auch zur Zahlung der Hälfte der Kriegskosten bereit, außerdem zur Abtretung von Teilen Kleinasiens. Um die Römer zur Annahme seines Angebots zu bewegen, erinnerte Antiochos sie daran, daß es klug sei, sich im Glück zu mäßigen. Die Römer sollten sich auf Europa beschränken. Es sei leichter, ein großes Reich zu erwerben, als es zu erhalten. Wohl nicht von ungefähr stehen diese Gedanken genau an der Stelle, an der Rom sich anschickt, seine Macht über die Grenzen Europas hinaus auszudehnen. Wir fühlen uns an die Praefatio des Gesamtwerks erinnert, in der Livius bei allem Stolz auf die Größe Roms vor der maßlosen Größe des Weltreiches erschaudert[1].

Die Römer nahmen aber das Angebot des Antiochos nicht an, sondern forderten mehr: er müsse alle Kriegskosten tragen, da der Krieg durch seine Schuld ausgebrochen sei, und er müsse Kleinasien bis zum Tauros aufgeben. Da der seleukidische Unterhändler im Kriegsrat keinen günstigeren Bescheid erhalten konnte, wandte er sich im Auftrag seines Königs privat an P. Scipio und versprach ihm die Rückgabe seines Sohnes, der in Kriegsgefangenschaft geraten war, ohne Lösegeld, dazu ungeheure Reichtümer, wenn Antiochos durch ihn Frieden erlange. Scipio versicherte dem Unterhändler, er werde persönlich dem König für die Freilassung seines Soh-

---

1 Praef. 4: ut iam magnitudine laboret sua. - Vgl. VII 29,2.

nes zutiefst dankbar sein; aber er könne ihm als Staatsmann nicht
entgegenkommen und ihm keine Zugeständnisse machen. Antiochos
gab dann alle Hoffnungen auf, durch Verhandlungen den Frieden
zu erreichen. Denn die Bedingungen, die von ihm gefordert wurden, schienen ihm so hart, daß er auch im Falle einer Niederlage
nichts Schlimmeres befürchten zu müssen glaubte. Die Entscheidung mußte auf dem Schlachtfeld fallen.

Kurz nach dem Aufbruch des römischen Heeres erkrankte der
Africanus schwer und wurde nach Elaia geschafft. Hierhin schickte
ihm Antiochos den Sohn. Der Africanus versicherte dem König
noch einmal seine persönliche Dankbarkeit und riet ihm, sich auf
keine Schlacht einzulassen, bis er wieder beim Heer sei. Der König
ließ sich durch diesen Rat täuschen und ging von Thyateira nach
Magnesia am Sipylos zurück und verschanzte sich dort. L. Scipio
folgte ihm und schlug dicht am Feind sein Lager auf. Hier fiel Ende
Dezember 190 die Entscheidung. Antiochos verfügte über 60 000
Fußsoldaten und 12 000 Reiter sowie 54 Elefanten, die Römer samt
ihren Verbündeten über 27 600 Fußsoldaten, 2800 Reiter und 16
Elefanten. Durch kühne Attacken der pergamenischen und der römischen Reiterei und durch den massierten Angriff der römischen
Legionen und Alen wurde der linke Flügel und das Zentrum der
feindlichen Aufstellung besiegt. Antiochos selbst konnte zwar auf
dem rechten Flügel die römischen Verbände schlagen; aber sie kamen wieder zum Stehen, und als dann Attalos mit seinen Reitern
zu Hilfe eilte, ergriff auch Antiochos die Flucht. Überall setzten die
Römer und ihre Verbündeten den Fliehenden hart nach. Auch beim
Kampf um das Lager fanden noch zahlreiche Soldaten des Antiochos den Tod. Insgesamt sollen an diesem Tag 50 000 Fußsodaten
und 3000 Reiter von seinem Heer gefallen sein; die Verluste der
Römer und ihrer Verbündeten waren außerordentlich gering.

Antiochos floh vom Schlachtfeld nach Sardes, dann weiter nach
Apameia. Von dort schickte er Gesandte und bat den Sieger um
Frieden. Der König erklärte sich zur Sühneleistung für seinen Irrtum bereit, appellierte aber an die Hochherzigkeit der Römer, die
sie Besiegten gegenüber immer gezeigt hätten, zu der sie jetzt aber
noch mehr als bisher verpflichtet seien, da sie durch ihren Sieg Herren des Erdkreises geworden seien und das Wohl aller Menschen im

Auge haben müßten. Wenn hier aus dem Mund des Besiegten auf
die Aufgaben hingewiesen wird, die aus der Weltherrschaft erwachsen, so stellt die Antwort des Africanus die tief im römischen
Selbstverständnis wurzelnde Überzeugung heraus, daß der Sieg
und die damit errungene Stellung Roms Werk der Götter seien. Die
Bedingungen, die Antiochos gestellt wurden, entsprachen denen,
die die Römer in den Verhandlungen am Hellespont vor wenigen
Wochen genannt hatten. Die Gesandten des Königs, die jede Friedensbedingung annehmen sollten, erklärten sich einverstanden. Die
römischen Truppen konnten das Winterlager beziehen.

In Rom löste die Nachricht von dem Sieg ungeheuren Jubel aus.
Man hatte zwar nach dem Sieg an den Thermopylen aufgehört
Antiochos zu fürchten; aber man war sich bewußt, welch ungeheure Aufgabe das Niederringen der seleukidischen Macht in Asien
noch bedeutete. Cn. Manlius Volso, einer der beiden Konsuln von
189, hatte schon den Auftrag erhalten, als Nachfolger des L. Scipio
nach Kleinasien zu gehen und den Krieg gegen Antiochos weiterzu-
führen. Man ließ ihm auch jetzt diesen Aufgabenbereich, damit
er die Verhältnisse dort regele.

Inzwischen trafen auch Eumenes und eine Gesandtschaft der Rhodier sowie die Gesandten des Antiochos und vieler kleinasiatischer
Gemeinden in Rom ein. In den Verhandlungen vor dem Senat
ging es um die Bestätigung der zwischen dem römischen Oberbefehlshaber und den Unterhändlern des Antiochos getroffenen Frie-
densvereinbarungen und um das Schicksal der von Antiochos abzutretenden Gebiete. Zuerst wurden die Verbündeten gehört. Eumenes zierte sich eine Zeitlang, bis er auf Drängen des Senats seine
Wünsche äußerte. Für die Dienste, die sein Vater und er den Römern geleistet hatten, und für seine unwandelbare Treue sollten
diese ihm die Gebiete überlassen, die Antiochos abtreten mußte. Die
Rhodier dagegen forderten weniger für sich, sondern setzten sich
leidenschaftlich für die Freiheit der griechischen Gemeinden ein und
traten den Annexionsgelüsten des Eumenes entgegen. Die Römer
seien in diesen Krieg nicht eingetreten, um sich an fremdem Gebiet
zu bereichern, sondern um die Freiheit der Griechen zu schützen.
Das gelte auch für die Griechenstädte Kleinasiens; sie sollten nicht
der Herrschaft des Eumenes überantwortet werden. Es sei genug,

wenn er für seine Dienste die Gebiete der Barbaren erhalte, die unter der Herrschaft des Antiochos gestanden hätten. Sogar für die Griechenstädte, die zu Antiochos gehalten hatten, legten die Rhodier Fürsprache ein und baten die Römer, ihnen zu verzeihen und ihnen die Freiheit zu lassen.

Die Friedensbedingungen des L. Scipio wurden vom Senat und vom Volk bestätigt. Der größte Teil der von Antiochos abzutretenden Gebiete sollte an Eumenes, Lykien und Karien bis zum Mäander an die Rhodier fallen. Die griechischen Gemeinden, die am Tag der Schlacht von Magnesia frei waren, sollten frei bleiben, ebenso die, die an Antiochos Tribut gezahlt hatten; nur die, die den Pergamenern tributpflichtig gewesen waren, sollten es weiterhin bleiben. Zur Regelung der Einzelheiten wurde eine Zehnerkommission ernannt, die im Frühsommer 188 in Kleinasien eintraf.

Die Verhandlungen der Ätoler mit dem römischen Senat im Jahre 190 nach dem Waffenstillstand von Amphissa scheiterten wie die früheren[1]. Noch ehe die Unterhändler zurückgekehrt waren, setzten in Griechenland die Feindseligkeiten wieder ein. Die Athamanen litten unter dem Übermut der makedonischen Besatzungen, die seit dem Frühling 191 in ihrem Lande waren, und nahmen mit ihrem geflohenen König Amynander wieder Fühlung auf. Im November 190 kam es zur Erhebung, und gleichzeitig rückte Amynander mit einem ätolischen Verband in Athamanien ein. Die Makedonen mußten das Land räumen. Ein Versuch Philipps, es zurückzugewinnen, scheiterte.

Durch diesen Erfolg ermuntert, brachten die Ätoler dann rasch hintereinander die Gebiete der Amphilocher, Aperanten und Doloper an sich. Da traf sie wie ein Schlag die Nachricht vom römischen Sieg bei Magnesia, die sie aller Hoffnung auf Unterstützung durch Antiochos beraubte. Gleich darauf kehrten ihre Gesandten aus Rom zurück und teilten das Scheitern der Verhandlungen mit. Dazu erfuhren die Ätoler, daß der Konsul M. Fulvius Nobilior das Kommando gegen sie erhalten hatte und bald im Land erscheinen würde. In ihrer Verzweiflung wandten sie sich an Athen und Rho-

---

[1] Die Einzelheiten sind unklar; die auf die Annalisten zurückgehende Darstellung des Livius ist mit Skepsis zu betrachten.

dos und baten um Vermittlung beim römischen Senat. Auch sie selbst schickten, um nichts unversucht zu lassen, noch einmal eine Gesandtschaft nach Rom, die aber nie ankam, da sie von den Epiroten abgefangen wurde. Eine zweite Gesandtschaft, die dann ausgeschickt wurde, kehrte unterwegs um, als sie erfuhr, daß das römische Heer inzwischen mit dem Angriff auf Ambrakia begonnen hatte [1].

Etwa Mitte April 189 war M. Fulvius Nobilior in Apollonia gelandet und hatte kurze Zeit später nach Absprache mit den Epiroten [2] Ambrakia eingeschlossen. Die Ätoler schickten zweimal Verstärkung in die Stadt, griffen aber die römischen und epirotischen Stellungen nicht von außen an, wie sie versprochen hatten. Ambrakia konnte sich aufgrund seiner günstigen Lage und der Tapferkeit seiner Verteidiger den ganzen Sommer hindurch behaupten. Inzwischen waren die Ätoler noch einmal plündernd in Akarnien eingefallen, sahen sich dann aber von allen Seiten bedrängt. Perseus, der Sohn Philipps, rückte gegen die Gebiete der Doloper und Amphilocher vor, um sie den Ätolern wieder zu entreißen. Zwar räumte er das Land wieder, sobald die ätolischen Truppen heranzogen. Aber schon kamen neue Schreckensnachrichten: die Schiffe des Illyrerkönigs Pleuratos plünderten die ätolischen Küstengebiete. Zu deren Schutz wurden die Truppen jetzt am dringendsten gebraucht. Die Ätoler mußten erkennen, daß der Kampf an den verschiedenen Fronten gegen die Römer, die Makedonen und die Illyrer zugleich über ihre Kräfte ging; ihr Widerstandswille erlahmte. Im September boten sie dem Konsul die Unterwerfung an und baten um Schonung für Ambrakia und um Mitleid mit der Völkerschaft der Ätoler, die einmal mit den Römern verbündet gewesen sei. Die Rhodier und Athener legten Fürbitte für die Ätoler ein. Amynander war unter Zusicherung freien Geleits vor Ambrakia erschienen, um die Stadt zu retten. Es gelang ihm auch, die Verteidiger von Ambrakia zur Übergabe zu bewegen; die ätoli-

---

[1] Livius erwähnt nur die Entsendung einer Gesandtschaft, aber nichts von deren Schicksal und von der weiteren Gesandtschaft; s. Anm. zu XXXVIII 3,7.
[2] Die Epiroten zeigten sich nach ihrer zwielichtigen Haltung zu Beginn des Krieges jetzt besonders eifrig. Vielleicht hofften sie auch, Ambrakia als Preis für ihre Unterstützung zu erhalten. Vgl. Niese II 764.

schen Hilfstruppen erhielten freien Abzug. Die Stadt wurde geschont, aber alle Kunstwerke von dort weggeschleppt. Dann wurden auch den Ätolern die Friedensbedingungen genannt. Sie sollten 500 Talente als Kriegsentschädigung zahlen und die Kriegsgefangenen und Überläufer ausliefern. Dazu durften sie keine Stadt ihrem Bund angliedern, die nach dem März 190 von den Römern erobert worden war oder ihre Freundschaft gesucht hatte. Die Friedensbedingungen wurden von den Ätolern angenommen. Ätolische Gesandte begaben sich zum Abschluß des Friedens nach Rom; die rhodischen und athenischen Vermittler gingen als Fürsprecher mit.

In Rom hatte Philipp den Senat noch mehr gegen die Ätoler aufgebracht, indem er von der Besetzung der Gebiete der Athamanen, der Amphilocher und der Doloper berichtete. Aber durch die Fürsprache der Athener und Rhodier kam der Friede doch zustande. Die Bedingungen entsprachen im wesentlichen denen, die mit dem Konsul abgemacht waren. Dazu mußten die Ätoler sich in ihrer Außenpolitik völlig von Rom bestimmen lassen und Oiniadai an die Akarnanen abtreten.

Der Konsul war inzwischen nach Kephallania übergesetzt. Er hatte den Auftrag, von der Insel Besitz zu ergreifen; Kephallania war darum auch ausdrücklich in den Vertrag mit den Ätolern nicht aufgenommen worden. Die Gemeinden der Insel ergaben sich, da sie die Aussichtslosigkeit eines Widerstandes einsahen. Aber kurz darauf erhob sich Same wieder. Es dauerte vier Monate, bis der Widerstand der tapferen Stadt gebrochen werden konnte (Okt. 189–Jan. 188). Same wurde geplündert, die Bevölkerung in die Sklaverei verkauft.

Die Lage auf der Peloponnes erforderte dann die Anwesenheit des Konsuls. Die Spartaner konnten den Verlust der Küstengemeinden, die sie 195 hatten abtreten müssen, nicht verschmerzen; dazu waren sie beunruhigt durch die vielen Verbannten aus Sparta, die dort lebten. Im Spätsommer 189 überfielen sie bei Nacht den kleinen Küstenort Las und suchten ihn wieder in ihre Hand zu bringen. Zwar gelang es den Bewohnern des Dorfes und den dort lebenden Verbannten, die Spartaner noch in derselben Nacht wieder aus Las zu vertreiben. Aber alle Gemeinden an der lakonischen Küste waren zutiefst beunruhigt und wandten sich an die Achäer, denen der Schutz dieser Gemeinden von den Römern übertragen worden war. Die achäische Bundesversammlung forderte von den Spartanern die Auslieferung der für den Überfall Verantwortlichen. Als den Spartanern diese Forderung überbracht wurde, töteten sie 30 ihrer Landsleute, die zu den Achäern und den spartanischen Verbannten freundschaftliche Beziehungen unterhielten, und beschlossen, aus dem Achäischen Bund auszutreten und ihre Stadt direkt der Herrschaft der Römer zu unterstellen. Die Achäer erklärten daraufhin den Spartanern den Krieg (etwa Okt. 189). Wegen des Winters kam es zunächst nur zu kleineren Streifzügen und Überfällen. Als M. Fulvius Nobilior Ende Januar auf der Peloponnes eintraf, forderte er beide Seiten auf, sich aller Feindseligkeiten zu enthalten und die Sache dem Senat in Rom zur Entscheidung vorzutragen. Der Senat gab jedoch eine so unklare Antwort, daß jede der beiden Parteien meinte, ihren Wünschen sei weitgehend entsprochen worden. Nach der Rückkehr der Gesandten rückte Philopoimen etwa Mitte April 188 in das spartanische Gebiet ein und forderte die Auslieferung der für den Abfall Verantwortlichen. Dabei sicherte er den Spartanern zu, die Stadt werde dann Frieden haben und die Betreffenden könnten mit einem fairen Gerichtsverfahren rechnen. Die spartanischen Politiker, deren Auslieferung gefordert wurde, erklärten sich bereit, unter diesen Bedingungen ihr Schicksal in die Hand der Achäer zu legen. Als sie aber ins achäische Lager kamen, traten ihnen die spartanischen Verbannten, von denen Philopoimen eine große Anzahl bei sich hatte, feindselig entgegen, und es kam zu Tätlichkeiten, bei denen 17 von den Spartanern das Leben verloren. Die übrigen 63 wurden am nächsten Tag in einem Schnellverfahren abgeurteilt und zur Hinrichtung geführt. Auch sein anderes Versprechen hielt Philopoimen nicht: die Spartaner mußten ihre alte Verfassung aufgeben und die achäischen Gesetze annehmen, dazu ihre Mauern niederreißen und alle ihre Hilfstruppen entlassen; die Verbannten kehrten nach Sparta zurück; die von den Tyrannen freigelassenen Heiloten wurden ausgewiesen.

In Kleinasien war Cn. Manlius Volso im Juni 189 zu einem Feldzug gegen die gallischen Stämme der Tolostobogier, Tektosagen und Trokmer aufgebrochen, die 278/7 den Hellespont überschritten und im anatolischen Hochland Wohnsitze gefunden hatten; pergamenische Verbände schlossen sich seinem Zug an. Die Gallier hatten Antiochos mit Hilfstruppen unterstützt und bildeten durch ihre Plünderungszüge eine ständige Bedrohung Kleinasiens, für dessen Sicherheit die Römer sich jetzt verantwortlich fühlten. Aber Beutegier, Ruhmsucht und der Wunsch, sich bei seinen Truppen beliebt zu machen, scheinen für Cn. Manlius bei seinem Entschluß zu diesem Unternehmen eine mindestens ebenso große Rolle gespielt zu haben[1]. Auch in Rom sahen viele darin die wahren Triebfedern für sein Handeln, und Cn. Manlius mußte sich 187 nach seiner Rückkehr gegen heftigste Vorwürfe verteidigen, die u. a. auch von Mitgliedern der Zehnerkommission erhoben wurden, die mit ihm in Kleinasien gewesen war. Der Zug des Cn. Manlius ging durch Karien, Pisidien, Pamphylien und Phrygien zum Gebiet der Gallier. Nachdem er Pisidien erreicht hatte, forderte er allenthalben von der Bevölkerung hohe Tributzahlungen. Gemeinden, die sich dazu nicht verstehen wollten, wurden gewaltsam eingenommen und geplündert. Aus Furcht vor den heranrückenden Römern verließen viele Menschen ihre Wohnorte. Als das Heer das Gebiet der Gallier erreichte, war es mit Beute schwer beladen.

Die Gallier hatten ihre Ortschaften verlassen und sich mit Frauen und Kindern und ihrer beweglichen Habe auf hohe Berge ihres Landes zurückgezogen, die Tolostobogier auf den Olympos, die Tektosagen und die Trokmer auf den Magaba bei Ankyra. Sie erwarteten, die Römer würden wegen der Schwierigkeit des Geländes nicht gegen diese Berge anrücken; und wenn sie doch kämen, hofften sie sie von den Höhen herab leicht abwehren zu können. Cn. Manlius Volso führte seine Truppen zuerst gegen den Olympos. Allein durch den furchtbaren Geschoßhagel der Römer wurden die Tolostobogier geschlagen, ohne das es zum eigentlichen Nahkampf gekommen wäre. Nach der Einnahme des Lagers setzten die Römer den Fliehenden weiter nach. Wie viele im Kampf und auf der Flucht umkamen, ließ sich bei dem schwierigen Gelände nicht

[1] Der Gallierzug lieferte Hannibal den Stoff zu einer Broschüre an die Rhodier (Nepos, Hann. 13,2), in der er die abstoßenden Züge des Cn. Manlius Volso als für das Römertum typisch dargestellt haben dürfte.

ermitteln, etwa 40 000 Menschen gerieten in Gefangenschaft. Im
Lager fiel dem Sieger die ungeheure Beute in die Hände, die die
Gallier auf ihren jahrzehntelangen Plünderungszügen in Kleinasien zusammengetragen hatten. Ähnlich wie am Olympos ging es
bei dem Angriff auf den Magaba, wo die beiden anderen gallischen Stämme ihre Zuflucht gesucht hatten. Nach dieser zweiten
Niederlage baten die Gallier um Frieden. Cn. Manlius befahl
ihnen, Unterhändler nach Ephesos zu schicken, und führte selbst
sein Heer – es war inzwischen Oktober geworden – an die Küste
zurück.

Während er hier überwinterte, trafen zahlreiche Gesandtschaften
aus Kleinasien bei ihm ein und gaben ihrer Freude über die Niederlage der verhaßten Gallier Ausdruck, vor deren Plünderungszügen man jetzt sicher war. Den gallischen Unterhändlern wollte
Cn. Manlius die Friedensbedingungen erst nennen, wenn König
Eumenes aus Rom zurückgekehrt war.

Im Frühsommer 188 erschien die Zehnerkommission des Senats
in Kleinasien, begleitet von Eumenes. In den folgenden Wochen
wurden dann in Apameia aufgrund der Entscheidung der Kommission die Bestimmungen des Vertrags mit Antiochos endgültig festgelegt und die Verhältnisse in Kleinasien geregelt. Damit waren
die Aufgaben hier gelöst, Cn. Manlius konnte sich mit seinem Heer
und den zehn Kommissaren auf den Rückmarsch begeben. Am Hellespont traf man mit den Fürsten der Gallier zusammen; ihnen
wurden aufs strengste alle bewaffneten Streifzüge in Kleinasien
verboten.

Im Spätsommer 188 waren die Truppen wieder auf europäi-
schem Boden. Hier wurde der Heereszug durch Überfälle thraki-
scher Stämme noch einmal in Kämpfe verwickelt und verlor einen
Teil der gewaltigen Beute, die er mitschleppte. Der Rest des Weges durch Makedonien und Epirus verlief dann ohne weitere Zwi-
schenfälle. Da wegen der Jahreszeit die Überfahrt nach Italien
nicht mehr gewagt werden konnte, überwinterte das Heer in Apollonia und kehrte im Frühjahr 187 wieder nach Italien zurück.

In den Jahren 193 bis 187 waren auch Oberitalien und Spanien
nach wie vor Krisengebiete. Die Ligurer und der gallische Stamm
der Bojer wollten sich den Römern nicht unterwerfen. 193 gelang

es den Ligurern, den Konsul Q. Minucius mit seinem Heer völlig in die Defensive zu drängen. Aber in den beiden folgenden Jahren konnte er sie zurückwerfen und schlagen und dem Senat melden, daß in diesem Gebiet Ruhe eingekehrt sei. Von 190 bis 188 werden aus Ligurien auch keine größeren Kampfhandlungen mitgeteilt, nur ein Überfall auf den Prätor L. Baebius, der sich mit seinem Stab auf dem Weg in seine Provinz befand. 187 brach der Krieg dann aber mit großer Heftigkeit von neuem aus, und der Senat schickte beide Konsuln auf den Kriegsschauplatz.

Um die Bojer zur Unterwerfung zu zwingen, fielen die römischen Heere Jahr um Jahr plündernd und verwüstend in ihr Gebiet ein[1]. Als die Bojer das Heer des Konsuls L. Cornelius Merula 193 beim Abmarsch im Gebiet von Mutina überfielen, erlitten sie eine schwere Niederlage. Im folgenden Jahr trat ein großer Teil der führenden Schicht zu den Römern über. 191 errang der Konsul P. Cornelius Scipio Nasica dann den entscheidenden Sieg über das Volk. Die Bojer ergaben sich und mußten fast die Hälfte ihres Gebietes abtreten. Von da an hielten sie Ruhe.

Als wie unsicher die oberitalischen Gebiete in diesen Jahren angesehen wurden, zeigt die Situation der Kolonien, die die Römer hier zur Festigung ihrer Herrschaft angelegt hatten. Eine Abordnung aus Cremona und Placentia wies 190 den Senat darauf hin, daß ein erheblicher Teil der Bevölkerung durch Krieg und Krankheit dahingerafft sei und andere es vorgezogen hätten, das gefährdete Gebiet zu verlassen. Der Senat ordnete an, neue Siedler in diese Kolonien zu führen. 189 wurde eine Latinerkolonie in Bononia angelegt. Die Siedler erhielten ungewöhnlich viel Land; offensichtlich war ein besonderer Anreiz nötig, um Siedler für diesen Raum zu gewinnen.

In Spanien hatte sich ein Teil der Bevölkerung bald nach dem Weggang Catos (194 v. Chr.) wieder erhoben. Sein Nachfolger als Statthalter im Diesseitigen Spanien, Sex. Digitius, verlor in einer Reihe von Kämpfen einen erheblichen Teil seiner Truppen. Allein dadurch, daß P. Cornelius Scipio Nasica, der Statthalter des Jen-

---

1 Vgl. A. H. McDonald, The Roman Conquest of Cisalpine Gaul (201–191 B. C.), Antichthon 8, 1974, 44 ff., vor allem 51 ff.

seitigen Spanien, in seiner Provinz die Lusitaner schlagen konnte, wurde eine Erhebung ganz Spaniens verhütet. Die beiden Statthalter M. Fulvius Nobilior und C. Flaminius, die 193 nach Spanien geschickt wurden, konnten die Unruhen in den beiden Provinzen niederwerfen. L. Aemilius Paulus, der Statthalter des Jenseitigen Spanien in den Jahren 191/0, erlitt zwar noch einmal eine Niederlage, errang aber bis zu seinem Weggang aus der Provinz (189) auch zwei bedeutende Siege[1]; seitdem herrschte in Spanien eine gewisse, wenn auch nur vorübergehende Ruhe.

Die Staaten Griechenlands, die mit den Römern im Bunde waren, waren keineswegs deren willenlose Werkzeuge. Nach wie vor in die innergriechischen Streitigkeiten verstrickt, scheinen sie vielmehr in ihren Entscheidungen weitgehend durch ihre eigenen Interessen bestimmt gewesen zu sein. Vor allem auf die mächtigsten unter ihnen, die Makedonen und die Achäer, blickten die Römer daher immer wieder mit einem gewissen Argwohn und waren darauf bedacht, sie nicht zu mächtig werden zu lassen; ja, sie scheuten sogar nicht davor zurück, ihre wichtigsten Bundesgenossen in Griechenland offen zu brüskieren und zu demütigen.

Den meisten Griechen scheint die römische Oberaufsicht in Griechenland ein Gefühl der Sicherheit gegeben zu haben; nicht zufällig wollten viele ihr Schicksal lieber in die Hand der Römer als ihrer griechischen Gegner legen. Gegenüber den Wort- und Rechtsbrüchen und den Grausamkeiten, zu denen Griechen und Makedonen gegenüber Griechen fähig waren, weckten die Zuverlässigkeit der Römer, ihr Verantwortungsbewußtsein und ihre Bereitschaft, die Freiheitsliebe und den Stolz der Griechen zu respektieren, bei diesen Vertrauen.

Die gewaltig angewachsene Macht Roms bedeutete für die besten Römer der Zeit eine hohe Verpflichtung. Schönstes Beispiel dafür ist T. Quinctius Flamininus mit seinem unermüdlichen Einsatz für das Wohl der Griechen. Menschlichkeit und politisches Kalkül gehen in diesem großen Römer eine glückliche Verbindung ein. Selbst für die Ätoler, die ihn seit 197 unaufhörlich angefeindet und

---

[1] Siehe die Anm. zu XXXVII 57,5.

geschmäht hatten, trat er ein, als sie in größter Not waren. Daneben läßt sich aber auch die verderbliche Auswirkung der Macht beobachten. Mancher Römer scheint sie als einen Freibrief betrachtet zu haben. Die Übergriffe des Q Minucius Thermus (193–191) und des L. Quinctius Flamininus (192) in Oberitalien sowie der Feldzug des Cn. Manlius Volso in Kleinasien (189), bei dem Einschüchterung und Plünderung der Bevölkerung eine erhebliche Rolle gespielt haben, legen davon Zeugnis ab, ebenso die Schläge, die namhafte Römer 188 karthagischen Gesandten versetzten, sowie die Hemmungslosigkeit des Centurios, dem 189 die Bewachung der gallischen Fürstin Chiomara anvertraut war[1]. Daß in Rom solcher Machtmißbrauch angeprangert wurde, zeigt jedoch, daß man bei der Mehrheit des Volkes mit einem starken Gefühl für die mit der Macht verbundene Verantwortung rechnete.

Das Selbstgefühl der führenden Männer Roms hatte eine bisher nicht gekannte Höhe erreicht. M. Fulvius Nobilior nahm Q. Ennius, den größten Dichter des damaligen Rom, mit in den Ätolerkrieg, damit er seine Taten verherrliche[2]; wegen dieser Haltung, die mehr dem Stil hellenistischer Könige als altrömischer Gesinnung entsprach, mußte er die Angriffe Catos über sich ergehen lassen[3]. Auch bei den Kämpfen um die höchsten Ämter im Staat stellt Livius eine Leidenschaftlichkeit fest, wie es sie bis dahin nicht gegeben hatte. Die großen militärischen Erfolge verliehen den siegreichen Heerführern ein ungeheures Ansehen, das sie auch zur Förderung ihrer Verwandten und Freunde einsetzten. So wurde der Kampf um das Konsulat für 192 dadurch besonders heftig, daß der Vetter des Africanus und der Bruder des T. Quinctius Flamininus gegeneinander kandidierten. Auch um das Konsulat für das kommende Jahr 191, in dem man den Ausbruch des großen Krieges mit Antio-

---

[1] Q. Minucius Thermus: s. Anm. zu XXXVII 46,2; L. Quinctius Flamininus: XXXIX 42,5–43,5; Cn. Manlius Volso: XXXVIII 12,1–27,9; 44,9–50,3; die Mißhandlung der karthagischen Gesandten: XXXVIII 42,7; der Centurio und Chiomara: XXXVIII 24,2–11.
[2] Ennius entsprach den Erwartungen seines Gönners: er verfaßte eine Praetextata »Ambracia« und verherrlichte Q. Fulvius in den entsprechenden Partien seiner »Annales«. Die Fulvier verschafften ihm zum Dank 184 das römische Bürgerrecht.
[3] Siehe Cic., Tusc. 1,3.

chos erwartete, war der Wahlkampf besonders hart, da mit dem Konsulat die Aussicht auf ein militärisches Kommando verbunden war, das seinem Träger ungewöhnlichen Ruhm bringen konnte.

Die politische Gegnerschaft führte zuweilen zu feindseliger Gehässigkeit, wofür M. Fulvius Nobilior und M. Aemilius Lepidus ein besonders deutliches, aber nicht das einzige Beispiel sind. Auch die großen Skandalprozesse dieser Jahre müssen im Zusammenhang mit den innenpolitischen Auseinandersetzungen in Rom gesehen werden. Es ist bezeichnend, daß viele von ihnen genau zu einem Zeitpunkt angestrengt wurden, wo sie dem politischen Gegner am meisten schaden konnten. Oft zeigt der Prozeßverlauf, daß es mehr um Verleumdung und Ausschaltung des Gegners ging als um die Aufdeckung und Ahndung der ihm vorgeworfenen Vergehen.

Selbst vor den Scipionen machte man nicht halt. Man warf ihnen Unterschlagung und Bestechlichkeit vor; aber viel mehr ging es um die Ausnahmestellung, die der große Africanus nach seinem Sieg über Hannibal in Rom einnahm. In diesen Prozessen gegen die Scipionen in den Jahren 187 und 185/4, die Livius als die bedeutendsten ihrer Art herausstellt, triumphierten die Neidgefühle und die Rücksichtslosigkeit und Scheinheiligkeit ihrer Gegner, und P. Africanus kehrte sich angewidert und verbittert von Rom ab, das so vergeßlich und so undankbar war. Die ausführliche Darstellung dieser Prozesse bildet den Abschluß des 38. Buches.

LITERATURHINWEISE
ZU BUCH XXXV-XXXVIII

Vgl. die allgemeinen Literaturhinweise zur vierten und fünften Dekade in Bd. VII, S. 553 ff.

Ausgaben und Kommentare

Titi Livi ab urbe condita libri XXXI–XXXV, ed. A. H. McDonald, Oxford 1965 (Bd. 5 der Livius-Ausgabe der „Oxford Classical Texts")
Titi Livi ab urbe condita libri XXXVI–XXXVIII, ed. A. Zingerle, Wien-Prag-Leipzig 1893 (Bd. 6, Teil 1 der Livius-Ausgabe
von A. Zingerle, ed. mai.)
Titi Livi ab urbe condita libri XXXI–XL, ed. W. Weissenborn-
M. Mueller, darin die Bücher XXXV–XXXVIII von M. Müller
bearbeitet (1887–1890), Nachdruck Stuttgart 1959 (Bd. 3 der Livius-Ausgabe der „Bibliotheca Teubneriana")
Titi Livi ab urbe condita libri XXXV–XXXVIII, bearbeitet von
W. Weissenborn und H. J. Müller, ³1906/7, Nachdruck Berlin
1962 (Bd. 8 der Livius-Ausgabe in der Weidmannschen „Sammlung griechischer und lateinischer Schriftsteller mit deutschen An-
merkungen")
Livy, Books XXXV–XXXVII. Books XXXVIII–XXXIX with
an English Translation by E. T. Sage, Cambridge/Mass.-London
1935/6, Nachdrucke 1965 (Bd. 10 und 11 der lat.-engl. Livius-
Ausgabe in „The Loeb Classical Library")
Tito Livio, Storie, Libri XXXI–XXXV a cura di P. Pecchiura, Turin 1970 (Bd. 5 der lat.-ital. Livius-Ausgabe in der Reihe „Clas-
sici Latini")

Quellen

F. W. Walbank, A Historical Commentary on Polybius, Vol. III:
Commentary on Books XIX–XL, Oxford 1979

Komposition

H. Brüggmann, Komposition und Entwicklungstendenzen der Bücher 31–35 des Titus Livius, Diss. Kiel 1955 (masch.-schr.)

F. Kern, Aufbau und Gedankengang der Bücher 36–45 des T. Livius, Diss. Kiel 1960 (masch.-schr.)

Geschichte

E. Badian, Rom und Antiochos der Große. Eine Studie über den kalten Krieg, WaG 20, 1960, 203 ff.

J. P. V. D. Balsdon, L. Cornelius Scipio. A Salvage Operation, Hist. 21, 1972, 224 ff.

B. Bar-Kochva, The Seleucid Army. Organisation and Tactics in the Great Campaigns, Cambridge 1976

E. Bickermann, Bellum Antiochicum, Hermes 67, 1932, 47 ff.

E. Bikerman, Le statut des villes d'Asie après la paix d'Apamée, REG 50, 1937, 217 ff.

A. H. McDonald, The Treaty of Apamea (188 B.C.), JRS 57, 1967, 1 ff.

A. H. McDonald – F. W. Walbank, The Treaty of Apamea (188 B.C.): The Naval Clauses, JRS 59, 1969, 30 ff.

A. Poláček, Le traité de paix d'Apamée, RIDA 18, 1971, 591 ff.

H. H. Schmitt, Untersuchungen zur Geschichte Antiochos' des Großen und seiner Zeit, Wiesbaden 1964 (Historia-Einzelschriften Heft 6)

E. Will, Rome et les Séleucides, in: ANRW I 1, Berlin 1972, 590 ff.

J. A. O. Larsen, Greek Federal States. Their Institutions and History, Oxford 1968

F. A. Brandstäter, Die Geschichten des Aetolischen Landes, Volkes und Bundes, nebst einer historiographischen Abhandlung über Polybius, Berlin 1844

W. J. Woodhouse, Aetolia. Its Geography, Topography, and Antiquities, Oxford 1897

A. Aymard, Les premiers rapports de Rome et de la confédération achaienne (198–189 av. J.-C.), Bordeaux 1938

R. M. Errington, Philopoemen, Oxford 1969

S. J. Oost, Amynander, Athamania, and Rome, ClPh 52, 1957, 1 ff.

E. Cavaignac, Fulvius Nobilior en Grece (189 av. J. C.), in: Mélanges P. Thomas, Brügge 1930, 120 ff.

N. G. L. Hammond, Epirus. The Geography, the Ancient Remains, the History and the Topography of Epirus and Adjacent Areas, Oxford 1967

S. J. Oost, Roman Policy in Epirus and Acarnania in the Age of the Roman Conquest of Greece, Dallas 1954

A. Körte, Gordion und der Zug des Manlius gegen die Galater, AM 22, 1897, 1 ff.

D. Magie, Roman Rule in Asia Minor, 2 Bände, Princeton 1950

F. Stähelin, Geschichte der kleinasiatischen Galater, ²Leipzig 1907

L. De Regibus, Il processo degli Scipioni, Turin 1921

P. Fraccaro, I processi degli Scipioni, Studi storici 4, 1911, 217 ff.; jetzt auch in: Opuscula I, Pavia 1956, 263 ff.

P. Fraccaro, Ancora sui processi degli Scipioni, Athenaeum N.S. 17, 1939, 3 ff.; jetzt auch in: Opuscula I, 393 ff.

R. M. Haywood, Studies on Scipio Africanus, Baltimore 1933

A. H. McDonald, Scipio Africanus and Roman Politics in the Second Century B.C., JRS 28, 1938, 153 ff.

Nachtrag: Nach Abschluß des Satzes erschien:

A Commentary on Livy, Books XXXIV–XXXVII by J. Briscoe, Oxford 1981

INHALTSÜBERSICHT UND PARALLEL-
ÜBERLIEFERUNG

BUCH XXXV

BUCH XXXVIII

ZEITTAFEL

Januar 191	Antiochos besetzt Thessalien
März/April 191	Römisch-makedonische Gegenoffensive in Thessalien
24. April 191	Schlacht an den Thermophylen
Juni 191	Angriff auf Herakleia und Lamia
Aug./Sept. 191	Belagerung von Naupaktos
September 191	Seeschlacht bei Korykos
Anfang Mai 190	Sechsmonatiger Waffenstillstand mit den Ätolern
August 190	Rhodischer Seesieg bei Side
September 190	Römisch-rhodischer Seesieg bei Myonnesos
Anfang Nov. 190	Übergang der Römer über den Hellespont
Ende Dez. 190	Schlacht von Magnesia
Mai – Sept. 189	Belagerung von Ambrakia
Juni – Okt. 189	Zug des Cn. Manlius Volso gegen die Galater
Sept. 189	Kapitulation der Ätoler
Ende Sept./Anf. Okt. 189	Die Römer besetzen Kephallania
Okt. 189 – Jan. 188	Belagerung von Same
Sommer 188	Konferenz von Apameia
187	Prozeß gegen L. Cornelius Scipio
185/4	Klage des M. Naevius gegen P. Cornelius Scipio
184 oder 183	Tod des P. Cornelius Scipio

DIE RÖMISCHEN KONSULN
193–187 v. Chr.

193 L. Cornelius Merula
   Q. Minucius Thermus
192 L. Quinctius Flamininus
   Cn. Domitius Ahenobarbus
191 P. Cornelius Scipio Nasica
   M'. Acilius Glabrio
190 L. Cornelius Scipio
   C. Laelius
189 M. Fulvius Nobilior
   Cn. Manlius Volso
188 M. Valerius Messala
   C. Livius Salinator
187 M. Aemilius Lepidus
   C. Flaminius

DIE HELLENISTISCHEN HERRSCHER-HÄUSER

DIE ANTIGONIDEN IN MAKEDONIEN

Antigonos Monophthalmos (321 Stratege von Asien; 315 „Reichsverweser"; 306 Annahme des Königstitels; 301 bei Ipsos gefallen)
Demetrios Poliorketes (306 Annahme des Königstitels zusammen mit seinem Vater; 294–287 König von Makedonien; 283 in syrischer Gefangenschaft gestorben)
Antigonos Gonatas 276–239
Demetrios II. 239–229
Antigonos Doson 229–221
Philipp V. 221–179
Perseus 179–168

DIE ATTALIDEN IN PERGAMON

Philetairos 283–263
Eumenes I. 263–241
Attalos I. Soter 241–197 (Seit 228 führen die Attaliden den Königs-
    titel.)
Eumenes II. Soter 197–159/8
Attalos II. Philadelphos 159/8–139/8

DIE SELEUKIDEN IN SYRIEN

Seleukos I. Nikator 312–281 (seit 305 Königstitel)
Antiochos I. Soter 281–261
Antiochos II. Theos 261–246
Seleukos II. Kallinikos 246–225
Seleukos III. Soter 225–223
Antiochos III., der Große 223–187
Seleukos IV. Philopator 187–175

DIE PTOLEMÄER IN ÄGYPTEN

Ptolemaios I. Soter 323–283 (seit 305 Königstitel)
Ptolemaios II. Philadelphos 285–246 (seit 285 Mitregent seines
    Vaters)
Ptolemaios III. Euergetes I. 246–221
Ptolemaios IV. Philopator 221–204
Ptolemaios V. Epiphanes 204–180

VERZEICHNIS DER EIGENNAMEN

seit 179 Princeps senatus, gestorben 152: XXXV 10,11-12; 24,6;
XXXVI 2,6.10–12; 3,14; XXXVII 2,8; 43,1; 46,6,7; XXXVIII
35,1; 42,2.8–13; 43,1.2.7.13; 44,1–6.8/9; 46,14

M. Aemilius Lepidus, Sohn des vorigen, 190 Kriegstribun im Heer
des L. Scipio: XXXVII 43,1–4

L. Aemilius Paulus, 193 kur. Ädil, 191 Prätor, 182 und 168 Konsul,
164/3 Zensor, gestorben 160: XXXV 10,11–12; 24,6; XXXVI
2,6.8; 3,14; XXXVII 2,11; 46,7–8; 55,7; 56,1; 57,5–6; 58,5;
XXXVIII 37,11; 38,1; 40,1 – 41,15; 44,11; 45,1 – 47,1.3.4.7.8;
58,11

L. Aemilius Regillus, 190 Prätor: XXXVI 45,9; XXXVII 2,1.10;
4,5; 14,1–5; 15,9; 17,1–10; 18,9/10; 19,1.3.4.8; 21,6 – 22,2;
26,9 – 30,10; 31,5–6; 31,8 – 32,14; 47,3–4; 58,3–4

M. Aemilius Regillus, Bruder des vorigen: XXXVII 22,2

L. Aemilius Scaurus, Kommandant in der Flotte des L. Aemilius
Regillus: XXXVII 31,6

Aenus, Stadt in Thrakien: XXXVII 33,1; 60,7; XXXVIII 41,4

Aeolis, der nördliche Teil der von Griechen besiedelten Westküste
Kleinasiens: XXXV 16,5; XXXVII 8,5; 12,1; 18,1; 25,2; 35,9;
XXXVIII 16,12

Aequimelium an der Südseite des Kapitols : XXXVIII 28,3

Aesculapium, Heiligtum des Asklepios in Ambrakia: XXXVIII
5,2

Aethalia, Insel vor der kleinasiatischen Küste: XXXVII 13,3.5

Aethopia, Ort oder Berg bei Argithea in Athamanien: XXXVIII
2,4.5.12–14

Aetoli, Völkerschaft in Mittelgriechenland: passim

Aetolicum bellum, der Krieg mit den Ätolern 192–189 v. Chr.:
XXXVII 45,17; 53,24; XXXVIII 42,12

Africa: XXXV 2,8; 18,8; 42,3; XXXVI 3,1; 7,19; XXXVII 6,6;
25,10; 34,4; 42,5; 53,22; XXXVIII 51,3.7; 53,1; 55,2; 58,8.10

Africanus: s. P. Cornelius Scipio Africanus

Africi elephanti, afrikanische Elefanten: XXXVII 39,13

Agrigentum, Stadt in Sizilien: XXXVI 2, 11; 31,12

Alabanda, Stadt in Karien am Marsyas: XXXVIII 13,2.4

Alexamenus, ätolischer Politiker, 197/6 Stratege des Ätolischen
Bundes: XXXV 34,5; 35,1 – 36,9; 37,2

Alexander, 336–323 König von Makedonien: XXXV 14,7.11; 47,5

Alexander, akarnischer Politiker, Ratgeber Antiochos' III.: XXXV
18,1–8; XXXVI 11,6; 20,5

Alexander aus Megalopolis: XXXV 47,5

Apama, Tochter des Alexander aus Megalopolis, Frau des Amynander: XXXV 47,5.6

Apamea, Stadt in Phrygien: XXXV 15,1.2; XXXVII 18,6; 44,6; XXXVIII 13,5; 15,12/13; 37,8.9.11; 38,6

Aperantia, das Gebiet der Aperanten im Norden von Ätolien: XXXVI 33,7; 34,9; XXXVIII 3,4

Aphrodisias, Ort in Kleinasien: XXXVII 21,5

Apollo : XXXVI 11,6; XXXVIII 13,6

ludi Apollinares, Spiele zu Ehren des Apollo in Rom: XXXVII 4,4

aedis Apollinis in Rom: XXXVII 58,3

templum Apollinis in Delion: XXXV 51,1–4

fanum Apollinis in Hiera Kome: XXXVIII 13,1

Apollinis, Zerynthium quem vocant incolae, templum in Thrakien: XXXVIII 41,4

Apollodorus, Athener: XXXV 50,4

Apollonia, Stadt in Illyrien, seit 229 unter römischem Schutz: XXXV 24,7; XXXVII 6,1; XXXVIII 3,9; 41,15

Apollonia, Ort in Thrakien: XXXVIII 41,9

Apollonius, Vertrauter Antiochos' III.: XXXVII 23,7

Appenninus : XXXVI 15,6

Apulia, Landschaft im Süden Italiens: XXXVII 2,1.6; 50,13

L. Apustius Fullo, 201 pleb. Ädil, 200/199 Legat des P. Sulpicius Galba und römischer Flottenbefehlshaber, 196 Prätor, 190 Legat des L. Cornelius Scipio: XXXV 9,7–8; XXXVII 4,2; 16,12

Arabes: XXXVII 40,12

Aradus, Stadt in Phönikien: XXXV 48,6

Aratthus, Fluß in Epirus: XXXVIII 3,11; 4,3.4.9

Arcas, der Arkader: XXXV 26,4

Archidamus, ätolischer Politiker, 191/0, 188/7, 182/1 und 175/4 Stratege der Ätoler: XXXV 48,10 – 49,1.3.4

Argi, Hauptstadt der Argolis: XXXV 18,5; 27,5; XXXVII 56,7; XXXVIII 30,4.5

Argithea, Hauptstadt von Athamanien: XXXVIII 1,4.7–9; 2,4.5

Argos Amphilochium, das amphilochische Argos: XXXVIII 10,1–2

Ariarathes, König von Kappadokien: XXXVII 31,4; 40,10; XXXVIII 18,4; 37,5.6; 39,6

Aricia, Stadt in Latium: XXXV 9,4

Ariminum, Stadt an der Adria: XXXV 22,3

Aristoteles, Befehlshaber Antiochos' III.: XXXVI 21,2

Arpinum, Stadt in Latium: XXXVIII 36,7–9

Arretium, Stadt in Etrurien: XXXV 3,2; 21,3

Asia, gewöhnlich für Kleinasien gebraucht, vereinzelt aber auch für den ganzen Erdteil: passim

Graecae civitates Asiae: XXXV 16,2.10–13; 17,1–2.8–9; XXXVII 35,2/3.9/10; 45,3; 53,3/4.28; 54,6.8/9.18–20.25; 55,6; 56,2.4.6; XXXVIII 37,1–4.6; 39,7–17; 47,13; 48,4.5; 60,6

Asopus, Fluß bei Herakleia in Malis: XXXVI 22,7

Aspendus, Stadt in Pamphylien: XXXVII 23,3; XXXVIII 15,6

Asti, thrakische Völkerschaft: XXXVIII 40,7–15

Atalante, Insel in der Bucht von Opus: XXXV 37,7/8; 38,14

Athamanes, Völkerschaft im Westen von Thessalien: XXXV 47,2.6.7; XXXVI 6,7; 7,9; 10,5–6.12; 13,5; 14,2–5.7–9; 28,4; 31,11; 32,1; 34,9; XXXVII 49,6; XXXVIII 1,1 – 3,3; 3,5; 4,3; 9,4; 10,3

Athenae: passim

Athenaeum, fester Platz in Athamanien: XXXVIII 1,11; 2,2

Athenaeus, Bruder des Eumenes: XXXVII 52,8; 53,18.24; XXXVIII 12,8; 13,3; 40,3

A. Atilius Serranus, 194 kur. Ädil, 192 und 173 Prätor, 170 Konsul: XXXV 10,11; 20,8–10.[11].⟨12⟩ (s. Anm. zu XXXV 20, 11/12).13; 21,⟨1⟩.2; 22,2; 23,4; 25,5; 37,3; XXXVI 2,14; 11,9; 12,9; 20,7–8; 42,7

M. Atilius Serranus, 174 Prätor : XXXVII 46,1; 57,7–8

C. Atinius, 188 Prätor: XXXVIII 35,2.10; 36,3.4

C. Atinius Labeo, 190 Prätor: XXXVI 45,9; XXXVII 2,1.8

Atrax, Stadt in Thessalien: XXXVI 10,2; 13,4

Attalus I., 241 – 197 Herrscher von Pergamon: XXXVII 45,15; 53,8–11.24; 55,6; XXXVIII 16,14; 17,15; 39,8

Attalus II., Sohn Attalos' I., 159/8 – 139/8 König von Pergamon: XXXV 23,10–11; XXXVII 18,4/5; 20,1.6; 43,5; 52,3.8; 53,18. 24; XXXVIII 12,7–9; 13,3.9–10; 20,3.9; 21,2; 23,11; 25,5.11; 45,9

Attica: XXXVI 15,8

tetrachma Attica: XXXVII 46,3; 58,4; 59,4; XXXVIII 38,13

talentum Atticum: XXXVIII 24,8; 38,13

Aulis, Hafenstadt in Euböa: XXXV 37,8; 49,11; 50,11; 51,6

M. Aurelius Cotta, 190 Legat des L. Cornelius Scipio: XXXVII 52,1–2

L. Aurunculeius, 190 Prätor : XXXVI 45,9; XXXVII 2,1; 4,5; 46,9.10; 55,7; 56,1; XXXVIII 37,11; 38,1; 40,1 – 41,15; 44,11; 45,3; 47,3; 58,11

Byllis, Ortschaft in Illyrien: XXXVI 7,18
Byzantium: XXXVII 34,1; XXXVIII 16,3.6.7

Cadusii, Völkerschaft im Osten des Seleukidenreiches: XXXV
  48,5; 49,8
A. Caecilius, 189 pleb. Ädil: XXXVIII 35,6
L. Caecilius Metellus, 251 und 247 Konsul, 249 Magister equitum,
  224 Diktator zur Durchführung der Wahlen, seit 243 Pontifex
  maximus: XXXVII 51,1/2
Q. Caecilius Metellus, Sohn des vorigen, 207 Magister equitum
  zur Durchführung der Wahlen, 206 Konsul, 205 Diktator zur
  Durchführung der Wahlen, seit 216 Pontifex: XXXV 8,4–8
porta Caelimontana in Rom : XXXV 9,3
Caeni, thrakische Völkerschaft: XXXVIII 40,7–15
Caïcus, Fluß im westlichen Kleinasien: XXXVII 18,6; 37,3
Callidromum, Gipfel des Oeta-Massivs: XXXVI 15,10; 16,11; 17,
  1.9.12; 18,8; 19,2–3
Callipolis, Ort in Mittelgriechenland: XXXVI 30,4
Calycadnum promunturium, das Kap an der Mündung des Kaly-
  kadnos in Kilikien: XXXVIII 38,9
Calydon, Ortschaft in Ätolien: XXXVI 11,7
Campani: XXXVIII 28,4; 36,5–6; 43,9
campus: s. campus Martius
Canae, Hafenstadt im Gebiet von Pergamon: XXXVI 45,8;
  XXXVII 8,6; 9,6; 12,4
porta Capena in Rom: XXXVIII 28,3; 55,2; 56,4
Capitolium in Rom: XXXV 21,6; 41,8.10; XXXVI 35,12;
  XXXVII 3,7; 55,3; XXXVIII 17,9; 28,3; 33,9; 35,4; 48,16;
  51,8.12.13; 52,5; 56,12; 57,5
Cappadocia, Königreich in Kleinasien: XXXVII 31,4; 40,10;
  XXXVIII 18,4; 37,5
Capua, Stadt in Kampanien: XXXV 9,4
Caralitis palus in Kleinasien: XXXVIII 15,2
Caria, Landschaft in Kleinasien: XXXVII 16,13; 22,3; 40,13; 55,5;
  56,3.6; XXXVIII 13,7; 17,5; 39,13
Carinae, Westabhang des Esquilin: XXXVI 37,2
Carthago: XXXV 19,4; 42,11; XXXVI 3,1; 4,5–7.9; XXXVII
  53,22; 54,26; XXXVIII 42,7; 48,13; 50,7; 51,7.14; 53,2; 54,9;
  58,5; s. auch Poeni, Punicus
Caryae, Ort im Norden von Lakonien: XXXV 27,13
Carystus, Ort auf Euböa: XXXV 38,3.4.6.7

castra Pyrrhi in der Nähe von Sparta: XXXV 27,14.16

Castrum Frentinum, Latinerkolonie im Gebiet von Thurii, 193 gegründet: XXXV 9,7–8

Castrum Novum, Hafenplatz am Tyrrhenischen Meer, seit 264 römische Kolonie: XXXVI 3,6

Casus, Fluß in Kleinasien: XXXVIII 14,1

Cato: s. M. Porcius Cato

Caudium, Ort im Gebiet der Samniten: XXXV 11,3

Caularis, Fluß in Kleinasien: XXXVIII 15,1

Celaenae, Stadt in Kleinasien: XXXVIII 13,5–7

Celtiberi, Völkerschaft in Spanien: XXXV 7,8

Cenaeum, Hafen auf Euböa: XXXVI 20,5.6

Cephallania, Insel im Ionischen Meer: XXXVI 11,9; 12,9; XXXVII 13,11/12; 50,5; XXXVIII 9,10; 10,2; 11,7; 28,5 – 30,1; 31,5; 43,9; s. auch Same

Ceres: XXXVI 37,4

Chaeronea, Ort in Böotien: XXXV 46,3; XXXVI 11,5

Chalcioecos, Tempel der Athene in Sparta: XXXV 36,9

Chalcis, Stadt auf Euböa: XXXV 16,12; 31,3; 34,4.5; 37,4 – 39,3; 46.2.4–13; 49,6–7.9.11; 50,3.6.8.10; 51,6–10; XXXVI 3,12; 5,1; 6,3.4.6; 7,16; 9,6; 11,1–2; 12,11; 15,1; 19,9; 21,1.2; 31,5; XXXVII 34,6; 45,17; XXXVIII 38,18

Chariclitus, rhodischer Flottenkommandant: XXXVII 23,8; 24, 8.9.12

Chersonesus, Halbinsel in Thrakien: XXXVI 41,6; XXXVII 33,4; 36,4; 54,11; XXXVIII 16,4; 39,14; 40,4

Chius, Insel vor der Küste von Lydien: XXXVI 43,11; 45,7.8; XXXVII 14,2–4; 27,1–2.5; 31,5/6.8; XXXVIII 39,11

Cibyra, Stadt in Kleinasien: XXXVIII 14,3 – 15,1

Cichesias, Athener: XXXVIII 10,4

Cierium, Ortschaft in Thessalien: XXXVI 10,2; 14,6

Cilicia, Gebiet in Kleinasien: XXXV 13,4; XXXVII 15,8; 23,1; 40,13; 56,7.8; XXXVIII 18,12

circus maximus in Rom: XXXVI 36,5

Cissus, Hafen an der kleinasiatischen Küste: XXXVI 43,10.13

Cius, Stadt an der Propontis: XXXV 37,5

M. Claudius Lepidus : XXXVII 48,5

M. Claudius Marcellus, 222, 215, 214, 210 und 208 Konsul: XXXVIII 43,9

M. Claudius Marcellus, Sohn des vorigen, 200 kur. Ädil, 198 Prätor, 196 Konsul, seit 196 Pontifex, 189/8 Zensor, gestorben

Corylenus, Ort in Kleinasien: XXXVII 21,5

Cotton, Ort in Kleinasien: XXXVII 21,5

Cous, die Insel Kos vor der kleinasiatischen Küste: XXXVII 11,13; 16,2; 22,2

Cranii, die Bewohner von Krane auf der Insel Kephallania: XXXVIII 28,6

Crannon, Ortschaft in Thessalien: XXXVI 10,1; 14,10

Craterus, Halbbruder des Antigonos Gonatas: XXXV 26,5

Cremona, Latinerkolonie in Oberitalien, 218 gegründet: XXXVII 46,9–10; 47,2

Creta: XXXV 26,4; 28,8; 29,1.2.3.5–7; 30,1–3; XXXVI 5,3; XXXVII 39,10; 40,7; 41,9.11; 60, 2–7; XXXVIII 13,3; 21,2

Crĕusa, Hafen am Golf von Korinth: XXXVI 21,5

Cuballum, Ort in Galatien: XXXVIII 18,5–7

Cusibis, Stadt im Gebiet der Oretaner: XXXV 22,7

Cyclades insulae: XXXVI 43,1

Cydonia, Stadt auf Kreta: XXXVII 60,3–6

Cyme, Stadt an der kleinasiatischen Küste: XXXVII 11,15; XXXVIII 39,8

Cymatis, Burg von Same auf Kephallania: XXXVIII 29,10

Cynoscephalae, Bergzug in Thessalien (197 Schlacht bei Kynoskephalai): XXXVI 8,3

Cypsela, Stadt in Thrakien: XXXVIII 40,5/6

Cyretiae, Ortschaft in Perrhäbien: XXXVI 10,5; 13,4

Cyrtii, Nomadenstamm im Norden von Medien: XXXVII 40,8.14

Daedala, Ort in der rhodischen Peraia: XXXVII 22,3

Dahae, kriegerisches Nomadenvolk am Südufer des Kaspischen Meeres: XXXV 48,5; 49,8; XXXVII 38,3; 40,8

Damocritus, ätolischer Politiker, 200/199 und 193/2 Stratege der Ätoler: XXXV 12,6.7–9; 33,9–11; 35,4; XXXVI 24,12; XXXVII 3,8; 46,5; XXXVIII 10,6

Damocriti frater: XXXVII 3,8

Damoteles, ätolischer Politiker: XXXVIII 8,1.5–7; 9,1–2.5.9.11

Dardani, illyrische Völkerschaft nördlich von Makedonien: XXXVII 48,4; XXXVIII 16,1–2

Dardanus, Ort am Hellespont: XXXVII 9,7; 37,1; XXXVIII 39,10

Darsa, Stadt in Kleinasien: XXXVIII 15,8

Dassaretii, illyrische Völkerschaft im Westen von Makedonien: XXXVI 10,10; 13,1

Delium, Heiligtum in Böotien: XXXV 50,11 – 51,4; XXXVI 6,3
Delphi: XXXVI 11,6; XXXVIII 48,2
Delus: XXXVI 42,8; 43,1.2.11
Demetrias, Stadt in Magnesia: XXXV 16,12; 31,3 – 32,1; 34,4–12;
　37,5; 39,3–7; 42,4; 43,2.5.7.8; 46,3; 47,1; 49,9; XXXVI 3,11;
　6,6 – 8,1; 10,13; 11,1; 14,11; 20,6; 33,2–7
Demetrius, Sohn Philipps V.: XXXV 31,5; XXXVI 35,13;
　XXXVII 25,12
Diana Amarynthis, die Artemis von Amarynthus: XXXV 38,3
Dianae templum in Herakleia/Malis: XXXVI 22,8
Dicaearchus, ätolischer Politiker, Bruder des Thoas, 195/4 Stratege
　der Ätoler: XXXV 12,6.15–17; XXXVI 28,3; XXXVIII 10,6
Sex. Digitius, 194 Prätor, 190 Legat des L. Cornelius Scipio:
　XXXV 1,1–2; 2,3.5; XXXVII 4,2
Diocles, ätolischer Politiker, 193/2 Hipparch des Ätolischen Bun-
　des: XXXV 34,5–6.9–12
Diophanes, achäischer Politiker, 192/1 Stratege der Achäer:
　XXXVI 31,6–8.10; 32,1–9; XXXVII 20,1 – 21,4; XXXVIII 32,6.7
Dolopes, Völkerschaft im Südwesten von Thessalien, 278/7 – 207
　und 198–189 Mitglied des Ätolischen Bundes: XXXVI 33,7;
　34,9; XXXVII 49,6; XXXVIII 3,4–5; 5,10; 8,2; 10,3
Cn. Domitius Ahenobarbus, 196 pleb. Ädil, 194 Prätor, 192 Kon-
　sul, 190 Legat des L. Cornelius Scipio: XXXV 10,3.10; 20,2–5.7.
　14; 21,4; 22,3–4; 40,2–3; XXXVI 1,9; 37,6; XXXVII 39,5;
　XXXVIII 11,9
Drymusa, Insel vor der kleinasiatischen Küste: XXXVIII 39,9
Dymae, Stadt in Achaia: XXXVIII 29,4
Dyniae, Ort in Phrygien: XXXVIII 15,13

Echedemus, athenischer Politiker: XXXVII 7,4–6
Elaea, Hafenstadt von Pergamon: XXXV 13,6; XXXVI 43,12;
　XXXVII 12,4; 18,3; 18,8 – 19,7; 20,1; 21,6; 22,1; 37,4.6; 45,3;
　XXXVIII 40,3; 58,9
Elaeus, Ort bei Ilion: XXXVII 9,7
Elatia, Stadt in Phokis: XXXVI 19,9.10; XXXVII 4,10
Elis, Landschaft im Nordwesten der Peloponnes: XXXVI 5,1–3;
　31,2.3; 35,7; XXXVIII 32,3–4
Elymaei, Völkerschaft im Osten des Seleukidenreiches: XXXV
　48,5; 49,8; XXXVII 40,8.14
Q. Ennius, römischer Dichter (239–169 v. Chr.): XXXVIII 56,5
Ephesus, Stadt in Kleinasien: passim

Lydia, Gebiet in Kleinasien: XXXVII 40,11; 44,6–7; 45,5; 56,2; XXXVIII 39,16

Lysimachia, Stadt auf der Chersones: XXXV 15,5; XXXVI 7,15; 33,6; XXXVII 31,1–3; 33,1–3; 35,2/3; 36,4; XXXVIII 16,4; 39,14; 40,4.5

Lysimachia, Ortschaft in Ätolien: XXXVI 11,7

Lysinoë, Stadt in Kleinasien: XXXVIII 15,8

Lysis, Fluß in Kleinasien: XXXVIII 15,3

Macedonia, Macedones: passim

Macedones, *more Macedonum armati*, Truppengattung: XXXVI 18,2.4–8; 19,2; XXXVII 40.1

Macedonicum bellum, der 2. Makedonische Krieg 200–197: XXXVI 17,3

Macris, Insel vor der kleinasiatischen Küste bei Myonnesos: XXXVII 13,1; 28,5; 29,2

Madamprus, Ort in Kleinasien: XXXVIII 15,2

Maduateni, thrakische Völkerschaft: XXXVIII 40,1–15

Maeander, Fluß in Kleinasien: XXXVII 45,1.19; 55,5; 56,3.6; XXXVIII 12,9/10; 13,4–7; 39,13

Magaba, Berg in Galatien: XXXVIII 19,1; 26,1 – 27,8

Magnesia, Landschaft östlich von Thessalien: XXXV 31,3 – 32,1; 39,3–7; 43,5; XXXVI 15,7

Magnetarches, höchster Beamter in Magnesia: XXXV 31,11; 39,6; 43,5

Magnesia, Stadt am Mäander: XXXVII 10,12; 11,3.4; 45,1.19; XXXVIII 12,8

Magnesia, Stadt am Sipylos: XXXVI 43,9; XXXVII 37,9–11; 38,2 – 44,2; 44,4; 56,2; XXXVIII 58,9

Malea, das südöstliche Kap der Peloponnes: XXXVI 41,4; 42,5

Maliacus sinus, der Golf von Malis: XXXV 37,7; 43,8; XXXVI 11,7; 14,12; 15,7.10; 20,5; 22,8; 29,4; XXXVII 6,2

Malloea, Ortschaft in Perrhäbien: XXXVI 10,5; 13,3–4

Mandrus, Fluß in Kleinasien: XXXVIII 15,15

L. Manlius: XXXVIII 42,7

L. Manlius Acidinus, 188 Prätor, 179 Konsul: XXXVIII 35,2.10; 36,3.4

M. Manlius Capitolinus, 392 Konsul: XXXVIII 17,9

T. Manlius Imperiosus Torquatus, 353, 349 und 320 Diktator, 347, 344 und 340 Konsul: XXXVIII 17,8

A. Manlius Volso, 189 Prätor, 178 Konsul: XXXV 9,7

Menestas, epirotischer Politiker: XXXVI 28,3; XXXVIII 10,6

Menippus, Makedone im Dienst Antiochos' III.: XXXV 32,2–6.
8–12; 50,7.9; 51,4.8; XXXVI 10,5–6; 11,6

Messana, Stadt auf Sizilien: XXXVI 42,2

Messene, Stadt im Südwesten der Peloponnes: XXXVI 31,1.2.4–9

Metellus: s. Caecilius

Metropolis, Ortschaft in Thessalien: XXXVI 10,2; 14,6

Metropolitanus campus in Kleinasien: XXXVIII 15,13

Micythio, Bürger von Chalkis: XXXV 38,1–12; 46,9–13; 50,10;
51,4.6

Miletus, Stadt in Kleinasien: XXXVII 16,2; 17,3; XXXVIII 13,7;
39,9

Milyae, Völkerschaft in Kleinasien: XXXVII 56,2; XXXVIII 39,
16

Minerva, Athene: XXXV 43,3; XXXVII 9,7; 37,3; XXXVIII
51,8/9

Minervae templum in Sparta: XXXV 36,10

templum Minervae Itoniae bei Koroneia: XXXVI 20,3

Minnio, Gefolgsmann Antiochos' III.: XXXV 15,7–9; 16,1–6;
XXXVII 41,1

Minturnae, Stadt in Latium, seit 295 römische Kolonie: XXXVI
3,6; 37,3

P. Minucius, 193 Kriegstribun: XXXV 5,3

Q. Minucius, 193 Kriegstribun: XXXV 5,3

L. Minucius Myrtilus: XXXVIII 42,7

M. Minucius Rufus, 197 Prätor: XXXV 40,6

Q. Minucius Rufus, 201 pleb. Ädil, 200 Prätor, 197 Konsul:
XXXVII 55,7; 56,1; XXXVIII 37,11; 38,1; 40,1 – 41,15; 44,11;
45,3; 47,3; 58,11

Q. Minucius Thermus, 198 kur. Ädil, 196 Prätor, 193 Konsul:
XXXV 3,2–6; 6,1–4.6; 11,2–13; 20,6; 21,6–11; XXXVI 38,
1–4; 39,7; 40,2; XXXVII 2,5; 46,1–2; 55,7; 56,1; XXXVIII
37,11; 38,1; 39,1; 40,1 – 41,3; 45.3; 46,7; 49,8/9; 58,11

Mitylene, Stadt auf Lesbos: XXXVII 12,5; 21,4.6

Mnasilochus, akarnanischer Politiker: XXXVI 11,8–11; 12,4–5.7;
XXXVII 45,17; XXXVIII 38,18

Moagetes, Tyrann von Kibyra: XXXVIII 14,3–14

Morzius, Fürst von Gangra im südlichen Paphlagonien: XXXVIII
26,4

L. Mummius, 188/7 Volkstribun: XXXVIII 54,5.11/12

Q. Mummius, 188/7 Volkstribun: XXXVIII 54,5.11/12

Oeniadae, Stadt in Akarnien: XXXVIII 11,9

Oeta, Bergmassiv in Mittelgriechenland: XXXVI 15,10; 22,5; 25,3; 30,2; XXXVII 5,4

Olympia, Heiligtum in Elis: XXXVIII 33,9

Olympus, Bergmassiv in Galatien: XXXVIII 18,15; 19,1; 20,2–23,11; 24,9; 26,4

L. Oppius Salinator, 198/7 Volkstribun, 193 pleb. Ädil, 191 Prätor: XXXV 23,7; 24,6; XXXVI 2,6.13; 3,14; XXXVII 2,11

Oretani, Völkerschaft in Spanien: XXXV 7,7; 22,7

Orëus, Stadt auf Euböa: XXXVII 34,6

Orgiago, gallischer Fürst (= Ortiago, s. Anm. zu XXXVIII 24,2): XXXVIII 24,2.9–10

Orgiagontis reguli uxor (Chiomara): XXXVIII 24,2–11

oriens, der Osten, das Morgenland: XXXV 48,8

Oroanda, Stadt in Kleinasien: XXXVIII 18,2; 19,1; 37,11; 39,1; 45,9; s. die Anm. zu XXXVIII 18,2

Ortiago, Fürst der Tolostobogier: XXXVIII 19,2

Ostia, Hafen an der Tibermündung, älteste römische Kolonie, zwischen 343 und 338 gegründet: XXXVI 3,6

Pachynus, Südkap von Sizilien: XXXVI 2,11

Paeonia, Landschaft im Norden von Makedonien: XXXVIII 17,16

Palatium, Kuppe des Palatin in Rom: XXXVI 36,3

Palenses, die Bewohner von **Pale** auf der Insel Kephallania: XXXVIII 28,6

Palinurus an der Küste von Samos: XXXVII 11,6

Pamphilidas, 190 rhodischer Flottenkommandant: XXXVII 22,3.5; 23,8; 24,8/9; 25,3

Pamphylia, Landschaft in Kleinasien: XXXV 48,6; XXXVII 23,1; 40,14; XXXVIII 15,5–7; 37,7.8; 39,17

Pamphylium mare, das Pamphylische Meer: XXXVIII 13,11

Pamphylius sinus, der Golf von Pamphylien: XXXVII 23,3

Panaetolicum, die Bundesversammlung der Ätoler: XXXV 32,7

Panhormus, Hafen im Gebiet von Samos: XXXVII 10,6.11; 11,1. 6-13; 28,8; 30,3

Parthi, Völkerschaft im Osten des Seleukidenreiches: XXXVIII 17,11

Patara, Hauptstadt von Lykien: XXXVII 15,6; 16,3–13; 17,2.10; 24,12/13; 25,3; 26,3; 45,2; XXXVIII 39,2–3

Patrae, Hafenstadt in Achaia: XXXV 26,7.9; XXXVI 21,5; XXXVIII 7,2; 29,4

Pausanias, angesehener Bürger der thessalischen Stadt Pherai: XXXVI 9,5–6

Pausistratus, 191/0 rhodischer Flottenbefehlshaber: XXXVI 45,5.6; XXXVII 9,5; 10,2 – 11,11; 12,8.9

Pelinnaeum, Ortschaft in Thessalien: XXXVI 10,5; 13,7–9; 14,3

Pella, Hauptstadt von Makedonien: XXXVII 7,11

Peloponnesus: XXXV 12,7; 18,5; XXXVI 5,1; 15,8; 31,1; 32,7; 42,4; XXXVII 4,6; 53,24; XXXVIII 30,1; 31,6; 32,3

Peraea, der rhodische Festlandbesitz in Kleinasien: XXXVII 22,3

Peraea, Gründung der Mitylener auf dem kleinasiatischen Festland: XXXVII 21,4

Perga, Ort in Pamphylien: XXXVIII 37,9–11

Pergamum: XXXV 13,6; 14,1; 15,6.9; XXXVI 42,6; XXXVII 8,5; 18,2 – 21,4; 37,5; 53,16; XXXVIII 12,7.8

Perranthes, Hügel bei Ambrakia: XXXVIII 4,1.4

Perrhaebia, Landschaft im Norden von Thessalien: XXXVI 10,5; 13,3–6; 15,7; 33,7; 34,9

Persae: XXXV 17,7; XXXVI 15,12; 16,7

Perseus, Sohn Philipps V., um 212 geboren, 179 – 168 König von Makedonien: XXXVII 57,5; XXXVIII 5,10; 7,1; 10,3

Pessinus, Ort in Phrygien mit berühmtem Heiligtum: XXXV 10,9; XXXVIII 18,9

Q. *Petilius (I) Spurinus*, 188/7 Volkstribun, 181 Prätor, 176 Konsul: XXXVIII 50,5.6; 51,1–7.12; 52,1.4–8; 53,3.5.7; 54,2–6; 55,1; 56,2.7.8; 60,1

Q. *Petilius* (II), 188/7 Volkstribun: XXXVIII 50,5.6; 51,1–7.12; 52,1.4–8; 53,3.5.7; 54,2–6; 55,1; 56,2.7.8; 60,1

Phacium, Ortschaft in Thessalien: XXXVI 13,3

Phaeneas, ätolischer Politiker, 198/7 und 192/1 Stratege des Ätolischen Bundes: XXXV 44,1; 45,2–5; XXXVI 28,1–9; 35,3–6; XXXVIII 8,1.5–7; 9,1–2.5.9.11

Phaestus, Ortschaft in Thessalien: XXXVI 13,3

Phalara, Ort am Golf von Malis: XXXV 43,8; XXXVI 29,4

Phaloria, Ortschaft in Thessalien: XXXVI 13,6

Phanae, Hafen auf Chios: XXXVI 43,11

Pharae, Stadt in Messenien: XXXV 30,9 (verwechselt mit Pharis im Gebiet von Sparta, s. Anm. z. St.)

Pharsalus, Ortschaft in Thessalien: XXXVI 10,9; 14,11

Phaselis, Hafen an der Grenze zwischen Lykien und Pamphylien: XXXVII 22,5; 23,1; 24,9

Rhoeteum, Ort am Hellespont: XXXVII 9,7; 37,1; XXXVIII
39,10
Roma, Romani: passim
cives Romanae, römische Bürgerinnen: XXXVIII 36,5–6
cives Romani, römische Bürger: XXXV 7,3.5; 41,4.7; XXXVI
2,8; XXXVII 2,2
ludi Romani, die Römerspiele im September jeden Jahres:
XXXVIII 35,6
Romanum pondus (= 327,45 g): XXXVIII 38,13
mare rubrum, das Arabische Meer: XXXVI 17,15

Sagalassus, Stadt in Pisidien: XXXVIII 15,9–11
Sale, Dorf im Gebiet von Maroneia: XXXVIII 41,8
Salganeus, Ort am Golf von Euböa: XXXV 37,6; 38,7.13; 46,4;
50,9; 51,7–8
Q. *Salonius Sarra*, 192 Prätor: XXXV 10,11; 20,8; 21,2
Same, alter Name der Insel Kephallania und Stadt auf dieser Insel:
XXXVI 42,5
Samaei, die Bewohner der Stadt Same auf Kephallania: XXXVIII
28,6 – 30,1
Samus, Insel vor der kleinasiatischen Küste und Stadt gleichen Na-
mens: XXXVII 10,6.11; 11,1.5.14; 12,6.11; 13,1.3.4.6.7.11;
14,3–5; 17,10; 18,8.9; 22,1.3; 24,13; 26,4.7.9.10.12; 27,1; 28,4.6;
31,5
Sangarius, Fluß in Kleinasien: XXXVIII 18,7–9
Sardes, Stadt in Lydien: XXXVII 18,6; 21,5; 25,2; 26,1; 31,3–4;
44,5–7; 45,3
Sardinia, seit 237 in der Hand der Römer, seit 227 Provinz:
XXXV 20,8; 41,6; XXXVI 2,6.13; 7,19; XXXVII 2,11.12;
50,8.10; 51,3; XXXVIII 35,10; 42,5/6
Sarpedonium promunturium, das Kap von Sarpedon an der kiliki-
schen Küste: XXXVIII 38,9
Scarphea, Ort am Golf von Malis: XXXVI 19,5
Sciathus, Insel im Ägäischen Meer: XXXV 43,4
Scipiones, die beiden Brüder P. und L. Cornelius Scipio: XXXVII
16,14; 26,2; 34,7; XXXVIII 3,1; 54,6; 55,3; 57,4; 60,10
Scipionum munumentum, das Grab der Cornelii Scipiones vor der
porta Capena: XXXVIII 56,4
Scotusa, Ortschaft in Thessalien: XXXVI 9,3.13–14; 14,11
C. *Scribonius Curio*, 196 pleb. Ädil, 193 Prätor, seit 174 Curio
maximus: XXXV 6,5

Sinope, Stadt am Südufer des Schwarzen Meeres: XXXVIII 18,12

Sinuessa, römische Kolonie in Latium, 296/5 angelegt: XXXVI 3,6

Sipylus, Bergmassiv in Kleinasien: XXXVI 43,9; XXXVII 37,9; 44,4; 56,2

Soli, Stadt in Kilikien: XXXVII 56,7–10

Sparta: XXXVIII 17,12; vgl. auch Lacedaemonii, Lacones

Spercheus, Fluß in Mittelgriechenland: XXXVI 14,15; XXXVII 4,10

C. Stertinius, 188 Prätor: XXXVIII 35,2.10; 36,4

Stratus, Stadt in Ätolien: XXXVI 11,6.7; XXXVIII 4,6; 5,6

P. Sulpicius Galba, 211 und 200 Konsul, 203 Diktator zur Durchführung der Wahlen, 197 Legat des T. Quinctius Flamininus: XXXV 13,6; 14,1; 15,9; 16,1.7–13; 17,1–2; 20,14; 22,1–2

Ser. Sulpicius Galba, wahrscheinlich Sohn des vorigen, 189 kur. Ädil, 187 Prätor: XXXVIII 35,5; 42,3.6; 44,9; 54,4; 55,1

Sylleum, Ort im Gebiet von Kibyra: XXXVIII 14,10

Synnada, Stadt in Phrygien: XXXVIII 15,14

Syphax, numidischer König, seit 204 Verbündeter der Karthager: XXXVII 25,9; 53,22; XXXVIII 46,10; 51,14; 53,3

Syracusae: XXXV 16,4 XXXVIII 43,9; 51,1

Syria, Syri: XXXV 13,5; 15,2.8; 49,8; XXXVI 17,5.14; XXXVII 3,10; 8,3; 22,2.3; 40,11; 45,2; XXXVIII 16,13; 17,11

Tabae, Stadt im Osten von Karien: XXXVIII 13,11–13

Tabusion, Ort in Kleinasien: XXXVIII 14,2

Tagus, Fluß in Spanien: XXXV 22,7

Tanagra, Ort in Böotien: XXXV 51,1

Tarentini equites, Truppengattung: XXXV 28,8; 29,1.2.3.5–7; XXXVII 40,13

Tarentum, Hafenstadt in Süditalien: XXXV 16,3.8; 23,5; XXXVI 2,7; XXXVII 54,26; XXXVIII 17,12; 42,5.6

Tarracina, Stadt in Latium, seit 329 römische Kolonie:: XXXVI 3,6; 37,3

Taurus, Gebirge in Kleinasien: XXXV 13,4; XXXVII 35,10; 45,14; 52,4; 53,25; 54,23; 55,5; 56,8; XXXVIII 8,4.8; 12,4; 16,10.12; 27,7.9; 37,1; 38,4; 39,17; 45,3; 47,6.11 48,1.4; 53,3; 59,5.6

Taurus, Fluß in Kleinasien: XXXVIII 15,7

Tectosages, Stamm der kleinasiatischen Gallier: XXXVIII 16,11. 12; 18,3; 19,1.2; 24,1; 25,1 – 27,9

Tegea, Stadt in der Peloponnes: XXXV 27,11; 36,10; XXXVIII 34,5

Telemnastus aus Kreta, Söldnerführer: XXXV 29,1

Telmessus, Stadt in Lykien: XXXVII 56,4.5; XXXVIII 39,3.13.16

Telmessicus sinus, die Bucht von Telmessos: XXXVII 16,13

Telum, Stadt in Athamanien: XXXVIII 1,10

Tempe, das Tempetal in Thessalien: XXXVI 10,11–12

Tempyra, Ort in Thrakien: XXXVIII 41,5–7

Tenus, Kykladeninsel: XXXVI 21,1

Q. *Terentius Culleo*, 190/189 Volkstribun, 187 Prätor: XXXVIII 42,4.6; 55,1–4; 58,1; 60,1–8.10

L. *Terentius Massaliota*, 200 pleb. Ädil, 187 Prätor: XXXVIII 42,4.6

A. *Terentius Varro*, 184 Prätor: XXXVII 48,5; 49,8

Termessus, Stadt in Pisidien: XXXVIII 15,4.6

Tetraphylia, Stadt in Athamanien: XXXVIII 1,7–9

Teus, Stadt an der kleinasiatischen Küste: XXXVII 27,3.9; 28,1 – 29,7

Thaumaci, Ort im Phthiotischen Achaia: XXXVI 14,12–15; XXXVII 7,14

Thebae, Hauptstadt von Böotien: XXXV 37,6; 38,13; XXXVI 6,3–5

Thebe, Ort im Süden des Ida-Massivs in Kleinasien: XXXVII 19,7

Thermopylae, die Thermopylen am Golf von Malis: XXXVI 15,5 – 19,7; 21,3; 22,1.4; 25,1; 32,1.2; 42,4; XXXVII 57,10; 58,7.8; XXXVIII 49,2

Thespiae, Stadt in Böotien: XXXVI 21,5

Thessalia: XXXV 16,12; 31,3; 39,4.8; XXXVI 6,8 – 7,2; 7,4–6; 8,2.6; 9,1 – 10,4; 10,6–15; 12,10; 13,1–8; 14,1–7.10–15; 15,7; XXXVII 6,1; 7,7; 16,14; XXXVIII 41,15

Theudoria, Stadt in Athamanien: XXXVIII 1,7–9

Thoas, ätolischer Politiker, 203/2, 194/3, 181/0 und 173/2 Stratege der Ätoler: XXXV 12,4–5.6; 32,2–5.8; 33,7–8; 34,5; 37,4.7–9; 38,9–12; 42,4 – 43,1; 45,2.4–9; XXXVI 7,12; 15,1; 26,2.6; XXXVII 45,17; XXXVIII 10,6; 38,18

Thracia, Thraecia: XXXVI 7,15; 17,5.6; 33,6; XXXVIII 7,7.9.16; 33,3; 39,12; 48,4; 60,7; XXXVIII 16,2/3; 17,16; 21,2; 39,14; 40,4 – 41,14; 46,6–9; 49,7–12

Thronium, Ortschaft am Golf von Malis: XXXV 37,6; 38,14; XXXVI 20,5.6

Thyatira, Stadt in Kleinasien: XXXVII 8,7; 21,5; 37,6; 38,1; 44,4